"A BOA EDUCAÇÃO"

Experiências libertárias e teorias anarquistas na Europa, de Godwin a Neill

Volume 1: A Teoria

Projeto editorial Plínio Augusto Coêlho
Ilustração da capa Carl Larsson, *Christmas Eve Day*, 1892

DADOS INTERNACIONAIS PARA CATALOGAÇÃO NA PUBLICAÇÃO (CIP)

C598b
    Codello, Francesco.
    "A boa educação": experiências libertárias e teorias anarquis
    tas na Europa, de Gowin a Neill : volume 1 / Francesco Codello ;
    tradução: Sile Cardoso. São Paulo : Imaginário : Ícone, 2007.
    416 p. ; 23 cm.
    Inclui bibliografia e índice onomástico.

    ISBN 978-85-7663-017-3   Editora Imaginário
    ISBN 978-85-274-0947-6   Ícone Editora

    1. Educação – Discursos, ensaios, conferências. 2. Anarquismo e
    anarquistas – Discursos, ensaios, conferências. I. Título.

                                  CDD-370.15

Ícone Editora

Rua Anhangüera, 56/66 – Barra Funda
01135-000   São Paulo - SP
Tel. (11) 3392-7771
www.iconeeditora.com.br

Editora Imaginário

www.editoraimaginario.com.br
ed.imaginario@uol.com.br

Impresso no Brasil
2007

Francesco Codello

"A BOA EDUCAÇÃO"
Experiências libertárias e teorias anarquistas na Europa, de Godwin a Neill

Volume 1: A Teoria

Tradução
Silene Cardoso

Para Marta, minha filha

ÍNDICE

Volume 1 – A TEORIA

Prefácio 11

Introdução 15

1. William Godwin e a Educação para a Felicidade 27
1. Premissa 27
2. Vida e fundamentos do pensamento 30
3. Considerações sobre o seminário de Epson (1783) 35
4. Sobre a justiça política e a sua influência sobre a moral e a felicidade 41
5. Reflexões sobre a educação 54
6. Conclusão 66

2. A Teoria 69
1. Premissa de uma época 69

3. Max Stirner: a educação como liberação geral 77
1. Stirner e a esquerda hegeliana 77
2. Querer *versus* saber 79
3. O Único 85

4. Pierre-Joseph Proudhon e a instrução politécnica 91
1. As teorias sociais e a educação 91
2. Escola e trabalho 96
3. Instrução e aprendizado 101

5. Mikhail Bakunin: a educação como paixão e revolta 107
1. Premissa 107
2. As origens da dimensão educativa 113
3. A instrução integral 116
4. Educação e revolução 121
5. Uma pedagogia libertária 128

6. Piotr Kropotkin: educação e comunidade 137

1. Educação e solidariedade 137
2. A alternativa 151
3. Um processo em transformação contínua 155

7. A Primeira Internacional e a Comuna de Paris 161

1. A Internacional 161
2. A Comuna de Paris 172
3. A Internacional antiautoritária 178

8. Élisée Reclus: educação e natureza 187

1. Premissa 187
2. Do protestantismo ao anarquismo 190
3. A educação entre ciência e ideal 201
4. A crítica à política escolar republicana 217
5. O modelo educativo e *O Homem e a Terra* 222

9. Entre educação e revolução 231

1. Os anarco-comunistas e os libertários 231
2. Os anarco-sindicalistas 270

10. Individualismo e educação 291

1. Premissa 291
2. O individualismo europeu 293
3. E. Armand e a auto-educação existencial 303

11. Entre educacionismo, escolas libertárias e revolução: Luigi Fabbri 315

1. Premissa 315
2. A crítica à educação religiosa 318
3. Uma educação libertária em uma escola livre 325
4. Educação para a mudança 333
5. A educação revolucionária 341

12. A *Encyclopédie Anarchiste* (1926-1934) 349

1. Introdução 349
2. O escopo da obra 350
3. Homem, natureza, cultura 354
4. Autoridade e liberdade 358
5. Pedagogia e psicologia 365
6. Educação e instrução 367
7. Nascimento, infância e juventude 380

8. Escola e ensino   386
9. Família e educação   398
10. Jogo e educação   402
11. As Casas de correção como exercício da violência   405

Índice onomástico   409

Volume 2 – AS EXPERIÊNCIAS

13. As experiências
1. As realizações concretas entre fins do século XIX e o século XX

14. Lev Tolstoi e "Iasnaia Poliana"
1. Homem, escritor, educador
2. "Iasnaia Poliana"
3. O segundo período
4. A herança de Tolstoi

15. Paul Robin e o Orfanato de "Cempuis"
1. A formação de um revolucionário
2. A educação integral
3. O orfanato Prévost em "Cempuis"
4. O fim de uma experiência
5. Depois de "Cempuis"

16. Louise Michel e a escola militante
1. Os começos como professora
2. Comunalista e deportada entre os Canacas
3. Professora na Inglaterra

17. Francisco Ferrer e a "Escuela Moderna"
1. A formação e os contatos europeus
2. Crítica da escola e da educação
3. As premissas filosóficas: o racionalismo
4. A pedagogia racionalista

18. Madeleine Vernet e "L'Avenir Social"
1. A formação
2. Nasce a escola
3. A repressão e o fim da experiência

19. Sébastien Faure e "La Ruche"
1. A formação: da submissão à revolta
2. "La Ruche"

20. Jean Wintsch e a escola "Ferrer" de Lausanne
1. A influência de Ferrer
2. O início da escola
3. A prática educativa e didática

21. As experiências
1. Premissa
2. A crítica à educação religiosa

22. Outras experiências na Rússia, em Portugal, na Alemanha
1. Premissa
2. Rússia
3. Portugal
4. Alemanha

23. Instrução, propaganda e realizações concretas na Espanha
1. As origens e a Primeira Internacional
2. O novo século e o nascimento da C.N.T.
3. 1936-1939: a utopia torna-se história
4. "Mujeres Libres"

24. O educacionismo na Inglaterra
1. Premissa
2. As escolas inspiradas em Ferrer
3. Escolas libertárias
4. Escolas "especiais"

25. Alexander Neill e "Summerhill"
1. Introdução
2. Os começos
3. A criança difícil
4. "Summerhill"
5. Alexander Neill e Wilhelm Reich
6. Pensamentos ao fim de uma vida

POSFÁCIO

ÍNDICE ONOMÁSTICO

PREFÁCIO

Giampietro Berti

O anarquismo é aquele movimento político e social que — mais do que qualquer outro — foi atravessado por duas instâncias diferentes, ao máximo, antitéticas. A primeira é aquela revolucionária, a segunda, educacionista. A profunda diferença que existe entre as duas é bem representada pelo dilema implícito colocado por Carlo Pisacane, quando afirmou que "a propaganda da idéia é uma ilusão, a educação do povo é um absurdo. As idéias resultam dos fatos, não estes daquelas, e o povo não será livre quando for educado, mas será educado quando for livre". Esse dualismo opositivo coloca em evidência, assim, de modo indireto, a centralidade do discurso educativo, porque é destacada a necessidade da formação da consciência, considerada premissa inevitável para a construção de uma sociedade correta, por princípio, sobre a capacidade de seus integrantes ao exercício do autogoverno; o qual, entretanto, por sua vez, ocorre apenas no interior de um processo de ruptura com a ordem existente. Por certo, o esquema alternativo pisacaniano não exaure a complexidade do caráter projetual anarquista, cujo objetivo, sendo dirigido, contudo, à conquista de espaços sempre maiores de liberdade e de justiça social, mesmo na sociedade presente, implica a ativação simultânea de caminhos muito divergentes entre si.

O trabalho de Codello é voltado à reconstrução dessa pluralista tensão emancipadora, em que, todavia, persiste o problema colocado pelo herói de Sapri. A complexidade do educacionismo anarquista consiste no fato de que grande parte dos teóricos e dos educadores analisados aqui era revolucionária, pelos quais emerge no todo uma concepção gravada sempre por essa instância, que implica uma contínua problematicidade que pode ser resumida assim: em que sentido o movimento da consciência é prelúdio da descontinuidade revolucionária? Em que sentido, ao contrário, é o seu êxito necessário? Onde é possível assinalar uma linha que indique o seu encontro, em que lugar é possível recortar a dimensão especificamente pedagógica do anarquismo? A importância fundamental da análise codelliana não é dada, portanto, apenas pela reconstrução do variado percurso teórico e prático que se desenvolveu no decorrer de 150 anos, mas também pelo exame minucioso do pensamento e das questões pressupostas à escolha alternativa obrigatória revolução-educação. Concluindo, este trabalho é ao mesmo tempo um livro de história da pedagogia anarquista e um livro de reflexão teórica sobre a pedagogia anarquista, aspectos que por sua vez remetem de modo indireto ao mais amplo discurso que se refere ao inteiro problema de emancipação, da forma como é proposto pelo anarquismo: portanto, no todo, um livro de história do problema da educação visto sob a ótica antiautoritária.

Codello aborda, antes de mais nada, os clássicos do pensamento anarquista, compreendendo a dimensão educativa coligada à especificidade das teorias deles. O conceito educativo inerente ao pensamento desses autores não é examinado como um pensamento à parte, mas como um momento ineliminável da reflexão geral deles. Temos assim a instância racionalista e eudemonística (Godwin), a irredutibilidade existencialista (Stirner), a reciprocidade indivíduo-sociedade (Proudhon), a insurgência liberdade-revolução (Bakunin), o organicismo solidário (Kropotkin), a relação natureza-cultura (Reclus), a educação cristã do coração e os limites kantianos do intelecto (Tolstoi). Resulta disso um mosaico teórico que carrega todos os valores pluralísticos próprios do anarquismo, aqui, exatamente, declarado em termos educativos e submetido de modo inevitável ao processo histórico-cultural que atravessa todo o século XIX: Iluminismo, Romantismo, Positivismo, Evolucionismo, Neokantismo. O conjunto variado dessas seqüências do pensamento não é exposto segundo uma simples ordem "cronológica", mas também de acordo com uma ordem "ideológica", indispensável para a compreensão geral e contemporânea da idéia anarquista. É evidente, em suma, que as várias partes integrem-se e completem-se, apenas se se tiver bem claro o princípio inspirador de fundo, dado pela dialética insuprimível liberdade-igualdade-diversidade. Esse é o princípio que mantém unido o conjunto de tais determinações, conferindo-lhes um significado diferente em relação à qualquer outra formulação pedagógica. "A boa educação", para retomar o título do volume, ocorre ativando ao mesmo tempo todas as habilidades manuais e intelectuais (desenvolvimento harmônico e psicofísico do homem completo); todos os componentes do sentimento e da razão (formação ética do homem); e à condição que tais ativações sejam colocadas no interior de um projeto mais vasto, que compreende a crítica incessante do princípio de autoridade (criação permanente e inexaurível do homem livre e responsável). Parte daí a complexidade do problema educativo próprio do anarquismo, o qual deve perseguir o seu escopo considerando que educação significa formação e formação significa, necessariamente, escolha de alguns modelos e transmissões de alguns valores, dado que a liberdade, a igualdade e a diversidade não são simples dimensões espontâneas de um indiferente crescimento do sujeito.

PREFÁCIO   13

Levando a um grande nível argumentativo essa específica linha de pesquisa e de interpretação (com o trabalho de escavação e de comparação que não há precedentes na historiografia sobre a pedagogia anarquista e libertária), Codello marca um forte resultado especulativo, que pode ser reencontrado na consideração de que toda teoria anarquista é sempre, ao mesmo tempo, uma reflexão pedagógica: história e política (ciência dos meios) entrelaçadas de modo indestrinçável ao discurso humanístico sobre o homem (ciência dos fins). O dever ser (ou, melhor ainda, o desejar ser) une-se de modo completo, sem solução de continuidade com o ser. Assim, por meio deste amplo exame minucioso, vê-se como a história do anarquismo não seria senão o desenvolver-se dessa progressiva e necessária consciência, segundo a qual a formação da consciência segue ao lado de um complexo problema da transformação política e social, dado, exatamente, que os dois aspectos implicam-se alternadamente.

Isso se mostra mais evidente enquanto é reconstruída a ligação que une a ação política militante à teoria e prática pedagógica inerentes à cultura do movimento operário. É dessa forma examinada a experiência da Primeira Internacional (e o dramático epílogo da Comuna de Paris) e o significado da ação direta oferecida pelas lutas dos sindicalistas revolucionários entre os dois séculos. A necessária relação entre política, educação e cultura permaneceu mais explícita na grande empreitada teórico-cultural-editorial apresentada pela *Encyclopédie Anarchiste*, enquanto que a complexidade das relações entre a esfera propriamente cultural e a educativa é reencontrada na poliédrica reflexão político-ideológica de Luigi Fabbri, um dos maiores intelectuais anarquistas italianos. Fabbri leva à plena consciência teórica as múltiplas questões ligadas às relações dualísticas entre escola estatal e escola livre, entre laicidade e religião, entre método autoritário e método libertário.

As duas décadas que estão entre o século XIX e XX assinalam uma mudança fundamental para a história do educacionismo anarquista, porque se assiste a uma dupla dialética: na medida em que tende a fechar-se a fase do pensamento anarquista clássico, abre-se aquela de sua possível tradução na concreta experiência pedagógica. O interesse fundamental desta passagem consiste na relação entre ideologia e educação como resultado da relação interativa entre teoria e prática: melhor ainda, aquela tentativa direta de realizar o ideal na prática, naturalmente o quanto for possível. O anarquismo dissolve-se em libertarismo, mas graças a essa torção é possível transformar uma genérica idéia educativa em uma mais precisa concepção pedagógica: a identidade forte (pensamento anarquista clássico) transforma-se em uma identidade frágil (pensamento libertário); ao mesmo tempo, o caráter genérico frágil da idéia educativa, anteriormente atrelada como única dimensão teórica à idéia forte do pensamento anarquista, traduz-se na especificidade forte da prática pedagógica anarquista, que, por sua vez, liga-se, portanto, por correspondência, ao caráter genérico frágil do libertarismo.

Esta é a premissa para entender a relação entre teoria e prática e, portanto, o significado e a importância das várias experiências educativas criadas pelos militantes anarquistas e libertários neste período. Estamos aqui no centro da reconstrução codelliana, que se refere ao segundo volume. São analisadas as mais importantes e as mais significativas instituições educativas: o Orfanato de Cempuis, de Paul Robin; a escola criada por Tolstoi, em Iasnaia Poliana; a escola militante, de Louise Michel; a *Escuela Moderna*, de Francisco Ferrer; a *Avenir Sociale,* de Madeleine Vernet; *La Ruche*, de Sébastien Faure; a escola Ferrer de Lausanne, de Jean Wintsch; a instituição escola moderna racionalista de Clivio. É inútil destacar a profunda diversidade que caracteriza algumas dessas experiências, basta considerar que essas se realizam em tempos e em contextos diferentes: Rússia, França, Suíça, Itália, Espanha; além disso, sentem os efeitos, fortemente, da personalidade e da cultura de quem as promove e as dirige, ainda que, ao mesmo tempo, sejam semelhantes pelo princípio inspirador de fundo, que pode ser resumido no conceito em que educação aos valores da liberdade, da igualdade e da diversidade dá-se apenas ativando de modo simultâneo a idéia e a prática deles, que acabam sendo, portanto, quase sempre interpretados e vividos no aspecto duplo e indissolúvel de método e de fim, porque não existe, no anarquismo, um reino dos meios separado das finalidades últimas. Parte daqui uma rica seqüência de grandes instituições, um patrimônio de idéias que antecipa algumas linhas de fundo da cultura pedagógica alternativa emersa com a onda libertária de 68. Sem dúvida, essas tentativas, quase sempre gravadas por uma vida difícil (também pela aversão do poder constituído), são ainda assinaladas por muitos erros e por muitos limites (basta pensar no forte dogmatismo racionalista e positivista), que o autor não deixa de revelar.

Investigações posteriores relativas às experiências educativas libertárias na Rússia, Portugal, Alemanha, Inglaterra e Espanha (com um olhar de atenção para as últimas duas) assinalam a grandeza da pesquisa de Codello, que fecha o volume com a análise do pensamento de Alexander Neill e a original criação de *Summerhill*, quase para confirmar que não há, em sua opinião, profunda descontinuidade teórica e prática na história da pedagogia anarquista.

O trabalho de Codello é, sem dúvida, o mais importante e mais completo que a historiografia sobre o educacionismo anarquista e libertário possa, até este momento, mostrar com orgulho, tanto em nível italiano quanto internacional. Em sentido mais geral, essa obra assinala um grande resultado da historiografia sobre o anarquismo, premiando, de forma justa, um trabalho de anos de pesquisa e reflexão.

INTRODUÇÃO

Este livro trata de uma teoria pedagógica e um movimento educativo. Tanto a teoria quanto o movimento sofrem a influência da continuidade na descontinuidade, no sentido em que ambos não são datados como início e tampouco como fim, do ponto de vista da sua especificidade profunda. É verdade que existem autores que se apropriaram explicitamente do termo "anarquista" e todos eles deram vida ao movimento anarquista, mas a história da humanidade sempre presenciou na sua evolução um conflito entre poder e liberdade, algumas vezes de forma explícita outras, não. Os homens e as mulheres sempre tiveram de escolher entre uma solução autoritária e uma antiautoritária para enfrentar um problema ou projetar uma nova realidade. Nesse sentido, o anarquismo é anistórico, exatamente porque crava suas raízes nessa escolha antiautoritária que acompanha constantemente a mesma história do homem[1].

A idéia anarquista, que inspira tanto a teoria pedagógica quanto a prática educativa (objeto de estudo deste trabalho), é evidenciada por Proudhon, ainda que não de modo sistemático, mas é, desde então, seguramente iniciada com Godwin. Porém, a dimensão antiautoritária, o *pathos* do mesmo pensamento anarquista, pode ser encontrado bem antes do Iluminismo e até mesmo fora do continente europeu como, em primeiro lugar, explicou o primeiro grande historiador anarquista, Max Nettlau[2], e como Piotr Kropotkin[3] sustentou com estudos aprofundados.

De fato, tanto a dimensão libertária que evidencia o "conhecer a si mesmo" do pensamento de Sócrates[4] quanto as razões e a natureza mais profunda e atual

---

[1] F. CODELLO, "Un anarchismo a-storico", *Libertaria*, Roma, a. 5, n. 3, julho-setembro de 2003.

[2] M. NETTLAU, *Breve storia dell'anarchismo*, Ceseana, Antistato, 1964.

[3] P. KROPOTKIN, *L'etica*, Catarina, Edigraf, 1972.

[4] Para uma leitura libertária do pensamento de Sócrates, consulte o ótimo trabalho de: C. PANCERA, *La formazione dell'uomo in Socrates*, Bologna, Clueb, 2003.

16 "A BOA EDUCAÇÃO" – EXPERIÊNCIAS LIBERTÁRIAS E TEORIAS ANARQUISTAS...

da filosofia estóica[5], a cultura do Taoísmo[6] e, até mesmo, a do Budismo[7], constituem uma parte antiga do rio cársico do pensamento antiautoritário[8].

As mesmas tensões éticas e culturais podem ser encontradas na revolta de Espártaco; nas guildas medievais; na organização comunal italiana; nos elementos mais radicais da revolta dos camponeses na Alemanha, no século XVI; no interior da Revolução inglesa, do século XVII; nas Revoluções americana e francesa, no fim do século XVIII; nos amplos setores do Iluminismo; na dimensão mais acentuada e radical da Unificação Italiana (Pisacane, Ferrari, Cattaneo); na organização das comunidades camponesas na Rússia czarista; e todas as revoltas e formas de rebelião individual e coletiva que reivindicam uma maior autonomia e uma liberdade mais ampla[9]. Não é somente o pensamento anarquista que é fruto de contínuas aproximações da exigência humana de liberdade, mas também o movimento educativo que, explicitamente e de forma consciente, afirma-se a partir do fim do século XIX, na França, crava as suas raízes em todas aquelas tentativas de formas experimentais educativas significativamente libertárias[10].

---

[5] R. RADICE, (Org.), *Stoici antichi. Tutti i frammenti*, Milão, Bompiani, 2002; PLUTARCO, *Le contradizione degli Stoici*, Milão, Rizzoli, 2000; M. ISNARDI PARENTE, *Lo stoicismo ellenistico*, Bari, Laterza, 1999.

[6] L. LANCIOTTI, (Org.), *Tao. I grandi testi antichi*, Turim, Utet, 2003; A. C. GRAHAM, *La ricerca del Tao*, Vicenza, Neri Pozza, 1999.

[7] P. FILIPPINI-RONCONI, *Canone budista*, Turim, Utet, 2004; J. SCHLIETER, *Il budismo*, Roma, Carocci, 2002; M. CARRITHERS, *Buddha*, Turim, Einaudi, 2003.

[8] P. MARSHALL, *Demanding the impossible*, Londres, Fontana Press, 1993; J. PRÉPOSIET, *Histoire de l'anarchisme*, Paris, Tallandier, 2002. Além disso, para uma leitura atual das várias influências culturais presentes no anarquismo consulte: VÁRIOS, *La culture libertaire*, Lyon, ACL, 1997; VÁRIOS, *Les incendiaires de l'imaginaire*, Lyon, ACL, 2000; P. MARSHALL, *Riding the Wind*, Londres, 2000; VÁRIOS, Le ragioni dell'anarchia, *Volontà*, Milão, a. L, n. 3-4, dezembro de 1996. Consulte também: L. MUNFORD, *Storia dell'utopia*, Roma, Donzelli, 1997; T. GENOVESI; T. Tomasi VENTURA, *L'educazione nel paese che non c'è*, Nápoles, Liguori, 1985; R. MANTEGAZZA, *Filosofia dell' educazione*, Milão, Bruno Mondatori, 1998; E. KRIPPENDORFF, *L'arte di non essere governati*, Roma, Fazi, 2003.

[9] Para uma interpretação anarquista da história das lutas e também das realizações antiautoritárias, consulte: NETTLAU, *Breve storia dell'anarchismo*, Ceseana, Antistato, 1964; P. KROPOTKIN, *L'etica*, Catarina, Edigraf, 1972; Idem, *La scienza moderna e l'anarchia,* Genebra, 1913; R. ROCKER, *Nazionalismo e cultura*, 2 vol., Catania, Anarquismo, 1978; P. ADAMO, *Il dio dei blasfemi: Anarchici e libertini nella Rivoluzione Inglese*, Milão, Unicopli, 1993; R. ROCKER, *Pionieri della liberta*, Molano, Antistato, 1982; G. MANFREDONIA (Org.), *Les anarchistes et la Révolution Française*, Paris, Monde Libertarie, 1990.

[10] M. P. SMITH, *Educare per la libertà*, Milão, Elèuthera, 1990; T. TOMASI, *Ideologie libertarie e formazione umana*, Florença, La Nuova Itália, 1973; R. MANTEGAZZA, *Filosofia dell'educazione*, Milão, Bruno Mondatori, pp. 237-287, 1998; T. GENOVESI; T. Tomasi VENTURA, *L'educazione nel paese che non c'è*, Nápoles, Liguori, 1985.

INTRODUÇÃO   17

Reflexão teórica e experimentação prática estão freqüentemente interligadas, mas não necessariamente bem estruturadas; são, ao contrário, próximas. De fato, amiúde aqueles que elaboraram teorias não experimentaram a prática. Preocuparam-se em definir, como veremos, alguns aspectos de uma pedagogia libertária, quase nunca pensando em dar a essa ciência humana uma sistematização que fosse sua, mas sim a unindo a um projeto maior de emancipação sociocultural.

Aqueles que a colocaram em prática valeram-se de numerosos conhecimentos e experiências, aceitando as múltiplas influências culturais, procurando dar um corpo e concretude às instituições filosóficas e pedagógicas mais gerais, mas também não aceitando totalmente as propostas do anarquismo, ou porque não conheciam precisamente essas idéias, ou porque as conheciam apenas em parte. Esse é o fato pelo qual este trabalho não poderia ser exclusivamente uma história ortodoxa do anarquismo educativo, mas, necessariamente, representar aquele mundo vasto da educação libertária[11]. Nem mesmo os primeiros anos do século XX são aqueles que prenunciam as experiências educativas, alternativas e antiautoritárias; esses são propriamente os anos nos quais, no interior do movimento anarquista europeu, há uma maior diversificação das abordagens e das atividades, em um claro contraste com as trágicas experiências violentas do fim do século XIX, com o surgimento de algumas ações chamadas "propaganda pelo fato"[12]. O lado negativo do anarquismo é repudiado de forma abundante pelos próprios anarquistas — que manifestam nesses anos, em uma presença maciça, organizada e culturalmente influente — no interior do movimento dos trabalhadores e, mais em geral, por exemplo, nas propostas de vida alternativa por meio da fundação de verdadeiras colônias libertárias que desejam, em sua positividade, demonstrar exatamente que um outro mundo é possível, além de desejável[13].

---

[11] O primeiro a usar o termo "libertário" foi Joseph Déjacque, como o título de um jornal anarquista divulgado em Nova York, entre 1858 e 1861. Mas quem o introduziu de forma duradoura foi Sébastien Faure quando, em 1895, inicia a publicação de *Le Libertaire,* na França. A difusão do termo, porém, corresponde a uma vontade de entender de modo mais abrangente, e menos fixo, aquelas instâncias de liberdade radical que não pertencem necessária nem sabidamente à história do anarquismo.

[12] J. MAITRON, *Le mouvement anarchiste en France,* Paris, Gallimard, vol. I, pp. 206-262, 1992; Idem, *Ravachol et les anarchistes en France,* Paris, Gallimard, 1992; B. THOMAS, *La bande Bonnot,* Milão, Squilibri, 1967; Idem, *Jacob,* Catania, *Anarquismo,* 1989; E. HENRY, *Colpo su colpo,* Bérgamo, Vulcano, 1978.

[13] Na tradição libertária sempre existiram homens e mulheres que aspiravam reconstruir o mundo. A polêmica entre eles sempre concerniu, em primeira instância, ao método a se seguir para atingir esse resultado. Uma parte sempre confiou ao evento revolucionário o poder de destruir, desde as suas raízes, a sociedade burguesa e autoritária, e depois poder reconstruir, sobre as suas ruínas,

Ainda nesses anos, em diversos países, surgem revistas que discutem vários temas, como prova de uma vitalidade renovada do Movimento, e confirmam a multiplicidade dos interesses, das atenções, das sensibilidades, dos vários militantes e não-militantes, em relação à sociedade[14]. No que se refere à Itália, em particular, expliquei a intensidade desse debate em uma pesquisa anterior[15] que, no presente livro, encontra espaço somente em Luigi Fabbri e na única experiência concreta bem-sucedida em Clivio, porque somente Fabbri insistiu, mesmo porque é professor "de ofício" sobre os temas da educação libertária sob um ponto de vista admiravelmente anarquista.

---

uma nova forma de vida e relação. Uma outra parte, entretanto, uma minoria, desenvolveu uma tendência a desejar praticar subitamente relações sociais, econômicas, interpessoais e culturais, alternativas de modo a poder demonstrar com os feitos a possibilidade concreta de um mundo melhor. Personagens extraordinários aderiram a esse ponto de vista. Esses deram vida a comunidades alternativas verdadeiras, a microssociedades que experimentaram verdadeiramente formas de vida segundo os princípios do socialismo libertário. A experiência mais famosa é aquela de Giovanni Rossi e a Colônia Cecília, no Brasil. Não são estranhas a essas experiências as razões de um certo naturalismo, de um retorno à terra, de uma reação a um desenvolvimento econômico e industrial que já ameaçava as relações humanas e se erguia ao sistema de exploração e opressão. Depois da Segunda Guerra Mundial, na França, um experimento importante consolida-se e desenvolve-se por obra de Victor Coissac (3 de maio de 1867-?) que lhe dá o nome de *L'Intégrale*. Coissac consegue com que várias pessoas simpatizem com seu projeto, e essas convergirão para sua realização que inicia em 1922 em Puch-d'Agenais, no Lot-et-Garonne, e que deveria constituir, em seu entendimento, o primeiro de uma série. Mais de setenta pessoas dedicaram-se a essa experiência de forma ativa e participando no decorrer de treze anos de vida da empreitada de Victor Coissac. A maior parte era formada por gente simples, diferente dos simpatizantes que provinham de classes sociais mais elevadas; esses homens e essas mulheres aderiram a um ideal socialista e anarquista, e estavam muito convencidos de vivenciar uma sociedade futura subitamente e construir um exemplo em que os outros homens e mulheres pudessem inspirar-se. Sobre essas experiências consulte: R. GOSI, *Il socialismo utopistico. Giovanni Rossi e le colonia anarchica Cecilia*, Milão, Moizzi, 1977; I. FELICI, *La Cecilia*, Lyon, ACL, 2001; E. Rodrigues, *Uma visão alfabética*, Rio de Janeiro, Porta Aberta, p. 33, 1979. Sobre a história do movimento operário libertário no Brasil consulte: E. RODRIGUES, *Alvorada Operária*, Rio de Janeiro, Mundo Livre, 1979; Idem, *Lavoratori italiani in Brasile*, Casalvelino Scalo, Galzerano Editore, 1985; Z. GATTAI, *Anarchici grazie a Dio!*, Milano, Frassinelli, 1983. Sobre o movimento educativo libertário no Brasil consulte: R. C. MAGONI JOMINI, *Uma educação para a solidariedade*, Campinas, Pontes, 1990. Consulte também: G. NARRAT, *La colonie libertaire d'Aiglemont*, Bogny-Meuse, La Question Sociale, 1997. Sobre Coissac e L'Intégrale consulte: D. COOPER; RICHET; J. PLUET-DESPATIN, *L'exercice du bonheur*, Seyssel, Editions du Champ Vallon, 1985.

[14] Um dos exemplos mais interessantes dessa abordagem pluralística à dinâmica social é representado pelo periódico francês *Les Temps Nouveaux* (REYNAUD-PALIGOT, *Les Temps Nouveaux 1895-1914*, Pantin, Acratie, 1993).

[15] F. CODELLO, *Educazione e anarchismo. L'idea educativa nel movimento anarchico in Italia (1900-1926)*, Ferrara, Corso, 1995.

INTRODUÇÃO   19

As idéias e os experimentos são originários de épocas e culturas próprias dos países europeus, mas representam muitos aspectos de originalidade e especificidade absolutamente antecipadores de elementos e características que, então, encontrarão práticas muito difundidas e compartilhamento teórico, sem que nunca, todavia, sejam reconhecidas como próprias do anarquismo. A própria historiografia do setor, excluindo-se poucas exceções[16], nunca trouxe à tona histórias e essas teorias, provavelmente por falta de conhecimento, mas, sobretudo por condicionamento cultural. Temas como aqueles da co-educação dos sexos, da transmissão universal do saber, da instrução integral, de uma relação igualitária entre docente e discente, de uma confiança e pesquisa científica a serviço da promoção da especificidade individual, encontram, no decorrer dos anos, às vezes em parte e algumas vezes completamente, realização em diversas teorias pedagógicas e nas escolas de vários países. Outras características, como a intuição sobre a metacognição, sobre a prática libertária e igualitária dentro da escola, não são ainda patrimônio comum ou não encontram a aplicação efetiva e coerente. O que é, pelo contrário, extraordinário, é como muitos educadores e pedagogos chegaram a conclusões, ou mesmo a identificar instrumentos didáticos passados como inovadores e novos, sem nenhum compromisso com o reconhecimento em relação aos libertários que, antes disso, desenvolveram as mesmas conclusões e experimentaram os mesmos procedimentos[17]. Porém, uma vez reconhecido esse compromisso, é necessário refletir sobre o caráter extraordinário do fato, sobre como as instâncias de liberdade e igualdade, de solidariedade e autonomia, emergem espontaneamente no decorrer da vida das várias culturas e dos próprios homens. Em suma, também existe um anarquismo que, também prescindindo dos movimentos anarquistas, mesmo na educação, emerge e levanta-se também sem considerar uma teorização própria e consciente, dentro das circunstâncias sufocantes do domínio[18].

Concluindo, essa história de educação libertária é uma mescla contínua de teorias e experiências, de idéias anarquistas aplicadas à educação, mas também das teorias e práticas organizativas e didáticas que, freqüentemente, mesmo de um modo implícito, podem remeter ao anarquismo. Do fim de uma experiência nasce uma iniciativa de difusão e de agregação (como no caso da "Liga pela educação

---

[16] É, sobretudo, na Itália, o caso de Lamberto Borghi (*Educazione e autorità nell'Italia moderna*, Firenze, La nuova Itália, 1974) e de Tina Tomasi (*Ideologie Libertarie e formazione umana*).

[17] Um caso emblemático é aquele de Célestin Freinet, que utiliza as metodologias didáticas em grande parte aplicadas primeiramente por Paul Robin.

[18] Para uma leitura desse anarquismo e sua interpretação consulte: C. WARD, *La pratica della libertà*, Milão, Elèuthera, 1996. D. GOODWAY, *Conversazioni com Colin Ward*, Milão, Elèuthera, 2003.

20   "A BOA EDUCAÇÃO" – EXPERIÊNCIAS LIBERTÁRIAS E TEORIAS ANARQUISTAS...

libertária" criada por Émile Janvion e Jean Degalvès, em 1897, depois do final da obra de Paul Robin, em Cempuis); das "Escolas Modernas" espanholas nasce, por obra de Francisco Ferrer, a "Liga Internacional pela Educação Racional das Crianças" (com o apoio do periódico *L'École Renovée* em Paris e *La Scuola Laica* em Roma, ao *Boletin de la Escuela Moderna*, em Barcelona). Em 1898, Jean Grave publica no periódico *Les Temps Nouveaux*, um manifesto internacional sobre a educação integral, que foi assinado por Kropotkin, Tolstoi, Robin, Reclus, entre outros. E essa intervenção a favor da educação libertária certamente contribui para alimentar o vigor renovado das iniciativas nesse sentido, que tomam impulso nos anos sucessivos. Esses são apenas alguns exemplos de como essa história é efetivamente diferenciada e intercalada, mesmo que, sobretudo em alguns autores, a preocupação teórica pela educação não seja mais do que um dos elementos de um grande discurso revolucionário. Mas é principalmente com o trágico fim de Ferrer (1909) que esses temas encontram grande repercussão em toda a Europa (e também nas duas Américas), e as idéias libertárias na educação conhecem um momento de grande relevância e importância, mesmo fora do movimento revolucionário. E isso que caracteriza todos os pensadores anarquistas e libertários que se ocuparam direta ou indiretamente da educação, de Godwin a Proudhon, de Stirner a Bakunin, de Kropotkin a Reclus, e que contribuíram de modo significativo — cada um de uma maneira específica e freqüentemente original — para definir aquela que possamos tranqüilamente considerar uma teoria pedagógica libertária, é a forte convicção de que não é conferida nenhuma forma de liberdade sem relações concretas de liberdade, de que não existe nenhuma educação libertária possível sem contemplar uma integração ao mesmo tempo entre respeito e difusão da especificidade individual com uma relação social e igualitária.

Isso responde por que em todos esses autores é marcante a crítica a Rousseau, desse cruzamento na pesquisa teórica deles, sem dúvida de todos, sob diversos aspectos, ele é contestado e freqüentemente apontado como o filósofo do autoritarismo e da manipulação por excelência, não obstante o pensador genebrês ter sido um ponto de referência para toda a cultura revolucionária dos séculos passados[19]. A crítica a Rousseau é voltada a uma concepção contratualista da sociedade, do ponto de vista político, mas, sobretudo com referência as dissimuladas e sutis manipulações que os anarquistas percebem em "Emílio". De fato, por meio da crítica a Rousseau, os anarquistas evidenciam a diferença substancial entre uma concepção progressista da educação e outra libertária. Nessa diferença destacam-se

---

[19] C. METELLI DI LALLO, *Componenti anarchiche nel pensiero di J.-J. Rousseau*, Florença, La Nuova Itália, 1970.

INTRODUÇÃO

a autonomia e a liberdade da criança (educação libertária) com relação a uma pedagogia que, de fato, colocando ênfase sobre o professor e seu papel, nega uma independência verdadeira à criança e insulta a racionalidade sobre a qual a sua autonomia é fundamentada (educação progressista)[20]. Além disso, já com as idéias de Godwin mostra-se clara uma característica da teoria pedagógica libertária, conseqüente a esses pressupostos, ou seja, a denúncia do papel imposto à educação por parte da autoridade política e o possível uso da própria educação, portanto, como meio de controle social. De fato, a crítica dirigida ao papel da doutrinação e do condicionamento social e político desenvolvido por uma educação estatal foi concretizado, no decorrer dos anos, contra a Igreja e a indústria (no início do pensamento libertário), em relação ao papel desenvolvido pela escola no reforço das diferenças de classe no século XIX, às funções de condicionamento de homens-consumidores no decorrer do século XX.

Resumindo, podemos perceber duas linhas de pensamento de desenvolvimento dessas idéias e dessas críticas que, confrontando-se algumas vezes, constituem na verdade dois modos diversos — porém complementares — de promover a liberdade humana. Uma delas é de derivação iluminista individualista (que se origina em Godwin, por meio da corrente individualista e encontra a sua máxima expressão educativa em Tolstoi e em Neill), a outra é mais influenciada pelo socialismo do século XIX e pela ênfase colocada sobre a importância do coletivo (todos os outros, mesmo com diversas sensibilidades). A primeira enfatiza o indivíduo que aprende e, conseqüentemente, a sua diversidade específica promovendo um processo de adaptação do ensino a essa visão da educação; a outra destaca principalmente o seu significado na sua dimensão social e política e compreende mais as implicações das funções do coletivo (positivas) e aquelas da Autoridade (negativas), que se manifestam algumas vezes por meio do Estado, e outras, por meio da Igreja ou até mesmo na lógica do Capital. Além disso, se sintetizarmos, podemos afirmar que a primeira linha de pensamento tende a conceber mais uma pedagogia do "ser", enquanto que a segunda, do "dever ser" (positiva quando se trata de pensar em um homem novo e livre, negativa no momento em que denuncia o papel do domínio no intento educativo). Ainda, essas duas essências da educação libertária representam também dois modos diversos de ler a história do anarquismo: uma delas que vê na história, de qualquer modo, uma positividade enquanto representa o percurso e a evolução da liberdade humana, interpreta as conquistas como fruto das lutas e das experiências dos homens; a outra que, ao contrário, enfatiza a capacidade de domínio, em todas as formas de expressão, de adaptar as próprias formas às técnicas mais atentas e refinadas para perpetuar-se.

---

[20] SMITH, *Educare per la libertà*, pp. 16-19.

Ambas as abordagens são legítimas e úteis para compreender nos seus significados mais profundos a relação entre indivíduo e Poder. Mas, enquanto a primeira revela uma visão otimista do proceder humano, a outra avança sobre uma concepção mais pessimista e escatológica. A primeira mostra-se de forma mais correspondente a uma pedagogia libertária, uma vez que a confiança no trabalho de libertação desenvolvido pela educação é indispensável para todas as mudanças que se deseja desprovida de cada forma de autoritarismo ou entregue nas mãos do "totalmente outro". A corrente educacionista do anarquismo é, pela sua natureza, gradualista, e, portanto, possibilista, ligada à concretude e à necessidade do aqui e agora, pouco propensa à espera do evento messiânico da revolução oitocentista e, por isso, também criticada dentro do movimento anarquista que se determinou historicamente.[21]

De fato, essas diferenças de perspectiva podem ser mais assimiladas tanto em autores como Proudhon, Bakunin e no conjunto do movimento da Primeira Internacional e da Comuna de Paris, quanto nas obras de pensadores como Reclus ou Kropotkin. Estando esses mais interessados no estudo e no aprofundamento e, portanto, propensos a assimilar as situações libertárias e antiautoritárias que já existem e que representam, por isso, não aquilo que deve vir em seguida a um evento palingenético, mas, ao contrário, espaços para consolidar-se e potencializar-se, ampliando-os. As duas essências são menos marcantes na Espanha entre 1936 e 1939 (quando a revolução torna-se história cotidiana), em toda a tradição anglo-saxônica, pouco propensa a uma dimensão insurrecionalista, mais acentuada, ao contrário, entre os pensadores e aqueles que praticaram as experiências escolares.

Por essas razões, este livro é estruturado em partes diversas que discutem as abordagens teóricas na primeira parte, e concretas na segunda. Desejei distinguir as duas partes, mesmo que elas coincidam no que diz respeito ao aspecto temporal em parte, para permitir uma exposição mais aprofundada e exaustiva de cada autor em particular e de cada experiência específica, mesmo porque a dimensão pedagógica do pensamento de muitos autores é praticamente desconhecida na Itália. Todavia, é necessário destacar como as experiências concretas se entrelaçam com o pensamento dos "clássicos" do anarquismo, mas que, ao mesmo tempo, representem desse não simplesmente uma concretização, mas, ao contrário, uma

---

[21] Não é, de fato, um acaso que o maior representante do anarquismo europeu, que viveu entre o século XIX e XX, Errico Malatesta, não tenha atribuído quase nenhuma importância a essa expressão libertária do movimento, como estava convencido, na maior parte de sua vida militante, de que a dimensão mais autêntica do anarquismo era aquela definição revolucionária clássica (G. BERTI, *Errico Malatesta e il movimento anarchico italiano e internazionale 1872-1932*, Milão, FrancoAngeli, 2003).

INTRODUÇÃO 23

ampliação significativa. Entre as duas primeiras partes há um capítulo sobre uma obra singular e única, a *Encyclopédie Anarchiste*, que coloquei objetivamente como *trait d'union* entre a teoria e a prática, em virtude do seu significado, do escopo didático e divulgador que possui e de sua própria natureza de obra militante para militantes.

Na terceira parte do livro, dediquei três capítulos sobre o desenvolvimento das idéias e das experiências de educação libertária em alguns países europeus, que viram realizar-se uma simbiose significativa entre movimento anarquista e libertário, e o interesse teórico e concreto para a dimensão educativa e pedagógica desse pensamento. Não está presente especificamente a França, além da Itália (pelos motivos já expostos), porque os pensadores e experiências aparecem de forma já abundante no decorrer dos diversos capítulos. O trabalho é concluído, não apenas simbolicamente, com um capítulo dedicado a Alexander Neill e à experiência (ainda agora viva e atual) de *Summerhill*, da qual se pode remontar uma nova inspiração libertária que viu, e ainda hoje vê, muitas escolas, em diversas partes do mundo, apostar nessa utopia que se tornou realidade. Além disso, *Summerhill* inicia uma nova linha de pensamento das experiências educativas que é agora uma realidade e que, portanto, poderão constituir material interessante para um trabalho posterior.[22]

Para concluir esta introdução, devo, antes de tudo, um agradecimento afetuoso à Marie-Christine Mikhailo e Marianne Enckell, do Cira (Centre International de Recherches sur l'Anarchisme), de Lausanne, pela sua disponibilidade e pelo encorajamento oferecidos durante tantas visitas à biblioteca e à casa delas.

Além disso, devo reconhecimento e estima ao professor Giampietro Berti, da Universidade de Padova, pela competência e pelo conhecimento extraordinário sobre o anarquismo, que sempre se colocou à minha disposição com cordialidade e naturalidade verdadeiramente únicas. Enfim, um agradecimento particular ao professor Carlo Pancera, da Universidade de Ferrara, por ter lido o manuscrito, por ter oferecido sugestões preciosas e pela competência pedagógica verdadeiramente libertária que me desejou transmitir.

Este trabalho foi concluído depois de anos de pesquisa e estudos consumados em diversos arquivos, centros de pesquisa, bibliotecas da Europa, pois os materiais, fontes dos meus estudos, não são verdadeiramente fáceis de se localizar, porque estão divididos em diversos institutos (desejo recordar, em particular, o

---

[22] Para uma primeira abordagem sobre essa nova realidade, além de outros textos que serão citados mais adiante, consulte a série de artigos que escrevi para a revista *Libertaria* de Milão e Roma, no decorrer dos anos de 2001 e 2004.

Instituto de História Social de Amsterdã, além do Cira já mencionado) e em tantas bibliotecas públicas e privadas (recordo particularmente o Arquivo Pinelli, de Milão).

Por último, como não recordar, agradecendo, aos meus familiares que viram o tempo que deveria ser potencialmente dedicado a eles, subtraindo-se.

"A Boa Educação"

Experiências libertárias
e teorias anarquistas na Europa,
de Godwin a Neill

1. WILLIAM GODWIN
E A EDUCAÇÃO PARA A FELICIDADE

1. Premissa

Kant escreveu que o Iluminismo é a saída dos homens de uma menoridade, de uma condição de submissão a cada forma de condicionamento do pensamento. Para o filósofo alemão, menoridade "é a incapacidade de servir-se do próprio intelecto sem ter um outro por guia. Essa menoridade é devida aos próprios homens, uma vez que ela não é causada por um defeito do intelecto, mas pela falta de decisão e de coragem para servir-se sem guias. *Sapere aude!* Tenha a coragem de servir-se de seu próprio intelecto! Esse é o lema do Iluminismo."[1]

Esse é o percurso principal que William Godwin fará, a passagem racional e originária que realizará do século das luzes ao anarquismo.[2]

O século XVIII completa o trabalho de laicização típica do mundo moderno e demarca o divisor de águas, mas, ao mesmo tempo, a *liaison,* a ligação com o mundo contemporâneo. Um século caracterizado por uma sempre mais evidente, eficaz e explícita emancipação dos povos e dos Estados, dos poderes supranacionais (Império), por uma concepção de mundo dominada pelo modelo religioso (Igreja), por uma economia banida da dimensão local em favor de um dinamismo e internacionalização dos mercados do capitalismo, pela reclamação por uma explicação mágica dos acontecimentos, substituída pouco a pouco por uma investigação da realidade, sempre mais científica.

---

[1] I. KANT, Risposta alla domanda: Che cosa è l'Illuminismo, *Scritti di filosofia Politica*, Florença, La Nuova Italia, p. 25, 1967.

[2] A. THÉVENET, *William Godwin des lumières à l'anarchisme*, Lyon, A.C.L., 2002. Consulte também, do mesmo autor: *William Godwin et l'euthanasie du gouvernement*, Lyon, A.C.L., 1993.

Difusão do livro e da alfabetização; amadurecimento de uma nova figura do intelectual, autônomo e com um papel social mais incisivo; explosão de três revoluções (independentista americana, burguesa e jacobina francesa, econômica-industrial inglesa), com a conseqüente difusão em massa das idéias e princípios novos e revolucionários: esses, em extrema síntese, são os elementos que caracterizam a superação de uma sociedade *ancien régime* a favor de uma época de reformismo político-cultural e também pedagógico.[3]

Voltaire e Diderot representam bem esse novo modelo de homem intelectual, de mestre de um novo saber e de uma nova abordagem para a sistematização e a difusão dos conhecimentos. A educação está cada vez mais no centro desse processo de renovação. Essa centralidade educativa desempenha uma necessidade ética de formação de um novo homem, considerado sempre mais ator protagonista do próprio conhecimento, da própria liberdade e da própria autodeterminação.[4]

Particularmente na Inglaterra, as teorias pedagógicas giram em torno do empirismo, interpretado e desenvolvido algumas vezes em termos utilitarista, com Jeremy Bentham, e outras vezes em termos positivista e evolucionista, com John Stuart Mill e Herbert Spencer. O utilitarismo promove uma concepção pedagógica não-repressora, por meio da participação do sujeito, estimulando-lhe as necessidades e as expectativas. Prazer e utilidade tornam-se dois elementos estreitamente ligados sobre os quais até mesmo a aprendizagem pode se basear, a fim de promover uma nova formação mais ligada ao ser humano. O positivismo e o evolucionismo recuperarão e reelaborarão a sua reflexão epistemológica, indicando-a como um modelo pedagógico nacional.

O pensamento de William Godwin coloca-se em acentuada diversidade em relação aos modelos empiristas, destacando o caráter corruptivo implícito em cada relação de autoridade e na própria propriedade privada indicando, na educação, o principal instrumento de emancipação humana.[5]

William Godwin examina e representa bem essas mudanças, antes, as torna una, ainda que desafortunado, antecipador, não se limitando a representar essas

---

[3] Sobre esse assunto, consulte: R. R. PALMER, *L'era delle rivoluzioni democratiche*, Milão, Rizzoli, 1971; A. CARACCIOLO, *L'età della borghesia e delle rivoluzioni XVII/XIX secolo*, Bologna, Il Mulino, pp. 15-188, 1979; S. BARTOLOMEI (Org.), *Illuminismo e utopia*, Milão, Il Dagiatore, 1978.

[4] F. CAMBI, *Storia della pedagogia*, Bari, Laterza, pp. 263-306, 1995. Consulte também: A. SANTONI RUGIU, *Storia sociale dell'educazione*, Milão, Principato, pp. 291-357, 1982; G. GENOVESI, *Storia della educazione*, Ferrara, Corso, pp. 87-160, 1994. Além desses, é útil consultar: R. A. HOUSTON, *Cultura e istruzione nell'Europa moderna*, Bolonha, Il Mulino, 1997; N. MERKER (Org.), *Storia della filosofia moderna e contemporanea. L'epoca della borghesia*, Roma, Ed. Riuniti, vol. I, pp. 135-338, 1997; H. HOFFDING, *Storia della filosofia moderna*, Florença, Dandoni, vol. II, pp.1-246, 1978.

[5] F. CAMBI, *Storia della pedagogia*, Bari, Laterza, pp. 362-363, 1995.

WILLIAM GODWIN E A EDUCAÇÃO PARA A FELICIDADE

novidades, mas, sobretudo, a introduzir nelas aquele radicalismo que faz, dessa forma, com que seja reconhecido desde já, de forma unânime, como o verdadeiro e indiscutível pai do anarquismo, não apenas do ponto de vista da sua contribuição sociopolítica, mas também daquela pedagógica.[6]

Contemporâneo de Charles-François-Marie Fourier (1772-1837), de Heinrich Pestalozzi (1746-1827) e de Johann Wolfgang Goethe (1749-1832), Godwin, diferente da especificidade cultural de cada um deles, desenvolve um pensamento múltiplo e rico de elementos originais de novidade, rompendo com muitas verdades cômodas, mas levando a liberdade individual a se fundir com a felicidade, inaugurando uma tradição tipicamente anglo-saxônica, que encontrará — no fim de nosso percurso — o seu último intérprete em Alexander Neill.

A sua aclarada influência no movimento artesão e operário britânico é testemunhada e reconhecida pelo próprio Robert Owen, que foi reconhecido entre os fundadores do socialismo inglês e entre os pioneiros da educação socialista por sua experiência em New Lanark, na Escócia[7]. A influência de Godwin sobre numerosos intelectuais britânicos e sobre o principal poeta libertário, Percy Bysshe Shelley[8], não lhe permite, contudo, ser admirado e reconhecido pelos anarquistas posteriores. Não obstante tudo aquilo que ele significou na formação de um anarquismo absolutamente atual e moderno ainda hoje, os pais do pensamento revolucionário do século XIX não o consideraram, além de uma forma secundária. Pierre-Joseph Proudhon, o primeiro anarquista a se autodefinir como tal, recorda William Godwin somente em duas ocasiões e como um socialista pertencente à escola de Owen[9]; não há notas de citações referentes a ele na obra de Mikhail Bakunin e tampouco há informações acerca de uma possível leitura do inglês por parte do próprio revolucionário russo. Leon Tolstoi destaca apenas alguns aspectos relativos a uma construção de uma sociedade sem Estado, mas elabora as suas convicções pedagógicas de forma autônoma.[10]

---

[6] W. HAZLITT, *William Godwin. The Spirit of the Age; or Contemporary Portraits*, Oxford, pp. 19-20, 1954.

[7] Sobre as idéias pedagógicas de Robert Owen consulte a bela antologia de seus escritos organizada por C. PANCERA, *R. Owen. L'armonia sociale. Saggi sull'educazione*, Florença, La Nuova Itália, 1994. Outra sugestão: A. SANTONI RUGIU, *Storia sociale dell'educazione*, pp. 368-376.

[8] P. B. SHELLEY, *La necessità dell'ateismo. La mascherata dell'anarchia*, Bellinzona, Edizioni L'Affranchi, 1995.

[9] P.-J. PROUDHON, *Sistema delle contradizzione economiche. Filosofia della miseria*, Catânia, Anarchismo, p. 527, 1975.

[10] L. TOLSTOJ, *Opere Complete*, Moscou, vol. XXV, pp. 205-206; vol. XXXVII, p. 222; vol. XLIV, p. 159, 1953.

30   "A BOA EDUCAÇÃO" – EXPERIÊNCIAS LIBERTÁRIAS E TEORIAS ANARQUISTAS...

É necessário esperar Piotr Kropotkin primeiro e, depois, Max Nettlau, para ter uma clara reivindicação e reconhecimento no que se refere a William Godwin. Mais recentemente, Rudolf Rocker, George Woodcock e Colin Ward, respectivamente, recordaram com clareza o compromisso que os anarquistas têm a respeito dele, mas, sobretudo, no que se refere à atualidade e à modernidade de seu pensamento.[11]

2. Vida e fundamentos do pensamento

Willian Godwin foi certamente o primeiro pensador a oferecer um quadro bem estruturado sobre o antiautoritarismo, sobre o homem vivente em uma sociedade totalmente privada de vínculos, jurídicos e políticos: foi um teórico da anarquia (embora não tendo nunca usado esse termo de forma positiva), mas não foi um participante do movimento anarquista. A sua figura de estudioso, de observador do mundo socioeconômico do final do século XVIII e começo do século XIX, a sua vida trágica — pelo menos nas repercussões no exterior — e ao mesmo tempo afortunada, a fama que conseguiu há alguns anos — com a influência exercida sobre alguns dos máximos representantes da literatura inglesa —, e o esquecimento no qual foi sepultado em outros períodos, são todos elementos de interesse, que fizeram com que numerosos estudiosos e literatos voltassem a sua própria atenção às obras de Godwin e à sua pessoa, e que as primeiras fossem conhecidas, embora não na íntegra, em muitos países. Como anarquista, foi descoberto relativamente tarde, na segunda metade do século XIX: porém, múltiplos conceitos expressos no *Political Justice*, a sua obra mais famosa, estão presentes nos libertários e anti-autoritários mais notáveis do século XIX, de Max Stirner a Mikhail Bakunin, de Piotr Kropotkin a Leon Tolstoi.[12]

Godwin nasceu em Wisbeach, no condado de Cambridge, em 3 de março de 1756[13], era o sétimo de treze filhos.

---

[11] P. KROPOTKIN, *La scienza moderna e l'anarchia*, Milão, Casa Editrice Sociale, p. 25, 1912; M. NETTLAU, *Bibliographie de l'Anarchie*, Bruxelas, pp. 4-5, 1897; R. ROCKER, *Anarchism and Anarco-syndicalism*, Londres, p. 6, 1938; G. WOODCOCK, *William Godwin. A Biographical Study*, Londres, 1946; C. WARD, *Influences voices of creative dissent*, Bideford (Devon), pp. 13-47,1991.
[12] G. M. BRAVO, Nota bibliográfica a William Godwin. In: G. M. BRAVO (Org.) *Gli anarchici*, Turim, Utet, p. 85, 1978.
[13] Sobre William Godwin consulte: G. WOODCOCK, *William Godwin: A Biographical Study,* Londres, Porcupine Press, 1946; Idem, *L'anarchia*, Milão, Feltrinelli, pp. 51-80, 1966; Idem, William Godwin pionere dell'educazione libera, *Volontà*, a. I, n. 3, Nápoles, 1946; H. ROUSSIN, *William Godwin 1756-1836. Bibliographie*, Paris, 1913; C. KEGAN PAUL, *William Godwin: his friends and Contemporaries*, Londres, vol. 2, 1876; F. K. BROWN, *The life of William Godwin*, Londres-Toronto, 1926; D. FLEISHER, *William Godwin. A study in Liberalism*, Londres, 1951; R. G. GRYLLS, *William*

WILLIAM GODWIN E A EDUCAÇÃO PARA A FELICIDADE

Seu pai era um pastor dissidente, pertencente a uma seita religiosa que fundamentava a sua crença sob um forte rigor moral, unido a uma substancial concepção do indivíduo. Convencido a seguir as pegadas do pai, Godwin passa a freqüentar diversas escolas religiosas onde recebe a cultura de seu tempo e, sobretudo, uma formação confessional que o fazem desempenhar a função de pregador, em 1778, em diversos condados da Inglaterra meridional. Porém, logo amadurece nele uma profunda reflexão espiritual que o distancia pouco a pouco da religião tradicional até que em 1783, enquanto era ministro de culto em Beaconsfield, explode a crise que o faz deixar a Igreja e a religião. Ao mesmo tempo, empenha-se em estudos filosóficos e literários e transfere-se para Londres, onde ganha a vida como preceptor e *schoolmaster*. Em seus estudos, continua a aprofundar-se, em particular, nos moralistas, nos escritores e nos poetas, e não somente nos filósofos franceses e clássicos.

Em 1783 publica o seu primeiro panfleto *An Account of the Seminary that Whill be Opened on Monday the Fourth Day of August at Epson in Surrey for the Instruction of Twelve Pupils*[14]. Trata-se de um programa para uma escola que

---

Godwin and his World, Londres, 1953; F. BEDARIDA, Il socialismo in Inghilterra fino al 1848. Un dottrinario: Godwin o l'anarchismo illuminato In: J. DROZ (Org.). *Storia del socialismo*, Roma, Ed. Riuniti, vol. I, 1973; J. P. CLARK, *The philosophical Anarchism of William Godwin*, Princeton (N.J.), Princeton U. P., 1977; A. ARGENTON, *La concezione pedagogica di un classico dell'anarchismo*, Bolonha, Patron, 1977; A. CORRADO, *William Godwin, illuminista romantico*, Nápoles, Ed. Scientifiche Italiane, 1984; P. H. MARSHALL, *William Godwin*, New Haven & Londres, Yale U. P., 1984; M. NETTLAU, *Breve storia dell'anarchismo*, Cesena, Antistato, pp. 21-23, 1964; D. H. MONRO, *Godwin's Moral Philosofy: An Interpretation of W.G.*, Londres, Oxford U. P., 1953; M. PHILIP, Godwin's Political Justice, Londres, Duckworth, 1986; B. R. POLLIN, *Education and Enlightenment in the Works of W. Godwin*, Nova York, Las Americas Publishing House, 1962; A. E. RODWAY, *Godwin and the Age of Transition*, Londres, Harrap, 1952; C. PANCERA (Org.), *William Godwin. Sull'educazione e altri scritti*, Florença, La Nuova Italia, 1992; T. TOMASI, *Ideologie libertarie e formazione umana*, Florença, La Nuova Italia, pp. 20-41, 1973; J. SPRING, *L'educazione libertaria*, Milão, Antistato, 1981; M. P. SMITH, *Educare per la libertà*, Milão, Elèuthera, 1990; VÁRIOS, *William Godwin (1756-1836). Philosophe de la Justice et de la Liberté*, Paris-Bruxelas, Pensée et Action, 1953; G. BERTI, *Il pensiero anarchico. Dal Settecento al Novecento*, Manduria, Lacaita, pp. 51-90, 1998; Idem, Godwin e le radice del pensiero antiautoritario, *Rivista storica dell'anarchismo*, a. I, n. 1, Pisa, janeiro-junho 1994; H. ARVON, *L'anarchismo*, Messina, G. D'Anna, pp. 24-31, 1973; A. SERGENT, C. HARMEL, *Histoire de l'anarchie*, Dole du Jura, Portulan, 1949; C. ZACCARIA, *William Godwin, Le constructeur*, Paris-Bruxelas, Pensée et Action, 1953; M. PHILIP, *Godwin's political justice*, Nova York, 1986; C. WARD, *Influences voices of creative dissent*, Bideford (Devon), 1991 (em particular: *Education: W. Godwin*); G. M. BRAVO, *Storia del socialismo 1789-1848*, Roma, Ed. Riuniti, pp. 191-196, 1976; A. THÉVENET, *William Godwin des lumières à l'anarchisme*, Lyon, A.C.L., 2002, Além dessas obras, consulte também a bela antologia de seus escritos: W. GODWIN, *L'eutanasia dello Stato*, Milão, Eleuthera, 1997.

[14] Publicado em Epson, em 1783.

32 "A BOA EDUCAÇÃO" – EXPERIÊNCIAS LIBERTÁRIAS E TEORIAS ANARQUISTAS...

pretende fundar em Epson, em Surrey, na qual ele antecipa os temas e os problemas que seriam depois discutidos em sua obra mais significativa. O escrito *Enquiry Concerning Political Justice* é publicado em sua primeira edição em 1793, depois que Godwin o tinha escrito e refletido em cinco anos de estudo. Nesses tempos, ele é um ativo, mas crítico, adepto da Revolução Francesa e engaja-se em atividades de caráter social, além de literário. Essa obra atinge de forma inesperada e rápida um grande sucesso também entre a classe operária, mesmo sendo um livro de muitas páginas (895) e com preço elevado. Depois dessa primeira edição, mais outras duas (1796 e 1798) são publicadas, nas quais a Revolução Francesa é interpretada em uma perspectiva decididamente mais crítica. Em particular, a segunda edição é ampliada e revista (1017 páginas) se bem que, segundo o julgamento do histórico inglês Max Beer, a mais característica e viva, embora menos sistemática, seja a primeira.[15] Nesse trabalho, Godwin arroja-se na sistematização do que há de mais liberal e libertário no campo da ciência política, levando-o às últimas conseqüências, a fim de torná-lo o primeiro manifesto bem estruturado da teoria anarquista.

Partindo da análise dos resultados, produzidos pelos acontecimentos franceses, ele chega a uma proposta de constituição de uma nova sociedade antiautoritária em um romance publicado em 1794, cujo título é *Things as They Are, or The Adventures of Caleb Williams*.[16]

Enquanto reelabora as sucessivas edições de sua famosa obra, Godwin se casa, em 29 de março de 1797, com Mary Wollstonecraft, ativa representante do movimento feminista que publicou, em 1792, *Vindication of the Rights of Women*[17]. De sua união nasce Mary (30 de agosto de 1797), mas sua mãe morre no parto. Nesse período, o sucesso de Godwin está no ápice e ele influencia numerosos literatos ingleses, além de alguns poetas (de William Wordsworth, Samuel Taylor Coleridge a Robert Southey). "Sobre o continente, alguns anos depois, políticos e cientistas se referem a ele; basta recordar Benjamin Constant e Alexander von Humboldt, ou lembrar-se do entusiasmo, a seu respeito, do místico alemão Franz von Baader".[18] Em 1797, publica uma outra obra importante *The Enquirer: Reflections on Education, Manners and Literature*, na qual ele sustenta, com vigor e argumentações pertinentes, a necessidade de uma educação absolutamente

---

[15] Citado por: BRAVO, Introduzione. In: Idem, *Gli anarchici*, p. 86.

[16] W. GODWIN, *Caleb Williams*, Londres, Penguim Books, 1987.

[17] Sobre Mary Wollstonecraft consulte: R. A. MODUGNO, *Mary Wollstonecraft. Diritti umani e Rivoluzione Francese*, Soveria Mannelli, Rubbettino, 2002; J. GUTIÉRREZ ALVAREZ, P. B. KLEISER, *Le sovversive*, Roma, Erre Emme, pp. 7-39, 1995.

[18] BRAVO, *Gli anarchici*, p. 87

WILLIAM GODWIN E A EDUCAÇÃO PARA A FELICIDADE   33

livre.[19] Mas o sucesso começa a crescer e Godwin fecha-se progressivamente em si mesmo, retirando-se para a vida privada e distanciando-se dos clamores dos noticiários. Funda, em Londres, uma livraria-editora e transforma-se em seu próprio editor, com o pseudônimo de Edward Baldwin. Escreve, ainda, outros livros de diversos assuntos[20] (textos, dramas, romances, estudos políticos) entre os quais vale a pena recordar *Of Population*, um ensaio de 1820 que polemiza as teorias de Malthus.

Paralelamente, seu livro mais conhecido continua a circular e é traduzido para o alemão. Por meio dessa tradução, o poeta Percy Bysshe Shelley, em 1811, iniciou uma relação de amizade com ele e, depois de algum tempo, passou a freqüentar a sua casa. Dessa forma, conheceu também a filha de Godwin com a qual, em 1814, fugiu, primeiro para o continente e depois para a Itália, dando início a uma vida turbulenta. Uma série de outras desgraças acompanha os últimos anos da vida de Godwin até a sua morte em Londres, em 7 de abril de 1836. É preciso esperar muitos anos até que Kropotkin escreva, em 1901:

> Foi somente na Inglaterra que William Godwin publicou, em 1793, a sua obra verdadeiramente notável: *Richerche sulla giustizia politica, e sua influenza sulla morale pubblica* [Investigação acerca da justiça política e a sua influência sobre a moral pública], que o tornou o primeiro teórico do socialismo sem governo e, isto é, da anarquia.[21]

O pensamento de Godwin é certamente influenciado por pensadores inovadores, como Locke e Rousseau, pela linha de pensamento revolucionária do século XVIII e pelo Iluminismo, da mesma forma que é importante a influência moral exercida pelo contexto familiar e religioso dos pastores *dissenters* ingleses. Mas, seguramente, em muitos aspectos de suas convicções políticas e pedagógicas, podemos encontrar alguns elementos de novidade absoluta e originalidade que fazem com que ele possa ser considerado, legitimamente, um precursor da moderna teoria anarquista. De fato, ele sustenta que nenhuma forma de autoridade é justificada, porque a verdadeira ordem da sociedade é aquela natural. Considerando esse fato, a sociedade humana sempre existiu enquanto absolutamente espontânea, ao mesmo tempo em que a autoridade política é o resultado da ignorância e da

---

[19] Para um panorama sobre as condições da infância e dos modelos educativos do século XVIII, consulte: C. PANCERA, *L'educazione dei figli. Il Setecento*, Florença, La Nuova Italia, 1999.

[20] Godwin, no decorrer de sua vida, publica outras obras além daquelas já citadas (PANCERA, *Nota bibliografica*. In: PANCERA, *William Godwin...*, pp. LXIII-LXX).

[21] P. KROPOTKIN, *La scienza moderna e l'anarchia*, Genebra, Il Risveglio, p. 16, 1913.

perversidade dos homens. Afirmando a supremacia da razão humana na sociedade, ele leva a filosofia iluminista às últimas conseqüências, e, identificando razão e natureza, defende que aquilo que a sociedade e o indivíduo devem ser significa, na verdade, afirmar que eles são aquilo que já o são naturalmente. Sua grande preocupação é demonstrar como cada ser humano é naturalmente livre, e que a liberdade nada mais é que um valor supremo e inalienável. Cada um tem direito de não suportar nenhuma forma de opressão ou de violência, deve poder exprimir-se em cada campo com a mais absoluta autonomia, segundo a sua vontade, respeitando os direitos iguais dos outros. Ninguém tem o direito de considerar *a priori* aquilo que é necessário ou desejável para um outro. O escopo da vida é a busca pela felicidade, que consiste propriamente na máxima liberdade. Segundo Godwin, as instituições humanas, toda forma de governo, são falsas e corrompidas. A monarquia o é, porque um único homem não pode certamente representar os interesses de outros e as suas necessidades; a democracia (governo da maioria sobre a minoria), porque é destinada à demagogia e à oligarquia. Sendo profundamente diversas, essas formas de governo, exatamente enquanto naturalmente repressoras, correspondem a um mesmo princípio:

> Mesmo que diferentes em suas elaborações originais, essas formas são combinadas pela relação intrínseca entre necessidade funcional e violência institucional, no sentido em que as diferentes configurações de governo a essas sutilezas compreendem necessariamente uma ordem política, cujo desenvolvimento escapa, todavia, à livre e efetiva vontade de todos os seus integrantes: para se fazer respeitar, elas devem ser coercivas.[22]

Em contraposição a tudo isso está o autogoverno, isto é, uma sociedade sem nenhuma forma coerciva, fundamentada sobre a ética da responsabilidade. Porém, a sua teoria não é aquela do contrato social de Rousseau, mas sim da contraposição de valores: "Concluindo, o problema não é o produto da luta entre corrupção histórica e bondade natural; entre luxo degenerado e bondade pura, mas sim entre razão e erro; entre verdade e mentira; entre conhecimento e ignorância".[23] Godwin demonstra uma confiança enorme na capacidade de auto-aperfeiçoar-se. Em suma, ele acredita que o homem tem naturalmente uma vontade imensa de ser livre; tal vontade permite a cada um embasar as suas relações humanas sobre um plano de igualitarismo fundamentado na razão, e que, ao mesmo tempo, tem uma vontade, tanto quanto a outra, de impedir toda forma de opressão.

---

[22] G. BERTI, *Il pensiero anarchico. Dal Settecento al Novecento*, Manduria, Lacaita, p. 54, 1998.
[23] Idem, p. 64

WILLIAM GODWIN E A EDUCAÇÃO PARA A FELICIDADE

Entender essa verdade (a interdependência da humanidade) levará sempre a humanidade a um aperfeiçoamento sempre mais evidente. Somente percorrendo esse caminho de melhora contínua pode-se ter uma justiça universal, isto é, garantida a cada um sem considerar a sua fé ou sua opinião.

> Godwin não recorre aos direitos gerais e filosóficos do ser humano ou aos princípios puros do direito público, mas convida a ter em primeiro plano as exigências e as garantias de liberdade de cada indivíduo em particular. Por isso, não individualiza estratégias ou táticas políticas nem fornece os princípios de um modelo de sociedade perfeita já preparado *a priori*. Cada geração, cada indivíduo com sua colaboração, determinará as suas próprias necessidades; cada situação concreta, cada comunidade na sua restrição, decidirá de forma autônoma como deve se regular. Por isso, Godwin será considerado, então, o progenitor do pensamento libertário.[24]

Portanto, é a própria comunidade que decidirá e garantirá a si mesma os princípios de justiça, uma vez que seus integrantes estarão unidos na compreensão dos princípios de moralidade e de verdade. A educação torna-se, portanto, um elemento essencial para a realização desse projeto.

3. Considerações sobre o seminário de Epson (1783)

> Os dois instrumentos principais do poder humano são o governo e a educação, e é por isso que esses dois temas sempre tiveram amplo espaço nas discussões filosóficas de todas as épocas: o tema da primeira discussão é o homem já dotado de uma maior força física e capaz de exercitar seus dotes intelectuais; o tema da segunda é o indivíduo ainda em sua fragilidade da infância e na incapacidade típica da inexperiência.[25]

Dessa forma, Godwin abre seu primeiro escrito juvenil importante sobre a educação, que exprime seu interesse constante e original por esse tema. Isso deriva tanto de sua prática de ensino — que se iniciou aos quinze anos, na escola

---

[24] PANCERA, Introduzione, in PANCERA, *William Godwin. Sull'educazione e altri scritti*, Florença, La Nuova Italia, 1992, p. XIV.

[25] W. GODWIN, *An Account of the Seminary that Will Be Opened on Monday the Fourth Day of August, at Epson in Surrey, for the Instruction of twelve Pupils in the Greek, Latin, French and English Languages*, in PANCERA, *William Godwin. Sull'educazione e altri scritti*, Florença, La Nuova Italia, 1992, p. 5.

de Hindolveston, como professor assistente — quanto da sua experiência sucessiva, como pastor, nas diversas paróquias dissidentes que ele freqüentava. Como podemos entender por essas primeiras palavras, Godwin considera o governo e a educação como dois artífices do condicionamento do homem sobre o homem. Naturalmente, os dois sujeitos agem de modo diferente e pressupõem modalidades de condicionamento bem diversas, mas ambos correspondem a uma única lógica que é aquela do domínio. Já nesse primeiro escrito juvenil, Godwin antecipa algumas considerações que desenvolverá posteriormente, de forma mais relevante, nos outros dois trabalhos importantes sobre a problemática educativa. De fato, ele é um dos primeiros pedagogos a exprimir críticas radicais sobre o Estado, que tira da escola a sua capacidade de condicionamento e de doutrinação. Em suma, o Estado afirma a própria ideologia usando a formação como arma privilegiada e eficaz ao propósito. Esse opúsculo, escrito como programa de abertura de uma escola (projeto que depois falhou), revela as preocupações de Godwin no tocante a dois fenômenos históricos de seu tempo: o nascimento do Estado moderno e a realização de um sistema escolar nacional, capaz de formar os cidadãos para a ideologia dominante e de sufocar, portanto, a razão humana controlando-a de forma dogmática. O governo é, então, considerado mais importante que a educação, mesmo que não seja de modo evidente: "De fato, é mais amplo em sua extensão, mas infinitamente menos absoluto em seus meios."[26]

Considerando que somos, por natureza, todos iguais, — escreve ele — o poder de um homem sobre outro homem é possível que derive sempre de uma convenção ou de um ato coercivo. Por esse motivo o governo, devendo sempre depender, em alguma medida, das idéias e dos julgamentos dos governados, é limitado e menos absoluto que a educação. Para se certificar disso, basta permitir aos cidadãos mudarem de opinião uma única vez, e eles emancipar-se-ão imediatamente. De fato, "o governo é muito limitado em tornar os homens felizes e virtuosos; é somente na infância da sociedade que ele pode fazer alguma coisa considerável; em sua fase madura, pode controlar poucas de nossas ações, enquanto que as disposições morais e o caráter dependem muito, se não inteiramente, da educação."[27] Toda forma de governo obtém o próprio domínio ou com a força ou com aprovação popular, e o sistema educativo perpetua o apoio da opinião pública. Toda forma de sujeição e de condicionamento produz injustiça e despotismo, e as escolas que negam o desenvolvimento livre e pleno da razão humana servem para a reprodução desses valores. As crianças são frágeis e ainda incapazes de muitas

---

[26] *Ibidem*, pp. 5-6
[27] *Ibidem*, p. 6.

coisas, e essa condição é, no entanto, destinada a mudar com o desenvolvimento da idade. Essa evolução é um aspecto importante e também agradável para quem se ocupa de garantir um desenvolvimento livre e equilibrado de cada capacidade da criança.

Godwin reconhece abertamente a sua obrigação de reconhecimento em relação a Rousseau, por essa leitura poética e natural da infância, embora especifique imediatamente que, em algumas partes, as idéias do pensador genebrês são passíveis de crítica. Ele se preocupa muito em verificar se o ensino de outras línguas é um fato positivo e se, da mesma forma, as línguas antigas são importantes para concluir que aquilo que foi transmitido em erudição e sabedoria não é, de fato, secundário a tudo o que é produzido hoje no campo das artes e das letras. Se "conversar com um erudito é a maneira mais óbvia para transformar nós mesmos"[28], o estudo dos antigos pode servir, muitas vezes, melhor ao propósito que aquele de um moderno, porque era muita e elevada a consideração em que os escritores eram mantidos. O estudo desses autores e sobretudo de sua língua, favorece a compreensão da gramática, e a comparação entre muitas línguas, e o estudo dessas constitui a melhor maneira para adquirir um verdadeiro profundo conhecimento filológico. Além disso, é importante que esse estudo seja iniciado em uma idade tenra porque "o conhecimento de outras línguas é dominado com facilidade apenas quando é iniciado muito precocemente (...). Uma abordagem precoce das línguas será muito útil."[29]

Como se pode verificar nessas palavras, Godwin intui bem a capacidade inata da criança em relação à aprendizagem, até mesmo no que se refere a matérias que pareceriam mais difíceis e árduas como as línguas. Em vez disso, ele destaca que a precocidade no ensino favorece uma aprendizagem melhor e mais profunda, e, assim, ele antecipa os mais modernos estudos de psicologia da infância e da didática. A imagem que é apresentada da infância é muito influenciada por Rousseau, porém mais especificamente psicológica:

> Em nossa sociedade, as idéias sucedem-se geralmente de acordo com uma certa seqüência, e uma ocupação que retarde o seu progresso torna-se imediatamente desagradável e tediosa; ao passo que as crianças que ainda não possuem esse efeito da civilização, tornam-se vítimas. Elas são dotadas de uma flexibilidade e de uma versatilidade mental que, com um pouco de atenção e habilidade, podem dedicar-se a qualquer pesquisa. Suas mentes ainda não estão precavidas, possuem uma facilidade única de aprender e muita capacidade de recordar. Essa flexibi-

---

[28] *Ibidem*, p. 8.
[29] *Ibidem*, p. 10.

lidade e versatilidade são, em geral, mal utilizadas. De fato, é impossível acreditar que essas qualidades tenham sido dadas ao homem para aprender palavras sem significado, termos técnicos não compreendidos pelo aluno, sistemas de teologias, linguagem de metafísica; por outro lado, não foram dadas sem a possibilidade de serem bem utilizadas. Portanto, pareceria justo utilizá-las de forma ampla e delimitar a nossa instrução àquele tipo de conhecimento; conhecimento que é de importância máxima e que raramente é alcançado com sucesso e é dificilmente passível de alcance em um outro período da vida que não a infância.[30]

Tendo estabelecido bem esses princípios, é importante destacar que o ensino não pode ser uma prática coerciva. De fato, "não há nada que provoque mais a compaixão que uma criança assustada a cada olhar e que observa com ansiosa incerteza os caprichos de seu preceptor."[31] Não há nada pior que essas imposições cruéis — que se encontram muito freqüentemente nas escolas — para desviar o interesse do aluno de uma aprendizagem produtiva. Certamente um método mais atento e respeitoso da criança na sua integridade. Godwin sustenta que é necessário eliminar os principais defeitos da escola moderna e não será difícil encontrar os métodos mais adequados ao desenvolvimento psicológico e evolutivo dos jovens. Antes de mais nada, é necessário que os primeiros livros que cheguem às mãos das crianças sejam simples, interessantes, agradáveis, pois é com base neles que elas perceberão, no estudo, a racionalidade e a beleza. Além disso, exatamente porque se deve levar em consideração cada um por aquilo que é na realidade — e também pela sua vivacidade natural e pela necessidade inata de deslocar-se —, os períodos que são exigidos à sua atenção, ainda que freqüentes, devem contudo ser breves e não certamente opressores. O aluno deve atingir um resultado não porque é controlado por seu professor. É imprescindível que, com seus companheiros, ele encontre o tanto de ordem e silêncio necessário que favoreça a concentração. Não deve ter nada para esconder e nenhuma necessidade de mentir. O professor sempre deve considerar o contexto da aprendizagem e as necessidades naturais da criança, adequando sua concepção de disciplina a ele, usando muito mais a gentileza em vez da severidade. É fundamental que o educador mantenha um tipo uniforme de comportamento e que esse esteja em sintonia com as leis da natureza e da necessidade.[32] Godwin sustenta também que é absurdo tentar educar a criança com argumentos, pois provavelmente ela considerará cada decisão como um capricho do adulto contra as suas predisposições. Não é necessário iniciar o

---

[30] *Ibidem*, pp. 10-11.
[31] *Ibidem*, p. 13.
[32] *Ibidem*, p. 14.

WILLIAM GODWIN E A EDUCAÇÃO PARA A FELICIDADE

trabalho educativo pelo final, mas sim buscar o objetivo de um ser maduro que raciocina com regras decisivas e inflexíveis, amáveis e humanas.

Nesse pensamento emerge a intuição da infância como um momento do desenvolvimento autônomo e não como um tipo de idade do homem em miniatura. Mas é dada pouca importância a uma certa coerência de meios e fins, mesmo que pareça óbvio considerar inúteis os raciocínios não compreensíveis do pequenino. É muito mais útil um condicionamento positivo derivado do exemplo e transmitido por meio da empatia. Essa contradição aparente do pensamento de Godwin é esclarecida quando escreve: "Mas é necessário considerar também um outro assunto. A educação moderna não corrompe apenas a índole de nossos jovens com uma escravidão rígida que os condena, mas também enfraquece a sua razão com uma linguagem incompreensível pela qual são oprimidos e pela escassa atenção dedicada no sentido de como conciliar os estudos com a sua capacidade.[33] Em suma, é necessário que o educador não cometa o erro de considerar o próprio trabalho acabado, avaliando-o quanto à quantidade de noções e informações incutidas na mente do pequenino, quanto antes, conseguir fazer com que a própria criança aprenda a aprender.

Nesses conceitos, observa-se toda a intuição psicopedagógica que as teorias de Godwin revelam, quando supera a concepção determinística de Rousseau a favor de uma visão mais moderna e integral do desenvolvimento da personalidade em termos evolutivos. A sua contribuição é extremamente atual e notável, é a capacidade de interpretar o ensino e o papel do docente em relação à aprendizagem e ao papel do aluno. Ele destaca aqui, de um lado, o necessário envolvimento do educando na relação educativa e, de outro, como a educação existe apenas em uma relação dialógica e não-hierárquica. Como vimos, todas as atividades que se fundamentam sobre um bombardeio de noções e que não contêm nenhuma utilidade racional e livre devem ser evitadas. Resumindo, a preocupação que ele exprime é de ajustar cada ensinamento à capacidade real do aluno, na realidade, percorrer o caminho da intervenção o mais individualizado possível. Além disso, ele destaca como é importante proceder gradualmente e alcançar a experiência concreta:

> De tudo o que disse mostra-se evidente que meu objetivo constante é aquele de adequar meus ensinamentos à capacidade do aluno. Há livros que, além de todo o restante, ensinam a falar sem refletir e a utilizar termos sem significado. A tal dano não há remédio absoluto. O único remédio é nos habituar a um estudo claro e preciso; recorrer, sempre que possível, ao livro da natureza, em vez de

---

[33] *Ibidem*, p. 16.

40 "A BOA EDUCAÇÃO" – EXPERIÊNCIAS LIBERTÁRIAS E TEORIAS ANARQUISTAS...

qualquer composição humana; retardar a recorrer a esse tipo de composição, de acordo com a necessidade da educação; no início, organizar nossos estudos de modo a poder iniciar com as disciplinas mais simples e fáceis, avançando de maneira proporcional à compreensão do aluno.[34]

Uma outra consideração moderna apresentada por Godwin diz respeito ao estudo de História, a qual ele desejava que se tornasse a primeira disciplina a ser ensinada. De fato, ele escreve: "Não são dignas de estudo apenas as ações externas aos homens: quem pensaria estar seguindo um curso de História se essa disciplina consistisse apenas em uma série de eventos cronológicos? Não é assim, deveríamos estudar a essência dos homens. É às suas ações, como expressões das tendências e dos caracteres, que deveríamos nos dedicar."[35] Portanto, não passa desapercebido o fato de essa consideração ser atual, não só no que se refere à importância do estudo de História, mas sobretudo à concepção que Godwin possui dessa própria disciplina entendida em sua totalidade e como é indispensável no fazer a história levar em conta todos os aspectos que determinam os acontecimentos, não menos importante certamente o imaginário social que os representa. Portanto, estudar e escrever a História significa entender também os aspectos imaginativos, representativos, desconhecidos e menos considerados de um determinado evento que tem como protagonista o homem em sua totalidade e essência. Ele apresenta uma última consideração que vale a pena destacar. Examinando a história, reduzindo-a à sua essência, resta ainda uma matéria necessária: a moral. A História nada ensina se no comportamento humano não se vê outra coisa além de comportamentos exteriores e materiais. Qualquer fato descrito sem uma moral perde todo o prazer e todo ensinamento. A criança, como o adulto, é influenciada por aquilo que é tangível e claro. Godwin está convencido de que, recebendo todo o tipo de impressões e sugestões, ela esteja em condições de transformá-las de modo que sejam duradouras e vigorosas. Portanto, a moral pode ser ensinada cedo, atentando para que essa não se revele como uma imposição. Além disso, ele está convencido de que na índole humana prevalece a tendência à bondade sobre àquela do egoísmo, como mostra a natureza de um pequenino se comparada à construção própria de um adulto. Por esses motivos, é necessário, portanto, utilizar um método educativo bem preciso, em relação à criança, que ele resume da seguinte maneira:

---

[34] *Ibidem*, pp. 18-19.
[35] *Ibidem*, p. 31. Ele antecipa aqui a historiografia mais moderna. Consulte, como exemplo, J. LE GOFF (Org.), *La nuova storia*, Milão, Mondatori, 2001; *Idem, Intervista sulla storia*, Milão, Mondatori, 2000.

WILLIAM GODWIN E A EDUCAÇÃO PARA A FELICIDADE

Induzir-lo-ia a exprimir seus sentimentos leais e puros sobre cada ação e personagem que lhe fosse apresentado. Pedir-lhe-ia freqüentemente para expressar as razões claras e simples de suas opiniões. Tudo isso deveria sempre ocorrer de modo familiar, sem ostentação e simulação. Dessa forma, tendo impedido o perigo de incitar os sentimentos de inveja e arrogância, que a longo prazo preparam tantas humilhações aos nossos jovens, e à custa dos quais muito freqüentemente tal fato se verifica, educar-lo-ia para exprimir as suas opiniões sobre qualquer assunto de maneira livre, perspicaz e desembaraçada. Sem impor-lhe continuamente os sentimentos que lhe conviria nutrir, poderia, com um estratagema pequeno e honesto, modelar o seu julgamento da forma mais desejável, e ao descobrir a sua capacidade, verificar as inclinações originárias da sua mente.[36]

Nesse primeiro escrito, não desprovido de contradição, entretanto, certamente interessante, Godwin estabelece as bases para a futura e mais madura obra também nos conteúdos pedagógicos. Todavia, já nesse panfleto, ainda que não de modo claro e exaustivo, representa três conceitos, que serão característicos de todo o pensamento libertário sobre a educação: a postura de respeito e de consideração psicológica em relação ao desenvolvimento da criança; a importância atribuída à relação ensino-aprendizagem; o destaque da importância da educação como meio de controle social.

4. Sobre justiça política e a sua influência sobre a moral e a felicidade

Em sua obra mais importante William Godwin enfatiza uma crítica radical ao sistema escolar estatal, pois, por meio dele, o poder político desenvolve uma ação totalizante de condicionamento ideológico. Contestando a função da escola, ele almeja destruir a legitimidade do Estado. Criando um vasto consenso em torno de si, o domínio público, isto é, o governo, por meio de um conjunto diversificado de taxações e leis iníquas, favorece a usurpação do privilégio por parte das classes mais ricas; as próprias leis são formuladas e administradas por quem possui a supremacia econômica. A própria formação dos Estados nacionais favorece, segundo Godwin, a promoção de valores como o patriotismo, a glória nacional, que têm pouco a ver com os interesses do indivíduo. A educação, que assim se torna política, serve a esse sistema para doutrinar e plagiar as mentes das gerações jovens, segundo os esquemas e valores próprios do Estado e impede o desenvolvimento livre e racional do indivíduo. O governo é fruto da ignorância e do erro

---

[36] *Ibidem*, p. 25.

que os homens cometem e, idealizado para suprimir a injustiça, na realidade acaba por promovê-la, realizá-la e perpetuá-la. "Sem liberdade, os homens não podem se tornar nem sábios, nem úteis, nem felizes."[37] A liberdade é o fundamento natural do ser humano e une-se necessariamente à racionalidade. Desse modo, a felicidade é o objetivo principal do ser humano, e, para garanti-la, é necessária a justiça, que deve ser imparcial, não influenciada pelas simpatias pessoais, e à qual se recorre para intervir sempre que a felicidade de um ser humano for influenciada ou condicionada. A razão, princípio independente, consiste em ajustar o nosso comportamento de acordo com a comparação que realiza entre as diversas sensações. Portanto, para melhorar as nossas ações, devemos tender à melhora da própria razão.

A razão depende, pela sua força e clareza, do desenvolvimento do conhecimento. A nossa capacidade de progredir no desenvolvimento do conhecimento é ilimitada. Daqui resultam: que as invenções humanas e as maneiras do viver social são suscetíveis de melhoras contínuas. Que as instituições idealizadas para dar um caráter perpétuo a um modo de pensar qualquer ou a uma condição de existência qualquer são nocivas.[38]

Uma distribuição injusta da riqueza também é contrária à condição humana desejável, porque compromete o vigor da mente, que está ligado à simplicidade dos modos e ao tempo livre para cuidar dos interesses intelectuais. Extremamente atual, esse conceito pressupõe o domínio da liberdade e da felicidade, e identifica-o com uma igualdade maior entre os homens, e em uma sociedade que se preocupe — redistribuindo a riqueza — em garantir a todos os indivíduos cotas cada vez maiores de tempo livre para que possam cultivar seus interesses culturais e intelectuais. Conseqüentemente, imagina-se uma sociedade que tenha libertado o homem da escravidão do trabalho opressor a favor de um amplo espaço a se dedicar ao desenvolvimento artístico e criativo das várias personalidades.

Godwin propõe-se demonstrar dois conceitos fundamentais: as ações e as inclinações do gênero humano são o resultado de eventos e circunstâncias precisas e não, certamente, de um determinismo originário, que seriam designados a se realizar na realidade; as nossas ações voluntárias no mundo são determinadas pelo intelecto e, com certeza, não pelos impulsos imediatos dos sentidos. Se isso for verdade, significa, então, que a felicidade que os seres humanos são capazes de conseguir depende exclusivamente das escolhas que cada um faz para perseguir

---

[37] W. GODWIN, Enquiry Concerning Political Justice and its influence on General Virtue and Happiness (1793), in PANCERA, *William Godwin. Sull'educazione e altri scritti*, Florença, La Nuova Italia, 1992, p. 31.
[38] *Ibidem*, p. 32.

WILLIAM GODWIN E A EDUCAÇÃO PARA A FELICIDADE

esse objetivo. Ou seja, que há uma coerência intrínseca entre meios e fins e que somente com essa atenção é possível atingir o objetivo dado. Nisso existe a evidência de um dos postulados fundamentais da teoria anarquista que Godwin antecipa de maneira clara e evidente. Da mesma forma, defende o nosso autor, é evidente que se deve demonstrar também como as opiniões dos homens estão sujeitas e sob o absoluto controle da instituição política. Sustentando que as idéias são o fruto de um contexto socioambiental que age sobre a faculdade de receber impressões sensíveis, ele recusa obviamente as teorias do inatismo, cujos seguidores insistem em justificar com a teoria da incapacidade do homem de explicar determinados eventos ou fenômenos: "As asserções mais absurdas, incapazes de qualquer defesa racional, recorreram a esse princípio inexplicável, em diversos lugares e épocas, e essas foram consideradas como infalíveis e natu-rais. O pesquisador cujo único fim seja a verdade, que não deseja ser enganado, que esteja determinado a proceder apenas por provas convincentes e evidentes, se encontrará bem pouco satisfeito com aqueles dogmas que não possuem outros fundamentos além de uma suposta necessidade que induz a mente humana a dar a sua aprovação.[39]

Se não há idéias inatas, não há tampouco instintos, mas apenas a capacidade de perceber os eventos e de assimilar os conceitos por meio da experiência direta. E é a educação que desempenha um papel fundamental para determinar o futuro de um ser humano.

Todavia, Godwin não nega que existam reais diferenças entre os diversos indivíduos no instante do nascimento. Dois irmãos recém-nascidos, um vigoroso e forte, e outro que cresce com dificuldade, são, sem dúvida, muito diferentes no instante do nascimento. Se cada um deles pudesse receber uma educação sábia e similar em tudo, certamente a criança que está em uma situação de desvantagem seria beneficiada, mas a outra manteria a sua vantagem de qualquer modo.

Essas importantes considerações revelam um Godwin que, além de não aceitar um conceito meritocrático, contesta também a teoria da igualdade das mesmas oportunidades de modo intuitivo e pertinente. De fato, se há diferenças no início, é impossível colocar todos sobre o mesmo nível dando-lhes a mesma oportunidade educativa. Mas o nosso autor vai mais além, declarando que é impossível que uma educação seja idêntica ainda que em um mesmo contexto familiar: "A diferença das circunstâncias externas de dois seres cujo estado se assemelha muitíssimo é grande, de tal forma que descarta qualquer capacidade de previsão. No estado atual, as coisas estão assim. Nada é mais evidente que o

---

[39] *Ibidem*, p. 43.

fato de que as crianças de várias aparências e tamanhos possam tornar-se, indiferentemente, pessoas sábias."[40] Refugiar-se no desconhecido e o no absoluto para explicar as diferenças é absurdo, significa recorrer à indolência, ou seja, à essência da impostura, que é a principal inimiga de uma essência correta de investigação e pesquisa.

> As diferenças essenciais que se podem encontrar entre os indivíduos originam-se das opiniões que esses formam e das circunstâncias pelas quais eles são influenciados. É impossível acreditar que a mesma evolução moral não produza aproximadamente o mesmo homem.[41]

Com isso, ele não deseja sustentar que não exista um patrimônio moral e ético que é transmitido de geração para geração e que é importante na formação do indivíduo. Porém, toda a sua argumentação é sustentada por uma fé totalmente iluminista baseada na bondade da natureza humana, sobre o fato de que prevalecem as tendências positivas sobre as negativas, contanto que o contexto social favoreça a sua manifestação natural, de forma coerente. Se for sugerida uma linha de conduta para a mente, transmite-se a ela o temor pelas desgraças ou coisas similares, se ela for incitada com circunstâncias de aversão ou de afeto, a influência lenta e silenciosa das causas materiais mudará: "A conseqüência de tais considerações é que, no instante do nascimento, um homem possui realmente um caráter particular, e cada indivíduo possui um caráter diferente de seus semelhantes."[42]

Nenhum evento é privado de conseqüências, e cada circunstância, por menor e mais débil que seja, produz mudanças. Mas se as diferenças originárias, em sentido numérico, possuem uma certa importância entre os homens, do ponto de vista geral e completo, são quase irrelevantes. Não há nada no homem que não possa ser mudado por meio da educação: "Fala a língua da verdade e da razão com teu discípulo e não anseia pelo resultado. Mostra-lhe que aquilo que aconselhas é relevante e necessário, e não temas, ele o desejará. Convence a sua mente e terá as faculdades físicas e intelectuais dele em teu poder. Por quanto tempo o gênio da educação foi desencorajado e enfraquecido pela pretensão de que o homem é, desde o nascimento, tudo aquilo que pode tornar-se?"[43].

Portanto, para Godwin, a educação é o instrumento por excelência para manter o que existe, mas também para promover o futuro; depende do uso que se faz

---

[40] *Ibidem*, pp. 49-50.
[41] *Ibidem*, p. 50.
[42] *Ibidem*, p. 52.

WILLIAM GODWIN E A EDUCAÇÃO PARA A FELICIDADE   45

dela e de quem a exerce. Dessa forma, no processo formativo não é verdade que não se agrega nada àquilo que o indivíduo já possui, pelo contrário, a instrução pode e deve ser aumentada. O insucesso da educação é em virtude dos erros pelos quais é acompanhada e não tanto pela limitação de seus poderes. O erro está, portanto, no educador que pretende transmitir entusiasmo quando está em estado de apatia: "Estamos presos em nós mesmos e não observamos, como devemos, passo a passo as sensações que passam pela mente de nosso ouvinte. Utilizamos a coerção em vez da persuasão, e iludimo-nos pensando que o despotismo é o caminho para se chegar ao coração."[44] É necessário compreender, continua nosso autor, que não há obstáculos em nossas ações que não possam ser superados e vencidos com a nossa vontade e dedicação. É necessário que os homens abandonem as correntes que os ligam às superstições e aos prejulgamentos; que eles se convençam de que a mente humana é um sujeito inteligente, capaz de decidir para onde se dirigir e não é pré-condicionada para poder conseguir os resultados desejados. Não há destinos inevitáveis, mas perspectivas para se construir com a própria razão e vontade. Os seres humanos foram deixados na ignorância e induzidos ao erro. Basta retirar as causas dessa ignorância e desses erros, e as coisas mudarão. Em suma, é sempre a educação que pode modificar o contexto social e cultural, da mesma forma que pode mudar as inclinações negativas da índole humana. Godwin entende aqui por educação aquela que "é criada por acidente, ou seja, por aquelas impressões que recebemos independentemente da representação do preceptor; a educação comumente dita, ou seja, as impressões que o preceptor comunica de forma intencional; e a educação política, ou seja, as modificações que as nossas idéias recebem da forma do governo sob a qual vivemos."[45]

Todas as três formas de educação possuem, ainda que de maneira diversa, capacidade de influenciar a vida de cada ser humano. As idéias e percepções se sucedem na mente de cada um, em cada momento, e todas são capazes de condicionar as respostas individuais. Ao se observar uma figura, quase nunca ninguém vê as formas do mesmo modo, e ninguém, ao presenciar uma aula, retém e compreende exatamente as mesmas coisas, não tendo dedicado o mesmo grau de atenção e de seriedade. Uma vez que o estado com o qual se predispõe a ouvir não é sempre o mesmo, a impressão recebida não pode ser a mesma. Sem dúvida, a educação programada é mais eficaz que aquela casual, contanto que o educador não deseje se impor, não esconda parte da verdade ou, pior ainda, minta, em vez

---

[43] *Ibidem*, p. 53.
[44] *Ibidem*, p. 53.
[45] *Ibidem*, p. 55.

de ser franco e hábil para incitar a fantasia do educando, para estimular suas curiosidades e desenvolver seu instinto e desejo de aprender. As crianças, de fato, são bem dispostas a aprender, e se isso não acontece, é unicamente responsabilidade de quem as educa, pois estão se mostrando incapazes de instigar a necessidade natural de aprender dos pequeninos. Se o educador age de má-fé ou é incapaz de fazer tudo aquilo de que necessita é claro que a criança fechar-se-á em si mesma ou tornar-se-á, por reação lógica, completamente diferente dele.

A parte ocupada pelo governo, em suas várias formas, e pelas instituições políticas na formação do indivíduo depende, segundo Godwin, de duas circunstâncias. Primeiro, a potência do governo que corrompe é muito mais profunda e estável que aquela do preceptor. Nenhum preceptor será capaz de remover essa potência condicionante do poder político, porque exatamente esse domínio condiciona também o próprio educador. Quando, eventualmente, um professor conseguisse fugir a essa lógica, se encontraria a dever se opor à própria criança, que está condicionada pelo contexto político e social geral, uma vez que é inconcebível — além de ser artificial — isolar um ser vivo de seus outros semelhantes. Como conseqüência, haveria apenas confusão, incerteza; confusão e indecisão. Sua mente enfraquecida e debilitada poderá, com dificuldade, descobrir o próprio caminho. Portanto, é indispensável que a mudança das posturas educativas aconteça paralelamente com a mudança da sociedade. Nisso, Godwin contrapõe-se a Rousseau, de forma clara e inequívoca, pois assume a libertação individual como possível na medida em que for desenvolvida em paralelo com aquela social e dos outros seres humanos.

De acordo com a lógica de nosso autor, a mudança geral da sociedade é uma passagem obrigatória, pois considera a sua pesquisa sobre a justiça política como a atuação e a continuação da sociedade natural, na qual é abolida toda forma institucional de governo e de legislação, porém fundamentada sobre algumas verdades morais que são imutáveis e sobre a autonomia e liberdade do julgamento individual, que leva necessariamente à igualdade moral dos homens. O princípio geral, que regula e move a sociedade, é a justiça que nos induz a fazer o quanto for possível para assistir e ajudar os outros, na medida em que podemos, de acordo com a necessidade deles. Todo indivíduo tem o dever de usar o seu talento e a sua inteligência, a sua força e o seu tempo para produzir a máxima quantidade de bem comum. Dessa justiça faz parte também a tarefa educativa, antes, ela é de suma importância; tarefa tal que não deve ser confiada a uma figura de um professor institucional, tampouco a um sistema escolar prefixado, mas delegado a toda a sociedade, em uma espécie de relação educativa contínua, geral e recíproca.

Uma postura tipicamente moral, como é o pensamento anarquista em sua essência, é tal e qual aquela de Godwin. Até mesmo a política é essencialmente moralidade. De fato, ele procura individualizar qual forma de sociedade permite ao indivíduo viver sem prejulgamentos, condicionamentos e corrupções; e a todo indivíduo tornar-se capaz de escolher e decidir com base exclusivamente em sua razão. Portanto, é moral aquele sistema de conduta determinada pela consideração do maior bem comum. Para restituir o homem à sua espontaneidade e bondade original não é suficiente agir e modificar o ambiente social, mas é necessário da mesma forma mudar a mentalidade do indivíduo, erradicando-lhe os preconceitos e prejulgamentos de qualquer natureza. Para essa operação, para eliminar o poder político e religioso dominante, da mesma forma que toda outra forma de domínio, seja ele democrático ou monárquico, é necessária uma revolução — que Godwin faz votos que não seja violenta. Finalmente, não se pode dizer que a mudança seja completa sem uma redistribuição da riqueza e a abolição da propriedade privada que não devem, porém, levar a nenhuma forma de coletivização forçada, ou pior, estatização; nenhuma limitação ao indivíduo, nenhuma vida imposta em comum senão livremente escolhida.

Outra convicção explicitada por Godwin é que nenhuma punição, no âmbito social, é legítima, tanto que o único princípio que se possa impor a alguém o poder de aceitar um certo tipo de comportamento em vez de um outro, é representado pela sua própria mente. A busca do conhecimento, portanto, acontece apenas e exclusivamente por um ato voluntário que é fundamentado sobre a motivação de aprender e, certamente, não pode ser imposto por um ato unilateral e autoritário. Porém, para aprender, é necessário também que os olhos se abram e se contemple o universo:

> Enquanto não estivermos familiarizados com o significado dos termos e com a natureza dos objetos ao nosso redor, não poderemos entender as proposições verbais que se referem a eles. Enquanto não estivermos familiarizados com a natureza dos objetos ao nosso redor, não poderemos compará-los com os princípios com os quais somos formados e entender os modos para utilizá-los. Certamente, há outros modos para conseguir sabedoria e habilidade além da escola das adversidades, mas não há outro modo de consegui-las senão por meio da experiência.[46]

A experiência que, então, é elaborada pela mente de cada indivíduo é, portanto, a fonte primária do conhecimento e, sobretudo, é a situação que permite que a aprendizagem torne-se duradoura e fique gravada profundamente dentro do raciocínio e da índole humana. Para compreender totalmente o valor da experiência basta constatar os numerosos progressos que a mente humana conseguiu no

---

[46] *Ibidem*, p. 99.

48 "A BOA EDUCAÇÃO" – EXPERIÊNCIAS LIBERTÁRIAS E TEORIAS ANARQUISTAS...

decorrer da história e da evolução. Essas múltiplas melhoras, porém, não podem ser realizadas propriamente pelo indivíduo, senão por meio de leituras de livros e por meio da convivência, ou diretamente por meio de observações dos homens e das coisas. A primeira maneira leva seguramente a uma possibilidade ilimitada de melhora, mas não é suficiente. Godwin afirma que não conseguiremos entender completamente os livros enquanto não tivermos um conhecimento direto e pessoal das coisas, dos acontecimentos, dos sentimentos dos quais tratam. O próprio Godwin serve-se da descrição da educação do príncipe para demonstrar todos os aspectos negativos contidos nela e que devem ser evitados[47] e contrapõe a essa um modelo de formação integral, própria do verdadeiro filósofo, do político justo, do amigo e benfeitor do gênero humano. De fato, escreve:

> Aquele que conhece a mente humana a conhece porque já a havia observado por si próprio; aquele que a conhece em sua realidade mais íntima já a havia anteriormente observado em seus contextos mais variados. Deve tê-la visto sem máscara, quando nenhum elemento externo coloca freio às suas paixões e induz o indivíduo a mostrar uma personalidade estudada e não-espontânea. Terá visto os homens em seus momentos mais particulares, quando o ardor do ressentimento preenche de fogo as suas palavras, quando estão animados e cheios de esperança, quando são torturados e se contorcem de desespero, quando a alma despeja o seu ser mais verdadeiro a respeito de um verdadeiro amigo. Enfim, ele próprio deverá ter sido um ator em cena, ele próprio deverá ter colocado em jogo as suas paixões, ter conhecido a ânsia da expectativa e o entusiasmo do sucesso, de outra forma ele ouvirá e entenderá aquilo que vê em geral da humanidade a mesma coisa que sentiria e entenderia dos habitantes vitrificados do planeta Mercúrio ou das salamandras que vivem ao sol.[48]

Como se pode deduzir dessa poética citação, não se pode ter o verdadeiro conhecimento sem um envolvimento total e uma completa imersão na realidade da vida que certamente não é constituída pela artificialidade da existência cotidiana de um príncipe, que Godwin descreve de forma magistral nessa obra tão significativa. Dessa forma, como vimos, de um lado a motivação, do outro o conhecimento profundo e vivido, constituem respectivamente o meio e o fim da educação verdadeira e livre. Se ela determina grande parte do futuro e da vida de um homem e se, em certo sentido, pertence à juventude, é tanto quanto verdade que ela pode acabar apenas com o fim da vida. Na realidade, não existe um limite temporal para o conhecimento e para a educação, portanto, ela é permanente e recorrente. Consi-

---

[47] *Ibidem*, pp. 100-105.
[48] *Ibidem*, p. 100.

derando, então, que Godwin pensa nos direitos morais não-codificáveis em direitos políticos e jurídicos, e que a sua eticidade serve de pano de fundo para sua concepção filosófica e pedagógica, fica claro como ele, ao pensar sobre a relação educativa, raciocina em termos igualitários e libertários. Isso que sucede na realidade é o que existe das diferenças de tratamento, dependente de o interlocutor ser uma criança ou um adulto, e que estes últimos são governados por princípios de poder e, certamente, não pelas normas morais. Se desejarmos fazer algo a um adulto, por exemplo, pede-se a ele e não o obriga; de fato, ele tem o direito de recusar, nesse caso, procura-se persuadi-lo ou, então, recorre-se a um terceiro que desempenha a função de árbitro. Tudo isso não acontece com a criança, pois os adultos consideram os pequeninos hierarquicamente abaixo deles. Basta pensar, destaca nosso autor, sobre como são tratados os jovens, a maneira dura e absoluta à qual eles devem estar subordinados, à severidade das escolas do tempo e à disciplina autoritária e violenta. Se desejarmos percorrer o caminho da verdadeira autonomia, devemos eliminar tudo isso; se quisermos que o conhecimento seja verdadeiramente o fruto da motivação e da investigação pessoal, fruto de uma experiência vivida integralmente, é necessário construir uma relação educativa seriamente igualitária.

Essa nova concepção, que ele introduz no debate pedagógico, não é a mesma proposta por Rousseau, o qual substitui uma coerção evidente por uma manipulação não aparente, mas muito mais invasiva na personalidade da criança. Além disso, ele inverte a lógica que coloca no centro do processo educativo o ensino (o mestre), em favor de uma outra que coloca em seu centro a aprendizagem (ou seja, o aluno) mesmo se em uma relação estreita e de ligação entre os dois. Essa inversão de perspectiva é governada sobre a importância que é atribuída à motivação por parte de Godwin. O resultado de uma simples abordagem, produz, sem dúvida, a destruição da escola com base nos esquemas tradicionalmente autoritários, a favor de um ambiente não apenas estimulante, mas pronto também a fornecer os reforços positivos necessários que ampliam a confiança da criança em relação às próprias possibilidades. Naturalmente, o professor deve reforçar essa motivação ajudando o aluno a superar as dificuldades que encontra, e não se substituindo por ele, ou ainda pior, substituindo os desejos da criança pelos seus próprios desejos. Tudo isso pressupõe um grande respeito pela autonomia do discente, que se identifica com a sua liberdade. Isso, juntamente com o respeito pela psicologia da criança, produzirá melhores resultados também no plano mais estritamente escolar. Cada um é diferente do outro e, apesar de assemelhar-se ao pai ou à mãe, todavia, há particularidades pelas quais esses se distinguem. Portanto, é extremamente importante examinar a intervenção educativa de modo apropriado a cada indivíduo. O ato do nascimento, compreendido como causa física, produz bem pouco de relevante e de regular, enquanto que a educação é útil para incutir um espírito de emulação a uma determinada idade e a uma mente jovem. A qualidade da educação de um príncipe, que ocorre na riqueza e na ausência de todo esforço e sem motivação, é muito menos importante e significativa do que aquela de um plebeu, que implica esforços contínuos, confrontos com a realidade e é rica de motivações. Infelizmente, muitas vezes os pais e os preceptores, denuncia Godwin, encontram refúgio para a indolência deles no momento em que, com falsos pretextos, induzem os jovens à complacência, em vez de mostrar a eles, da forma que podem entender, a verdadeira face das coisas. "Aquele que deseja raciocinar com um outro e explicar-lhe com honestidade as razões pela qual sugere uma determinada ação coloca-se no mesmo plano que ele. Mas quem decidiu nos enganar com promessas vãs e nos obrigar aos seus propósitos com mentiras ilusórias, sente que nos domina."[49]

A verdadeira relação educativa é decerto constituída por um relacionamento profundamente igualitário que, sendo único, é capaz de garantir o desenvolvimento positivo de ambos os sujeitos. Portanto, é necessário evitar a manipulação, mesmo porque o homem é capaz de desenvolver-se continuamente; a sua natureza está em desenvolvimento contínuo mesmo que seja indispensável que esse progresso apóie-se sobre uma base de clara racionalidade e veracidade. O percurso individual deve possuir as coordenadas justas a fim de que evite dispersões e desânimos contínuos. Aquele que está habituado ao engano ignorará a realidade verdadeira das coisas, e aquele que suporta imposições não é capaz de julgar o verdadeiro e o belo:

> A mente humana não pode ser violada impunemente. Se aceitarmos as falsas idéias, o engano e a fé cega, mesmo que somente em um campo, conseqüentemente as energias questionadoras da mente tornar-se-ão mais ou menos enfraquecidas no geral. Tal fato é bem conhecido, pois aqueles que defendem a necessidade de governar por meio do engano, sustentam a opinião de que a espécie humana é essencialmente estacionária.[50]

Portanto, existe uma estreita conexão entre poder e imobilidade, entre concepção de homem governado e incapacidade de mudança. Godwin parece procurar aqui uma síntese entre duas concepções diversas da educação, entre uma idéia desta como ciência para a formação do novo homem, e uma outra que procura pensar sobre uma contínua evolução que pressuponha e preveja o homem livre. Ele procura fazê-las coincidir, evitando assim contrapô-las, de modo que não se

---

[49] *Ibidem*, p. 120.
[50] *Ibidem*, p. 121.

WILLIAM GODWIN E A EDUCAÇÃO PARA A FELICIDADE 51

anulem alternadamente. Com extrema lucidez ele revela como o domínio dos conhecimentos é uma condição discriminante quando tais conhecimentos não são acessíveis a todos, e ao contrário, como esses constituem o meio indispensável para a formação de uma nova classe social. Destaca, de fato, como a impostura política divide os homens em duas classes, a primeira delas é preposta ao raciocínio e à elaboração do pensamento para todos; a outra deve aceitar as conclusões e as decisões da primeira como profissão de fé. Essas duas classes pressupõem a existência de dois tipos diversos de homem: o super-homem e o menos-homem. Mas tudo isso está errado tanto para uns quanto para os outros:

> é pedir muito aos primeiros, quando confiamos o poder a eles — não previsto pela natureza — de prover o bem a todos. É um pedido injusto, no que se refere aos outros, pretender que não devam jamais utilizar suas mentes ou que não devam jamais penetrar na essência das coisas, mas permanecerem sempre na aparência que engana. É injusto privá-los dessa possibilidade de atingir aquela sabedoria interior que se tornaria o produto de um número maior de mentes empenhadas na mesma pesquisa, e do espírito desinteressado e imparcial que provavelmente acompanharia aquela pesquisa.[51]

Nenhum homem pode se tornar eficaz na ação de convencer um outro indivíduo sobre alguma coisa que não tenha anteriormente persuadido a si próprio e que não corresponda a um comportamento coerente. Godwin aponta que até mesmo as crianças, quando seus pais explicam de forma incoerente que há um sistema moral para eles e outro para os adultos, e procuram enganá-los e submetê-los, suspeitam de tais coisas. Portanto, não se pode pensar que os governantes não compreendam tudo isso. Em vez disso, saber avaliar as conseqüências é de extrema importância porque, a partir do momento que o indivíduo renuncia às informações que provêm dos sentidos e da mente, põe fim a cada possibilidade de persuasão de rebater e de convencer. O exercício de interferir, com o propósito de condicionar as opiniões, é próprio do governo que concretiza tudo isso com a educação, em maior ou menor grau. O Estado justifica a instrução e a formação pública com diversas propostas, mas na realidade tudo o que se sucede é o que causa diversos danos. Todas as instituições públicas possuem, em sua lógica e natureza, a idéia de permanência. Pode também acontecer que, escreve Godwin, essas se esforcem para defender e divulgar o quanto de vantajoso a sociedade já conhece, mas, sem dúvida, não consideram que ainda há muito para se descobrir. De fato, quando realizam coisas que, no momento, parecem ou são proveitosas, quanto mais a

---

[51] *Ibidem*, p. 122.

duração dessas se estende, mais se tornam inúteis: "Observou-se que o saber ensinado nas universidades e nas grandes instituições dedicadas à educação é freqüentemente de um século anterior em relação àquele que se encontra entre os integrantes não-condicionados e sem preconceitos da mesma comunidade. No momento em que qualquer esquema de procedimentos consegue se tornar instituição permanente, obtém-se imediatamente aquelas características fundamentais de uma aversão à mudança."[52]

Nessa passagem de sua obra, ele antecipa um tema moderno da sociologia que é, contudo, um assunto recorrente da idéia anarquista, ou seja, a relação que existe entre instituinte e instituído na sociedade. Demonstra uma lei dificilmente contestável, do nascimento e desenvolvimento das instituições sociais, que revela como a lógica do poder é essencialmente aquela que se perpetua até mesmo na mudança.

Segundo o nosso autor, o verdadeiro progresso da mente pressupõe que ela conquiste bem cedo os objetivos já conseguidos pela sociedade e parta em direção à procura de novas metas. A instituição pública, ao contrário, sempre empregou as suas energias para manter os prejulgamentos e ensina não tanto a habilidade de evidenciar os erros e os limites do pensamento adquirido, quanto a arte de sustentar com vigor aqueles dogmas que tiveram a sorte de ser mantidos e instituídos até agora. Essa é uma característica que permeia cada instituição e, de modo particular, a escola. A mente humana, ao contrário, possui como característica essencial aquela da busca pelo melhor, pelo novo, por melhorar os próprios resultados: "O instante em que se fecha para a pesquisa e para a investigação é o momento de sua morte intelectual."[53] E o homem torna-se o fantasma de um defunto. Em vez disso, cada indivíduo deve ter a sua mente ativa, sempre percorrer o processo e o raciocínio que o levou a determinadas convicções. Além disso, deve examinar e considerar as eventuais objeções que lhe atingem, sem pensar em extrair o orgulho pelo fato de preservar-se cegamente em seu caminho. Não há nada de mais destrutivo para um ser humano do que aquilo que o ensina a ver qualquer julgamento como definitivo e não aberto a revisões. O mesmo vale para a comunidade que deve favorecer essa contínua revisão de suas instituições e permitir a cada um aplicar-se na procura, na conversa, na leitura, na experimentação, na meditação sem ensinar-lhe um catecismo, um dogma, moral e político.

A segunda instância pela qual ele sustenta que a educação nacional não é positiva é fundamentada sobre uma desatenção à natureza da mente humana. De fato, qualquer coisa que alguém faz por si mesmo é bem-feita, as demais, que

---

[52] *Ibidem*, p. 131.
[53] *Ibidem*, p. 132.

são feitas pelos outros, não o são da mesma maneira. Na realidade, é oportuno incitar os outros a trabalharem e a procurarem por si mesmos, pois, quem aprende porque deseja, entenderá melhor e compreenderá mais os conteúdos aprendidos. Aquele que ensina com a mesma motivação, alcançará melhor o seu objetivo. A partir do momento que o Estado designa uma função específica a cada um, esses a cumprem com passividade e resignação. Remover os obstáculos que impedem o crescimento da motivação e que inibem o espaço de escolha é importante, mas tudo isso deve ser realizado sem eliminar o gosto e a possibilidade de se fazer sozinho, de superar as dificuldades, de lutar e, portanto, de crescer e entender as coisas como desejadas, escolhidas e conseguidas com esforço e luta. Não se pode assegurar aos outros os meios para ser feliz, portanto, é pura loucura, sustenta Godwin, pensar de modo positivo sobre uma educação nacional única, estabelecida *a priori*, imposta a todos. Aí está o motivo pelo qual é necessário refletir bem antes de colocar uma máquina tão potente na mão do Estado. Na verdade, o governo serve-se dela para reforçar os seus poderes e perpetuar-se. Os instituidores desse sistema não hesitam em fazer transitar esses mesmos princípios: "Não é verdade que os nossos jovens devam ser instruídos a cultuar os nossos estatutos, ainda que excelentes; em vez disso, eles devem ser levados a cultuar a verdade. E a cultuar tais estatutos desde que esses correspondam a avaliações da verdade, livres de prejulgamentos."[54] Mas uma educação nacional possui exatamente a tendência oposta, no sentido de perpetuar os erros e deformar todas as mentes segundo um modelo preciso, definido e único. É essencial, portanto, fazer de modo com que todos possam provar o prazer do verdadeiro conhecimento, porque dessa forma não recairão mais na ignorância, mesmo porque o objetivo da virtude é aquele de aumentar o prazer. Nosso autor continua dizendo que dessa maneira não se deve mais estudar para se poder viver, mas, em vez disso, viver de modo a satisfazer a existência com o maior número de prazeres. Godwin extrai dessas afirmações teóricas uma abordagem para a análise da sociedade e do trabalho, introduzindo o tema da liberdade em contraposição à escravidão das obrigações trabalhistas. Na verdade, ele sustenta que se todos trabalhassem o mesmo tanto, trabalhar-se-ia menos e poder-se-ia dedicar mais espaço ao tempo livre, no qual cada um poderia exprimir-se oferecendo uma maior contribuição à qualidade de sua vida e de todos os outros integrantes da sociedade. O trabalho é considerado uma calamidade porque é imposto e porque impede outros espaços da vida livre. Tornar-se-á um bem precioso e prazeroso quando for convertido em formas divertidas e variadas.[55]

---

[54] *Ibidem.*, p. 134.
[55] *Ibidem*, pp. 142-143.

Na última parte de seu trabalho, Godwin exprime seu ponto de vista a respeito do futuro que espera e imagina para a educação em uma sociedade renovada. Antes de mais nada, ele destaca que essa educação não será mais de exclusiva competência da família, mas sim de toda a sociedade. Naturalmente, ela ocorrerá de acordo com a idade da criança: na primeira infância, a mãe terá um papel mais importante que, pouco a pouco, o deixará a cargo de toda a comunidade. O ensino, ao contrário, será muito mais simplificado, e ninguém pensará em atormentar os pequeninos, os inexperientes e os mais frágeis com uma instrução prematura: "Deixar-se-á que a mente se expanda na medida em que é estimulada pelas circunstâncias e pelas impressões, e não a torturará e a enfraquecerá forçando-a a adaptar-se a um modelo particular: não se pretenderá que nenhuma criatura humana não aprenda nada, a menos que ela mesma assim o deseje."[56]

Todo homem estará preparado para dar aqueles conselhos dos quais será capaz, e que poderão ser suficientes para todos os indivíduos que estudarão conforme o impulso da vontade.

5. Reflexões sobre a educação

William Godwin escreve este livro com uma prosa muito discursiva com o objetivo — apesar de explicitado no prefácio — de oferecer ao leitor não certamente alguns preceitos, mas, antes disso, alguns pontos de partida para a reflexão[57]. Nesse trabalho, ele aborda explicitamente o problema educativo e, portanto, o faz de maneira mais sistemática e completa, embora discursiva, que nas outras obras.

No primeiro ensaio, declara explicitamente que o verdadeiro e grande escopo da educação é provocar felicidade. A felicidade do indivíduo em primeiro lugar. Se todos os indivíduos são felizes a comunidade inteira também o será. O homem é um ser social e é necessariamente ligado aos outros indivíduos. Disso deriva que cada homem deveria ser educado para assistir os outros, e o primeiro objetivo a se estabelecer consiste em educar o homem a ser feliz, e o segundo, a ser útil, ou seja, virtuoso. Virtude e utilidade são, nesse contexto, sinônimos. Não pode existir felicidade sem virtude e não há prazer maior do que realizar a virtude, isto é, a utilidade. Não existe felicidade fora da auto-aprovação e da compreensão dos outros.

---

[56] *Ibidem*, p. 146.
[57] W. GODWIN, *The Enquirer. Reflections on Educations, Manners and Literature, in a Serie of Essays*, Londres, G. G. & J. Robinson, 1797.

WILLIAM GODWIN E A EDUCAÇÃO PARA A FELICIDADE

> Toda forma de virtude é um comprometimento entre interesses opostos e estímulos. O homem realmente virtuoso é de inteligência vivaz e de larga perspectiva. Aquele que é destinado a ser útil, deve ser do mesmo modo instruído e dotado de julgamento sábio e zelo ardente (...). O homem de mente iluminada e ardor perseverante possui muitas fontes das quais pode extrair prazer, as quais o ignorante não pode atingir; portanto, é presumível que tais fontes sejam mais agradáveis, válidas, duráveis e permanentemente acessíveis do que qualquer outra que seja comum entre sábio e ignorante.[58]

Uma educação correta deve, portanto, contemplar três valores: a felicidade, a virtude e a sabedoria (informações e estímulo à pesquisa). No momento do nascimento de uma criança o educador deveria instituir o objetivo de abrir-lhe a mente e, depois, incutir nela uma consciência, mesmo que existam as diferenças naturais de capacidade que dificilmente poderão se estabelecer em sua diversidade. Contudo, certamente a educação pode fazer muito, contanto que tenha sido pensada e projetada, mas, sobretudo, desejada. Na verdade, para que seja possível que uma ciência seja desejada é necessário, antes de mais nada, conhecê-la e dominá-la, saber descrevê-la com precisão e entusiasmo, saber criticá-la, aprová-la e exemplificá-la.

O insucesso depende do educador, da sua capacidade de unir o amor e o entusiasmo à competência. Ele deveria, portanto, procurar estimular o desenvolvimento de uma mente ativa, participativa e entusiasmada no educando. O seu verdadeiro escopo não pode ser senão aquele de despertar e estimular uma mente regulada, ativa e pronta para aprender. Feitas essas premissas, Godwin exprime, então, um conceito de extrema atualidade quando destaca que o objetivo verdadeiro da primeira educação é desenvolver a capacidade de aprender na criança:

> Portanto, o objetivo da instrução nos primeiros anos não é absoluto. É menos importante, em geral, que a criança adquira este ou aquele tipo de conhecimento, enquanto é muito importante que ela crie o hábito da atividade mental por meio da instrução. Isso não tanto para a imediata consideração daquilo que aprende, quanto para que a sua mente não permaneça inativa (...). Resumindo, a primeira lição de uma educação sensata é: aprender a pensar, discernir, recordar e pesquisar."[59]

A extraordinária atualidade dessas idéias choca-se obviamente com todo o aparato educativo e instrutivo da época, e faz, da mesma forma, com que essas

---

[58] W. GODWIN, "The Enquirer. Reflections on Educations, Manners and Literature, in a Serie of Essays", In: PANCERA, *William Godwin*, Ensaio I, p. 150.

[59] *Ibidem*, p. 152.

avaliações sejam absolutamente revolucionárias. Aprender a aprender torna-se, com Godwin, uma linha de demarcação e ruptura com toda a pedagogia da época, uma marca dirimente que faz com que as idéias educativas de nosso autor coloquem-se, por direito, na tradição anarquista, pois pressupõem, de forma verdadeira, uma visão absolutamente libertária da própria educação.

No segundo ensaio, Godwin ocupa-se em demonstrar a utilidade dos talentos para a sociedade. Esses são, às vezes, considerados pouco desejáveis porque induzem um homem a perpetuar atos audazes provocando mais admiração que promovendo os interesses da sociedade. Antes de mais nada, deve ser destacado como loucura e sabedoria são termos relativos: "Aquele que é reconhecido como um oráculo em uma associação obscura, pareceria talvez ignorante, confuso, fútil e tedioso em um círculo de homens geniais. A única proteção completa contra a denominação "tolo" seria estar em posse de uma inteligência fora do comum. Não há nada de mais ridículo que um indivíduo que se vangloria e é estúpido."[60] Na realidade, afirma o filósofo inglês, os talentos são recursos para a sociedade e, como tais, são de grande utilidade. De fato, os indivíduos que os possuem são capazes de produzir os alguns benefícios incomuns e, portanto, tornam-se absolutamente valorizados e utilizados para aumentar o bem comum. A virtude humana que não possui capacidade de discernimento não é uma virtude. Isso se revela no homem frágil que não sabe quem deve aprovar ou quem deve desaprovar. Faz-se deslumbrar pela luz da perfeição, mas, praticamente, é o primeiro a desvalorizá-la. Embora desejando o bem não sabe como praticá-lo. Não compreende a verdadeira natureza da felicidade ou do bem e, portanto, não é capaz de encorajá-los. Eis por que os talentos são necessários e úteis a toda a sociedade — porque os indivíduos conscientes preferem ser homens a feras, que não são capazes de dar e desfrutar mais que os homens. Os deveres de um homem na sociedade são importantes e exigem habilidades múltiplas e incomuns, para que a tirania do poder seja evitável.

> Os homens geniais devem erguer-se para mostrar aos seus irmãos que esses males, mesmo que familiares, não são menos assustadores; para analisar a máquina da sociedade humana; para demonstrar que as partes são conectadas; para explicar a imensa cadeia de eventos e conseqüências; para indicar os vícios e os remédios. É somente assim que as importantes reformas podem ser produzidas. Sem os talentos o despotismo não teria fim, da mesma forma que a miséria pública.[61]

Como conseqüência, aquele que busca a felicidade geral não negará aos seus filhos e aos seus discípulos a possibilidade de fazer com que esses se tornem os

---

[60] *Ibidem*, p. 154, Ensaio II.

[61] *Ibidem*, p. 156.

WILLIAM GODWIN E A EDUCAÇÃO PARA A FELICIDADE

benfeitores dos homens. Godwin questiona, em seguida, se a genialidade é ou não inata no homem, e afirma, imediatamente, que certas diferenças são inatas nas crianças, mas essas podem ser atribuídas às percepções, às sensações, aos prazeres e aos sofrimentos. Portanto, não é improvável que tais características sejam acessíveis a algum tipo de alteração e, portanto, seguramente o contexto sócio-educativo é capaz de condicionar o desenvolvimento de cada ser humano: "Dê-me todas as motivações que estimularam um outro homem e todos os benefícios externos dos quais se vangloria, e atingirei uma perfeição não inferior à sua."[62] Tais considerações são muito significativas porque foram introduzidas no debate pedagógico, que na época sustentava que os resultados da educação fossem deixados ao acaso. Em suma, destaca Godwin, na infância, o intelecto é particularmente flexível e os seres humanos não vêm ao mundo carregando dentro de si algo que se possa definir como "predisposição", seja em sentido virtuoso ou vicioso. A criança chega ao mundo como um sujeito capaz de determinar impressões e de ser conduzido a um determinado nível de aperfeiçoamento. Isso ocorre de modo evolutivo e gradual, não chegando jamais a uma realização completa. Ao contrário, infelizmente, é freqüente que a sociedade autoritária possa bloquear e destruir os potenciais de um indivíduo. Resumindo, o contexto ambiental é decisivo para a promoção ou para a destruição das capacidades de um indivíduo, as quais, contudo, não devem ser consideradas, mecânica e exclusivamente, como obra do educador, porque aqueles potenciais são muito superiores aos que são desenvolvidos: "Talvez aprendamos, com nossos mestres, um sistema rotineiro de árduas lições; e talvez se verifique uma condição, na relação com nossos companheiros ou em nosso contato com a natureza, que cria um caminho diretamente ao coração e torna-se fonte fecunda de milhares de projetos e contemplações".[63] Nesse raciocínio apresenta-se toda a novidade e percepção fundamental de Godwin em considerar como a educação incidental, que deriva, isto é, de uma relação direta e casual entre natureza e intelecto, é da mesma forma importante, e que, como conseqüência da elaboração, torna-se conhecimento e formação.

No ensaio seguinte, ele sustenta que diariamente, no universo, ocorrem eventos e fenômenos que não estão compreendidos dentro daquelas regras de sucessão já definidas pela ciência do homem, a qual não é, certamente, capaz de explicar tudo aquilo que acontece e, portanto, é sempre provisória nas suas conclusões. A postura produtiva é, desse modo, aquela de uma certa dose de humildade quando se aproxima do conhecimento e das leis que a regulam. Devemos, acima de tudo, procurar não ficar surpresos quando ocorrem fatos e fenômenos que não esperá-

---

[62] *Ibidem*, p. 159, Ensaio III.
[63] *Ibidem*, pp. 161-162.

vamos, segundo uma ordem que considerávamos como correta e científica. "Que a estrutura do corpo e da mente devam normalmente ser transmitidas de pai para filho é algo que corriqueiramente verificamos e, todavia, não está muito de acordo com os sistemas dos nossos filósofos. Em outras palavras, qual parte decisiva um pai tem na formação do filho?"[64], pergunta-se, em certo ponto, nosso autor. Enquanto as condições físicas podem ser consideradas solidificadas na hereditariedade, o mesmo não acontece com as características mentais. O fato, por exemplo, de que um homem traga consigo ao mundo um determinado caráter é uma circunstância que deve ser descartada, não da mesma forma, no entanto, quando se supõe que esse determinado caráter seja imutável. As circunstâncias e a educação são, sem dúvida, capazes de explicar a evolução de um certo indivíduo. Godwin prefere, portanto, não resolver completamente esse problema de muitos anos, mas isso não o exime de destacar com resistência e muita crítica como, certamente, o ambiente sócio-educativo e a causalidade ambiental determinam e condicionam fortemente o desenvolvimento de cada ser humano.

> As circunstâncias decidem as atividades nas quais nos empenharemos. Esses estudos, uma vez mais, geram os talentos que se revelam por meio dos nossos progressos. Estamos habituados a supor alguma coisa de misterioso e sobrenatural no caso dos homens geniais. Todavia, se enfrentarmos o estupor inicial devido à ignorância, para chegar a uma investigação paciente, provavelmente acharemos que a genialidade cai no interior dos percursos habituais e estabelecidos pelos eventos humanos.[65]

Portanto, a genialidade do ser humano não possui um limite temporal para se manifestar e não depende, tampouco, do nível de aproveitamento escolar. Não existe nenhuma divindade que atribua genialidade ao homem, o qual sabe muito bem reconhecer tudo isso e, além do mais, sabe entender como o seu estado é o fruto de um percurso que se desenvolveu nele e ao seu redor, mesmo que seja primordialmente nos primeiros anos de vida que se manifesta. A importância da leitura no processo de formação do homem é destacada por Godwin em um ensaio posterior que compõe essa obra. De acordo com ele, não há nada que possua influência maior para determinar, em sentido positivo ou negativo, o intelecto futuro do homem. De fato, os livros são os verdadeiros depositários das coisas mais importantes e dignas do homem. O indivíduo que ama ler possui um enorme potencial de que pode tirar proveito, depende apenas de sua vontade ser capaz de possuir todo tipo de sabedoria

---

[64] *Ibidem*, pp. 165-166, Ensaio IV.
[65] *Ibidem*, p. 168.

para julgar e executar uma ação. A diferença entre um homem com talento e um sem, consiste no modo diferente como ele utiliza seu intelecto, no mesmo espaço de tempo. O homem que possui talento libera as suas capacidades imaginativas, de reflexão e de raciocínio. Está pronto para enfrentar os diversos casos da vida com coragem e segurança, com entusiasmo e alegria. Consulta os livros que lê e os reelabora com seu raciocínio, preparando-se para outras leituras. Ele é capaz de observar tudo o que vê e de formar diversos julgamentos.

> Provavelmente nada contribuiu mais que uma inclinação precoce para leitura. Os livros alegram e incitam a nossa curiosidade de diversas maneiras. Instigam-nos a refletir, incitam-nos a nos apressarmos para transpor de um ponto a outro. Apresentam-nos os conceitos precisos de vários tipos e nos sugerem aqueles indiretos. Em um livro bem escrito, deparamo-nos com as reflexões mais maduras, com os impulsos mais felizes de um intelecto da perfeição incomum.[66]

Quanto mais precoce for a leitura, maiores serão as possibilidades para o homem desenvolver seu intelecto de forma verdadeira e ampla. Da mesma forma, é necessário que o intelecto não se torne vítima do trabalho, do terror, do autoritarismo, do desencorajamento e do desgosto. Willian Godwin dedica um ensaio inteiro para demonstrar a importância do estudo dos pensadores clássicos para a época moderna. Desse estudo ele destaca como derivaria tanto uma sabedoria verdadeira quanto um enriquecimento da palavra, da linguagem, da comunicação humana. Particularmente, o estudo dos gregos e dos latinos coincide com a descoberta desses valores autênticos, ainda importantes e válidos.

> Entretanto, talvez seja impossível entender uma língua se não conhecemos mais de uma. É somente por meio da comparação que conseguimos apreciar a filosofia da linguagem. É somente com a comparação que separamos as idéias das palavras, com as quais essas idéias são geralmente transmitidas. É comparando uma língua com outra que descobriremos as nuanças do significado por meio das várias flexões das palavras, e todas as menores gradações de sentido que a mesma palavra possui, e como pode suceder que essa seja ligada a diversos assuntos.[67]

O homem competente e exercitado nas línguas é acompanhado por uma grande maturidade intelectual porque se tornou profundo conhecedor da sua língua. As coisas possuem uma ordem em sua mente; primeiro vêm as idéias depois, as palavras que as exprimem. Estudando os clássicos poderemos tomar conhecimento

---

[66] *Ibidem*, p. 174, Ensaio V.
[67] *Ibidem*, p. 182, Ensaio VI.

60 "A BOA EDUCAÇÃO" – EXPERIÊNCIAS LIBERTÁRIAS E TEORIAS ANARQUISTAS...

também da etimologia das palavras e entender os diversos contextos e estilos nos quais essas são usadas: "Aquele que não é capaz de expor suas idéias com o uso dos diversos termos, mesmo utilizando de empréstimos das diversas línguas, dificilmente será capaz de formular as suas idéias de modo preciso, claro e não-confuso".[68] Particularmente, nosso autor destaca como o latim presta-se significativamente a ser instrumento de conhecimento, porque satisfaz duas exigências importantes da formação do intelecto humano: estimular um temperamento intenso e uma inclinação para refletir com precisão e ordem. A geometria também se presta a esse escopo porque contribui para formar um homem racional, que não acredita nas coisas ambíguas e conduz uma batalha contínua contra os prejulgamentos e imposições. Vantagens similares são proporcionadas pelo estudo da linguagem e de suas inflexões.

Todas as coisas são sujeitas a leis inflexíveis, e tudo isso faz com que elas se habituem à ordem e sejam consideradas em uma situação de clareza, discernimento e organização. A atenção à estrutura da linguagem contribui para esclarecer as sutilezas e a criatividade do intelecto. O ensino dos clássicos, bem como de outras disciplinas científicas, deve ser graduado de acordo com a idade do discente, mas a juventude é particularmente adequada para a aprendizagem das palavras e, portanto, das línguas. "Os nossos anos de juventude não devem transcorrer em uma letárgica indolência. Uma maturidade ativa deve ser precedida por uma juventude laboriosa. Não deixemos que a mente cresça habituando-se à desatenção e à indecisão por conta de uma compaixão errônea em relação à criança."[69] Como se pode ver, Godwin demonstra que intui muito bem o desenvolvimento da psicologia evolutiva e que compreende ainda melhor como o ensino das línguas é passível de realização até a idade jovem. De acordo com a sua opinião, de nada valem as argumentações clássicas e discriminatórias daqueles que negam essas verdades.

No sétimo ensaio, ele se ocupa das vantagens que a educação pública e a privada proporcionam aos jovens. A privada é favorecida pelo contato direto entre o educador e o educando, o que não é possível se a criança está em meio a tantas outras. A relação entre os dois é, decerto, mais fecunda e significativa. Por outro lado, não pode haver um verdadeiro crescimento interior sem o debate com os outros. As emoções e as opiniões são fruto do contato humano, e o fato de causar e causar-se prazer torna-os conscientes da sua existência no mundo, de modo mais vivo e inequívoco. Para convencer um indivíduo a realizar qualquer tarefa é suficiente que o convença profundamente de que tudo isso causará nele um intenso

---

[68] *Ibidem*, p. 185.
[69] *Ibidem*, p. 189.

WILLIAM GODWIN E A EDUCAÇÃO PARA A FELICIDADE

prazer. Ao mesmo tempo, a educação privada é quase sempre pobre de estímulos porque é a sociedade que realmente estimula o homem, mas Godwin sustenta que não é valida aquela sociedade que estabelece uma grande distância entre o aluno e o educador. Essa situação não favorece o desenvolvimento da criança, mesmo porque ela não possui estímulos por conta de seu isolamento. Segundo o nosso autor, uma das vantagens da instrução pública é o fato de ser mais instrumental e sistemática, características que são atenuadas pela relação entre duas pessoas somente. Um aluno de um preceptor privado é muito similar a um adulto. A companhia dos outros promove com mais facilidade aquela parte do ensino que é repetitivo e mecânico. Enfim, a educação pública é mais adequada a manifestar uma mente forte e sã porque é menos facilmente condicionável por uma relação próxima e unívoca, e porque a pior escravidão é aquela que se suporta sozinho. Para Godwin, portanto, tanto a instrução privada quanto a pública representam dois aspectos diversos de como ocorre o condicionamento da criança. Mas na instituição pública, principalmente porque essa é distante e separada do envolvimento pessoal, é mais fácil rebelar-se e, portanto, fugir da tirania que produz. Além disso, estando junto com os outros, compartilha-se o sofrimento, experimentam-se formas e modos de revolta. Pode-se descobrir a variada espécie humana com suas qualidades e defeitos, mescla-se o físico e o espírito, exercitando-se a afrontar as adversidades com serenidade e consciência.

Após ter analisado as qualidades e os defeitos desses dois tipos de educação praticados realmente, Godwin acredita que se deveria experimentar uma forma diferente que unisse as qualidades de uma e de outra e, ao mesmo tempo, se purificasse dos defeitos de ambas: "Em todas as duas formas não há nada de tão fascinante para poder bloquear, de forma justa, as investigações posteriores do nosso intelecto."[70] Com essa conclusão ele confirma a escolha de um terceiro caminho entre Estado e privado que contemple uma visão pública da educação, mas não governada pelo poder político.

É também interessante a descrição sobre a condição psicológica e relacional da juventude, que ele desenvolve em um ensaio posterior. Os poetas, e junto com eles os altos literatos, sempre descreveram a juventude do homem como a época da felicidade por excelência. Isso é devido a diversos fatores, sejam eles psicológicos ou de caráter físico, que retornam essencialmente a um sentimento nostálgico que idealiza uma idade específica da vida. Porém, a realidade é diferente, e um observador atento evidenciá-lo-ia logo a partir do fato de que é, todavia, suspeita uma avaliação que seja sempre feita por pessoas com idades diferentes daquela e jamais por um interessado direto. Um ser humano possui como primeira sensação

---

[70] *Ibidem*, p. 196, Ensaio VII.

aquela de ser alguém, enquanto que uma criança freqüentemente é considerada, ou se considera, ninguém.

Um outro sentimento que prevalece entre os jovens é aquele de serem mantidos em um estado de submissão com repreensões contínuas. Não há um momento de suas vidas em que não haja árduas repreensões, observações, ordens. Não há nenhuma forma de igualdade, de consideração com o jovem. O adulto mantém sempre e de qualquer modo um domínio absoluto e uma relação hierárquica marcada e inatacável. Toda reivindicação por parte da criança é considerada desobediência. Nos anos da juventude, o indivíduo adquire aquela porção de liberdade que o Estado cede aos seus súditos. Em outras situações, os controles obsessivos e totalizantes levam o jovem a uma condição de suportar uma contínua interferência que se manifesta como uma solicitude, mas que o impede de crescer e experimentar, isto é, ser livre. Uma vez que as maiores alegrias que se podem encontrar na essência humana são aquelas que derivam do conhecimento e da compreensão, ele não se coloca como capaz de consegui-las e, sobretudo, é impedido de alegrar-se e de se auto-aprovar. Na verdade, na idade juvenil a sensação que os sentidos provocam é tão forte quanto o intelecto é fácil de se persuadir. Mas a sociedade e a educação não trabalham para promover o desenvolvimento infantil, ao contrário, produzem no jovem uma introspecção contínua e fazem de modo com que ele se feche em si mesmo, em um sentimento de culpa e frustração. Portanto "aquelas pessoas que representaram a juventude como o período próprio da felicidade, fizeram da vida uma sátira impotente e vazia."[71]

Os principais motivos que tornam definíveis uma existência humana como feliz são o sentir-se importantes e considerados, ter o poder de confirmar o próprio comportamento nas decisões autônomas e livres, receber um sentimento de aprovação em relação aos próprios comportamentos, participar de modo afetuoso ao bem-estar comum. Os jovens, destaca Godwin, são quase completamente estranhos a cada uma dessas situações. Um educador sábio e positivo deveria dizer ao seu discípulo: "Sei que com todo o meu interesse e minha boa ação não poderei evitar de causar-lhe muitas desventuras. Mas me esforçarei para proporcionar-lhe a maior felicidade que provavelmente nenhuma outra pessoa em meu lugar proporcionar-lhe-ia. Finalmente, esforçar-me-ei para torná-lo sábio, virtuoso, laborioso, independente, dotado de auto-estima e satisfeito."[72]

O nono ensaio trata de como se transmite o saber, e o problema é discutido por uma clara formulação libertária. Godwin especifica, desde já, como a liberdade é um dos valores mais desejáveis e, portanto, como é desejável que a transmissão

---

[71] *Ibidem,* p. 201, Ensaio VIII.
[72] *Ibidem*, p. 203.

WILLIAM GODWIN E A EDUCAÇÃO PARA A FELICIDADE

dos conhecimentos ocorra sem coerções, violando o menos possível a vontade e a autonomia do julgamento individual da pessoa que deve ser instruída. Em suma, especifica que se trata de estimular um determinado indivíduo a adquirir o saber e, portanto, mais que transmissão, trata-se de estimulação ao aprender. O único modo possível e coerente com essa formulação, que o educador domina para induzir de forma liberal um outro ser a realizar voluntariamente uma ação similar, é demonstrar-lhe o motivo. Para transmitir e fazer com que um determinado motivo seja aceito, podemos nos servir de dois métodos diferentes: pode-se aconselhar e sugerir um determinado saber por meio da demonstração das vantagens que são originárias de sua aquisição ou se pode impor, por meio de intimidações ou adulações, resplandecendo a lógica do prêmio e do castigo e, talvez também, por aquela lógica mais sutil que é a do desprazer advindo de sua não-conquista. Naturalmente, é o primeiro caminho que Godwin escolhe, pois torna o homem capaz de ser autônomo, racional que não age com conceitos apriorísticos. Ele destaca, então, um outro conceito essencial e verdadeiramente moderno, ou seja, que a importância da relação educativa consiste, sobretudo, em permitir a formação de uma mente bem regulada, ativa e pronta para aprender. Toda atividade que estimula a laboriosidade, a participação, a pesquisa, a observação e a reelaboração é dedicada a esse escopo. Além disso, são a felicidade, a alegria e a motivação que induzem a realização de uma obra por meio dessas atividades: "Sem desejo o estudo é só uma aparência e uma farsa da atividade. Na impaciência de instruir não nos esqueçamos totalmente dos objetivos da educação."[73] A modalidade educativa por excelência é, portanto, aquela que se coloca como condição primária o fato de se aprender com prazer, que se deseje aprender, e a melhor motivação deriva da compreensão do valor das coisas que se devem aprender. A pior é a coerção e o temor. Há também a atração acidental que o professor pode saber criar ao redor de seu modo de ser e de ensinar, que algumas vezes funciona como estimulador do conhecimento.

> O primeiro objetivo de um sistema de instrução é fornecer ao aluno uma motivação para a aprendizagem. Vimos como os sistemas ora consolidados fracassam nessa tarefa. O segundo objetivo é de facilitar as dificuldades que se apresentam na aquisição do saber (...). Nada pode ser mais felizmente adequado a remover as dificuldades da instrução, quanto o fato de que o aluno seja primeiro estimulado a desejar o saber e, em seguida, que as suas dificuldades sejam solucionadas, e que o percurso que se deve atingir seja explicado tão freqüente e prontamente quanto ele julgue desejável.[74]

---

[73] *Ibidem*, p. 207, Ensaio IX.
[74] *Ibidem*, p. 208.

Como parece evidente, essa estrutura teórica está absolutamente em contraste com o sistema educativo e de instrução vigente na época. Essa possui uma característica completamente revolucionária; faz desaparecer os diferentes e hierarquizados papéis de instrutor e aluno; o jovem, assim como o adulto, estuda porque lhe agrada; aspira à definição de um programa de estudo próprio, em absoluta independência e igualdade. Essa nova educação é fundamentada sobre a liberdade, sobre a aprendizagem motivada e não-imposta, não-mnenônica, não-mecânica, mas sim autônoma e original. Produz um efeito dirimente no desenvolvimento da fantasia e da criatividade, da investigação pessoal e da exploração, e tudo isso reforça o conhecimento dos próprios meios e ajuda, portanto, a superar as dificuldades. Em suma, esse novo modo provoca nos jovens o amor pela literatura e pela ciência, por cada forma de saber. Tudo isso está em contraposição ao sistema educativo vigente, que destrói e anula cada expressão livre da vontade individual e deteriora a necessidade natural de conhecer.

Até mesmo o professor extrai muitas vantagens com essa nova formulação, porque pode libertar-se de sua escravidão, dos aborrecimentos e da repetição. Não será mais o guardião, mas sim o co-artífice de um crescimento coletivo, extraindo consideração e estima profunda e duradoura. Um problema delicado é constituído, todavia, pela conquista da confiança dos jovens e por estimular neles a felicidade. Nem o autoritarismo nem o permissivismo — uma vez que substancialmente especulativos — são para Godwin, métodos corretos. Entre um jovem e um ancião há uma disparidade substancial, as tendências e as preocupações são diferentes, eles se assemelham cada vez menos, e essa disparidade crescerá de forma progressiva com o passar do tempo. "Transforma um jovem em um tipo de superintendente ou diretor de alguém mais jovem e o verás tornar-se prontamente um formalista e um pedante"[75] e se poderá notar, finalmente, como a relação é viciada por uma negatividade de uma relação entre patrão e oprimido. Qualquer intervenção educativa é, portanto, impossível sem o conhecimento do sujeito e de suas possibilidades. O problema apresenta-se de forma dramática na adolescência, quando o jovem possui uma extrema necessidade de direção e, ao mesmo tempo, de experimentar a sua liberdade. A solução que Godwin apresenta é individualizada por sustentar que a relação educativa, a fim de que seja autêntica, deve ser fundamentada sobre a confiança recíproca, e o educador deve conquistá-la adotando todas as astúcias e estratégias que sirvam a esse escopo.

Mas é sobretudo graças a uma relação igualitária, próxima e empática que essa confiança pode nascer, desenvolver-se e produzir os bons frutos desejados. De fato, escreve: "Onde a simpatia é forte, facilmente se inicia também a emulação.

---

[75] *Ibidem*, p. 214, Ensaio XIV.

WILLIAM GODWIN E A EDUCAÇÃO PARA A FELICIDADE   65

As pessoas que experimentam sentimentos recíprocos entendem-se mesmo sem recorrer à ajuda da voz ou das palavras. Há como um tipo de virtude magnética que preenche o espaço entre elas: a comunicação é palpável, os meios da comunicação são muito sutis e pequenos para serem descobertos."[76] Portanto, o contato humano é o instrumento educativo mais potente capaz de sensibilizar todo o ser. O nosso autor, desse modo, valoriza todas as formas de comunicação extraverbais, que na educação ocupam um lugar extremamente significativo e constituem um dos temas mais modernos de sua pedagogia. O caminho que leva à confiança alheia é aquele que se torna o mais parecido possível ao nosso interlocutor:

> Demonstrar o nosso afeto em relação a ele de maneira mais franca; demonstrar sincera empatia em relação às suas alegrias e às suas dores; não assumir uma postura de um repressor severo e de um crítico rígido; não empregar tons formalistas; não falar com ele em uma linguagem solene, prolixa e privada de sentimentos. Que nossas palavras sejam espontâneas, as ações simples, e a nossa expressão, o espelho de nosso coração (...). Nossa autoridade moral deverá ser confirmada cotidianamente; e é provável que não perderemos essa bagagem particular de amizade, senão por nossa postura mesquinha e fútil.[77]

Essa é uma iniciativa difícil que o educador deve realizar. Portanto, é preferível que ele se abstenha se não for capaz de buscá-la corretamente sem pretextos ou falsas liberdades. A confiança deve nascer espontaneamente, de outra forma, é mais correto renunciar. Um dos maiores erros que o educador comete é não considerar os jovens como homens, não permitirem a sua autonomia de governar-se sozinhos, não fazerem sentir a sua importância e o respeito que eles devem a si mesmos. O autoritarismo e a permissividade não contribuem de nenhum modo para a conquista da confiança, ao contrário, destroem também os seus pressupostos. Nesse ensaio, Godwin demonstra que possui uma notável sensibilidade educativa certamente inovadora para a época e absolutamente não passível de ser instrumento de toda forma de poder. Além disso, como vimos, ele coloca no centro da educação a relação e a empatia que sozinhas podem definir o processo educativo em sentido igualitário e libertário.

No último ensaio, ele se ocupa das manifestações precoces do caráter da criança, denunciando como a calúnia e as falsas convicções são duplamente execráveis quando se referem aos jovens mais promissores. Isso ocorre com freqüência e deve ser absolutamente julgado de modo claro e denunciado com vigor. Entretanto, note-se bem que isso não significa abdicar e abster-se do julgamento, pelo con-

---

[76] *Ibidem*, p. 216.
[77] *Ibidem*, p. 217.

trário, os homens não deveriam desejar tanto não serem julgados, mas sim, desejar ser julgados justamente. Além do mais, tudo isso se deveria aplicar também aos outros porque a sinceridade é a primeira das virtudes, e sem ela dificilmente se poderá aprender com precisão e honestidade. "O maior erro quando falamos de nosso próximo, não é, certamente, aquele de dizer tudo o que pensamos, mas de não dizê-lo por falta de hábito e de capacidade. Não fazemos corresponder as palavras aos sentimentos, não fazemos uma confrontação entre nossas opiniões e os seus fundamentos, e os nossos discursos com ambas. Comunicamos aos nossos interlocutores sentimentos que não provamos."[78] Não se trata, porém, de não julgar os jovens, mas de fazê-lo com retidão, sem pressa, formando critérios justos de julgamento. Na verdade, são múltiplos os traços do caráter que um jovem evidencia e que depois são destinados a desempenhar uma importante função para toda humanidade. O primeiro de todos é a curiosidade, depois a sinceridade e, em seguida, o desejo de destacar-se. Esses aspectos intrínsecos aos jovens podem parecer, algumas vezes, negativos ou assumir comportamentos inconvenientes. Na realidade não o são. Segundo Godwin, um exemplo provém propriamente da vaidade que não é nada mais do que a incapacidade de se familiarizar com uma certa realidade. Mas tal realidade lentamente se transforma em desenvoltura. Esse jovem "analisará cotidianamente o próprio comportamento. Descobrirá, portanto, os seus erros; desprezará os absurdos que pode ter pronunciado; sentirá angústia pela má postura e ações vergonhosas que pode ter realizado; e, dificilmente, poderá privar-se de se tornar suspeito das próprias comparações, quando a primeira vitalidade da juventude for embora, e se tornará modesto, no melhor sentido do termo."[79] Diga-se o mesmo para uma excessiva exuberância no comportamento e nas ofensas morais. Não há necessidade, portanto, de se preocupar de forma excessiva, mas saber que tudo isso cessará e se tornará uma forma mais madura. Vale a pena preocupar-se, em vez disso, com uma excessiva mansidão que não prevê ao certo um futuro melhor. A época da sobriedade da reflexão chegará no tempo justo. A severidade dos adultos desprovida de cautela no que diz respeito a esses traços do caráter é, segundo Godwin, absolutamente reprovável.

6. Conclusão

A obra de William Godwin representa um passo importante para a passagem a uma pedagogia da criança em sentido moderno. Não tanto ou somente pela capacidade de descrever, escandalizando, as condições da infância no período

---

[78] *Ibidem*, p. 223, Ensaio XVI.
[79] *Ibidem*, p. 227.

WILLIAM GODWIN E A EDUCAÇÃO PARA A FELICIDADE

decorrido entre os séculos XVIII e XIX[80], quanto pelas novidades revolucionárias que levam ao pensamento pedagógico.

O problema educativo, que aparece em quase todas as obras de Godwin, é uma constante preocupação do autor. Ele se opõe a todas às concepções até aquele momento elaboradas (incluindo aquela de Rousseau), uma vez que no centro de seu raciocínio não está o professor, mas o aluno; não o ensino em si, mas a aprendizagem na dinâmica com ensino.

Os desejos espontâneos da criança tomam o lugar da autoridade do mestre, e ele demonstra conhecer bem a psicologia infantil "lendo" os vários comportamentos individuais e dando a eles uma explicação lógica e apropriada. Ele nos apresenta que a educação possui como escopo principal o despertar dos espíritos livres, em vez do acúmulo de conhecimentos. Sustenta ainda que as crianças devem ser colocadas em condições de desenvolver seus potenciais de modo absolutamente livre e não-forçado, sem nenhuma pressão do alto e sem nenhum tipo de dogma. A autoridade moral ou política não possui, em seu projeto, nenhuma função no âmbito da educação. Somente a empatia e uma relação igualitária entre seme-lhantes, e entre docente e discente, pode permitir um profundo desenvolvimento livre e autônomo. Ao mesmo tempo, somente a experiência direta permite o conhe-cimento combinado com a motivação individual. Ele afirma a importância do indi-víduo singular que encontra, na associação com outros seus semelhantes, uma atuação concreta de sua liberdade e autonomia. Em primeiro lugar, ele define as características de uma instrução pública, não-estatal, que produza uma racionali-dade individualizada. A confiança na motivação é absoluta e parece ser antecipadora da psicopedagogia moderna. Quando a criança inicia qualquer atividade de forma-ção deve ser absolutamente ativa e participativa, tanto que, na concepção pedagó-gica de Godwin, nenhum julgamento é jamais dado como definitivo, e a pesquisa é o fundamento de cada descoberta e ciência.

Em suma, Godwin é o primeiro e verdadeiro precursor da moderna pedagogia anarquista.

---

[80] Godwin descreve, em alguns trechos de seu *Thoughts Occasioned by the Perusal of Dr. Parr's Sermon* (Londres, 1799), de modo muito claro, as condições de vida da infância da época: "Um dos assim denominados controles que operam continuamente, é que um grande número de crianças que nascem neste País é destruído pela falta de alimento ou pela ingestão de alimentos impróprios, e que após serem sustentadas por um resquício de vida por algumas semanas ou por um ou dois anos, falecem sem ter tido nenhuma oportunidade de aproximar-se da maturidade. Os pais, em muitas classes sociais, sendo muito pouco capazes de manter a si mesmos no nível da subsistência, quando provêm uma quantidade suficiente de alimento aos seus filhos, não podem certamente prestar aten-ção se tal alimento é propriamente adequado à sua idade ou à sua constituição física" (PANCERA, *L'educazione dei figli. Il Settecento*, Florença, La Nuova Italia, pp. 255-256, 1999). Consulte também: G. GENOVESI, *L'educazione dei figli. L'Ottocento*, Florença, La Nuova Italia, 1999.

2. A TEORIA

1. Premissa a uma época

O século XIX contém, em síntese, os elementos sustentadores do debate político, cultural, pedagógico que se completarão apenas com o fim da Segunda Guerra Mundial e, no que se refere ao anarquismo, com o fim da experiência da Revolução Espanhola (1936-1939).[1]

Em particular, no decorrer do século XIX afirmam-se as visões extremas da cultura, como o idealismo e positivismo; individualismo e coletivismo; romantismo e materialismo; nacionalismo e internacionalismo; revolução e conservação; liberismo e socialismo. Mas é, sobretudo, a revanche do homem concreto, histórico, real, que se afirma sobre o homem racional, mas abstrato, das Luzes. É a explosão do sentimento, da paixão, da imaginação, mas também da razão científica obsessiva do positivismo tardio. É a afirmação da consciência da própria tradição clássica, da potência do Absoluto que se faz história, mas também a vontade prometéica da absolutização do indivíduo, livre de qualquer condicionamento e contra a história.

Em suma, o século XIX é aquele das contradições, das divergências, da dialética e do contraste, o século no qual encontramos, confrontando-se, todas as teorias filosóficas modernas, sociais, políticas e antropológicas.[2]

---

[1] Para uma interpretação anarquista dessa tese, consulte: N. CHOMSKY, *I Nuovi Mandarini*, Turim, Einaudi, pp. 86-163, 1968; C. SEPRUM MAURA, *Liberdad*, Milão, Elèuthera, 1976; P. MARSHALL, *Demanding the Impossibile. A History of Anarchism*, Londres, Fontana Press, pp. 453-468, 1993; VÁRIOS, "Spagna 1936. L'utopia è storia", In: *Volontà*, ano L, n. 2, Milão, outubro de 1996; BERTI, *Il pensiero anarchico. Dal Settecento al Novecento*, Manduria, Lacaita, pp. 829-856, 1998.

[2] N. ABBAGNANO, *Storia della filosofia. La filosofia del Romanticismo*, Milão, TEA, vol. V; G. L. MOSSE, *La cultura della Europa Occidentale*, Milão, Mondatori, pp. 11-259, 1986; I. BERLIN, *Le radice del Romanticismo*, Milão, Adelphi, 2001; Idem, *Il riccio e la volpe*, Milão, Adelphi, 1986; Idem, *Il senso della realtà*, Milão, Adelphi, 1998; Idem, *Il legno storto della umanità*, Milão,

O anarquismo — que se define não apenas em termos antiidealistas, mas também em relação ao marxismo, como uma nova filosofia e uma nova sociologia — não escapa dessa vasta dicotomia, da explosão da diversidade. Porém, o próprio anarquismo pode ser considerado, em sua historicidade oitocentista, como o paradigma exemplar da pluralidade e da diversidade.[3]

A poderosa Revolução Industrial em toda a Europa, mesmo que com diversas modalidades e localizações, produz uma enorme transformação na sociedade sob todos os pontos de vista: migrações intensas e difusas, nascimento do proletariado[4], rupturas, redistribuição das propriedades, mudanças profundas no território rural e na cidade, ativação de uma mobilidade social até aquele momento desconhecida, reivindicação de novos direitos ligados ao aparecimento de novos temas, a explicitação de novas identidades de massa, nascimento de novas elites sempre mais dinâmicas e agressivas, a necessidade e a procura pela democracia, o socialismo, partidos políticos e organizações de massa, pluralismo explícito e consciente dos assuntos culturais e sociais. Tudo isso provoca um efeito de ruptura na estrutura da família tradicional que se torna urbanizada, mononuclear, protetora, que acentua ainda mais as diferenças sociais em relação a quem não pertence a um núcleo familiar e que permanece marginalizado, sem identidade e proteção, mesmo no caso em que as confissões religiosas ou as exíguas organizações sociais ou estatais cuidam de sua assistência.[5] Mas todas essas contradições terminam por abrir novos horizontes educativos, que levam progressivamente ao reconhecimento da criança como sujeito específico e definido, em relação a ser exclusivamente filho de alguém, em vez de uma pessoa em si.[6]

Adelphi, 1994; Idem, *Il potere delle idee*, Milão, Adeplhi, 2003; R. PALMER, J. COLTON, *Storia del mondo moderno*, Roma, Ed. Riuniti, 1985; E. L. BOGART, *Storia economica dell'Europa 1760-1939*, Turim, Einaudi, 1963; G. BARRACLOUGH, *Guida alla storia contemporanea*, Bari, Laterza, 1971; A. SANTONI RUGIU, *Storia sociale dell'educazione*, pp. 400-525; W. BOYD, *Storia dell'educazione occidentale*, Roma, Armando Armando, 1972, pp. 365-457; R. MANTEGAZZA, *Filosofia dell'educazione*, Milão, Bruno Mondatori, 1998.

[3] A respeito desse tema é exemplar e indispensável a leitura de G. BERTI, *Il pensiero anarchico. Dal Settecento al Novecento*, Manduria, Lacaita, 1998.

[4] G. LEFRANC, *Storia del lavoro*, Milão, Jaca Book, pp. 205-317, 1978.

[5] A. MANOUKIAN (Org.), *Famiglia e matrimonio nel capitalismo europeo*, Bolonha, Il Mulino, 1974; VÁRIOS, *La famiglia nella società capitalistica avanzata*, Nápoles, Guida, 1974, pp. 15-90; A. MANOUKIAN, F. OLIVETTI MANOUKIAN, L'educazione in famiglia: tra intenzionalità e destino, In: E. BECCHI (Org.) *Storia dell'educazione*, Florença, La Nuova Italia, pp. 51-72, 1998.

[6] Para uma boa visão dessas mudanças e das diferenças de posturas entre as diversas classes sociais no âmbito educativo, consulte: G. GENOVESI, *L'educazione dei figli. L'Ottocento*, Florença, La Nuova Italia, 1999. No que se refere à Itália, consulte: F. CAMBI, S. ULIVIERI; *Storia dell'infanzia nell'Italia liberale*, Florença, La Nuova Italia, 1988. Para uma visão geral relativamente à formação

A TEORIA   71

A pedagogia do século XIX coloca-se dentro das ideologias, a escola torna-se veículo de formação de um novo homem, sempre mais massificado e modelado a uma idéia antropológica, religiosa, política e social, correspondendo, assim, a uma lógica de conotação econômica explícita e adequando-se a uma nova organização do trabalho.[7] O irrompimento do dinamismo da burguesia e do sistema capitalista transforma cada vez mais a escola em um "aparato ideológico do Estado"[8] a serviço de uma ideologia específica e de suas implicações históricas e sociais. Simetricamente, o triunfo progressivo da filosofia marxista, no âmbito do movimento revolucionário, hegemoniza a alternativa segundo o pressuposto de Marx, de acordo com o qual as idéias dominantes, em determinado momento histórico, são as idéias das classes dominantes.[9]

O processo de ideologização da pedagogia, seja em sua teorização burguesa, seja naquela socialista (ambas, ainda que opostas, com o escopo de formar um novo homem), produziu os efeitos de unir, sempre de modo mais próximo e simbiótico, a relação entre educação e sociedade. A pedagogia, no decorrer do século XIX, torna-se sempre mais ligada à sociologia e à filosofia social, com uma crescente atenção em relação à evolução científica do estudo do desenvolvimento físico e psicológico do ser humano. A funcionalidade política da escola, sempre mais clara e evidente para a construção de uma nova "cidade ideal", leva, de forma inexorável, a pedagogia a uma progressiva politização instrumental. A educação (compreendida também em sua dimensão de propaganda e de difusão da instrução popular) torna-se cada vez mais um meio privilegiado de complementação da ideologia socialista e de luta política e social.

---

do conceito de infância, consulte: L. TRISCIUZZI, *Il mito dell'infanzia*, Nápoles, Liguori, 1990; L. TRISCIUZZI, F. CAMBI, *L'infanzia nella società moderna*, Roma, Ed. Riuiniti, 1989; L. de MAUSE (Org.), *Storia dell'infanzia*, Milão, Emme, 1983.

[7] Um exemplo típico dessa ideologização pode-se encontrar na Itália (A. SANTONI RUGIU, Ideologia politico-educativa in alcuni libri di lettura dell'Ottocento italiano, In: E. BECCHI (Org.), *Storia dell'educazione*, Florença, La Nuova Italia, pp. 231-262, 1998. Consulte também: M. BACIGALUPI, P. FOSSATI, *Da plebe a popolo*, Florença, La Nuova Italia, pp. 3-106, 1986.

[8] Utilizo-me dessa definição tirada de L. ALTHUSSER, *Ideologia ed apparati ideologici di Stato*, In: M. BARGAGLI (Org.), *Scuola, potere, ideologia*, Bolonha, Il Mulino, 1972.

[9] Para uma introdução ao pensamento pedagógico de Marx e sobre o marxismo, consulte: A. BROCCOLI, *Marxismo e educazione*, Florença, La Nuova Italia, 1978; F. CAMBI, *Libertà da... L'eredità del marxismo pedagogico*, Florença, La Nuova Italia, 1994; G. FORNIZZI, *La pedagogia di Karl Marx*, Brescia, La Scuola, 1973; M. A. MANACORDA, *Marx e la pedagogia moderna*, Roma, Ed. Riuniti, 1966. Sobre o socialismo utópico e a educação, consulte: C. MARTINO, *Educazione e società nel socialismo utopistico*, Milão, Franco Angeli, 1978; M. DOMMANGET, *Les grandes socialistes et l'éducation*, Paris, Colin, 1970; G. GENOVESI, T. TOMASI, *L'educazione nel paese che non c'è*, Nápoles, Liguori, 1985.

72   "A BOA EDUCAÇÃO" – EXPERIÊNCIAS LIBERTÁRIAS E TEORIAS ANARQUISTAS...

No decorrer do século XIX três novos assuntos irrompem no âmbito educativo: a criança, a mulher, o deficiente.[10] Esse fenômeno rompe o esquema clássico da pedagogia que se impôs até aquele momento. Ou seja, aquela forte idéia de "indivíduo-mente e indivíduo-consciência, modelado sobre o indivíduo adulto, assexuado, porém masculino, identificado segundo o padrão de normalidade e pertencente à cultura ocidental oficial (da maioria)".[11] Depois de Rousseau, a pedagogia tornou-se puerocêntrica, vendo na criança, de qualquer modo, a origem do homem e, portanto, não rompendo de modo radical uma tradição e uma cultura que crava suas raízes já no Humanismo e no Renascimento.[12] O Romantismo é a educação estética por excelência, singular e elitista em sua pureza. O belo e o sublime não são apenas os objetivos declarados, mas os meios para aprofundar a plenitude do espírito. Friedrich Schiller, Wolfgang Goethe e Wilhelm von Humboldt, evocando propriamente o Humanismo e o Renascimento, focalizam o centro da educação na formação humana.[13]

Com Friedrich Froebel (1782-1852) a pedagogia romântica atinge o seu ápice. De fato, é com sua reflexão que Jean-Jacques Rousseau e Johann Heinrich Pestalozzi encontram realização em sua filosofia romântica. A sua concepção religiosa particular, um imanentismo cristão (Deus é semelhante e está presente na natureza, mas também transcende a esta, enquanto sua unidade e centro motor), é o verdadeiro ponto de partida de suas reflexões sobre a infância e sobre a didática específica para essa idade, que se torna substancial na experiência de Kindergarten. Portanto, a natureza é sempre boa, exatamente porque participa da natureza divina, e o é particularmente na criança, que ainda não está contaminada e corrompida

---

[10] S. ULIVIERI, *L'educazione e i marginali*, Florença, La Nuova Italia, 1997; Idem, *Le bambine nella storia dell'educazione*, Bari, Laterza, 1999; G. Di BELLO, *L'identita inventata*, Florença, Centro Editoriale Toscano, 1993; Idem, *Senza nome né famiglia. I bambini abbandonatti nell'Ottocento*, Florença, Manzuoli, 1989; D. DE ROSA, *Il baule di Giovanna. Storie di abbandoni e infanticidi*, Palermo, Sellerio, 1996; E. CATARSI, *L'educazione del popolo*, Bérgamo, Juvenilia, 1984; F. CAMBI, S. ULIVIERI (Org.) *I silenzi nell'educazione*, Florença, La Nuova Italia, 1994; A. GRAMIGNA, *Storia della maleducazione*, Bolonha, CLUEB, 1998; J. BOSWELL, *L'abbandono dei bambini in Europa occidentale*, Milão, Rizzoli, 1991; E. BECCHI (Org.), *Il bambino sociale*, Milão, Feltrinelli, 1979; C. RAVAGLIOLI, *La mutazione femminile*, Milão, Bompiani, 1975; F. CAMBI, S. ULIVIERI (Org.) *Infanzia e violenza. Forme, terapie, interpretazione*, Florença, La Nuova Italia, 1992.

[11] CAMBI, *Storia della pedagogia*, p. 317.

[12] P. ARIÈS, *Padri i fligli nell'Europa medievale e moderna*, Bari, Laterza, 1968.

[13] CAMBI, *Storia della pedagogia*, p. 345. Sobre os três autores consulte: G. LUKÀS, *Goethe e il suo tempo*, Milão, Mondadori, 1949; L. PAREYSON, *L'estetica dell'idealismo tedesco: Kant, Schiller, Fichte*, Turim, Ed. di Filosofia, 1950; F. SERRA, *Wilhelm von Humboldt e la rivoluzione tedesca*, Bolonha, Il Mulino, 1966; H. LESER, *Il problema pedagogico: Da Schiller a Humboldt*, Florença, La Nuova Italia, vol. IV, 1965; C. DE PASCALE, *Il problema dell'educazione in Germania dal neoumanesimo al romanticismo*, Turim, Loescher, 1979.

A TEORIA

pela sociedade. A tarefa da educação é, portanto, deixar desenvolver-se a natureza (obra de Deus) da criança, favorecendo o seu reconhecimento espiritual. A atividade criativa é o jogo, e os "jardins da infância" não servem apenas à mera custódia mas, em sintonia com os pressupostos pedagógicos de Froebel, são espaços equipados para tudo aquilo que é a intuição das coisas como o centro das atividades. Nesse sentido, graças a essa "descoberta da infância" e a uma definição da identidade infantil feita de uma própria especificidade psicológica e social, Froebel é o educador romântico por excelência, além dos aspectos mais passíveis de crítica de seu pensamento[14]. Esse processo, contudo, encontrará conclusão plena somente no decorrer da primeira metade do século XX.

A mesma sorte atinge às mulheres e ao irrompimento delas na cena política, social, cultural, com as suas lutas pela emancipação e com a crescente consciência da própria identidade específica. E é ainda, sobretudo por meio da educação, que esse processo de afirmação e de reivindicação encontra terreno e meios mais coerentes e produtivos à sua realização. A procura por uma alfabetização sempre maior, por uma abertura em relação a elas das seletivas e discriminatórias instruções escolares, acompanhadas por uma vontade de participação política, caracterizam a nova cultura feminista. Dessa forma, a emersão da subalternidade como problema, reconhece a emancipação por excelência, aquela que acompanha a discriminação social à diversidade natural, vivida e interpretada como patologia e anormalidade. O deficiente, físico ou mental, retardado ou diminuído, é colocado no centro de uma pedagogia de recuperação que, todavia, encontrará sua plenitude teórica e sua consciência instrumental adequada apenas no século XX. Partindo de uma abordagem do tipo sensacionista (formar a mente por meio dos sentidos), a pedagogia curativa desenvolve-se sobretudo graças à abordagem de Maria Montessori[15], e somente com o século XX a ciência neuropsiquiátrica e a psicanálise trarão as primeiras contribuições significativas a uma ampliação de perspectiva, de pesquisa e de intervenção.

---

[14] Um exemplo é constituído pela teoria dos "dons" pelo seu caráter "apriorístico, artificioso e matematicista, portanto, abstrato" (CAMBI, *Storia della pedagogia*, pp. 350-351). Sobre o romântico Froebel, consulte: E. FORMAGGINI SANTAMARIA, La *pedagogia di Federico Froebel*, Roma, Armando, 1958; R. SPRANGNER, *Il mondo e il pensiero di Froebel*, Roma, Armando, 1960.

[15] Sobre Maria Montessori, consulte: F. DE BARTOLOMEIS, *Maria Montessori e la pedagogia scientifica*, Florença, La Nuova Italia, 1953; A. SCOCCHERA, *Maria Montessori. Quasi un ritratto inedito*, Florença, La Nuova Italia, 1990; R. FINAZZI SARTOR, *Maria Montessori*, Brescia, La Scuola, 1961; A. SCOCCHERA, *Maria Montessori*, Florença, La Nuova Italia, 1990; G. CIVES, *Maria Montessori pedagogista complessa*, Pisa, ETS, 2001; E. CATARSI, *La giovane Montessori*, Ferrara, Corso, 1995; T. LOSCHI, *Maria Montessori*, Bolonha, Cappelli, 1991; M. SCHWEGMAN, *Maria Montessori*, Bolonha, Il Mulino, 1999.

O século XIX foi, por excelência, aquele em que a pedagogia e a educação tornaram-se o ponto de apoio da evolução da sociedade e a centralidade de cada projeto de mudança. Esse verdadeiro mito é articulado por meio de três princípios itinerários ideológicos: aquele democrático (Dewey), aquele socialista (Marx) e aquele idealista (Hegel).

O primeiro considera a educação como o baricentro de toda a vida social e o principal incentivo de seu desenvolvimento; o segundo evidencia o seu politismo e a sua dependência da luta entre as classes em função da mudança social; o terceiro apóia-se sobre seu papel no processo de adaptação conformista, tendo em vista principalmente a integração na sociedade dos indivíduos[16]. O empenho e o esforço ocupam, nesse quadro, um lugar particular, às vezes conservador, quando não expressamente reacionário, algumas vezes de empenho social fortemente acentuado, sobretudo, em relação às classes mais pobres, à Igreja que, sobretudo na Itália, à medida que vê diminuir seu poder temporal aumenta e desenvolve a sua intervenção social e educativa.[17]

Gradualmente, a pedagogia assume, no decorrer do século XIX, novas tarefas sociais (formar o cidadão, defender os valores burgueses dominantes, organizar um consenso social) e torna-se, portanto, mais laica em sua finalidade. Caracteriza-se cada vez mais, também, como uma identidade científico-técnica e/ou histórico-crítica. Positivismo e socialismo, principalmente na segunda metade do século, conduzem a pedagogia em direção a escolhas ideológicas sempre mais marcantes. O positivismo, exaltando a interdependência individual e a sede de pesquisa científica, configura-se como uma filosofia e uma cultura do progresso, sobretudo no âmbito econômico, interpretando melhor essa exigência própria do capitalismo. Esse se faz porta-voz da burguesia laica, classe produtiva dedicada ao desenvolvimento das ciências e da técnica, meios indispensáveis para a afirmação de uma nova sociedade dinâmica, produtiva e desenvolvida. O socialismo representa a teoria das classes antagonistas que lutam para a afirmação dos valores de solidariedade e igualdade, negados efetivamente, pela sociedade burguesa.

Em sua versão pré-marxista, ou seja, em Noel Babeuf (1760-1797), ainda no século XVIII, em Henri-Claude de Saint-Simon (1760-1825), em Charles Fourier (1772-1837), em Robert Owen (1771-1858), o socialismo apresenta-se com a aparência de uma verdadeira fé de modo melhor, construído segundo os princípios de solidariedade e igualdade, muitas vezes fortemente caracterizado em sentido libertário,

---

[16] CAMBI, *Storia della pedagogia*, pp. 320-323.

[17] Sobre o engajamento social e educativo da Igreja, ou melhor, de alguns sacerdotes e católicos engajados, consulte, por exemplo: P. BRAIDO, *Don Bosco*, Brescia, La Scuola, 1957; Idem, *Il sistema preventivo di Don Bosco*, Turim, Pont. Ateneo Salesiano, 1955.

A TEORIA   75

com uma paidéia que almeja um modelo de um novo homem, particularizado pelo
seu ser, ligado e entrelaçado com seus semelhantes. Essa dimensão social da educação está presente entre os socialistas de modo absolutamente inovador em relação
ao passado e à filosofia de Rousseau, de tal forma para transformar o fundamento
de toda a concepção pedagógica deles.[18]

Tanto o positivismo pedagógico, quanto aquele filosófico, encontra em August
Comte (1798-1857), na França, e em Herbert Spencer (1820-1903), na Inglaterra,
seus principais intérpretes, enquanto que na Itália será sobretudo com Aristide
Gabelli (1830-1891) e Roberto Ardigò (1820-1920) que uma parte da pedagogia assu-
mirá, conscientemente, essa perspectiva.[19] Graças, sobretudo, a Émile Durkheim
(1855-1917) e a Max Weber (1864-1920) a pedagogia do positivismo desenvolve
uma tendência experimentalista ligando a evolução da educação às dinâmicas da
sociedade.[20]

Com o fim do século XIX também são introduzidas na pedagogia — por meio
da obra de Friedrich Nietzsche (1844-1900), Wilhelm Dilthey (1837-1911), Henri
Bergson (1859-1941) e George Sorel (1847-1922) — as inquietudes do ser e de sua
existência autônoma frente aos grandes temas da crítica ao positivismo, ao idealismo e ao espiritualismo.[21]

Mas é a filosofia anarquista que sabe compreender, não sem contradições, alguns
elementos teóricos, tipicamente iluministas, mas que se nutrem das contraposições

---

[18] G. M. BRAVO, *Il socialismo prima di Marx*, Roma, Ed. Riuniti, 1969; Idem, *Il socialismo da Moses
Hess alla prima internazionale nella ricente storiografia*, Turim, Giappichelli, 1971; TOMASI,
Ideologie libertarie e formazione umana, Florença, La Nuova Italia, pp. 42-76, 1973; DOMMANGET,
Les grands socialistes et l'éducation, Paris, Colin, 1970; MOSSE, *La cultura della Europa Occidentale*,
Milão, Mondatori, pp. 192-214, 1986; G. D. H COLE, *Storia del pensiero socialista*, Bari, Laterza,
vol. I e II, 1973; G. DROZ, *Storia del socialismo*, Roma, Ed. Riuniti, vol. 1, 1973. Consulte também:
A. MATTELART, *Storia dell'utopia planetaria*, Turim, Einaudi, pp. 149-176, 2003.
[19] Sobre o positivismo em geral, consulte: H. HOFFDING, *Storia della filosofia moderna. Il Positivismo*, Florença, Sansoni, 1978; N. MERKER (Org.), *Storia della filosofia moderna e contemporanea*, Roma, Ed. Riuniti, vol. 2, pp. 136-148, 1997. Sobre a pedagogia positivista na Itália, consulte:
D. BRETONI JOVINE, *La scuola italiana dal 1870 ai giorni nostri*, Roma, Ed. Riuniti, 1958; G.
FLORES D'ARCAIS, *Studi sul positivismo italiano*, Padova, Cedam, 1951; E.R. PAPA (Org.), *Il positivismo nella cultura italiana*, Milão, FrancoAngeli, 1985, U. SPIRITO (Org.), *Il pensiero pedagogico
del Positivismo*, Florença, Sansoni, 1956; G. GENOVESI, L. ROSSI (Org.), *Educazione e positivismo
tra Ottocento e Novecento in Italia*, Ferrara, Corso, 1995; T. TOMASI, *Scuola e società in Aristide
Gabelli*, Florença, La Nuova Italia, 1965.
[20] G. SANTOMAURO, *Il problema educativo nella dinamica del pensiero sociologico di E. Durkheim*,
Lecce, Micella, 1968; G. D. LANDSHEERE, *Storia della pedagogia sperimentale*, Roma, Armando,
1988; G. MIALARET, *La pedagogia sperimentale*, Roma, Armando, 1986.
[21] CAMBI, *Storia della pedagogia*, pp. 417-421. Consulte também o ótimo trabalho de G. M.
BERTIN, *Nietzsche. L'inattuale, idea pedagogica*, Florença, La Nuova Italia, 1977.

românticas, que subvertem as teorias sociais e culturais, econômicas e pedagógicas presentes até agora no panorama europeu. No âmbito das pedagogias de contraposições (em relação àquelas reformadoras, que se dedicam, porém, à integração do indivíduo na sociedade burguesa), o anarquismo, com diversas características em seu interior, em um processo evolutivo não-linear, que, todavia, irradia-se e nutre-se de um pluralismo extenso — partindo de um núcleo central, a liberdade individual e a igualdade social, — admite o desafio dos desafios, tentando associar, não apenas em termos pedagógicos, liberdade individual, igualdade social e diversidade natural. A história dessa educação libertária não é o fruto de uma linearidade evolutiva, mas, ao contrário, de uma contínua pesquisa de implicações críticas a respeito dos pontos de partida comuns. Nem mesmo o anarquismo escapa de algumas contradições, de uma certa ideologização, de uma construção algumas vezes arbitrária e, *a priori*, a uma idéia de homem; porém, a essência do seu procedimento pedagógico é, finalmente, a vontade de permitir ao homem ser livre, em vez de condicionadamente novo.

O extraordinário do anarquismo é também o fato de não ter, em sentido filosófico e cultural, um pai (como, por exemplo, o marxismo), mas de nutrir a evolução do próprio pensamento com múltiplas partes provenientes das histórias, das culturas, das diversas sensibilidades.[22] Esse é o fato pelo qual, para manter-se explicitamente na análise e no objeto desse trabalho, Godwin pode extremar a cultura iluminista, da mesma forma que Stirner pode, como veremos, negar aquela hegeliana. Proudhon pode admitir as contradições sociais e não traduzi-las em síntese, da mesma forma que Bakunin é capaz de superar a mesma síntese negando não somente a eficiência, mas a acrescentando como causa primeira da formação e da perpetuação das desigualdades. E assim, nessa primeira fase do desenvolvimento, também organizado, do movimento anarquista, Kropotkin pode, com Reclus, fundar uma nova sensibilidade própria da moderna ecologia social e, enfim, toda a linha de pensamento individualista, contrapondo-se àquela socialista, é capaz de destacar as fundações irrenunciáveis do ser considerado único, individual e não-repetível.

Considerando o âmbito mais propriamente pedagógico, podemos destacar a mesma característica evolutiva, mas ao mesmo tempo, descontínua. Essa é a razão pela qual, ainda que cultos em sua singularidade, os pensadores anarquistas, mesmo quando se referem aos reclamos comuns (como no caso da instrução integral), chegam a conclusões que não são quase nunca repetitivas em sua profundidade, exatamente porque o percurso que distingue cada um deles é singular e significativo.

---

[22] Sobre essa interpretação do anarquismo, consulte: MARSHALL, *Demanding the impossible*, Londres, Fontana Press, 1993; F. CODELLO, "Un anarchismo a-storico", In: *Libertaria*, a. 5, n. 3, Roma, julho-setembro de 2003.

3. MAX STIRNER:
A EDUCAÇÃO COMO LIBERAÇÃO TOTAL

1. Stirner e a esquerda hegeliana

Johan Kaspar Schmidt (1806-1856), conhecido pelo pseudônimo de Max Stirner adotado por ele, que quer dizer testa grande (Stirn, em alemão), conhecido quase que de forma unânime como o filósofo autor de uma única obra, *Der Einzige und sein Eigentum* (*O Único e sua Propriedade*), não pode ser, certamente, considerado um militante do anarquismo, mas com certeza um filósofo dessa idéia.[1]

O seu pensamento filosófico é caracterizado pela recusa declarada de toda a filosofia antiga e moderna, a qual é acusada de sujeitar o homem em vez de libertá-lo; e, em particular, ele recusa qualquer modelo ético racionalista (kantiano ou idealista) que imponha ao indivíduo o sacrifício de si mesmo. Os seus escritos são poucos e, algumas vezes, redigidos com estilo prolixo e de difícil leitura; no decorrer da história crítica do pensamento, foram objetos de interpretações contrastantes. A crítica mais reconhecida, e, portanto, também aquela que de fato testemunha sua importância, não obstante o estilo e a linguagem desprezadora

---

[1] A biografia mais séria sobre a vida e o pensamento de Max Stirner é: J. H. MACKAY, *Max Stirner. Sein Leben und sein Werk*, Berlim, 1910, mas infelizmente não traduzida em língua italiana. Interessantes informações podem ser encontradas também em: G. WOODCOCK, *L'anarchia*, Milão, Feltrinelli, pp. 81-91, 1966; BRAVO, *Gli anarchici*, pp. 307-319; J. PRÉPOSIET, *Histoire de l'anarchisme*, Paris, Tallandier, 2002, pp. 121-153, 2002; MARSHALL, *Demanding the Impossible. A history of Anarchism*, Londres, Fonstana Press, pp. 220-223. Para uma leitura pedagógica do pensamento de Stirner, consulte: TOMASI, *Ideologie libertarie e formazione umana*, Florença, La Nuova Italia, pp. 77-93, 1973; G. FREITAG, J. BARRUÉ, *Max Stirner: de l'éducation*, Paris, Spartacus, 1974; V. BASCH, *L'individualisme anarchiste*, Paris, pp. 30-52, 1928. Uma abordagem do pensamento de Stirner no interior do individualismo anarquista encontra-se em: V. BASCH, *L'individualisme anarchiste*, Paris, Librairie Félix Alcan, 1928.

que os acompanham, é aquela contida na *Ideologia alemã* de Marx-Engels.[2] Em minha opinião, o pensamento de Stirner representa o ponto mais alto de um não-retorno da filosofia que parte do pensamento de Hegel.

A partir de 1840 ele freqüenta, em Berlim, a Himmel's Weinstube, onde se reuniam os Jovens Hegelianos ou os Hegelianos de esquerda. Aí, conhece e passa a conviver com os irmãos Bruno e Edgar Bauer, Arnold Ruge, Karl Marx e Friedrich Engels, com os quais discute a tese do mestre e dos quais é também aluno na Universidade de Berlim. Ele, considerado como um antecipador do existencialismo da mesma forma que Kierkegaard[3], possui em comum com Feuerbach a convicção de que Deus não existe fora do homem, e que ele não seria senão a própria essência humana sublimada. Não obstante, ele não chega às convicções de uma filosofia humanística que coloca o Homem no lugar de Deus, não se limita a reduzir a teologia à antropologia, mas avança a sua crítica de modo bem mais radical e original. Ele se faz precursor da recusa não somente da teologia que castiga o homem obrigando-o à obediência e resignação, mas se opõe também ao humanismo moderno que impõe uma tirania tanto quanto rigorosa, enquanto sacrifica, sobre o altar da Sociedade, a liberdade individual.[4]

Stirner sustenta que o indivíduo, para tornar-se dono de si mesmo, deve formar as suas próprias convicções não por meio da instrução, mas por um ato de vontade. Em suma, um indivíduo pode achar útil crer em algo e, em conseqüência, agir com base nessa crença. Todas as idéias e ações são válidas enquanto o indivíduo único as deseje e as julgue dignas de serem sustentadas e praticadas: "A distinção realizada por Stirner é substancialmente a diferença que há entre aprender, quando criança, um catecismo religioso e decidir, quando adulto, aderir a uma igreja".[5] Nesse contexto, o conhecimento deve se transformar em um meio para

---

[2] K. MARX, F. ENGELS, *L'ideologia tedesca*, Roma, Ed. Riuniti, 1958. É interessante notar que o número de páginas do escrito de *San Max* é superior àquele contra o qual se rebelou, ou seja, *O Único*, de Stirner.

[3] G. PENZO, *Max Stirner*, Turim, Marietti, 1971.

[4] Para uma leitura do pensamento de Stirner sob a ótica da esquerda hegeliana, consulte: H. ARVON, *L'actualité de la pensée de Max Stirner*, In: VÁRIOS, *Anarchici e anarchia nel mondo contemporaneo*, Turim, Fond. L. Einaudi, pp. 285-292, 1971; K. LOWITH, *Da Hegel a Nietzsche*, Turim, Einaudi, pp. 174-177, 399-401, 475-477, 502-504, 557-562, 1959 ; F. BAZZANI, *Weithing e Stirner*, Milão, F. Angeli, 1985; Idem, *Il tempo dell'esistenza*, Milão, F. Angeli, 1987; A. CAMUS, *L'uomo in rivolta*, Milão, Bompiani, 1967; E. FERRI, *La città degli inici*, Turim, Giappichelli, 2001; VÁRIOS, *Max Stirner e l'individualismo moderno*, Nápoles, Cuen, 1996; BERTI, *Il pensiero anarchico. Dal Settecento al Novecento*, Manduria, Lacaita, pp. 91-144, 1998. Além disso, consulte também os ensaios de E. VOCCIA, M. GUIDI, L. CALDAROZZI, A. LUCERA, no número 1 da revista *"Antosofia"*, sobre o tema: *Poder* (a. 1, n. 1, Milão, 2003, Nimesis Edizioni).

[5] SPRING, *L'educazione libertaria*, p. 55.

MAX STIRNER: A EDUCAÇÃO COMO LIBERAÇÃO TOTAL

tornar o homem dono de si mesmo, um instrumento em virtude daquilo que as pessoas saibam escolher o que é útil para si. De acordo com o pensamento de Max Stirner, as maiores limitações para a liberdade humana são os pensamentos e as crenças não-confirmadas. Quando crescemos, adquirimos muitas idéias que amiúde nos influenciam de maneira que não suspeitamos: isso, até o ponto de poder dizer, em alguns casos, que em vez de controlar nossas idéias, na realidade, nós somos controlados por elas. Somente possuindo por completo os nossos pensamentos, libertando-nos das "engrenagens" que temos em nossa mente, podemos nos tornar verdadeiramente livres. De acordo com Stirner, as "engrenagens" agem em dois níveis. O primeiro é aquele dos pensamentos não-certificados, tidos como deduzidos, que regem os hábitos e a rotina cotidiana. Contudo, o homem é mais escravo das idéias no segundo nível, aquele das abstrações e dos ideais. Nessa fase, um sistema dominante de crença (como a religião ou o comunismo) pode tomar por completo a dianteira, redefinindo, em seus termos, outras idéias e experiências.

Todas as abstrações que estejam separadas dos desejos imediatos e da vontade dos indivíduos únicos devem ser, portanto, recusadas. É, sobretudo, por meio da educação que se obtém o controle via transmissão de idéias sobre o indivíduo. E se, primeiro era a Igreja que, por meio dos padres, condicionava amplamente os indivíduos, hoje, afirma Stirner, é o Estado que, por meio da escola e dos mestres, realiza essa função de treinamento e de condicionamento. Portanto, a educação é muito importante para Stirner pois, por meio dela, é transmitida a maior parte das idéias que controlam o indivíduo. É acima de tudo dentro da escola — instituição preposta a esse escopo — que ocorre o doutrinamento segundo os princípios das leis e da autoridade. As leis são interiorizadas pelo indivíduo a tal ponto que a liberdade chega a significar, na prática, somente a liberdade de obedecer às leis as quais são treinados a acreditar. O controle torna-se interno: é daqui a observação de Stirner de que cada um traz dentro de si um gendarme.[6]

2. Querer *versus* saber

Em junho de 1834, Stirner inscreve-se junto à Universidade de Berlim, na sessão de exame para conseguir a *facultas docenti* e, para a ocasião, entre outras, prepara uma dissertação sobre as "Leis da Escola" (*Über Schulgesetze*). Nesse escrito, que permaneceu por muito tempo desconhecido, ele se propõe a indagar sobre as leis da instituição escolar (as leis para o aluno), as quais resultam da análise do conceito de aluno. É propriamente o conteúdo, a estrutura desse conceito,

---

[6] SMITH, *Educare per la libertà*, p. 114.

dessa relação que Stirner empenha-se em aprofundar. Em particular, ele aprofunda a fase "realista" (primeiro, frente aos objetos, a criança é realista; depois, frente ao mundo das idéias, idealista; finalmente, quando adulto, torna-se egoísta, superando o realismo e o idealismo) que acompanha a criança desde o nascimento até o início da adolescência. O objeto, em certo ponto do desenvolvimento individual, apresenta-se ao Eu como um outro Eu e, portanto, cessa de mostrar-se como algo: dessa forma, ele alcança o conhecimento de si e, então, por meio da comparação e da relação com o outro, a consciência de si. Dessa maneira, nasce a troca na qual cada um dá ao outro aquilo o que possui, e cada Eu dá e recebe, nessa relação dinâmica. O Eu da criança é particularmente atraído pelo Eu do mestre, pois deseja apropriar-se e aprofundar-se totalmente naquele mundo fascinante e desconhecido do qual o mestre é portador. Mas logo o aluno entende que não é o mestre, como tal, que ele deseja possuir, mas, ao contrário, tudo aquilo que esse possui, a ciência a qual lhe apresenta, portanto, com uma existência própria. Finalmente, ele entende que somente possuindo essa ciência poderá ser conduzido à verdade e à liberdade. A relação mestre-aluno, segundo esse esquema, será nada mais que uma relação paritária: aquela de dois Eus, que se entregam livremente, um em relação ao outro, em uma dinâmica de ensino-aprendizagem, que reveste ambos os sujeitos em um e no outro sentido. Stirner escreve: "A relação do Eu com um outro Eu é, portanto, caracterizada pelo desejo de educação, pelo desejo de compreender o outro Eu e de se fazer compreender ou de comunicar o próprio Eu". E é propriamente essa diversidade natural que promove e provoca o interesse e a curiosidade pelo outro.

> Ele possui a consciência de tudo aquilo que o diferencia deste último, e a consciência que possui dessas diferenças associa-se nele à certeza imediata de que essa plenitude do Eu não lhe é totalmente estranha e inalcançável. Dessa forma, vemos despertar a percepção e a esperança desse Eu superior, a vontade de atingi-lo, e também o respeito e o dom de si que inspira. Tudo isso que esse Eu sente de maior no indivíduo superior, pede-lhe para comunicá-lo e, dessa maneira, eleva-o à condição de Mestre. A partir desse momento, o Aluno (isto é, em efeito torna-se um jovem homem que sentiu a necessidade de um Superior como Mestre) percorre todas as etapas de seu entendimento com o mestre, do ensino que recebe dele, sempre com pensamento de desejar apropriar-se de tudo aquilo que ele considera como propriedade do Mestre.[7]

O indivíduo começa, distanciando-se, a elevar-se acima da vida escolar. Ele descobre que tudo aquilo que o mestre leva consigo, tudo o que ele tem, possui

---

[7] M. STIRNER, *Le legge della scuola*, Catânia, Anarchismo, pp. 56-57, 1982.

MAX STIRNER: A EDUCAÇÃO COMO LIBERAÇÃO TOTAL　　　　　　　　　　81

uma existência própria independente de sua manifestação como mestre. Dessa forma, "no lugar do mestre, é a ciência que, em sua forma pura, apresenta-se ao Eu como um dever, e é a liberdade que constitui o seu domínio. Em uma primeira análise, e em seu sentido mais restrito, a liberdade é a independência com relação ao mestre; mas, continuando seu caminho, por meio da verdade que é a essência da ciência, a própria liberdade torna-se a verdadeira liberdade, pois a verdade produz homens livres."[8]

Nesse aspecto, encontra-se a importância absolutamente revolucionária desse escrito de Stirner, e, isto é, propriamente na indicação do plano absoluto de paridade em que está a verdadeira relação mestre-aluno. Portanto, desde o início, o pensamento do nosso autor se caracteriza como absolutamente inovador e de forte contestação do sistema escolar vigente na Prússia daqueles anos. Em um artigo na Gazeta Universal de Lipsia, em novembro de 1842, ele inicia um ataque à organização escolar, de maneira sutilmente irônica:

> Quem não sabe que em toda a Terra não há um regime escolar melhor que aquele prussiano? (...) Tudo é treinado por nós, e como é treinado! (...). Como se poderia duvidar da exemplaridade das nossas escolas, uma vez que cultivamos tudo, tudo? (...) Para nós, a escola é a vida, e a vida, toda a vida, é uma escola. Permanecer estudantes por toda a vida é, na verdade, algo de grande e belo; é ainda mais, é a verdadeira revolução do enigma: perfectibilidade indefinida. Permanecer continuamente submetido ao mestre da escola não é talvez algo que necessite da mais nobre negação de si mesmo e não autorize a justa aspiração de tornar nós mesmos, um dia, mestres escolares? [...]. Temos dentro de nós o mestre escolar [...] a polícia e a gendarmaria.[9]

Mas que as temáticas educativas estejam no centro do interesse de Stirner, nessa fase de sua vida que precede a publicação de sua principal obra, vem a provar isso, sobretudo, um artigo que ele publica no *Rheinische Zeitung*, em 19 de abril de

---

[8] *Ibidem*, Enquanto a primeira parte desse ensaio é composta por argumentações e idéias absolutamente inovadoras e revolucionárias, a segunda parte está em clara contradição com a primeira, redundância plena de avaliações ministeriais honrosas: um verdadeiro e exato catálogo de qualidade para um perfeito súdito. A razão dessa considerável contradição está, seguramente, no fato que, em Stirner, após exposição de avaliações de ordem mais gerais e filosóficas de modo livre e original, prevalece a preocupação, expressa precisamente na segunda parte, de apresentar uma relação adequada ao escopo de obter a habilitação ao ensino, segundo a filosofia do *primum vivere*, em um homem coagido por uma situação familiar desastrosa. Stirner expôs primeiro, portanto, as próprias concepções teóricas em uma linguagem puramente filosófica, de modo a não poder ser consideravelmente contestadas pela academia universitária, em seguida, tratando a parte prática, adequando-se às concepções dominantes na época, para poder de fato passar no exame.

[9] M. STIRNER, "Arte e scienza", In: Idem, *Scritti Minori*, Milão, Editrice Sociale, pp. 223-224, 1923.

1842, com o título de "O falso princípio de nossa educação, ou humanismo e realismo" *(Das unwahre Prinzip unserer Erziehung oder der Humanismus und Realismus)*. Já pelo título do escrito entendemos a distinção fundamental que ele faz entre o verdadeiro e o falso princípio educativo e o motivo próximo, contingente, que o inspira a análise. A ocasião é dada a criticar um escrito de um "venerável veterano" da pedagogia, T. Heinsius, o qual fala de um tipo de acordo entre a escola e a vida, que se concretizaria no âmbito histórico na mediação entre a cultura humanista e aquela realista. A primeira, de acordo com Stirner, forma o homem a um respeito abstrato e formal da autoridade: culto, portanto, é o senhor e o dominador, não-culto é o servo. A educação humanista representa, por conseguinte, um período de servilismo, já que são poucos os eleitos. Stirner conclui destacando também a impossibilidade de unir o saber do humanismo àquele do realismo, concebido como o saber dos objetos. A educação realista é sim melhor que aquela humanista, porque é mais próxima da verdade da vida, mas mesmo essa é incapaz de penetrar na dimensão mais profunda e autêntica da vida, aquela da verdade e da liberdade: "A autêntica educação, ao contrário, observa Stirner, não tem diante de si nenhum objeto, uma vez que essa se resolve no plano da autodeterminação (...) Stirner propõe que o plano do saber não seja já eliminado, mas que se transforme naquele do querer. Chegando a essa perspectiva, então, e somente então, a educação humanista e aquela realista são superadas no plano educativo que ele prefere chamar 'personalismo', uma vez que na perspectiva do querer o homem finalmente encontra a si mesmo e, portanto, a sua personalidade: somente nesse plano pode-se falar de verdade e liberdade autênticas."[10] E, nesse ponto, o nosso autor introduz a distinção entre educação e treinamento, e destaca com vigor a importância que a verdadeira educação assume na formação do indivíduo e como, por meio do treinamento, a sociedade forma somente súditos e não homens livres. Escreve:

> Educa-se, conscientemente, a nossa predisposição à criação ou somos tratados unicamente como criaturas capazes somente de ser treinadas? Esse problema é importante como todos os problemas sociais; na verdade, esse é o mais essencialmente importante, porque todos os problemas sociais repousam sobre essa base. Sendo homens de valor, faremos coisas de valor: sendo perfeito, cada um de nós em si mesmo, a sociedade e a vida social serão perfeitas também. É essencial, portanto, entender tudo o que fizeram de nós na idade na qual somos ainda flexíveis: o problema escolar é um problema vital.[11]

---

[10] PENZO, *Max Stirner*, p. 229; M. STIRNER, "Il falso principio della nostra educazione", In: Idem, *Scritti Minori*, pp. 247-248.

[11] M. STIRNER, "Il falso principio della nostra educazione", In: *Scritti Minori*, pp. 234-235.

MAX STIRNER: A EDUCAÇÃO COMO LIBERAÇÃO TOTAL

Portanto, a educação desempenha um papel central na formação do homem e na definição do grau de autonomia e de liberdade que cada indivíduo desenvolve no decorrer de sua vida. Dessa forma, se desde a tenra idade a criança tiver sido submetida a uma educação autoritária e esquematizada, quando adulta será, inevitavelmente, um homem escravo e servil.

Mas o panorama educativo e a organização das escolas da época mostram-se a Stirner como lugares claramente pré-estabelecidos ao treinamento e não certamente à educação libertadora; dedicadas à formação do consenso, em vez de promover o dissenso; inibidora de toda veleidade criativa e de toda tensão libertária: "Onde nunca no lugar da sujeição, até agora nutrida, consolida-se um espírito de oposição; onde nunca no lugar do homem que aprende, educa-se o homem que cria; onde nunca o mestre se transforma em colaborador e reconhece que o saber muta-se na vontade; onde nunca o homem livre, e não somente homem culto, é o escopo da educação?"[12]

Para procurar espontaneamente banir a ignorância, o homem deve colocar sua aspiração no conhecimento de si mesmo e na busca do sentido mais profundo de si. Se a idéia de liberdade é despertada nos indivíduos, esses caminharão ainda incessantemente libertando a si mesmos; se, em vez disso, são formados apenas homens cultos, esses se adaptarão sempre às circunstâncias de modo mais educado e elegante e se transformarão em almas servis e submissas: "O que são para a maior parte os nossos intelectuais e súditos cultos? Zombadores donos de escravos e escravos esses mesmos."[13] Mas Stirner critica também as teses dos realistas que prefiguram a formação dos cidadãos prudentes e úteis (práticos). Com esses princípios educativos, segundo o nosso autor, podem-se formar somente pessoas que pensam e agem segundo determinadas teses e máximas, mas que não possuem princípios, ânimos legítimos, mas não-livres. Com essa educação criam-se caracteres fortes, homens inabaláveis e isso é, sem dúvida, uma vantagem em relação àquela dos cortesãos. Mas não basta: "O assim chamado caráter são é somente (...) um caráter obstinado; se deve ser um caráter completo, deve, infelizmente, tornar-se um caráter sofredor, pleno de horrores e de convulsões na feliz paixão de um extraordinário rejuvenescimento e renascimento."[14] Emerge aqui a dimensão existencialista da filosofia stirneriana, que é evidenciada pela distinção entre um saber e um querer que nos leva àquela distinção essencial entre intelecto e razão. E a dimensão criativa constitui, portanto, um corolário lógico e conseqüente desses elementos da distinção. O homem livre deve, segundo Stirner, colocar-se sempre

---

[12] *Ibidem*, p. 248.
[13] *Ibidem*, p. 248.
[14] *Ibidem*, pp. 249-250.

84   "A BOA EDUCAÇÃO" – EXPERIÊNCIAS LIBERTÁRIAS E TEORIAS ANARQUISTAS...

projetado em relação à perspectiva da criação, deve a cada dia criar-se de novo. A educação deve procurar fazer de cada indivíduo um criador, e não uma criatura que, como tal, corresponda à lógica do adestramento. Stirner destaca que a mudança do saber em querer não significa, certamente, o fim do saber, mas ele se torna pessoal e único:

> Dessa forma, portanto, as demonstrações de toda educação convergem em um único centro, que se chama personalidade. O saber, ainda que seja erudito e profundo, ou vasto e volumoso, permanece, todavia, somente como uma propriedade e uma posse até quando desaparece no ponto infinito do Eu, para manifestar-se onipotente daquele Eu como vontade, como espírito transcendente e incompreensível (...). A miséria de nossa educação presente consiste, em grande parte, neste fato, que o saber não se refinou em vontade, em ativação de nós mesmos, em prática pura (...). Mas toda educação deve se tornar pessoal e, partindo do saber deve, portanto, sempre considerar a essência do saber, especialmente esse, que o saber não deve ser a propriedade, mas o próprio Eu. Resumindo, não é o saber que deve ser formado, mas é a pessoa que deve atingir a compreensão de si mesma; deste momento em diante, a pedagogia não deve partir do civilizar, mas da formação das pessoas livres, de caracteres soberanos; e para tal fim a vontade, até agora violentamente oprimida, não deve continuar a ser enfraquecida. Do momento em que não se enfraquece o impulso do saber, porque se enfraquece o impulso do querer? Se se cultiva aquele, cultiva-se também esse.[15]

Se a criança não aprende a sentir a si mesma, não aprende, portanto, o principal. Dessa forma, não se deve reprimir a altivez, a franqueza e a espontaneidade das crianças.

Nesse ponto, porém, coloca-se o problema da relação com o adulto ou com o mestre. Como regular a espontaneidade e a liberdade do aluno em relação àquela tão importante quanto a do mestre? Se, de fato, a altivez da criança toma a forma da arrogância e da limitação da autonomia alheia, o mestre não pode tolerá-la porque fere a sua liberdade igualmente. Ele deve reagir, pergunta-se Stirner, com a lógica da proteção da autoridade? "Não, se eu oponho-me à rigidez de minha própria liberdade, a arrogância da criança cessará por si. Aquele que é um homem completo, não tem necessidade de ser uma autoridade (...). Um homem que deve invocar a autoridade é muito frágil, e peca se acredita melhorar o jovem petulante no momento em que o transforma em um covarde."[16] A saída está, portanto, em considerar a instituição escolar como vida, e a tarefa que estabelece é feita de

---

[15] *Ibidem*, pp. 250-251.
[16] *Ibidem*, pp. 251-252.

MAX STIRNER: A EDUCAÇÃO COMO LIBERAÇÃO TOTAL

modo com que a pessoa revele a si mesma: "A cultura universal da escola seria educação à liberdade, não à sujeição; ser livre, essa é a verdadeira vida."[17] Portanto, a educação deve se propor, como o objetivo, a formação da personalidade livre, enquanto que a cultura pedagógica oficial limita-se somente ao saber e ao processo de formação da consciência. Mas, mediante o saber, os homens tornam-se livres apenas interiormente (de qualquer modo, condição tal que não se deve absolutamente renunciar), mas externamente podem permanecer escravos e em condição de sujeição, apesar de toda a liberdade de consciência e de pensamento: "E, todavia, precisamente aquela liberdade, que é exterior para o saber é, para o querer, a liberdade interior e verdadeira, a liberdade moral". Portanto, o ideal é uma educação que Stirner define como "pessoal" e que tem como fundamento a liberdade e a independência, e não renuncia a nada daquilo que há de bom nas concepções do humanismo e do realismo. Concluindo, escreve Max Stirner, "o saber deve sucumbir, para ressuscitar como vontade, e criar-se a cada dia como pessoa livre."[18] O saber torna-se, assim, pessoal, ou seja, a essência do Eu, por meio da autocriatividade e da vontade que constituem duas peculiaridades fundamentais do próprio Eu.[19] Somente assim se pode atingir uma verdadeira e autêntica igualdade, uma vez que somente a liberdade é igualdade. A autêntica educação remove e faz desaparecer todo tipo de medo e temor do homem, de respeito e de autoridade na recusa de cada forma de lei, já que o homem em sua plenitude não possui necessidade de ser uma autoridade. Fazer isso significa, em suma, fazer irromper o reino da liberdade e da verdade, ou seja, da autenticidade do Eu como egoísmo.[20] Nessa perspectiva, a escola deve almejar a formação de homens não tanto "inteligentes" quanto "racionais."

3. O único

Os escritos que precedem a publicação, em 1845, de *O Único*, preparam terreno e lançam as bases do pensamento maduro de Stirner, que encontra a sua máxima expressão propriamente nesse livro singular e original.[21]

---

[17] *Ibidem*, p. 252.

[18] *Ibidem*, pp. 253-254.

[19] G. DURANTE, "La scuola in fiamme", In: VÁRIOS, *Individuo e insurrezione*, Bolonha, Il Picchio, p. 175, 1993.

[20] PENZO, *Max Stirner*, p. 233.

[21] M. STIRNER, *L'Unico*, Editrice Sociale, Milão, 1911. A primeira tradução italiana é de 1902 de E. ZOCCOLI (Bocca, Turim), mas essa segunda de 1911 é, certamente, mais fiel.

A filosofia stirneriana pode ser definida exatamente como a filosofia do Único e da sua existência, a qual "sendo única, singular e não-repetível, isenta-se de qualquer atribuição universal, de qualquer tentativa de defini-la e de fixá-la e, portanto, de limitá-la: nada pode verdadeiramente nomear e individualizar o único. Dessa forma, o indescritível está sempre aberto sobre as infinitas possibilidades existenciais do próprio único."[22] Stirner representa, profundamente, a ruptura com a tradição filosófica hegeliana e, superando e desmascarando a pseudolibertação que produz a filosofia de Feuerbach, dirige-se rumo ao individualismo libertário. As implicações pedagógicas dessa teoria são evidentes no momento em que a originalidade e a unicidade do indivíduo se afirmam nas dinâmicas educativas. Escreve Stirner:

> Portanto, longe de mim qualquer causa que não seja inteiramente e exclusivamente minha. A minha causa, dizeis vós, deveria, pelo menos, ser a "boa causa"? O que é bom? O que é mau? Sou por mim mesmo a minha causa; e não sou nem bom, nem mau: essas, para mim, não passam de palavras vãs! O divino refere-se a Deus; o humano refere-se ao Homem. A minha causa não é divina nem humana; não é nem o verdadeiro, nem o bom, nem o justo, nem o livre: é isso que é meu: não é generalizada, mas única, da mesma forma que sou único. Não há nada superior a mim.[23]

O indivíduo único se reconhece na intuição da própria capacidade de resistir a todo poder externo; e encontra a si mesmo permanecendo fiel ao próprio Eu e ao próprio potencial criativo, na capacidade de reconduzir as razões da espécie à própria razão singular, na recusa radical de ser absorvido por um Eu estranho, qualquer que seja ele, e qualquer forma que ele assuma.[24]

Mas a crítica à autoridade externa não satisfaz a filosofia de Stirner e ele retoma, também em *O Único*, as teses e as críticas radicais desenvolvidas nos escritos precedentes, sobretudo no que se refere à autoridade interna, do gendarme

---

[22] G. N. BERTI, "Max Stirner", In: Idem, *Un'idea esagerata di libertà*, Milão, Eleuthera, p. 51, 1994.

[23] STIRNER, *L'Unico*, p. 9.

[24] A. SIGNORINI, *L'antiumanesimo di Max Stirner*, Milão, Giuffré, pp. 18-19, 1974; consulte também: Idem, *Stirner e la differenza*, Turim, Giappichelli, p. 155, 1994. Signorini escreve: "O Eu stirneriano deseja-se livre, não sujeitado, dono de si. O único projeto que ele segue de forma coerente é aquele de sua libertação" (Idem, *Stirner e la differenza*, Turim, Giappichelli, p. 155, 1994). "E, portanto, a subjetividade se configura... como negação do geral enquanto fundamentada sobre a idéia de exclusividade, por sua vez fixada na idéia de diferença... Em outras palavras: se o indivíduo é único, também as suas atribuições são únicas; as suas semelhanças com as atribuições de outros únicos não lhe danifica o caráter de exclusividade singular, de diferença absoluta". (BAZZANI, *Weithing e Stirner*, p. 140. Consulte também sobre o mesmo assunto: Idem, *Il Tempo dell'esistenza*, p. 31).

MAX STIRNER: A EDUCAÇÃO COMO LIBERAÇÃO TOTAL

que há em cada homem: "Somos ainda os servidores dos nossos pensamentos; nós obedecemos a suas ordens como, outras vezes, obedecíamos aquelas dos pais ou dos homens. São estas (idéias, representações, crenças) que substituem as imposições paternas e que governam a nossa vida."[25]

A educação é considerada e praticada pela sociedade como o instrumento, por excelência, da submissão e da interiorização profunda da estrutura da autoridade, reprimindo de modo radical toda expressão autônoma e criativa da personalidade. Resumindo, ela comprime e anula a liberdade do indivíduo, e a criança aprende e interioriza os esquemas mentais e as estruturas do domínio. A liberdade, para ser considerada como tal, deve, ao contrário, identificar-se com as possibilidades do indivíduo e não consente nenhuma limitação nem limites que sejam determinados pela auto-imposição que é incutida pouco a pouco na índole humana, pela educação. Stirner indica, portanto, o papel negativo que ela assume: "Quem não pôde observar e também experimentar, que toda a nossa educação consiste em incutir em nossa mente certos sentimentos determinados, em vez de deixar nascer e crescer, ou bem ou mal, aqueles que encontrariam um terreno adequado."[26] Como se pode deduzir, de acordo com nosso autor, a educação é sempre, e de qualquer modo, uma imposição autoritária, uma vez que pressupõe sempre uma idéia de homem e uma idéia de sociedade, por parte do educador, que é transmitida ao educando. Assim, ele contrapõe o homem livre ao homem educado. O homem educado adquiriu o conhecimento por meio da mediação da Igreja ou do Estado e não elaborou pessoalmente suas idéias. Ao contrário, o homem livre possui idéias verdadeiramente suas, desenvolvidas por meio de um processo ativo e livre. O indivíduo, justamente porque único, é inalcançável e inatingível com o pensamento. Portanto, o único está fora do *logos* porque não pode ser definido por nenhum predicado: "O único é, se podemos dizer assim, o indefinível indefinido que define. Não é pensamento pensado, mas pensamento que pensa e que, como tal, não pode ser pensado."[27] O indivíduo, portanto, não possui limites em transformar o seu ser, e na transgressão abole a presença de todo o limite pelo desenvolver-se de suas potencialidades. A verdadeira lição pedagógica no pensamento de Stirner está particularmente em conceber uma sociedade que, não pedindo nada ao indivíduo,

---

[25] STIRNER, *L'Unico*, p. 15.

[26] *Ibidem*, p. 62.

[27] SIGNORINI, *Stirner e la differenza*, p. 2. Signorini escreve, ainda: "Fazer triunfar a diferença significa isentá-la da oposição, da semelhança, da analogia" (p. 4); "Isso estabelece paradoxalmente na discussão da filosofia aquilo que não pode ser considerado pelo pensamento. De fato, ele vê no único aquele sujeito incomparável que não pode ser pensado, ou seja, considerado como um objeto de pensamento entre os outros: o único define, determina, mas não pode nem ser definido, nem determinado." p. 131.

o habitue a nada pedir. De outro modo, ao contrário, acontece na sociedade autoritária que torna óbvio e inalienável o conceito segundo o qual é a outros que compete o direito e o dever de modelar todo o homem, de acordo com os princípios considerados convenientes e úteis: "Os jovens são maiores de idade quando cantarolam como os idosos, e são lançados à escola a fim de que possam aprender o velho refrão; e o momento da emancipação soa quando realizarem tal feito de memória (...). Esse é o sentido de tudo que se chama cuidado da alma: a minha alma e meu espírito devem ser modelados do modo que convém aos outros, não como conviria a mim mesmo."[28] Cada homem deve, ao contrário, rebelar-se e afirmar a própria liberdade e a própria criatividade, sem vínculos e coerções, em oposição radical e contínua à lógica do Estado e da autoridade, de acordo com o princípio da unicidade do indivíduo e da sua ilimitada possibilidade. O Estado, escreve Stirner,

> prende-me sob sua tutela, e eu vivo de sua graça. De tal modo a existência independente do Estado implica a minha independência; a sua vida como sistema exige que eu não me desenvolva livremente, mas que me adapte a ele; e a fim de que possa expandir-se segundo a sua natureza, ele emprega em mim as tesouras da cultura; proporciona-me uma educação e uma instrução que gira em torno de si e não em torno de mim mesmo, ensinando-me, por exemplo, a respeitar as leis, impedindo-me de ameaçar a propriedade do Estado (isto é, a propriedade privada), a venerar uma Alteza divina, terrestre etc.; resumindo, ensina-me a ser irrepreensível, sacrificando a minha individualidade no altar da santidade (santo ou sagrado é tudo aquilo que se pode imaginar: propriedade, vida dos outros etc.). Tal é o tipo de cultura que o Estado é capaz de me proporcionar: ele me treina para ser um bom instrumento, um integrante útil da Sociedade. É isso o que possivelmente faz todo o Estado, seja ele democrático, absoluto ou constitucional.[29]

O Estado, também por meio do trabalho educativo, afirma-se opondo-se à individualidade e assumindo para si aquelas propriedades que, ao contrário, pertencem aos indivíduos. Desse modo, os indivíduos são valorizados enquanto cidadãos e não por aquilo que são em seu potencial. Paradoxalmente, mas não muito, de acordo com Stirner, quanto mais se é bom cidadão, mais se é escravo e mais se anula como pessoa. O indivíduo será, portanto, livre quando se reconhecendo como Único, rebelar-se-á contra a universalidade e recusará a pedagogia

---

[28] STIRNER, *L'Unico*, p. 63. Escreve ainda: "Sim, sim: é belo induzir logo as crianças à piedade, à devoção, à honestidade. O homem bem educado é aquele que foi incutido com bons princípios, coagido por golpes de chicote ou por sermões." p. 77.

[29] *Ibidem*, pp. 203-204.

MAX STIRNER: A EDUCAÇÃO COMO LIBERAÇÃO TOTAL   89

como relação entre a sociedade e o indivíduo e poderá, enfim, desfrutar de si mesmo e da própria potência criadora.

É, principalmente, no conceito de unicidade em que recai a grande atualidade do pensamento de Stirner. Esperamos que não seja verdade aquilo que escreveu um anarquista imigrante nos Estados Unidos, em um opúsculo sobre Max Stirner: "Os precursores sempre estiveram errados: vêm muito cedo e são descobertos muito tarde."[30]

---

[30] V. ROUDINE, *Max Stirner. Um refrattario*, Boston, p. 58, 1914.

4. PIERRE-JOSEPH PROUDHON E A INSTRUÇÃO POLITÉCNICA

1. As teorias sociais e a educação

Se Godwin e Stirner são dois pensadores que, apesar de não se definirem como anarquistas, podem ser considerados os precursores dessa idéia, com Proudhon entramos diretamente na declaração explícita de atribuição — antes de primeira definição — da anarquia. Além disso, nem Godwin nem tampouco Stirner podem ser reportados ou interpretados como representantes de instâncias de classe. Todavia, eles abriram uma perspectiva e uma reflexão (o primeiro como interpretação libertária do iluminismo, e o segundo como radicalização do individualismo) que pertencem legitimamente às raízes teóricas do anarquismo.

Pierre-Joseph Proudhon (1809-1865)[1], ao contrário, exprime completamente suas tensões éticas e políticas da classe trabalhadora de sua época. O seu socialismo libertário difunde-se entre as associações dos trabalhadores em contraposição

---

[1] Sobre P.-J. PROUDHON, consulte: P. HAUTMANN, *Proudhon 1849-1865*, Paris, Desclée de Brouwer, 1988, 2 vol.; M. ALBERTINI, *Proudhon*, Florença, Vallechi, 1974; P. ANSART, *P.-J. Proudhon*, Milão, La Pietra, 1978; J. H. JACKSON, *Marx, Proudhon and European Socialism*, Nova York, Collier Books, 1962; J. LANGLOIS, *Défense et actualité de Proudhon*, Paris, Payot, 1976; A. CUVILLIER, *Proudhon*, México, 1986; D. GUÉRIN, *Proudhon oui & non*, Paris, Gallimard, 1978; A. SERGENT & C. HARMEL, *Histoire de l'anarchie*, pp. 117-148; G. GURVITCH, *Proudhon*, Nápoles, Guida editori, 1974; D. HA-LÉVY, *Le mariage de Proudhon*, Paris, Stock, 1955; S. R. GHIBAUDI, *Pierre-Joseph Proudhon*, Milão, FrancoAngeli, 1986; G. SANTONASTASO, *Proudhon*, Bari, Laterza, 1935; A. M. BONANNO, *Dio e lo Stato nel pensiero di Proudhon*, Raguso, La Fiacola, 1976; E. CAMPELLI, *Classe e coscienza di classe in Proudhon*, Ivrea, Altamurgia, 1974; P. ANSART, *Marx e l'anarchismo*, Bolonha, Il Mulino, 1972, pp. 159-362; D. GUÉRIN, *Né dio né padrone*, Milão, Jaca Book, 1974, vol. I, pp. 53-164; NETTLAU, *Breve storia dell'anarchismo*, pp. 47-56; E. ZOCCOLI, *L'anarchia*, Milão, Bocca, pp. 63-68, 1907; D. ANDREATTA, *L'ordine nel primo Proudhon*, Padova, Cedam, 1995; P. PASTORI, *Rivoluzione e continuità in Proudhon e Sorel*, Milão, Giuffrè, 1980; S. R. GHIBAUDI, *Proudhon e Rousseau*, Milão, Giuffrè, 1965;

92 "A BOA EDUCAÇÃO" – EXPERIÊNCIAS LIBERTÁRIAS E TEORIAS ANARQUISTAS...

àquele autoritário, representado por Karl Marx, e dentro desse quadro teórico e militante, desenvolve-se também a sua concepção pedagógica.[2]

O raciocínio proudhoniano focaliza uma intuição fundamental no momento que reconhece a teoria da força coletiva, que vai muito além da soma das forças singulares individuais[3], e também quando encontra uma interpretação e sistematização filosófica diferente em relação à filosofia dominante hegeliana, em recusar o conceito de síntese e em valorizar, de outra forma, as antinomias sociais em um equilíbrio que exalte a diversidade e a riqueza da pluralidade.[4] O seu pensamento apesar de contraditório e, algumas vezes, ambivalente, articula-se sempre com uma referência, quase obrigatória aos problemas do trabalho e dos trabalhadores. De fato, ele está profundamente convencido dos valores essenciais do trabalho, sejam eles morais ou educativos, tanto que é considerado como o verdadeiro teórico da filosofia do trabalho.[5] Ao denunciar impetuosamente as condições de vida das classes trabalhadoras ele não se exime de destacar como não são suficientes as várias ações filantrópicas que são freqüentemente realizadas na França, mas como seria, ao contrário, indispensável um verdadeiro trabalho de renovação na instrução e na educação industrial. Para Proudhon, levantar a questão educativa e, sobretudo, aquela da formação popular significa, antes de tudo, afrontar o problema da transformação da sociedade capitalista em sociedade socialista: "Nenhuma revolução jamais será fecunda se uma instrução pública renovada não for realizada."[6] Depois de ter, muitas vezes, denunciado o caráter classista do ensino

---

C. A. SAINTE-BEUVE, *P.-J. Proudhon. Sa vie et sa correspondance 1838-1848*, Paris, Alfred Costes Ed., 1947; G. WOODCOCK, *P.-J. Proudhon*, Nova York, 1969; E. HYAMS, *P.-J. Proudhon*, Londres, 1979; VÁRIOS, *Lyon & l'esprit proudhonien*, Lyon, ACL, 2003. Uma ótima antologia de seus escritos é: P.-J. PROUDHON, *Critica della proprietà e dello Stato*, Milão, Elèuthera, 2001.

[2] Sobre o pensamento pedagógico de Proudhon, consulte: DOMMANGET, *Les grands socialistes et l'éducation*, Paris, Colin, pp. 34-38, 1970; TOMASI, *Ideologie libertarie e formazione umana*, Florença, La Nuova Italia, pp. 94-125, 1973; SMITH, *Educare per la libertà*, pp. 34-38.

[3] BERTI, *Il pensiero anarchico. Dal Settecento al Novecento*, Manduria, Lacaita, pp. 153-225, 1998; Idem, Idem, *Un'idea esagerata di libertà*, Milão, Elèuthera, pp. 59-87, 1994; P. ANSART, *La sociologia di Proudhon*, Milão, Il Saggiatore, 1972.

[4] *Ibidem.*

[5] Escreve sobre esse propósito: "Tudo aquilo que aperfeiçoa os costumes, e que pouco a pouco faz sobressair o direito no lugar da força, isto é, que fundamenta a segurança, que cria progressivamente a liberdade e a igualdade, é, mais que a religião e o Estado, o trabalho; é, em primeiro lugar, a indústria e o comércio; depois a ciência, que o espiritualiza; e, enfim, a arte, sua flor imortal" (P.-J. PROUDHON, *Resistenza alla rivoluzione*. Louis Blanc e Pierre Leroux, In: *La Voix Du Peuple*, 3 de dezembro de 1849).

[6] P.-J. PROUDHON, *De la création de l'ordre dans l'Humanité, ou Principes d'organisation politique*, (1843), citado por TOMASI, *Ideologie libertarie e formazione umana*, Florença, La Nuova Italia, p. 107, 1973.

PIERRE-JOSEPH PROUDHON E A INSTRUÇÃO POLITÉCNICA

na sociedade capitalista, depois de ter ressaltado como a própria gratuidade da freqüência escolar esconde, na verdade, uma mentira[7], depois de ter destacado como não se pode falar de verdadeira instrução em educação até o momento em que permanecerem as divisões classistas da sociedade[8], ele se empenha então para definir os novos princípios que devem inspirar o ensino. Primeiro, portanto, é útil entender que as suas considerações podem ser deduzidas de uma definição da palavra anarquia, que ele se apressa em dar. Proudhon escreve:

> A anarquia é, se posso me exprimir desse modo, uma forma de governo ou constituição, na qual a consciência pública e privada, formada pelo desenvolvimento da ciência e do direito, é por si só suficiente para a manutenção da ordem e para a garantia de todas as liberdades.[9]

Portanto, a formação dessa consciência torna-se a passagem imprescindível para construir uma nova sociedade. De fato, o homem nasceu para ser socializado, torna-se tal enquanto está com os outros e, portanto, a educação não pode deixar de ter uma dimensão social superando, desse modo, a relação dualística teorizada por Rousseau.[10] Ao criticar o pensamento de Rousseau, ele se preocupa em denunciar o caráter demagógico contido "na hipótese mentirosa, depredadora, homicida, que somente o indivíduo é bom e que a sociedade o corrompe; que, como conseqüência, convém ao homem renunciar o quanto possível toda relação com seus semelhantes, e que tudo o que nos resta a fazer nesse mundo inferior, permanecendo em nosso isolamento sistemático, consiste em estabelecer entre nós uma recíproca segurança para proteção das nossas pessoas e dos nossos bens (...). Basta examinar a obra: em sua teoria do governo reconhecereis a mesma essência que inspirou a sua teoria da educação. O professor é tal e qual o homem de Estado. Se o preceptor

---

[7] P.-J. PROUDHON, "Aux Citoyens", In: *Le Peuple*, Paris, n. 2, julho de 1850.

[8] Escreve: "De uma parte o capital, a autoridade, a riqueza, a ciência; de outra, a miséria, a obediência, a ignorância: eis aí o antagonismo fatal que deve ser cessado; eis aí o fatalismo malthusiano, eis o catolicismo! Eis tudo o que o socialismo jurou destruir" (P.-J. PROUDHON, "L'homme est libre", In: *Le Peuple*, Paris, n. 169, maio de 1849).

[9] P.-J. PROUDHON, "Lettre à l'éditeur du Dictionnaire Larousse" (1864), In: P.-J. PROUDHON, *Lettres*, Paris, Grasset, p. 350, 1929.

[10] P.-J. PROUDHON, *La celebrazione della domenica*, (1839), Lanciano, Itinerari, p. 73, 1988, e em geral, o capítulo V. Ao comparar Proudhon e Rousseau, Silva Rota Ghibaudi, escreve, entre outras coisas: "Cada uma de suas obras é um tratado de educação, e o sujeito educativo deles é o homem enquanto tal. O tipo de educação desse assunto não coloca uma separação entre o educador e o educando, mas tende a identificá-los. O homem, para ambos, deve educar a si mesmo com um trabalho incessante, que é a potencialidade constante da própria personalidade em contato com aquela dos outros" (GHIBAUDI, *Proudhon e Rousseau*, p. 151.).

prega o isolamento, o publicista dissemina a divisão"[11]. Portanto, afirma nosso autor, no momento que Rousseau denuncia o mal da sociedade, isola o indivíduo e o expõe ao arbítrio do educador e do político. De acordo com Proudhon, ao contrário, o indivíduo é por natureza um ser social e é exatamente por estar em um ambiente social que ele constrói a própria personalidade. É nesse contexto que ele forma os próprios conhecimentos, que aperfeiçoa as suas capacidades, sobre as quais, além disso, influi de modo determinante. Na realidade, de modo diferente daqueles que são escravos, o homem que deseja e luta pela liberdade, obedece às leis com inteligência: "A Humanidade não se organiza senão com conhecimento reflexo (...) com o elaborar, ela mesma, as próprias leis"[12]. A liberdade de cada indivíduo encontra naquela dos outros, não mais um limite, mas uma potencialidade e um desenvolvimento. Segundo Proudhon, de fato, "o homem mais livre é aquele que possui o maior número de relações com seus semelhantes."[13] A verdadeira realização humana concretiza-se na deliberação em conjunto, na cooperação e no mutualismo: essa é a filosofia social do revolucionário de Besançon, essa é a sua moral e sua ética. Mas, no momento em que sustenta com vigor essa imprescindível convicção ele está, da mesma forma, atento para destacar como seriam importantes a especificidade individual, a sua inviolabilidade, a sua diversidade.[14]

As teorias sociais de Proudhon são embasadas na convicção de que seria necessário evitar o quanto fosse possível cada tendência à concentração de poder e, portanto, que a sociedade possa encontrar vantagem exclusivamente pela sua divisão em unidades de dimensões pequenas, autônomas entre si, e federadas, ligadas pela vontade livre e sustentadas pelas livres trocas mutualísticas. Neste momento, a organização da educação também deveria ter seguido essa imposição,

---

[11] P.-J. PROUDHON, *Idée générale de la révolution au XIXème siècle*, Paris, Garnier Frères Libraires, p. 163, 1851.

[12] P.-J. PROUDHON, *De la création de l'ordre dans l'Humanité, ou Principes d'organisation politique*, Paris, A. Lacroix, p. 4, 1868.

[13] P.-J. PROUDHON, *Mélanges*, In: Idem, *Oeuvres Complètes*, Paris, Librairie Internationale, 1867-1870, vol. XVII-XIX, p. 249.

[14] Daniela Andreata escreve, justamente, a esse propósito: "Diferentemente das abelhas, das formigas, de outros animais que vivem em sociedade, nos quais a alma e o instinto são quase exclusivamente coletivos, a humanidade é, de fato, observa Proudhon, *individualisée dans sa pluralité*. E esse seu caráter, por assim dizer distintivo, demonstra que na análise da sociedade, como nos projetos de reforma, nenhuma problemática social realmente séria pode deixar de lado tudo que seja qualitativamente diferenciado, especial e particular, comparando cada organismo coletivo... O individualismo de que fala Proudhon... é, conscientemente, defendido, em oposição à abstração superior, como uma restauração da ligação social na singularidade pessoal" (D. ANDREATTA, *L'ordine nel primo Proudhon*, p. 306).

tanto que ele prefigura um sistema educativo absolutamente descentrado e que corresponde a uma gestão direta da comunidade que se arroga completamente essa tarefa. Uma comunidade educadora que não necessita do Estado e que assume, em primeira pessoa, a definição e a realização dos objetivos educativos.[15]

Juntamente a essa visão moderna da organização escolar, Proudhon contempla, além disso, uma forma de instrução familiar na qual o papel importante é designado ao pai, em detrimento do papel da figura materna, apesar de fundamental. Essa última convicção expõe Proudhon a várias críticas, uma vez que em seu pensamento a função e o papel da mulher são, certamente, subestimados; algumas vezes, considerados segundo as teorias conservadoras. Dadas tais premissas e destacando como é indispensável preparar as massas proletárias para considerarem a realidade com espírito crítico e objetivo, ele afirma que essa tarefa transforma-se em um princípio e em um dever para todos aqueles indivíduos que são dotados de inteligência e portadores de valores alternativos àqueles do capitalismo e do Estado centralizado[16] e para aqueles que desejam, sinceramente, a emancipação do proletariado da servidão e da ignorância.[17]

Portanto, é forte, em Proudhon, a paixão pela justiça e pela igualdade, a repulsa pela Autoridade, a sua fé no povo, o seu sentimento sobre a nobreza, a grandeza, a força, a atração acerca do valor profundamente moral e educativo do trabalho. "Quanto mais o homem é ignorante, maior é sua obediência, e mais absoluta é a confiança em seu direcionamento"[18], e, portanto, é necessário libertá-lo de todo vínculo e condicionamento que não derive da lei da necessidade.

---

[15] A esse propósito ressalta: "Uma comunidade necessita de professores. O jovem ou idoso, solteiro ou casado, formado na Escola normal ou autodidata, com ou sem diploma, escolhe tal professor de acordo com sua vontade. A única coisa essencial é que o professor seja agradável aos pais de família, e que estes sejam livres para confiar-lhes ou não os seus filhos. Aqui, como em qualquer outro lugar, é necessário que a função derive de um acordo livre e seja regulada pela concorrência: coisa impossível em um regime de desigualdade, de favoritismo, de monopólio universitário ou de acordo entre a Igreja e o Estado" (P.-J. PROUDHON, *Idée générale de la Révolution au XIXème siècle*, Paris, Garnier Frères Librairies, p. 317, 1851). Essa concepção antecipa o método de recrutamento embasado sobre o compartilhamento de um mesmo projeto educativo que garante uma escola de tendência, e torna-se indispensável para experimentar formas alternativas de educação e de instrução.

[16] Escreverá: "Desejo que a escola seja separada radicalmente do Estado" (P.-J. PROUDHON, *Del principio federativo*, Roma, Mondo Operario-Avanti, p. 54, 1979).

[17] P.-J. PROUDHON, "Lettera ai membri dell'Accademia di Besançon del 3 agosto 1840", In: *Correspondance*, Paris, Lacroix, vol. I, p. 227, 1875.

[18] P.-J. PROUDHON, *Qu'est-ce que la propriété?*, Paris, p. 247, 1841.

2. Escola e trabalho

As suas convicções pedagógicas mostram-se, por determinados traços, muito diversas daquelas mais em voga em seu tempo, sobretudo, quando ele assinala a importância fundamental da estreita correlação que ele entrevê entre escola e trabalho. Para Proudhon, o trabalho é o centro da vida dos homens desde que eles estejam orgulhosos daquilo que dê sentido, interesse e dignidade à sua própria vida. Portanto, é, dessa forma, indispensável que a função primária da instrução escolar seja exatamente aquela de preparar os jovens para uma vida de trabalho. Qualquer modelo educativo que tenha separado os dois mundos, aquele escolar e aquele do trabalho, não possui nenhum valor para ele, porque não é coerente com os interesses das classes trabalhadoras. Naturalmente, uma instrução e uma formação que se preocupe em formar simples mão-de-obra para as fábricas deve ser, da mesma forma, combatida. É necessária uma educação que prepare as jovens gerações para uma atividade laboriosa, mas que, ao mesmo tempo, insira-lhe na sociedade de uma maneira crítica e autônoma e que, sobretudo, não divida em partes as competências a tal ponto de não possuírem os instrumentos intelectuais e concretos para dominar o conjunto do processo produtivo. Ele afirma que é justamente o aprendizado a verdadeira instrução pública que deve fundamentar-se sobre conhecimentos amplos e variados, nos diversos âmbitos das ciências, das artes, das literaturas, de todas as atividades sociais e econômicas: "O direito do estudante é de conhecer tudo, de ver tudo, de provar cada coisa; o seu dever é aquele de realizar, com alegria e com audácia, todas as tarefas que as necessidades da sociedade e o serviço interno em uma grande oficina exijam: tal é o compromisso do aprendizado e da lei da igualdade."[19] Em suma, Proudhon exprime-se a favor de uma educação politécnica de modo a permitir ao estudante, a experiência com uma gama inteira de atividades industriais, mas sem especializar-se em nenhuma delas.[20]

Na obra que escreve em 1843, *De la création de l'ordre dans l'humanité, ou principes d'organisation politique*[21], ele denuncia, antes de mais nada, a discriminação social que está na base da desigualdade entre os indivíduos. De fato, "a desigualdade da capacidade, quando não é devida aos efeitos constitucionais ou à enfermidade, ou à miséria, depende da ignorância difundida, da ineficácia dos

---

[19] P.-J. PROUDHON, *De la création de l'ordre dans l'Humanité, ou Principes d'organisation politique*, p. 344, 1873.

[20] SMITH, *Educare per la libertà*.

[21] P.-J. PROUDHON, *De la création de l'ordre dans l'humanité, ou principes d'organisation politique*, Paris, Prévot, 1843.

PIERRE-JOSEPH PROUDHON E A INSTRUÇÃO POLITÉCNICA

métodos, da presunção ou falsidade das ações educativas, todas causas de que derivam a dispersão e a confusão das idéias. Essas causas, geradoras da desigualdade, são normais, enquanto que a desigualdade das capacidades é excepcional."[22]

Portanto, é o contexto ambiental, socioeconômico e cultural que determina as diferenças que se transformam em desigualdades. Sendo assim, prevalece em nosso autor uma concepção ambientalista da educação que ressalta um outro ponto de fraqueza quando não sabe reavaliar as diferenças naturais dos indivíduos que não devem se transformar, necessariamente, em desigualdade social, mas que, antes, podem se tornar o fundamento e a riqueza em uma sociedade libertária. Isso contradiz a sua teoria das antinomias sociais que, ao contrário, constituem um dos seus pontos mais altos de elaboração sociológica. Mas, em Proudhon, devemos recordar que prevalece sempre o elemento coletivo das dinâmicas sociais, ainda que, algumas vezes, pareça sacrificar aquele individual, porém, ele liga fortemente o indivíduo à sociedade, a sua liberdade àquela de toda a comunidade: "Quanto mais a individualidade é livre, mais a sociedade é boa; ao contrário, quanto mais a individualidade é subordinada e consumida, mais a sociedade é má."[23] A mesma genialidade é ligada a um contexto social de que o homem genial extrai o fluido vital que alimenta a sua inteligência e o seu conhecimento. Na obra, *Du principe de l'art et de sa destination sociale*, publicada postumamente em 1865, destacará de fato:

> O gênio não se mostra isolado; ele não é homem, é legião, possui seus precedentes, a sua tradição, as suas idéias formadas ou lentamente acumuladas, as suas faculdades desenvolvidas; tornadas mais enérgicas pela fé intensa de gerações: possui as suas correntes de opinião, não pensa somente em seu egoísmo solitário, é uma alma múltipla, melhorada, fortificada durante os séculos pela transmissão hereditária.[24]

Nenhuma revolução jamais será produtiva sem uma instrução pública renovada que contribua para eliminar o pauperismo, os crimes de guerra, toda forma de despotismo. Portanto, essa é uma condição essencial para a emancipação do proletariado, uma fonte de renovação social, de progresso e de liberdade.[25] A organização do ensino é, portanto, decisiva para a emancipação dos trabalhadores; é a condição principal para a afirmação da igualdade, para determinar o progresso

---

[22] *Ibidem*, p. 249.

[23] P.-J. PROUDHON, "Lettre à Robin", in Idem, *Correspondance*, vol. IV, p. 375.

[24] P.-J. PROUDHON, *Du principe de l'art et de la destination sociale*, Paris, Legèvre, p. 67, 1865.

[25] P.-J. PROUDHON, *De la création de l'ordre dans l'Humanité, ou Principes d'organisation politique*, Paris, A. Lacroix, p. 359, 1868.

social. Uma vez definida a importância da instrução na obra de emancipação é necessário, da mesma forma, compreender uma condição fundamental do modo pelo qual ocorra a aprendizagem. Proudhon antecipa os conteúdos do ativismo pedagógico indo de encontro a todas as concepções efetivas da época e, sobretudo, em relação às tradições pedagógicas do idealismo. De fato, escreve:

> Nosso aluno é agitado e destruidor? Agrada-lhe exercitar-se com a madeira, a pedra e o ferro? A sua mente, dotada de uma grande capacidade de objetivação, permite somente representações concretas e imagens? Trata de iniciá-lo com abstrações e leis. Proporciona-lhe utensílios para manejar, as árvores ou as pedras para enfileirar; chegará o tempo em que da prática sairá a teoria; enquanto que para alguns a inteligência precede a ação, para ele a ação precede a inteligência."[26]

Essa necessidade de iniciar do concreto, da experiência, Proudhon identifica-a com o trabalho, com o fazer inteligente e criativo, com uma dimensão artística do próprio trabalho: todas as ações, os movimentos, os pensamentos, os produtos humanos possuem esse caráter artístico; mas essa mesma arte (...) é desenvolvida pelo trabalho: disso deriva que quanto mais a habilidade do homem se aproxima do ideal, tanto mais ele se lança para acima dos sentidos. Tudo isso que constitui a atração e a dignidade do trabalho é o poder de criar, por meio do pensamento, de livrar-se do automatismo, superar a matéria.[27]

Toda a pedagogia de Proudhon é uma contínua exaltação das virtudes do trabalho manual e de seu poder formativo. A própria ciência é um conjunto de fórmulas inúteis e vazias, se não encontra uma aplicação na técnica. O saber e o pensamento daquele que trabalha, segundo ele, é superior àqueles puramente contemplativos porque deriva da experiência direta. De fato, a ciência e a filosofia encontram origem na espontaneidade laboral dos homens, cada idéia nasce de uma ação e seu verdadeiro sentido está em retornar depois à própria ação. Portanto, a idéia se reconhece contemplando-se em sua ação, em seu trabalho.[28] "Não sou nem sansimoniano, nem fourierista, nem babouvista, nem de algum outro grupo. Creio firmemente que, no que diz respeito à economia política e moral, como em química e em astronomia, quem vem por último é sempre aquele que sabe mais (...). Não temos valor por aquilo que aprendemos, mas somente pelo que fazemos."[29]

---

[26] *Ibidem*, p. 385.

[27] P.-J. PROUDHON, *Système des contradictions économiques, ou philosophie de la misère*, Paris, Guillaumin, p. 379, vol. II.

[28] P.-J. PROUDHON, *De la création de l'ordre dans l'Humanité, ou Principes d'organisation politique*, Paris, A. Lacroix, 1868.

[29] P.-J. PROUDHON, "Lettre à B. Proudhon", In: Idem, *Correspondance*, vol, IV, p. 215.

A dimensão do fazer prevalece e determina ainda aquela do pensar, não há conhecimentos sem experiência. A sociedade possui uma vida própria, e o trabalho organiza-se de acordo com as vontades inerentes e segundo as próprias necessidades; os grupos formam-se e dividem-se de acordo com a sua espontaneidade interna, e os conhecimentos e as crenças surgem das práticas coletivas. Desse modo, ele deseja destacar como todas as doutrinas da transcendência abatem as reais relações e, ao mesmo tempo, afirmar que é somente uma obra humana que possui a capacidade de criar e modificar a realidade social. Portanto, é necessário inverter a lógica dominante: não procurar o sentido e a lógica ou a verdade das religiões e das constituições políticas, mas analisar e entender o dinamismo criativo e o movimento que a religião e o Estado produzem na sociedade. Essa é a análise sociológica, mas também psicológica de Proudhon, na qual é evidente a influência exercida pela educação.[30] Naturalmente, essas teorias fundamentam-se sobre as convicções de igualdade natural absoluta dos homens: "Todos os homens são iguais na comunidade primitiva, iguais em sua simplicidade e em sua ignorância, iguais para a potência indefinida de suas faculdades."[31]

Com essa afirmação ele introduz, evoluindo o seu pensamento, o conceito de diversidade natural exatamente no momento em que define como indefinidas — conseqüentemente diversas, múltiplas e plurais — as faculdades de cada ser humano. Superando e aprofundando o discurso iniciado com as reflexões precedentes, na obra *Sistema das contradições econômicas ou filosofia da miséria*, com a qual ele provocará a explosão da polêmica com Karl Marx, ele sustenta que, uma vez que a inteligência pode conservar-se quantativamente igual em todos os homens, deve-se deduzir "que cedo ou tarde, quando as circunstâncias estiverem favoráveis, o progresso geral deve conduzir todos os homens da igualdade original e negativa à equivalência positiva dos talentos e dos conhecimentos."[32] Portanto, educação e instrução devem servir exatamente à mudança das condições sociais da sociedade classista e autoritária. Existe, dessa maneira, uma identidade ligada à essência da inteligência:

> De acordo com os filósofos mais profundos dos tempos modernos, (...) a inteligência não se diferencia nos indivíduos somente pela determinação qualitativa,

---

[30] ANSART, *La sociologia di Proudhon*. Proudhon sustenta, ainda, que o progresso é, para as massas trabalhadoras, sempre um livro fechado a sete chaves; e, sem dúvida, não é por meio de incoerências idealísticas que se poderá explicar o impiedoso enigma (Consulte também: GURVITCH, *Proudhon*).

[31] P.-J. PROUDHON, *Système des contradictions économiques, ou philosophie de la misère*, Paris, Guillaumin, (1846), In: Idem, *Oeuvres Completes*, Paris, Ed. M. Rivière, pp. 163-137, 1923.

[32] *Ibidem*, p. 137.

que constitui a especialidade das inclinações próprias de cada um, ao contrário, em tudo o que há de essencial (...) ela é quantativamente igual em todos.[33]

E continua: "A inteligência diferencia-se nos homens não pela potência, pela pureza ou pela extensão; mas, em primeiro lugar, pela especialidade ou, como diz a escola, pela determinação qualitativa; em segundo lugar, pelo exercício e pela educação."[34] Existem, portanto, diversas formas de inteligência que caracterizam positivamente as diferenças individuais e que as tornam indispensáveis ao funcionamento da sociedade que não deve absolutamente se preocupar em fazer síntese, mas em empenhar-se para garantir a liberdade e a pluralidade. Nessa ótica, assumem também importância a autoformação e a auto-educação permanente que determinam e dão substância à busca pessoal da liberdade.[35] Ele designa um lugar central a esse valor, tanto que diz: "A liberdade é o pensamento; não faço nada além de traduzir o *Cogito ergo sum*, de Descartes. Sou livre, logo existo. Todas as proposições que seguem derivam dessa, com rigor de uma demonstração geométrica"[36]. Disso provém uma concepção libertária da vida e a recusa de cada imposição que não derive de forma lógica de uma escolha livre. Nenhuma imposição externa é, portanto, aceitável e sustentável.[37]

Da mesma forma, é necessário superar a divisão do trabalho que, em uma sociedade classista, transforma-se — juntamente com o uso instrumental das máquinas — em um veículo de desigualdade e de discriminação da inteligência dos trabalhadores. De fato, tornando-se essa divisão sempre mais fracionada, causa no operário um estado de abandono total ao poder das máquinas. Tudo isso torna a indústria mais produtiva, mas em detrimento do trabalhador, o qual se torna sempre mais empobrecido, degradado, e sua inteligência, sempre mais diminuída com toda vantagem para o poder político e econômico: "Assim, quanto mais a divisão do trabalho e a potência das máquinas aumentam, mais a inteligência do trabalhador diminui".[38]

---

[33] *Ibidem*, p. 137.

[34] *Ibidem*, p. 173.

[35] P.-J. PROUDHON, *Les confessions d'un révolutionnaire*, In: *La Voix du Peuple*, Paris, 1849.

[36] P.-J. PROUDHON, "L'homme est libre", In: *Le Peuple*, Paris, n. 169, maio de 1849.

[37] Escreve: "Eu também desejo a ordem... mas desejo-a como um efeito de minha vontade, uma condição de meu trabalho, e uma lei de minha razão. Não a suportarei jamais se vier de uma vontade externa, e se a servidão e o sacrifício me forem impostos como condições preliminares." (P.-J. PROUDHON, *Idée générale de la révolution au XIXe siècle*, Paris, Garnier Frères Libraires, 1851, p. 136).

[38] P.-J. PROUDHON, *Idée générale de la révolution au XIXe siècle*, Paris, Garnier Frères Libraires, 1851, p. 111.

3. Instrução e aprendizado

Como vimos, Proudhon não deseja eliminar os conflitos, contanto que esses se revelem em uma sociedade profundamente igualitária, na qual possam ser considerados como fonte indispensável de dinamismo social. A manutenção das diferenças e das independências constitui, a seu ver, uma condição de vitalidade fundamental. Mas a divisão do trabalho em uma sociedade hierárquica e discriminadora, implica, de uma parte, a progressão das qualidades operárias e, de outra, a regressão do trabalhador em virtude do caráter dividido de sua tarefa; tal divisão determina, ao mesmo tempo, a igualdade das condições e o insucesso dessa igualdade. Ele se opõe à separação, em particular, entre trabalho manual e intelectual, entre teoria e prática, e é por esse motivo que critica com vigor o sistema de instrução que formaliza a separação entre aprendizado e ensino. Além disso, de acordo com sua opinião, é ainda mais detestável distinguir a educação profissional do exercício real, útil, cotidiano da profissão, reproduzindo, com isso, a separação dos poderes e a distinção das classes. Se a instrução deve ser inseparável do aprendizado, a educação científica daquela profissional, toda centralização da formação pública é impossível, além de prejudicial. A escola deve tornar-se o lugar de encontro entre o trabalho e a formação.[39]

Assim sendo, o aprendizado deve se tornar polivalente e politécnico com uma crescente graduação das dificuldades das atribuições. O projeto de instrução, aplicado sob o controle direto dos próprios trabalhadores, consistirá em fazer o aluno percorrer a série inteira de exercícios profissionais, dos mais simples aos mais complicados, fazendo de modo com que seja possível extrair de tudo isso o significado racional e social que está implícito. Desse modo, pode-se chegar a uma formação completa, teórica e prática. Naturalmente, essa organização implica uma formação contínua e permanente que dura toda a vida e se renova continuamente. Esse sistema é, entretanto, incompatível com o Estado:

> Em uma democracia real, na qual cada um deve ter à disposição tanto o alto ou baixo ensino, essa hierarquia escolar não é admissível. É uma contradição ao princípio da sociedade. Uma vez que a educação se confunde com o aprendizado, que consiste, para a teoria, na classificação das idéias, bem como para a prática na separação dos trabalhos (...), ela não pode mais depender do Estado, ela é incompatível com o Governo. [40]

---

[39] P.-J. PROUDHON, *Idée générale de la révolution au XIXe siècle*, Paris, Garnier Frères Libraires, pp. 317-318, 1851.

[40] *Ibidem*, p. 519.

Uma das maiores preocupações que o filósofo de Besançon possui é aquela de destacar a importância e a necessidade dessa formação, seja intelectual ou técnica. Uma sociedade socialista e libertária não pode deixar de se concretizar em conjunto com uma dimensão de educação para todos, de modo a impedir a formação de uma aristocracia que fundamente o seu poder sobre a posse do saber. A formação imposta pela sociedade burguesa, ao contrário, é embasada exatamente sobre essa distinção que determina a divisão em classes, entre dirigentes e executores. Portanto, é necessário criar uma ampla ação de democratização do saber. A formação profissional prevista por Proudhon não deve cercar, entretanto, o indivíduo dentro dos limites de uma única especialização, para não condená-lo a desenvolver, por toda a vida, o mesmo trabalho. A formação e a instrução devem estabelecer, ao contrário, como objetivo, liberar os seres humanos de seus limites, de modo a permitir que eles adquiram uma visão completa dos problemas e uma mentalidade aberta e flexível. Oficina e escola formam um conjunto inseparável, completam-se mutuamente, o seu objetivo é um ensino que forme o homem completo, o trabalhador crítico e consciente. É exatamente sobre a união dessas duas situações que Proudhon considera transformar o trabalho e restituir-lhe o seu significado mais humano, a sua alegria, sua criatividade. Não deve existir, portanto, nenhuma contraposição entre a mente e a mão, entre trabalho intelectual e manual, uma vez que ambas as culturas e as duas formações penetram-se e completam-se mutuamente.[41]

O grande princípio da educação socialista está exatamente nisto: a igualdade de cultura por intermédio da formação profissional, que ele exprime por meio da expressão *polytechnie de l'apprentissage* e que, usando termos mais modernos, podemos definir como escola-oficina.[42] Somente sob essas condições podemos encaminhar a humanidade inteira em direção a um progresso geral, amplo e permanente[43], não apenas em termos quantitativos, mas, sobretudo, qualitativos: "O progresso, mais uma vez, é a afirmação do movimento universal, por conseqüência, a negação de todas as formas e fórmulas imutáveis, de toda doutrina eterna, imóvel, impecável etc., aplicada a qualquer ser, de qualquer ordem permanente, sem excluir aquele do universo, de cada sujeito, empírico ou transcendental, sem nenhuma diferença."[44]

Em contraste com as filosofias idealistas e com os condicionamentos religiosos, ele reclama o direito de cada indivíduo de afirmar seu próprio e pessoal pen-

---

[41] E. DOLLÉANS, *Proudhon*, Paris, Gallimard, p. 297, 1948.

[42] DOMMANGET, *Les grandes socialistes et l'éducation*, Paris, Colin, p. 254, 1970.

[43] *Ibidem*, p. 269.

[44] P.-J. PROUDHON, *Philosophie du progrès*, Paris, Librarie M. Rivière, p. 99, 1946.

PIERRE-JOSEPH PROUDHON E A INSTRUÇÃO POLITÉCNICA

samento e, sobretudo, a autonomia pessoal. As suas reflexões chegam a ponto de considerar o desenvolvimento da inteligência como um processo social e não como um fato adquirido de uma vez por todas, sustentando, portanto, uma concepção do desenvolvimento do homem, contínua e infinita. Além disso, as desigualdades que determinam a sociedade autoritária e classista não são irredutíveis. Um sistema educativo renovado e não mais sujeito à lógica de classe será capaz de modificar toda a sociedade. Não basta garantir a soberania geral com o voto universal porque, sem a ciência e o conhecimento difundidos minuciosamente, é impensável exercer a liberdade e a autonomia de julgamento.[45] Ele compreende de forma absoluta que somente uma educação ampla conferida pela individualidade, preparada e consciente, é capaz de desenvolver no povo uma concreta capacidade jurídica e uma participação ativa nos destinos da comunidade, capaz de garantir o bem-estar dos trabalhadores e o progresso do espírito humano.

Em sua obra, talvez a mais importante, *De la justice dans la Révolution et dans l'Église, nouveaux principes de philosophie pratique adressés à son Eminence Monseigneur Matthieu*, publicada em 1858, em Paris, ele retoma os temas até aqui tratados de forma sumária em várias obras e artigos, partindo de um princípio de auto-afirmação que une liberdade e autonomia em sentido libertário: "É lei da natureza que o ser inteligente e livre faça por si os seus costumes; que se agrupe segundo uma lei da razão e da liberdade; que, enfim, em qualquer situação — quer se encontre sozinho ou em sociedade — alcance a felicidade graças à sua moralidade."[46] É evidente nessa afirmação o quanto é forte a influência da cultura iluminista e radical em considerar positivamente a natureza humana que seja regulada pela razão e tenda à obtenção natural da felicidade. Portanto, a revolução social, para que seja verdadeiramente eficaz, deve ser um processo que "anule o regime feudal e o privilégio corporativo, coloque as bases de um ensino novo, proclame a indústria e o comércio livres, resumindo, que prometa ao trabalhador — por meio da instrução igual e do conhecimento universal — a completa disposição de seus braços e de sua pessoa."[47] E, uma vez que o homem é uma força dominada pela inteligência, realiza sua felicidade exercendo-a entre os seus semelhantes. Essa força é capaz de produzir efeitos excepcionais que devem ser avaliados de forma filosófica do ponto de vista qualitativo mais que quantitativo. Nota-se, entretanto, aponta obstinadamente Proudhon, que essa inteligência que produz conhecimento possui um fundamento e uma natureza intimamente ligada à experiência concreta e real:

---

[45] GHIBAUDI, *Proudhon et Rousseau*, p. 55.
[46] P.-J. PROUDHON, *De la justice dans la Révolution et dans l'Eglise*, Paris, A. Lacroix, t. I, p. 126, 1870.
[47] Idem, *La giustizia nella Rivoluzione e nella Chiesa*, Turim, UTET, p. 613, 1968.

"A BOA EDUCAÇÃO" – EXPERIÊNCIAS LIBERTÁRIAS E TEORIAS ANARQUISTAS...

A idéia, com as suas categorias, nasce da ação e deve retornar à ação, sob pena de decadência do agente. Isso significa que cada conhecimento, suposto *a priori*, compreendendo, então, a metafísica, nasça do trabalho e deva servir de instrumento ao trabalho, de modo contrário a tudo o que ensinam o orgulho filosófico e o espiritualismo religioso, que fazem da idéia uma revelação gratuita, manifestada não se sabe como, e pela qual a indústria não seria outra coisa além de uma aplicação.[48]

Esse é o motivo pelo qual é necessário que a ciência e o conhecimento sejam difundidos em sua integralidade com um método que compreenda todo o conjunto, e a especialização chegue somente depois desse processo formativo consumado. A divisão de trabalho, repete Proudhon, produziu uma fragmentação extrema nas funções a ponto de condicionar negativamente e fortemente a vida de milhões de trabalhadores desde a tenra idade. Além disso:

> o homem é formado com uma manobra que, em vez de iniciá-lo nos princípios gerais e nossos segredos da indústria humana, fecha os caminhos para qualquer outra profissão; depois de haver mutilado sua inteligência, ela é também estereotipada, petrificada; com exceção a tudo que se refere a seu estado, que ele tem a ilusão de conhecer, mas do qual não possui além de uma pálida idéia e um restrito hábito, sua alma como os seus braços estão paralisados.[49]

Assegurar a plenitude da liberdade ao trabalhador por meio de uma integração do trabalho é, ao contrário, uma idéia que ele persegue e teoriza com insistência. As conseqüências de uma pedagogia estruturada de tal forma representam um objetivo a se atingir com todo esforço, já que tudo isso mudaria radicalmente o aspecto da humanidade, além de garantir um desenvolvimento mais completo e harmônico de toda a sociedade. Sobre esse propósito escreve:

> O plano da instrução operária, sem prejuízo para o ensino literário que é oferecido, ao mesmo tempo, à parte, é, portanto, traçado: isso consiste, de um lado, em fazer com que o aluno percorra uma série completa de exercícios industriais, iniciando com os mais simples para chegar aos mais difíceis sem distinção de especialidade; de outro, excluir desses exercícios a idéia que contêm, exatamente como, em um determinado momento, os elementos da ciência foram tirados das primeiras máquinas da indústria, e conduzir o homem — com a mente e com a mão — à filosofia do trabalho, que é o triunfo da liberdade.[50]

---

[48] *Ibidem*, p. 670.
[49] *Ibidem*, p. 696.
[50] *Ibidem*, p. 688.

PIERRE-JOSEPH PROUDHON E A INSTRUÇÃO POLITÉCNICA 105

Essa educação radicalmente renovada deve ser, além de igual para todos, não fundamentada sobre nenhum misticismo. Nem mesmo quando a ciência torna-se tal. Para Proudhon, é certamente mais importante o trabalho, a prática, porque diferentemente da pura especulação, produz um conhecimento fundamentado sobre a experiência e sobre a harmonia que se cria entre a mente e as mãos que interagem de forma harmônica. A inteligência do trabalhador não reside somente em sua mente, mas também em sua mão. O sábio que é apenas sábio, tem uma inteligência isolada, decerto mutilada, dotada de capacidade de dedução e generalização, mas, ao mesmo tempo, sem valor de execução. Somente no operário, formado dessa maneira, podemos encontrar a inteligência por completo.[51] Conseqüentemente, o valor da obra é assim determinado:

> Quanto à inteligência propriamente dita, quanto à ciência e ao talento, considerando que se adquirem com o estudo e se desenvolvem com o trabalho, esses são medidos e remunerados de acordo com o trabalho desenvolvido. Portanto, criem a educação e a ciência para todos; exaltem, com a politécnica do aprendizado e com acesso a todos os graus, o nível das capacidades."[52]

Toda a pedagogia possui como escopo formar o homem e o cidadão, segundo uma imagem em miniatura da sociedade, por meio de um desenvolvimento metódico das faculdades físicas, intelectuais e morais de cada um. A cada educação subentende-se uma idéia de homem e de sociedade, de valores e de costumes. Portanto, Proudhon preocupa-se em propor uma educação diversa inspirada nos valores do socialismo libertário e, assim, os seus esforços se dirigem a uma formação de um novo homem, livre e autônomo. Para isso, não poupa as críticas ao trabalho educativo da Igreja e da religião, às suas obras de doutrinamento e de condicionamento, em detrimento desse aspecto fundamental da atividade humana. A educação como um todo é a mais complicada das artes e das ciências e não pode ser delegada ao papel negativo desenvolvido pela Igreja, que não se preocupa, certamente, em formar pessoas livres e completas.[53] O escopo da educação religiosa conferida pela Igreja é, de fato, prevalentemente aquele de restabelecer e solidificar com vigor e condicionamento sutil o princípio de autoridade e aquele de inevitabilidade da hierarquia, por meio dos rituais e das sugestões de que se nutre.[54] Em particular, o catolicismo, que se orgulha de moralizar o homem, na verdade, não

---

[51] *Ibidem*, p. 697.
[52] *Ibidem*, p. 701.
[53] P.-J. PROUDHON, *De la justice dans la Révolution et dans l'Église*, Paris, Tours, Fayard, t. II, pp. 781-784, 1988.
[54] *Ibidem*, pp. 791 e 838.

serve para outra coisa além de torná-lo um ser de caráter hipócrita, cheio de raiva e de malvadeza, um inimigo do gênero humano. Ao contrário, deve libertá-lo "de todo dogmatismo e de todas as alucinações transcendentais."[55] Por meio da religião, portanto, submetem os homens à autoridade e impede-lhes de crescer e desenvolver-se livremente e de forma autônoma: "O homem que a religião formou, feliz de saber, de fazer e de obter aquilo que serve ao seu devir terrestre, não pode jamais tornar-se um problema para o governo: tornar-se-á, pelo contrário, um mártir."[56]. De modo diferente, Proudhon, propõe e afirma o "respeito pela humanidade em nossa pessoa e na pessoa dos nossos semelhantes (que) é a mais fundamental e a mais constante das nossas afeições."[57]

Na última obra importante que ele escreve e que, como vimos, será lançada depois de sua morte, *De la capacité politique des classes ouvrières*, ele resume os conceitos aqui traçados, sem acrescentar-lhes outras considerações importantes.[58] A concepção pedagógica proudhoniana pode ser considerada realmente revolucionária, uma vez que atribui à educação um papel central no movimento emancipador das classes trabalhadoras, sustentando que essa constitua o pressuposto principal para qualquer outra emancipação. Proudhon compreende, além disso, a natureza ideológica da instrução estatal, embora algumas soluções propostas por ele e não bem especificadas mereçam ser desenvolvidas e aprofundadas posteriormente, quando não recusadas, como no caso do papel designado à figura masculina, em detrimento da igualdade dos sexos. A sua concepção de formação politécnica e de educação integral encontram, na filosofia e na pedagogia do trabalho, o seu fundamento.

---

[55] *Ibidem*, p. 851.

[56] P.-J. PROUDHON, *Le Christianisme et l'Église ou le boulevard de l'Autorité*, Herblav (Seine-et-Oise), Aux Editions de l'idée libre, p. 23, 1930.

[57] P.-J. PROUDHON, *La guerre et la Paix, recherches sur le principe et la constitution du droit des gens*, Paris, Dentu, p. 130, 1861.

[58] P.-J. PROUDHON, *De la capacité politique des classes ouvrières*, Paris, A. Lacroix et C. Editeurs, p. 281-289, 1873.

5. MIKHAIL BAKUNIN:
A EDUCAÇÃO COMO PAIXÃO E REVOLTA

1. Premissa

Bakunin adota as idéias de Proudhon enquanto se opõe àquelas de Marx e leva as reflexões anarquistas do francês a assumir uma identidade mais precisa e autônoma. Introduz neste socialismo libertário todos os elementos que distinguem um anarquismo mais explícito e consciente, desenvolvendo uma ideologia bem distinta e, por tantos aspectos, contrárias àquela marxista. No âmbito educativo, Bakunin adota a idéia da instrução integral de Proudhon, mas a converte em um incentivo de transformações sociais individualizando nela, diferentemente de Proudhon, não apenas um instrumento de formação profissional, mas também uma abordagem para a interpretação e para a leitura acerca do modo de formar-se pelas desigualdades. Esse é o motivo pelo qual, como veremos, as análises e o desenvolvimento da idéia socialista e proudhoniana unem-se em Bakunin a um espírito filosófico próprio da esquerda hegeliana e, em particular, do seu mais radical intérprete (Max Stirner), que o levará a reconhecer como indispensável para cada mudança radical o componente existencial e cultural da revolta. Educação e revolta constituem, dessa forma, em Bakunin, um binômio inseparável que serve, todavia, a uma dimensão absolutamente revolucionária da ação humana. Portanto, educar significa substancialmente estimular e promover aquela dimensão rebelde e intolerável à autoridade, que caracteriza a natureza humana. Em suma, a educação é um elemento importante, ainda que não seja o único, de um projeto revolucionário mais amplo.

Mikhail Aleksandrovich Bakunin nasceu no vilarejo de Premukhino, a duzentos e cinqüenta quilômetros de Moscou, em 8 de maio de 1814. O pai do anarquismo

108   "A BOA EDUCAÇÃO" – EXPERIÊNCIAS LIBERTÁRIAS E TEORIAS ANARQUISTAS...

inicia, então, a sua vida aventurosa e dramática — o grande revolucionário russo morrerá em Berna, em primeiro de julho de 1876.[1]

Desde o início de sua reflexão, quando ainda o anarquismo — do qual é o primeiro verdadeiro intérprete — estava distante de suas reflexões, ele revela, entretanto, uma verdadeira vocação, todavia completamente pedagógica, à introspecção, à necessidade de reconduzir tudo aquilo que é exterioridade a uma dimensão individual, pura, direta, sem mediações. Sobre esse assunto, reveladora dessa tendência fortemente ética e individualista, ele escreve:

---

[1] Para uma biografia de Bakunin, consulte: M. NETTLAU, *Michael Bakunin, Eine biographie*, Londres, 3 vol., 1896-1900; Idem, *Bakunin e l'Internazionale in Italia dal 1864 al 1872*, Genebra, 1928; Idem, *Michele Bakounine. Uno schizzo biografico*, Messina, 1904; E. H. CARR, *Bakunin*, Londres, 1975; KAMINSKI, *Bakunin*, Milão, 1949; J. M. STEKLOV, *M. A. Bakunin, Ego zizn' i dejatel'nost'*, Moscou-Leningrado, vol. 4, 1920-1922; J. MARIE, *Michel Bakounine. Une vie d'homme*, Genebra, 1976; M. GRAWITZ, *Michel Bakounine*, Paris, 1990. Informações úteis podem ser consultadas em: GUILLAUME, *L'Internationale. Documents et souvenirs (1864-1878)*, Paris, 4 vol., 1905, 1907, 1909, 1910; R. BERTHIER, *Bakounine politique*, Paris, 1991; MARSHALL, *Demanding the Impossible. A History of Anarchism*, Londres, Fonstana Press; G. RUNKLE, *Anarchism old and new*, Nova York, Delacorte Press, 1972; M. NORMAD, *Apostles of Revolution*, Nova York, Colier Books, 1961; N. PIRUMOWA, B. NOSSIK, *Der rebellierende Adel und die Familie Bakunin*, Berlim, Karin Kramer, 1995; C. LOPEZ CORTEZO, *Miguel Bakunin (apuntes biográficos)*, Madri, Editorial Zyx, 1966; B. CANO RUIZ, *El Pensamiento de Miguel Bakunin*, México, Ed. mexicanos unidos, 1978; V. POLONSKI, *Bakunin*, Barcelona, Atena, 1935; S. DOLGOFF, La *anarquia segun Bakunin*, Barcelona, Tusquets, 1977; M. NETTLAU, *Miguel Bakunin, la internacional y la Alianza en España: 1868-1873*; Buenos Aires, La Protesta, 1925; P. OYHAMBURU, *La Revancha de Bakunin: del anarquismo a la autogestion*, Madri, Campo Abierto, 1977; W. DRESSEN, *Antiautoritarismo y anarquismo: debate Bakunin-Marx*, Barcelona, Anagrama, 1978; C. DIAZ, *Las Teorias anarquistas*, Bilbao, Zero, 1976; V. GARCIA, *Bakunin, hoy*, Rosario, 1974; H. ISWOLSKY, *La vie de Bakounine*, Paris, Gallimard, 1933; E. PORGES, *Bakounine*, Paris Portes de France, 1946; P. A. COELHO, *Bakunin*, São Paulo, Imaginário, 1994; N. PIRUMOWA, *Michail Bakunin, Zizn'i dejatel'nost'*, Moscou, Nauka, 1966; N. PIRUMOWA, *Bakounine*, Moscou, Molodaja gvardija, 1970; V. G. GRAVSKIJ, *Bakunin*, Moscou, Juridicescaja literatura, 1985. No que se refere à bibliografia, consulte: H. DAY, *Michel Bakounine. Aspects de son oeuvre*, Paris-Bruxelas, 1966; G. ROSE, *Bibliografia di Bakunin*, Catânia, 1976; G. A. ALFRED, *Bakunin*, Glasgow, 1940; P. AVRICH, *Anarchist Portraits*, Princeton, pp. 5-52, 1988; T. R. RAVINDRANATHAN, *Bakunin and the Italians*, Kingston e Montreal, 1988. As obras de Bakunin foram parcialmente editadas. A grande parte dos manuscritos originais encontra-se no Instituto de História Social de Amsterdã (Iisg). As principais antologias de seus escritos são: *M. Bakounine, Oeuvres*, Paris, vol. 6, 1895, 1907, 1908, 1910, 1911, 1913 (Dentre estas obras foram reeditados os primeiros dois volumes em 1980, sempre em Paris); A. LEHNING (Org.), *Archives Bakounine*, Leyde-Brill, vol. 7, 1961-1982. Desta edição, ainda não concluída, das obras completas, existe uma tradução italiana dos primeiros sete volumes (vol. 1 e 2, 1976; vol. III, IV e V, 1977; vol. VI, 1985 e vol. VII, 1993); e uma francesa de oito volumes que está completa (o vol. II é de 1979 e o vol. VIII, de 1982), editada respectivamente pela editora Anarchismo, da Catânia e Champ Libre, de Paris. Consulte também: M. BAKUNIN, *Gesammelte Werke*, Band 1-3, Berlim, Verlag, 1921, três volumes; G. LEVAL, *Bakounine fondateur du syndicalisme révolutionnaire*, Paris, CTN, 1998. No

MIKHAIL BAKUNIN: A EDUCAÇÃO COMO PAIXÃO E REVOLTA

Toda verdadeira filosofia, toda verdadeira religião devem vir do interior da alma, toda filosofia e toda religião que provêm do exterior e que não encontram uma repercussão na inteligência e no coração do homem são falsas; a filosofia e a religião não são, portanto, feitas para reprimir os movimentos passionais do homem, mas para direcioná-los, e essas não podem dirigi-los a não ser falando à sua inteligência e ao seu coração.[2]

Nesse escrito, já se percebe com clareza as sementes de seu pensamento futuro, daquelas instâncias que o levarão a negar cada forma de autoridade e de poder, e a lutar toda a vida pela afirmação da liberdade.

Com o pseudônimo de Jules Elysard publica no *Deutsche Jahrbucher* (anais alemães) o seu primeiro artigo[3], de grande significado para a evolução de seu

---

que se refere às antologias de escritos selecionados em língua italiana, consulte: M. BAKUNIN, *Libertà e rivoluzione*, Milão, 1948; Idem, *libertà e rivoluzione*, Turim, Avanzini e Torraca, 1968; Idem, *Rivolta e libertà*, Roma, Ed. Riuniti, 1973; Idem, *Libertà, uguaglianza, rivoluzione*, Milão, Antistato, 1972; Idem, *La libertà degli uguali*, Milão, Elèuthera, 2000. Um ótimo volume que seleciona as atas do convênio internacional de estudos bakunianos desenvolvidos em Veneza, em 1976, é: VÁRIOS, *Bakunin, cent'anni dopo*, Milão, Antistato, 1977. Finalmente, é interessante o volume de A. LEHNING, *De Buonarroti à Bakounine*, Paris, 1977 e, do mesmo autor, *Bakunin e gli altri*, Milão, Zero in Condotta, 2002. Informações autobiográficas relativas à formação que ele recebeu encontram-se em fragmentos publicados em "La Revue Socialiste", n. 167, tomo 28, novembro de 1898. Atualmente em: F. DAMIANI, *Bakunin nell'Italia post-unitaria 1864-1867*, Milão, Jaca Book, pp. 211-215, 1977. Informações fragmentadas podem ser encontradas em: BAKUNIN, *Confessione*, Moscou, 1921 (escrito em 1851). Sobre a formação de Bakunin, consulte: B. P. HEPNER, *Bakounine et le Panslavisme Révolutionnaire*, Paris, 1950 (em particular o cap. III, segunda parte). Finalmente, consulte: C. GENOVA, *Michail Bakunin. L'etica*, Turim, Ananke, 2003 (particularmente interessante também a bibliografia de Bakunin).

[2] M. Bakounine, *Lettre a Aleksandra Andreevna* (início de abril de 1836), São Petesburgo, IRLI f. 16, o. 3, d. 67 (Iisg). A mesma essência é encontrada em algumas cartas às irmãs em 26 de janeiro, 5 de outubro, 19 de dezembro de 1834 (São Petesburgo, IRLI f. 16, o. 3, d. 52, Iisg).

[3] Na realidade, Bakunin fundamenta-se com os temas da filosofia, em particular, com aquela hegeliana, mesmo nos anos antecedentes a essa data. *Résumé de l'Encyclopadie der philosophischen Wissenchaften im Grundisse de Hegel* (21 de julho-1 de agosto de 1837, Moscou, GARF f. 852, o. 1, d. 1251; Idem 2 (3 de setembro de 1837-16 de julho de 1838, São Petesburgo, IRLI, f. 16, o. 1, d. 6); *Extraits de Phanomenologie des Geistes de Hegel* (setembro de 1837, São Petesburgo, IRLI, f. 16, o. 1, d. 7. Há vários artigos sobre o mesmo assunto). *Extraits de Vorlesungen über die Philosophie der Religion de Hegel* (13 de julho-29 de setembro de 1837, São Petesburgo, IRLI, f. 16, o. 1, d. 7); *Résumé de Philosophie unserer Zeit de Schaller* (1838, São Petesburgo, IRLI f. 16, o. 1, d. 23); *Notes sur Die Grundlehren dogmatik als Wissenchaft de Philipp Marheineke* (primavera de 1838-outubro de 1839, São Petesburgo, IRLI f. 16, o. 1, d. 10); *Notes sur Wissenchaften in Grundrissen de Hegel* (São Petesburgo, IRLI f. 16, o. 1, d. 2); *Fragments de notes sur La philosophie et l'histoire* (16 de junho de 1838, São Petesburgo, IRLI f. 16, o. 1, d. 4); *Résumé de Der Kritik der reinen Vernunft de Kant* (1839, São Petesburgo, IRLI f. 16, o. 1, d. 13); *Notes sur la logique pour les leçons avec Werder* (setembro de 1840-julho de 1842, Moscou, GARF f. 825, o. 1, d. 1557; *Gymnasialreden de Hegel. Avant-propos*

110 "A BOA EDUCAÇÃO" – EXPERIÊNCIAS LIBERTÁRIAS E TEORIAS ANARQUISTAS...

pensamento, com um título *Die Reaktion in Deutschland* (A Reação na Alemanha), em 1842, que termina com estas palavras:

> Portanto, confiamos no espírito eterno, que não destrói e não anula apenas porque é a fonte inesgotável e eternamente criadora de toda vida. A volúpia da destruição é, ao mesmo tempo, uma volúpia criadora.[4]

É assim que ele estréia; um Bakunin totalmente preso e fascinado pela filosofia da esquerda hegeliana, que, entretanto, revela imediatamente um caráter distintivo de sua vida e de seu pensamento: a potência da negação. Toda sua obra, todos os seus escritos são o resultado de uma reflexão crítica sobre a realidade, e jamais podem ser considerados trabalhos constituídos de modo abstrato ou sistemático. Se isso, por um lado, o impede de ser considerado um pensador sistemático, por outro, favorece o desenvolvimento das intuições geniais sobre o papel do poder e do Estado. Para o nosso autor, o Estado torna-se o principal veículo por meio do qual se formam as classes dirigentes, perpetuam-se as desigualdades, nega-se o verdadeiro e total valor à liberdade.[5] Mesmo quando enfrenta os problemas da educa-

---

du traducteur (primavera de 1838, Mosckovskij Nabljudatel, XVI, março de 1838, Moscou); *De la philosophie-article premier* (1839, São Petesburgo, Oteestvennye zapiski, NE IX, 1840); *De la philosophie-artiche second* (1839-1840, São Petesburgo, Rossijskaja Nacional'naja, Biblioteka, f. 391, Archives Kraevskij, d.10). Para entender como Bakunin era, nesses anos juvenis russos, influenciado pela filosofia hegeliana, ao mesmo tempo que procurava um caminho naturalmente libertário, é interessante ler algumas anotações escritas entre 4 de setembro e 9 de novembro de 1837, em Premukhino, nas quais diz, entre outras coisas: "Sim, a vida é felicidade; viver significa compreender, compreender a vida; o mal não existe, tudo é bem; somente a limitação é má, a limitação do olhar espiritual. Tudo o que existe é a vida do espírito, tudo é penetrado pelo espírito, não existe nada fora do espírito. O espírito é o conhecimento absoluto, a liberdade absoluta, o amor absoluto e, portanto, a felicidade absoluta." (M. BAKOUNINE, *Mes notes*, São Petesburgo, IRLI f. 16, o. 1, d. 8). Todos esses artigos e manuscritos estão conservados em Amsterdã (IISG – Instituut voor Sociale Geschiedenis) e traduzidos em francês.

[4] J. ELYSARD, "Die reaktion in Deutschland. Ein Fragment von einem Französen", In: VÁRIOS, *Deutsche Jahrbucher fur Wissenschaft und Kunst*, Dresden, do n. 247 ao n. 251 de 17-18-19-20-21 de outubro de 1842 (atualmente em: M. BAKUNIN, *La reazione in Germania*, Ivrea, Alta murgia, p. 67, 1972).

[5] BERTI, *Il pensiero anarchico*; L. PELLICANI, *I revoluzionari di professione*, Florença, Vallecchi, 1975; N. BERTI, "La tecnoburocrazia e Il pensiero anarchico", In: VÁRIOS, *I nuovi padroni*, Milão, Antistato, 1978. Dentre tantas percepções de Bakunin sobre a formação de uma nova classe dirigente e sobre a inevitável degeneração da ditadura do proletariado, levantada por Marx, na ditadura sobre o proletariado, destaca-se uma de 1866: "O democratismo oficial e a burocracia vermelha é a mentira mais vil e detestável que produziu o nosso século." (M. BAKUNIN, "Lettre à Herzen", 19 de julho de 1866, In: M. DRAGOMANOV, *Correspondance de M. Bakounine. Lettres à Herzen et à Ogareff*, 1860-1874, Paris, p. 219, 1896).

ção e da instrução, parte sempre da análise impiedosa da realidade para desenvolver, então, hipóteses absolutamente revolucionárias e de extrema atualidade. Seu pensamento pedagógico é predominantemente dedicado a fornecer uma sustentação válida ao engajamento político concreto, em vez de formular princípios teóricos.[6] De fato, ele se ocupa explicitamente desses temas de modo exclusivo nas cartas conhecidas como *A Instrução integral*, como parte do periódico *L'Égalité*, de Genebra, em 1869. Porém, os motivos e referimentos aos temas da educação encontram-se de forma numerosa em quase todas as suas obras, tanto que justificam uma leitura de seu pensamento também no âmbito pedagógico. O homem, segundo Bakunin, não nasce exatamente livre, mas torna-se livre, não com o isolamento (em evidente polêmica com Rousseau); e sim na vida social, entre os seus semelhantes, que são indispensáveis para poder realizar a sua humanidade.[7] É com essas convicções que ele escreve: "Sabeis que a liberdade não pode jamais se sustentar no isolamento, que não há liberdade a não ser na medida em que essa exerça em todas as partes uma ação libertadora e a não ser em um povo livre"[8]. Portanto, a educação adquire um significado autenticamente positivo e revolucionário apenas na sua dimensão social. Bakunin naturalmente inicia seu raciocínio com base na crítica radical da

---

[6] Consulte, por exemplo, a pontual descrição que ele faz a propósito do desenvolvimento da instrução popular do ambiente de Irkutsk, na Sibéria, de como ele parte sempre de uma análise de uma situação de fato concreta, para chegar, depois, a destacar concepções mais gerais. (JU. ELIZAROV, pseudônimo de Bakunin, *Amur, quelques mots la* vie sociale d' Irkutsk, 11 avril 1861, Moscou, RCChIDNI Archives Novosibirsk, f. 206, op. 1, d. 2; Idem, L'Amur, 24 avril 1861, segunda parte do artigo (Iisg).

[7] C. METELLI DI LALLO, *Componenti anarchiche nel pensiero di J. J. Rousseau*, Florença, La Nuova Italia, 1970. Escreve Bakunin: "Uma vez que a lei de solidariedade é uma lei natural, nenhum indivíduo ainda que forte pode esquivar-se. Ninguém pode viver humanamente fora do consórcio humano: bom ou mau, golpeado pela estupidez ou dotado da maior genialidade, tudo aquilo que possui, tudo aquilo que pode, tudo aquilo que é, ele deve à coletividade e somente a ela. Portanto, é impossível separar-lhe; mas ele pode, quando essa fatal e natural coletividade que chamamos de sociedade é tão estupidamente fraca para suportá-lo, oprimi-la e utilizá-la a seu exclusivo proveito e a dano de todos: e o melhor meio para fazê-lo é dar ao egoísmo a forma de um pensamento e de uma inspiração religiosa." (M. BAKUNIN, L'internazionale e Mazzini, In: Idem, *Opere Complete*, Catânia, vol. I, p. 65, 1976).

[8] .M. BAKUNIN, *Projet de lettre au rédacteur de Die Reform. Variante 2*, Moscou, RCChIDNI f. 192, o. 1, d. 78, início de agosto de 1848 (IISG). Sobre esse conceito escreverá, ainda, alguns anos depois: "E o mais belo triunfo da fraternidade não seja talvez amar somente a pessoa, mas a liberdade de seu próximo, e de encontrar na liberdade de todos, não uma negação e nem tampouco um limite, mas ao contrário, a confirmação e a extensão ao infinito da própria liberdade?... O grande erro de todos os moralistas passados e presentes é aquele de ter sempre interpretado a moral do ponto de vista do indivíduo isolado e do livre arbítrio e de tê-la fundamentado exatamente sobre o livre arbítrio." (M. BAKOUNINE, *Histoire du socialisme. 9*, Manuscrito inédito, pp. 5-30, 1870-71, Archives Bakounine, Amsterdam, Iisg).

sociedade autoritária baseada sobre uma moral que escraviza os seres humanos[9] e, em plena época do positivismo, ele denuncia os perigos contidos na divinização dà ciência e condena as teorias políticas que pretendem fundar um modo livre, confiando o poder nas mãos de quem detém os conhecimentos técnicos e científicos. O conhecimento e o saber devem ser patrimônio de todos, de modo a favorecer o quanto mais possível uma sociedade que, ao perseguir a igualdade, exalte a diversidade.[10]

A ação educativa pode realizar o seu escopo principal, isto é, o pleno e livre desenvolvimento da personalidade de cada indivíduo, somente se for acompanhada por uma radical transformação de toda a sociedade. Para tal, é necessário eliminar quaisquer desigualdades, todo privilégio, toda imposição, de modo a assegurar a todos uma igualdade completa de oportunidade, também no que concerne à educação e à instrução. Em uma carta a Herzen e a Ogareff (Isquia, 19 de julho de 1866), Bakunin, referindo-se ao proletariado italiano que adere, em massa, à Internacional, ressalta como não é "a matéria-prima que nos falta, mas sim os homens instruídos e inteligentes que agem de modo sincero e que são capazes de dar uma forma a essa matéria-prima."[11] Como um bom revolucionário e dessacrante convicto, contesta e combate, desde suas bases, a pedagogia tradicional da época. Considera-a permeada de autoritarismo, aristocrática e intelectualista. Conseqüentemente, ele ataca o papel repressor que os educadores desenvolvem, sejam eles os pais ou os mestres. Sustenta a necessidade de fundamentar um novo sistema educativo em um novo contexto social, que valorize a solidariedade e, ao mesmo tempo, promova a potencialidade individual. Em um novo recomendado currículo interdisciplinar moderno, não deve haver separações entre a cultura do pensar e aquela do fazer.[12]

---

[9] Escreve a esse propósito: "A velha moral, baseada nas tradições patriarcais, religiosas e hierárquicas, introduz-se pouco a pouco de forma irrevogável. Uma nova moral ainda não foi criada, ela é somente antecipada. Com efeito, não é senão por meio de uma revolução social que ela pode tornar-se concreta. A inteligência e a força de uma moral de um único homem, por maior que possa ser, não é suficiente. É por isso que uma nova moral não pode ainda ser formada." (M. BAKUNIN, "Lettre de Bakounine à Herzen", 23 de junho de 1867, Ischia, in; DRAGOMANOV (Org.), *Correspondance...*, p. 269).

[10] Relativamente a isso, escreve Bakunin: "Nós nos inclinamos diante da ciência e não pediríamos nada melhor do que nos dirigirmos a ela, mas somente sob a condição de que, descendo dos autores acadêmicos, privilegiados, doutrinários e pedantes, solte-se hoje, deseje humanizar-se e descer às regiões mais baixas, porém reais, da vida... De todas as aristocracias, aquela da inteligência é a pior, a mais detestável e também a mais estúpida e a mais estupidamente insolente." (M. BAKUNIN, *Projet d'une société Internazionale et révolutionnaire sans phrases. Variante 1* (s. d. mas 1866) atualmente em: NETTLAU, *Micael Bakunin, Eine biographie*, II, pp. 5-14 do manuscrito).

[11] DRAGOMANOV (Org.), *Correspondance de Michel Bakounine...*, p. 215.

[12] Sobre o pensamento pedagógico de Bakunin, consulte: J.-M. RAYNAUD, "Michel Bakounine et l'éducation libertaire", In: *La Rue*, n. 22, 1976, Paris; F. CODELLO, "La pedagogia di Bakunin", In:

2. As origens da dimensão educativa

O primeiro escrito de Bakunin, no qual podemos encontrar indicações ao problema educativo e à instrução, é uma carta circular de oitenta páginas, endereçada a um sueco, para convencê-lo a aderir a uma sociedade secreta que tinha a intenção de organizar.[13] Esse é um documento importante porque demarca o início de um pensamento desde então explicitamente anarquista do nosso autor. Ele inicia o seu raciocínio sobre o tema da educação com uma crítica ao programa da escola e ao ensino religioso que é praticado: "O catecismo cristão, que sugere ao povo a submissão e a resignação sobre a Terra com vistas às recompensas celestiais, toma o lugar do ensino destemido da liberdade, dos direitos e dos deveres do cidadão e do homem."[14] É necessário lutar contra essa situação em nome de uma nova moral fundamentada exatamente sobre a liberdade: "A liberdade! Nada além da liberdade, toda a liberdade para cada um e para todos. Eis a nossa moral e a nossa única religião."[15] Os homens devem ser livres e não devem se contentar em apenas sê-lo, mas em respeitar, amar e auxiliar a liberdade de seus semelhantes. Somente a liberdade dos outros é a condição para a própria liberdade. A liberdade de cada um, afirma Bakunin, está inevitavelmente ligada àquela de todos, "e injustamente Jean-Jacques Rousseau e muitos outros depois dele sustentaram que a liberdade de cada um é limitada por aquela dos outros." É a lei da solidariedade, é o estar em comunidade que desenvolve o conhecimento e o crescimento individual. A inteligência também se desenvolve no indivíduo somente e enquanto ele vive na sociedade. Também o homem mais genial necessita da inteligência de todos para exprimir e desenvolver todo seu potencial.

> De fato, é um dado que a inteligência se alimenta com a inteligência, mas da mesma forma ela se esgota em contato com a estupidez. De modo que inteligência de cada um alimenta-se proporcionalmente com o progresso da inteligência dos outros, e a estupidez de um torna-se, de certo modo, a imbecilidade coletiva."[16]

Scuola e Città, n. 4, Florença, abril de 1995; J. BARRUÉ, "Bakounine et l'éducation", In: VÁRIOS, *Bakounine, Combats et débats*, Paris, Institut d'Études Slaves, 1979; G. LEVAL, *La pensée constructive de Bakounine*, Paris, Spartacus, pp. 116-126, 1973.

[13] M. BAKUNIN, *Lettera ad uno svedese*, Catânia, 1978. O original é mantido na propriedade A. Sohlman, na biblioteca real de Estocolmo.

[14] *Ibidem*, pp. 19-20.

[15] *Ibidem*, p. 44.

[16] *Ibidem*, pp. 47-48. Essa concepção tão importante estará sempre presente em Bakunin. Alguns anos mais tarde, de fato, escreve: "A inteligência e o coração das individualidades, as maiores, as mais abundantemente dotadas de natureza, sem exceção dos homens geniais, são sempre o produto de um contexto social no qual nascem, desenvolvem-se e agem. É uma verdade que não compreende

Mas se a sociedade é um fator indispensável para uma correta formação e educação das crianças, não escapam a Bakunin os limites e as tendências autoritárias que se escondem atrás das instituições sociais. Primeiro, entre todas as famílias que freqüentemente obrigam os filhos a viver em um ambiente não-sereno e não-formador. Isso se deve, sobretudo, a uma concepção autoritária que os pais possuem na relação com os filhos. Os pais, ainda de acordo com o nosso autor, têm o direito de amar os próprios filhos e de cuidar deles; certamente, não de maltratá-los e fazer com que sejam explorados pelo trabalho insalubre e pesado, menos ainda devem corromper e eliminar a inteligência e a energia moral deles. Bakunin adverte que é necessário considerar e interiorizar que as crianças não pertencem aos seus pais, nem a ninguém: "Chamados a tornarem-se homens livres, pertencem a elas próprias e à sua futura liberdade."[17]

Esse princípio deve ser aplicado também na instituição escolar, que deve substituir a Igreja na tarefa de educar as crianças. Uma escola naturalmente renovada de forma profunda, aberta a ambos os sexos, que tenha como base o ensino das noções mais elementares até aquelas das ciências mais abstratas, que se especialize no decorrer dos anos e una sempre a prática à teoria, o desenvolvimento do corpo àquele do espírito e do coração. A autoridade que é exercida nessa escola é caracterizada por um profundo respeito pela dignidade e pela liberdade dos jovens, uma vez que o escopo da educação é a autonomia e o desenvolvimento integral desses jovens. Toda punição e toda violência devem ser conseqüentemente banidas. Os valores inspiradores desse trabalho educativo devem ser: "a verdade, a dignidade pessoal, a solidariedade na integridade e no respeito recíproco, a justiça e, sobretudo, o respeito recíproco, o culto do trabalho."[18] Mas, para Bakunin, o problema educativo, exatamente porque é muito dependente do ambiente social, não pode ser colocado de modo correto do ponto de vista revolucionário, senão estreitamente ligado à mudança necessária da sociedade. Em particular, em um escrito de 1867, *Fédéralisme, socialisme et antithéologisme*, essa ligação entre mudança das condi-

---

exceções e que não devemos provar, quando examinamos o procedimento natural da formação da sociedade humana." (M. BAKOUNINE, *Histoire du socialisme*. 8, pp. 63-72, manuscrito inédito de 1870-71, Archives Bakounine, Amsterdã, Iisg).

[17] Em um outro escrito de 1866, "Projet d'une société internationale et révolutionnaire sans phrases", In: NETTLAU, *Micael Bakunin, Eine biographie*, Londres, t. II, p. 265, 1896-1900, Bakunin escreve: "As crianças de ambos os sexos não serão consideradas nem como propriedade de seus pais nem, ao mesmo tempo, como propriedade da sociedade. Elas pertencem apenas à sua liberdade futura." Na verdade, de acordo com o nosso autor, a liberdade é uma conquista contínua, e a educação que caminha lado a lado com o desenvolvimento individual é apenas um libertar-se da autoridade (*Ibidem*).

[18] BAKUNIN, *Lettera ad uno svedese*, pp. 56-58.

ções educativas e revolução social é colocada de maneira clara e madura. Escreve: "É evidente que a questão tão importante da instrução e da educação popular depende da solução de outras questões, diversamente difíceis, de uma reforma radical das atuais condições econômicas da classe operária."[19] Ele estipula como objetivo a ser alcançado, para a emancipação do proletariado, a abolição do direito de herança. Esse "absurdo" produz não apenas a perpetuação das diferenças econômicas, mas também daquelas intelectuais, que derivam essencialmente das diferenças de condição social e econômica. De fato, é o ambiente social que produz as desigualdades e perpetua as diferenças de classe:

> Porque a criminalidade do criminoso mais impiedoso ou a a incapacidade do homem de mente mais pobre de desenvolver a consciência de sua humanidade e de seus deveres humanos — a menos que existam lesões orgânicas que causem idiotia e insanidade —, não são erros atribuídos a eles nem são devidos à sua natureza, mas são apenas o produto do ambiente social no qual nasceram e cresceram.[20]

Desse modo, o homem é o resultado dos condicionamentos familiares e sociais que foram determinados no decorrer do processo histórico. Os valores que lhe são impostos desde o nascimento, e que sustentam o sistema social em seu conjunto, são também os valores e as tradições que, em parte, são veiculados por meio da educação e da instrução.[21] Em vez disso, a educação, por ser libertadora, deveria ser individualizada no sentido de respeitar os comportamentos naturais de desenvolvimento dos potenciais de cada um, bem como ser fundamentada na liberdade. Ela deve almejar fazer crescer e despertar as características individuais de modo livre e autônomo. Em suma, promover a liberdade de cada um e de todos; a justiça humana, e não a jurídica; a simples razão humana, e não a metafísica e teológica, o trabalho intelectual e manual "com toda a dignidade, a liberdade e o direito."[22]

---

[19] M. BAKUNIN, *Fédéralisme, socialisme et antithéologisme* (1867), In: Idem, *Oeuvres*, Paris, vol. I, p. 64, 1980.

[20] *Ibidem*, pp. 94 e 212.

[21] "Cada ser humano, no momento do nascimento, é inteiramente o produto do desenvolvimento histórico, ou seja, psicológico e social de sua etnia, de seu povo, de sua classe social, de sua família, de seus antepassados e da natureza individual de seu pai e de sua mãe que lhe transmitiram diretamente — por meio da herança psicológica, como ponto de partida natural para ele e como determinação de sua natureza individual — todas as conseqüências fatais de sua própria existência anterior, tanto material quanto moral, tanto individual quanto social." (*Ibidem*, p. 214. Os mesmos conceitos são discutidos também nas páginas 231-232).

[22] *Ibidem*, p. 263.

3. A instrução integral

De 19 de dezembro de 1868 a junho-julho de 1869, Bakunin escreve, entre outros, vários artigos publicados no *L'Egalité*, de Genebra, órgão da Federação Suíça da Internacional, alguns dos quais são interessantes pelas temáticas que são aí discutidas. Em um desses, com o título "Os encantadores", escreve:

> Estamos tão certos de que a educação é a medida do nível de liberdade, de prosperidade e de humanidade que uma classe ou um indivíduo pode atingir, que pleiteamos para o proletariado não somente alguma instrução, mas toda a instrução, a instrução integral e completa, a fim de que não possa mais existir acima dele, para protegê-lo e para dirigi-lo, ou seja, para explorá-lo, nenhuma classe superior pela sua ciência, nenhuma aristocracia da inteligência. Em nossa opinião, dentre todas as aristocracias que oprimiram caso a caso a sociedade humana, e algumas vezes em conjunto, essa pretensa aristocracia da inteligência é a mais odiosa, a mais desprezível, a mais impertinente e a mais opressora.[23]

Aqui está, resumido em poucas palavras, o programa bakuniniano no que tange à difusão do saber, a capacidade revolucionária do conhecimento, a última lógica que subentende a formação das classes. Mas é com a publicação de quatro artigos sobre instrução integral em julho-agosto de 1869 que o pensamento de Bakunin sobre esses temas atinge uma notável e precisa maturidade, suficiente para constituir um ponto fundamental de toda a sua elaboração a respeito do vínculo da formação e da abolição das classes.[24] Esses artigos constituem uma exposição homogênea e coerente que deseja demonstrar como a divisão hierárquica do trabalho, entre manual e intelectual, constitui a causa mais profunda e estrutural da formação das classes. Além disso, ele afirma que a diversidade natural e a igualdade social não são valores autênticos, mas, pelo contrário, constituem os dois aspectos fundamentais de modo a complementar a liberdade. Para construir

---

[23] M. BAKUNIN, "Gli incantatori", (1869), In: Idem, *Stato e anarchia e altri scritti*, Milão, Feltrinelli, p. 263, 1968 (Idem, *Oeuvres*, Paris, vol. V, 1911). Bakunin continua no mesmo artigo: "Hoje, infelizmente, o ensino e a ciência, na grande maioria das escolas e das universidades da Europa, estão precisamente submetidos a um regime de fiscalização sistemático e premeditado. Pensa-se possivelmente que essas escolas foram criadas expressamente para a corrupção intelectual e espiritual da juventude burguesa" (p. 257). Ele retoma os mesmos conceitos em outro artigo: "Ah! Mas nós também desejamos a liberdade!... Desejamos a liberdade plena de cada um que se manifesta também com o desenvolvimento integral de todas as suas faculdades naturais, fundamentada sobre solidariedade e igualdade de todos!" (M. BAKUNIN, "La montagna", 1869, In: Idem, *Stato e anarchia e altri scritti*, p. 239 (Idem, *Oeuvres*, Paris, vol. V, 1911).

[24] M. BAKUNIN, "L'istruzione integrale", (1869), In: Idem, *Stato e anarchia e altri scritti*, da página 267 à página 284 (Idem, *Oeuvres*, vol. V).

MIKHAIL BAKUNIN: A EDUCAÇÃO COMO PAIXÃO E REVOLTA

uma sociedade verdadeiramente livre é necessário, portanto, promover a integração entre trabalho manual e intelectual por meio de uma educação que tenha como base a aquisição de um saber que integre e complete ambos os momentos. Somente assim se pode ter um verdadeiro saber, somente dessa maneira é possível promover a manifestação de todas as potencialidades humanas. Enquanto destaca esses aspectos do problema, Bakunin não esquece de antecipar as respostas aos críticos desse projeto, valorizando as diversidades naturais e exaltando-as para fundar uma sociedade íntegra que recusa o axioma central das teorias meritocráticas: a diversidade natural como condição inalienável e historicamente dada. O desenvolvimento harmônico de todas as diferentes potencialidades humanas em uma sociedade livre é, ao contrário, para Bakunin, não apenas o resultado, mas também a condição necessária para ampliar a igualdade e a solidariedade. É evidente, sustenta Bakunin, que o indivíduo que possui a mente mais exercitada pelo estudo e pela ciência, aquele que entendeu melhor a interdependência entre os acontecimentos naturais e sociais é mais livre e, na prática, mais hábil e forte que outro. Mas "quem sabe mais dominará, naturalmente, quem sabe menos; e mesmo quando, de início, não existisse entre essas duas classes essa única diferença de instrução e de educação, tal diferença produziria, em pouco tempo, todas as outras." Esse é o motivo pelo qual não é suficiente pleitear apenas a instrução para o povo, mas é necessário invocar

> a instrução integral, toda a instrução, tanto completa quanto seja permitido pelo potencial intelectual do século, a fim de que não possa haver mais nenhuma classe acima da massa operária, que possa saber mais e, portanto, — porque é mais sábia — possa dominá-la e explorá-la.

A educação integral se transforma, portanto, em um meio revolucionário e eficaz para construir uma sociedade libertária. Uma vez que o projeto político de Bakunin prevê a abolição completa e definitiva das classes, é claro que somente por meio dessa integração de trabalho manual e intelectual seja possível atingir tal objetivo. Para fazer isso é necessário, entretanto, impedir que a ciência e as artes fundamentem seus benefícios não apenas em uma pequena parte da humanidade, mas que essas se tornem patrimônio de todos. E se esses progressos que tais saberes realizaram e realizam permanecerem no poder de poucos, tornam-se fontes de escravidão intelectual e, portanto, também materiais para o povo, porque aumentam sempre mais o abismo que já separa a inteligência popular daquela das classes privilegiadas:

> Todas as invenções da inteligência, todas as grandes aplicações da ciência na indústria, no comércio e, em geral, na vida social, beneficiaram até agora apenas

as classes privilegiadas, além da potência dos Estados — esses eternos protetores de todas as iniqüidades políticas e sociais —, nunca as massas populares.

Pelo contrário, é exatamente a ciência que constitui principalmente a potência dos Estados. Por meio do uso desses conhecimentos, o povo é tido de modo sempre mais educado e atualizado nas condições de súdito, o que os impede de uma verdadeira e efetiva emancipação. Portanto, retomando, nesse primeiro artigo, Bakunin sustenta que na sociedade os progressos da ciência foram a causa da relativa ignorância do proletariado, da mesma forma que os progressos da indústria foram a causa de sua miséria relativa:

> Os progressos intelectuais e os progressos materiais contribuíram, dessa forma, na mesma medida, para aumentar a escravidão. O que resulta disso? Que devemos recusar e combater essa ciência burguesa assim como devemos recusar e combater a riqueza burguesa. Combatê-las e rejeitá-las no sentido que, destruindo a ordem social que as fazem o patrimônio de uma ou mais classes, devemos reivindicá-las enquanto bem comum a todos.[25]

No segundo desses artigos, nosso autor começa a explicitar ainda a sua convicção de base, ou seja, desde que existam dois ou mais graus de instrução para os vários extratos da sociedade, haverá necessariamente algumas classes que perpetuam a desigualdade. E, uma vez que os membros da Associação Internacional dos Trabalhadores — afirma o revolucionário russo — desejam a igualdade, é necessário perseguir também a instrução integral e igual para todos, segundo o princípio de que todos devem trabalhar e todos devem ser instruídos. De fato, em cada indivíduo, ambas as faculdades — intelectual e física — devem ser desenvolvidas de modo que cada uma delas sustente e reforce a outra: "Como conseqüência, no mesmo interesse do trabalho, como também naquele da ciência, não devem mais existir nem operários nem cientistas, mas somente alguns homens." Isso produzirá, sem dúvida, uma sociedade com menos cientistas ilustres, mas, ao mesmo tempo, haverá menos ignorantes: "Não teremos mais esses poucos homens que tocam os céus, mas, em compensação, haverá milhões de homens que caminharão de modo humano sobre a Terra: nem semideuses, nem escravos." Resumindo, trata-se, segundo Bakunin, de reconciliar a ciência com a vida. Mas esse programa, que parece utópico, possui certamente problemas. É o próprio russo que prevê as possíveis objeções, antecipando temas e problemas do debate pedagógico moderno. Na sociedade dividida em classes certamente nem todos os indivíduos possuem as mesmas

---

[25] Em particular o artigo I (31 julho de 1869).

oportunidades de crescimento e desenvolvimento. A herança entre os ricos é, também no âmbito da instrução, diferente daquela dos pobres. Para deixar tal situação é necessária uma igualdade das condições de início:

> Somente quando houver igualdade das condições de início para todos os homens da Terra — salvando, todavia, os direitos superiores da solidariedade que é, e sempre será, a principal matriz de todos os acontecimentos sociais, da inteligência humana como dos bens materiais — apenas, então, se poderá dizer com boas razões que hoje não existem, que cada indivíduo é filho das próprias ações.

Essa diversidade que revelará mil talentos representa, sem dúvida, uma grande riqueza para toda a humanidade. Graças a essa humanidade apresenta-se um todo coletivo, no qual cada um completa os outros e possui necessidade de todos: "Essa infinita diversidade dos indivíduos humanos é a própria causa, a base principal da solidariedade deles e um argumento onipotente em favor da igualdade." Enfim, é necessário considerar que a esmagadora maioria dos homens "não é idêntica, mas equivalente e, por isso, igual."[26] Essas teses, expressas com tanta clareza e lucidez por Bakunin, não são o prelúdio de uma sociedade meritocrática. O apelo aos valores de solidariedade, tão explícito e vigoroso, representa, ao contrário, uma antecipação dos conceitos de discriminação positiva (dar mais a quem possui menos) que constituem decerto um ponto alto da pedagogia moderna. Igualdade social e diversidade natural encontram, nesse revolucionário, uma sistematização conceitual coerente, tornam-se também os pressupostos de um projeto político e cultural.

No terceiro desses artigos, o discurso de Bakunin é desenvolvido partindo da convicção de que a instrução integral deve preparar todas as crianças, de ambos os sexos, "para a vida do pensamento e para a vida do trabalho, a fim de que todos possam se tornar, de forma igual, homens completos."[27] Na sociedade futura, a organização da difusão do saber deve ser conseqüentemente muito diferente da atual:

> Uma vez que nenhuma mente, por mais poderosa que seja, é capaz de envolver em sua especialização todas as ciências e, por outro lado, uma vez que é abso-

---

[26] Em particular o artigo II (7 de agosto de 1869).

[27] Em particular o artigo III (14 de agosto de 1869). Bakunin retomará também, em seguida, esses conceitos (M. BAKUNIN, Ai compaigni della federazione delle sezione internazionali del Jura, Varianti. Variante B, (1872), In: Idem, *Opere Complete*, vol. III, p. 127; Idem, L'internazionale e Mazzini, (1781), In: *Opere Complete*, vol. I, p. 42; Idem, Al Rubicone. Lettera a Lodovico Nabruzzi, (1872), In: Idem, *Opere Complete*, vol II, p. 216; Idem, Articolo francese. Articolo destinadto a La Révolution sociale, (1872), In: *Opere Complete*, vol. II, p. 195.

lutamente necessário um conhecimento geral de todas as ciências para o desenvolvimento completo da mente, o ensino dividir-se-á naturalmente em duas partes: a parte geral — que englobará tanto os elementos principais de todas as ciência, sem nenhuma exceção, quanto o conhecimento não-superficial, mas totalmente real do conjunto dessas — e a parte especial, necessariamente subdividida em diversos grupos ou faculdades, cada uma das quais envolverá em toda a sua especificidade um certo número de ciências que, pela sua própria natureza, são particularmente destinadas a completar-se.

Toda criança possui, portanto, um modo de favorecer as suas vocações naturais, e os pais devem evitar condicionar a liberdade natural dos filhos com as suas preferências. Isso porque, continua Bakunin, as crianças tornam-se sábias graças às experiências que realizam por si, nunca pela transmissão daquelas feitas por outros. Na instrução integral, o ensino teórico deve estar sempre acompanhado do ensino prático. Somente dessa maneira se forma o homem completo. Além desse projeto educativo está a educação moral. Uma moral humana e não divina: "A moral divina é fundamentada sobre dois princípios imorais: o respeito à autoridade e o desprezo pela humanidade. A moral humana, ao contrário, é fundamentada no desprezo pela autoridade e no respeito à liberdade e à humanidade." Portanto, uma moral entendida como pleno desenvolvimento de todas as faculdades que se encontram em todo homem e como absoluta independência da vontade de cada um frente àquela dos outros. Mas para moralizar os indivíduos, conclui Bakunin, é necessário, em primeiro lugar, moralizar a própria sociedade.[28]

No último artigo, o revolucionário Bakunin destaca, porém, como tudo isso não é possível na sociedade de seu tempo e em toda a sociedade dominada pelo Estado e dividida em classes. Não apenas pela oposição das classes dominantes, mas também pelas condições subjetivas e objetivas nas quais vivem os professores e os pais:

> A moral é divulgada de forma útil apenas com o exemplo, e considerando que a moral socialista é exatamente o oposto da moral atual, os mestres em alguma

---

[28] Bakunin escreverá dois anos depois que, para que as escolas tornem-se lugares "de emancipação, não de escravidão, será necessário eliminar, em primeiro lugar, essa definição de Deus, o opressor eterno e absoluto; e será necessário fundamentar toda a educação das crianças como também a instrução delas no desenvolvimento científico da razão, não naquele da fé; no desenvolvimento da dignidade e da independência pessoal, não naquele da piedade e da obediência; no culto da verdade e da justiça e, em primeiro lugar, no respeito humano, que deve substituir totalmente e em toda parte o culto divino." Dessa forma, é necessário fundamentar uma nova ética e uma nova liberdade humana, livre de toda influência religiosa e metafísica. (M. BAKUNIN, *L'Empire Knouto-Germanique et la Révolution sociale*, 1871, nota de Bakunin no texto, In: *Oeuvres Complètes*, vol. III, p. 110).

MIKHAIL BAKUNIN: A EDUCAÇÃO COMO PAIXÃO E REVOLTA

medida necessariamente dominados por esta última, deveriam se comportar diante de seus alunos de maneira absolutamente contrária àquela que eles pregariam. Portanto, a educação socialista é impossível nas escolas e nas famílias atuais."[29]

4. Educação e revolução

A revolução é antes um instinto que um pensamento, é como instinto que ela libera as suas primeiras batalhas (...). A revolução está, da mesma maneira, presente, caro amigo, ela atua e agita-se em todos os lugares, eu a senti e a encontrei em todos os lugares e não tenho medo da reação.[30]

Assim escreve Bakunin em agosto de 1848, demonstrando, com sua própria vida, tudo aquilo a que ele se dedica apaixonadamente praticando a revolta em todo lugar que ela germine. Não escapa, entretanto, a importância de preparar o evento revolucionário por meio daquela potente arma que é a instrução em um cenário de educação libertária. O escopo definitivo é aquele de criar uma nova sociedade na qual todo homem encontre o modo de desenvolver toda a sua potencialidade a qual a natureza lhe deu.[31] Para atingir esse objetivo é necessário, portanto, que o povo reencontre as suas tensões e convicções revolucionárias sem entregar-se àqueles que — possivelmente em nome da ciência e do conhecimento — pretendem guiá-lo e encaminhá-lo para metas pré-fixadas, deixando-o de fato na ignorância e na escravidão. Para esse objetivo escreve um artigo no jornal dos exilados russos em Genebra, o *Narodnoe Delo*, no número 1 de setembro de 1868:

---

[29] Em particular, o artigo IV (21 de agosto de 1869). "O que será ensinado nas escolas futuras, pergunta-se Bakunin, assim como imaginam Mazzini e os republicanos? Talvez os deveres do homem, o sacrifício, a devoção. Mas onde encontrareis um número suficiente de professores para ensinar essas coisas que ninguém possui o direito nem o poder de ensinar, a não ser demonstrando com exemplo?" (M. BAKUNIN, *L'Empire Knouto-Germanique et la Révolution sociale*, 1871, nota de Bakunin no texto, In: *Oeuvres Complètes*, vol. III, p. 109). A moral do revolucionário russo é fundamentada sobre a convicção de que "viver é compreender. O mal não existe, tudo é bem, somente a limitação é um mal... A vida consiste nisto: tornar subjetivo tudo o que é substancial em nós, ou seja, elevar a nossa subjetividade à sua essência e fazê-la infinita." (M. BAKUNIN, "Lettere a Prémoukhino", In: J. STEKLOV (Org.), *Opere e corrispondenza*, Moscou, vol. II, p. 70, 1934-1936).
[30] M. BAKUNIN, "Lettera a Herwegh", (1848), In: STEKLOV (Org.), *Opere e corrispondenza*, Moscou, vol. III, p. 317, 1934-1936.
[31] M. BAKUNIN, "Giuramento per la famiglia internazionale segreta" (1864), In: U. FEDELI (Org.), *Michele Bakunin e a la sua corrispondenza negli anni 1863-1864*, In: *Volontà*, a. XII, n. 3, Gênova, 1959.

122   "A BOA EDUCAÇÃO" – EXPERIÊNCIAS LIBERTÁRIAS E TEORIAS ANARQUISTAS...

> Desejamos destruir toda religião do povo e substituí-la pela instrução pública. Sim, pleiteamos para o povo uma instrução racional, rigorosamente científica. Requisitamo-la porque desejamos a libertação definitiva do povo de toda a tutela do Estado; mas não para submetê-lo a uma outra tutela de doutrinários revolucionários. Uma verdadeira revolução consiste exatamente na completa abolição de qualquer forma de tutela, na completa destruição de todo o poder do Estado. Desejamos fazer do povo um ser com maioridade, e para que essa maturidade seja efetiva, é necessária a ciência (...) mas o povo não possui nem o tempo livre, nem os meios para instruir-se. Além disso, o governo, ainda hoje muito potente, empregará certamente os seus enormes meios para obstruir a instrução real do povo. Toda a questão social está lá. Ela implica a necessidade da revolução.[32]

E assim afirma-se o princípio da revolução anarquista e o da necessidade de difundir a instrução científica e a educação revolucionária. Bakunin dirige, portanto, um apelo a todos os indivíduos que possuem alguma forma de cultura superior, a fim de que abandonem o estudo institucional e se lancem com entusiasmo e paixão em sua causa revolucionária. Ele os convida a abandonar as academias nas quais é construído um saber não ligado ao povo, separado do verdadeiro conhecimento que é formado exclusivamente na vida real:

> Aprendeis em meio a essas massas de mãos calejadas pelo trabalho como deveis servir à causa do povo. E recordais bem, irmãos, que os jovens intelectuais não devem ser nem o mestre, nem o protetor, nem o benfeitor, nem o ditador do povo, mas somente o obstetra de sua emancipação espontânea, o unificador e organizador dos esforços de todas as forças populares.[33]

Mas é necessário considerar que para promover a ação revolucionária entre as massas é necessário possuir uma grande paixão[34], condição indispensável para promover e libertar o homem e toda a sua força. Mas a paixão não é obtida "nem com a consciência do dever absoluto, nem com um sistema de controle exterior

---

[32] M. BAKUNIN, "Questioni rivoluzionarie, Primo articolo. La scienza e il popolo", In: *Narodnoe Delo*, a. I, n. 1, Genebra, 1 de setembro de 1868. Sobre esses temas e sobre o pensamento de Bakunin, neste período, consulte também: F. VENTURI, *Il populismo russo*, Turim, Einaudi, vol. II, p. 398-400, 1972.

[33] M. BAKUNIN, "Qualche parola ai miei giovani fratelli in Russia", (1869), In: BAKUNIN, *Opere Complete*, vol. VI, p. 28.

[34] Bakunin escreve: "Não é sobre a paixão vil e baixa que se deve apoiar a ação revolucionária, e a revolução nunca poderá ser triunfante se não tiver como escopo um ideal elevado concentrado". "Lettre de Bakounine à R-S, 21 de outubro de 1874", Lugano, In: DRAGOMANOV (Org.), *Correspondance de Michel Bakounine...*, p. 379).

MIKHAIL BAKUNIN: A EDUCAÇÃO COMO PAIXÃO E REVOLTA

feito de mistificação e de coerção." Ela provém da vida e forma-se com ação conjunta do pensamento e da própria vida. Essa paixão é, para Bakunin, a base de tudo. E aquele que não a possui "mesmo se fosse um poço de ciência e o homem mais honesto deste mundo, não poderia suportar completamente a luta contra o terrível poder social e político que oprime a todos nós."[35] Naturalmente, se for possível educar a paixão revolucionária deve-se, da mesma forma, modificar a situação social que penaliza as classes mais miseráveis e pobres, pois não são suficientes os chamados gerais a um dever ser diferente.do contexto atual. De fato, declara nosso autor: "o operário, acorrentado pela sua miséria e pela sua ignorância relativa, que é a conseqüência dessa miséria, permanece escravo de fato."[36] Bakunin, com essas premissas, analisa a situação política da França e destaca como as disparidades de instrução entre operários e camponeses, operários e burgueses, hierarquizaram essas relações de classe, de modo que os mais instruídos sentem-se no direito de reprimir os outros, freqüentemente em virtude dessa diferença de cultura.[37]

Em 1870, na onda dos acontecimentos políticos da época, em particular na França, Bakunin escreve um ensaio que analisa a relação que ocorre entre o desenvolvimento da ciência e o projeto revolucionário, entre a difusão da instrução e o crescimento da consciência revolucionária. Quando se aborda o problema da difusão da cultura, escreve em "A ciência e a questão vital da revolução"[38], é necessário considerar que

> o Estado não abre as portas às massas de modo que se formem por meio da ciência livre, viva e redentora, mas é disponível apenas para difundir um tipo de ciência sofisticada cujo escopo é aquele de 'introduzir no povo um sistema de falsas noções e concepções'.

---

[35] M. BAKUNIN, "Lettera a Sergej Necaev", (1870), In: BAKUNIN, *Opere Complete*, vol. V, p. 142.

[36] M. BAKUNIN, "La situation politique in France", 1870, In: BAKUNIN, *Oeuvres Complètes*, vol. VII, p. 203.

[37] Bakunin escreve: "É verdade que os camponeses franceses são completamente ignorantes. Mas que culpa eles têm? Tentamos dar-lhes escolas? Há uma razão para desprezá-los e maltratá-los? A esse propósito os burgueses que sabem mais que os operários, teriam direito de desprezar e maltratar estes últimos; e conhecemos bem alguns burgueses que dizem tal coisa e que fundamentam o seu direito de dominação sobre essa superioridade de instrução e que disso deduzem para os operários o dever de subordinação. O que faz a grandeza dos operários em relação aos burgueses não é sua instrução, que é pequena, é seu instinto da justiça, que é incontestavelmente grande." (M. BAKUNIN, "Lettres à un français", 1870, In: BAKUNIN, *Oeuvres Complètes*, vol. VII, p. 49. Consulte também a p. 80). M. BAKUNIN, "Lettres à un français sur la crise actuelle", da página 107 à página 131, e "La situation politique en France", p. 153, In: BAKUNIN, *Oeuvres Complètes*, vol. VII.

[38] M. BAKUNIN, "La scienza e la questione vitale della rivoluzione", 1870, In: BAKUNIN, *Opere Complete*, vol. VI, p. 48.

124 "A BOA EDUCAÇÃO" – EXPERIÊNCIAS LIBERTÁRIAS E TEORIAS ANARQUISTAS...

Tudo isso com o fim de condicionar fortemente o futuro. Em contraposição, é necessário instruir-se muito e difundir a todos o maior número possível de conhecimentos revolucionários, mas, ao mesmo tempo, é necessário assumir seriamente uma perspectiva de mudança radical desde já, sem esperar que todos sejam instruídos e educados a tudo isso, uma vez que o ato antagonista e de revolta constitui, em si, uma grande escola de formação. Bakunin critica muito aqueles que sustentam a educação para o povo sem cuidar da revolução julgando-os alguns doutrinadores que iludem novamente as classes mais pobres.[39]

> Certamente a instrução é uma força, e quanto mais mesquinha, superficial e deformada seja aquela das nossas classes elevadas, é inegável que, juntamente com outros fatores, permite a uma minoria privilegiada conservar o poder em suas mãos.

Isso ocorre porque o acesso aos estudos é concedido apenas a uma minoria de privilegiados, enquanto o povo (a maioria) é intencionalmente mantido na ignorância. Para isso contribuem, de modo contínuo, a religião e a superstição: "o saber é uma grande força; a ignorância, a causa da impotência social." Vê-se freqüentemente um homem do povo, continua Bakunin, sucumbir perante um imbecil que recebeu uma instrução. Isso acontece para prevalecer apenas os conhecimentos que derivam de uma organização social estruturada de modo a privilegiar só alguns aspectos da cultura e, sobretudo, para distribuir essas noções a um número restrito de pessoas.

> Sobre o próprio território, onde nada lhe escapa, o mujique é capaz de vencer uma dezena, e também uma centena de imbecis cultos. Mas a desvantagem é que, por causa de sua ignorância, o espaço do pensamento popular é muito restrito. O mujique inteligente vê raramente muito além de seu vilarejo, enquanto que o ser mais limitado, que recebeu uma instrução, está habituado a englobar com seu pequeno espírito os interesses e a vida de regiões inteiras.[40]

Portanto, a inteligência e a cultura para Bakunin não são a mesma coisa, uma não produz a outra automaticamente. Além disso, a diferença geográfica, não apenas aquela social, é também determinante para condicionar o processo formativo dos homens. Sendo assim, a revolução deve levar em conta, de maneira atenta, todas essas questões variáveis sem ter a pretensão de delegar alguém para interpretar as exigências e as expectativas do povo, nem mesmo — e menos ainda — os

---

[39] *Ibidem*, p. 51.
[40] *Ibidem*, pp. 55-57.

MIKHAIL BAKUNIN: A EDUCAÇÃO COMO PAIXÃO E REVOLTA

homens de ciência. Ela pressupõe uma luta contínua e incessante. À medida que se desenvolvem a inteligência e a cultura do povo, os privilégios das classes mais ricas diminuem. Bakunin está convencido de que o povo nunca bloqueia a sua marcha para frente, apesar de que os obstáculos que se apresentam a ele não acabam nunca, e a verdadeira instrução apresenta-se quase inacessível. De qualquer modo, o povo não cessa nunca de aprender em dois livros fundamentais:

> o primeiro é aquele de suas amargas experiências, da sua miséria, da opressão, de suas humilhações, de sua espoliação e dos sofrimentos que os governos e as classes lhe infligem diariamente; o segundo é aquele da tradição corrente, oral, transmitida de geração em geração e que resulta cada vez mais completo, mais sensato e mais vasto.[41]

A instrução escolar, fundamentada sobre o método de ensino verbal, que não leva em conta a experiência da vida, do fazer e do agir, do experimentar e do confrontar, não pode ajudar nem ser útil para os fins da difusão da revolução social[42]. O conhecimento e a ciência não podem e não devem, portanto, ser separados da vida real, de outra forma haverá sempre aquele que possuirá estas noções e quem as suportará.[43] Essa unidade entre realidade e conhecimento leva Bakunin a delinear com vigor uma conexão que intercorre entre situação iníqua e conhecimentos errôneos. Por isso, é necessário que o movimento revolucionário, na luta pela transformação do presente, modifique também a cultura e a educação que são a sua expressão. Tudo isso, considerando o fato de que o objetivo da real igualdade dos homens, a igualdade política e social dos indivíduos, não se tornará possível a não ser "por meio da igualdade universal dos meios econômicos da educação, da instrução, do trabalho e da vida."[44] Mas o proletariado é mantido na

---

[41] *Ibidem*, p. 58.

[42] Bakunin escreve: " Mas, por sorte, os povos instruem-se e desenvolvem-se, como se vê, menos com o livro e mais com a ciência da experiência histórica, por meio de séculos de existência e de provações. Se é isso que se chama instrução do povo, então, estarei completamente de acordo" (*Ibidem*, pp. 68-69). Para um esclarecimento complementar de seu pensamento sobre esse assunto, consulte também: M. BAKUNIN, "L'alleanza rivoluzionaria universale della democrazia sociale", (1870), In: BAKUNIN, *Opere Complete*, vol. VI, pp. 98 e 113.

[43] Escreve ainda: "Não desprezo por nada a ciência e o pensamento. Sei que é, sobretudo, graças a eles que o homem se difere de todos os outros animais, e eu os considero, um e outro, como os únicos pontos de referência de todo o progresso humano. Mas sei, ao mesmo tempo, que como as estrelas esses pontos de referência correm perigo de modo frágil quando não estão em harmonia com a vida" (M. BAKUNIN, "La scienza e la questione vitale della rivoluzione", 1870, In: BAKUNIN, *Opere Complete*, p. 60).

[44] M. BAKUNIN, "Lettres sur le patriotrisme", 1869, In: *Le Progrès*, Genebra, fevereiro-outubro (1869). As novas cartas podem ser encontradas em: BAKUNIN, *Oeuvres Complètes*, vol. I.

ignorância mais ampla pelos Estados e também pelos reformadores pretensos, sobretudo pelos "sacerdotes" e pelos propagadores de todas as mentiras políticas, desde a tenra idade. Os governos, continua Bakunin, perpetuam o seu poder e seus privilégios por meio da educação.[45] Somente a mudança radical pode transformar esse estado de coisas e libertar todas as potencialidades humanas em uma sociedade de livres e iguais. Portanto, é necessário que cada indivíduo encontre dentro de si a força para rebelar-se contra o *statu quo* e para que faça emergir, também se educando, todas as suas características de homem livre: "Regra geral: aquele que deseja propagar a revolução deve ser ele próprio verdadeiramente revolucionário. Para elevar os homens é necessário ter o diabo no corpo."[46] Na opinião de Bakunin, a rebelião, sempre e de qualquer modo, faz progredir a humanidade, que favorece o progresso material, social e espiritual dos homens. Em suma, a mudança é o produto de preparação, de instrução, mas sobretudo de um ato de desobediência, de revolta, de negação. O progresso de um povo e o progresso da juventude caminham lado a lado:

> É um fato muito consolador, em minha opinião, e que pode ser observado nas famílias mais disciplinadas e também, sobretudo, naquelas em que vigora uma disciplina rigorosa, que as crianças e os jovens são sempre, mais ou menos, revoltados contra os seus tutores e mestres. Esse fato se explica, pelo menos em parte, com a reação que o exercício da autoridade não pode deixar de provocar em toda natureza um pouco forte e viva. E sob essa relação, é-se obrigado a reconhecer que o próprio despotismo possui sua utilidade relativa, uma vez que estimula a revolta — esse elemento essencial do progresso. Mas existe ainda uma outra razão muito mais forte para essa oposição, de início instintiva, e mais tarde refletida, das gerações novas contra as tradições religiosas e contra as tradições políticas e sociais dominantes. Toda geração acredita que a sociedade na qual nasce, e o desenvolvimento tanto material quanto intelectual e moral da sociedade, cria novas necessidades das quais essa geração é a representação natural. Os novos interesses criam nela novos instintos e aspirações desconhecidos por seus antepassados (...). Até o momento em que um povo permanece vivo, continua a se renovar com uma série

---

[45] M. BAKUNIN, *L'Empire Knouto-Germanique et la Révolution sociale*, (1870-1871), In: BAKUNIN, *Oeuvres Complètes*, vol. III, p. 92 e p. 55. Além disso, escreve que a igualdade dos direitos sem os meios para realizá-la e sem "a igualdade desses meios" é uma mentira e uma invenção. "Entre esses meios os mais importantes são a instrução e uma existência econômica de acordo com as necessidades presentes do homem civilizado" (M. BAKUNIN, "La teologia política di Mazzini. Seconda parte. Frammenti e varianti. Frammento T", 1871, In: BAKUNIN, *Opere Complete*, vol. I, p. 287).

[46] M. BAKUNIN, *L'Empire Knouto-Germanique et la Révolution sociale*, (1870-1871), In: BAKUNIN, *Oeuvres Complètes*, vol. III, p. 25.

MIKHAIL BAKUNIN: A EDUCAÇÃO COMO PAIXÃO E REVOLTA

de revoltas periódicas (...). Quando essas revoltas cessam periodicamente em um povo, pode-se estar certo de que ele, tornando-se velho e sábio, está condenado à morte.[47]

Essa consciência está, portanto, freqüentemente adormecida no povo, por causa da formação que ele recebe nas escolas do Estado e a qual os burgueses iluminados vendem como instrução popular. Os revolucionários devem desconfiar desses falsos renovadores e reapropriar-se de sua cultura com o fim de acelerar o processo revolucionário. E, refletindo sobre a situação das regiões européias, Bakunin afirma que o proletariado ocidental possui uma grande potência de iniciativa, superior certamente àquela que possui os proletários orientais. Mas isso não é devido à instrução que recebeu nas escolas populares. Essa não existe, e as escolas existem apenas no papel, seja na França, seja na Inglaterra. A própria Alemanha, mesmo tendo o maior número de escolas populares, não é certamente a mais revolucionária. Isso acontece porque tudo aquilo que

verte em abundância nas escolas populares da Alemanha, para aquelas massas ávidas de saber, não é a instrução, é o veneno; não é a ciência, é a mentira imoral e absurda, destiladas sistematicamente. Ler, escrever, contar são as únicas coisas úteis que os filhos do povo encontram. Já é alguma coisa, não nego: essas três capacidades, por mais formais que sejam, pelas vantagens de suas aplicações na vida cotidiana de cada um, contribuem incontestavelmente ao desenvolvimento do pensamento, habituando-o, pelo menos um pouco, à abstração ou a generalização, fontes primárias de todas as idéias (...). Mas todas essas vantagens são mais que contrabalanceadas pelos efeitos desastrosos, que os tornam imbecis e brutos, pelas mentiras monstruosas que, com nome de verdades históricas e divinas, são destiladas na mente e na imaginação dos filhos do povo. É um envenenamento intelectual e moral, sabidamente calculado e sistematicamente, conscientemente praticado. A última palavra dessa instrução popular é a resignação, a submissão a todo custo: o ideal dos burgueses, não para si próprios, mas para o povo.[48]

Considerando tudo isso, adverte Bakunin, é necessário ter atenção e denunciar as mistificações que são veiculadas por meio da falsa positividade da suposta educação popular. Na realidade, atrás de tudo isso, esconde-se um grande perigo e um obstáculo ainda maior para o caminho de emancipação popular. Para tornar acessível o saber ao povo é necessário, primeiro, remover todos os obstáculos

---

[47] M. BAKUNIN, "La teologia politica di Mazzini. Seconda Parte. Frammento e Varianti, Frammento G", p. 138.

[48] M. BAKUNIN, "Ai compagni della federazione delle sessioni internazionale del Jura", 1872, In: BAKUNIN, *Opere Complete*, vol. VIII, p. 117.

128 "A BOA EDUCAÇÃO" – EXPERIÊNCIAS LIBERTÁRIAS E TEORIAS ANARQUISTAS...

econômicos, materiais, culturais e sociais que prevalecem na sociedade humana.[49] A vida, a evolução e o progresso de um povo pertencem exclusivamente ao próprio povo. E tudo isso não se atinge senão por um aumento natural da experiência e do pensamento; transmitido de geração para geração, o progresso evolui necessariamente, desenvolve a sua própria substância, aperfeiçoa-se e, evidentemente, "toma forma com uma extrema lentidão."[50]

Portanto, o escopo é aquele de garantir a todas as crianças de ambos os sexos, desde o seu nascimento e por toda a vida, a igualdade nos meios de desenvolvimento, de educação e de instrução, em todos os níveis, da ciência e da arte. Essa igualdade, antes apenas econômica e social, terá como resultado conduzir pouco a pouco a uma maior igualdade natural dos indivíduos, "fazendo desaparecer todas as desigualdades, que são os produtos históricos de uma organização social falsa e iníqua."[51] Todavia, se instrução é algo precioso e absolutamente necessário, isso não significa ter ilusões quanto à capacidade do Estado de dar ao povo uma instrução verdadeira, que o libere do jugo da superstição e da ignorância. Mas, continua Bakunin:

> lede, instruí-vos em cada minuto que a ação revolucionária permitir, uma vez que é a ela, certamente, que deveis consagrar a maior parte de vosso tempo; desenvolvei vossos conhecimentos o quanto possível e, ao mesmo tempo, ampliai e afirmai as vossas faculdades intelectuais (...). Sede homens instruídos com bons e numerosos conhecimentos, mas não com aqueles dos sapientes. Estes estudam a ciência pela ciência. Vós deveis estudar para a revolução e sempre considerar que deveis extrair de cada novo conhecimento adquirido o máximo proveito para a causa revolucionária.[52]

5. Uma pedagogia libertária

Em 1870, Bakunin atingiu a sua maturidade conceitual também a respeito dos temas da instrução e da educação. Prova disso é um escrito no qual o nosso autor, depois de ter sustentado que a ciência deve se tornar patrimônio do povo, por meio de uma difusão livre de cada caráter de oficialidade e de cada condicionamento ideológico, firma-se um pouco sobre a conexão que existe entre ambiente e educação, entre igualdade social e diversidade natural. Ele destaca com profunda

---

[49] M. BAKUNIN, *Stato e Anarchia. Appendice A*, In: BAKUNIN, *Opere Complete*, vol. IV, pp. 220-221.
[50] *Ibidem*, pp. 226-227.
[51] M. BAKUNIN, "Articoli scritti per la raccolta Istoriceskoe Razvitie Internazionala", In: BAKUNIN, *Opere Complete*, vol. VI, p. 168.
[52] M. BAKUNIN, "Dove andare, cosa fare?",1873 In: BAKUNIN, *Opere Complete*, vol. IV, p. 249.

convicção como todo indivíduo é o produto dos fatores externos e do ambiente social, e como tais condicionamentos pesam de modo determinante na formação de sua personalidade. A formação, da maneira como é concebida e praticada nas escolas oficiais do Estado, não é senão dirigida a refrear os instintos e as peculiaridades de cada indivíduo, a mutilar os seus desejos e os seus impulsos passionais. A educação da vontade, tratada sobretudo na Antiguidade, é a partir de agora negligenciada a favor do desenvolvimento "do saber e do pensamento"; e os Estados empenham toda sua energia para fazer com que essa vontade não se desenvolva, "provavelmente por um motivo que não existe, então, uma grande distância entre vontade e liberdade." De fato, continua nosso autor, um indivíduo educado a exprimir uma forte vontade é muito menos condicionável que um outro munido de uma vontade frágil. A falta da educação da vontade é, portanto, vista como uma tentativa de condicionar o desenvolvimento do indivíduo para fazer uma personalidade gregária, e não-original, portanto, mais facilmente governável. Mas se tudo isso representa a vontade das classes dominantes, a realidade não é assim simplesmente modificável, e, sobretudo entre os homens, está presente e difundido o sentimento de revolta que uma educação revolucionária pode despertar. Os homens possuem enormes riquezas interiores que esperam apenas ser valorizadas. A esmagadora maioria deles possui desde o nascimento essas potencialidades:

> A imensa maioria dos homens é composta por indivíduos dotados de faculdades médias, entre os dois extremos, quase iguais, ainda que diversificados ao infinito. Agora, no momento presente, não se trata da minoria, mas da maioria dos indivíduos. A maior parte das diferenças que existem hoje, sob a relação intelectual, deriva não do nascimento, mas da educação.

E esta condiciona, juntamente com o ambiente social, a formação do pensamento de cada indivíduo:

> O indivíduo, a sua liberdade e o seu intelecto são os produtos da sociedade, e não esta o produto dos indivíduos, e quanto mais profundamente, mais integralmente, mais livremente o homem é desenvolvido, mais ele é produto da sociedade; quanto mais recebeu dela, mais é devedor.

Desse modo, todo indivíduo é também sujeito ativo e positivo em relação à sociedade, que, por sua vez, é, portanto, devedora ao indivíduo:

> O homem não cria em absoluto a sociedade, nasce nela não como indivíduo livre mas, ao contrário, como indivíduo ligado de todas as maneiras, como a criança deste ou daquele outro ambiente social formada por uma grande seqüência de influências, evoluções e acontecimentos históricos bem precisos.

130 "A BOA EDUCAÇÃO" – EXPERIÊNCIAS LIBERTÁRIAS E TEORIAS ANARQUISTAS...

Tudo isso determina, portanto, o caráter da criança, a sua natureza, os seus sentimentos e o seu pensamento.[53]

A pedagogia bakuniniana parte de pressupostos opostos àqueles de Rousseau, uma vez que considera o indivíduo como elemento imprescindível da sociedade. A sua existência, a sua individualidade específica e única, realiza-se em seu pensamento autônomo mas, ao mesmo tempo, o significado mais autêntico e a plena realização da personalidade humana encontra a verdadeira e completa satisfação apenas em sua dimensão coletiva. O homem, segundo Bakunin, é um animal dotado de faculdade bem estruturada de pensar, de generalizar as suas impressões externas e internas, conceber algumas idéias, retê-las e, ao mesmo tempo, desenvolvê-las coletivamente:

> Pensar significa, portanto, falar com a nossa interioridade, em nós mesmos, com quem? Com todos, e quanto mais o mundo é amplo, mais é também o nosso pensamento. O pensamento que se mostra como o ato mais individual do mundo é, portanto, na verdade, um ato essencialmente coletivo, e, conseqüentemente, as idéias, produtos do pensamento, são uma propriedade coletiva. Eis a única e verdadeira base da solidariedade, o fundamento de todas as soluções humanas no passado, no presente e no futuro. [54]

A própria natureza profunda da liberdade exclui o egoísmo. Ela não pode ser apenas individual, porque seria egoísmo, e implica a mesma emancipação dos outros. Nenhum homem pode, segundo Bakunin, sentir-se completamente livre se não for circundado por homens da mesma maneira livres. Essa lei de solidariedade social é a força motriz da história, a essência da vida civil. Os homens que estão fora da sociedade não podem existir nem mesmo do ponto de vista intelectual e moral. O homem não se torna tal a não ser no âmago da sociedade e apenas graças ao exame coletivo de todos os homens, tanto presentes quanto passados. A primeira conseqüência desse postulado é que

> não pode existir nem religião, nem moral e nem tampouco pensamento exclusivamente individuais. Os maiores homens da história, os mais magníficos gênios, os maiores filósofos e profetas sempre receberam todo o conteúdo, todo o fundamento de sua religião, de sua moral e de seu pensamento dessa mesma sociedade da qual

---

[53] M. BAKUNIN, "Gli intrighi di Outine",1870 In: BAKUNIN, *Opere Complete*, vol. IV, pp.134-139. Bakunin escreve ainda que todo homem é, "tanto o maior quanto o menor, o produto fatal de uma intervenção indefinível de coisas independentes de sua vontade, as quais depois de ter dado uma direção ao seu nascimento, continuam a determiná-lo por toda a vida." (M. BAKUNIN, "Risposta d'un internazionale a Giuseppe Mazzini", 1871, In: BAKUNIN, *Opere Complete*, vol. I, p. 21).

[54] M. BAKOUNINE, *Notes diverses. 2. Manoscritto inedito*, Archives Bakounine (lisg).

fazem parte e à qual parecia que os conduziam de suas iniciativas ou do alto. É o tesouro acumulado, o produto do trabalho coletivo material, intelectual e moral de todas as gerações passadas, novamente elaborado e lentamente transformado, de maneira mais ou menos invisível e latente, pelos novos instintos, pelas aspirações, pelas novas necessidades reais e múltiplas das gerações presentes, que forma sempre o conteúdo das revelações ou descobertas desses homens geniais, que não acrescentam outra coisa a não ser o trabalho formal da própria mente, mais capaz que um outro de compreender e ligar os detalhes em maior conjunto ou em uma nova síntese.[55]

Bakunin afirma vigorosamente o peso que a História tem na educação e o condicionamento que exerce em relação à infância. Ele resume e identifica no Estado e na Igreja as instituições sociais que privaram, no decorrer dos séculos, a liberdade dos seres humanos:

A Igreja e o Estado! São essas as instituições despóticas, divinas, seculares, das quais o homem, graças à intervenção real das idéias divinas, criações de sua fantasia religiosa na consciência humana, sofre o jugo desde o início de sua história até os nossos dias. Ele as suporta ainda hoje e ainda não foi libertado delas.[56]

Toda criança encontra-se de fato, desde o início, exposta à incessante ação das idéias dominantes que se impõem de milhares de maneiras nas relações entre os homens e nas coisas que as circundam. Essas idéias, esses valores, esses hábitos envolvem as crianças, penetram-lhes, formam-nas, e imprimem-lhes a marca particular, até que elas conseguem amadurecer a sua personalidade e, conseqüentemente, pelo menos em parte, conseguem libertar-se.

É dessa forma que o trabalho acumulado, material, intelectual e moral, ou, resumindo, o trabalho social dos séculos passados, constitui para cada geração nova um patrimônio ou um capital coletivo e, ao mesmo tempo, um ponto de partida que o passado, representado pelas instituições dominantes ou pela sabedoria

---

[55] M. BAKUNIN, "L'internazionale e Mazzini", (1871), pp. 71-72. Idem, p. 85. Além de: Idem, "Risposta all'Unità Italiana" (1871), In: BAKUNIN, *Opere complete*, vol. I, p. 116. Enfim, são particularmente esclarecedoras essas considerações: "A liberdade, pela sua própria natureza, não pode ser apenas individual, uma liberdade similar chama-se privilégio, a liberdade verdadeira, humana, completa em um único homem implica a emancipação de todos, porque graças à essa lei de solidariedade, que é a base natural da sociedade, não posso ser realmente livre, sentir-me e conhecer-me livre, se não for circundado por homens igualmente livres, e a escravidão do último entre esses é a minha escravidão." (M. BAKUNIN, *La teologia politica di Mazzini. Seconda Parte. Frammenti e varianti. Frammento Q*, 1871, In: BAKUNIN, *Opere complete*, vol. I, p. 195).

[56] M. BAKOUNINE, *Notes diverses, manoscrito inedito*, sem data, Archives Bakounine (Iisg).

132 "A BOA EDUCAÇÃO" – EXPERIÊNCIAS LIBERTÁRIAS E TEORIAS ANARQUISTAS...

dos homens que partem, impõe ao trabalho jovem atual e futuro. Entende-se que nessa sabedoria tradicional, como em todas as instituições que a representa, os 99% não valem nada.[57]

Por ambiente social, Bakunin entende uma atmosfera ao mesmo tempo material, intelectual e moral, que penetra no homem de milhares de maneiras, tanto mais potentes quanto pouco visíveis, imperceptíveis, dificilmente compreensíveis. O sistema intelectual e moral, tudo o que um ambiente tem como verdade, não é apenas uma abstração, mas é sobretudo a concentração e a expressão de muitos fatos realmente ocorridos e completos, é a consolidação de um pensamento específico e coletivo que se desenvolve "no berço e chega à sepultura, repercutindo de milhares de maneiras diversas, seja nas coisas ou nos homens, em todos os hábitos e em todas as relações da vida."[58] Esse ambiente é, portanto, um fator determinante na formação do indivíduo e, toda abordagem ao problema educativo e de instrução, deve levá-lo em conta de modo considerável. Um novo modelo de educação, partindo dessas considerações, deverá, portanto, tender a formar alguns homens livres, capazes de interagir com o ambiente no qual vivem e não serem passivos receptores de uma cultura imposta por uma sociedade classista e fundamentada na desigualdade. O ambiente, por isso, enquanto condiciona o desenvolvimento da personalidade é, por sua vez, modificado pela ação dos homens. Quanto mais os indivíduos são livres, maior é a sua diversidade que se realiza exatamente na ação social. Bakunin escreve:

> Não digo que todos os homens se parecerão, que serão delineados de acordo com o mesmo modelo, coisa piedosa e felizmente impossível; a variedade dos homens (...) é a riqueza da humanidade. No futuro, como no passado e no presente, cada indivíduo será ele próprio, o único exemplar do próprio gênero, comparando a todos os outros indivíduos humanos presentes, passados e futuros. Mas aquilo que tenderá a diminuir a cada dia é a distância enorme que separa os indivíduos hoje, distância moral e física, distância que é muito menos o produto da natureza e muito mais o produto da desigualdade das influências econômicas e sociais às quais os

---

[57] M. BAKUNIN, "La teologia politica di Mazzini. Seconda Parte. Frammento G". pp. 136-137. M. BAKUNIN, "Il socialismo rivoluzionario in Russia", (1875), In: BAKUNIN, *Opere complete*, vol. VI, pp. 236-237.

[58] M. BAKUNIN, "La teologia politica di Mazzini. Seconda Parte. Frammento T", p. 244. Bakunin, para confirmar essa tese, escreve: "Uma educação comum, não fictícia, mas real, não poderá existir senão em uma sociedade verdadeiramente igualitária... A educação é dada mais pela vida e pela influência do ambiente social que pelo ensino de todos os professores qualificados..." (M. BAKUNIN, "Il socialismo e Mazzini. Lettera agli amici d'Italia", 1871, In: Idem, *Opere complete*, vol. II, p. 43).

indivíduos humanos são submetidos do berço à sepultura. Penso que ainda hoje, excetuando-se duas categorias de homens, os homens geniais e os idiotas, a imensa maioria dos indivíduos humanos é naturalmente dotada de faculdades que não são certamente iguais, mas equivalentes, e que em cada um a ausência dessa faculdade é compensada pela presença daquela, pelas quais todos os indivíduos se equivalem quando nascem.[59]

Portanto, todo indivíduo, no momento do nascimento, desenvolve-se e cresce segundo as idéias que lhes são transmitidas, não apenas por meio da educação lingüística e racional, mas também por meio de um clima cultural e social que possui um forte peso na determinação do desenvolvimento intelectual e do caráter.[60] O homem pode emancipar-se harmonizando instintos e cultura somente por meio da educação e da instrução, "ambas, obras eminente e exclusivamente da sociedade."[61]; todavia, é indispensável que natureza e cultura não se movam de modo contraposto, mas, ao contrário, integrem-se alternadamente contribuindo para formar um novo homem que saiba unir o valor da diversidade natural com aquele da igualdade social.[62] Para atingir tudo isso, entretanto, é necessário destruir o monopólio da ciência que é detido pelos "sapientes" e reportá-la entre o povo de modo difuso e amplo. Tudo isso trará benefícios também aos homens de ciência que, mediante o contato com as verificações práticas e populares do próprio saber e das próprias pesquisas, enriquecer-se-ão de forma notável.[63] Somente quando as leis naturais forem reconhecidas pela ciência e, por meio de um sistema de

---

[59] M. BAKUNIN, "La teologia politica di Mazzini. Seconda Parte. Frammento T," p. 287 (Consulte também pp. 285-286). Sobre o mesmo assunto, consulte também M. BAKUNIN, "Articolo contro Mazzini", (1871) e "Lettera agli Internazionalisti di Milano", (1871), In: BAKUNIN, *Opere complete*, vol. II, p. 108 e p. 180. Além disso, escreve: "Mesmo do ponto de vista da natureza, os homens são pouco iguais, as qualidades e os defeitos se compensam pouco em cada um. Não há além de duas exceções a essa regra, isto é, os homens geniais e os idiotas. Mas as exceções não fazem a regra, e, em geral, pode-se dizer que todos os indivíduos humanos se equivalem e que, se existem as diferenças enormes entre os indivíduos da sociedade atual, essas têm origem na monstruosa desigualdade da educação e da instrução, e não da natureza." (M. BAKUNIN, "Trois conférences faites aux ouvriers du val de Saint-Imier", (1871), In: BAKUNIN, *Oeuvres Complètes*, vol. VIII, p. 230).
[60] BAKUNIN, "Articolo contro Mazzini", (1871), p. 120.
[61] M. BAKUNIN, *L'Empire Knouto-Germanique et la Revolution Sociale*, 1871, p. 171. "A teoria do contrato livre é, da mesma forma, falsa do ponto de vista da natureza. O homem não cria voluntariamente a sociedade: ele nasce involuntariamente. Ele é por excelência um animal social... Da mesma forma, a educação e a instrução que desenvolvem um homem... são do mesmo modo um produto da sociedade inteira" (BAKUNIN, "Trois conférences faites aux ouvriers du val de Saint-Imier", p. 227).
[62] M. BAKUNIN, "La teologia politica di Mazzini. Frammento M", 1871, In: BAKUNIN, *Opere complete*, vol. I, p. 184.
[63] BAKUNIN, *L'Empire Knouto-Germanique et la Révolution Sociale*, 1871, p. 104, p. 128 (nota de Bakunin); BAKUNIN, "Risposta all'Unità Italiana", p. 121; M. BAKUNIN, *Stato e anarchia*, (1873),

educação de instrução popular, forem "feitas propriamente por todos, a questão da liberdade estará perfeitamente resolvida."[64] De acordo com Bakunin, a educação possui como escopo principal aquele de promover as enormes potencialidades existentes em cada ser humano e exaltar o valor da liberdade individual como elemento de forte característica ética e moral. Uma educação racional e a mais igual possível para todos, que seja concebida dessa maneira, e que esteja distante das concepções mais difundidas na época, contribuiria de modo considerável para a destruição das desigualdades sociais, sejam elas intelectuais ou morais. Mas, não obstante tudo isso, existirão sempre as diferenças

> de natureza e de temperamento. Seria bastante triste se uma educação uniforme acabasse por produzir seres uniformes (...). A justiça humana, e não aquela divina ou jurídica, exige que todos os homens, desde o nascimento, tenham o quanto possível a igualdade do ponto de partida, ou seja, meios iguais de provisão e desenvolvimento da infância, de educação e instrução para a juventude. Exige, ao mesmo tempo, que ao aprendizado completo, e já durante o aprendizado, à medida que cada indivíduo torna-se mais forte e mais autônomo, cada um possa sempre decidir mais sobre seu destino. Eis como entendemos a liberdade, a dignidade e a responsabilidade de cada homem.

Esses valores jamais poderão realizar-se em um sistema social senão por meio de uma profunda mudança que anule o direito de herança e as conseqüentes desigualdades que derivam dele. Além disso, uma nova educação é fundamentada no ensino dos valores humanos. O valor da fraternidade, antes de todos, pode-se despertar nas crianças apenas por meio do exemplo, da vida, dos atos concretos dos educadores. Meios e fins devem possuir uma relação de coerência entre si, de modo que apenas por meio de uma educação fundamentada nesses princípios se

---

In: BAKUNIN, *Opere Complete*, vol. IV, pp. 142-143; M. BAKUNIN, "Appendice B. Programa della sezione slava di Zurigo", (1872), In: Idem, *Opere Complete*, vol. IV, p. 239. Para complementar, Bakunin escreve sobre a questão da ciência: "A ciência, quando não humanizada, corrompe. Ela aperfeiçoa o crime e produz uma covardia mais desonrosa. Um escravo sapiente é um doente incurável. Um opressor, um carrasco, um tirano sapiente permanece sempre imunizado contra tudo aquilo que se chama humanidade e piedade. Nada os assombra, nada os assusta, tampouco lhes comove, com exceção de seus próprios sofrimentos e perigos. O despotismo sapiente é mil vezes desmoralizante, mais perigoso para suas vítimas do que aquele despotismo que é apenas brutal. Este não toma além de seu corpo, a vida exterior, a riqueza, as relações, os atos. Este não pode penetrar no íntimo, uma vez que não possui as chaves. Falta-lhe a inteligência para sufocar o espírito. O despotismo inteligente e sapiente, ao contrário, penetra na alma dos homens e corrompe seus pensamentos em suas origens." (M. BAKUNIN, "Ai compagni della federazione delle sessioni internazionale del Jura", 1872, In: BAKUNIN, *Opere Complete*, vol. VIII, pp. 49-50).
[64] BAKUNIN, *L'Empire Knouto-Germanique et la Révolution Sociale*, 1871, p. 103.

possa edificar uma sociedade livre e igualitária. Se os homens souberem seguir esses ensinamentos "da escola da vida", fundamentados nesses princípios e dirigidos unicamente pela ciência ("a única autoridade diante da qual podemos nos inclinar sem nos envergonhar, não aquela dos homens de ciência, mas a autoridade impessoal da ciência apenas"), as enormes diferenças naturais e físicas, intelectuais e morais que separam os homens hoje, desaparecerão.[65] Enfim, há uma conexão lógica e conseqüente que liga o desenvolvimento da liberdade ao da educação. O fundamento verdadeiro e positivo da liberdade está exatamente no desenvolvimento integral e na plena satisfação de todas as faculdades físicas, intelectuais e morais de todo indivíduo. Um homem que for derrotado por condições econômicas provenientes da miséria e das privações é, sem dúvida, um escravo. Mas ele o é da mesma forma quando é condenado a permanecer por "toda a vida como um ser bruto por falta de educação humana, um homem privado de instrução, um ignorante."[66] A educação é, portanto, um elemento indispensável para a emancipação humana, e o seu futuro em uma sociedade libertária é importante para impedir que novas formas de domínio e de desigualdade possam se formar.

---

[65] BAKUNIN, "La teologia politica di Mazzini. Seconda Parte. Frammenti e varianti. Frammento Q", 1871, In: BAKUNIN, *Opere complete*, vol. I, pp. 226-286.

[66] BAKUNIN, Trois conférences faites aux ouvriers du val de Saint-Imier, (1871), In: BAKUNIN, *Oeuvres Complètes*, vol. VIII, p. 226. M. BAKUNIN, "Scritti concernenti le relazioni con i polacchi e i serbi a Zurigo. Programma del partito socialista serbo" (1872), In: M. BAKUNIN, *Opere Complete*, vol. VI, p. 149; M. Bakunin, "Lettera ad Adolf Reichel", (1875), In: M. BAKUNIN, *Opere Complete*, vol. IV, p. 217.

6. PIOTR KROPOTKIN:
EDUCAÇÃO E COMUNIDADE

1. Educação e solidariedade

Com Kropotkin, a idéia da instrução integral torna-se principalmente uma oportunidade para exaltar, não apenas no âmbito educativo, a diversidade natural, transformando-a de elemento de fundação da desigualdade em riqueza e pluralidade. Tendo superado o conceito proudhoniano, muito ligado à formação profissional, assimilado aquele metodológico de Bakunin, essa se torna, na elaboração de Kropotkin, um elemento relevante, porque permite exaltar a diversidade natural dos seres humanos e transformá-la em riqueza social. Além do mais, tudo isso permite ao nosso autor intuir que, em uma sociedade educada deste modo, o tempo livre das obrigações do trabalho pode ser usado livremente, de modo a permitir que cada um amplie o espaço pessoal em favor de uma pesquisa científica e de toda forma de expressão artística.

Os escritos de Piotr Kropotkin[1] que se referem explicitamente ao problema educativo não são muitos, mas é possível encontrar argumentos pedagógicos em

---

[1] Não existe uma verdadeira obra bibliográfica de P. Kropotkin (1842-1921) traduzida em italiano. Contudo, podemos encontrar várias informações em sua autobiografia: P. A. KROPOTKIN, *Memorie di um rivoluzionario*, Milão, Feltrinelli, 1969; G. WOODCOCK, *L'Anarchia*, pp. 161-194; J. JOLL, *Gli anarchici*, Milão, Il Saggiatore, pp. 151-190, 1970. Consulte também: L. FABBRI, *Un grande apostolo dell'idea*, In: *L'Università Popolare*, Milão, n. 23-24, 1912; C. BERNERI, *Un federalista: P. Kropotkin*, Roma, 1925; E. MALATESTA, "Ricordi e critiche di un vecchio amico", In: *Studi Sociali*, Montevidéu, 1931; A. BORGHI, *Colloqui con Kropotkin su l'anarchia*, Forli, s. d.; H. READ, "Introduzione a P. Kropotkin", *La società aperta*, Milão, Antistato, 1976; M. NETTLAU, Pierre Kropotkine, In: M. NETTLAU, *Bibliographie de l'anarchie*, Genebra, 1978 (reimpressão); F. PLANCHE, J. DELPHY, *Kropotkine*, Paris, S.L.I.M., 1948. Em língua inglesa, consulte: G. WOODCOCK, I. AVAKUMOVIC, *The anarchist prince. A biography of Peter Kropotkin*, Londres, 1950; P. AVRICH, *Anarchist Portraits*,

numerosas obras que o grande revolucionário russo produziu no decorrer de sua vida. Já na definição da anarquia, ele especifica alguns termos essenciais que possuem um desenvolvimento imediato em sua concepção pedagógica. Segundo o príncipe anarquista russo "a anarquia é a organização da solidariedade, como o estado atual é o reino do egoísmo" e esses dois elementos estão em conflito entre si. Se o egoísmo prevalece em um indivíduo, os outros seres humanos sentem essa influência negativa.

> A razão é que o homem é um ser essencialmente sociável; que sua vida se compõe de inumeráveis seqüências que se prolongam visível e invisivelmente na vida dos outros; que, enfim, ele não é um ser completo, mas uma parte integrante da humanidade. Não existem linhas de demarcação entre um e outro homem, nem entre o indivíduo e a sociedade: não há um meu e um teu moral, da mesma forma que não existe um teu e um meu econômico. Além de nossa própria vida, nós vivemos um pouco da vida dos outros e da humanidade.[2]

Sustentando que a vida não pode e não deve ter nenhuma imobilidade, mas deve ser concebida como uma contínua e incessante evolução, se bem que nem sempre com a mesma velocidade, ele liga indissoluvelmente a sociedade à natureza. A cada indivíduo deve ser deixada toda liberdade de ação, a fim de que possa desenvolver todas as suas capacidades naturais, próprias da sua individualidade, portanto, originais e pessoais, únicas e não-repetíveis.[3] Sem dúvida, graças à sua formação de geógrafo, ele adota uma concepção da revolução, com o decorrer dos anos, mais como devir radicalmente diferente do que como um evento insurrecional. Realmente, é forte a dimensão educacionista[4] que é explicitada quando considera a modificação social, concebida precisamente como uma mudança contínua de todo indivíduo.[5] Escreve "A Revolução é mais do que a destruição de um regime. É o

---

Princeton, pp. 53-106, 1988; P. KROPOTIKIN, *Act for yourselves*, Londres, Freedom Press, 1988. Uma ótima antologia de seus escritos é: P. KROPOTKIN, *Scienza e anarchia*, Milão, Elèuthera, 1998.

[2] P. KROPOTKINE, *Fatalité de la révolution*, Toulouse, CNT, p. 10, 1975.

[3] P. KROPOTKIN, *La scienza moderna e l'anarchia*, Genebra, Il Risveglio, pp. 59-100-101, 1913.

[4] P. KROPOTKIN, *Basi scientifiche dell'anarchia*, Roma, Il Pensiero, 1906.

[5] Kropotkin considera muito a iniciativa direta e a experimentação social: "A interpelação que nós fazemos ao espírito de iniciativa, que é a essência da anarquia, é já uma resposta à objeção de não estarmos em nosso tempo de declarar idéias que não possuem uma possível aplicação imediata. Todavia, basta observar algum grupo anarquista para nos convencer de que os nossos princípios possuem uma aplicação imediata e que já foram colocados em prática por muitos indivíduos disseminados sobre toda a superfície da Terra" (P. KROPOTKIN, *I tempi nuovi*, Roma, Libertas, p. 5, s. d.).

PIOTR KROPOTKIN: EDUCAÇÃO E COMUNIDADE

139

despertar da inteligência humana, do espírito inventivo decuplicado, centuplicado; é o início de uma nova ciência (...). É uma revolução nos espíritos, mais ainda do que nas instituições (...). E a Revolução o fará."[6]

De qualquer modo, os seus interesses foram amplos e seu pensamento, em múltiplos aspectos da cultura contemporânea[7], era atual. O seu nome é recorrente na Itália, sobretudo, na primeira metade do século XIX, não só por causa da sua figura de "príncipe anarquista", mas também pela sua colaboração em duas importantes publicações anarquistas de relevância educativa: *L'Università Popolare*, de Luigi Molinari e *Il Pensiero*, de Luigi Fabbri e Pietro Gori.[8] Ele dedica muito cuidado e atenção na definição da qualidade da existência e da vida do homem, e em sustentar a necessidade de buscar uma vida sempre mais evoluída e ampla. Segundo uma moderna concepção, o homem, afirma Kropotkin, não é um ser que possa viver exclusivamente para alimentar-se, beber e repousar:

> Desde que tenha satisfeito as exigências materiais, as necessidades das quais se poderia atribuir um caráter artístico manifestar-se-ão tanto mais ardentes. Muitos

---

[6] P. KROPOTKIN, *La conquista del pane*, Milão, Casa Editrice Sociale, p. 187, 1921.

[7] A obra de Kropotkin não é apenas valorizada no ambiente anarquista. O seu pensamento foi considerado de extrema atualidade em diversas abordagens culturais. Consulte, por exemplo: C. PESCE (Org.), *Da ieri a domani*, Bolonha, Clueb, 1981; G. P. PRANDSTRALLER, *Felicità e società*, Milão, Ed. Comunità, 1978; Idem, *Incerteza e piacere*, Bolonha, Cappelli Ed., 1980; Idem, *Riflessioni sulla decadenza dell'occidente*, Nápoles, Salerno Ed., 1981; C. DOGLIO, *L'equivoco della città giardino*, Florença, C. P. Ed., 1974; M. La TORRE, "Dimenticare Kropotkin", In: *A-Rivista anarchica*, a. XXIII, n. 3, Milão, Abril de 1993. Consulte também o número dois de 1981 da revista anarquista *Volontà*, na qual aparecem várias contribuições de estudiosos sobre o pensamento de P. Kropotkin; BERTI, *Il pensiero anarchico. Dal Settecento al Novecento*, Manduria, Lacaita, pp. 293-370, 1998; P. GIBSON, "Kropotkin, mutual aid and selfish genes", In: *The Raven*, vol. 4, n. 4, outubro-dezembro de 1991, Londres; A. MATTELART, *Storia dell'utopia planetaria*, Turim, Einaudi, pp. 203-208, 2003. Relativamente à atualidade de seu pensamento pedagógico, consulte: L. BORGHI, "Il ruolo della pedagogia libertaria", In: *A-Rivista anarchica*, a. IX, n. 1, Milão, fevereiro de 1975; Idem, *Educare alla libertà*, Florença, La Nuova Italia, 1992 (em particular, o capítulo VI, pp. 81-92); Idem, "Giustizia e mutuo appoggio", In: *A-Rivista anarchica*, a. XXIII, n. 2, Milão, março de 1993; P. RIGGIO, *Educazione libertaria*, Padova, Francisci Ed., 1979; TOMASI, *Ideologie libertarie e formazione umana*, Florença, La Nuova Italia, 1973; G. BERTI, L'instruzione integrale como propedeutica all'integrazione del lavoro nel pensiero di alcuni classici dell'anarchismo, In: VÁRIOS, *La ricerca pedagogica tra scienza e utopia*, Florença, La Nuova Italia, 1979; M. SMITH, "Kropotkin and technical education: an anarchist voice", In: *The Raven*, vol. 3, n. 2, Londres, março de 1990.

[8] São numerosos os escritos de Kropotkin sobre vários temas nessas revistas. No que se refere às duas revistas citadas, consulte: L. BETTINI, *Bibliografia dell'anarchismo*, v. I, t.1, Florença, C.P. Editrice, 1972. Relativamente à bibliografia de L. Molinari, L. Fabbri e P. Gori, consulte, respectivamente: F. CODELLO, "Notizie bibliografiche di Luigi Molinari", In: VÁRIOS, *Luigi Molinari*, Crema, Ed. PACE, 1980; U. FEDELI, *Luigi Fabbri*, Turim, GEA, 1948; E. ANDREUCCI, T. DETTI, *Il movimento operario italiano. Dizionario biografico*, v. II, pp. 522-530, Roma, Ed. Riuniti, 1976.

140   "A BOA EDUCAÇÃO" – EXPERIÊNCIAS LIBERTÁRIAS E TEORIAS ANARQUISTAS...

indivíduos, muitos desejos, e quanto mais a sociedade for civilizada, mais a individualidade é evoluída, mais esses desejos são vários."[9]

As expectativas que ele coloca na mudança social por meio da revolução não se limitam a uma modificação das condições materiais da existência humana, mas insistem também, e muito, sobre as condições gerais dessa mesma existência.[10] A transformação material da sociedade, das relações hierárquicas e do domínio econômico e político não possui nenhum significado na interpretação aqui proposta, se não for acompanhada por uma mudança radical na qualidade da existência dos seres humanos, no sentido de garantir a todos, tempos e modalidades de mutações profundas e autênticas de toda a vida de cada um. De acordo com o grande revolucionário russo, podemos ver facilmente como o trabalhador, obrigado a trabalhar de forma fatigante para viver, é restrito a não conhecer jamais os elevados prazeres, os mais elevados que sejam acessíveis ao homem da ciência e, sobretudo, da descoberta científica, da arte e mais ainda da criação artística.

> É para assegurar a todos essas alegrias, hoje reservadas a um pequeno número, é para permitir o tempo, a possibilidade de desenvolver essas capacidades intelectuais, que a Revolução deve garantir a todos o pão de cada dia. O tempo livre, depois do pão, esse é o escopo definitivo (...). Em uma sociedade na qual todos se alimentarão suficientemente, as necessidades daquilo que chamamos luxo hoje serão apenas mais fortes. E como todos os homens não podem e não devem assemelhar-se (a variedade dos gostos e das necessidades é a principal garantia do progresso da humanidade), haverá sempre, e é desejável que existam sempre, alguns homens e algumas mulheres cujas necessidades estejam acima da média, em qualquer direção.[11]

Ciência e, sobretudo, descoberta científica; arte e criação artística, significam uma participação ativa, e não uma simples fruição de uma dimensão completa do

---

[9] KROPOTKIN, *La conquista del pane*, p. 93.

[10] Kropotkin escreve: "No final, o pior dos males vistos primeiro, a educação que recebemos do Estado, na escola e fora dela, desviaram de tal forma as nossas mentes que a própria noção de liberdade extraviou-se e foi disfarçada naquela da escravidão." (P. KROPOTKIN, *Lo Stato e il suo ruolo storico*, Catânia, Anarchismo, p. 67, 1981). Ainda: "O Estado é o protetor da exploração, da especulação, da propriedade privada, que é fruto de espoliação... Tudo a favor do proprietário indolente, tudo contra o proletário trabalhador; a instrução burguesa que corrompe a criança desde a tenra idade, incutindo-lhe os prejulgamentos antiigualitários; a Igreja que perturba a mente da mulher; a lei que impede a troca de idéias de igualdade e de solidariedade, o dinheiro, onde é necessário, para corromper aquele que se faz apóstolo da solidariedade dos trabalhadores; a prisão e a metralhadora à vontade para calar a boca daqueles que não se deixam corromper: eis o Estado!" (P. KROPOTKIN, *Parole di um ribelle*, Milão, Casa Editrice Sociale, p. 45, 1921).

[11] *Ibidem*, pp. 93-94.

PIOTR KROPOTKIN: EDUCAÇÃO E COMUNIDADE 141

desenvolvimento humano, e pressupõem uma consideração revolucionária da existência, não mais comprometida dentro das angústias de um homem em uma dimensão. Tudo isso implica também uma reconsideração da abordagem pedagógica e das conseqüências em âmbito educativo que uma concepção similar abre em perspectiva.

Junto da valorização do conceito de diversidade natural emerge aqui uma evidente hipoteca igualitária em relação às várias possibilidades que todo ser humano possui o direito de perseguir, sem nenhuma divisão de classes ou de outra natureza. A emancipação completa e a liberdade individual realizam-se somente a partir do reconhecimento e da valorização da diversidade, vista e interpretada como um recurso irrenunciável do qual uma sociedade libertária não pode absolutamente privar-se. Todavia, é arriscado discutir a atualidade do pensamento pedagógico kropotkiniano se não se levar em conta o contexto histórico e o fato de que não existe uma exposição bem estruturada e sistemática da pedagogia de Kropotkin. O que se deduz, tudo aquilo que em suas obras explicita a referência à educação e à instrução, é sempre e de qualquer forma permeado por fortes tensões ideais e utópicas. Até mesmo na crítica ao sistema educativo da época, compreende-se com vigor essa dimensão do dever ser.[12]

Kropotkin recobre a sua concepção educativa com fortes características iluministas e racionalistas[13], de acordo com uma influência da época que ele viveu intensamente, não apenas como revolucionário, mas também como um cientista. Graças à essa cultura, a essa tensão ética, ele pode facilmente reconhecer

---

[12] Kropotkin escreve: "A educação permanece o privilégio de ínfimas minorias. Como podemos falar de educação quando o filho do operário é obrigado, aos treze anos, a descer em minas ou a ajudar seu pai na fazenda! Podemos falar de estudos do operário que retorna à noite, debilitado por uma jornada de trabalho à qual é obrigado e que quase sempre o torna bruto? As sociedades se dividem em dois campos hostis, e nessas condições, a liberdade torna-se uma palavra vã." (*Ibidem*, p. 10). Consulte também, de Kropotkin, *Basi scientifiche dell'anarchia*, p. 22.

[13] Escreve: "Milhões de seres humanos trabalharam para criar essa civilização que glorificamos hoje. Outros milhões, disseminados em todas as partes da Terra, trabalham para mantê-la. Sem eles não restaria nada além de ruínas no decorrer de cinqüenta anos. Não existe nem mesmo pensamento, nem mesmo invenções que não sejam um feito coletivo nascido do passado e do presente. Milhões de inventores, conhecidos ou desconhecidos, mortos na miséria, prepararam a invenção de cada uma dessas máquinas nas quais o homem admira a própria genialidade. Milhões de escritores, de poetas, de cientistas trabalharam para elaborar o saber, para destruir o erro, para criar essa atmosfera de pensamento científico, sem a qual nenhuma das maravilhas de nosso século poderia ser realizada... Ciência e indústria, saber e aplicação, descoberta e realização prática conduzem a novas descobertas, trabalho intelectual e trabalho manual, pensamento e trabalho braçal, tudo se domina. Cada descoberta, cada progresso, cada aumento de riqueza da humanidade possui sua origem no conjunto do trabalho manual e intelectual do passado e do presente" (*Ibidem*, 5-6).

142 "A BOA EDUCAÇÃO" – EXPERIÊNCIAS LIBERTÁRIAS E TEORIAS ANARQUISTAS...

as causas sociais e históricas que determinam as desigualdades entre os homens. Além disso, consegue compreender bem cada aspecto do desvio social e das conseqüentes discriminações, antecipando, ainda, modernas teorias criminológicas.[14]

Isso se compreende também quando denuncia com vigor e com raciocínios lógicos as condições sociais, familiares e culturais da infância, que determinam o crime e, sobretudo, como é deseducativo e desviante a comparação inevitável que as crianças e os jovens são obrigados a fazer a respeito de um nível de vida reservado a poucos:

> E, de um ponto de vista oposto, o que é apresentado ao olhar do jovem que cresceu na rua? Um luxo muito brilhante, insensato, estúpido. Tudo, as lojas luxuosas, a literatura plena de admiração pela riqueza e pelo luxo, o culto ao dinheiro intensamente cultivado, tudo tende a desenvolver a vontade para enriquecer, o amor pela pompa vaidosa, a paixão por viver às custas de outros, a fazer mão baixa à fadiga alheia.[15]

Em particular, é necessário destacar suas concepções sobre o apoio mútuo e o livre acordo que estão na base de toda a sua filosofia e também de sua pedagogia.[16] Escreve:

> Até mesmo nessa época em que é propagado o individualismo mais brutal, isto é, a regra é pensar primeiro em ti, a humanidade não poderia existir uma

---

[14] Kropotkin compreende a essência da alternativa à prisão e ao conceito de pena quando denuncia a causa fundamental da criminalidade e, ao mesmo tempo, individualiza a alternativa. Escreve: "Decerto, em toda sociedade ainda que regularmente organizada encontraremos alguns indivíduos com as paixões mais intensas, os quais serão impelidos de cometer, algumas vezes, os atos antisociais. Mas isso pode ser remediado dando uma direção melhor a tais paixões. Hoje se vive muito sozinho, na desconfiança do isolamento. O individualismo proprietário, essa defesa do individualismo contra o Estado, leva-nos a um individualismo egoísta em todas as nossas relações mútuas. Nós apenas nos conhecemos, encontramos-nos ao acaso, os nossos meios de contato são raríssimos" (P. KROPOTKIN, *Le priogione*, p. 39). Conceitos análogos podem ser encontrados também em: P. KROPOTKIN, *L'anarchia è inevitabile*, Genebra, L. Bertoni editore, pp. 24-26, 1900. É exatamente o que sustenta um dos maiores criminologistas da atualidade (N. CHRISTIE, *Il business penitenziario*, Milão, Elèuthera, 1996. Sobre esse assunto, consulte também: M. FOUCAULT, *Sorvegliare e punire*, Turim, Einaudi, 1976; L. WACQUANT, *Parola d'ordine: tolleranza zero*, Milão, Feltrinelli, 2000; A. BROSSAT, *Scarcerare la società*, Milão, Elèuthera, 2003; A. OTHMANI, *La pena disumana*, Milão, Elèuthera, 2004; L. HULSMAN, J. BERNAT DE CÉLIS, *Pene perdute*, Milão, Colibrì, 2003; D, GARLAND, *La cultura del controllo*, Milão, Il Saggiatore, 2004).

[15] P. KROPOTKIN, *Le prigioni*, Turim, Grido del popolo, p. 37, 1895.

[16] P. KROPOTKIN, *Giustizia e moralità*, Buenos Aires, pp. 20-21, 1925. Consulte também sua obra: *Il mutuo appogio*, Milão, Casa editrice Sociale, 1925; Idem, *L'anarchia è inevitabile*, Genebra, pp. 17-20, 1900.

dúzia de anos sem a ajuda recíproca e sem a atividade espontânea a serviço da comunidade.[17]

Ele evidencia como os homens estão habituados, por prejulgamentos hereditários e por uma educação e instrução absolutamente falsas, a acreditar que o Estado é absolutamente inevitável e que todos os homens se lançariam em uma guerra fratricida sem o controle da autoridade, e a não observar, de outro lado, como se move e vive a sociedade, feita, de outra forma, de múltiplos e contínuos exemplos de realidade de auto-organização e de cooperações solidárias:

> E nós passamos, sem perceber, ao lado de milhares de grupos humanos que nascem livremente, sem nenhuma intervenção da lei, e que conseguem realizar as coisas infinitamente superiores àquelas que se realizam sob a tutela do governo (...). Mas, o que nos interessa, não é encontrar exemplos para imitar às cegas, e que de resto a sociedade atual não saberia fornecer-nos. Isso serve para demonstrar que apesar do individualismo autoritário que nos sufoca, há sempre junto à nossa vida uma parte muito vasta na qual não se age a não ser por um acordo livre; e isso é muito mais fácil que aquele que não pensa em realizar-se com a privação do governo.[18]

De acordo com a teoria kropotkiniana do *mutual aid*, todo o processo industrial, da mesma forma que a evolução social, é o fruto de um sentimento e de uma prática cooperativa que se mostra muito mais vantajosa do que uma luta recíproca.[19] A moral e a ética também são definidas, conseqüentemente a uma prática de cooperação, e é exatamente nesse valor que reside a melhor garantia para uma evolução positiva da nossa espécie.[20] Os pontos essenciais, as bases fundamentais nas quais formula cada um de seus raciocínios neste âmbito, são aqueles relativos a uma forte concepção otimista da natureza humana. Essa se traduz na exaltação do valor da liberdade do educando, em representar a função do educador como um elemento do qual a ação voltada a favorecer a evolução natural da criança e que joga a sua função e a sua intervenção, sobretudo, no

---

[17] P. KROPOTKIN, *Giustizia e moralità*, Buenos Aires, p. 22, 1925.
[18] KROPOTIKIN, *La conquista del pane*, pp. 117-118. Consulte também: P. KROPOTKIN, *The Place of Anarchism in Socialistic Evolution*, Londres, International Publishing Company, 1886. Para uma leitura contemporânea dessa abordagem anarquista diferente, consulte: C. WARD, *La pratica della libertà*, Milão, Elèuthera, 1996. Para uma interpretação atual desses argumentos, consulte: A. KHON, *La fine della competizione*, Milão, Baldini & Castoldi, 1999.
[19] Sobre esse tema, consulte também o interessante prefácio de Ashley Montagu, contido como apêndice ao livro de: P. KROPOTKIN, *Il mutuo appogio*, Catânia, Ed. Anarchismo, pp. 180-185, 1979.
[20] P. KROPOTKIN, *Il mutuo appogio*, Catânia, Ed. Anarchismo, pp. 275-276, 1979.

144 "A BOA EDUCAÇÃO" – EXPERIÊNCIAS LIBERTÁRIAS E TEORIAS ANARQUISTAS...

comportamento e no exemplo fortemente moral. A pedagogia de Kropotkin, partindo de um otimismo racionalista, aspira criar as condições pelas quais cada um se realize como ser moral, capaz de sair do isolamento egoísta ao qual nos obriga uma sociedade autoritária, e de irromper na vida social como uma força verdadeira que age pelo bem comum.

> Nós não hesitamos em dizer: faz aquilo que desejas, faz como achar melhor, porque nós estamos convencidos de que a imensa massa dos homens, que será pouco a pouco iluminada e despojada pelos impactos atuais, fará e agirá sempre em uma certa direção útil para a sociedade, como também estamos convencidos antecipadamente de que a criança caminhará um dia sobre dois pés e não sobre quatro patas, simplesmente porque nasceu de pais da espécie humana. Tudo que podemos fazer é dar um conselho: e, além disso, enquanto dizemos, acrescentamos: esse conselho não terá valor se tu não conheceres a ti mesmo, com a experiência e com a observação, que é bom seguir. [21]

Esses são os princípios morais que fundamentam a pedagogia do nosso autor. Mas, atenção, moralidade e não moralismo. De fato, ele especifica de maneira esclarecedora os termos de uma moral alternativa àquela do cristianismo, modificando completamente o preceito, transformando a negatividade em positividade. Escreve, relativamente a isso:

> O homem compreende sempre mais que o bem-estar do indivíduo isolado não é possível; que esse não pode buscar-se senão no bem-estar de todos, no bem-estar da raça humana. Os princípios negativos da moral religiosa: não roubar, não matar etc. são substituídos pelos princípios positivos, infinitamente mais amplos e a cada dia maiores que a moral humana. Substituem-se as proibições de uma divindade — sempre violáveis, salvo se acalmá-la mais tarde com oferendas — por esse sentimento de solidariedade com cada um e com todos, que diz ao homem: se quer ser feliz, faz a cada um e a todos aquilo que desejarias que fosse feito a ti mesmo. E essa simples afirmação, indução científica, que não tem mais nada a ver com as prescrições religiosas, abre com um só golpe um horizonte imenso de perfectibilidade, de uma melhora da raça humana.[22]

Enquanto nós, sustenta Kropotkin, proclamamos a nossa moral igualitária e anarquista, recusamos arrogar-nos o direito que os moralistas sempre pretenderam exercitar, aquele de mutilar o indivíduo em nome de um certo ideal que acreditavam ser bom.

---

[21] P. KROPOTKIN, *La morale anarchica*, Turim, Collana Libertaria, p. 33, 1960.
[22] P. KROPOTKIN, *Parole di um ribelle*, Milão, Casa editrice Sociale, pp. 49-50, 1921.

PIOTR KROPOTKIN: EDUCAÇÃO E COMUNIDADE 145

> Não reconhecemos esse direito a ninguém, nem o desejamos para nós. Reconhecemos a liberdade plena e completa do indivíduo, desejamos a plenitude de sua existência, o desenvolvimento livre de todas as suas faculdades. Não desejamos impor-lhes nada (...). Renunciamos a mutilar o indivíduo em nome de não importa qual ideal: tudo o que nós nos reservamos é exprimir francamente as nossas simpatias e antipatias por aquilo que achamos bom e mau.[23]

Kropotkin esclarece o eterno dilema autoridade/liberdade na relação individual educador/educando. Relação feita de forte tensão moral, igualitária na forma, mas com a intrínseca contradição de um possível condicionamento pouco evidente, mas não por isso isento de perigos. Ele pressupõe que, no desenvolver-se da relação educativa, seja possível não condicionar o educando, graças à escolha de campo antiautoritária do educador. Contesta, conseqüentemente, a lógica do prêmio e do castigo[24] que, segundo ele, desviaria o problema: "Quando uma criança cometeu uma falta, é cômodo puni-la: põe fim a qualquer discussão (...). Isso nos dispensa de pensar sobre a causa dos delitos." É isso o que conta, o que é verdadeiramente importante é o ensino moral, sobretudo aquele que se transmite inconscientemente na sociedade e deriva do conjunto de idéias, dos pontos de vista de cada um de nós sobre os fatos e os acontecimentos da vida cotidiana. "Mas essa força pode agir na sociedade apenas com uma condição: não ter nenhum obstáculo causado por um outro conjunto de ensinos morais derivados do uso das instituições. Nesse caso, a influência é nula, senão funesta."[25]

Não é apenas de uma moral que necessita a educação, mas também de uma ética, cujo escopo principal não é aquele de dar conselhos individuais, mas tender, antes de tudo, a explicar ao conjunto dos homens, um fim supremo, um ideal que os guie e os incite a agir instintivamente na direção desejada, melhor que qualquer outro conselho. Da mesma maneira que o escopo da educação é habituar a efetuar quase que inconscientemente numerosos raciocínios justos, o escopo da ética é aquele de "criar uma atmosfera social capaz de fazer a maioria dos homens com-

---

[23] *Ibidem*, p. 36. Veja também o que escreve em um outro opúsculo: "Os conceitos morais do homem modificam-se de acordo com a ordem social em que vive. A ordem social de um povo em uma determinada época está rigorosamente associada à moral dominante." (P. KROPOTKIN, *Giustizia e moralità*, Buenos Aires, p. 2, 1925).

[24] Kropotkin escreve com perspicácia: "Dizemos que o homem que é obrigado a fazer essa última reflexão, renunciou a esse prazer em vista de uma tal punição, não é um homem livre. Afirmamos que a humanidade pode e deve emancipar-se do medo da punição. E que essa pode constituir-se em uma sociedade anarquista, na qual o medo de uma punição e o desprazer de ser repreendido desaparecem. É em direção a esse ideal que nós marchamos" (P. KROPOTKINE, *Communisme et anarchie*, Paris, editado pelo grupo anarquista Voline, p. 12, s. d.).

[25] P. KROPOTKIN, *L'anarchia: la sua filosofia e Il suo ideale*, Ivrea, Altamurgia Ed., pp. 43 e 49, 1973.

preender, de modo absolutamente habitual, isto é, sem hesitações, os atos que conduzem ao bem-estar de todos e ao máximo de felicidade para cada um."[26] Com base na afirmação desses princípios, e ao considerá-los o fundamento do dever ser do comportamento humano, Kropotkin, não apenas teórico e pesquisador, mas também militante revolucionário, passa a criticar tudo o que, aos seus olhos, apresentava-se à prática educativa, tanto dentro da escola quanto em toda a sociedade. Ele desmistifica o trabalho que os inimigos do pensamento livre realizam quando se apoderam da infância, das suas potencialidades, por meio da educação.

> O ânimo da criança é frágil, é por isso fácil submetê-la com o erro. Eles fazem isso. Tornam-na tímida, e ainda lhe falam dos tormentos do inferno; diante de seus olhos fazem aparecer os sofrimentos da alma condenada ao inferno, a vingança de Deus implacável. Um pouco depois lhe falarão dos horrores da Revolução, explorarão uma atrocidade dos revolucionários para fazer da criança um amigo da ordem. O religioso a habituará à idéia da lei para fazê-la melhor obedecer a tudo o que chamará de lei divina, e o advogado lhe dirá sobre a lei divina para fazê-la melhor obedecer à lei dos códigos.[27]

Toda essa obra de árduo condicionamento e doutrinamento ocorre, segundo Kropotkin, de várias maneiras; insinua-se, como a gota d'água que bate na pedra, nas mentes das crianças por meio de toda a sociedade, a cada dia, a cada instante, com a intenção de incutir-lhe o próprio prejulgamento. Todas as obras literárias distribuídas para uso na escola, a imprensa, a arte, a "pseudociência", tudo isso contribui, de acordo com Kropotkin, para o único objetivo — sobretudo a partir do triunfo da burguesia com a Revolução Francesa — de formar a obediência para a Lei e para a Autoridade. "Magistratura, polícia, exército, instrução pública, finança, tudo serve ao mesmo Deus: o Capital; tudo possui o mesmo escopo: aquele de proteger e facilitar a exploração do trabalhador por parte do capitalista."[28]

---

[26] P. KROPOTKIN, *L'etica*, Catânia, Edigraf, p. 25, 1972.

[27] KROPOTKIN, *La morale anarchica*, pp. 9-10.

[28] P. KROPOTKIN, *Parole di um ribelle*, Milão, Casa Editrice Soiale, p. 226, 1921. Na mesma obra, Kropotkin ainda escreve: "Somos todos corrompidos de tal forma por uma educação que desde a infância procura reprimir em nós o espírito de independência e promover aquele de sujeição; somos de tal forma corrompidos por essa vida miserável sob a esfera da lei que regula tudo: o nosso nascimento, a nossa educação, o nosso desenvolvimento, o nosso amor, as nossas amizades que, ao final, se continuar assim, perderemos toda iniciativa, todo o hábito de raciocinar com a nossa mente!... Há milhares de anos os nossos governantes vêm repetindo continuamente, em tudo, as palavras: respeito às leis, obediência à autoridade! E nesse sentimento, o pai e a mãe educam seus filhos, e a escola o fortalece, procurando mostrar às crianças, pouco a pouco, a necessidade mediante alguns restos da ciência falsa domesticada de forma hábil, fazendo um

PIOTR KROPOTKIN: EDUCAÇÃO E COMUNIDADE   147

A infância, portanto, não desfruta de nenhum respeito "nos dias de hoje, e a criança torna-se, junto de nós, uma espécie de alimento do sistema, se não for o objeto para satisfazer paixões bestiais." Isso ocorre tanto nos locais de trabalho quanto na escola, onde se reduz o ensino "a uma invariável repetição, que não satisfaz de nenhum modo as nobres paixões e aquela necessidade de ideal que se manifestam em uma certa idade, na maior parte dos jovens."[29] Concluindo, "a educação que recebemos do Estado, na escola e fora dela, desviou de tal forma nossas mentes que a própria noção de liberdade perdeu-se e mostra-se como aquela de escravidão."[30]

Depois dessa crítica radical à sociedade e ao modo como as duas autoridades (Deus e o Estado) influenciam profundamente de modo negativo para o condicionamento da educação, Kropotkin passa a analisar a função que a instituição escolar exerce dentro desse sistema constritivo. O que tornou o ensino obrigatório na escola primária, pergunta-se Kropotkin, um fato importante, uma vez que impede muitas crianças ao trabalho desmoralizante e à hegemonia clerical? Tudo isso é incutido como um conjunto de doutrinas, feitas para assegurar os direitos do Estado sobre o cidadão; para justificar os monopólios que o Estado atribui sobre todas as classes de cidadãos; para proclamar sacrossanto o direito de o rico explorar o pobre e de enriquecer-se graças a essa pobreza; para ensinar as crianças que o castigo exercido pela sociedade é a suprema justiça, e que os conquistadores foram os maiores homens da humanidade. "Mas o quê! O ensino estatal, digno continuador daquele dos jesuítas, é o meio aperfeiçoado para eliminar todo o espírito de iniciativa e de independência, e para ensinar à criança o servilismo do pensamento e dos atos."[31] A crítica no que se refere à escola do Estado é rigorosa e sempre mais específica, não obstante o reconhecimento dos enormes passos adiante que foram dados. Mas é necessário desmascarar a natureza mais profunda, segundo Kropotkin, da função que o Estado exerce por meio da própria escola. A filosofia do Estado educador declama assim:

> Para aliviar os vossos cuidados, proibir-vos-emos até mesmo de ocupar-vos vós próprios da educação. Redigiremos os programas, que não admitem crítica, sem dúvida! Em primeiro lugar, habituaremos as nossas crianças ao estudo das línguas mortas e das virtudes da lei romana. Isso as tornará dóceis e submissas. Em seguida,

---

culto da obediência às leis, unindo Deus e a lei dos patrões em uma única e idêntica divindade. O herói da história que ela fabrica é aquele que obedece à lei, aquele que a defende contra os rebeldes." (pp. 210-211).

[29] *Ibidem*, pp. 50-51.

[30] KROPOTKIN, *Lo Stato e il suo ruolo storico*, p. 67.

[31] P. KROPOTKIN, *La scienza moderna e l'anarchia*, Genebra, p. 154, 1913.

para excluir delas toda a veleidade de revolta, ensinar-lhes-emos as virtudes do Estado e do governo, e o desprezo dos governantes (...). Toda educação terá como objetivo fazer desenvolver em nossos jovens a idéia de que fora do Estado-Providência não há salvação.[32]

Essa é a crítica aos conteúdos que a escola difunde por meio do ensino e da formação.

Kropotkin, ao examinar o papel da educação estatal, depara-se com um dilema clássico do anarquismo: se ele considerásse positiva, todavia, a evolução dos sistemas educativos que superam o ensino clerical a favor de um laico, substancialmente renegaria o postulado teórico fundamental da filosofia anarquista. Se, ao contrário, ele sustenta *tout court*, o papel, todavia, negativo do Estado, mesmo quando esse satisfaz, mesmo que parcialmente, as exigências reais do progresso e de mudança, corre o risco de ser absorvido na crítica (*pars destruens*) às forças mais conservadoras da época, que, contudo, defendem a não ingerência do Estado na educação, a favor de uma formação sujeita aos potenciais locais e à Igreja. Ele procura superar esse dilema, essa dicotomia de duas maneiras: criticando e assegurando, de um lado, a análise sobre os métodos de ensino usados nas escolas e, de outro, expondo uma dimensão organizativa diferente do sistema educativo (dever ser da educação). Essa utopia encontra nessa época um acalorado debate no movimento anarquista feito por intervenções, ensaios, artigos, mas também por iniciativas concretas que, ainda que limitadas, estão de qualquer forma aí para testemunhar, segundo os anarquistas, a validade de sua organização.[33]

A crítica dos métodos e dos programas torna-se um modo exemplar de tocar no ponto fraco das problemáticas cotidianas que os pais, alunos, professores, devem enfrentar. Kropotkin faz tudo isso com uma perspicácia e uma indiscutível inteligência. Ele ainda escreve que quem observa com um olhar inteligente, percebe que a criança considerada preguiçosa e indolente na escola, é freqüentemente aquela que compreende mal tudo aquilo que lhe é ensinado mal. Uma sociedade livre, antes de qualquer ação coerciva e repressora, devota-se em buscar as causas verdadeiras e profundas dos insucessos educativos e, sobretudo, colocar em ação

---

[32] *Ibidem*, p. 179.

[33] No que se refere aos princípios e às experiências da pedagogia libertária na Europa e na Itália, consulte: TOMASI, *Ideologie libertarie e formazione umana*, Florença, La Nuova Italia, 1973; RIGGIO, *Educazione libertaria*; J.-M. RAYNAUD, G. AMBAUVES, *L'éducation libertaire*, Paris, Spartacus, 1978; SMITH, *Educare per la libertà*; SPRING, *L'educazione libertaria*, Milão, Antistato, 1981. No que se refere ao debate italiano, consulte: F. CODELLO, "Scuola laica e scuola libera in alcuni periodici anarchici dall'età giolittiana", In: *Bollettino CIRSE*, a. III, n. 6, Parma, 1983; Idem, *Educazione e Anarchismo*.

PIOTR KROPOTKIN: EDUCAÇÃO E COMUNIDADE

um método completamente diferente, que parta sempre das coisas concretas e da observação da natureza, para construir toda forma de saber e de instrução. Além disso, ele demonstra uma sensibilidade, incomum para a época, a propósito da necessidade de fundamentar o conhecimento sobre as bases concretas e realmente experimentais. Aos jovens é necessário ensinar "a geometria ao ar livre, e não nos livros, medindo com eles as distâncias até os objetos próximos; aprenderão as ciências naturais colhendo as flores e pescando no mar, a física, fabricando o barco sobre o qual irão pescar. Mas, por favor, não encham as suas mentes com frases e línguas mortas. Não os torne indolente."[34] Além disso, Kropotkin teoriza com convicção a importância da aprendizagem cooperativa e da aquisição livre de um método autônomo de estudo e de pesquisa, antecipando, sem dúvida, as modernas teorias pedagógicas relacionadas.[35] E continua mais adiante:

> Não percebeis que com os vossos métodos de ensino, elaborados por um ministro para oito milhões de capacidades diferentes, vós não fazeis nada além de impor um sistema bom para a mediocridade, imaginado por uma média de mediocridade? A vossa escola torna-se uma universidade da preguiça, da mesma forma que a vossa prisão é uma universidade do delito! Deixai, portanto, a escola livre, desconsiderai vossos graus universitários, apelai aos voluntários do ensino, começai daqui em vez de promulgar leis contra a indolência, leis que apenas a tornará mais sólida.[36]

É necessário ter, ao contrário, o máximo respeito possível e exaltar as inclinações individuais dando ao educador, à sua arte de educar, o papel daquele que se preocupa não em maximizar, mas sim em fazer manifestar-se as diferenças das inclinações individuais.

> O tal jovem preguiçoso para o latim e para o grego trabalharia arduamente se fosse iniciado nas ciências, sobretudo, por meio do trabalho manual. A tal jovem considerada ignorante nos temas da matemática tornar-se-ia a primeira matemática de sua classe se fosse capaz de encontrar em alguém, por acaso, a capacidade de explicar-lhe de forma eficaz tudo aquilo que ela não compreendia nos elementos da matemática.[37]

O aumento substancial dos estudantes e a expansão vertiginosa dos conhecimentos exigem novos procedimentos didáticos capazes de eliminar, ou ao menos

---

[34] KROPOTKIN, *La conquista del pane*, p. 149.
[35] *Ibidem*, p. 150.
[36] *Ibidem*, p. 150.
[37] *Ibidem*, p. 148.

150   "A BOA EDUCAÇÃO" – EXPERIÊNCIAS LIBERTÁRIAS E TEORIAS ANARQUISTAS...

conter, um enorme desperdício de tempo e de energia que, infelizmente, caracteriza a instituição escolar. Kropotkin sugere, para isso, o método cíclico por meio do qual as mesmas cognições são apresentadas em graus sucessivos de idade e de escola, com diversas formas de aprofundamento, adaptadas às várias fases do desenvolvimento humano:

> Para a primeira fase, com exceção da sociologia, poder-se-ia dar uma idéia geral do Universo, da Terra e de seus habitantes, dos principais fenômenos físicos, químicos, botânicos; mas somente nos ciclos seguintes de estudos, mais profundos e mais especializados, a criança descobriria ou, mais precisamente, aprenderia, as leis daqueles fenômenos.[38]

Dessa forma, em síntese, o caráter unitário da aprendizagem, a permeação entre as disciplinas humanas e científicas deve constituir um importante ponto essencial da pedagogia e da didática. De fato, de um lado, o ensino da literatura "pode dar uma unidade às diversas disciplinas históricas e humanas graças a uma larga visão filosófica e humana, como também despertar, na mente dos jovens, ideais e aspirações nobres", por outro lado, o ensino das ciências naturais esclarece o próprio problema no âmbito das disciplinas científicas. A filosofia e a poesia da natureza, afirma Kropotkin, os métodos seguidos das diversas ciências exatas de uma concepção elevada da vida da natureza deveriam fazer parte do projeto formativo.[39] São esses os principais raciocínios feitos por Kropotkin sobre o problema das metodologias didáticas. A dimensão projetística, aquela relativa ao dever ser de uma escola e de uma educação completamente nova, depreende-se, por exemplo, quando nosso autor, julgando a obra pedagógica de Lev Tolstoi, exalta seus princípios inspiradores. A escola de "Iasnaia Poliana" é "uma obra de caráter absolutamente independente, isto é, embasada nos princípios puramente anarquistas, totalmente livre dos métodos artificiais de educação que eram elaborados pelos pedagogos alemães e eram, até então, muito admirados na Rússia. Não havia nenhuma espécie de disciplina em sua realidade escolar. Em vez de elaborar alguns programas de acordo com aquilo que os jovens deveriam ser educados, o mestre, dizia Tolstoi, deve aprender com os próprios jovens o que deve ser ensinado a eles e deve adaptar o seu método de ensino às tendências e capacidades individuais de cada um. Tolstoi aplicou esse sistema com seus estudantes e obteve resultados excelentes."[40]

---

[38] P. KROPOTKIN, *Lavoro intellettuale e lavoro manuale*, Milão, Casa Editrice Sociale, p. 32, 1923.
[39] KROPOTKIN, *Memorie di um riviluzionario*, p. 64.
[40] P. KROPOTKIN, *La letteratura russa*, Catania, Ed. Anarchismo, p. 87, 1975.

2. A alternativa

De qualquer forma, a grande atualidade do pensamento pedagógico kropotkiniano consiste em dois temas que são abordados de maneira original e inovadora: a relação entre educação e divisão do trabalho e a dimensão estética da própria educação. A instrução integral não é nada mais que a síntese de proposta dos dois problemas demonstrados acima. Kropotkin escreve:

> O trabalho repugnante e insalubre deverá desaparecer; porque é evidente que nessas condições ele é nocivo a toda sociedade.[41] Além disso, a divisão do trabalho é o homem rotulado; estampado por toda a vida como amarrador de nós em uma manufatura, como vigilante em uma indústria, como empurrador de carrinhos em um certo lugar da mina, mas que não possui nenhuma idéia do conjunto da máquina, nem da indústria, nem das minas, e que por isso perde o próprio gosto pelo trabalho e pelas capacidades de invenção que, no início da indústria moderna, criaram a instrumentação da qual nos agrada tanto sermos orgulhosos.[42]

Ao abordar o problema da divisão social do trabalho, ele se insere perfeitamente na tradição clássica do anarquismo, e diferencia-se daquela marxista de maneira visível.[43] Mas agrega a isso um nexo com a oposição educativa e a

---

[41] KROPOTKIN, *La conquista del pane*, p. 110. Escreve ainda: "O bem-estar, isto é, a satisfação das necessidades físicas, artísticas e morais e a segurança dessa satisfação sempre foram o mais potente estímulo para o trabalho... Portanto, uma sociedade que almejará o bem-estar de todos e a possibilidade para todos de desfrutar a vida em todas as manifestações, fornecerá um trabalho voluntário infinitamente superior e do mesmo modo considerável que a produção obtida atualmente sob o estímulo da escravidão, da servidão e do salário... É exatamente para colocar fim a essa separação entre trabalho do pensamento e trabalho manual, que desejamos abolir o trabalho assalariado, que desejamos a Revolução social. Então, o trabalho não se apresentará mais como uma maldição do destino: tornar-se-á aquilo que deve ser: o livre exercício de todas as faculdades do homem." (*Ibidem*, pp. 137-139).

[42] *Ibidem*, p. 176.

[43] A respeito da divisão do trabalho, marxismo e anarquismo apresentam-se com duas abordagens diferentes. Enquanto em Marx tal divisão é considerada como divisão capitalista do trabalho, os autores anarquistas preferem considerar essa dicotomia como uma constante da exploração do homem sobre o homem. Intencionalmente se fala de divisão hierárquica do trabalho. N. BERTI, "L'anarchismo: nella storia ma contro la storia", In: *Interrogations*, n. 2, Paris, março de 1975; Idem, "Anticipazione anarchique sui nuovi padroni", In: *Interrogations*, n. 6, Paris, março de 1976; R. GUIDUCCI, "Autogestione e dividione del lavoro", In: *Interrogations*, n. 17-18, Milão, junho de 1979. A respeito do trabalho, Kropotkin, então, coloca em evidência como não é suficiente reduzir o número das horas trabalhadas (tese socialista) se não for modificada a natureza do próprio trabalho, se for desejada uma emancipação real, completa e integral que permita a manifestação dos potenciais humanos. Escreve sobre isso: "Assim, vemos numerosos socialistas — propriamente aqueles que não têm medo de tomá-la com os erros da ciência — respeitarem o princípio da divisão

divisão entre cidade e campo. Ele compreende a intersecção social, geográfica e pedagógica que se revela quando se tenta ler a divisão hierárquica do trabalho como constante histórica da exploração do homem sobre o homem.

Kropotkin, em seu raciocínio, parte da convicção de que a educação é o resultado de uma série de condicionamentos ambientais e que, portanto, potencialmente todos podem obter resultados satisfatórios, mesmo que com gostos e talentos diferentes. Dessa forma, não existem apenas as condições econômicas e sociais que determinam as diversas oportunidades formativas para cada indivíduo, mas também uma diferente procedência geográfica contribui para definir as desigualdades. Em outras palavras, indivíduos pertencentes a uma determinada classe social podem acabar sendo penalizados em relação a outros que estejam inseridos em um específico contexto geográfico, mais pobre de estímulos e de oportunidades.

Essa concepção "geoambientalista", conforme é destacada na obra de Kropotkin, apresenta, sem dúvida, alguns pontos frágeis se interpretada de forma esquemática, mas não devemos esquecer que ele pode ser definido mais como um sociólogo da educação, que um verdadeiro pedagogo. A sua concepção otimista da natureza humana leva-o a considerar como coercivas todas as formas de pedagogias existentes e a negar qualquer valor às concepções pedagógicas fundamentadas em qualquer relação autoritária e hierárquica. Essa crítica negativa não exclui, entretanto, a necessidade de fundamentar uma nova ética capaz de despertar o entusiasmo doando aos homens a força necessária para aprovar, na vida real, tudo o que pode conciliar a energia individual com o trabalho para o bem de todos.[44] Não obstante "a vida da sociedade ser organizada de modo a sufocar esses sentimentos com milhares de artifícios, o sentido da solidariedade é freqüentemente proveitoso."[45] É a isso que a educação deve apelar para ser um instrumento de renovação da sociedade. O objetivo é, naturalmente, a construção de uma sociedade libertária, que se revela como uma abordagem sociológica de modelo empírico e positivista, da qual Kropotkin é amiúde condicionado de maneira excessivamente considerável. Escreve, de fato, na obra *A ciência moderna e a anarquia* que "a anarquia representa uma tentativa de aplicar as generalizações, obtidas com método

---

do trabalho. Falai-lhes da organização da sociedade durante a Revolução e eles respondem que a divisão do trabalho deve ser mantida; que se vós fizerdes pontas de alfinetes antes da Revolução, o farão também depois. Portanto, trabalharíeis apenas cinco horas fazendo pontas de alfinete! Mas continuamente fazendo pontas de alfinete toda a vossa vida, enquanto os outros farão projetos de máquinas que permitem aplicar, durante a vossa vida, milhares de alfinetes, e outros ainda se especializarão nas outras funções do trabalho literário, científico, artístico etc." (KROPOTKIN, *La conquista del pane*, p. 173).

[44] KROPOTKIN, *L'etica*, p. 22.

[45] P. KROPOTIKIN, *Il mutuo appogio*, Bolonha, Libreria Internazionale d'Avanguardia, p. 219, 1950.

PIOTR KROPOTKIN: EDUCAÇÃO E COMUNIDADE   153

indutivo-dedutivo das ciências naturais, às apreciações das instituições humanas."[46]

O pensamento de nosso autor, portanto, partindo de uma crítica à sociedade autoritária e capitalista da época e às suas principais instituições (como a escola), tende a indicar uma forma societária libertária alternativa, concebida como inevitável (determinismo kropotkiniano?), mas também necessária para permitir a cada indivíduo exprimir as suas potencialidades originárias e originais. É uma alternativa que já existe, como semente sob a neve, que sobrevive com tenacidade ao autoritarismo e à exploração que impera. O anarquismo não se configura mais como a construção de algo totalmente diferente, mas, antes, como a definitiva afirmação e explicitação de tudo o que é natural ao homem e à sociedade, que deve apenas tornar-se sistema superando o espaço exíguo da marginalidade[47]. Tudo isso é explicitado por uma clara afirmação do próprio Kropotkin:

> Os escritores anarquistas consideram, além disso, que a sua concepção não é uma utopia, construída sobre um método *a priori*, depois que algumas aspirações foram consideradas postulados. Derivou, sustentam eles, de uma análise das tendências que já estão em ação[48].

Paralelamente à divisão que o nascimento do Estado produziu entre dominados e dominantes, a divisão hierárquica do trabalho entre manual e intelectual constitui uma outra das constantes da exploração e da opressão do homem sobre o homem. A instrução integral é o instrumento indispensável para sair dessa reprodução invariável e constante de diferença e formação de classes.[49]

> Antigamente, os cientistas, e sobretudo aqueles que contribuíram principalmente para o desenvolvimento das ciências naturais, não desprezavam o trabalho e as atividades manuais. Galileu construiu pessoalmente para si os telescópios (...). Nós mudamos tudo. Com o pretexto da divisão do trabalho, separamos claramente o trabalho manual do trabalho intelectual.[50]

---

[46] KROPOTKIN, *La scienza moderna e l'anarchia*, p. 142.

[47] Sobre essa visão do anarquismo e da interpretação do pensamento de Kropotkin, consulte: WARD, *La pratica della libertà*; CODELLO, *Un anarchismo a-storico*.

[48] P. KROPOTKIN, "Anarchism", In: *The Encyclopaedia Britannica*, Londres, 1910.

[49] Recorda-se que Kropotkin define as classes e especifica a formação dessas não apenas no que se refere ao conceito de propriedade, mas também àquele de poder. Esse esquema é aplicado pelo nosso autor na análise histórica da Revolução Francesa, na qual se manifestariam três classes distintas: a classe no poder, classe oprimida, classe em ascensão ao poder. (KROPOTKIN, *La grande rivoluzione*, Genebra, Il Risveglio, 1911).

[50] P. KROPOTKIN, *Campi, Fabbriche, Officine*, Anstistato, Milão, pp. 195-196, 1975. Objetivo a se perseguir, escreve Kropotkin em um outro trabalho, é "o ensino integral, o ensino que por meio do

A instrução integral, ou seja, aquela que permite a manifestação de todas as potencialidades humanas, sejam essas manuais ou intelectuais, é propedêutica à abolição da divisão hierárquica do trabalho e, portanto, instrumento indispensável para promover a emancipação humana. Ela se torna, no discurso de Kropotkin, meio coerente com objetivo a ser perseguido. Mas o projeto pedagógico de Kropotkin não prevê como solução para essa dicotomia uma integração do trabalho em nível horizontal, e sim em nível vertical, isto é, no âmbito de um mesmo setor profissional. O nosso autor apresenta o problema de uma formação completa, que não negligencie os conhecimentos técnicos e o profissionalismo. Nenhuma formação completa e científica pode ser distinta de uma aplicação técnica. Dessa forma, ciência e tecnologia são momentos complementares de um único processo de instrução integral. Kropotkin escreve:

> Afirmamos que, no interesse da ciência e da indústria, como também da sociedade em sua complexidade, cada ser humano, sem distinção de nascimento, deveria receber uma instrução tal que lhe permitisse unir uma profunda preparação científica a uma profunda preparação profissional. Reconhecemos certamente a necessidade de uma preparação especializada, mas sustentamos também que a especialização venha depois da instrução geral, e que a instrução geral deva compreender tanto a ciência quanto o ofício. À divisão da sociedade entre trabalhadores intelectuais e trabalhadores manuais contrapomos a união de ambos os tipos de atividade; e, em vez de sermos pelo ensino profissional, que subentende a manutenção da atual divisão entre o trabalho intelectual e trabalho manual, somos pela *éducation intégrale* ou instrução completa, que implica o desaparecimento de tal distinção nociva.[51]

Essa formulação, que almeja destacar o papel e a importância do ensino científico, é coerente com o pensamento geral de Kropotkin e corresponde à cultura mais avançada daquele tempo. De acordo com o revolucionário-cientista, as ciências progrediram imensamente no decorrer dos anos, mas o ensino dessas ciências não seguiu o mesmo desenvolvimento. Deve-se igualá-los, de um lado, porque a instituição não é obstáculo ao desenvolvimento livre do indivíduo, de outro, porque

---

exercício da mão sobre a madeira, sobre a pedra, sobre os metais comunica-se com a mente e ajuda-a no desenvolvimento... Dever-se-á chegar à integração do trabalho manual com aquele mental." (P. KROPOTKIN, "La scuola odierna e la futura", In: *L'Università Popolare*, a. XII, n. 17-18, Milão, 1-5 de setembro de 1912).

[51] P. KROPOTKIN, *Campi, Fabbriche, Officine*, Anstistato, Milão, pp. 198-199, 1975. Escreve ainda: "É necessário sempre considerar o problema da instrução de modo geral, em vez de fazer com que (o aluno) adquira grande habilidade em um ofício qualquer, concomitantemente a poucas e vagas noções de ciência." (KROPOTKIN, *Lavoro intellettuale e lavoro manuale*, p. 24).

o ciclo da instrução necessária a esse momento foi de tal forma aumentado que é necessário elaborar alguns métodos que permitam a economia das forças e do tempo necessários para se atingir hoje: "Não deveria permanecer um único ser humano ao qual o saber, não o meio saber artificial, mas o verdadeiro saber, devesse ser recusado por falta de tempo."[52] E Kropotkin testemunha pessoalmente, em sua autobiografia, que a aprendizagem científica constitui um momento de forte satisfação pessoal e, ao mesmo tempo, destaca a necessidade de que o ensino englobe também, e para todos, essa dimensão tão precursora de riqueza intelectual.[53]

3. Um processo em transformação contínua

Mas a condição indispensável para realizar esse inovador programa educativo e didático é mudar a escola e "criar, pouco a pouco, novos programas de todas as ciências, concretos, no lugar dos programas metafísicos atuais; sociais no lugar de individualistas; e programas populares feitos do ponto de vista do povo, em vez do ponto de vista das classes ricas, ponto de vista que domina toda a ciência atual, especialmente nos livros do Estado.[54] No projeto kropotkiniano a educação é, portanto, um processo em contínua transformação, bem fixado na realidade socioeconômica, que recusa uma metodologia que não seja rigorosamente científica (método indutivo-dedutivo), isto é, mnemônica e exclusivamente verbalista.[55]

---

[52] P. KROPOTKIN, "Lettera a Francisco Ferrer", In: *L'Università Popolare*, a. VIII, n. 12-13, Milão, 15 de junho a 15 de julho de 1908.

[53] Kropotkin escreve: "Quem em sua vida provou uma vez essa alegria da criação científica não a esquecerá jamais e desejará sempre renová-la; e não poderá além de lamentar que essa alegria seja reservada a tão poucos, enquanto tantos poderiam prová-la, de forma maior ou menor, se o método científico e o tempo necessário não fossem privilégios de poucos homens." (KROPOTKIN, *Memorie di um rivoluzionario*, p. 168).

[54] P. KROPOTKIN, "La Scuola. Che cos'è, che cosa dovrebbe essere", In: *Il Pensiero*, a. VII, n. 17, Roma, 1 de setembro de 1909. Sobre esse assunto é interessante também o estilo e o conteúdo de um de seus escritos (Idem, *Ai giovani*, Roma, Ed. Fede, s. d.) que é uma verdadeira exortação voltada aos jovens para que eles pensem em seu trabalho, em seus estudos, em termos problematizantes, para que se interroguem sobre as implicações sociais do próprio trabalho, perguntem-se qual uso político pode ser feito de sua ciência.

[55] Kropotkin escreve: "Iniciando os alunos a aprenderem sem provas práticas, a fiar-se ao livro, à autoridade, sufocamos em sua origem cada pensamento independente deles e, apenas muito raramente, conseguimos fazê-los aprender de fato aquilo que ensinamos. A superficialidade, o psitacismo, o servilismo e a preguiça intelectual são os resultados do nosso método de instrução. Nós não incutimos em nossas crianças nem mesmo a arte de aprender." (KROPOTKIN, *Lavoro intellettuale e lavoro manuale*, p. 23).

Um processo fundamentado sobre a abolição de toda a hierarquia, de toda divisão artificial que ocorra em detrimento do sentimento de solidariedade e da colaboração humana. A criação de apropriados "laboratórios-oficinas" estreitamente coligados com as escolas e as indústrias é uma condição indispensável para que o projeto da instrução integral progrida de modo a recompor a ruptura entre teoria e prática.

> Ciência e indústria, saber e aplicação, descoberta e realização prática conduzem a novas descobertas; trabalho intelectual e trabalho manual, pensamento e trabalho braçal, tudo se domina. Toda descoberta, todo progresso, todo aumento de riqueza da humanidade possui a sua origem no conjunto do trabalho manual e intelectual do passado e do presente.[56]

Ao destacar esses conceitos, Kropotkin revela a sua formação iluminista, tanto que a educação é considerada implicitamente como meio-fim indispensável para a evolução progressiva e reformadora da sociedade. Não pode deixar de transparecer também, pela leitura de sua obra, uma certa concepção determinista da evolução histórica e uma conseqüente fé totalmente educacionista da transformação social. Contudo, não escapa a Kropotkin que a instrução pode se tornar sim um veículo de descondicionamento, mas que tal opção não pode ser convincente se não for inserida em uma leitura sociológica da realidade, que considere que o esquema de desigualdade revelado na divisão entre trabalho manual e intelectual, deve ser combinado com uma outra forma de divisão, aquela entre cidade e campo, entre centro e periferia.[57]

Do conjunto dessas análises sociológicas emerge, em Kropotkin, a consciência da complexidade do momento educativo, e são evidenciadas as ligações entre instrução e ambiente sociogeográfico. Além disso, apenas uma instrução integral é capaz de fazer irromper o "mercado dos talentos" e permite a toda a sociedade valer-se desses para seu progresso científico, artístico, literário etc. Um conhecimento geral permitirá a todos desenvolverem os próprios gostos e os próprios talentos. Uma sociedade fundamentada apenas na igualdade econômica (sociedade comunista), sustenta Kropotkin, negligencia o fato de que todos possam ter acesso aos mais diversos interesses, sejam eles artísticos ou de outra natureza. É necessário evitar que se elimine, "na educação, tudo aquilo que pode desenvolver a individualidade." A sociedade anarquista evitará cometer esse terrível erro "desde que compreenda e procure satisfazer todas as manifestações do espírito humano, ao mesmo tempo em que assegure a produção de tudo aquilo que é necessário para a vida material."[58]

---

[56] KROPOTKIN, *La conquista del pane*, p. 7.
[57] KROPOTKIN, *Campi, Fabbriche, Officine*.
[58] KROPOTKIN, *La conquista del pane*, p. 95.

PIOTR KROPOTKIN: EDUCAÇÃO E COMUNIDADE

157

O problema do acesso de todos ao saber, segundo os interesses e as potencialidades de cada um, é apresentado por Kropotkin de modo claro. As horas de trabalho deverão ser reduzidas de tal modo que cada indivíduo, associando-se aos outros, tenha a possibilidade de proporsionar-se "tudo aquilo que lhe agrade, extrínseco àquilo necessário, assegurado a todos (...). Surgirão milhares de sociedades, correspondentes a todos os gostos e a todas as fantasias possíveis."[59] Kropotkin introduz, portanto, o conceito de educação permanente e recorrente:

> O principal escopo da escola não é transformar o principiante em um especialista, mas oferecer-lhe uma preparação e bons métodos de trabalho, e, sobretudo, incutir-lhe aquela inspiração geral que o incite mais tarde, em qualquer coisa que faça, a uma busca sincera da verdade e a amar tudo aquilo que é belo, seja na forma ou no conteúdo, a sentir a necessidade de tornar-se útil entre todos os outros homens, e de levar, assim, seu coração em pelo acordo com o resto da humanidade.[60]

Isso não é apenas desejável, mas se torna necessário por causa do grande desperdício de energia humana que uma sociedade estruturada de modo autoritário consome.[61]

De um lado, temos homens dotados de capacidades criativas, mas privados seja da necessária preparação científica, seja dos meios de ação para uma experimentação que dure longos anos; de outro, temos homens preparados e capazes de experimentação, mas privados de espírito criativo por causa de sua instrução muito abstrata, muito escolar, muito livresca, e também por causa do ambiente no qual vivem.[62] A metodologia não é nada mais que um fim em movimento, e, no pensamento kropotkiniano, tudo isso é destacado e evidenciado de modo claro. Dessa forma, torna-se indispensável a "vivência", a experiência, para poder fundamentar uma educação compartilhada e problematizante.

---

[59] *Ibidem*, p. 96.

[60] KROPOTKIN, *Campi, Fabbriche, Officine*.

[61] Kropotkin escreve: "Hoje, graças ao extraordinário progresso do século XX, podemos produzir tudo, tudo aquilo que é necessário para assegurar o bem-estar de todos. E podemos dar a todos a felicidade do verdadeiro saber. Mas para isso é necessário reformar os métodos de ensino. Em nossa escola atual, formada para realizar a aristocracia do saber, e dirigida até agora por essa aristocracia, sob a supervigilância dos padres, a perda de tempo é gigantesca, absurda... Mas serão obrigados a chegar ao ensino integral: o ensino que com o exercício das mãos sobre a madeira, sobre o mármore, sobre os metais, comunica-se com a mente e a ajuda a desenvolver-se... Dever-se-á chegar à integração do trabalho manual com trabalho mental." (KROPOTKIN, *Lettera a Francisco Ferrer*).

[62] KROPOTKIN, *Compi, Fabbriche, Officine*, p. 212. Consulte também: P. KROPOTKINE, *L'esprit de révolte*, Paris, Les Temps Nouveaux, 1914.

158   "A BOA EDUCAÇÃO" – EXPERIÊNCIAS LIBERTÁRIAS E TEORIAS ANARQUISTAS...

> Como o historiador e o sociólogo compreenderiam melhor a humanidade se a conhecessem não apenas pelos livros, não apenas por um exíguo número de seus representantes, mas em sua complexidade, em sua vida, em seu trabalho, em suas atividades cotidianas (...). E como o poeta sentiria melhor as belezas da natureza; como conheceria melhor o coração humano, se tivesse a oportunidade de observar o nascer do sol entre os camponeses, ou de lutar contra a tempestade entre os marinheiros a bordo de um navio; se conhecesse a poesia do trabalho e do repouso, da dor e da alegria, da luta e da conquista![63]

Além de uma certa postura superficialmente considerada simplista, resta o fato da grande intuição acerca da importância que a motivação e a experiência possuem na educação. Como não compreender a extraordinária capacidade inovadora e a extrema atualidade, a respeito das metodologias didáticas quando ele escreve:

> Obrigando os nossos filhos a estudarem coisas reais sobre simples representações gráficas, em vez de fazer com que eles façam diretamente, constringimolhes a desperdiçar um tempo precioso; ocupamos as suas mentes de forma inútil; habituamo-lhes aos piores métodos de aprendizagem; eliminamos, no nascimento, a independência do pensamento; e muito raramente conseguimos oferecer-lhes uma idéia concreta daquilo que ensinamos. Superficialidade, repetição mecânica, escravidão e inércia mental: eis os resultados do nosso método de ensino. Nós não ensinamos as nossas crianças a aprender.[64]

A instrução integral é o elemento relevante, a hipótese pedagógica de Kropotkin, e a sua proposta de abolição da divisão social e hierárquica do trabalho encontra complemento na tese de fundamentar uma sociedade que permita um maior tempo livre "para dedicar à arte, à ciência ou a qualquer outra ocupação preferida."[65]

A dimensão estética da educação é, nos escritos de Kropotkin, somente assinalada e intuída de modo velado.[66] Mas permanece, contudo, considerável apostar em um futuro no qual o desenvolvimento das potencialidades humanas encontre

---

[63] *Ibidem*, pp. 213-214.

[64] *Ibidem*, pp. 202-203.

[65] *Ibidem*, p. 214.

[66] Mesmo se apenas vagamente o tema da educação estética e do eudemonismo são, de qualquer modo, considerados um importante ponto de chegada e um objetivo a se perseguir no interior do projeto mais geral de mudança social: "Bastaria voltar a educação ao estudo das necessidades do homem e dos meios de satisfazê-los, para que, em quinze anos, uma sociedade civil fosse capaz de produzir os objetos de primeira necessidade em tão grandes quantidades para dever-se limitar depois a produção, para conceder ainda mais tempo à satisfação das necessidades de natureza superior: a arte, a ciência, o deleite." (KROPOTKIN, *I tempi nuovi*, p. 27). Para uma interpretação contemporânea no sistema anárquico de seu pensamento, consulte: H. READ, *Educare com l'arte*, Milão, Comunità, 1976; Idem, *A One-Man Manifesto*, Londres, Freedom Press, 1994.

PIOTR KROPOTKIN: EDUCAÇÃO E COMUNIDADE

159

enfim possibilidade de expandir-se livremente, também nas formas e nas sensibilidades típicas da arte. Kropotkin escreve:

> Talvez haja um prazer estético mais elevado que aquele oferecido pela leitura da poesia em uma língua que não se entende perfeitamente? Tudo é encoberto por uma leve névoa que se adapta admiravelmente à poesia. Palavras que, com seu sentido comum para quem conhece completamente a língua, prejudicam, algumas vezes, a imagem poética que devem evocar, conservam apenas o seu sentido mais elevado e profundo, enquanto a música do verso exprime-se também mais profundamente nos ouvidos.[67]

O "reino da liberdade" é, no pensamento de Kropotkin, aquele no qual o tempo humano é o mais possível empenhado na atividade artística e na pesquisa científica. A arte não é apenas uma expressão de formas e conteúdos existentes, mas é também a antecipação de novas realidades, de possíveis formas libertárias de associação e comportamento humano.[68] A dimensão estética da educação consiste em um processo evolutivo que, exatamente porque está centrado em uma estrutura estética, permite ocorrer a mudança.[69] A arte é, em suma, a máxima expressão da mudança e de uma ética fundamentada na incerteza, mais do que em certezas definidas e absolutas. Para Kropotkin, a educação estética é um meio que já contém em si o fim de uma "sociedade aberta." Mas para que a utopia torne-se realidade é necessária uma sociedade livre, na qual sejam completamente

> garantidas a livre pesquisa nos novos campos da arte do saber, a livre criação e o livre desenvolvimento individual. E uma sociedade como essa não conheceria miséria no âmago da abundância; ignoraria a dualidade de consciência que permeia a nossa vida e paralisa todo nobre esforço; e voaria livremente em direção às mais altas regiões do progresso compatíveis com a natureza humana.[70]

---

[67] KROPOTKIN, *Memorie di um rivoluzionario*, p. 63.

[68] "Mas a pura grande arte, que, não obstante a sua profundidade e o seu papel sublime, penetrará na cabana de qualquer camponês e preencherá cada um com a mais alta concepção do pensamento e da vida, essa é a arte que se espera." (KROPOTKIN, *La literattura russa*, p. 20).

[69] A revolução serve para libertar os homens do domínio do Estado e do Capital. "Mas, além disso, nós esperamos uma outra coisa da revolução. Vemos que o trabalhador, obrigado a lutar pesadamente para viver é reduzido a não poder mais provar os sublimes prazeres, os mais sublimes que sejam acessíveis ao homem, da ciência e, sobretudo, da descoberta científica; da arte, e da criação artística. E a revolução deve garantir a cada um o pão de cada dia, precisamente, para assegurar esses prazeres a todos, que são reservados hoje a um pequeno número de privilegiados; para assegurar a todos o tempo disponível e a possibilidade de desenvolver as próprias capacidades intelectuais. O divertimento depois do pão, esse é o escopo supremo." (KROPOTKIN, *La conquista del pane*, pp. 93-94.)

[70] KROPOTIKIN, *Campi, Fabbriche, Officine*, pp. 215-215.

Essas características, ainda que expressadas algumas vezes de modo fragmentado e desestruturado, colocam Kropotkin e a sua pedagogia ao longo de uma linha avançada do pensamento ocidental e extremamente atual. Realmente, é sempre destacado o aspecto dinâmico, aberto, recorrente e permanente da educação que se torna, deste modo, um instrumento indispensável para a mudança humana.

Concluindo, recordamos alguns trechos de um apelo dirigido aos jovens, que resume bem o entusiasmo, a confiança na possibilidade de mudar uma situação opressora:

> Vós todos que possuís algumas cognições e talento, se possuís coração, vinde, vós e vossos companheiros, colocar-vos a serviço daqueles que mais têm necessidades. E sabei que se vierdes, não será como mestres, mas como companheiros de luta; não para governar, mas para inspirar-vos em um ambiente novo que caminha em direção à conquista do futuro, não para ensinar, mas para compreender as aspirações das massas, para prevê-las, para formulá-las, e depois trabalhar continuamente sem descanso, e com todo o entusiasmo da juventude para introduzi-las na vida; sabei que, então, mas somente então, vivereis uma vida perfeita, uma vida racional.[71]

---

[71] KROPOTKIN, *Parole di un ribelle*, p. 88. Consulte também o artigo: Idem, "Servitude ou liberté?", In: *Les Temps Nouveaux*, Paris, n. 39, Janvier 1900.

7. A PRIMEIRA INTERNACIONAL
E A COMUNA DE PARIS

1. A Internacional

A história da Associação Internacional dos Trabalhadores (Primeira Internacional)[1] contém todos os elementos do debate político do movimento revolucionário, tanto de tática quanto de estratégia e, em particular, a grande discussão entre o marxismo e o anarquismo.[2]

Não escapa a essa tese a discussão relativa aos problemas educativos que, em primeiro lugar, estão centrados na crítica do sistema escolar e formativo vigente na época, pois se empenham na definição dos fundamentos da educação politécnica e da instrução integral. São retomados os termos clássicos do debate, naquele

---

[1] Sobre a Primeira Internacional foram publicados inúmeros estudos em todas as línguas. Para uma visão do conjunto, consulte: M. RUBEL, *Bibliographie de la Première Internationale*, Cahier de l'ISEA, n. 152, pp. 249-275, Paris, 1964; VÁRIOS, *La Première Internationale. L'institution. L'implantation. Le Rayonnement*, Paris, 1968; J. GUILLAUME, *L'internationale. Documents et Souvenirs (1864-1878)*, Paris, 1905-1910, 4 vol. (atualmente: GENEVE, Editions Grounauer, 1980 e Paris, Lebovici, 1985; atualmente também em italiano com as edições C. S. L. DI SCIULLO, Chieti, 2004); FREYMOND (Org.), *La Première Internationale. Recueil de documents*, Genebra, 1962, 4 vol.; G. M. BRAVO, *La Prima Internazionale. Storia documentaria*, Roma, Ed. Riuniti, 2 vol., 1978; Idem, *Il socialismo da Moses Hess alla Prima Internazionale nella recente storiografia*, Turim, Giappichelli, 1971; NETTLAU, *Bibliographie de l'anarchie*, pp. 52-63; Idem, *Breve storia dell'anarchismo*, pp. 89-152; G. WOODCOOK, *L'anarchia*, pp. 207-238; E. DOLLÉANS, *Storia dell movimento operario*, Florença, Sansoni, vol. I, pp. 249-356, 1968; G. D. H. COLE, *Storia del pensiero socialista*, Bari, Laterza, vol. II, pp. 99-269, 1972; A. SALSANO (Org.), *Antologia del pensiero socialista*, vol. II, t. I, pp. 165-308. Além disso, para entender os precedentes que levam à fundação da Internacional, consulte: A. LEHNING, *De Buonarroti à Bakounine, Études sur le Socialisme International*, Paris, Ed. Champ Libre, 1977.

[2] G. BERTI, "Marxismo e anarchismo nella Prima Internazionale: Il significato di uno scontro", In: *Il pensiero anarchico. Dal Setecento al Novecento*, pp. 525-565.

162   "A BOA EDUCAÇÃO" – EXPERIÊNCIAS LIBERTÁRIAS E TEORIAS ANARQUISTAS...

momento muito presentes no interior do movimento dos trabalhadores e da *intelligentsia*, que fez a sua escolha ao unir-se às massas proletárias contra a sociedade burguesa.

Em sua fundação (1824), a Primeira Internacional objetiva, sobretudo, a emancipação econômica das classes trabalhadoras, mas não deixa de considerar os outros elementos que constituem uma completa visão do homem integral. Contudo, já antes de se chegar a esse salto qualitativo da organização proletária, as sementes da instrução integral são colocadas por C. Fourier[3] de maneira original, mas decisiva para o futuro desenvolvimento dessas idéias e, com Proudhon, temos uma aceleração qualitativa com a idéia da educação politécnica, porque, em primeiro lugar, ele procura associar o desenvolvimento industrial à formação. O conceito fundamental contido no Preâmbulo e nos Estatutos provisórios da Associação é que a emancipação dos trabalhadores deve ser realizada pelos próprios trabalhadores e, assim, cabe a eles construir um novo mundo sem fronteiras, subentendendo a idéia precisa de um novo modelo de humanidade.[4]

O movimento proletário internacional encontra, dessa forma, uma identidade precisa, não apenas organizativa, mas também no que se refere ao seu projeto. O homem novo, que se propõe criar a partir das cinzas da sociedade burguesa, é totalmente diferente, representa uma clara ruptura com o passado, supera e atravessa as barreiras da opressão e da escravidão do trabalho assalariado. A dimensão messiânica dessa hipótese revolucionária é explicitada particularmente na concepção marxista do revolucionário profissional, que representa a vanguarda proletária e interpreta corretamente as necessidades das classes dos trabalhadores[5], abandonando, assim, a tese essencial do preâmbulo que não permite a incumbência, mas pressupõe uma tomada de consciência atenta, contínua, constante e geral que se torna, nessa perspectiva, autoconsciência. Dessa forma, para ser coerente com os princípios-base da Internacional, a formação do homem novo não pode ser senão

---

[3] C. FOURIER, *Dal Lavoro ripugnante al lavoro attraente*, Salermo, Edizioni Beta, 1971, p. 190; Idem, *Trattato dell'associazione domestica agricola*, Turim, Einaudi, pp. 137 e 175-177, 1971.

[4] "Preambolo e Statuti provvisori" (edição parisiense, 1864), In: BRAVO, *La Prima Internazionale*, vol. I, pp.135-136. Consulte também o estudo de M. ENCKELL, "Travail intellectuel et travail manuel: des débats de la Première Internationale à l'anarchisme", In: *Cahiers d' historie du mouvement ouvrier*, n. 16, Lausanne, 2000.

[5] Para uma leitura do pensamento marxista nesses termos, consulte: L. PELLICANI, *I rivoluzionari di professione*, Florença, Vallechi, 1974; Idem, *Introduzione a Marx*, Rocca San Casciano, Cappelli, 1969; Idem, *Gulag o utopia? Interpretazioni del comunismo*, Milão, Sugar Co., 1978; Idem, *Miseria del Marxismo. Da Marx al gulag*, Milão, Sugar Co, 1984; D. SETTEMBRINI, *Socialismo e rivoluzione dopo Marx*, Nápoles, Guida, 1974; Idem, *Socialismo al bivio*, Milão, Sugar Co, 1978; Idem, *Il labirinto marxista*, Milão, Rizzoli, 1975. Para uma interpretação anarquista do marxismo, consulte: G. BERTI, "Marx totalitario", In: Idem, *Il pensiero anarchico*, pp. 576-636.

A PRIMEIRA INTERNACIONAL E A COMUNA DE PARIS

autoformação que se torna auto-emancipação. Essa convicção é compreendida já em uma convocação, que precede alguns meses o primeiro congresso da Internacional em Genebra (3-8 de setembro de 1866), encaminhado por alguns operários aos estudantes de Paris, aprovado e discutido na reunião londrina do Conselho Geral, em 5 de junho de 1866, e não aprovado por Marx porque é evidente a inspiração proudhoniana. Lê-se, de fato:

> A humanidade sofreu por demais; há muito tempo é dominada sob a opressão da força que embrutece, e é verdadeiramente agora que, afastando de seu coração e de sua mente toda superstição, coloca-se de pé, reclamando a justiça com energia (...). Pois bem! A vós jovens, com as vossas nobres aspirações ainda não refreadas pela idade, a vós, esperança do futuro, do fundo da nossa miséria dizemos: vinde conosco, vede as nossas mãos calejadas pelo trabalho; vinde reforçar a nossa aliança. Ensinareis a nós a ciência: e nós vos ensinaremos os mistérios do trabalho. Nós vos conheceremos melhor e vos amaremos mais.[6]

As idéias proudhonianas sobre a instrução, a educação, a família estão bem nítidas também em uma memória dos delegados franceses no congresso de Genebra[7]. O congresso, de sua parte, aprova — não sem uma certa relutância por parte dos delegados franceses e suíços — uma linha que sustenta um sistema escolar público aberto a todos, conferindo, dessa forma, com a satisfação do ausente Marx, um papel importante à ação política e estatal.[8] Mas a essência libertária, que se manifestará sucessivamente com a entrada de Mikhail Bakunin na Associação, está presente de maneira forte e decisiva entre os delegados franceses e suíços que procuram, desde as primeiras observações desse primeiro congresso, delinear uma estratégia verdadeiramente global. Eles reconstroem explicitamente as idéias de Proudhon e pleiteiam a completa emancipação não apenas econômica, mas também cultural e científica do proletariado, por meio de um desenvolvimento significativo da instrução e da educação.[9] Uma forte crítica é, da mesma forma, expressada em relação ao trabalho juvenil e à exploração conseqüente das crianças, que a sociedade capitalista pratica com sistematização e justifica com as exigências do desenvolvimento do capital, enquanto que uma tomada de posição a favor da

---

[6] "Gli operai di tutto il mondo agli studenti di Parigi, agli studenti e ai giovani di tutti i paesi", In: BRAVO, *La Prima Internazionale*, vol. I, pp. 168-169.

[7] "Memoria dei delagati francesi al congresso di Ginevra", In: BRAVO, *La Prima Internazionale*, vol. I, pp. 182-198.

[8] G. D. H. COLE, *Storia del pensiero socialista*, Bari, Laterza, 1972, vol. II, p. 122.

[9] A. BABEL, "La Première Internationale, ses débuts et son activité à Genève de 1864 à 1870", In: VÁRIOS, *Mélanges d'études économiques et sociales*, Genève, p. 261, 1944.

164 "A BOA EDUCAÇÃO" – EXPERIÊNCIAS LIBERTÁRIAS E TEORIAS ANARQUISTAS...

emancipação da mulher é expressada com uma evidente contradição: considerar essa libertação concretizada somente quando a própria mulher puder deixar o trabalho nas fábricas, mas para dedicar-se a educação dos filhos na família.[10]

Portanto, retomando, pode-se evidenciar como as questões principais debatidas durante os trabalhos do congresso possuem uma lógica de conjunto e contêm um desenho específico e claro de mudança revolucionária.

Na verdade, a ordem do dia permite aos delegados expor os temas da luta que contrapõem o trabalho ao capital, por meio de uma redução no número de horas de trabalho, contra a exploração do trabalho feminino e infantil, contra o papel da influência religiosa e das igrejas em relação ao doutrinamento das jovens gerações, do condicionamento praticado na cultura, nas artes e nas ciências.[11]

No ano seguinte, na cidade de Lausanne, é realizado o segundo congresso da Associação (2-7 de setembro de 1867) e, entre os vários assuntos, é retomado o tema da educação das crianças; além de se discutir o problema do desenvolvimento integral e aquele da liberdade de ensino. Em particular, é destacada a importância do ensino científico, profissional e ligado à produção industrial e, desse modo, é elaborado o projeto (de inspiração proudhoniana) da escola-oficina, que é concretizado em um lugar em que as exigências do trabalho encontram expressão e complementação naqueles intelectuais, em que a produção e a projeção tornam-se, realmente, dois momentos de observação de um único processo formativo. Enfim, ratifica-se como o conceito de ensino gratuito não tem sentido, uma vez que o Estado retira das taxas do proletariado os fundos para proporcioná-lo, portanto, ela é paga pelos cidadãos. O congresso estima que o Estado pode substituir a família, quando essa não é capaz de prover a garantia do estudo e a aprendizagem, mas que, ao mesmo tempo, não pode proporcionar, ao prover esse estudo, nenhuma forma de doutrinamento religioso[12]. Em um documento, fruto do trabalho de uma das várias comissões, discute-se o tema da equivalência das atribuições no contexto da divisão capitalista do trabalho e da alternativa que é proposta, isto é, uma integração entre trabalho manual e intelectual. Lê-se:

> Aquela que se chama a politecnia do aprendizado, o ensino integral ou profissional, não é necessariamente a prática de todos os ofícios, mas o conhecimento dos princípios científicos e industriais necessários ao exercício de uma profissão. Certamente, ninguém possui a enciclopédia dos conhecimentos humanos, nem

---

[10] *Ibidem*, p. 267.

[11] J. GUILLAUME, *L'internationale. Documents et Souvenirs (1864-1878)*, Tomo I, p. 9, Paris, 1905-1910.

[12] *Ibidem*, pp. 35-36.

A PRIMEIRA INTERNACIONAL E A COMUNA DE PARIS

mesmo os diplomados nas ciências, por mais cultos que se julguem; mas todo homem pode e deve conhecer os princípios gerais da ciência e as suas principais aplicações nos diversos ramos da indústria; deve também conhecer o emprego dos instrumentos e dos meios comuns a um grande número de profissões; sem isso não poderá escolher de forma útil a parte que prefere, e isso resultará em uma considerável dispersão de forças, com grave detrimento do próprio indivíduo e da coletividade."[13]

Como se pode ver, estamos ainda na presença de uma concepção do tema da integração entre trabalho manual e intelectual, estreitamente ligada e conectada à economia. O econômico constitui ainda o termo de referência essencial tanto do problema educativo quanto da instrução. Além disso, está ainda presente uma certa concepção conservadora do papel da mulher e de sua tarefa de educar os filhos que a sociedade encarrega-lhe, de modelo proudhoniano, e que é destinada a ser prontamente superada.[14]

No terceiro encontro em Bruxelas (6-13 de setembro de 1868) é aprovada uma resolução que reconhece que é impossível organizar um sistema racional de ensino no contexto da sociedade existente e, portanto, as seções da Internacional são convidadas a difundir o conhecimento, científico e econômico, para procurar "remediar o quanto seja possível a insuficiência da instrução recebida hoje pela classe operária. Entende-se que a redução das horas de trabalho constitui a condição preliminar e indispensável de todo o sistema educacional efetivo."[15] Mas, neste congresso, é também apresentada uma articulada série de documentos sobre a instrução integral. Pela primeira vez é exposto, de maneira clara e precisa, o problema de seu significado revolucionário em um congresso de uma associação proletária internacional. É da seção de Bruxelas o primeiro documento que discute explicitamente a questão da instrução integral. A premissa é que a sociedade contém, em seu interior, duas classes bem distintas: uma em que se encontram os homens que exercitam, de forma sistemática, a mente no trabalho e na vida; uma outra, ao contrário, em que encontramos aqueles que usam seus corpos e as mãos para trabalhar e aos quais não são oferecidas ocasiões para exercitar seu intelecto. Coloca-se, inevitavelmente, uma pergunta: essa situação é destinada a durar e a ser imutável ou é possível modificá-la por meio da educação para a mudança? Levantar esse problema significa, dessa maneira, procurar resolvê-lo. A solução

---

[13] "Rapporti delle comissioni sul programma al congresso di Losana" (1867), In: BRAVO, In: *La Prima Internazionale*, vol. I, p. 238.

[14] *Ibidem*, p. 244.

[15] *Ibidem*, p. 319. Consulte também: GUILLAUME, *L'Internationale*, pp. 69-70.

encontra-se em desenvolver no indivíduo, de modo harmônico, todas as suas faculdades e, ao mesmo tempo, garantir à coletividade uma mesma instrução fundamentada sobre as mesmas bases racionais e científicas. Tudo isso com a finalidade de criar uma sociedade na qual não haja obstáculos para o progresso de todos os seres humanos e remover os condicionamentos de herança, de fortuna, de nascimento, que exercem uma influência tão funesta nos homens e contribuem para dividi-los. Ao acompanhar a criança em sua evolução, em seu desenvolvimento, é necessário que a ciência, a justiça, a liberdade, constituam as novas bases das relações humanas que devem substituir "o velho princípio de autoridade no que se refere à educação da criança."[16]

Uma boa educação, de acordo com os autores desse relatório, exige que seja satisfeita a curiosidade natural de todo indivíduo em relação ao conhecimento e, ao mesmo tempo, que haja uma preocupação de formar a sua inserção ativa na comunidade. Portanto, há um duplo significado na instrução integral que atende tanto às exigências próprias da formação quanto àquelas de uma educação social. Todo indivíduo, de acordo com essa perspectiva, deve ter a possibilidade de possuir os conhecimentos científicos e um método de questionamento crítico, uma capacidade de integrar os conhecimentos teóricos com suas aplicações práticas, um sentimento e uma sensibilidade artística com a finalidade de poder dominar seu próprio trabalho e sua própria especialização. Trata-se, assim, de uma instrução integral no sentido vertical do termo. Uma vez definidos os fins, é necessário especificar quais meios coerentes podem ser praticados para perseguir essa finalidade. Desprendendo-se de toda forma de prejulgamento e dirigindo-se exclusivamente a experiência real e concreta, é possível observar como a criança, partindo de sua curiosidade natural, é incapaz de deter-se em uma única questão, de conceber uma visão do conjunto e de estudá-la profundamente; ela encontra, sucessivamente, o motivo e a necessidade de encontrar uma síntese e dar sistematização aos próprios conhecimentos. Desse modo, na primeira fase do conhecimento prevalece a espontaneidade da investigação individual, à qual é seguida — graças ao conjunto das relações com as demais crianças da mesma idade e com os adultos — uma nova necessidade de dar continuidade e linearidade ao próprio saber, por intermédio exatamente da comparação coletiva. Nesse ponto, um papel importante e decisivo exerce a capacidade e o profissionalismo do professor que deve introduzir, na curiosidade natural, uma habilidade de pesquisa mais profunda e sistemática.

---

[16] "Rapport sur l'enseignement intégral par la section bruxelloise", In: J. FREYMOND (Org.), *La Première Internationale. Recueil de documents*, Genebra, t. I, p. 301.

A relação remonta — demonstrando aqui evidentemente um certo limite — à filosofia de Comte e à cultura positivista, consideradas como os pontos de referência inevitáveis e imprescindíveis. Por meio de um certo ativismo didático, o papel do educador é, pouco a pouco, menos determinante, até que chega a delinear-se como um conselheiro que sabe interpretar corretamente a passagem entre a autoridade do conhecimento e a liberdade da pesquisa. O lugar privilegiado onde são formados os conhecimentos é a oficina, porque permite a troca contínua e a comparação entre conhecimento e experiência, no qual cada jovem poderá adquirir uma especialização própria, conhecendo todos os processos que a determinam e a qualificam. Além disso, permite realizar uma progressiva e menor incidência da didática verbalista a favor de uma aprendizagem progressiva concreta que deriva da contínua pesquisa-ação. Não pode escapar a essa perspectiva uma revisitação metodológica do ensino das várias disciplinas, fundamentada, entretanto, sempre em uma concretude essencial. A aprendizagem das línguas, por exemplo, deve concentrar-se nas línguas vivas, naquelas práticas e que encontram referências em uma precisa e compreensível realidade existente. Todo esse projeto deve ser utilizável e praticável por ambos os sexos, sem nenhuma distinção, superando a tradicional e discriminante divisão que é fonte de outras formas de desigualdades. A generalização da instrução integral torna-se, então, irrenunciável e impõe-se como necessária para modificar verdadeiramente a sociedade classista. Nenhuma vantagem de nascimento e posição será admitida, e toda profissão deve contemplar uma dimensão prática e manual dela própria. Isso não significa negar as diferenças naturais, mas apenas eliminar a desigualdade social:

> Não afirmamos que a organização e o desenvolvimento da instrução integral devam ter como resultado levar à igualdade absoluta das inteligências; isso não tem, de outra maneira, nenhum sentido para os positivistas; mas pensamos que deverá ser estabelecida a harmonia no desenvolvimento das diversas funções de cada indivíduo, e suprimir, entre os homens, as execráveis desproporções de todo gênero que notamos hoje.[17]

Em suma, trata-se de realizar a equivalência das funções. Os encadernadores de Paris, ao contrário, contestam a resolução do congresso anterior, que prevê o ensino obrigatório, mas a cargo dos pais, salvo nos casos de necessidade declarada. O que é particularmente destacado nessa ocasião diz respeito ao procedimento incorreto da centralização das diretrizes do ensino, a favor, ao contrário, de um verdadeiro federalismo que seja embasado não em uma distribuição de riquezas,

---

[17] *Ibidem*, p. 306.

168 "A BOA EDUCAÇÃO" – EXPERIÊNCIAS LIBERTÁRIAS E TEORIAS ANARQUISTAS...

a priori, igual para todos, mas, ao contrário, na liberdade e na recusa de toda forma de organização centralizada: "O que entendemos por direitos iguais consiste no fato segundo o qual todos os indivíduos têm o direito de usufruir dos meios de ação iguais para atender às suas necessidades. Nós os deixamos, certamente, livres para usar a seu bel-prazer esses meios que a natureza e a sociedade devem colocar à disposição deles, contanto que eles não reivindiquem mais do que produziram."[18] Um dentre os meios mais potentes de emancipação humana é, com certeza, a instrução integral. Entretanto, a tarefa e o peso desta, de acordo com os delegados parisienses, não podem ser deixados a cargo dos pais, porque as condições culturais, sociais, de formação dos próprios pais são muito diversas para poder garantir uma certa igualdade para as crianças. Somente se a instrução for provida pela própria sociedade, recebendo de cada um, de acordo com seus meios, a contribuição necessária, será possível garantir uma verdadeira divisão justa das disponibilidades e, aos jovens, um ponto de partida comum. Essa é a verdadeira justiça, porque é a própria sociedade que obtém vantagem da difusão do conhecimento.[19]

A instrução integral, estreitamente ligada à profissão laboral, é o objeto das atenções da seção de Liège, que embasa as próprias reflexões nas concepções elaboradas por Proudhon, que é explicitamente citado no relatório apresentado aos congressistas.

Os operários devem compreender a importância de não separar o aprendizado do ofício, de apoiar-se sobre a educação científica necessária para exercer um trabalho de modo completo. Isso para permitir uma recomposição coerente entre conhecimentos teóricos e prática laboral, restituindo ao trabalhador a própria e plena autonomia de controle sobre o processo formativo completo e evitar a formação de uma nova fragmentação classista entre aqueles que detêm o poder intelectual e os quem detêm o poder manual. Todavia, tendo estabelecido esse perfil geral, é necessário levantar uma questão posterior: como e por quem deve ser definido e praticado esse ensino?

Antes de mais nada é necessário atentar para aqueles que vendem como democrática e positiva a ação voltada para considerar como uma grande conquista a instrução gratuita e obrigatória por parte do Estado. Em primeiro lugar, porque não é obrigatória, uma vez que é impossível impor essa escolha, considerando as condições nas quais se encontra a classe trabalhadora, e, depois, porque não é nem mesmo gratuita, já que, todavia, são os trabalhadores que, por meio dos

---

[18] "Rapport élaboré par les relieurs de Paris", In: FREYMOND (Org.), *La Première Internationale. Recueil de documents*, Genebra, p. 307, 4 vol., 1962.

[19] *Ibidem*, pp. 308-309.

impostos e de seu trabalho, sustentam a escola. Enfim, não se trata nem mesmo de uma verdadeira instrução porque se limita ao ensino de poucos e essenciais elementos de conhecimento, além de pouco considerar o aspecto mais importante, ou seja, a formação de um espírito crítico e livre. Entregar a formação para o Estado significa consentir uma pedagogia estatal, uma educação ideológica, uma formação que objetiva reproduzir os mesmos valores da classe dominante e habituar os jovens ao pensamento único e submisso. Ademais, também do ponto de vista econômico, a centralização produz apenas e exclusivamente a formação de uma classe de parasitas e a mutilação da liberdade de iniciativa e de gestão.

Concluindo, a instrução estatal "longe de ser gratuita, custa muito caro; do ponto de vista da justiça, não existe o direito de impô-la; do ponto de vista humano, destrói toda a espontaneidade individual."[20] A alternativa consiste em favorecer a criação de associações livres:

> É necessário que as associações operárias compreendam que o seu interesse consiste em dar a cada um de seus integrantes, presentes e futuros, a maior soma possível de instrução, fundem eles próprios as instituições necessárias ao desenvolvimento dessa instrução. O papel da Federação ou da Associação Internacional é ajudar as associações particulares nessa ação. Isso que, no estado atual, é absolutamente impossível, torna-se passível de realização em um sistema fundamentado em associações livres e no mutualismo. Que, ao mesmo tempo que as escolas operárias sejam as oficinas intelectuais, sejam também alguns centros produtivos; que as jovens gerações, ao mesmo tempo que se instruem, empreguem-se (...) em alguns trabalhos úteis.[21]

E parafraseando o princípio fundamental da Associação, o documento da seção de Liège conclui com a afirmação que a instrução dos trabalhadores não pode ser confiada a mãos externas, mas deve ser realizada pelos próprios trabalhadores. A formação e a educação das classes trabalhadoras são também o objeto do documento dos internacionalistas de Rouen, os quais repetem o desejo de ocupar-se especificamente da instrução popular dos trabalhadores e não, em geral, desses assuntos. Isso significa, para os proletários de Rouen, destacar que não pode haver emancipação econômica e política sem um desenvolvimento cultural da mesma forma qualificado. Portanto, torna-se essencial construir uma consciência cultural, ajustada para compreender o sentido dos processos sociais, de modo que os trabalhadores possam dirigir-se para uma emancipação integral. O sistema escolar, ao contrário, é fundamentado sobre a defesa dos interesses e dos privilégios da aristocracia. A ciência

---

[20] "Rapport de la section Liégeoise", In: *Ibidem*, p. 311.

[21] *Ibidem*, p. 312.

170   "A BOA EDUCAÇÃO" – EXPERIÊNCIAS LIBERTÁRIAS E TEORIAS ANARQUISTAS...

e o conhecimento que a humanidade acumulou no decorrer dos séculos de pesquisa e descoberta, de estudo e trabalho, devem ser patrimônio de todos. Conseqüentemente: "todos os integrantes do corpo social, sem distinção de origem nem de sexo, têm o direito, de acordo com as suas inclinações e seus gostos, à aquisição dos conhecimentos que compõem o conjunto do saber público."[22] Essa aprendizagem deve ser, integral, ou seja, contemplar tanto a formação do intelecto quanto aquela manual, pois essas completam-se alternadamente; de outra forma, criar-se-ia uma ruptura e um desequilíbrio da personalidade, além de uma nova divisão classista. De modo particular, é o trabalho, a ética do trabalho que deve constituir o fundamento de uma nova formação. É por meio dessa atividade do homem que ocorre uma verdadeira emancipação, e a instrução e a educação das jovens gerações devem fundamentar-se sobre essa tese.

Como se pode notar, a influência das teorias socialistas e sociológicas de Proudhon possuem um lugar determinante nessas concepções. O trabalho é considerado a base fundamental sobre a qual se deve construir toda forma de agregação social, e também o valor por meio do qual se deve determinar uma verdadeira sociedade. Conseqüentemente, é nos lugares nos quais se vive a vida real, nos quais se exerce o trabalho, que a formação deve se desenvolver; é daqui que se parte para construir um processo formativo significativo e coerente. É da prática da experiência concreta que se deve partir para extrair os conhecimentos intelectuais que encontram, dessa forma, fundamento e significado autenticamente inovador. Portanto, "comecemos, assim, a escrever sobre a nossa bandeira, de um lado, instrução e trabalho; do outro, moralidade e independência de pensamento, e não perderemos jamais a esperança nem no presente nem no futuro."[23]

A guerra, o pauperismo e a Igreja constituem as causas principais das desordens sociais e das desigualdades. Todas essas três realidades encontram seu fundamento e a sua razão de ser, segundo a seção de Genebra, na ignorância:

> A ignorância, eis o vício estrutural da sociedade, a causa primeira da desordem! É aí que devemos romper, e romper com vigor, porque se fizermos desaparecer a lepra, a verdadeira, a revolução decisiva estará completa. Além disso, para colocar fim à desordem social, a instrução deve ser generalizada, porque a desordem social é a ignorância de todos ou de alguém em um grau qualquer, e a ordem social, é a ordem social, é a instrução completa de todos.[24]

---

[22] Cercle de Rouen, "De l'instruction et de l'éducation des classes ouvrières", In: *Ibidem*, p. 317.
[23] *Ibidem*, p. 322.
[24] "Rapport des sections de Genève sur la question de l'enseignement", In: *Ibidem*, p. 325.

A PRIMEIRA INTERNACIONAL E A COMUNA DE PARIS
171

É lógico, porém, esperar que essas instituições e realidades reacionárias se oponham com todas as suas forças à difusão da cultura que produziria o resultado de fazer desaparecer as injustiças e os privilégios. Ademais, é indispensável que, para suprimir verdadeiramente as desigualdades, inicie-se a modificação radical da sociedade, uma vez que ter uma generalização da instrução sem mudar as condições socioeconômicas e políticas de toda a sociedade não é praticável. Estender a formação a todos e, ao mesmo tempo, realizar os meios para modificar a estrutura completa da sociedade das desigualdades. Toda forma de poder e de classismo deriva de uma instrução egoísta, monopolizada por um pequeno grupo de privilegiados, "que faz desses, na realidade, uma linhagem superior, forte, aos olhos dos quais o domínio e a desapropriação das massas ignorantes mostra-se de forma total, naturalmente, como algo justo, legítimo, inevitável. Que o conhecimento científico seja dado a cada um em todo o grau, e, pela força das coisas, a exploração sobre todas as formas — política, religiosa, financeira etc. — desaparecerá."[25] O documento, resumindo, assume uma posição gradualista, reconhecendo ao Estado uma certa funcionalidade em uma época histórica determinada. Apontando para uma verdadeira generalização da instrução, permite-se conseqüentemente a necessidade de tornar-se obrigatória, financiando os custos com a contribuição de toda a sociedade. Não fica claro se e como deve ocorrer essa organização permanecendo em posições gerais e, sobretudo, emerge frágil e pouco clara a noção de Estado que se revela, algumas vezes, arbitrariamente semelhante à comunidade, outras, a uma organização mais política.

O quarto congresso convocado em Basiléia (6-12 de setembro de 1869) prevê como ordem do dia o tema da instrução integral, que é, porém, enviado, por falta de tempo, à reunião posterior.[26] A atividade da Internacional continua intensa e incessante, e a sua difusão ocorre de maneira significativa, incluindo também zonas e países que até agora permaneciam às margens da propaganda internacionalista. Mas, com a expansão da organização das idéias revolucionárias evidenciam-se naturalmente, também, os dissensos e os contrastes entre as duas essências que desde o início acaloram as discussões: a libertária e a federalista, e a autoritária e a centralista. O fundamento da discussão desenvolve-se em torno do papel do poder político e de seu possível uso para fins revolucionários. Para acelerar esse dissenso e provocar a ruptura definitiva, a diversa abordagem interpretativa, que os acontecimentos da Comuna de Paris trazem à baila, contribuirá de maneira significativa.

---

[25] *Ibidem*, 328.
[26] GUILLAUME, *L'internationale*, p. 195.

172   "A BOA EDUCAÇÃO" – EXPERIÊNCIAS LIBERTÁRIAS E TEORIAS ANARQUISTAS...

2. A Comuna de Paris

Com a proclamação da comuna de Paris, em 1871,[27] assistimos ao primeiro experimento de gestão e organização libertária da vida social, e a primeira tentativa séria de traduzir na prática os princípios do socialismo proudhoniano.

Toda a vida social da cidade de Paris é submetida a uma mudança radical e a uma profunda reorganização. Naturalmente, a instrução e a escola também experimentam essa nova realidade. É importante delinear, neste ponto, de que modo a infância se coloca dentro dos acontecimentos da Comuna, como os jovens e as jovens se comportam frente a esses acontecimentos revolucionários. Devemos a Maurice Dommanget a descrição e o testemunho sobre os jogos, sobre os passatempos, sobre as reações dos jovens, das jovens, dos meninos e das meninas de

---

[27] A literatura sobre a Comuna de Paris é ilimitada. Assinalaremos aqui somente as principais obras que têm ligação com os temas tratados: M. BAKOUNINE, *La Commune de Paris et la notion de l'État*, Paris, Les Temps Nouveaux, 1899; G. BOURGIN, *Histoire de la Commune*, Paris, 1907; G. DA COSTA, *La Commune vécue (18 mars-28 mai 1871)*, Paris, 1903-1905, Três volumes; P. DELESALLE, *Paris sous la Commune. Documents et souvenirs inédits*, Paris, 1937; A. DUNOIS, *La Commune de Paris. Textes et documents recueillis et commentés par A. Dunois*, Paris, 1925; R. EUROPE, *Documents sur la Commune*, Paris, 1971; M. FOULON, *Eugène Varlin relieur et membre de la Commune*, Clermont-Ferrand, 1934; A. GAGNIERE, *Histoire de la presse sous la Commune. Du 18 mars au 24 mai 1871*, s.d; P. LANJALLEY, P. CORRIEZ, *Histoire de la Révolution du 18 mars*, Paris, 1871; G. LAFRANCAIS, *Étude sur le mouvement communaliste à Paris en 1871*, Paris, 1871; P. LUQUET, *La Commune de Paris*, Paris, L'Educatrice, s. d. (1926); F. MAILLARD, *Elections des 26 mars et 16 avril 1871. Les Affiches-Professions de foi-Documents officiels. Clubs et Comités pendant la Commune*, Paris, 1871; M. VUILLAUME, *Mes cahiers rouges*, 10 volumes, Paris, 1908-1914; H. LEFEBVRE, *La proclamation de la Commune*, Paris, Gallimard, 1965; *La laïcité (session du Centre d'Études politiques de l'Institut des Sciences juridiques de Nice)*, Presse Universitaires de France, Paris, 1960; s. n., *École laïque, école du peuple*, Paris, 1961; L. CAPÉRAN, *Histoire contemporaine de la laïcité française*, Paris, 1957; M. DOMMANGET, *La Commune*, Bruxelas, Ed. La Talpe, 1971; Idem, *L'enseignement, l'enfance et la culture sous la Commune*, Paris, 1964; S. FROUMOV, *La Commune de Paris et la démocratisation de l'école*, Moscou, Ed. du Progrès, s. d. (1958); J. ANDRIEU, *Notes pour servir à l'histoire de la Commune de Paris en 1871*, Paris, Payot, 1971; P. CHAUVET, "La Commune face a l'éducation et à la culture", In: *La Rue*, n. 10, Paris, 1971; A. PROUST, *Histoire de l'enseignement en France (1800-1967)*, Paris, 1968; L. MICHEL, *La Commune*, Paris, 1898;. GERARD, *L'instruction primaire à Paris et dans le département de la Seine*, Paris, 1872; J. ALLEMANE, *Mémoires d'un Communard*, Paris, s. d.; A. HORNE, *L'assedio e la Commune di Parigi 1870-71*, Milão, Mondadori, 1971; *L'assedio di Parigi*. Goncourt Journal (1870-7), Roma, Silva Editore, 1970; A. DUPUY, *1870-1871: la guerra, la comune e la stampa*, Roma, Samonà e Savelli, 1970; B. MALON, *La Comune di Parigi (1871)*, Roma, Samonà e Savelli, s.d.; G. DEL BO (Org.), *La Comune di Parigi. Saggio bibliografico*, Milão, Feltrinelli, 1957; F. CONIGLIONE, *Parigi 1871: la Comune libertaria*, Catania, Underground-La fiaccola, 1971; *Journal des journaux de La Commune*, Paris, 1872; P. DOMINIQUE, *La Comune*, Milão, Corbaccio, 1933; M. CERF, *Edouard Moreau: l'âme du Comité Central de la Commune*, Paris, Spartacus, 1971; J. ANDRIEU, *Notes pour servir à l'histoire de la Commune de Paris de 1871*, Paris, Spartacus, 1984; J. VALLÈS, *I refrattari*, Milão, Sugar Co, 1980.

A PRIMEIRA INTERNACIONAL E A COMUNA DE PARIS

Paris.[28] O jogo de imitação parece ser aquele mais praticado, sobretudo com referência às batalhas e aos confrontos que ocorrem nas ruas parisienses e nas barricadas que são erguidas. Obviamente, salta de imediato aos olhos a tragicidade e a crueldade das repetidas cenas de violência e de morte que esses jovens possivelmente viram e sofreram nesses dias, nos quais o povo de Paris tenta defender a liberdade e a autonomia de toda forma de poder imposto. São numerosos aqueles que vagam nas ruas e nos quarteirões de uma cidade ferida pelas bombas e pelo fuzilamento do exército de Versalhes, que tenta reprimir esse experimento revolucionário. Aumentam os órfãos, as escolas fecham, os mais jovens se encontram sem a proteção dos pais, aqueles em idade de trabalho, estão sem trabalho, com um serviço de ajuda a favor dos manifestantes. A Comuna adota todos os jovens e crianças que ficaram sem os pais, procurando alimentá-los, vesti-los, ajudá-los e dá-los uma base suficiente de conhecimento. Com um decreto de 10 de abril, é fixada uma soma de trezentos e cinqüenta e cinco francos anuais para cada criança até a idade de dezoito anos. Além disso, cada uma delas tem direito a uma instrução integral, a fim de consentir-lhes permanecer na sociedade legitimamente e com dignidade e consciência. O esforço de solidariedade dos insurgentes é notável, tanto em termos de recolhimento de dinheiro quanto de outras iniciativas. As estruturas dedicadas às crianças acolhem os órfãos e os filhos daqueles que estão combatendo nas barricadas, e recolhem vestimentas, alimentos, mobília, para oferecer uma sistematização digna a esses jovens.[29] Os mais velhos, além disso, participam ativamente das tarefas da Comuna nas barricadas, ao lado dos pais e parentes, dando sua contribuição participativa, suportando as conseqüências, pagando também com a própria vida, identificando-se profunda e precocemente com a nova consciência revolucionária que está surgindo e desenvolvendo-se nesses meses. A partir de 18 de março, vemo-los construírem as barricadas "com o zelo notável com que eles realizam esse gênero de trabalhos."[30]

Tal fato da participação dos jovens na insurreição da Comuna e da contribuição deles em termos de vida humana é verdadeiramente um fenômeno extraordinário, único em seu gênero, também na proporção das acusações e condenações subseqüentes, seja aos trabalhos forçados, à prisão, à segregação nas casas de correção e à entrega aos pais ou às famílias "honrosas" ou às várias obras caridosas.[31]

---

[28] DOMMANGET, *La Commune*, pp. 147-162.

[29] *Ibidem*, pp. 150-151.

[30] *Ibidem*, p. 151.

[31] *Ibidem*, pp. 152-158. Um amplo testemunho pode ser encontrado nos números do *Journal Officiel de la Commune* e nas memórias de B. Malon. Enfim, sobre as contribuições dos jovens na Comuna, consulte: S. FROUMOV, *La Commune de Paris et la démoralisation de l'école*, Moscou, Ed. du Progrès, s. d. (1958), pp. 220-224.

Não obstante as condições de verdadeira guerra, o assédio sufocante, a miséria que se expande, as destruições; os comunalistas engajaram-se seriamente para edificar o novo modelo de sociedade fundamentada na autogestão e, em conseqüência, para reorganizar também uma instrução e uma educação verdadeiramente revolucionária; propor também uma nova cultura e liberar todas as energias artísticas e científicas a favor de uma completa emancipação do proletariado. As inovações conduzidas nesses dias estão, sobretudo, relacionadas à estrutura da didática, menos aos seus conteúdos e, ao mesmo tempo, às problemáticas culturais em sua profundidade, e não às instituições prepostas para a difusão da própria cultura. A ação da Comuna na reorganização do ensino concentra-se, sobretudo, ao redor de três objetivos: a laicização, a gratuidade e a obrigação escolar. A laicização impõe-se aos comunalistas como uma necessidade no que concerne à situação da instrução na França, no período em questão, uma vez que a escola é um tipo de instituição complementar à Igreja e, portanto, o ensino acaba sendo fortemente condicionado por isso. A necessidade de liberdade de consciência, a necessidade de autonomia de pensamento e de crítica devem encontrar, aos olhos dos comunalistas, espaço e lugar no qual possam ser exercidas. Assim, a escola deve ser absolutamente desligada de qualquer vínculo e condicionamento de poder religioso e de suas influências negativas sobre a formação de uma mentalidade resignada e escravizada. Por isso, o intento da Comuna é abolir toda forma de doutrinamento religioso para ambos os sexos e em todas as realidades educativas, para que não prevaleça mais a submissão a uma autoridade externa à razão. Entretanto, os esforços são dirigidos sobretudo a uma reforma da instrução primária, e os 72 dias da Comuna preenchem-se de tentativas para modificar precisamente esses sistemas da escola, ou seja, laicizá-la, tornando-a obrigatória e gratuita. Da mesma forma como outra questão que se coloca, ecoando as idéias proudhonianas, está aquela de encontrar uma ligação entre o desenvolvimento industrial e a formação, buscando na idéia da escola-oficina a solução ideal para essa questão. Como se vê, o esforço geral é dedicado essencialmente para as reformas estruturais, pouco para uma nova pedagogia e menos ainda para uma nova didática.

A idéia pedagógica limita-se em projetar escolas nas quais se pratique exclusivamente o método experimental e científico, ou seja, "aquele que parte sempre da observação dos fatos, que é a natureza física, moral, intelectual."[32] As próprias questões da dinâmica aprendizagem-ensino são completamente além do debate, mesmo porque professores capazes de discuti-las, como Louise Michel e outros[33],

---

[32] CHAUVET, *La Commune face à l'éducation et à la culture*, p. 54.
[33] DOMMANGET, *La Commune*, pp. 117-126.

A PRIMEIRA INTERNACIONAL E A COMUNA DE PARIS

estão engajados principalmente na luta ativa atrás das barricadas e consumidos pela exigência primária de garantir a sobrevivência física dos comunalistas.

A forma política autogestionária e federalista assumida pela Comuna é refletida na organização do ensino por meio da instituição de comissões e subcomissões para cada zona, mas sem linhas gerais obrigatórias. É instituída apenas uma comissão geral formada por Courbet, Verdure, Miot, Vallès, Clément e por um delegado de ensino na pessoa de Edouard Vaillant.[34] Tal comissão possui apenas a tarefa de coordenar as várias iniciativas que serão realizadas de forma autônoma como, por exemplo, substituir os professores de religião por professores laicos, encontrar espaços e estruturas para o aumento da escolarização conseguinte à obrigatoriedade e à gratuidade. É interessante notar o testemunho de um comunalista a tal propósito:

> Considero importante não esquecer o ensino, que a Comuna deveria transformar em serviço público (...) estou à completa disposição da Comissão especial encarregada da laicização e da reorganização do ensino primário e secundário. A nomeação de professores no lugar de sacerdotes das escolas cristãs e das freiras deveria inaugurar o novo sistema escolar.[35]

A escola é iniciada a partir de cinco anos e vai até doze anos, e uma carência de professores laicos, oportunamente formados, revela-se um dos obstáculos imediatos que se interpõe à realização de uma plena reforma da instrução. O escopo declarado e explícito, que reúne as várias experiências, é aquele de fazer com que todo jovem, de ambos os sexos, possa completar um ciclo dos estudos primários e deixar a escola-oficina possuindo os elementos relevantes para uma ou duas profissões manuais.[36] É constituída também uma federação dos artistas com características originais e comunalistas, com a intenção de promover a livre expansão dá arte degradada por toda a tutela de poder e por toda forma de privilégio, de modo a garantir a independência e a dignidade de todo artista e a sua expressão livre e autônoma. Enfim, é dada uma atenção particular para fazer com que os numerosos museus tornem-se de fato lugares freqüentados e oficinas de estímulos culturais para todo o povo.

A importância da obra geral de educação no período da Comuna de Paris consiste, sobretudo, na demonstração concreta a propósito da possibilidade de praticar — ainda que em condições particulares e extremas como aquelas de uma guerra revolucionária — formas alternativas de organização de um sistema de

---

[34] *Ibidem*, pp. 113-116.

[35] J. ALLEMANE, *Mémoires d'un Communard*, Paris, Librairie Socialiste, s. d., p. 73.

[36] CHAUVET, *La Commune face à l'éducation et à la culture*, p. 55.

176 "A BOA EDUCAÇÃO" – EXPERIÊNCIAS LIBERTÁRIAS E TEORIAS ANARQUISTAS...

instrução e difusão da cultura. A percepção dos comunalistas, além disso, é também aquela em que não é possível nenhuma mudança revolucionária que não seja acompanhada por um verdadeiro e profundo esforço para oferecer aos homens e às mulheres as mesmas possibilidades e oportunidades de renovação por meio de uma difusão abrangente do conhecimento e da cultura. Em suma, uma nova sociedade passa necessariamente por meio da formação de um novo homem, o que significa ser livre de qualquer forma de condicionamento, tanto social quanto cultural. Os princípios gerais nos quais se inspira a Comuna de Paris, no âmbito educativo e da instrução, estão contidos já em um manifesto do Conselho Federal das seções parisienses da Primeira Internacional, que reclama a transformação social fundamentada sobre a liberdade, a igualdade e a solidariedade:

> Trabalhadores, combatemos. Aprendemos a sofrer pelo nosso princípio igualitário, dessa forma, não sabemos nos retirar quando podemos contribuir para colocar a primeira pedra do edifício social (...). O que pedimos? A instrução gratuita, laica e integral.[37]

Em um outro manifesto redigido por um comitê de vinte *Arrondissements*, de março de 1871, pode-se encontrar a confirmação das linhas gerais expostas acima quando se lê que, para garantir sucesso seguro à ação revolucionária, é indispensável criar o ensino "laico, integral, profissional, que concilie a liberdade de consciência, os interesses, os direitos da criança com os direitos e a liberdade do pai de família."[38] Sobre a mesma onda e com as mesmas influências republicanas, laicas e proudhonianas apresentam-se outros numerosos manifestos e apelos de várias associações e de vários *Arrondissements* parisienses.[39] Particularmente significativo mostram-se, ao contrário, o programa e as idéias desenvolvidas pela sociedade *L'éducaition nouvelle*, que representa, talvez, a associação mais concentrada especificamente nas problemáticas educativas, que se encontra em um documento dirigido à Comuna de Paris. Os integrantes dessa sociedade escrevem:

> Considerando a necessidade que há, em uma república, de preparar a juventude para o autogoverno por meio de uma educação republicana totalmente a ser criada; considerando que a questão da educação, que não exclui nenhuma outra, é a questão originária que engloba e domina todas as questões políticas e sociais, e sem a solução pela qual as reformas sérias e duradouras não serão nunca realizadas

---

[37] Affiche du Conseil Fédéral des sections de la Ière Internationale, In: S. FROUMOV (Org.), *La Commune de Paris et la démocratisation de l'École*, pp. 101-102.
[38] Extraits du Manifest du Comité des 20 Arrondissemnts, In: *Ibidem*, p. 103.
[39] *Ibidem*, pp. 104-105.

A PRIMEIRA INTERNACIONAL E A COMUNA DE PARIS

> (...) os subscritos, delegados da sociedade Educação Nova, solicitam com urgência, em nome da liberdade de consciência, em nome da justiça, que a formação religiosa ou dogmática seja deixada inteiramente à iniciativa e à livre escolha das famílias, e que seja imediata e radicalmente suprimida, para ambos os sexos, em todas as escolas.[40]

Além disso, solicita-se também que toda a imagem religiosa e sagrada seja banida das escolas, que toda forma de doutrinamento dogmático seja excluído e substituído pelos valores do método experimental e científico, fundamentado na constante observação dos fatos. Isso porque a qualidade do ensino é determinada pela instrução racional e integral, que deve ser concedida e constituir o fundamento de uma nova formação, e a constituir o aprendizado verdadeiro, para a inserção dos jovens e das jovens na vida social. Essa educação, lê-se, além de gratuita deve compreender toda a juventude de ambos os sexos.[41]

O programa educativo da Comuna, votado por unanimidade em 18 de abril, proclama que, por meio da revolução comunalista, Paris prepara a regeneração intelectual da França, da mesma forma que favorece a mesma regeneração no plano moral, administrativo e político. Não pode existir, portanto, a verdadeira emancipação política e social sem que seja acompanhada por uma mudança profunda da educação e da instrução popular. Todo francês, afirma o documento, enquanto homem, cidadão e trabalhador, possui o direito ao completo exercício livre de todas as suas faculdades e inclinações. O ensino, assim, deve ser reorganizado sobre a base de uma verdadeira e absoluta autonomia própria de cada comuna de Paris, sem nenhum controle e concentração, deixando livre para experimentar e realizar formas diversas, pluralistas, de organização escolar, dentro de um quadro geral de laicidade, igualdade e autonomia.

Cabe à Edouard Vaillant[42], delegado que se ocupa da coordenação da reforma da instrução pública, o trabalho organizativo mais sólido nesses dias de mudanças tão radicais. Ele se fia muito à obra de parecer da "Sociedade da Educação Nova" e outras associações que são tomadas sobre a onda dos acontecimentos e agrupam professores, estudantes, intelectuais, pais, e elaboram propostas e promovem iniciativas voltadas a levantar a questão do ensino em bases completamente novas. Além do contexto geral, tão precário e difícil, a própria imprensa revolucionária é tomada e absorvida por outras questões consideradas mais urgentes e graves, e Vaillant não pode contar nem com o sodalício nem com as associações dos profes-

---

[40] Requête de la Société "L'Éducation nouvelle", In: *Ibidem*, p. 106.

[41] *Ibidem*, p. 107.

[42] DOMMANGET, *La Commune*, pp. 200-214. Consulte também: FROUMOV (Org.), *La Commune de Paris et la démocratisation de l'école*, Moscou, Ed. du Progrès, pp. 252-268, s. d. (1958).

178 "A BOA EDUCAÇÃO" – EXPERIÊNCIAS LIBERTÁRIAS E TEORIAS ANARQUISTAS...

sores, quase inexistentes nesse momento. Todo seu trabalho permanece em uma incompleta proposta, que encontra dificuldades para se concretizar em ações subseqüentes. O próprio Vaillant e as várias associações e comissões criadas para essa finalidade são inevitavelmente absorvidas, principalmente, pelo trabalho sobre o ensino primário, para se refazer e traduzir por completo em programas e iniciativas concretas as palavras de ordens gerais. Dar substância e utilização específica e cotidiana às teses gerais não representa decerto uma tarefa simples em uma Paris tão atormentada e comprometida pelas vicissitudes militares e de sobrevivência. O esforço maior é realizado sobretudo para tornar a escola efetivamente laica, expulsando toda forma de ingerência religiosa e dogmática, empreitada difícil no contexto histórico da França da época. Na realidade, nem mesmo esse objetivo será completamente realizado também em conseqüência da carência de professores disponíveis e com uma formação adequada.[43] Pode-se ler em uma convocação de um *arrondissement* às famílias:

> A escola é um terreno neutro sobre o qual todos aqueles que aspiram à ciência devem se encontrar e dar as mãos. É sobretudo na escola que é iminente ensinar à criança que toda concepção filosófica deve ser submetida ao exame da razão e da ciência. A Comuna não pretende seguir nenhuma fé religiosa, mas tem o dever rigoroso de vigiar, a fim de que a criança não possa ser violentada, ao seu redor, por afirmações que a sua falta de conhecimento não lhe permite controlar nem aprovar livremente.[44]

Ao mesmo tempo denuncia-se a ignorância que a monarquia e a Igreja sempre difundiram negando ao povo ingressar na instrução ou corrompendo-a com crenças falsas e tendenciosas.[45] Em suma, a variada reforma que toda municipalidade realiza, levando em conta as condições especificas, une-se às idéias gerais que vimos e ilustramos e que representam a primeira tentativa de organizar o ensino de forma concreta, segundo os princípios da Internacional libertária.[46]

3. A Internacional antiautoritária

Os trágicos resultados da Comuna de Paris aceleram o processo de diferenciação no interior do movimento revolucionário internacional.[47] Em particular,

---

[43] *Ibidem*, pp. 214-218.

[44] "Les principes de l'école nouvelle et leur application", In: FROUMOV (Org.), *La Commune de Paris et la démocratisation de l'école*, Moscou, Ed. du Progrès, p. 114, s. d. (1958).

[45] *Ibidem*, pp. 126-153.

[46] *Ibidem*, pp. 154-198. Consulte também: DOMMANGET, *La Commune*, pp. 218-225.

[47] E. CIVOLANI, *L'anarchismo dopo la Commune*, Milão, FrancoAngeli, 1981.

A PRIMEIRA INTERNACIONAL E A COMUNA DE PARIS

manifesta-se a luta entre as posições de Karl Marx e as de Mikhail Bakunin, ou seja, entre a pretensão autoritária expressada pela conferência de Londres de 17 a 23 de setembro de 1871 — na qual se afirma definitivamente a linha centralista do socialismo autoritário —, e o crescimento das exigências e das reivindicações de autonomia e de federalismo expressadas por muitas seções locais e nacionais, Itália e Suíça à frente.[48] Para dar prontamente uma resposta concreta a respeito das discussões das "posturas ditatoriais" expressadas sob forma de decretos, "o que é contrário aos princípios fundamentais da Internacional", é convocado, pela conferência de Londres, o congresso regional da Suíça romanda[49], por meio de circular datada de 31 de outubro de 1871. Nessa ocasião, o problema do domínio político emerge em toda a sua ambivalência, e por parte dos delegados presentes é contestada a linha libertária contrária a toda tomada de poder e de uso do Estado para transformar a sociedade:

> A sociedade futura não deve ser outra coisa senão a universalização da organização que a Internacional terá dado. Devemos, portanto, nos preocupar em aproximar o quanto possível essa organização do nosso ideal. Como se poderia imaginar uma sociedade igualitária e livre nascida de uma organização autoritária? É impossível. A Internacional, embrião da futura sociedade humana, foi levada a ser, até agora, a imagem fiel de nossos princípios de liberdade e de federação, e a expulsar de seu âmago todo princípio tendendo à autoridade, à ditadura.[50]

O congresso de Sonvellier é realizado em 12 de novembro de 1871, no qual é fundada a Federação Jurassiana,[51] que aceita plenamente as teorias anarquistas e destaca, sobretudo, a coerência entre meios e fins que caracteriza todo o conteúdo libertário. Isso naturalmente não pode deixar de incidir sobre as problemáticas educativas de modo significativo, caracterizando, de maneira clara, a pedagogia libertária que encontra um novo impulso por meio da forma de instrução integral no interior da Internacional, e se desenvolverá com os educadores libertários na pesquisa de metodologias coerentes com os fins da liberdade e da igualdade. Como conseqüência desses acontecimentos, assiste-se a uma evidente aceleração do pro-

---

[48] GUILLAUME, L'Internationale, Troisième partie, pp. 1-231; BRAVO, La prima Internazionale, vol. I, pp. 409-624.

[49] "Convocazione del congresso di Sonvellier" (1871), In: BRAVO, La prima internazionale, vol. II, pp. 629-630.

[50] "Il congresso di Sonvellier. Circolare a tutte le federazione dell'Associazione Internazionale degli operai" (1871), In: Ibidem, p. 637.

[51] C. THOMANN, Le Mouvement anarchiste dans les Montagnes neuchateloises et le Jura bernois, La Chaux-de-Fonds, 1947, dissertação de graduação junto à Faculdade de Direito, Universidade de Neuchâtel; M. ENCKELL, La Federazione del Giura, Lugano, La Baronata, 1981; GUILLAUME, L'Internationale, vol. I, pp. 232-244.

180 "A BOA EDUCAÇÃO" – EXPERIÊNCIAS LIBERTÁRIAS E TEORIAS ANARQUISTAS...

cesso de constituição da facção antiautoritária da Internacional. Cabe ao movimento operário e camponês italiano promover, em primeiro lugar, uma mudança decisiva nas relações internas, escolhendo claramente o bloco anarquista. Em Rimini, realiza-se entre 4 e 6 de agosto de 1872 uma conferência que representa o primeiro congresso da *Federazione italiana dell'Associazione Internazionale dei Lavoratori* [Federação italiana da Associação Internacional dos Trabalhadores].[52] Nessa sessão, os delegados afirmam terminantemente os princípios do socialismo anarquista e do federalismo libertário, associando-se aos companheiros franceses[53], espanhóis[54] e da Suíça Romanda, insistindo na impossibilidade de continuar a coexistir em uma organização que, desde já, tomou uma sinuosidade autoritária e, portanto, contrária ao espírito originário da Internacional. Enfim, decidem enviar apenas um delegado para o próximo congresso em Haia. As resoluções não contêm nenhuma alusão às problemáticas educativas, senão convocações genéricas à emancipação integral do proletariado, sendo preeminente, nesse momento, a necessidade de dar solidez organizativa e projetista à cisão da facção marxista e autoritária da Internacional.

---

[52] "La rivolta antiautoritaria", In: *Volontà*, a. XXV n. 5, Pistoia, setembro-outubro de 1972. Número especial pelo centenário da Conferência de Rimini (4-6 agosto 1872); BRAVO, *La prima Internazionale*, vol. I, pp. 782-790; SALSANO, *Antologia del pensiero socialista*, pp. 565-584; GUILLAUME, *L'Internationale*, pp. 240-260. Sobre a origem do movimento operário na Itália e sobre a influência de Bakunin nesse país, consulte: A. ROMANO, *Storia del movimento socialista in Italia*, Roma, 3 vol., 1954.; N. ROSSELLI, *Mazzini e Bakunin. Dodici anni di movimento operaio in Italia (1860-1872)*, Turim, Einaudi, 1967; A. AGOSTI, *Le internazionali operaie*, Turim, 1973; VÁRIOS, *Anarchismo e socialismo in Italia, 1872-1892. Atti del convegno «Marxisti e rifinisti»*, Rimini 1972, Roma, Ed. Riuniti, 1974; P. C. MASINI (Org.), *Carte della commissione di corrispondenza dell'archivio della federazione internazionale dei lavoratori (1872-1874)*, Milão, 1966; Idem, *La Federazione italiana dell'Associazione Internazionale dei Lavoratori. Atti ufficiali*, Milão, 1963; Idem, *Storia degli anarchici italiani. Da Bakunin a Malatesta*, Milão, Rizzoli, 1962; G. CERRITO, *Le origini dell'Internazionale in Sicilia*, Messina, 1951; Idem, *Andrea Costa nel socialismo italiano*, Roma, 1982; E. CONTI, *Le origini del socialismo a Firenze (1860-1880)*, Roma, 1950; L. VALIANI, *Storia del movimento socialista. 1. L'epoca della Prima Internazionale*, Firenze, 1951; N. DELL'ERBA, *Le origini del socialismo a Napoli (1870-1892)*, Milão, FrancoAngeli, 1979; P. F. BUCCELLATO, M. IACCIO, *Gli anarchici nell'Italia meridionale. La stampa (1869-1893)*, Roma, Bulzoni, 1982; L. BRIGUGLIO, *Il partito operaio e gli anarchici*, Roma, 1969; D. PERLI, *Il partito operaio italiano*, Padova, 1971; Idem, *I congressi del partito operaio italiano*, Padova, 1972; O. GNOCCHI VIANI, *Ricordi di un internazionalista*, Padova, 1974; G. MANACORDA, *Il movimento operaio italiano*, Roma, Ed. Riuniti, pp. 105-150, 1974; Idem, *Il socialismo nella storia d'Italia*, Bari, Laterza, vol. I, pp. 105-138, 1975.

[53] MAITRON, *Le mouvement anarchiste en France*, Paris, Gallimard, vol. I, pp. 67-108, 1992.

[54] Sobre o movimento libertário e operário na Espanha, consulte: A. LORENZO, *Il proletariato militante (1901)*, Catania, Anarchismo, 1978; J. G. CASAS, *Storia dell'anarcosindacalismo spagnolo*, Milão, Jaca Book, pp. 27-106, 1974; M. BOOKCHIN, *Los anarquistas españoles*, Barcelona, pp. 41-162, 1980; A. PAZ, *Los internacionales en la region española 1868-1872*, Barcelona, 1992; C.E. LIDA, *Anarquismo y Revolucion en la España del XIX*, Madri, 1972.

A PRIMEIRA INTERNACIONAL E A COMUNA DE PARIS

181

No congresso de Haia (2-7 de setembro de 1872) as duas posições tomam consciência de sua diversidade e se formalizam provocando, conseqüentemente, a definitiva ruptura do movimento proletário internacional. É James Guillaume que, com extrema clareza, representa as razões do socialismo antiautoritário, contestando com vigor a corrente autoritária embutida na Associação de Marx e de seus seguidores.[55] A componente libertária decide imediatamente convocar um congresso próprio em Saint-Imier, em 15 e 16 de setembro de 1872, com os delegados suíços, italianos, franceses, espanhóis, americanos e belgas, no qual é formalizada a criação da Internacional antiautoritária, fundamentada em bases federalistas, em contraposição ao centralismo do Conselho Geral dirigido por Marx.

As várias resoluções aprovadas definem o pensamento libertário e reafirmam os princípios essenciais.[56] Em particular, é ratificado que o empenho deve dirigir-se para a ação revolucionária que, "destruindo todo privilégio e todas as distinções de classe, oferecerá ao operário o direito de desfrutar do produto integral de seu trabalho, e, conseqüentemente, os meios para desenvolver, na coletividade, toda a sua força intelectual, material e moral."[57]

No ano seguinte, em Genebra, é convocado o VI congresso geral da AIT (o primeiro da Internacional antiautoritária depois da fundação) entre os dias primeiro e seis de setembro de 1873, testemunhando, assim, uma nova era na vida da Associação Internacional dos Trabalhadores e no panorama político sindical da Europa. Estão presentes os delegados da Inglaterra, Bélgica, Espanha, França, Holanda, Itália, Jura, e a influência das idéias de Bakunin se interpõe nas várias intervenções que se sucedem. Em particular, a luta contra a autoridade divina e temporal representa a finalidade da ação revolucionária; e a luta transcorre — mesmo quando ela é parcial e limitada a um segmento particular da sociedade — como um verdadeiro exercício para o recrutamento de novos militantes e para a difusão dos ideais libertários. As lutas constituem um instrumento pedagógico por excelência na formação das consciências revolucionárias. A ação é antes interpretada como educação para a mudança radical do que como um instrumento para se conseguir objetivos parciais: o que conta é a preparação que os proletários realizam e que representa, de fato, a verdadeira escola para a revolução. A ação (meio) é indispensável à formação de um novo homem que se forma no contato crítico e de ruptura com a realidade alienante do trabalho assalariado e da autoridade do Estado.

O sétimo congresso geral da A.I.T. (federalista) ocorre em Bruxelas, entre 7 e 13 de setembro de 1874, e discute-se uma questão crucial também para o nosso

---

[55] GUILLAUME, L'Internationale, pp. 336-337.
[56] GUILLAUME, L'Internationale, vol. II, t. III, pp. 2-16.
[57] Quatrième Résolution, In: Ibidem, p. 9.

182 "A BOA EDUCAÇÃO" – EXPERIÊNCIAS LIBERTÁRIAS E TEORIAS ANARQUISTAS...

interesse, ou seja, a questão dos serviços públicos em uma sociedade libertária. É necessário considerar que estamos entrando em uma fase da história do movimento anarquista e libertário na qual os protagonistas do debate político e social estão engajados em definir o projeto prático e exaustivo da organização da sociedade futura, depois da fase de sistematização teórica e de diferenciação das outras escolas de pensamento, em particular aquela marxista. Um período evidentemente menos intuitivo e polêmico, porém, mais voltado para tornar a organização da sociedade futura plausível e desejável. A discussão é aberta com o relatório da seção de Heigne-sous-Jumet, segundo uma organização tipicamente federalista, que, partindo de uma gestão da comunidade local, chega a uma dimensão cantonal e confederativa dos serviços públicos em uma sociedade futura.[58]

A seção de Genebra retoma o assunto da definição de uma nova organização social, capaz de surgir das cinzas da sociedade burguesa, fundamentando-se sobre o novo princípio de que os serviços públicos deveriam encontrar a sua razão e função estando a serviço de uma coletividade, e não mais de uma classe de privilegiados. Em particular, é destacada a necessidade de discutir, entre outros assuntos, algumas escolas: "Determinação das bases gerais sobre as quais se fundamentará o ensino. Criação e manutenção dos museus, bibliotecas, coleções, laboratórios científicos etc."[59] O raciocínio dos genebreses parte da constatação de que na sociedade atual o ensino já é considerado como um serviço público. Os programas, assim chamados por alguns integrantes do corpo docente, são de competência do Estado. Esse, obviamente, tem como escopo aquele de criar alguns cidadãos obedientes e submissos, também por meio do condicionamento religioso, introduzido exatamente para esse fim nos programas escolares. Conseqüentemente, toda forma de instrução científica é sacrificada, sobretudo, na escola elementar, que permanece o nível mais freqüentado pelos filhos dos proletários. Na nova organização social as comunas federadas não podem considerar o ensino senão como um serviço público: a sociedade possui o escopo de assegurar o desenvolvimento integral das faculdades de todo o indivíduo "a fim de que cada cidadão possa se tornar um produtor capaz e inteligente."[60]

Nenhuma forma de doutrinação religiosa deverá ser concedida, em vez disso, grande espaço, ao contrário, deve ser concedido ao estudo das ciências naturais, matemáticas e biológicas, à geografia, à história, às línguas, às artes expressivas e aos ofícios. Os professores deverão ser escolhidos pela comunidade e pelos grupos,

---

[58] "Rapport de la section d'Heigne-sous-Jumet sur la question des services publics", In: FREYMOND (Org.), *La Première Internationale. Recueil de documents*, Genebra, 4 vol., 1962, t. IV, pp. 272-273.
[59] La section de propagande de Genève aux délégués du Congrès Général, In: *Ibidem*, p. 276.
[60] *Ibidem*, p. 278.

A PRIMEIRA INTERNACIONAL E A COMUNA DE PARIS 183

que são os gestores das escolas, dentro das linhas essenciais ditadas pela Federação que garante, desse modo, e substituindo o Estado, o valor público do serviço. Graças a essa instrução pública não-estatal, todos serão capazes de aprender os conhecimentos essenciais para exercer a sua profissão e seu papel ativo na comunidade, superando nos acontecimentos a lógica classista e seletiva da escola burguesa. Em suma, "o funcionamento dos serviços públicos organizados dessa forma e sempre verificados pelo controle efetivo de todos, retoma na prática concreta aquilo que impropriamente chamamos hoje de sufrágio universal."[61] Portanto, é configurada aqui uma organização social e da instrução, absolutamente caracterizada por uma gestão social e federalista, com caráter público, mas não estatal.[62] A perspectiva é, assim, aquela de um tipo de municipalismo libertário e de um federalismo efetivo que saiba unir a exigência da pluralidade com a especificidade de gestão não-estatal, antecipando, dessa maneira, um debate extremamente atual.[63] Em particular, emergem dois pareceres essencialmente significativos representados pelo socialismo do notável César de Pape (1842-1890)[64] e pelo anarquismo da federação jurassiana representado por Adhémar Schwitzguébel (1844-1895)[65]. César de Pape, sem dúvida, é o personagem mais notável do socialismo belga presente entre os delegados no congresso, e seu pensamento retoma fortemente algumas concepções libertárias de Proudhon e, em geral, da idéia anarquista, mesmo se ele procura, em alguma medida, recuperar algumas concepções marxistas, oscilando entre as críti-

---

[61] *Ibidem*, p. 285.

[62] GUILLAUME, *L'Internationale*, pp. 55-82.

[63] Para um aprofundamento libertário e atual dessa problemática, consulte: P. e P. GOODMAN, *Communitas*, Bolonha, Il Mulino, 1970; M. BOOKCHIN, *Post-scarcity anarchism*, Milão, La Salamandra, 1979; Idem, *I limiti della città*, Milão, Feltrinelli, 1975; Idem, *L'ecologia della libertà*, Milão, Elèuthera, 1986; Idem, *Per una società ecologica*, Milão, Elèuthera, 1989; Idem, *Democrazia diretta*, Milão, Elèuthera, 1993; Idem, *L'idea dell'ecologia sociale*, Palermo, Ila Palma, 1996; K. SALE, *Le ragioni della natura*, Milão, Elèuthera, 1991; N. J. TODD, J. TODD, *Progettare secondo natura*, Milão, Elèuthera, 1989; P. M. TOESCA, *Teoria del potere diffuso*, Milão, Elèuthera, 1998; Idem, *Manuale per fondare una città*, Milão, Elèuthera, 1994; R. LORENZO, *La città sostenibile*, Milão, Elèuthera, 1998; F. SAVATER, *Contro le patrie*, Milão, Elèuthera, 1999; E. ZARELLI, *Un mondo di differenze*, Casalecchio (BO), Arianna editrice, 1998; A. ETZIONI, *Nuovi comunilari*, Casalecchio (BO), Arianna editrice, 1998; VÁRIOS, "Philosophie politique de l'anarchisme", In: *Réfractions*, n. 2, Lyon, verão de 1998; VÁRIOS, "Espaces d'anarchies", In: *Réfractions*, n. 4, Lyon, outono de 1999; F. BUNCUGA, *Conversazioni con Giancarlo De Carlo*, Milão, Elèuthera, 2000.

[64] L. BERTRAND, *César de Pape. Sa vie, son oeuvre*, Bruxelas, 1909; J. DROZ, "Il socialismo belga all'epoca della I Internazionale: César de Pape", In: J. DROZ (Org.), *Storia del socialismo*, Roma, Ed. Riuniti, vol. 1, pp. 639-643, 1973.

[65] GUILLAUME, *L'Internationale*, ad nomen. Sobre os conteúdos dessas discussões, consulte: GUILLAUME, *L'Internationale*, pp. 210-235; GUÉRIN, *Né Dio né padrone*, vol. I, pp. 301-328; SALSANO, *Antologia del pensiero socialista*, vol. II t. 2, pp. 436-441.

184 "A BOA EDUCAÇÃO" – EXPERIÊNCIAS LIBERTÁRIAS E TEORIAS ANARQUISTAS...

cas de uma parte e de outra, para a sua tentativa de unir o federalismo libertário a um tipo de organização social estatal. Ele ilustra as suas posições por meio de um longo documento sobre organizações dos serviços públicos na sociedade futura.[66]

O debate que deriva daí diz respeito também indiretamente à questão da educação e da escola, considerada exatamente como um dos serviços públicos mais importantes e relevantes da sociedade futura. De Pape sustenta que existem duas escolas de pensamento diferentes: uma tende a deixar a gestão desses serviços à iniciativa privada, a outra os coloca sob a gestão do Estado ou de uma outra organização descentralizada. Ele é favorável, naturalmente, a essa segunda hipótese sustentando, contudo, que a complexidade e a dimensão de certos serviços de interesse geral, por sua natureza, não podem nada mais além de prever uma organização mais ampla e, conseqüentemente, uma gestão administrativa de caráter permanente e uma certa forma de centralização que, mesmo se resultante de uma confederação, preveja uma forma de Estado não-autoritário, no sentido em que os poderes que lhe serão conferidos sejam meramente executores das decisões assumidas em conjunto. Essa é uma posição que procura mediar entre as duas essências do socialismo, sustentando que Estado e Comuna livre não são termos contrários, mas, antes, encontram complementação recíproca. À concepção liberal do Estado como gendarme, ele opõe aquela do Estado desarmado, mas com a função de instruir a juventude e centralizar os grandes trabalhos de interesse público: "A comuna torna-se essencialmente o órgão das funções políticas ou definidas como tais: a lei, a justiça, a segurança, a garantia dos contratos, a proteção dos incapacitados, a vida civil; mas esse é, ao mesmo tempo, um órgão de todos os serviços públicos locais. O Estado torna-se essencialmente o órgão da unidade científica e dos grandes trabalhos necessários à sociedade."[67]

A resposta de Schwitzguébel não se faz esperar. Ele contesta o uso do termo Estado para indicar a futura forma organizativa da sociedade: "Para mim, é impossível aplicar à federação das comunas o nome de Estado. Reservo esse nome àquela organização política da sociedade que a revolução econômica terá destruído: àquela organização que pressupunha o domínio de uma classe, a existência de um governo; àquela organização que se baseva totalmente na idéia de autoridade (...). A sociedade humana, quando repelir para longe de si o governo e as instituições políticas, não será mais organizada em um Estado: a nova organização que haverá será a federação econômica."[68] Além disso, ele contesta a comparação que De Pape

---

[66] "De l'organisation des services publics dans la société future", In: FREYMOND (Org.), *La Première Internationale*, pp. 292-338.

[67] C. DE PAPE, "De l'organisation...", In: D. GUÉRIN, *Né Dio né padrone*, vol. I, p. 318.

[68] A. SCHWITZGUÉBEL, "La questione dei servizi pubblici", In: SALSANO, *Antologia del pensiero socialista*, pp. 438-439.

A PRIMEIRA INTERNACIONAL E A COMUNA DE PARIS   185

faz em relação à instrução pública que, estando até agora a serviço da perpetuação
dos privilégios, nem por isso deveria deixar de ser pública, afirmando que é uma
comparação descabida, uma vez que o ensino público é embasado exatamente
em um princípio oposto àquele da autoridade, ou seja, na ciência e no trabalho
ligado a ela. Em suma, é proposta a teoria de que a palavra Estado esteja ligada
ao significado de poder político, e que a futura organização social libertária seja
definida como Federação das Comunas. Isso decerto não apenas por uma questão
lexical, mas também substancial, no sentido em que deve ser recusada toda mescla,
mesmo terminológica, entre os dois conceitos, que são contrários e que poderiam
gerar confusão e pouca clareza entre as massas proletárias, com vantagem total
para a burguesia e para o socialismo autoritário.[69] O debate sobre a gestão social
dos serviços públicos, incluindo a escola, assume, então, uma relevância notável
e conserva toda a sua atualidade. De fato, lê-se:

> Quanto à constituição de grupos de produtores, a espontaneidade dos interesses
> revolucionários que estão na origem de seu nascimento, será o ponto de partida de
> sua organização e do desenvolvimento dessa organização do ponto de vista da
> reorganização social. Sendo agrupados livremente por ação revolucionária, os tra-
> balhadores continuarão nesse livre agrupamento para realizar a organização da
> produção, das trocas, da circulação, da instrução e da educação, da higiene, da
> segurança pública.[70]

Em suma, segundo a Internacional antiautoritária, a Federação dos produtores
e das comunas substitui o princípio de Estado, e o conceito dominante torna-se
aquele da autonomia, da mesma forma como no interior da organização internacional dos trabalhadores ocorre em contraposição à lógica do partido político. A destruição do Estado não pode ocorrer por meio da centralização de poder, mesmo
que seja proletário: "Sim, a nossa Associação foi a demonstração da fecundidade
do princípio de autonomia e da livre federação; e é com a aplicação desse princípio
que a humanidade poderá marchar para novas conquistas para assegurar o bem-
estar moral e material a todos."[71] Os princípios gerais são, dessa forma, apresentados: a escola e a instrução são alguns serviços públicos não organizados dentro
do Estado, mas, antes, a expressão das comunidades locais federadas. Todos os
problemas que uma organização similar apresenta não são debatidos, mas tudo
isso constitui uma diretriz de pesquisa extremamente atual.[72]

---

[69] *Ibidem*, pp. 440-441.
[70] Risposta di Adhémar Schwitzguébel a César de Pape, In: GUÉRIN, *Né Dio né padrone*, vol. I, p. 324.
[71] *Ibidem*, pp. 327-328.
[72] Interessante como a questão da internacionalização é abordada nesse congresso também com a
necessidade de ter uma única língua, comum a todos, para facilitar a troca e a integração entre os

186 "A BOA EDUCAÇÃO" – EXPERIÊNCIAS LIBERTÁRIAS E TEORIAS ANARQUISTAS...

Enfim, são reafirmados, por muitas partes, os valores desde já clássicos da formação integral, da educação antiautoritária, da supremacia das ciências sobre toda forma de metafísica e a necessidade de que essas instâncias tornem-se patrimônio de toda a humanidade, e que a luta, para se conseguir uma cultura libertária, seja acompanhada por uma luta social mais geral.[73]

O oitavo congresso, que ocorre em Berna, entre 26 e 30 outubro de 1876, enfoca novamente a questão do Estado e de seu papel na determinação das desigualdades e evidencia, com mais clareza, as diferenças entre o socialismo de César de Pape e os anarquistas (James Guillaume e Errico Malatesta, entre outros).[74] O último congresso (Verviers, entre 6 e 8 de setembro de 1877)[75] não discute nenhuma questão relativa aos nossos temas educativos, senão no interior das tradicionais convocações que confirmam as idéias já amplamente expressadas.

Instrução integral, luta como forma educativa, denúncia contínua e incessante das condições da infância na sociedade burguesa, formação absolutamente laica, organização sobre bases federalistas do sistema escolar, oficina como modelo de escola-trabalho: são essas, resumidamente, as propostas que a Associação Internacional dos Trabalhadores engendrou no interior de sua agitada experiência histórica.

---

povos. Uma língua que se torna um desafio cultural, que os internacionalistas trazem ao debate de maneira explícita. ("Rapport sur la langue universelle", In: FREYMOND, *La Première Internationale*, pp. 341-345).

[73] *Ibidem*, pp. 372-400.

[74] *Stato e anarchia* (Berna 1876), In: SALSANO, *Antologia del pensiero socialista*, pp. 441-454. E ainda: FREYMOND (Org.), *La Première Internationale*, pp. 464-492.

[75] FREYMOND (Org.), *La Première Internationale*, pp. 515-593.

8. ÉLISÉE RECLUS:
EDUCAÇÃO E NATUREZA

1. Premissa

Com Élisée Reclus a educação libertária encontra, em sua parte mais original, uma simbiose com a natureza humana e geoambiental. O grande geógrafo, o cientista dotado de um forte senso ético no exercício de sua vocação profissional, une-a com a pesquisa científica, que o leva a uma exaltação da Natureza em seus aspectos fundamentais da identidade humana.

A respeito dos outros autores até aqui examinados, ele coloca em evidência como a ciência deve ser fortemente ligada a uma interpretação ética do desenvolvimento histórico e social, e a educação, por conseqüência, não pode senão favorecer essas simbioses, garantindo, deste modo, uma verdadeira, profunda, porque natural, libertação humana. Portanto, temos a superação da dependência mágica da natureza, não por meio da religião, mas com o pleno reconhecimento da natureza-homem, ou seja, a colocação do homem na natureza, da qual não se abstrai (arbitrariamente), mas dentro da qual se identifica e da qual se considera parte para todos os efeitos (imanentismo natural).

> Em nossa época de crise aguda, na qual a sociedade encontra-se profundamente chocada, em que o redemoinho da evolução torna-se tão rápido que o homem, tomado pela vertigem, procura um novo ponto de apoio para a direção de sua vida, o estudo da história é de interesse tão mais precioso quanto o seu futuro incessantemente acrescido oferece uma série de exemplos mais ricos e mais variados. A sucessão das idades torna-se para nós uma grande escola na qual os ensinos classificam-se diante de nosso espírito e, ao mesmo tempo, acabam por reagrupar-se em leis fundamentais (...). É dentro da pessoa humana, elemento primário da sociedade, que é necessário buscar um choque impulsivo das condições ambientais, destinado a traduzir-se em ações voluntárias para difundir as idéias e participar

das obras que modificarão o andamento das nações. O equilíbrio das sociedades não é instável senão para o gene imposto aos indivíduos em seu franco desenvolvimento. A sociedade livre estabelece-se por meio da liberdade fornecida em seu desenvolvimento completo a cada pessoa humana, primeira célula fundamental, que se agrega, em seguida, como lhe agrada, às outras células da humanidade mutante. É na proporção direta dessa liberdade e desse desenvolvimento inicial do indivíduo que as sociedades ganham em valor e em nobreza: é do homem que nasce a vontade criadora que constrói e reconstrói o mundo.[1]

Com essas palavras Élisée Reclus[2] introduz a sua extraordinária e monumental obra de geógrafo social. Ele faz parte daqueles personagens que marcaram profun-

---

[1] E. RECLUS, *Préface à L'Homme et la Terre*, Paris, Librairie universelle, vol. 1, pp. II-III-IV, 1905 (A obra completa é composta por seis volumes).

[2] Sobre a vida e obra de Reclus, consulte: M. NETTLAU, Eliseo Reclus. *La vida de un sabio justo y rebelde*, Barcelona, 1928; H. DAY (Org.), *Élisée Reclus (1830-1905): savant et anarchiste*, In: *Pensée et Action*, n. 5, Paris-Bruxelas, 1956; P. RECLUS, *Les frères Élie et Élisée Reclus ou du protestantisme à l'anarchisme*, Paris, 1964; G. S. DUNBAR, *Élisée Reclus, historian of nature*, Hamden (Connecticut), 1978; Colectivo de Geografos, *Eliseo Reclus. La geografía al servicio de la vida*. Antologia, Barcelona, 1980; M. T. VICENTE MOSQUETE, *Eliseo Reclus. La geografía de un anarquista*, Barcelona, 1983; G. MESNIL, Note biografiche, In: *E. Reclus, Scritti Sociali*, Bolonha, Libreria Intemazionale di avanguardia, 1951; N. BRÉMAND, "Un professeur pas comme les autres", In: *Itinéraire*, Chelles, n. 14, 1998; M. FLEMING, *He anarchist way to socialism*, Londres, Croomhelm, 1979, t. 1; A. FRANCOIS, *Élisée Reclus et l'anarchie*, Gand, Volksdrukkerij, 1905; Institut des Hautes Études de Belgique, *Élisée Reclus: colloque organisé à Bruxelles les 1 et 2 février 1985*, Bruxelas, Institut des Hautes Études de Belgique: Société royale belge de Géographie, 1986; P. NENAULT, *Mémoire DESS de Science politique: Élisée Reclus: approches pour l'actualiser*, Paris, Université de Paris II, 1974; BERTI, *Il pensiero anarchico. Dal Settecento al Novecento*, Manduria, Lacaita, pp. 637-666, 1998; NETTLAU, *Breve storia dell'anarchismo*, pp. 74-76 e pp. 161-164; J. P. CLARK, "Introduzione al pensiero sociale di Reclus", In: *Élisée Reclus, Natura e società*, Milão, Elèuthera, 1999; J. P. CLARK, *La pensée sociale d'Élisée Reclus*, Lyon, Atelier de Création Libertaire, 1996; P. L. ERRANI, "Quell'anarchico di Reclus", In: *Volontà*, a. XLVI, n. 4, Milão, dezembro de 1992; L. GALLEANI, "Impressioni e ricordi", In: *E. Reclus, Scritti sociali*, Buenos Aires, 1930; P. L. ERRANI, Introduzione, In: Idem, *Élisée Reclus. L'Homme. Geografia sociale*, Milão, FrancoAngeli, 1984; F. EVA, "Geografia contro il potere", In: *Volontà*, a. XLVI, n. 4, Milão, dezembro de 1992; R. ALTIERI, "Élisée Reclus. Note su uno scienziato anarchico" (1830-1905), In: *Rivista storica dell'anarchismo*, a. III, n. 2, Pisa, julho-dezembro de 1996. Importantes informações podem ser encontradas também em: GUILLAUME, *L'Internationale. Mémoires et souvenirs*, Paris, 1905; WOODCOCK, *L'anarchia*; MAITRON, *Le mouvement anarchiste en France*, t. I; J. DE MEUR, *L'anarchisme en Belgique*, Bruxelas, P. De Méyère Editeur, pp. 35-40, 1970; TOMASI, *Ideologie libertarie e formazione umana*, Florença, La Nuova Italia, pp. 196-201, 1973; H. RYNER, Élisée Reclus, In: *La Brochure mensuelle*, n. 61, Janvier, 1928; P. KROPOTKIN, Élisée Reclus, In: *Les Temps nouveaux*, n. 11, Paris, 15 de julho de 1905; *Les Cahiers Élisée Reclus. Documents, informations, discussions*, do n. 1 (dezembro de 1996) ao n. 24 (maio de 1999), Bergnac, Ed. Librairie La Brèche; H. CHARDAK, E. Reclus. *L'homme qui aimait la Terre*, Paris, Stock, 1997; H. RYNER, *Il crepuscolo di Eliseo Reclus*,

ÉLISÉE RECLUS: EDUCAÇÃO E NATUREZA

damente a história e que não podem ser certamente esquecidos. Geógrafo ilustre[3] em seu tempo, fundador da moderna geografia social, juntamente com Piotr Kropotkin, procurou dar um fundamento científico ao ideal anarquista.

Reclus realiza uma tentativa mais profunda de interpretar todo o acontecimento humano interligando a realidade histórica àquela natural, com uma abordagem do tipo "naturalista", o homem à natureza. A sociedade anarquista é a sociedade que substitui as leis históricas e artificiais do poder por aquelas naturalmente espontâneas da sociabilidade humana.[4] Ele é, ao fim do século XIX, um eminente geógrafo reconhecido por toda a comunidade científica internacional, mas a dimensão anarquista de seu pensamento é ocultada ao máximo possível. Porém, um e outro aspecto não são absolutamente separáveis. Ele é, sobretudo, um homem de pensamento, ainda que não despreze nunca a militância e, por isso, expia freqüentemente as perseguições e a repressão como todos os anarquistas. Não é, por exemplo, um cativante e grande orador nos congressos da Internacional. Modesto e reservado, a sua vida é simples e discreta. Mas existe um outro caráter do pensamento de Reclus que é, todavia, pouco conhecido, isto é, aquele de educador e pedagogo. Não escreveu textos exclusivamente centrados na educação das crianças. Portanto o seu pensamento pedagógico transparece mais por meio de suas obras gerais, seja sobre a geografia ou aquelas de caráter político, e não em verdadeiros tratados sobre temas educativos. Por isso, é interessante examinar

---

Florença, setembro de 1954; L. FABBRI, "Las relaciones entre el hombre y la naturaleza en la obra de E. Reclus", In: *La Protesta*, ano IX n. CCCXXIV, Buenos Aires, MCMXXX; H. DAY, *Élisée Reclus et Han Ryner*, Paris-Bruxelas, Pensée et Action, 1956. Sobre sua concepção pedagógica, consulte: V. GOBY, *Élisée Reclus: un anarchiste et l'éducation*, Mémoire présenté à l'Institut d'Études Politiques de Paris, Paris, 27 de novembro de 1995.

[3] Recordamos as suas obras de geografia, além da já citada *L'Homme et la Terre: Voyage à la Sierra Nevada de Sainte-Marthe*, Paris, Hachette, s. d.; *Guide du Voyageur à Londres et aux environs*, Paris, Hachette, 1860; *Guide en Savoie*, Paris, Guide Joanne, s. d.; *La Terre. Les continents*, Paris, Hachette, 1868; *Introduction au Dictionnaire des Communes de France* (com o irmão Élie), Paris, Hachette, 1869; *Les phénomènes terrestres. Des continents*, Paris, Hachette, 1870; *Les phénomènes terrestres. Les mers et les météores*, Paris, Hachette, 1872; *La Terre. L'océan, l'atmosphère, la vie*, Paris, Hachette, 1881; *Les produits de la terre*, Paris, Le Révolté, 1885; *Les produits de l'industrie*, Paris, Ed. du Révolté, 1891; *Richessse et Misère*, Paris, Publication de la Révolte, 1898; *Histoire d'une montagne*, Paris, Bibliothèque d'Éducation et de Récréation, s.d.; *Histoire d'un ruisseau*, Paris, Bibliothèque d'Éducation et de Récréation, s. d.; *Les Volcans de la Terre*, Bruxelas, Société Belge d'Astronomie, 1906, 1908, 1910 (três fascículos); *Nouvelle Géographie Universelle*, Paris, 1875-1894, 19 volumes; Enseñanza de la Geografia, In: *La Protesta*, a. VIII, n. 312, Buenos Aires, 16 de setembro de 1929. Foram excluídos dessa bibliografia os diversos artigos presentes em numerosas revistas especializadas e não-especializadas.

[4] Sobre o pensamento filosófico e social de Reclus, consulte o livro de BERTI, *Il pensiero anarchico. Dal Settecento al Novecento*, Manduria, Lacaita, pp. 637-666, 1998.

190   "A BOA EDUCAÇÃO" – EXPERIÊNCIAS LIBERTÁRIAS E TEORIAS ANARQUISTAS...

a história de sua vida, evidenciando os aspectos que possam, de algum modo, ter contribuído para a sua formação.

2. Do protestantismo ao anarquismo

Élisée Reclus nasceu em Sainte-Foy-là-Grande, pequeno vilarejo no Departamento da Gironda, em 15 de março de 1830. A sua juventude é marcada profundamente por dois acontecimentos essenciais: a perda progressiva da fé cristã e a aproximação impetuosa das idéias do socialismo libertário e do anarquismo. Toda a tensão religiosa se transforma, no decorrer dos anos, em afirmação do ideal político, o amor por um Deus, naquele amor pela Humanidade. Todos os vários biógrafos de Reclus concordam em destacar a influência do pai na vida e na primeira formação dos filhos. Esse é um pastor protestante, profundamente religioso, homem de uma fé rígida e de uma absoluta honestidade, pleno de confiança na providência, profundamente digno. Mas a sua consciência lhe teria permitido faltar, em suas condutas, com os princípios nos quais acreditava firmemente. A vida familiar é assinalada por um severo calvinismo, marcando profundamente a formação de seus filhos. Sobretudo ao exprimir com os feitos uma fecunda generosidade e uma grande coerência com os valores do cristianismo, a ponto de dividir seus bens com os mais pobres. Renuncia à vida abastada e à boa fama construídas com seu empenho cotidiano, além do cargo de presidente do Consistório, e aceita o apelo dos cristãos de Orthez, nos baixos Pirineus, aonde se transfere para continuar a sua missão. Nesse canto perdido da França, realiza com entusiasmo e empenho as suas pregações, enquanto sua mulher abre uma pequena escola para as crianças locais.

A mãe de Élisée, Margaret Trignant, mulher corajosa e devota, tem sobre seus filhos uma influência secundária em relação àquela do pai, ainda que a dedicação ao bem universal encoraje os filhos a seguirem o seu exemplo. O seu empenho em educar bem treze filhos, onze dos quais sobreviveram até a idade adulta, o seu conhecimento da literatura, o seu profundo amor pela família, deixam decerto fortes traços na formação de Élisée Reclus. Ele conservará por ela uma ternura infinita: "Não parece que a educação materna direta tenha atuado muito durante os primeiros anos (...). A mulher do pastor, mãe das crianças que se sucediam rapidamente, a professora, a dona de casa, (...) não tinha certamente tempo de prestar atenção, abraçar os filhos aos quais cada um de seus minutos era dedicado."[5] Na família

---

[5] P. RECLUS, *Les frères Élie et Élisée Reclus ou du protestantisme à l'anarchisme*, Paris, p. 161, 1964.

ÉLISÉE RECLUS: EDUCAÇÃO E NATUREZA

Reclus, o pai é tido como o representante de Deus, a sua função essencial é o cuidado espiritual, lançando-se em uma devoção verdadeiramente completa em relação à meditação e ao ensino, a um cuidado total das coisas espirituais e uma negligência daquelas materiais. Élisée cresce nesse ambiente rigoroso, mas autêntico, impregnado de forte dever moral, de uma elevada ética de vida, mas também em meio a um ambiente natural, único e estimulante, rico de sugestões e precursor de imaginações.

Entretanto, ele jamais interiorizou a fé absoluta e total de seu pai, assim como seus irmãos. Muito cedo compreende a contradição entre uma doutrina que prega o amor pelo próximo, mas que, ao mesmo tempo, propõe a igualdade somente em relação Deus.

Essa contradição aparece-lhe ainda mais evidente quando, em 1840, é enviado pelo pai à Alemanha, em Neuwied, província de Reno, em um instituto dos "Irmãos Morávios", considerado pelo pai como o lugar ideal para a formação de Élisée, e ainda antes de seu irmão Élie. Na realidade, sem que seu pai soubesse, nesse instituto a formação era voltada à obediência, à submissão, à vida metódica e às mentiras convencionais, e, de modo particular, o diretor, pessoa de pouco caráter, estava feliz em adular os jovens ricos e zombar daqueles que eram pobres. Em 1848 inscreve-se na faculdade de teologia de Mountauban com seu irmão Élie, com o qual compartilhará muitas experiências significativas de sua vida. Ao fim da juventude, ambos aprendem a conhecer, pela experiência direta, os atos mais injustos da sociedade burguesa, as desigualdades sociais e os elementos de autoritarismo. A vida no instituto e os acontecimentos que abalam a Europa em 1848 determinam uma aceleração na formação de seus caracteres. De fato, em 1849, ambos deixam as aulas da faculdade para fazer uma viagem pelo Mediterrâneo. Élisée encontra, então, um trabalho no instituto como professor, mas essa segunda experiência apenas confirma a primeira. Nesse meio tempo, as assíduas leituras dos filósofos e sociólogos começam a enveredar as suas idéias para outras direções. Esses comportamentos, os discursos subversivos que começa a considerar, obrigam o reitor da faculdade a expulsá-lo juntamente com o irmão. Transfere-se para Berlim, onde freqüenta os cursos universitários do grande geógrafo Karl Ritter, que influenciará o seu futuro. Em 1851, ele comunica a mãe sua decisão de abandonar definitivamente a velha vocação de tornar-se pastor. Neste ano ainda, elabora um manuscrito intitulado "Desenvolvimento da liberdade no mundo" no qual se pode ler mais claramente as suas convicções libertárias:

> Resumindo assim: a nossa finalidade política em cada nação particular é a abolição dos privilégios aristocráticos e, no mundo inteiro, a fusão de todos os povos. A nossa meta é atingir aquele estado de perfeição ideal no qual as nações

192 "A BOA EDUCAÇÃO" – EXPERIÊNCIAS LIBERTÁRIAS E TEORIAS ANARQUISTAS...

não terão a necessidade de colocar-se sob a tutela de um governo ou de uma outra nação: é a ausência de governo, é a anarquia, a mais alta expressão da ordem. Aqueles que não acreditam que a Terra possa um dia livrar-se da autoridade, não acreditam nem mesmo no progresso; esses são alguns reacionários."[6]

A pobreza na qual vive nesse período é verdadeiramente grande, uma vez que se mantém dando algumas aulas particulares que são mal remuneradas. É tão pobre que é obrigado a permanecer na cama para estudar, durante o inverno, por causa da falta de dinheiro para aquecer o quarto. Não pode pagar as taxas universitárias, e a freqüência nos cursos ocorre sem que ele esteja inscrito formalmente. Em setembro desse mesmo ano decide retornar, juntamente com o irmão Élie, chegado a Estrasburgo, a Orthez, naturalmente, a pé, alimentando-se apenas de pão e dormindo a céu aberto. Em 2 de dezembro de 1851, um golpe de Estado derrota a República e, enquanto os republicanos locais dedicam-se ao desenvolvimento dos acontecimentos, os irmãos Reclus agem sozinhos, com poucos amigos, lançando um manifesto, e tentam, contudo sem sucesso, apoderar-se do Município. Nesse período, as idéias de Élisée Reclus são apenas vagamente anarquistas, mais precisamente libertárias; ainda não estão amadurecidas completamente. Conseqüentemente a esses acontecimentos, os dois irmãos são obrigados a exilar-se e refugiar-se na Inglaterra, de onde, depois, Élisée transfere-se para a Irlanda, onde se ocupa da agricultura. Mas logo, embarca para América do Norte onde chega em 1853 e, encontrando-se sem meios, atuará em vários ofícios, de carregador no porto de Nova York a operário em uma fábrica de embutidos. Algum tempo depois, atua como preceptor na casa de um plantador, aos redores de Nova Orleans, onde é muito estimado, mas, por causa de suas convicções abolicionistas, prefere deixar também esse trabalho.

---

[6] E. RECLUS, "Svolgimento della liberta nel mondo", cit. por: NETTLAU, *Breve storia dell'anarchismo*, p. 75. A edição integral encontra-se em: E. RECLUS, *Scritti sociali*, Bolonha, Libreria Internazionale di Avanguardia, pp. 21-35, 1951. Com o título, "Desenvolvimento do progresso no mundo" esse escrito juvenil de Reclus é publicado pela primeira vez na íntegra na revista *Pensiero e Volontà* (a. II, n. 12, Roma, 1 de outubro de 1925) precedido por um artigo de Luigi Fabbri (*Pensiero e Volontà*, a. II, n. 11, Roma, 16 de setembro de 1925) que, entre outros, comenta: "Ainda que breve, este escrito, talvez no início destinado a ser um opúsculo e, depois, pelo contrário, esquecido e negligenciado como algo não totalmente correspondente ao pensamento do autor, constitui uma totalidade estrutural que mostra um pensamento já formado e maduro, talvez incerto em suas motivações filosóficas, e um pouco audaz e talvez arbitrário em sua visão histórica, mas certamente bem preciso como programa posterior, como vontade de combate e de realização renovadora futura." Segue-se um outro discurso (*Pensiero e Volontà*, a. II, n. 16, Roma, 16 de dezembro de 1925), no qual Fabbri especifica que, enquanto seu artigo anterior estava sendo impresso, o trabalho de Reclus era publicado na França, na revista *Le Libertaire*, de Paris.

ÉLISÉE RECLUS: EDUCAÇÃO E NATUREZA 193

São interessantes algumas observações que ele faz, em uma carta ao irmão Élie, sobre os problemas da educação, à luz de sua experiência de preceptor nessa família americana:

> Deixada sozinha, a criança, como tu mesmo pudeste observar, começa das idéias mais verdadeiras e filosóficas e desenha em primeiro lugar o tronco, depois os ramos e, em seguida, as folhas, mas o homem que instrui a criança, começa pelo outro extremo, prende-se à forma, à aparência exterior e dirige-se de fora para dentro, ensina-lhe os nomes e esquece-se das coisas, enquanto a natureza ensina as coisas e esquece-se dos nomes: dessa forma, as duas educações penetram-se. A educação dos americanos lembra aquela que os pedantes nos proporcionam: eles sabem o nome das coisas, falam dos acontecimentos brutos a toda a Terra e mais tarde conseguimos apresentar a idéia do feito: para servir-me de uma comparação anglo-saxônica, eles colocam os copos na mesa esperando que nós venhamos enchê-los.[7]

Em 1856, vai para a América do Sul, precisamente para a Colômbia, onde se ocupa da agricultura, vivendo com dificuldades, mas continuando a refletir e a estudar, observando os homens e os seus ambientes. A correspondência com seu irmão Élie, nesses anos, é totalmente centrada na observação de como a vida real é diversa daquela descrita nos livros e das descrições das paisagens e das civilizações que descobre.[8] Escreve à sua mãe:

> Observar a terra é, para mim, estudá-la; o único estudo verdadeiramente sério que eu faço é aquele da geografia, e acredito que valha a pena observar a própria natureza em vez de imaginá-la de um escritório fechado. Nenhuma descrição, ainda que bela, pode ser verdadeira, pois não pode reproduzir a vida da paisagem (...); para conhecer é necessário ver.[9]

O seu desejo, na Colômbia, é aquele de encontrar um lugar onde possa fundar uma colônia utópica na qual possa viver em paz com sua família. Essas experiências de mundo são também momentos da vida, e as condições cotidianas das pessoas observadas acrescentam e amadurecem as suas convicções positivistas e político-sociais.

Depois da anistia, em 1857, retorna à França e inicia-se um período relativamente mais calmo no plano da vida social, e um pouco mais difícil naquele afetivo. Casa-se no civil com uma mulher mulata, Clarissa Brian, filha de pai francês e mãe

---

[7] E. RECLUS, "À Élie Reclus" (1853, Nova Orleans), In: Idem, *L'Homme. Geografia sociale*, p. 276.

[8] E. RECLUS, *Correspondance*, Paris, Schleicher frères, 1911-1925, 3 vol., 1240 p. (consulte, por exemplo, o vol. I, p. 65, Élisée à Élie).

[9] *Ibidem*, ("Élisée à sa mère", 13 de novembro de 1855, p. 109).

senegalesa, que morre na vigília da guerra franco-prussiana, deixando-lhe dois filhos. Em 1870, unir-se-á a Fanny L'Herminez, de acordo com os princípios do amor livre, sem nenhuma formalidade jurídica e muito menos religiosa.[10] Atinge progressivamente uma linha política estável, e o percurso definitivo em direção ao socialismo anarquista ao qual chegará, em termos maduros e definidos, depois da Comuna de Paris. Esse é um período de trabalho assíduo que, em pouco tempo, torna-o cientista conhecido e célebre. Entre 1859 e 1867, publica uma série de artigos sobre geografia e política na *Revue des Deux Mondes,* em grande parte relacionada à América; ao mesmo tempo, colabora na *Tour du Monde* e em revistas geográficas; redige numerosos guias publicados sob a direção de Joanne, da editora Hachette; faz traduções de livros alemães e americanos. Em 1868-69, é lançada sua primeira obra importante *La Terre*, que o torna definitivamente conhecido e considerado pelo mundo dos geógrafos da época. Em 1869, publica também *Histoire d'un ruisseau,* que atinge um grande sucesso popular.[11]

Conhece, nesse entremeio, Blanqui e Proudhon,[12] e reage favoravelmente à conservação da unificação da Itália por parte de Napoleão e à entrada na guerra da armada francesa contra a Áustria. Esses aspectos contraditórios do pensamento de Reclus são, porém, enquadrados em uma linha de pensamento que se fundamenta no pressuposto de uma forte fé no progresso. Ele não é nem blanquista, nem proudhoniano e menos ainda adepto do império: é um revolucionário que apóia todos os elementos de progresso, ou seja, tudo aquilo que se move em direção à liberdade. Essas são as razões que o levam a aderir à Primeira Internacional em 1865, às idéias sobre cooperativismo, a freqüentar a maçonaria e os círculos do livre pensamento.

Em 1864, conheceu Bakunin por meio do qual define cada vez mais a sua crítica ao socialismo autoritário de inspiração marxista. Ambos sustentam a *Ligue de la Paix et de la Liberté* contra a guerra, a favor dos Estados Unidos da Europa e da república. Em 1868, por ocasião de um congresso da Internacional em Berna, intervém sobre a questão dos Estados Unidos da Europa[13]. Considera essa idéia

---

[10] Élisée Reclus unir-se-á, de acordo com os próprios princípios, com sua terceira companheira Ermance Beaumony-Trigant, e o mesmo farão seus dois filhos em 1882.

[11] E. RECLUS, *Histoire d'un ruisseau*, Paris, Hetzel, 1869, 320 p. No que se refere a uma bibliografia mais do que suficiente, sobretudo referente a artigos e ensaios, consulte outras obras na nota 3 do presente capítulo, e também: H. DAY, "Essai de bibliographie d'Élisée Reclus", In: H. DAY, (Org.) *Élisée Reclus (1830-1905): Savant et anarchiste*, pp. 89-112.

[12] P. RECLUS, *Les frères Élie et Élisée Reclus ou du protestantisme à l'anarchisme*, Paris, pp. 58-59, 1964.

[13] Sobre esse discurso, consulte: E. RECLUS, Élisée a Élie, In: Idem, *Correspondance*, vol. 1, p. 272, novembro de 1867.

ÉLISÉE RECLUS: EDUCAÇÃO E NATUREZA

apenas como provisória, citando os exemplos dos Estados Unidos da América e da Suíça, pensando, na realidade, em um outro tipo de federalismo ideal, fundamentado nas bases de uma livre associação de homens, fora de qualquer divisão territorial imposta pelos Estados. A liga recusa, entretanto, as suas propostas e ele se introduz na onda do seu socialismo libertário, mesmo que ainda não seja anarquista. O seu gradualismo não o leva, até então, a aceitar totalmente as idéias de Bakunin.[14]

Durante a guerra franco-prussiana e o cerco a Paris, Reclus é destinado ao serviço dos aeróstatos na companhia de Félix Nadar (célebre fotógrafo dos maiores revolucionários). Na deflagração da insurreição da Comuna ele serve à causa como simples soldado, é capturado pelas tropas de Versalhes, e sujeitado a todas as injúrias e maus-tratos pelos homens de Thiers. É aprisionado, transferido para uma outra prisão e condenado à deportação, pena que é comutada em exílio, como conseqüência ao protesto assinado por um considerável número de cientistas, com Darwin à frente:

> Nós ousamos pensar que esta vida pertence não apenas à nação que a viu nascer, mas ao mundo inteiro, e que, reduzindo tal indivíduo, dessa forma, ao silêncio, enviando-o à languescer longe do centro da civilização, a França não faria nada além de mutilar e diminuir a sua legítima influência sobre o mundo.[15]

O ensinamento que ele extrai dos acontecimentos da Comuna levam-no a identificar, a partir de então, na autoridade constituída e no Estado, o verdadeiro obstáculo para a emancipação dos homens e, portanto, faz com que ele definitivamente assuma as idéias anarquistas. O irmão Élie escreve uma carta na qual testemunha toda a sua solidariedade e o encoraja, estimulando-o a continuar a acreditar em suas idéias e evidenciando traços de seu caráter particularmente significativos:

> Caro e amado irmão, (...). Este é um dos grandes momentos de tua vida, meu amigo. Recebeste, perante a França e o Conselho de guerra julgador, o testemunho de que és um homem. Permaneceste tranqüilo, digno, honesto, sincero e justo aos golpes de fuzil, durante as prisões e deparando-te com a deportação. Agiste com calma e persistência como pensas. Depois de sete meses de prisão, no fundo dos porões da sociedade francesa, não pudeste nem corromper-te, nem diminuir-te (...). És consciente (...). Quando se possui, como nós, um domínio intelectual e moral no

---

[14] Após algumas divergências teóricas iniciais, Bakunin e Reclus tornam-se colaboradores da Internacional e do movimento anarquista e permanecem ali até a morte de Bakunin. Recordamos que foi o próprio Reclus a declamar o discurso de adeus no funeral de Bakunin, em Berna, em 1876.

[15] MENSIL, "Note bibliografiche", p. 10.

"A BOA EDUCAÇÃO" – EXPERIÊNCIAS LIBERTÁRIAS E TEORIAS ANARQUISTAS...

qual se pode viver à vontade, com um espírito vasto como o teu, no qual se movem — como que em um formigueiro bem ordenado — milhares de pensamentos vivos, com as recordações que leva contigo, com os afetos que te circundam e, sobretudo, com aqueles que provas, a tua alma vive livre e serena em um mundo que pode e deve bastar-te.[16]

Encontra exílio na Suíça, onde toma parte na *Fédération Jurassienne,* que é totalmente conforme às posições de Bakunin. Participa ativamente em muitas iniciativas de propaganda da federação em Lugano, Genebra, e em Clarence, onde permanece até 1890. Em Lugano, escreve o seu célebre opúsculo *A mon frère le paysan*[17] e, em Clarence, seu primeiro volume da *Nouvelle Géographie Universelle.*[18]

Reclus não mais desassociará a sua pesquisa científica de sua militância política, considerando propriamente a ciência e a sua difusão como um dos meios mais importantes para elaborar uma teoria científica que favoreça o surgimento da anarquia. Nesses anos de exílio suíço, entre várias atividades de caráter social e político, encontra também tempo — como se conclui de sua correspondência — para deter-se sobre os problemas de caráter educativo, sugerindo metodologias mais de acordo com uma prática libertária, como no caso de duas cartas a M. de Gérando, nas quais, entre outras coisas, pode-se ler essa profunda observação:

O senhor tem perfeitamente razão de não colocar livros de geografia nas mãos de seus alunos e ensinar o senhor mesmo oralmente. Os livros devem servir somente aos professores: nas mãos dos alunos, eles causam, em geral, mais mal do que bem. Ensinam desde verdades desordenadas a erros, mas, sobretudo, privam a criança de sua iniciativa individual.

E ainda:

A ciência deve ser algo vivo; caso contrário, não passa de ciência escolar miserável (...). A grande arte do professor, tanto de geografia como de qualquer outra ciência, consiste precisamente em saber mostrar tudo completamente e de vários e infinitos pontos de vista, a fim de conservar sempre o espírito estimulado e facilitar incessantemente novas conquistas.[19]

---

[16] E. RECLUS, "Lettera al fratello Eliseo" (17 de novembro de 1871), In: *Il pensiero*, a. IV, a. 13, Roma, 1º de julho de 1906.

[17] E. RECLUS, *À mon frère le paysan*, Genebra, Publication des Temps Nouveaux, 1893.

[18] RECLUS, *Nouvelle Géographie Universelle*, Paris, 1875-1894, 19 volumes.

[19] E. RECLUS, *"À. M. de Gérando"* (11 de dezembro de 1874), La Tour de Peilz, Canton de Vaud, p. 280; Idem, "À Attila de Gérando" (11 de janeiro de 1877, Vevey), pp. 281-282, In: RECLUS, *L'Homme. Geografia sociale*, pp. 280-282.

ÉLISÉE RECLUS: EDUCAÇÃO E NATUREZA 197

Reclus possui ainda maneiras de especificar melhor o seu pensamento autêntico, que se fundamenta em uma concepção do ensino em caráter verdadeiramente científico, e que reconhece, como indispensável, deixar a cada um todo o espaço necessário para a manifestação de toda a sua personalidade, por meio da pesquisa, da descoberta, da intuição:

> Entende porque odeio os livros escolares. Não há nada de mais funesto para a saúde intelectual e moral dos alunos. Eles apresentam a ciência como algo feito, terminado, assinalado, aprovado, tornado quase religião, a ponto de transformar-se em superstição. É um alimento morto e que mata. Que o médico, isto é, o professor, sirva-se dele para seus estudos comparados, tudo bem, mas não dê esses alimentos às crianças! Para fazer a ciência viver, é necessário que a própria criança a viva, que acredite nela, por assim dizer, que a renove incessantemente e escute cada uma de suas palavras como uma descoberta.[20]

Em 1890, retorna à França e vai estabelecer-se em Sèvres, onde termina, nos anos imediatamente sucessivos, a sua *Nouvelle Géographie Universelle,* e escreve também o prefácio ao notável livro de Kropotkin, *A Conquista do Pão.*[21]

Como testemunha de sua fé anarquista, desde então madura, e de seus extraordinários dons de exprimir-se com simplicidade e clareza, a respeito de qualquer um que se dirigisse a ele com observações ou perguntas, há uma carta a um desconhecido na qual ele se exprime dessa maneira:

> Sim, sou anarquista, estes adjetivos de irracional e desajustado que as minhas opiniões atraem, não me preocupam realmente (...). A moral que nasce da atual concepção de Estado, da hierarquia social, é necessariamente corrompida. O temor a Deus é o princípio da sabedoria, ensinaram-nos as religiões; a história, ao contrário, diz-nos que esse é o princípio de toda servidão e de toda degeneração (...). E sobre o progresso, o senhor conhece outra origem desse, além da compreensão e da iniciativa pessoal? Todas as escolas do mundo não criam um inventor. Aquele que se limita a repetir as palavras do mestre nunca saberá nada. É dentro de cada um, em seu íntimo, em sua consciência, em sua vontade que se encontra o ímpeto do destino. Para agir é necessário desejar pessoalmente, para realizar grandes obras é necessário juntar as forças (...). Se o senhor se ocupa, antes de tudo, em saber a verdade e regular a sua vida segundo essa verdade, pense por si, analise as ordens recebidas, as convenções e as formas tradicionais, as leis feitas para proteger o rico e para debilitar o pobre, seja o seu próprio mestre e o seu próprio patrão, e talvez seja chamado de irracional e desajustado, mas, pelo menos, a sua vida será pro-

---

[20] E. RECLUS, "À Antonine de Gérando" (8 de outubro de 1881, Clarens), In: Idem, c. s., p. 282.
[21] E. RECLUS, Prefazione, In: P. KROPOTKIN, *La conquista del pane*, Milão, 1921.

priamente sua e desfrutará da alegria perfeita de conhecer alguns iguais e alguns amigos.[22]

O ideal cristão, mas também a independência de espírito, são elementos herdados de sua infância; tais aspectos e sentimentos contribuem para esclarecer seu interesse pela educação. Tudo isso pode ser bem compreendido por meio de uma carta que escreve em 1893, na qual, entre outras coisas, afirma:

> Sê bom, uma vez que os outros te ajudam a viver, sê justo, uma vez que tu mesmo és o outro desses outros. Sê sempre pleno de um espírito de justiça perfeita para com todos, respeite quem quer que seja na plena medida da liberdade. Não julgues e não intervenhas, senão quando há um atentado contra ti, teu irmão ou teus irmãos.[23]

O valor do exemplo como elemento essencial é bem evidenciado, da mesma forma que é claro para ele o direito de todo ser rebelar-se contra a injustiça e a opressão do homem sobre o homem. A sua formação científica e política são estreitamente ligadas às experiências de vida, e, depois da Comuna, amadurece o conceito fundamental de sua abordagem dos problemas sociais por meio do uso da educação e da instrução: o êxito da revolução depende da vontade do povo.

Em 1894, Élisée Reclus se transfere para a Bélgica onde é nomeado doutor agregado junto à Universidade Livre de Bruxelas para desenvolver um curso de geografia comparada. Mas quando se trata de estabelecer definitivamente o início de seu curso, o conselho administrativo o envia de volta por tempo indeterminado, por causa dos episódios e dos conflitos provocados na França pelos defensores da "propaganda pelo fato."[24] A crescente reação da opinião pública e a reação das forças da polícia são grandes obstáculos para o desenvolvimento das idéias revo-

---

[22] E. RECLUS, "Ad un destinatario sconosciuto" (18 de julho de 1892), In: *Pensiero e Volontà*, a. II, n. 1, Roma, 1 de dezembro de 1925. A revista publica também outras cartas de Reclus a várias pessoas (a. II, n. 2, Roma, 16 de janeiro de 1925) que testemunham a grande rede de relações que ele possui em diversas partes do mundo. Enfim, é significativa a crítica no terceiro volume de *Correspondance*, feita por Luigi Fabbri, e as seguintes palavras são esclarecedoras: "Percebe-se exatamente em toda a sua *Correspondenza* [Correspondência] que Élisée Reclus havia iniciado em si a sua revolução; e com exemplo, assim, mostra-nos como o primeiro dever daquele que deseja livrar a sociedade das tiranias materiais exteriores é aquele de libertar-se interiormente da tirania dos egoísmos mais baixos, das próprias tendências doentias à prepotência e ao parasitismo hereditário de um triste passado, aproximando-se do ideal humano cobiçado e tornando-se dignos e úteis militantes." (L. FABBRI, "I Libri", In: *Pensiero e Volontà*, a. II, n. 10, Roma, 1 de setembro de 1925).

[23] E. RECLUS, A Henri Roarda van Eysinga (13 de dezembro de 1893), In: *Pensiero e Volontà*, a. I, n. 24, Roma, 15 de dezembro de 1924.

[24] Sobre esse período e esses assuntos, consulte: MAITRON, *Le Mouvement anarchiste en France*, vol. I, pp. 206-261; J. MAITRON, *Ravachol et les anarchistes*, Paris, Gallimard, 1992; E. HENRY, *Colpo*

ÉLISÉE RECLUS: EDUCAÇÃO E NATUREZA

199

lucionárias. Os irmãos Reclus, parte daqueles que são declaradamente anarquistas, sofrem obviamente as conseqüências diretas e indiretas de tudo isso.

Mas se a universidade considerada "livre" recusa-se a admitir Élisée Reclus entre seus professores, provoca protestos enérgicos por parte dos docentes e dos estudantes pela obtusidade demonstrada em relação a um grande cientista. Tais protestos acarretam uma ruptura interna que produz a criação de uma outra universidade denominada "Nova Universidade" na qual, não obstante uma certa relutância inicial, ele se insere e provoca imediatamente uma onda de entusiasmo em relação às idéias libertárias e anarquistas.[25] Em uma carta, que escreve nesse período, encontramos todo o seu entusiasmo, a sua humanidade, a sua sincera pesquisa do conhecimento livre:

> Sobre os livros, dir-lhe-ei que não há necessidade de estudá-los com o objetivo de encontrar alguns assuntos para a discussão. Este não é mais do que um pequeno, um muito pequeno lado da questão. O que importa é aprender profundamente, fortificar as próprias convicções com estudos rigorosos, procurar um ideal completo abrangendo o conjunto da vida, e viver conforme esse ideal em toda a extensão das próprias forças adaptadas às possibilidades do ambiente. Estude, aprenda e não fale nunca de coisas sérias a não ser com pessoas com uma perfeita sinceridade (...). Os jovens imaginam, com prazer, que as coisas possam mudar rapidamente por meio de bruscas revoluções. Não, as transformações se fazem devagar, como conseqüência, é necessário trabalhar em torno disso com a mesma consciência, paciência e devoção. Na pressa de uma revolução imediata expomo-nos por reações a perder a esperança quando se constata a força dos mais absurdos prejuízos e as ações das más paixões. Mas o anarquista consciente nunca se desespera: vê o desenvolvimento das leis históricas e as mudanças graduais da sociedade, e se não pode agir no conjunto do mundo além de uma forma mínima, pelo menos, pode agir sobre si mesmo, trabalhar para libertar-se pessoalmente de todas as idéias preconcebidas ou impostas, reagrupar, pouco a pouco ao redor de si alguns amigos que vivem e agem da mesma maneira. É, de vizinho para vizinho, com pequenas sociedades solidárias e inteligentes, que se construirá a grande sociedade fraterna.[26]

Essas expressões revelam também uma índole nobre, moderada, que jamais fez pesar os seus conhecimentos, que não pretende servir de modelo para ninguém. Sempre disponível para receber os amigos, companheiros, curiosos, não obstante

---

su colpo, Treviolo (BG), Vulcano, 1978; J. PRÉPOSIET, *Histoire de l'anarchisme*, Paris, Tallandier, pp. 389-407, 2002.

[25] Sobre os acontecimentos da recusa da Universidade Livre de Bruxelas, sobre os protestos e reações conseqüentes, consulte: H. DAY, "Élisée Reclus en Belgique", In: *Pensée et Action, Élisée Reclus (1830-1905): savant et anarchiste*, pp. 12-42.

[26] G. MESNIL, "Note biografiche", In: RECLUS, *Scritti sociali*, p. 14.

sua saúde não se encontrar mais íntegra, sofrendo crises cardíacas que o fazem padecer. Ativo na produção e na atividade com os estudantes, dividido entre o trabalho na universidade, a direção do Instituto Geográfico que fundou, a militância política, Reclus consome os últimos anos de sua vida com o entusiasmo de um iniciante e a paixão calorosa e substancial pelo desenvolvimento da humanidade.

Ativo conferencista e requisitado orador, empenha-se em levar as suas idéias, os seus estudos, as suas pesquisas para várias cidades: Antuérpia, Charleroi, Londres, Edimburgo.

Em 1894, Reclus havia publicado na revista *Société Nouvelle* um artigo importante intitulado *L'idéal et la Jeunesse*, no qual estimulava a juventude a tomar o seu destino e a recusar os dogmatismos sociais, religiosos e também escolares, e aspirava a um futuro no qual as energias dos jovens fossem utilizadas para o bem comum: "Tal é o ideal que nós propomos à juventude. Mostrando nisso um futuro de solidariedade e devoção, nós lhes juramos que neste futuro todos os traços de pessimismo serão abolidos dos ânimos. Doai-vos! Mas para doar-se é preciso pertencer-se!!!"[27] Em 22 de outubro de 1895 faz o pronunciamento do discurso de abertura do ano acadêmico e conclui assim: "Revigorai a ciência por meio da bondade, animai-a com um amor constante pelo público, esse é o único modo para torná-la produtora de felicidade."[28]

Esses são os anos nos quais ele escreve a sua obra fundamental *L'Homme et la Terre*, que constitui uma ampla síntese de suas idéias sobre a história, a geografia, a filosofia, a ciência, a política, a religião e a antropologia. Essa obra, como foi observado recentemente, reforça a a reputação que possui como geógrafo, mas vai mais além do âmbito geográfico, abrangendo uma visão geral do mundo, antecipando, com extraordinária inteligência e percepção, os temas gerais da moderna ecologia social.[29]

Entretanto, a partir de 1900, as suas condições de saúde começam a acarretar sérios problemas para continuar com a agitada atividade. São problemas cardíacos que o obrigam a desacelerar os seus empenhos como estudioso e militante. Mas a tenacidade e a força de ânimo desse cientista anarquista não são bloqueadas com a doença, de modo que, em 1903, tendo passado o inverno, encontramo-lo mais engajado do que nunca na pesquisa geográfica e científica, não se descuidando das múltiplas relações com os companheiros disseminados pela Europa e pelo mundo. A jornada lhe parece, contudo, muito curta para poder desenvolver todos os seus

---

[27] E. RECLUS, "L'Idéal et la Jeunesse", In: *Pensée et Action, Élisée Reclus (1830-1905): savant et anarchiste*, p. 67.
[28] E. RECLUS, "Le bonheur auquel la science nous convie", In: *Ibidem*, p. 76.
[29] J. P. CLARK, "Introduzione al pensiero sociale di Reclus", In: E. RECLUS, *Natura e società*, pp. 9-135.

ÉLISÉE RECLUS: EDUCAÇÃO E NATUREZA

projetos e, em outubro, retoma os seus cursos na Universidade Nova. Infelizmente, em 11 de fevereiro de 1904, morre seu irmão Élie, com o qual a vida de Élisée foi intimamente, culturalmente, afetivamente muito ligada. A morte de seu irmão tão amado acaba por acentuar suas más condições de sua saúde, porém, ele não deseja sair de Bruxelas, apesar de o frio do inverno ser um grande obstáculo para sua improvável recuperação. É nessa cidade onde estão concentrados todos os seus interesses, suas pesquisas e seus documentos que o mantêm vivo mais do que os cuidados médicos: "Considero o trabalho mais precioso que a saúde e a vida; por outro lado, a saúde e a vida não servem ao trabalho, até certo ponto: vivo porque ajo"[30]. As suas condições, porém, se agravam e, apesar disso, manifesta toda a sua inabalável fé na humanidade. Escreve, em uma carta a Nadar, em 21 de março de 1905:

> As duas atrações pulsantes que me ligam fortemente à existência o senhor já conhece, são, todavia: o afeto, a ternura, a alegria de amar, a felicidade de possuir alguns amigos e fazer senti-los que são amados, que não se pede outra coisa a eles além de que se deixem ser amados, e que todas as provas de afeto são uma alegria extrema gratuita. Depois vem o estudo da história, a alegria de ver a conexão recíproca das coisas (...). É uma grande alegria (também) reconhecer os próprios erros.[31]

Élisée Reclus termina seus dias em um local do campo, nos arredores de Bruxelas, em Thourout, onde morre em 4 de julho de 1905. De Ixelles, o seu sobrinho Paul escreve a Piotr Kropotkin, em 6 de julho, que acompanhara o tio, absolutamente sozinho, ao cemitério de Ixelles, conforme suas últimas vontades.[32]

3. A educação entre ciência e ideal

A sua adesão ao positivismo, apesar de comum entre os revolucionários e reformadores da época, concretiza-se em dois conceitos preeminentes: a adoção

---

[30] E. RECLUS, "Élisée Reclus à Mme. Clara Mesnil" (25 de outubro de 1904), In: Idem, *Correspondance*, Tomo III, p. 291.

[31] E. RECLUS, "Élisée Reclus à Nadar", In: *Pensée et Action, Élisée Reclus (1830-1905): savant et anarchiste*, p. 37.

[32] E. RECLUS, "Paul Reclus à Kropotkine", In: *Pensée et Action*, p. 38. Nesta carta também são descritos os últimos momentos de Élisée Reclus. Sobre a amizade de Kropotkin e Reclus, consulte: *Caractère d'une exquise beauté*, publicado na obra citada acima (pp. 43-45). Sobre Reclus consulte também: PIETRO GORI, ELISEO RECLUS e LUIGI FABBRI, "Note biografiche su Eliseo Reclus", In: *Il Pensiero*, a. II n. 14, Roma, 16 de julho de 1905. Luigi Fabbri escreve: "Na tristeza de agora, entre os confrontos e desilusões inevitáveis da luta e do movimento, a sua figura radiante eleva-se perante

de uma filosofia da história, que valoriza a evolução segundo linhas de progresso, portanto, uma concepção positiva que recusa ver no desenvolvimento histórico exclusivamente uma atualização das técnicas de domínio, quanto antes assinala os progressos realizados pelos homens como conquistas buscadas e alcançadas; a metodologia usada nos estudos que realiza embasa-se em um conceito intuitivo derivado da observação dos acontecimentos. Dessas premissas nasce também o seu interesse maduro pela educação, que se desenvolve da análise científica das civilizações ao coração daqueles em que essa desempenha um papel decerto importante. O seu interesse pela pedagogia, depois da trágica experiência da Comuna e da adesão à Internacional, fundamenta-se sobre teorias científicas da geografia social. Influenciado certamente por Auguste Comte, a sua tentativa de cientista é aquela de procurar descobrir as leis naturais que governam a história dos homens e das civilizações. Além disso, como vimos, as atividades e as discussões no âmago da Internacional ocupam-se muito da instrução integral, e os internacionalistas consideram essencial o papel que a educação pode desempenhar no processo revolucionário. De fato, no resumo do congresso de Lausanne, em 1882, lê-se:

> O companheiro Reclus afirma que não devemos perder de vista o nosso inimigo, que consiste na propriedade privada; sem a abolição dessa não podem existir questões de instrução integral (...). Enquanto a sociedade for dividida em classes, operários e patrões, a instrução integral não será nada mais que uma ilusão (...). Élisée Reclus demonstrou que na sociedade atual, onde reina a autoridade, o capitalismo e a desapropriação, não podemos ter a verdadeira educação. É apenas em uma sociedade livre, embasada na solidariedade e na igualdade econômica com a liberdade individual, a mais completa, que se pode obter alguns resultados verdadeiros da instrução integral (...). Uma educação similar não pode ter lugar a não ser em uma sociedade solidária e livre, a qual nunca chegaremos senão por meio da revolução.[33]

Toda a matéria-prima dos trabalhos científicos de Reclus é constituída por sua experiência pessoal e pela observação dos acontecimentos. Ele realiza suas considerações sempre por indução, privilegiando a multiplicidade dos vários pontos de vista e a interação entre eles. Tudo está ligado, não é possível dividir a história da humanidade em partes, mas sim considerar o todo, segundo uma abordagem global. Convoca todas as ciências para estudarem a história da humanidade, a geografia social, descobrindo a matriz no conceito de progresso, que constitui

---

nós como um símbolo, como uma advertência e como um programa de conduta em nossa vida de batalha."
Consulte também: G. MESNIL, "Eliseo Reclus", In: *Il Pensiero*, a. III n. 19, Roma, 1 de outubro de 1905; L. GALLEANI, "Un ricordo su Eliseo Reclus", In: *Il Pensiero*, a. IV n. 1, Roma, 1 de janeiro de 1906.
[33] *Le Révolté*, 10 de junho de 1882.

ÉLISÉE RECLUS: EDUCAÇÃO E NATUREZA

uma espécie de força motriz da história humana. O progresso, todavia, não é de caráter individual, decerto também o é, mas é sobretudo de caráter social, isto é, a soma dos progressos individuais. O aperfeiçoamento do caráter implica a melhora do ser físico do ponto de vista da saúde, a melhora material e o aumento de conhecimentos. Enfim, o progresso é um processo de libertação física, material, intelectual, científica, moral que naturalmente subentende uma libertação política.[34]

Ele retoma uma idéia de Guyau[35] segundo a qual o progresso é o oposto exato da idéia religiosa, pois a fé cristã pressupõe a perfeição apenas da essência divina e é defensora da perfectibilidade do homem, mas nega a sua perfeição porque essa pertence apenas a Deus. Assim, concluindo, o homem está sujeito à decadência. Sendo esse um dogma, é contrário ao método científico. O progresso geral, de acordo com Comte, é incontestável; a história humana, sustenta Reclus, é feita por progressos e retrocessos. Todos os progressos confluem como cursos de águas em um único rio. De modo contrário àquilo sustentado pelos sociólogos seguidores de Rousseau, segundo os quais existe um mito das sociedades primitivas, consideradas melhores que aquelas modernas, Reclus afirma que as sociedades modernas são bem melhores do que aquelas antigas graças aos inumeráveis progressos realizados, todavia, são também muito mais complexas, vastas, muito diversas entre si. A diferença substancial entre as duas sociedades está propriamente no fato de que uma possui um caráter de simplicidade, a outra de complexidade.

De modo contrário ao mito do "bom selvagem", nas sociedades modernas as ambições são maiores, uma vez que os homens devem realizar, em uma dimensão maior, tudo o que foi realizado em uma dimensão menor. As ambições são, portanto, mais nobres. A sociedade moderna é de alguma maneira superior às tribos primitivas naquilo que é a promessa de um ideal superior que reside na potencialidade do próprio ideal que compreende em si. Esse ideal cosmopolita é o principal inimigo do nacionalismo, que representa um retrocesso da história, que é particularmente contestado pelos acontecimentos representados pelas comunicações e grandes relações entre homens diversos entre si. De modo particular, existe uma comunidade do progresso científico, segundo Reclus, que ultrapassa as simples fronteiras políticas. Ele demonstra, uma vez mais, uma fé absoluta no progresso da humanidade que deve, contudo, recuperar o quanto de positivo e significativo as sociedades anteriores produziram. E não pode ser, nesse ponto, senão a educação a assumir a tarefa de permitir ao homem moderno realizar o seu ideal, que consiste

---

[34] Para essas concepções resumidas aqui, consulte: E. RECLUS, *Nouvelle géographie universelle; L'Homme et la Terre.*

[35] Sobre o pensamento pedagógico de Guyau, consulte: TOMASI, *Ideologie libertarie e formazione umana*, Florença, La Nuova Italia, pp. 190-193, 1973.

em adquirir novas qualidades sem perder, ou melhor, reencontrando as qualidades de seus antepassados. A humanidade não pode realizar o ideal a que aspira senão sob a condição de tomar consciência de ser totalmente solidária. Isso é possível somente por meio da difusão em todos os lugares do conhecimento que ocorre por meio da instrução, que não é senão uma parte da educação, já que essa não pode ser reduzida à aquisição de um determinado saber, mas aspira ao desenvolvimento de todas as faculdades intelectuais, físicas e morais de todo indivíduo.[36] Assim, são exatamente os progressos, nesse âmbito, em seu conjunto, que são necessários para a realização do ideal. Os seres humanos podem colocar um fim na divisão de mundo apenas se conhecendo na própria realidade e nas próprias aspirações. A consciência moral, na realidade, é a porta de entrada da vontade, e só essa pode permitir a realização do ideal. O escopo primário é permitir o despertar das consciências, que favorecerá o nascimento da vontade que permitirá a realização do ideal. Desejar a realização de um ideal já é assegurar a sua realização. E é exatamente a instrução que permite aos homens conhecerem-se, compreenderem-se. A sua difusão, considerada sempre como um aspecto da educação, permitirá a todos os homens e mulheres promoverem um desenvolvimento enorme do progresso. Esse despertar das consciências, produzido pelo conhecimento, é de natureza essencialmente moral. Reclus afirma, na sessão de reabertura do ano acadêmico na Universidade Nova de Bruxelas, em 22 de outubro de 1895: "Temos plena confiança no sucesso, mas qual deva ser o nosso destino, nós andamos adiante, juntando os nossos esforços, tomando cada um a nossa parte de responsabilidade coletiva, com o intrépido sentimento de nosso dever e a vontade decidida de triunfar."[37] Portanto, para Reclus, o conhecimento contém em si a ação. Compreender, em suma, quer dizer aprender a fazer, agir. Todos os ideais fortemente desejados, aspirados, realizam-se. É por meio da vontade que nós construímos o nosso futuro. A instrução permite aos homens simultaneamente tomar consciência de seus interesses comuns e encontrar a força para agir para poder realizá-los. Naturalmente, verifica-se que quem estuda não se contenta em repetir fórmulas transmitidas pelos professores ou manuais que obrigam a uma abordagem de estudo passiva, mas que se tornem verdadeiros protagonistas de suas pesquisas e da construção de seus conhecimentos. Um estudante digno deste nome é um pesquisador que ama a ciência por si própria, não em função da obtenção de um diploma ou da superação de um exame: "A natu-

---

[36] Reclus escreve: "Que bela existência será aquela dos homens quando a educação integral, física, moral, intelectual terá feito deles alguns irmãos eficazes e fortes, que trabalham pelo bem comum." (Idem, "Lettre à Mlle. de Gérando", 22 de novembro de 1904, In: RECLUS, *Correspondance,* tomo III, p. 294).

[37] "Discours d'Élisée Reclus", In: P. RECLUS, *Les frères Élie et Élisée Reclus ou du protestantisme à l'anarchisme*, Paris, p. 193, 1964.

ÉLISÉE RECLUS: EDUCAÇÃO E NATUREZA

reza, essa será o campo de observação, ainda que denso, será capaz de contemplá-la, é a essa que se deve interrogar, investigar diretamente, sem procurar observá-la, mais ou menos interpretada, por meio das descrições dos livros ou pelas pinturas dos artistas."[38]

Mas o homem que estuda e que pesquisa verdadeiramente a essência da natureza, é necessário que conheça a si próprio, incessantemente, pois é uma célula da própria natureza. Isso requer uma mudança radical de perspectiva para aqueles que devem ensinar, mas também para os que devem aprender, e é a estes últimos que Reclus se dirige:

> A dignidade do estudo é a este preço. Escolheis, porque possuís a consciência de vossa responsabilidade, decidi como utilizar o ensino de vossos professores e amigos, ou para obstruir a vossa memória com palavras que logo esquecereis ou para abranger em vós este mundo do conhecimento que se engrandece continuamente e onde cada novo acontecimento desperta um entusiasmo sempre renovado.[39]

Aquele que se inicia na estrada que conduz ao amor pelo conhecimento e pela ciência sentirá sempre essa necessidade, aprender fará parte de sua própria existência. O que é importante é que a sua pesquisa continue com método, de forma harmônica, fazendo de modo a não se tornar prisioneiro de seus próprios estudos, mas que permaneça sempre dono de si mesmo. É importante também que quem estuda siga as suas inclinações naturais, os seus desejos. Sobre esse propósito "prevenimo-vos a respeito de um perigo, aquele de empenhar-vos em muitas pesquisas de uma vez, correndo o risco de tornar-vos apenas amadores, possuir uma visão superficial das coisas; mas é importante também prevenir-vos contra o perigo oposto, aquele de uma especialização até as últimas conseqüências, perigo tanto mais grave, uma vez que certas pessoas consideram-no facilmente como um escopo desejável."[40] Na verdade, não é possível imaginar um único fato que não se encontre no centro de todas as séries de fenômenos que se estudam na natureza, para explicá-lo em sua totalidade, é necessário saber tudo isso. Desse modo, o estudante vê manifestar-se em sua frente a perspectiva de um campo de estudos ilimitado. Reclus escreve:

> Um bom método exige que dentro deste infinito é necessário conhecer profundamente — com uma precisão, com uma nitidez perfeita — todos os pontos que se relacionam com a especialização da qual ele será no mundo o intérprete ouvido

---

[38] *Ibidem*, p. 195.
[39] *Ibidem*, p. 197.
[40] *Ibidem*, p. 198.

com respeito, mas que nas outras ciências possua alguns esclarecimentos do todo, como a mulher de Molière, que não ignora nenhuma das grandes ordens dos fatos, algumas idéias gerais, que encerra em seu espírito todo saber possível, para apreciar todos os progressos que se completarão no mundo do pensamento e que se sente viver em todas as células de seu cérebro.[41]

Todavia, todo estudante deve, ao mesmo tempo, ser e demonstrar ser entusiasmado e feliz quando aumenta o próprio saber, e deve também transformar-se em um exemplo vivo dessa felicidade, de modo a orientar também os outros nessa mesma direção, sem esperar elogios ou reconhecimentos materiais:

> Impulsionar a ciência com a bondade, estimulá-la com um amor constante para o bem público, esse é o único meio para torná-la precursora de felicidade, não apenas com as descobertas que acrescentam as riquezas de toda natureza ou que aliviam o trabalho do homem, mas sobretudo com os sentimentos de solidariedade que ela evoca dentro daqueles que estudam e com as alegrias que provocam todo o progresso na compreensão das coisas. Essa felicidade é uma felicidade ativa: não é a satisfação egoísta de vigiar o espírito em descanso, sem distúrbios nem rancores, ao contrário, consiste no exercício árduo e contínuo do pensamento, na alegria da luta que o apoio mútuo torna triunfante, na consciência de uma força constantemente empregada. A felicidade à qual a ciência nos leva é, portanto, uma felicidade que nos faz trabalhar para conquistá-la todos os dias.[42]

Para Reclus a ciência, da forma como a concebe, é o vínculo por excelência que confere o respeito sem limites do pensamento do homem. Ela nos assegura a comunhão do método, a vontade certa de tirar as conclusões somente depois de ter realizado a observação direta e ter vivido a experiência, e, ao mesmo tempo, recusar minuciosamente todas as idéias preconcebidas, puramente tradicionais ou místicas. "Enfim, nós contamos com uma terceira relação, aquela que os alunos e aqueles que escutam desenvolverão dentro de nós com seu amor pela verdade, por sua elevada disposição pelo estudo sincero e desinteressado."[43] Desse modo, os estudantes podem se valer do privilégio de tornar-se alguns seres pensantes, ativos, orgulhosos de sua pesquisa, pois os professores devem a eles um ensino, senão sempre novo, pelo menos continuamente renovado pela pesquisa e pela profunda reflexão. Realmente, Reclus declara-se contra a aprendizagem mnemônica e mecânica, a favor de uma atividade envolvida na observação da natureza, de modo que o estudante, de simples leitor, torne-se um autor. É necessário naturalmente

---

[41] *Ibidem*, p. 199.
[42] *Ibidem*, p. 202.
[43] E. RECLUS, "Le bonheur auquel la science nous convie", In: *Pensée et Action*, p. 69.

ÉLISÉE RECLUS: EDUCAÇÃO E NATUREZA

fazer de modo com que a aprendizagem tenha o tempo necessário para ser assimilada e estimulada posteriormente para fazer com que todo sujeito avalie-se continuamente consigo mesmo e com a própria sede insaciável de conhecimento.

> O jovem que vive o seu ensino deverá interrogar-se e responder-se sem nunca parar, com toda a integridade e rigorosidade; comparadas a esse exame pessoal, as formalidades usuais de fim de ano são pouca coisa; ele se submeterá a elas com a consciência tranqüila e não sentirá nenhum incômodo em formular em voz alta aquilo que a sua inteligência compreendeu há muito tempo.[44]

É evidente que, para Reclus, todo o processo de aquisição de conhecimentos fundamenta-se em uma relação próxima entre educador e educando por meio da ciência e do próprio conhecimento. Ele não deixa de se ocupar, com conselhos e sugestões precisas, da situação escolar da época, sobretudo daquelas experiências que representam uma certa tendência alternativa à instituição escolar oficial. A partir dos anos 1873-1874, transforma-se em um tipo de conselheiro pedagógico de Antonine Gérando, que realiza na Hungria uma escola para jovens caracterizada por uma completa laicidade e praticante do exame livre. A sua contribuição é muito prática, pragmática, feita por conselhos sobre como estabelecer e articular o ensino.[45] Escreve, de fato: "Ensinai aos vossos alunos tudo aquilo que sabeis de história natural, de história, de sociologia; mostrai a eles como todas as coisas são governadas por leis naturais, mas deixai os livros de lado."[46]

Os amigos da Universidade Nova criam, em Bruxelas, uma escola de "pequenas oficinas" com a vontade exata de romper com os esquemas tradicionais do ensino. De fato, Reclus inspira essa iniciativa e a sustenta. Essa escola mista, na qual a aprendizagem fundamenta-se na integração entre o intelectual e o manual, usando os materiais que todo jovem encontra à sua disposição, em um espírito prático e artístico, embasa-se sobre "a observação e a experimentação."[47] Ele leva, posteriormente, o seu apoio a Paul Robin em "Cempuis", mesmo que com certo distanciamento, porque a experiência em questão é caracterizada, todavia, pelo fato de desenvolver-se em uma instituição que depende — mesmo que com grandes margens de liberdade — da Administração Pública e, além disso, porque diferentemente das teorias neomalthusianas proferidas por Robin ele recusa essa abordagem do problema. Entretanto, participa, a partir de 1897, do *Comité d'initiative de l'école*

---

[44] *Ibidem*, p. 71.
[45] E. RECLUS, "Lettre à Mlle. de Gérando", 10 de novembro de 1873 (Idem, *Correspondance*, tomo II, 1911, pp. 137-138) e Idem (27 de julho de 1874, *Ibidem*, p. 161).
[46] *Ibidem*, p. 223. (18 de setembro de 1881).
[47] *Ibidem* (tome III, 2 de abril de 1891, p. 93).

libertaire, fundado em Paris por Émile Janvion e Jean Degalvès. Em 1898, assina, além disso, o manifesto *La liberté par l'enseignement* ao lado de Louise Michel, Jean Grave, Lev Tolstoi, Piotr Kropotkin e outros. Em 1866, publica em Lille um opúsculo com o título: *L'avenir de nos enfants*, no qual se percebe o escopo primário deste trabalho desde o início. Escreve:

> Como somos egoístas! Em nossos votos revolucionários raramente pensamos nos outros mais do que em nós mesmos (...). Porém, abaixo do homem feito, por mais infeliz que seja, há um ser mais infeliz ainda, a criança. Esse ser frágil não possui direitos de classe, e depende do capricho benevolente ou cruel. Nada a protege da tolice, da indiferença ou da perversidade daqueles que são seus donos (...). Entre os frágeis, as crianças são aquelas que sofrem muito mais. Faço um apelo aos homens sinceros que se recordem de seus primeiros anos.[48]

Reclus critica o sistema hierárquico e autoritário de toda a sociedade que condiciona gravemente o desenvolvimento moral e intelectual da criança por meio, sobretudo, da ação do Estado e da Igreja. É particularmente na escola onde ocorre esse doutrinamento, já que pouco importa que aprenda, o importante é que siga um percurso pré-estabelecido:

> Depois do alfabeto absurdo que a faz pronunciar as palavras de modo diferente de quando são lidas e habituá-la tão precocemente a todas as tolices que lhe serão ensinadas, vêm as regras de gramática declamadas de cor, depois, as inexatas nomenclaturas que se chamam geografia, depois a narração dos delitos dos reis que se chama história. Mas como uma criança fará para libertar a mente de todas essas coisas que lhes são incutidas violentamente, algumas vezes com a chibatada e o castigo? Aliás, essas escolas talvez funcionem sem escravidão, sem proibições de saída, sem ferros e barras nas janelas. Se é desejável criar uma geração livre, comece antes de tudo por demolir aquelas prisões chamadas colégios e escolas secundárias! Socialistas, pensemos no futuro dos nossos filhos mais do que na melhora de nossas condições! Não esqueçamos que nós mesmos pertencemos mais ao mundo do passado que à sociedade futura. Pela nossa educação, pelas velhas idéias e pelos restos dos prejulgamentos que ainda possuímos, somos ainda alguns inimigos da nossa causa; as cicatrizes das correntes ainda são visíveis em nosso pescoço! Mas temos, sobretudo, o dever de salvar as crianças da triste educação que nós mesmos recebemos; aprendamos a educá-las de modo a desenvolver plenamente a mais perfeita saúde física e moral, saibamos fazer dos homens como nós mesmos desejamos ser.[49]

---

[48] E. Reclus, "L'avenir de nos enfants", Lille, 1886. Atualmente em: E. Reclus, "L'avvenire dei nostri fanciulli", In: *L'Universitá Popolare*, a. IX n. 1, Milão, 1-15 de janeiro de 1909, p. 23.

[49] *Ibidem*, p. 24.

ÉLISÉE RECLUS: EDUCAÇÃO E NATUREZA

A educação intelectual e moral revela-se um meio muito eficaz para a manipulação dos ânimos e, conseqüentemente, da sociedade; portanto, quem controla os ânimos humanos, colocando-os na ignorância, realmente se torna dono deles. Além disso, freia o progresso, que por sua natureza é evolução, mudança, mantendo a ordem vigente naquele momento. Enfim, possui o poder de impedir a mudança dos seres humanos impedindo o acesso deles aos conhecimentos capazes de colocar em discussão o seu papel e a sua autoridade. Desse modo, a Igreja manteve por muito tempo os seus fiéis ao seu serviço, invocando a moral cristã e deixando, em nome de Deus, todos os homens e mulheres na mais obtusa ignorância. Basta recordar o tempo no qual toda educação era feita de fórmulas vazias, em frases místicas, em recitações absurdas em latim ou em uma língua incompreensível, com cantilenas e excertos de livros sagrados. Conseqüentemente, todo pai e toda mãe assumiram essa postura e a perpetuaram na vida familiar mantendo os filhos na mesma ignorância, sempre em nome da moral: "Por que as jovens não possuem também essa necessidade de estudos especiais? É porque o casamento é o principal objetivo da mulher, mas tudo isso não é da mesma forma verdade também para o homem?"[50] Na realidade, as jovens são mantidas oportunamente longe de um certo tipo de estudos para perpetuar a sua dependência em relação ao pai e às teorias da época, de modo a prepará-las para sua subordinação.

Mas é sobretudo a criança que é considerada o objeto privilegiado desse trabalho de condicionamento por meio da educação moral e intelectual. Primeiro a família[51], depois a Igreja e o Estado contribuem para esse trabalho de doutrinamento:

> O pai, herdeiro convicto do *pater familias* romano, dispõe igualmente de seus filhos e de suas filhas para destruí-los moralmente ou, pior ainda, para humilhá-los. Desses dois indivíduos, o pai e a criança, praticamente iguais aos nossos olhos, é o mais fraco que nós devemos sustentar com a nossa força; é com ele que nós

---

[50] E. RECLUS, "Lettre à Monsieur de Gérando", In: Idem, *Correspondance*, tomo II, p. 160 (26 de agosto de 1874).

[51] A respeito da família e seu papel, as idéias de Reclus são bem demonstradas no discurso que ele pronuncia por ocasião da livre união de suas filhas Magali e Jeanine, em 1882: "A família normal, espontânea deve repousar unicamente sobre o afeto, sobre as afinidades livres, tudo aquilo que na família provém do poder do prejulgamento, da intervenção das leis ou dos interesses de fortuna, deve desaparecer como essencialmente destruidores. Aqui, como em qualquer outra coisa, a liberdade e o impulso natural são os elementos da vida." Depois, voltando-se às filhas e aos jovens em geral: "O nosso título de pais não nos torna de fato vossos superiores e não possuímos sobre vós, além de uma profunda afeição." Enfim: "Não temos promessas para pedir-vos, nem recomendações para fazer-vos. Sois responsáveis pelos vossos próprios atos. Não há nenhuma dúvida de que vos seguiremos com toda a presteza que nasce de vossa ternura, mas vós não sereis humilhados." (E. RECLUS, *Scritti sociali*, Lib. Intern. d'Avanguardia, pp. 74-75).

devemos declarar-nos solidários, é ele que nós devemos defender contra todos aqueles que lhe ofendem, seja o pai ou a mãe! (...). Se a criança é golpeada, abatida, torturada pelos pais, se ela é também lentamente contaminada por confusões, doces e mentiras, ou se ela é catequizada, corrompida por padres ignorantes, ou aprenda com os jesuítas uma história perversa, uma falsa moral, feita de baixezas e crueldades, o delito nos parece ser o mesmo, e nós o combateremos com a mesma energia, sempre muito solidários com o ser que é ofendido.[52]

Uma prova incontestável da real importância das igrejas é que elas não possuem mais a força de impedir o progresso científico e tampouco o desenvolvimento dos conhecimentos; podem somente retardar, não suprimir o avanço natural do saber; alguns fingem e talvez tentem auxiliá-la. Não tendo podido impedir a abertura de novas escolas, desejariam pelo menos controlá-las todas,

tomar sua direção, ter a iniciativa da disciplina que se chama instrução pública, e em algumas regiões conseguem perfeitamente. Contam-se aos montes as crianças confiadas à presteza intelectual e moral dos padres, frades e religiosos de várias denominações; a instrução da juventude européia é deixada, na maior parte, ao arbítrio das autoridades religiosas; e mesmo onde essas autoridades são colocadas à parte da autoridade civil, foi dado a elas o direito de vigilância ou algumas garantias de neutralidade e até mesmo de conivência. A evolução do pensamento humano — que se realiza mais ou menos rapidamente segundo os indivíduos, as classes e as nações — determinou, portanto, essa situação falsa e contraditória para quem a função de ensinar é atribuída precisamente àqueles que, a princípio, possivelmente professam o desprezo, a renúncia à ciência (...). Um fato que é considerado moral pode ser incutido na memória dos jovens, enquanto um outro é silenciado porque é considerado tão importante a ponto de ser capaz de despertar nos estudantes o espírito de revolta e de indisciplina.[53]

Isso é possível porque tanto o Estado quanto a Igreja consideram a criança como algo que lhes pertence, sobre a qual eles possuem todos os direitos de intervir, guiar, doutrinar. O instrumento privilegiado por meio do qual essa posse se manifesta claramente é a instituição escolar, a qual, seja dirigida pelos padres religiosos ou laicos, é fundamentada e direcionada contra os homens livres.[54] Mas a visão que Reclus tem das coisas é diferente, pois ele considera justa aquela escola

---

[52] E. RECLUS, "L'anarchia e la chiesa", In: Idem, *Scritti sociali*, p. 67.

[53] E. RECLUS, *Scritti sociali*, Buenos Aires, vol. 1, pp. 126-127, 1930. Consulte também: E. RECLUS, *L'évolution, la révolution et l'idéal anarchique*, Paris, Stock, pp. 222-223, 1909. (A primeira edição, sempre da Stock, é de 1897. A primeira tradução italiana, feita por Carlo Molaschi, aparece nas páginas do periódico anarquista *Pagine libertarie*, de Milão, de agosto de 1921 à abril de 1922).

[54] RECLUS, *L'Homme et la Terre*, pp. 436-467.

ÉLISÉE RECLUS: EDUCAÇÃO E NATUREZA

> sem Deus nem amos, e, por conseqüência, nós vemos alguns lugares funestos em todos aqueles cantos nos quais se ensina a obediência a Deus e, sobretudo, a seus representantes, os patrões de todas as espécies, padres e frades, reis e funcionários, símbolos e leis. Nós reprovamos tanto as escolas nas quais se ensinam os supostos direitos civis, isto é, a obediência às ordens de cima e o ódio aos estrangeiros, quanto as escolas nas quais se repete às crianças que não passam de bastões nas mãos dos padres. Nós sabemos que essas são igualmente cruéis, e quando tivermos a força as fecharemos.[55]

Todas as forças políticas dos diferentes governos e regimes utilizam o ensino e, de modo particular, a educação moral das crianças, de acordo com os próprios interesses e as próprias ideologias. Em sua obra mais madura, *L'Homme et la Terre*, Reclus escreve sobre esse assunto com extrema clareza:

> Da mesma maneira que a própria ciência, o ensino de modo mais destacado, está condicionado pelas origens nacionais, ou seja, pelas condições geográficas e depois históricas pelas quais todos os povos se desenvolveram. Em teoria, deveria ser de outro modo: todo ser humano, (...) que se dê a missão de ensinar um outro homem, criança ou adulto, não deve possuir outro sentimento além daquele de ser o intérprete honesto das verdades e incutir na inteligência alheia tudo aquilo que ele compreendeu perfeitamente e que possui necessidade de comunicar, na alegria do saber, no amor fraterno (...). O vício capital das escolas é aquele de todas as instituições humanas: o caráter de infalibilidade que os professores atribuem a si mesmos com prazer (...). Assim se forma (...) um tipo de religião na qual os pontífices acreditam ser certamente mestres da verdade. À sua infalibilidade pessoal acrescentam-se outras que, considerando as diferentes regiões, os cultos e as classes, dão à primeira uma consagração mais elevada.[56]

Por sorte, porém, afirma Reclus, as diferenças vão, com dificuldade, diminuindo porque a evolução geral, que aproxima os homens das regiões, religiões, classes diversas, tende a unificar também os métodos didáticos, atenuando o seu caráter despótico e deixando à criança uma maior iniciativa. Em algumas escolas, por efeito das pressões de baixo, um novo tipo de ensino está se desenvolvendo no lugar daquele tradicional e rotineiro, fundamentado na participação mais ativa do aluno, de caráter mais científico e também didaticamente mais atento às suas exigências. O obscurantismo, continua Reclus, lentamente perde sua força, ainda que os conservadores e reacionários possuam sempre o interesse de manter a escola a seu serviço, ou seja, condicionar gravemente a formação moral das crianças. A cada fase

---

[55] E. RECLUS, "L'anarchia e la chiesa", In: Idem, *Scritti sociali*, p. 68.

[56] RECLUS, *L'Homme et la Terre*, vol. VI, p. 434.

da sociedade, "corresponde uma concepção particular da educação, conforme os interesses das classes dominantes."[57] Os manuais escolares que se seguem nas escolas em diversos tempos não possuem outro objetivo além de formar as crianças para uma certa moralidade fundamentada na obediência e no respeito à autoridade. Ninguém, nem mesmo o pai, tem o direito de impor a própria moral aos filhos.

> Aqueles que declaram a nova moral devem reconhecer o indivíduo livre, apenas nascido, e o defendem em seus direitos em relação a todos e contra todos e também contra o pai (...). Na prática, essa solidariedade coletiva do homem justo com a criança oprimida é algo muito delicado, mas nem por isso o direito de defesa social é diminuído: ou se é o vitorioso do direito ou o cúmplice do crime.[58]

Um educador já começa a entender que o seu escopo não pode ser outro senão aquele de ajudar o pequenino a desenvolver-se conforme a lógica de sua natureza e extrair tudo aquilo que ele possui já como potencial, prestando muita atenção para respeitar o seu tempo de desenvolvimento e crescimento sem forçar o desenvolvimento psicológico natural. A criança deve ser tratada com paixão, consciente de que pode aprender as várias artes e ciências apenas de modo concreto e vivenciando pessoalmente as teorias e os conhecimentos relativos. Pouco a pouco será capaz de desejar compreender, em uma visão do conjunto, os acontecimentos e as noções que são formadas ao longo de seu percurso.

> O amor e o respeito do mestre pelo aluno devem impedi-lo de empregar em seu trabalho de tutela e ensino os procedimentos simplificados dos anciãos déspotas, a intimidação e o terror: ele não tem à sua disposição outra força senão a superioridade natural assegurada ao educador pela sua autoridade moral, pela sua capacidade, pela sua força, pela sua idade, por sua inteligência e pelos seus conhecimentos científicos, a sua dignidade moral e o seu conhecimento da vida (...). Considerando que a educação é uma colaboração entre o aluno, que se apresenta com seu próprio caráter, seus hábitos e seus costumes particulares, sua especial vocação, e o professor, que deseja utilizar os seus conhecimentos para o trabalho de desenvolvimento intelectual e moral que empreende, ele deve conhecer profundamente todos os seus alunos, praticar com todos a imparcialidade mais íntegra, proceder realizando diversas aproximações com cada indivíduo.[59]

As salas de aula devem ser compostas por poucos alunos de modo a permitir um contato e uma relação positiva entre as várias crianças. Da mesma forma, são indispensáveis, afirma Reclus, alguns colegas que ajudem outras crianças, pois

---

[57] *Ibidem*, p. 437.
[58] *Ibidem*, p. 438.
[59] *Ibidem*, p. 440.

ÉLISÉE RECLUS: EDUCAÇÃO E NATUREZA

amiúde a aprendizagem ocorre também por imitação, cooperação como necessidade natural de imitar um colega, saber aquilo que ele conhece. A maioria das crianças aprende com enorme esforço sem outros amigos que as encorajem e estimulem. Desse modo, Reclus antecipa a importância daquilo que hoje é definido como aprendizagem cooperativa, que se torna também, aos seus olhos, um meio válido para a formação de uma moral social e solidária. "O educador será, de acordo com o caso, o pai e o irmão, mantendo a sua mente em comunicação com as mentes das crianças" desenvolvendo claramente um trabalho do pensamento nos intelectos dos pequeninos, como aquele que ocorre em seu próprio intelecto, e levando cada um de seus alunos a compreender a verdade e a felicidade proveniente da ação ativa e participativa.[60]

Reclus oscila sempre entre uma convicção dupla que ele procura unir de qualquer maneira: de um lado, a convicção de que é impossível realizar uma mudança escolar realmente nova sem passar por uma profunda mudança social; de outro, o interesse direto em pôr em prática imediatamente alguns métodos didáticos e pedagógicos que estejam em contraposição àqueles oficiais. Ele condena, particularmente, o elitismo e os métodos seletivos de avaliação, o uso dos manuais escolares, a especialização excessivamente importante dos estudos universitários e o papel autoritário do ensino nas escolas oficiais.

A partir de 1869, procura dar algumas respostas concretas, dedicadas a demonstrar como, na realidade, é possível escrever alguns textos que contemplem uma visão diferente do ensino, publicando um dos livros, depois usados em muitas experiências de escolas libertárias e extremamente atual, *Histoire d'un ruisseau*[61]; dedicado aos jovens, permite-nos compreender o seu modo de entender um livro de didática nova que é por ele prenunciado e interpretado. É um texto que se desenrola segundo um estilo que oscila entre momentos poéticos e informações científicas, no qual o autor, personificando o curso d'água, faz ressurgir o seu manifestar, da nascente à foz, acompanhando-o de numerosos detalhes científicos, mas ao mesmo tempo, rico de metáforas e considerações sobre a relação do homem com a natureza. Esse trabalho, que teve muitas reedições, foi também introduzido nas bibliotecas públicas e escolares francesas exatamente pelo ministério da Instrução Pública. Sem dúvida, pode ser considerado como um livro antecipador da moderna literatura ecológica.

Esse livro é seguido por um outro, que contém a mesma estrutura fundamental, publicado em 1880, com o título *Histoire d'une montagne*.[62] Mas conti-

---

[60] *Ibidem*, p. 440.
[61] RECLUS, *Histoire d'un ruisseau*.
[62] RECLUS, *Histoire d'une montagne*.

nuando, todavia, a luta revolucionária para uma mudança radical na sociedade, ele não se retira de sua obrigação cotidiana de professor, procurando realizar a sua profissão de modo que resulte o mais possível coerente com suas aspirações sociais e políticas. No momento em que aceita ensinar na Universidade Nova escreve a Jean Grave, referindo-se a essa nova e mais livre instituição:

> Não há necessidade de exagerar a sua importância, uma vez que não se pode modificar os programas de exame, o sistema de diplomas, e os estudantes são sempre jovens pessoas privilegiadas (...). Essa contribuirá também, em certa medida, para a formação de alguns exploradores (...). Sem dúvida, a nossa universidade é uma instituição como as outras, portanto, negativa, mas, no momento, ela representa a luta. Entramos de forma anarquista e pessoalmente para tomar parte no combate, e sairemos em breve.[63]

Na realidade, a sua colaboração na Universidade Nova terminará somente com a sua morte. Como se vê, em Reclus é clara a contradição naquilo que representa algo bem diferente da vida cotidiana, mas, ao mesmo tempo, essa clareza é aceita e vivida tranqüilamente como inevitável, pelo contrário, como uma condição essencial para o êxito do projeto mais geral. A sua participação na atividade da universidade representa a sua modalidade concreta de viver uma experiência de educação libertária e ensinar, enfim, a geografia — matéria que na época não existia entre as disciplinas escolares — segundo a sua postura de pesquisa teórica e de verificação prática. Nesse sentido, o seu profissionalismo é vivido como uma parte essencial de seu serviço ao ideal. Reclus está convencido da dificuldade de separar o seu entendimento científico daquele político, tanto que fica claro como o seu ideal harmônico de educação corresponde, em grande medida, ao seu ideal social. O ideal dos homens primitivos, que trata de recuperar, deve produzir a restauração de uma igualdade econômica então dispersa. As capacidades e os conhecimentos do homem moderno, que lhe permitem apropriar-se do saber e dos costumes positivos dos homens que o precederam, selecionando-os, é extremamente importante para o fim de unir tudo isso em uma cultura seletiva, renovada e original, que preveja uma mudança radical da sociedade por meio da educação dos indivíduos, força motriz fundamental do progresso da humanidade a caminho do ideal.

Desenvolve seus cursos em diferentes faculdades, de Filosofia e de Letras, de Ciências e de Ciências Naturais. Mas a sua atividade se desenvolve sobretudo em dois institutos ligados à universidade e nos quais ele pode realizar melhor o seu ensino, assim como o concebe: *L'Institut de Hautes Études* e *Extension Uni-*

---

[63] E. RECLUS, "Lettre à Jean Grave", 6 de outubro de 1894, In: Idem, *Correspondance*, tomo III, p. 172.

versitaire. Tudo isso ele explicita de forma clara ainda a Jean Grave: "Quanto a mim, conto muito mais com uma outra parte do ensino, representada pelo *L'Institut des Hautes Études Universitaires* e pelos cursos do *Extension Universitaire* que são dedicados ao grande público e onde o auditório não será constituído nem por bacharéis nem por doutores."[64] Esses institutos que representam, sem dúvida, uma novidade não apenas para a Bélgica da época, correspondem bem aos desejos e às idéias de Reclus, que ensina ao lado de outros estudiosos eminentes, entre os quais está também o seu irmão Élie. Ambos prestam-se gratuitamente à sua obra e, assim, ampliam a sua independência do Estado, mesmo que isso tenha um preço: "Sabeis que nós sempre fomos pobres entre os pobres."[65] Por outro lado, as suas convicções a propósito da sapiência do povo levam-no a considerações muito precisas: "O sábio possui a sua imensa utilidade assim como o cavouqueiro; extrai os materiais, mas não será ele quem irá utilizá-los; cabe ao povo, ao conjunto dos homens associados, levantar o edifício."[66] O seu conceito de educação e de instrução é extremamente amplo, tanto que considera a realidade escolar como significativa, somente enquanto emerge completamente no contexto ambiental e cultural da sociedade, e mesmo porque se o conhecimento fosse aprendido somente na escola, os governos e as igrejas poderiam ainda esperar manter os ânimos sob tutela e sujeitá-los às suas idéias, mas

> a instrução é adquirida principalmente fora da escola, na rua, na oficina, diante das barracas da feira, no teatro, nos vagões de trem, nos barcos a vapor, diante das novas paisagens, nas cidades estrangeiras (...). A contemplação da natureza e das obras humanas, a vida prática, são esses, portanto, os companheiros com os quais se forma a verdadeira educação da sociedade contemporânea. Ainda que as escolas tenham concluído propriamente, mesmo essas, a sua evolução, no sentido da verdadeira instrução, elas também possuem uma importância relativa muito inferior àquela da vida social que nos circunda. Certamente, o ideal dos anarquistas não é aquele de eliminar a escola, mas melhorá-la, fazer da própria sociedade um imenso organismo de ensino mútuo, no qual todos sejam, juntos, estudantes e professores, no qual todo jovem, depois de ter recebido alguns esclarecimentos gerais nos primeiros estudos, aprenda a desenvolver-se integralmente, em virtude de suas forças intelectuais, em sua existência escolhida livremente. Mas, com ou sem escola, qualquer grande conquista da ciência termina por entrar no domínio público.[67]

---

[64] *Ibidem.*

[65] E. RECLUS, "Lettre à Henri Roorda Van Eysinga", 30 de janeiro de 1895, In: Idem, *Correspondance*, tomo III, p. 177.

[66] E. RECLUS, *Scritti sociali*, Buenos Aires, vol. 1, p. 133, 1930.

[67] *Ibidem*, pp. 129-130. Reclus acrescenta: "A instrução se realizará nos laboratórios, museus, jardins." (Idem, *La città del buon accordo*, 1896; atualmente em: RECLUS, *Scritti sociali*, Bologna, p. 80).

Em 1899 *L'Institut des Hautes Études* transforma-se, por motivos ligados à reorganização da universidade, em *Faculté des Sciences Sociales* na qual Reclus mantém, até sua morte, um curso de "Geografia no tempo e no espaço." Quanto à *L'Extension Universitaire*, criada em 1893, continua suas atividades, permitindo a Reclus desenvolver as suas aulas de divulgação científica a um público mais amplo e vasto do que aquele universitário, favorecendo deste modo as aspirações político-sociais do grande geógrafo. Entretanto, no exercício de sua profissão ele não é certamente um professor como os outros, distingue-se de modo particular pelo seu espírito humanitário. As causas físicas e as tendências morais são resumidas, coordenadas em uma exposição lógica; a história da Terra e a dos homens entrelaçam-se em uma síntese vasta, mas precisa. O seu relacionamento com os ouvintes é sempre marcado por uma relação paritária, não-catedrática, muito envolvente e participativa, dialógica. Durante sua vida acumulou uma infinidade de conhecimentos e experiências e, assim, é uma extrema felicidade para ele poder transmiti-los de modo que possa ser introduzido nas mentes alheias o prazer pela descoberta, pela pesquisa, pelo estudo que é motivado dentro de cada ser humano. Em suma, a sua experiência como professor fascina-o e gratifica-o sobretudo quando se ouve dizer que ele é um "professor que não é um professor."[68]

O seu ideal de escola, imersa no ambiente e não isolada, não identificada como lugar separado e destinado à instrução, mas espaço de síntese da exploração permanente dos conhecimentos por parte dos jovens em pesquisa contínua, deve ser um lugar no qual "todas as cognições sejam ministradas a todos e ensinadas por todos, na máxima liberdade, sem restrições ou limites impostos pela idade, pela profissão, pela riqueza ou pela falta de certificados e outros papéis inúteis"[69]. Mas para realizar tudo isso é absolutamente necessário que o comportamento mental e relacional do professor seja verdadeiramente modificado, torne-se substancialmente empático; é indispensável que aquele que exerce essa profissão ame-a e considere-a da mesma forma respeitosa tanto pelos outros quanto pelo que se pede a ele: "A grande arte do professor, seja ele professor de geografia ou de outras ciências, é de modo preciso saber demonstrar tudo completamente e diversificar os pontos de vista ao infinito, com o fim de ter sempre o espírito ativo e facilitar-lhes incessantemente algumas novas conquistas."[70]

Em 1898, ele pode colocar em prática as suas convicções relativas ao ensino quando cria seu próprio e verdadeiro instituto de geografia ligado à universidade,

---

[68] BRÉMAND, *Un professeur pas comme les autres*, p. 50.

[69] RECLUS, *Scritti sociali*, Buenos Aires, vol. 2, pp. 69-70.

[70] E. RECLUS, "Lettre à M. de Gérando", 11 de janeiro de 1877, In: Idem, *Correspondance*, tomo II, pp. 182-183.

ÉLISÉE RECLUS: EDUCAÇÃO E NATUREZA 217

no qual o plano de estudos é coerente com a organização metodológica que Reclus prefere, sobretudo porque integra a pesquisa teórica às experiências práticas. A freqüência é livre e não há exames nem diplomas. O instituto organiza numerosas excursões, a fim de colocar os estudantes em contato direto com o objeto da aprendizagem. Aos estudantes é solicitado que, além do trabalho da realização dos estudos, produzam cartas geográficas e publicações em um trabalho comum e solidário, de modo que o estudante, realizando essas atividades na prática, torne-se também um bom operador prático, desenvolvendo, deste modo, os princípios da educação integral.

4. A crítica à política escolar republicana

Élisée Reclus dá um conteúdo político à lei do progresso integrando-o com uma teoria política da evolução e da revolução que possui como objeto a descoberta das leis de mudança social.[71] Essa teoria tornar-se-á o verdadeiro motivo condutor de seu pensamento, e todos os escritos posteriores farão mais ou menos referência a esse trabalho. Toda a realização de um ideal político deve seu sucesso à capacidade de educar as crianças, portanto, todas as forças políticas que ambicionem transformar a sociedade ou conservá-la devem considerar com extrema importância essa realidade. Essa convicção o impulsiona a ligá-la à crítica da instrução republicana. O aproveitamento do trabalho educativo que ocorre durante o período da terceira República francesa é um exemplo esclarecedor de como a formação é passível de ser induzida pelas vontades do poder constituído.

A história de toda mudança social consiste em uma sucessão de estímulos e revoluções, que pertencem a um processo geral de evolução. É exatamente no interior da evolução que a educação detém um lugar de absoluta evidência. O caminho da humanidade em direção ao progresso não se desenvolve de modo linear, mas segundo uma sucessão de progresso e retrocesso, e a evolução geral é também um fenômeno complexo. Realmente, de acordo com essa teoria, a mudança social é o resultado de uma série repetida de evoluções e revoluções, que constituem uma parte gradual e uma acelerada do mesmo fenômeno. Nesse sentido, a revolução não pode ser considerada como uma ruptura absoluta em relação à evolução geral. Assim, desaparece nessa visão a idéia místico-apocalíptica da mudança radical que não pode ser imaginada como um evento explosivo feito por gritos da

---

[71] RECLUS, *L'évolution, la révolution et l'idéal anarchique*. Em língua italiana este texto está publicado em: RECLUS, *Scritti sociali*, Buenos Aires, vol. 1, pp. 17-160, 1930 e em: RECLUS, *Scritti sociali*, Bolonha, pp. 85-155.

multidão e pelo fracasso das armas, pois as evoluções também podem ser fortemente trabalhosas e da mesma forma radicais. Reclus está convencido de que a sociedade, por essa razão, compreende alguns períodos de evolução acelerada chamados revoluções. A revolução é uma demonstração de força na qual o povo solidário combate junto para derrubar a ordem existente. A evolução é concebida como um período preparatório durante o qual se desenvolvem múltiplas correntes de idéias. Esse desenvolvimento de idéias está na origem do despertar das consciências e é, dentro dele, que a educação desempenha seu papel. Certamente, o êxito dos acontecimentos da Comuna influi na definição dessa teoria e no evidenciar que existe, além disso, uma responsabilidade do povo em acarretar a vitória das forças conservadoras. De fato, é a educação que incita e desenvolve o despertar do pensamento das massas e destrói os planos do governo quando se torna objeto dos impulsos que provém de baixo. A propaganda, a auto-organização e a instrução tornam-se então instrumentos privilegiados para favorecer a verdadeira mudança. Sobretudo para os jovens é a instrução, considerada como parte da educação, que desempenha um papel central. E é na escola que isso ocorre de modo sistemático e organizado. Reclus está convencido de que o desenvolvimento da idéia anarquista é diretamente proporcional àquele da educação libertária e ao acesso de todos aos saberes.[72] Ele está convencido de que os inimigos do pensamento são também os inimigos da liberdade. A instrução tem a tarefa de fornecer o conhecimento claro das coisas, demonstrar os acontecimentos puros que são algumas verdades que não manipulam os ânimos. Deve permitir ao indivíduo libertar-se de cada prejulgamento, consciente dos interesses solidários da humanidade, ou seja, tornar-se um ser livre. Na verdade, a criação de uma sociedade livre depende da formação dos indivíduos livres: a mudança deve se realizar nos homens e nas mulheres, antes de se realizar nas coisas; a aquisição de um saber positivo promove o despertar do princípio de justiça que permite ao indivíduo agir com justiça. Poderíamos esperar, a esse ponto, que o julgamento de Reclus sobre a política educativa e escolar da terceira República fosse positivo. Em vez disso, ele afirma que ela se apropriou da escola para fazê-la uma instituição da república, que veicula algumas idéias e uma moral que são as suas e que a defendem, tanto daquele antigo regime, quanto em relação às possíveis novidades mais radicais. Com isso ele não menospreza as vantagens e os progressos sólidos concluídos com a laicização da escola que suaviza a influência da Igreja no conjunto da sociedade francesa. Entretanto, ele considera a luta da república contra o obscurantismo como absolutamente insuficiente, porque considera que muito rápido a ação republicana dirije-se em direção às características

---

[72] Para todas essas teorias e considerações, consulte: RECLUS, *L'évolution, la révolution et l'idéal anarchique*.

de propaganda anti-revolucionária. Deseja, além disso, demonstrar como essa educação, ainda que represente um progresso, mantém ainda a infância na servidão imposta por um catecismo moderno.

A igualdade das possibilidades, própria do espírito livre, pressupõe duas condições. A primeira, que exista a obrigação escolar, e a segunda, que a escola seja gratuita. Além disso, a essência positiva que incita essa teoria republicana e liberal prevê que a religião seja deixada ao âmbito privado, e que o ensino seja laico. Reclus julga esses pressupostos seguramente como alguns fatos positivos que a República procura realizar plenamente; ele considera como uma batalha indispensável, sobretudo, a subtração da instrução ao poder da Igreja. Mas tudo isso é, ao mesmo tempo, insuficiente. A instituição escolar da República, por outro lado, é também uma escola política, que com o pretexto de libertar os jovens das influências familiares, da ignorância, da influência da Igreja, autoriza-se a incutir nas mentes das crianças um novo catecismo: aquele republicano. Além disso, denuncia que existem ainda muitas situações nas quais as crianças não freqüentam as escolas e, sobretudo, que existem numerosas instituições escolares de caráter confessional que utilizam a complacência e a sustentação do Estado.

Ele também coloca em evidência como existe uma diferenciação de classe nas próprias instituições escolares: escolas específicas para as crianças das famílias privilegiadas que as formam para tornarem-se a futura classe dirigente, e as escolas para os mais pobres sem nenhum prestígio e com mau funcionamento: "De um lado, o colégio dos jovens ricos: (...) todos com um futuro bem programado, todos que serão mestres; de outro lado, as escolas das crianças pobres, a criança que saindo de lá, aos 12 anos, entrará como aprendiz em uma fábrica; em vez de desenvolver-se, se enfraquecerá."[73] O problema religioso remete a um outro problema não menos importante, que é o da autoridade dos pais: para o esclarecimento deste segundo problema, de acordo com Reclus, depende em grande parte da solução da questão do ensino religioso. De fato, são exatamente os pais que escolhem qual o tipo de instrução convém a seus filhos porque, acreditando ser os proprietários, decidem colocar na mão da Igreja a educação deles. Tudo isso nega o direito e a liberdade de escolha aos filhos. A República determinou colocar os direitos dos menores nas mãos da escola pública, mas também reconhecer aos pais o direito de impor as suas escolhas religiosas às crianças, transferindo a sua autoridade à Igreja, mas na verdade mantendo-os na ignorância:

> Se a criança é espancada, torturada pelos pais, ou catequizada, corrompida pelos irmãos ignorantes, ou se ela aprende com os jesuítas uma história mentirosa

---

[73] E. RECLUS In: *Le Révolté*, 24 juin 1882.

220   "A BOA EDUCAÇÃO" – EXPERIÊNCIAS LIBERTÁRIAS E TEORIAS ANARQUISTAS...

e uma moral falsa, feita de baixezas de crueldades, o crime nos parece o mesmo e nós o combateremos com a mesma energia."[74]

As reformas escolares são, portanto, insuficientes na medida em que não envolvem o conjunto do problema educativo e são hipócritas porque tiram da instrução escolar um Deus para colocar um outro: a República:

> Um indivíduo simples imagina que o projeto da lei para a separação da Igreja e do Estado contenha a solução dos problemas do futuro, relativamente à verdadeira emancipação do espírito humano. Não é verdade, (...) pois o Estado e a Igreja possuem apenas uma única e mesma ambição, e pode-se afirmar que eles se mesclam essencialmente para os seus princípios. Um e outro desejam conquistar a autoridade absoluta (...). Somos nós que devemos nos separar tanto do Estado quanto da Igreja.[75]

Em suma, a educação torna-se um forte e significativo veículo de propaganda para os valores e as idéias da República: "Nós devemos (...), ao fazer a crítica da instrução dada, combater o poder do Estado, que se apropria da instrução e plagia as inteligências de nossas crianças à sua maneira."[76] A República deve combater paralelamente dois adversários, o passado e o futuro. Para fazer isso ela se utiliza de um catecismo republicano, isto é, de um conjunto de valores veiculados pelo ensino ministrado nas escolas estaduais: amor à pátria e respeito às leis republicanas que são inseridos no quadro da educação cívica. A mesma moral constitui a base sobre a qual se formam os futuros professores, de modo que o cerco se fecha dentro de uma lógica de continuidade do Estado. Os professores da República são designados para transmitir às crianças os valores de patriotismo, do trabalho, da obediência, da fraternidade, do respeito pelas leis pelas instituições republicanas. Segundo Reclus, é indispensável opor-se, em nome da verdadeira liberdade e autonomia, tanto às escolas estatais — onde se aprende a "educação cívica", ou seja, o servilismo e a submissão em relação ao Estado — quanto àquelas onde se ensina a obedecer a vontade da Igreja. Catequizada por todos os lados, a criança deve, aos seus olhos, tornar-se objeto de uma atenção totalmente particular. A sua libertação deve, desse modo, constituir uma prioridade para fundar uma sociedade de homens livres.

Para o cientista e anarquista Reclus, a educação das crianças torna-se um problema central e fundamental. As duas óticas complementares possuem por objetivo demonstrar, em uma lógica positiva que se sustenta na observação dos acon-

---

[74] E. RECLUS, "L'anarchie et l'Eglise", In: *Les Temps nouveaux*, n. 20, 1885.
[75] E. RECLUS, "Nouvelle proposition pour la suppression de l'ère chrétienne", In: *Pensée et Action*.
[76] E. RECLUS, In: *Le Révolté*, 10 de junho de 1882.

ÉLISÉE RECLUS: EDUCAÇÃO E NATUREZA

tecimentos passados e presentes, que uma criança livre tornar-se-á um homem livre. Essas convicções atingem, entretanto, o amadurecimento depois de um percurso que, como já vimos em parte, levou Reclus a sustentar no âmago da Internacional uma posição crítica a propósito da imediata realização dos pressupostos da instrução integral e, além disso, a fixar uma crítica severa a respeito das várias experiências comunitárias alternativas, julgando-as como "oásis" e, portanto, fora da realidade e da luta cotidiana. No final dos anos 1870 e início dos anos 1880, ele considera prioritária a rebelião popular, a revolução, em suma, relacionada às outras formas de mudança da sociedade. Isso é testemunhado pela sua fé nas possibilidades revolucionárias que entrevê não apenas na Europa, mas também na Rússia, chegando a apoiar até mesmo os atos individuais de violência revolucionária, já que o advento de uma sociedade diversa passa também por meio da audácia dos jovens prontos a dar a sua vida pela causa.[77] De acordo com Reclus, "o oprimido possui o direito de resistir com todos os meios à opressão, e a defesa armada de um direito não é violência."[78]

Em suma, há uma necessidade histórica de promover uma revolução que não poderá ser pacífica, para obter uma mudança radical da sociedade, do domínio e da opressão.[79] Naturalmente ele não chegará jamais a justificar a propaganda pelo fato, mas também, decerto, não exprimirá uma condenação incondicional. Escreve, em explicação à sua posição, em uma carta de 1882:

> Revolucionário por princípio, por tradição, por solidariedade, ocupo-me apenas de uma maneira muito indireta da revolução. À exceção de alguns artigos, algumas visitas, um pouco de propaganda oral, e, algumas vezes, alguns testemunhos de solidariedade com os amigos, eu não faço nada.[80]

Ele negligencia, na verdade, a sua contribuição excepcional em termos de teoria e divulgação científica de suas descobertas, de seus conceitos, de suas idéias inovadoras.

Nos anos seguintes a 1890, as idéias pedagógicas, ao contrário, retomam com mais vigor para provocar o interesse do movimento anarquista internacional, e dão início a uma série de experiências educativas absolutamente significativas, como veremos, levando também Reclus a uma elaboração de um modelo ideal de

---

[77] Conferir E. RECLUS, "Lettre à M. de Gérando", 7 de dezembro de 1878, in: Idem, *Correspondance*, tomo II, pp. 210-211.
[78] E. RECLUS, "Lettre à Lilly-Wilerming", 7 de junho de 1892, In: Idem, *Correspondance*, tomo III, p. 118.
[79] E. RECLUS, "Pourquoi sommes-nous anarchistes?", In: *La société nouvelle*, 31 de agosto de 1889.
[80] E RECLUS, "Lettre à M. de Gérando", 16 de janeiro de 1882, In: Idem, *Correspondance*, tomo II, p. 239.

222 "A BOA EDUCAÇÃO" – EXPERIÊNCIAS LIBERTÁRIAS E TEORIAS ANARQUISTAS...

educação que recupera o projeto — em seu tempo julgado positivo, mas devendo ser adiado posteriormente à insurreição — da instrução integral como um elemento determinante para a mudança.

5. O modelo educativo e *L'Homme et la Terre*

> A escola verdadeiramente liberta da antiga servidão não pode ter mais que um desenvolvimento espontâneo da natureza. Isso que em nosso tempo é considerado nas escolas como fato excepcional — passeios, corridas nos campos, as charnecas e as florestas, sobre as margens dos rios — devem ser a regra. Porque é somente ao ar livre que nos aproximamos da planta, do animal, do trabalhador, e aprendemos a observá-los, a ter uma idéia precisa e coerente do mundo exterior.[81]

Dessa forma, são importantes as atividades que se podem fazer alegremente na liberdade da natureza com o fim de preparar as crianças para as várias expressões do conhecimento, assim como depois, quando se apresentará a necessidade de uma forma de especialização, será necessário seguir as inclinações e os desejos de cada indivíduo. Tudo isso sem que cada jovem deva renunciar a adquirir um conhecimento de base, de modo que possa apreciar todas as diversas formas de arte e ciência. Uma concepção moral e pedagógica nociva considera útil separar o masculino do feminino. Isso é absolutamente errado e não existe — insiste Reclus — nenhuma razão racional para dividir a educação e não praticar a co-educação dos sexos. "Resulta da aproximação dos sexos em um mesmo lugar de estudo a atenuação gradual da mútua ignorância e hostilidade forçada entre os homens e mulheres (...), e a diferença de evolução de um sexo em relação a outro é atenuada na medida em que o tesouro comum das riquezas científicas torna-se propriedade comum."[82] As diferenças culturais são impostas pelas famílias e pela sociedade; são de origem ideológica e particularmente destacadas pela Igreja.

A aprendizagem dos conhecimentos não ocorre por meio do conhecimento mecânico e passivo das noções, mas sim, por meio da participação ativa do educando em muitas experiências concretas, em torno das quais constrói, com a ajuda do professor, uma própria reflexão sistemática e ao mesmo tempo criativa e intuitiva. No que se refere à suposta utilidade de algum tipo de exame, Reclus repele com vigor toda interpretação possível que dê a essa prática escolar algum significado profundo e útil. Um exame sincero sobre o próprio pensamento ou em vista da pesquisa da verdade é, ao contrário, indispensável. Enquanto se trata de "conhe-

---

[81] RECLUS, *L'Homme et la Terre*, vol. VI, pp. 445-446.
[82] *Ibidem*, p. 448.

ÉLISÉE RECLUS: EDUCAÇÃO E NATUREZA

cer a si próprio, esse exame incessante é necessário ao homem que estuda; quanto mais se torna indispensável, uma vez que se trata de conhecer a natureza, na qual cada indivíduo não é nada além de uma simples célula."[83] O amor pela ciência e pelo conhecimento serão os únicos objetivos, as únicas ambições, porque na sociedade futura as condições materiais de vida serão garantidas a todos *a priori*. Na sociedade atual aumentaram as oportunidades de viajar e de conhecer sem intermediações, se utilizadas com seriedade e sistematização, isto é, se todo ser humano se voltar à natureza e em direção a todas as obras do homem com espírito aberto e crítico, mas, sobretudo, por meio da observação direta e não mediada pelos livros que os manipulam mais ou menos:

> Ele aprenderá, assim, a conhecer os seres vivos em suas origens, na sua vida presente, com as milhares de alternativas da saúde, da doença, do envelhecimento e da morte. Exteriormente a todos os velhos livros que o tempo envelhece, não estão lá certamente os livros por excelência, os livros sempre viventes onde, para o leitor atento das novas páginas, sempre mais belas, acrescentam-se incessantemente às anteriores? Ainda não é tudo, o leitor se transforma em autor.[84]

E cada indivíduo poderá conhecer ainda mais se souber associar-se aos outros indivíduos, juntar as energias e as forças, não somente no lugar de encontro, mas também encontrando a mesma solidariedade e mutualidade de pesquisa, nos indivíduos que vivenciaram esses conhecimentos e que podem servir de estímulo para desenvolvê-los sempre mais e sempre maiores: "O que é necessário pedir aos estudantes não são alguns diplomas, mas algumas obras. Sendo os estudantes voltados ao sentido do trabalho, e do trabalho útil, as pessoas jovens, rapazes e moças, terão para demonstrar tudo aquilo que já fizeram para colaborar com as tarefas comuns da humanidade."[85] Em suma, Élisée Reclus exprime uma posição absolutamente moderna quando afirma que em uma sociedade na qual o acesso aos estudos é garantido a todos, o que conta não é tanto possuir um título de estudo com valor legal, quanto, em vez disso, ter as coisas, as experiências, as habilidades, os conhecimentos demonstrados na prova para o desenvolvimento solidário de toda a sociedade.

A educação possui valor, pois não se dá de uma vez por todas, mas porque é permanente e recorrente e, sobretudo, na medida em que serve à vida; além disso, é indispensável que a especialização inevitável não impeça a formação de uma mentalidade de pesquisa contínua, de abertura e conhecimento cultural do

---

[83] *Ibidem*, p. 454.
[84] *Ibidem*, p. 456.
[85] *Ibidem*, p. 457.

próprio saber, sobretudo, que não impeça a integração intelectual com aquela prático-tecnológica. Esses aspectos são indispensáveis para evitar a formação de uma classe de doutos que, apelando para os seus conhecimentos, possam dominar com novos e mais refinados instrumentos de poder a grande massa dos excluídos do conhecimento e da ciência. De fato,

> não é raro que os homens verdadeiramente superiores pelos conhecimentos, e sobretudo por uma certa arte maravilhosa da palavra e do estilo que confere tanto valor ao pensamento, descuidem-se em construir com seus semelhantes um tipo de aristocracia delicada em que é possível experimentar de forma egoísta alguns finos prazeres intelectuais que permanecem incompreensíveis pela multidão reprimida.[86]

O verdadeiro prazer que garante a verdadeira felicidade, segundo Reclus, consiste em comunicar, em socializar os conhecimentos, de modo que se tornem um patrimônio comum. Além disso, ele destaca a centralidade da dimensão estética na educação:

> A parte da educação que deve atingir as grandes transformações estéticas é ainda mais delicada que a educação científica, porque esta é menos direta, e a elaboração totalmente pessoal é infinitamente mais imprecisa. A impressão da beleza precede o sentido de classificação e de ordem: a arte vem antes da ciência. A criança fica muito feliz em ter em suas mãos um objeto luminoso, de cor vivaz, com som nítido; alegra-se deliciosamente com a música e com as nuanças e sons, e somente mais tarde procura conhecer o como e o porquê de seu brinquedo: examina-o e manipula-o amplamente antes de desmontá-lo para dar-se conta dele (...). Dessa forma, passa da arte para a ciência, então, quando são compreendidas as coisas que nos circundam, quando a ciência tiver explicado tudo, retornamos à arte para admirar ainda, e, se possível, trazer o prazer para a nossa vida.[87]

Certamente, não é, contudo, um artista aquele que pretende sê-lo ou tornar-se seguindo os estudos servis do mestre, as linhas traçadas e regulamentadas dos outros, as regras estabelecidas no passado, esse será apenas um que copia, que reproduz: "A primeira regra da arte, da mesma forma que de qualquer outra virtude, é ser sincero, espontâneo, original."[88] Portanto, é indispensável unir a liberdade à motivação individual para conseguir qualquer objetivo que seja e, para isso, a educação deve almejar desenvolver todas as faculdades naturais que todo indi-

---

[86] *Ibidem*, p. 460.
[87] *Ibidem*, p. 480.
[88] *Ibidem*, p. 480.

ÉLISÉE RECLUS: EDUCAÇÃO E NATUREZA

víduo possui potencialmente, sem nenhuma forma coerciva: "Quando o homem trabalha livremente, quando pode empenhar-se alegremente em seu trabalho, buscar o seu sonho, talvez tenha a felicidade de realizá-lo ou pelo menos encontrará a originalidade pessoal que fará dele um indivíduo distinto na sucessão dos homens."[89] Desse modo, a sociedade beneficiará homens e mulheres com uma nova moral, livre dos prejulgamentos religiosos, culturais e do Estado, e será possível possuir formas de trabalho atraentes, sem escravidão, como as abelhas que constroem a própria colmeia sem que alguns parasitas venham derrubá-las; ao contrário de hoje, em que um grupo de privilegiados, dispondo de capitais e de poder, com a força da educação, mantém o domínio em um regime de desigualdades e de falta de liberdade. Temos o direito de saber que, "de todas as partes, a convergência se faz em direção a um estado social em que se compreenderá a união de todos os elementos da vida humana, divertimentos e estudos, artes e ciências, o alegrar-se do bem-estar material e do pensamento, progressos intelectuais e morais."[90] E ainda insiste em delinear um futuro diferente e possível: "Que bela existência será aquela dos homens quando a instrução integral, física, moral, intelectual, terá feito alguns irmãos valentes e fortes, que trabalham para o bem comum!"[91]

A posição de Reclus não é muito original em relação a esses temas; demonstra-se favorável ao desenvolvimento harmônico e integral de todas as faculdades individuais, e é por isso que insiste fortemente na necessidade de uma formação física e naturalista. Ele, no espaço da liberdade absoluta da aprendizagem (cada um aprende aquilo que mais lhe interessa), insiste no significado social da educação de modo acentuado, sustentando que o importante é que, ao final, aquilo que se aprenda seja útil para a coletividade. A sua concepção, portanto, é de que há um tipo de obrigação para cada ser humano, em relação à sociedade, e que seja, então, o valor da utilidade social que determine as condições do processo autoformativo. A sua pedagogia libertária é uma conclusão necessária da instrução integral. De fato, ele destaca como não seria concebível uma educação nova sem uma relação igualitária entre docente e discente, entre mestre e aluno. A formação integral não é suficiente se não se concretiza na pedagogia antiautoritária. Além disso, toda criança não pode ser ela mesma, se não se identificar de forma harmônica na natureza, que é para Reclus o verdadeiro guia da vida. A liberdade da criança é possível em duas condições: antes de tudo, a sua educação deve ser sinônimo de descoberta, trata-se para a criança de aprender a tornar-se ela mesma. Mas a to-

---

[89] *Ibidem*, p. 483.
[90] *Ibidem*, p. 496.
[91] E. RECLUS, "Lettre à Mlle de Gérando", 22 de novembro de 1904, In: Idem, *Correspondance*, tomo III, p. 214.

mada de consciência de si não é possível senão por meio da descoberta do outro. A sua liberdade não se realiza senão no reconhecimento da idêntica liberdade de seu semelhante, pois essa é sempre liberdade social. Descobrir a si mesmo não é senão, no início, descobrir as coisas. Cada indivíduo se pertence por meio da apropriação do universo que está ao seu lado; portanto, é a experiência que permite à criança descobrir-se, seguindo um ritmo totalmente natural. Não é necessário forçar o discente a acumular conhecimentos, ele deve fazer a experiência direta por si só, educar os seus sentidos antes de educar o seu espírito. Todas as obras humanas encontraram a sua inspiração na natureza, dessa forma, ele deve desenvolver o conhecimento direto da natureza que o circunda. Todas as leis científicas, todas as descobertas humanas têm origem na observação da natureza. Reclus defende que o despertar dos sentidos e do espírito estão em estreita e inseparável relação, o espírito nutre-se das experiências do corpo:

> O bem que a criança extrairá disso será durável. As impressões que ela provará saltando sobre a grama, escalando as faias, refletindo-se nos riachos serão algumas impressões inelimináveis. É durante essas horas alegres que decidirá o seu destino; sem sabê-lo, ela acumulará um tesouro.[92]

É sobre essas bases que se constrói toda a educação verdadeira e livre, a qual não pode existir fora da natureza, que é o grande livro, o único livro autêntico, pelo qual e no qual é possível a verdadeira aprendizagem, profunda e livre. Juntamente a isso se segue paralelamente a capacidade pessoal de refletir sobre o que acontece, sobre os fenômenos naturais, sobre a própria experiência direta. Todo instrumento didático pode ser útil, contanto que seja usado e filtrado pela própria reflexão extraída do conhecimento individual. Reclus conta com o desenvolvimento natural dos interesses e das curiosidades da criança que não deve ser imediato, mas acompanhado, seguindo o ritmo respeitoso de seus tempos, sem retardá-los nem acelerá-los: "Da mesma forma que a humanidade em seu desenvolvimento seguiu diferentes estados de progresso intelectual e físico, o indivíduo em uma sociedade normal seguirá na sua educação a mesma marcha natural em seus conhecimentos e em seu desenvolvimento."[93] De acordo com essa idéia, cada um já possui potencialmente, mesmo que em estado latente, todas as qualidades necessárias para o seu desenvolvimento completo; essas se manifestam simplesmente de forma gradual segundo o ritmo individual absolutamente original e único, todavia variando de criança para criança. Ele insiste muito no respeito dos tempos

---

[92] E. RECLUS, "Lettre à Mme Dumesnil", 12 de outubro de 1875, In: Idem, *Correspondance*, tomo II, pp. 173-174.
[93] E. RECLUS, In: *Le Révolté*, 24 de junho de 1882.

ÉLISÉE RECLUS: EDUCAÇÃO E NATUREZA

naturais e individuais de evolução, negando qualquer validade às forçações e acusando de autoritarismo também as desacelerações impostas pelo ensino tradicional. Então, são importantes todas as atividades lúdicas que constituem a base essencial e as condições irrenunciáveis de todo ensino libertário. A utilização do jogo por meio da manipulação, a escultura, o desenho, a música e qualquer outra expressão artística formam um conjunto de meios necessários para dar a todo jovem uma estrutura lógica do pensamento e de suas expressões. Tais convicções sempre estiveram presentes nas idéias de Reclus. Somente seguindo o ritmo da natureza pode-se permitir à criança descobrir a si mesma. Dessa perspectiva nasce a importância da relação igualitária entre docente e discente, em que o papel do educador não é outro senão aquele de estimular cada um a extrair de si todas as suas predisposições, as suas inclinações, os seus interesses, porque educar não significa dar forma, mas descobrir. A educação como descoberta contínua por meio da ação paritária de docente e discente em relação à natureza profunda do ser humano:

> Aquele que sabe ensina ao que não conhece a arte de utilizar tudo aquilo que possui em si mesmo (...). O educador, aquele que extrai da criança a compreensão das coisas e a potência da vontade, não pode, evidentemente, — salvo se já não tiver a imbecilidade dos nossos professores de escolas — agir de maneira extrínseca à vontade da criança, porém ele é da mesma forma, livre e, normalmente, as duas iniciativas conectam-se entre si. A criança deseja saber, o educador deseja ensinar, ou seja, mostrar à criança que, já sabendo de maneira inconsciente, deve apenas dar-se conta das coisas de modo a conhecê-las conscientemente.[94]

De acordo com essa formulação, é conseqüentemente lógico afirmar que se um jovem não possui o entusiasmo para o estudo, isso deriva da falta do mesmo entusiasmo por parte do professor. Além disso, toda forma de dogmatismo ou de verdade revelada deve ser banida de um ensino libertário. Para realizar tal feito é indispensável que o educador coloque à disposição de todos os alunos alguns instrumentos didáticos que pressuponham a sua intervenção ativa e criativa e, dessa forma, a sua escolha deve ser bem ponderada a fim de suscitar neles a capacidade própria de observação. Para ser completamente livre, a criança, além de ter aprendido a escutar a si mesma, deve reconhecer o outro, descobrir também o outro como indivíduo. É exatamente graças a essa relação que ela pode conhecer melhor a si mesma e a utilização de sua liberdade, em uma comunidade de indiví-

---

[94] E. RECLUS, "Lettre à Mlle de Gérando", 22 de novembro de 1904, In: Idem, *Correspondance*, tomo III. Sobre o mesmo tema, consulte também: "Lettre à Alfred Dumesnil", 17 de julho de 1878, In: Idem, *Correspondance*, tomo II, p. 207.

228 "A BOA EDUCAÇÃO" – EXPERIÊNCIAS LIBERTÁRIAS E TEORIAS ANARQUISTAS...

duos, que é, para Reclus, essencial para o desenvolvimento verdadeiro e positivo de todo ser humano. Ao contrário de Rousseau, ele sustenta que não pode haver educação a não ser que exista uma relação entre mais indivíduos, uma vez que todo ser humano enriquece-se pela diversidade alheia; a sua personalidade desenvolve-se por meio da imitação e da diferenciação com os outros. Educada na solidão, a criança não pode senão voltar-se a si mesma e tornar-se estranha ao mundo que a circunda. Todas as atividades que ela desenvolve em comum permitem-lhe tomar consciência do valor da solidariedade e da necessidade de estabelecer relações livres e paritárias com seus semelhantes. Entre as atividades que melhor favorecem essa união ele cita a música, pois representa a própria vida, que se compõe de tantas contribuições para formar, então, um todo único e harmônico, em que cada parte tem uma importância específica é insubstituível.

Como vimos, naturalmente, tudo isso deve ser unido à co-educação dos sexos, que não significa pensar em um tipo de igualdade absoluta que anule as diversidades naturais, mas sim que essas diversidades sejam o elemento essencial da riqueza e da igualdade social. Assim, puderam-se constatar os três aspectos da personalidade e da atividade de Reclus, o geógrafo, o anarquista, o pedagogo que são inseparáveis entre si, mesmo que entre essas a maior função seja a segunda. De fato, é exatamente para dar ao seu ideal um fundamento científico que ele se torna geógrafo e depois pedagogo. Os seus últimos anos de vida são em grande parte dedicados exatamente à educação, enquanto ele amadurece cada vez mais a idéia de que sem a perspectiva de formar seres livres e autônomos nenhuma mudança será possível. Isso não significa abandonar a idéia da revolução social, mas de contemplá-la também por meio de um trabalho de divulgação e instrução popular. Toda a sua última obra, *L'Homme et la Terre*, é um hino ao progresso contínuo da humanidade, um testemunho de seu otimismo em relação ao futuro e, em suma, à consciência que a anarquia atingirá. A sua luta contínua é toda dirigida a afirmar o princípio inalienável segundo o qual todo ser humano possui de lutar por sua própria felicidade bem como felicidade alheia. Porque tudo isso é a natureza. Não é por acaso que ele abre o seu último livro com essas palavras: "O homem é a natureza que toma consciência de si mesma."[95]

Concluindo este capítulo, parece-me belo e útil relatar trechos de uma carta de Reclus que revela toda a sua paixão, a sua competência, mas, principalmente, o seu amor pelos temas da educação e da instrução. Escreve:

> Tudo o que convém a um povo no que se refere à educação, convém certamente também a outro. Portanto, tudo o que seria necessário dar às crianças, sejam elas

---

[95] RECLUS, *L'Homme et la Terre*, vol. I, p. 1.

ÉLISÉE RECLUS: EDUCAÇÃO E NATUREZA

húngaras ou francesas, e que infelizmente é dado a elas somente em pouca medida, não são apenas os fatos verdadeiros, mas principalmente o amor, a paixão pelo verdadeiro. Por isso, é importante que o espírito permaneça sempre aberto, sempre pronto a rejeitar o falso e a substituí-lo por uma nova idéia. As coligações da mente não devem se fechar, o espírito deve manter-se em fase de renovação e retardar a sua consolidação, a sua ancilose até a morte. O senhor entende porque odeio os livros escolares. Não há nada de mais funesto para a saúde intelectual e moral dos alunos. Eles apresentam a ciência como algo feito, terminado, assinalado, aprovado, tornado quase religião, a ponto de transformar-se em superstição. É um alimento morto e que mata. Que o médico, isto é, o professor, sirva-se dele para seus estudos comparados, tudo bem, mas não dê esses alimentos às crianças! Para fazer a ciência viver, é necessário que a própria criança a viva, que a crie, por assim dizer, que a renove incessantemente e escute cada uma de suas palavras como uma descoberta. E é exatamente pelas grandes coisas, ou seja, para a compreensão da justiça, que é necessário desconfiar dos livros. É no senhor mesmo que deve tocar, na medida em que lhe impõe a prudência, o bom senso, o bom gosto e a necessidade de conservar os seus meios de ação.[96]

Palavras claras, simples, perspicazes, que persistem, uma vez mais, em dizer que educar e instruir são principalmente uma arte que se nutre de paixão.

---

[96] E. RECLUS, "À Antoine de Girando", In:. P. L. ERRANI (Org.), *Élisée Reclus. L'homme. Géographie sociale*, pp. 282-283.

9. ENTRE EDUCAÇÃO
E REVOLUÇÃO

1. Os anarco-comunistas e os libertários

Sob o impulso da Primeira Internacional e do grande debate que se desenvolve na Europa, dentro do movimento dos trabalhadores, a partir da segunda metade do século XIX, toma consistência também a reflexão sobre os conteúdos revolucionários que — seja a educação ou a propaganda — podem conter no trabalho de mudança e de renovação de toda a sociedade. Nesse âmbito prevalece, sem dúvida, dentro do movimento libertário, assim como nos pensadores semelhantes, a influência das concepções positivistas, que constituem um lugar de encontro entre as convicções própria e conscientemente anarquistas e aquelas libertárias que atingem uma grande parcela de intelectuais, artistas, estudiosos, os quais, por reação às formas opressoras do poder e das instituições, desenvolvem, em diversas formas artísticas, uma cultura autenticamente libertária.[1]

A crítica da escola e da educação autoritária tornam-se constantes na imprensa anarquista, nos opúsculos, nos livros que muitos militantes escrevem nesse período. Os próprios eventos da Comuna de Paris contribuem para o desenvolvimento da idéia de que a instrução do povo e a propaganda revolucionária sejam ver-

---

[1] Para uma breve, mas clara síntese, consulte: TOMASI, *Ideologie libertarie e formazione umana*, Florença, La Nuova Italia, pp. 186-190, 1973. Uma bela e sugestiva descrição do ambiente artístico e literário libertário encontra-se também em J. H. MACKAY, *Gli anarchici. Quadro della fine del XIX secolo*, Milão, Casa Editrice Sociale, 1921. Uma visão das condições da infância e da educação do período, encontra-se em: G. GENOVESI *L'educazione dei figli. L'Ottocento*, Florença, La Nuova Italia, 1999; C. COVATO, "Educare bambine nell'Ottocento", In: S. ULIVIERI (Org.), *Le bambine nella storia dell'educazione*, Bari, Laterza, 1999, pp. 215-246; H. CUNNINGHAM, *Storia dell'infanzia*, Bolonha, Il Mulino, 1997; TRISCIUZZI, *Il mito dell'infanzia*, pp. 89-308.

232   "A BOA EDUCAÇÃO" – EXPERIÊNCIAS LIBERTÁRIAS E TEORIAS ANARQUISTAS...

dadeiramente úteis para a emancipação do proletariado do jugo do domínio e da exploração.

Emblemático, exatamente sobre isso, é o "Manifesto pela liberdade de ensino" assinado por, entre outros, Tolstoi, Kropotkin, Reclus, Grave e Louise Michel, no qual são denunciados o autoritarismo e o dogmatismo da educação dominante que possui como escopo aquele de sujeitar a vontade e a inteligência da criança, insinuando-se na sua ingenuidade e fraqueza, para incutir-lhe uma série de pre-julgamentos dos quais a criança, posteriormente, fará um grande esforço para libertar-se. O Estado e a Igreja, por meio da escola, difundem e perpetuam a ideo-logia dominante que se fundamenta na divisão em classes e na obediência à auto-ridade. Os professores que acreditam, ao contrário, em uma sociedade diversa, devem empenhar-se em criar condições diferentes que possam favorecer uma ins-trução integral e racional, mista e libertária.[2]

---

[2] *La liberté pour l'enseignement*, Publicação do grupo de iniciativa da École libertaire, Paris, Les Temps Nouveaux, 1898. Um periódico semanal francês, *Les Temps Nouveaux*, propicia particular evidência a essa ação de propaganda e de instrução popular, de educação libertária e revolucionária (REYNAUD-PALIGOT, *Les Temps Nouveaux* 1895-1914). Consulte por exemplo: P. DUPONT, *Innovation Pédagogique* (3, 1895); G. GEFFROY, *Ironie de l'instruction publique* e M. PUJO, *L'éducation de l'enfant dans la société bourgeoise*, (18, 1895); J. WILL, *De l'éducation par la conaissance de soi et l'amour d'autrui* (21,1895); L. BUCOLIER, *L'éducation* (22, 1895); A. KARR, *Éducation et préjugés* (26, 1895); J. HUNDRY-MENOS, *La question du sexe dans l'éducation* (35-36-37-38, 1895); G. DE VALAYRAC, *L'éducation bourgeoise* (36, 1895); L. MANOUVRIER, *Morale, éducation, droit et politique* (37, 1895); G. LE BON, *Éducation deprimente* (4-5, 1896); C. LETORNEAU, *De l'éducation naturelle* (11,1896); C. TILLIER, *L'enseignement* (18,1896); G. DE MOLINARI, *Les intrusions de l'État* (19, 1896); A. FRANCE, *L'éducation* (24, 1896); O. MIRBEAU, *Éducation* (37,1896); G. EEKBOUD, *La bonne leçon* (2, 1897); E. DEMOLINS, *L'éducation par l'exemple* (8, 1897); O. BENOIST, *Notre éducation* (16, 1897); A. GIRARD, *De l'éducation évolutive* (45, 1899); C. ALBERT, *Éducation et propagande* (2, 1900); R. CHAUGHI, *Éducation à refaire* (31, 1900); A. GIRARD, *Éducation libertaire* (8, 1901), *Pour nos enfants* (10-11-14-15, 1901), *La conscience de l'enfant* (26, 1901), *L'école sans dieu* (40, 1901); R. CAZE, *L'éducation actuelle* (8, 1902); E. DUCLAUX, *L'enseignement officiel* (17, 1902); E. ZOLA, *Question d'éducation* (22, 1902); SÉVERINE, *L'enfant au saubre* (36, 1902); B. DE SAINT-PIERRE, *Voeux pour l'éducation* (42, 1902); C. ALBERT, *La liberté et l'enseignement* (46-51, 1902); A. GIRARD, *L'homme intégral* (48, 1902); A. GIRARD, *Les droits de l'enfant* (6, 1903), *Le droit d'enseigner* (7, 1903); C. ALBERT, *Pour l'éducation* (9, 1903); H. MARET, *La liberté de l'enseignement* (11, 1903); A. OCTORS, *Mères et enfants* (12, 1903); DIDEROT, *Education et contrainte* (23, 1903); J. SWIFT, *Parents et enfants* (23, 1903); H. SPENCER, *L'incohérence de l'éducation* (37, 1903); C. ALBERT, *La France ne fait plus d'enfants!* (38, 1903); J. D'ORVAL, *Les drames de l'enfance* (38, 1903); H. SPENCER, *L'éducation des enfants* (41, 1903); J. JULLIEN, *L'autorité paternelle* (46, 1903); A. GIRARD, *Les congrès des Universités Populaires* (5, 1904); A. PRATELLE, *L'éducateur* (15, 1904); E. ZOLA, *L'instruction à tous* (15, 1904); J. JULLIEN, *L'inspecteur à l'école* (17-18, 1904); GUYAU, *Développement intégral* (24, 1904); A. GIRARD, *Du rôle sociale des Universités Populaires* (7-9-13, 1905); OWRONY, *L'instituteur* (18, 1905); E. ZOLA,

ENTRE EDUCAÇÃO E REVOLUÇÃO 233

Em relação ao valor fundamental da educação com o fim de criar os pressupostos para a sociedade ideal, atém-se Joseph Déjacque (1820-1867), que descreve uma comunidade do futuro sem nenhuma forma de poder político, religioso, militar[3]. Confiante na potência revolucionária da educação para formar um novo homem está Charles Malato (1857-1938), que se tornará adepto e seguidor, no campo pedagógico, das idéias de Francisco Ferrer[4], mas que une a mudança social a uma revolução capaz de garantir um tempo livre do trabalho alienante a favor de um espaço sempre mais amplo para o desenvolvimento de uma dimensão criativa e estética da personalidade dos seres humanos.[5] Mas isso pode ocorrer apenas com uma mudança radical, tanto na família como na escola burguesa.[6] O escopo é explicitamente aquele de formar um novo homem: "A humanidade, na realidade, é um homem que se aperfeiçoa sempre e não morre nunca: o homem é uma síntese da humanidade"[7] — por meio de uma educação inspirada nos princípios de liberdade e em uma instrução coerente com esses valores que aplicam um método fundamentado na diversão, na curiosidade e na empatia.

Le rôle de l'instituteur (17, 1906); R. CAZE, *L'autorité à l'école* (14, 1906); C. A. LAISANT, *L'éducation de l'avenir* (22, 1906); L. TOLSTOJ, *L'élève pour le maitre* (26, 1906); MONTAIGNE, *L'éducation des enfants* (16, 1906); J.-J. ROUSSEAU, *Influence de la lecture et de l'éducation* (40, 1906); J. RUSKIN, *Sur l'éducation des enfants* (40, 1906); G. HERVÉ, *L'enseignement patriotique dans la famille* (49, 1906); M. DE FLEURY, *Ce qu'il est utile d'enseigner* (14, 1907); A. FOREL, *Emancipation de l'enfant* (14, 1907), *L'éducation de l'enfant* (15, 1907), *Absurdité de l'instruction actuelle* (16, 1907); TOULOUSE, *L'inégalité de l'éducation* (21, 1907); A. FOREL, *Que devraient faire au moins le parents?* (25, 1907); W. GODWIN, *De l'éducation nationale* (25, 1907); A. FOREL, *Mauvaise éducation de la famille* (33, 1907), *Essai d'éducation rationnelle* (34, 1907), *Hygiène nerveuse de l'école* (39, 1908); M. ROSSENFELD, *Le père et l'enfant* (36, 1907); M. DE FLEURY, *Ce qu'il faut a un professeur* (41, 1907); G. DE MORTILLET, *Ce que doit etre l'éducation*, 42, 1907); P. LACOMBE, *Éducation rationnelle* (42, 1907); A. FOREL, *L'éducation sexuelle* (43, 1907); H. ROORDA VAN EYSINGA, *La notion du parfait dans l'enseignement* (43-44-45-46, 1907); G. LE BON, *Éducation à faire* (47, 1907); E. ZOLA, *Coéducation* (4, 1909); A. LEDIEU, *Influence déprimante de l'éducation bourgeoise* (4, 1909); P. BAUDIN, *Les écoliers momifiés* (10, 1909); E. CROSBY, *Une application américaine des théories de Tolstoj sur l'éducation* (11, 1909); A. BERTRAND, *L'assassinat de Ferrer* (14-15-16, 1909); MONTAIGNE, *Éducation sans violence* (17, 1909); D. G. LEBON, *Éducation tueuse d'initiatives* (18, 1909); DIDEROT, *L'éducation* (24,1909); O. MIRBEAU, *L'esprit pédagogique* (46, 1909); A. ET A. MARY, *Les sciences naturelles et l'éducation* (19-20-21-28, 1911); E. ABOUT, *Fausse éducation* (2, 1913); G. TAY, *Sur les syndicats d'instituteurs* (6-17, 1913); D. LAGRU, *L'éducation syndicale* (21-22, 1913); A. MIGNON, *Les droits de l'enfant* (47, 1914).

[3] J. DÉJACQUE, *L'Humanisphère*, Paris, Les Temps Nouveaux, 1899.

[4] C. MALATO, *L'assassinat de Ferrer. Eclaircissements*, Genebra, s. d.

[5] C. MALATO, *L'homme nouveau*, Paris, Stock, p. 55, 1898.

[6] C. MALATO, *Philosophie de l'anarchie*, Paris, Stock, 1889. Consulte também do mesmo autor: *Les Enfants de la liberté*, Paris, 1903.

[7] *Ibidem*, p. 111.

234 "A BOA EDUCAÇÃO" – EXPERIÊNCIAS LIBERTÁRIAS E TEORIAS ANARQUISTAS...

Outras reflexões originais, fundamentadas em um pensamento filosófico, e não em uma adesão explícita ao anarquismo, provêm de Jean-Marie Guyau (1834-1888) que escreve, em sua obra mais importante de 1885, *Esquisse d'une morale sans obligations ni sanction*, que o escopo que é preestabelecido é aquele de fundamentar uma moral humana que não derive de nenhuma forma metafísica e dogmática, *a priori* e já preestabelecida, que se sustente sem nenhuma obrigação absoluta e sem qualquer sanção absoluta. Essa moral é também colocada em destaque por Kropotkin, que exalta Guyau como um adepto do apoio mútuo e como aquele que, melhor que outros, soube destacar que a cooperação proporciona resultados melhores que a competição, porque ela pertence naturalmente ao ser humano.[8]

A reflexão desse filósofo parte do pressuposto de que a vida manifesta-se com o crescimento, a reprodução e a extensão daquilo que caracteriza a ética e a aprendizagem dos meios com os quais é possível atingir os objetivos impostos pela própria natureza. Portanto, o homem desenvolve-se em virtude da própria necessidade de viver uma vida plena, intensa e fecunda, sem nenhuma necessidade de coerção ou sanção. Existe em cada um de nós, naturalmente, uma aprovação para as ações positivas e uma reprovação para aquelas negativas. Isso caracteriza cada indivíduo e desenvolve-se de modo totalmente natural, instintivo. Guyau tende simplesmente a demonstrar que a moral para se afirmar não tem necessidade de nenhuma obrigação e de sanções externas ao homem, porque os sentimentos de amor e fraternidade são inerentes à natureza humana e, mesmo que de maneira inconsciente, são desenvolvidos na humanidade e tornam-se próprios de cada um. Disso deriva a sua contrariedade a cada forma de organização autoritária da sociedade, a qualquer pessoa ou instituição que pretenda definir o destino de todo indivíduo de modo exterior a sua especificidade e originalidade.[9]

A maior parte dos moralistas comete o erro de ver, analisar e considerar o domínio da consciência e negligencia o subconsciente e o inconsciente que constitui a profundidade verdadeira e primária da atividade humana. Isso não significa que a consciência não possa agir no inconsciente modificando-o também, mesmo que gradualmente, e isso porque "a vida, tomando consciência de si mesma, de sua intensidade e de sua extensão, não tende a destruir-se: ela não faz senão aumentar a própria força."[10] De acordo com Guyau todo o nosso ser é sociável, e a vida não conhece algumas classificações e algumas divisões absolutas dos lógicos

---

[8] P. Kropotkin, *La morale anarchica*, Florença, s. d., p. 50. Consulte também: KROPOTKIN, *L'etica*, pp. 278-287.

[9] J.-M. GUYAU, *L'irréligion de l'avenir*, Paris, Alcan, 1912.

[10] J.-M. GUYAU, *Esquisse d'une morale sans obligation ni sanction*, Paris, Alcan, p. 245, 1903.

e dos metafísicos. Em suma, viver é dar e receber, é substancialmente construir relações interativas, socializantes. A sua fórmula fundamental consiste em considerar o dever como um conceito que deriva do poder que tende a passar necessariamente à ação. Na realidade, é da própria vida que emana tudo: a vida cria as suas aspirações e desenvolve-se sem pausa. "Nós a demonstramos, em vez de dizer: eu devo, portanto, posso; é mais verdadeiro afirmar que: eu posso, portanto, devo. Daí a existência de um certo dever impessoal criado pelo próprio poder de agir. Esse é o primeiro equivalente natural do dever místico e transcendental."[11]

Os verdadeiros prazeres, a felicidade e a alegria consistem na dimensão social do ser humano, livre e autônomo, que não reconhece nenhuma forma de autoridade: "Nenhuma mão nos dirige, nenhum olhar vê pelo nosso; o leme foi rompido há muito tempo, ou melhor, nunca existiu, esse deve ser criado: é um grande escopo, é o nosso escopo."[12]

Partindo desses princípios Guyau desenvolve também a sua pedagogia voltada à convicção de que ela sirva à mudança da sociedade e à construção do futuro: "O futuro, talvez sejamos nós quem o determinaremos, de acordo com o modo que teremos elevado as novas gerações."[13] Entretanto, a educação familiar infelizmente tende a formar seres sem personalidade, escravos das convenções, em suma, autênticas marionetes. Muitos pais projetam seus desejos sobre os filhos, impedindo-os de desenvolver a sua própria personalidade específica. Mas "a verdadeira educação é desinteressada, tende ao desenvolvimento da criança por si mesma."[14] De modo particular, uma vez que é principalmente a mulher que é condicionada desde a tenra idade aos estereótipos preestabelecidos e discriminativos, Guyau insiste na especificidade e na importância que assume a revalorização do papel feminino na sociedade, ainda que não evidencie uma verdadeira, muito menos moderna, teoria da emancipação da mulher. O pequenino torna-se lentamente altruísta e sociável, supera o seu egoísmo e o seu egocentrismo, à força de receber do adulto sentimentos e ações positivas, e a educação consiste propriamente em favorecer essa expansão da criança em relação aos outros, por meio do exemplo e da empatia.[15] De fato, todo o trabalho educativo deveria tender ao escopo de nutrir em cada ser o desejo e a convicção de que ele é capaz de produzir alguns bens e incapaz de suscitar o mal, recorrendo à sua vontade. Além disso, convencê-lo de que é moralmente livre, mestre de si mesmo. Segundo Guyau, a educação fundamenta-se em um pressu-

---

[11] *Ibidem*, p. 248.
[12] *Ibidem*, p. 252.
[13] J.-M. GUYAU, *Pages choisies des grands écrivains*, Paris, Colin, p. 139, 1909.
[14] *Ibidem*, p. 140.
[15] *Ibidem*, p. 146.

posto inalienável: a bondade da natureza humana e a importância do ambiente no processo de formação.[16]

Ele sustenta uma auto-educação isenta de imposições externas de caráter religioso e incita os livres pensadores a fazer com que os próprios filhos sejam libertados do jugo da autoridade, dos tabus, dos dogmas, colocando-os em condição de rebelar-se e libertar-se da influência nefasta de um ambiente social que deve ser radicalmente modificado. A sociedade está muito impregnada de valores e de condições que determinam a desigualdade dos homens e das mulheres e, principalmente, é fundamentada sobre o privilégio que deriva também do poder de uma maior cultura por parte de poucos seres humanos que se traduz em uma divisão ainda mais marcada das condições sociais. A própria educação possui uma tarefa central que consiste em fazer desenvolver-se verdadeiramente todos os aspectos da inteligência humana e em consentir uma comparação e uma integração entre as diversas culturas. Tudo isso deve ser feito sem negar o esforço e o empenho que os indivíduos devem envidar associando-se e contribuindo, dessa forma, para criar uma sociedade diversa.[17]

Guyau dirige uma particular atenção em contrastar a formação religiosa que, diferentemente da filosofia, não se propõe a buscar a verdade, mas a proclamá-la. Disso deriva um método diferente que consiste na oposição entre a pesquisa livre e o doutrinamento, entre o despertar da inteligência e o seu adormecer, entre a expressão autêntica do próprio ser e a subalternidade a um ser superior. A educação religiosa fundamenta-se no medo e no temor que introduz nas mentes das crianças para afirmar os próprios dogmas que servem para criar os sentimentos de culpa, ignorância, submissão e pensamento único, eliminando a espontaneidade e a criatividade: "A prostração do pensamento, o entorpecimento da liberdade, o espírito de rotina, de tradição cega, de obediência passiva, resumindo, tudo o que é contrário ao espírito da ciência moderna, eis o resultado de uma educação muito exclusivamente clerical."[18] Muito mais significativo e útil, de acordo com o filósofo francês, é o ensino da história das religiões, o conhecimento dos grandes personagens que com seu exemplo contribuíram para a melhora das condições humanas e para a sua emancipação. Portanto, ele tenta unir a cultura positivista com o respeito da especificidade individual. Esses ensinos possuem como escopo "enquadrar toda religião em seu contexto histórico, mostrar como nasceram, como se desenvolveram, como uma se contrapõe às outras, narrar sem negar."[19] Tudo

---

[16] *Ibidem*, pp. 149-150.
[17] J.-M. GUYAU, "L'éducation et l'assolement", In: *La Révolte. Supplément littéraire*, Paris, 1888.
[18] J.-M. GUYAU, *L'irréligion de l'avenir*, p. 228.
[19] *Ibidem*, 238.

ENTRE EDUCAÇÃO E REVOLUÇÃO

isso no que concerne à instrução pública, enquanto na família o pai, sem renunciar às suas convicções, não deve absolutamente impô-las aos seus filhos. É importante que eles respondam às várias perguntas que lhes são colocadas sem prejulgamentos, e sim com o escopo de facilitar a pesquisa pessoal, de forma gradual ao crescimento da criança:

> Cada um falará, assim, à criança, conforme suas opiniões pessoais, atentando bem sempre para pretender que a sua opinião seja a verdade absoluta. A criança, tratada dessa maneira, como um homem, logo aprenderá a formar sozinha sua opinião, sem recebê-la de nenhuma religião tradicional, de nenhuma doutrina imutável; aprenderá que a convicção verdadeiramente sagrada é aquela que é verdadeiramente raciocinada e reflexiva, verdadeiramente pessoal.[20]

Se Guyau pode ser definido apenas um pensador libertário, James Guillaume (1844-1916)[21], ao contrário, pertence legitimamente à história do movimento internacionalista e anarquista. Ele se ocupa da educação não apenas do ponto de vista militante, mas também como estudioso; é a quem recorrem inúmeras personalidades da cultura e da política para dialogar e valer-se de sua consultoria.[22] Entretanto, a obra mais conhecida e difundida, além daquela dedicada à Primeira Internacional, é *Idées sur l'organisation sociale*, editada em Paris em 1876, na qual são traçadas as linhas de sustentação de uma futura sociedade anarquista, que é caracterizada por uma organização social fundamentada em pequenas federações locais, capazes de autogerir todos os serviços de que uma comunidade necessita, incluindo a escola. A educação é, para Guillaume, de tão grande importância que mereceria um tratamento mais amplo que aquele de um opúsculo de propaganda, ainda que ele acredite que possa resumir as idéias essenciais. A primeira consideração é dedicada à questão dos cuidados das crianças, que devem ficar a cargo

---

[20] *Ibidem*, 246.

[21] Sobre Guillaume, consulte: M. VUILLEUMIER, "James Guillaume, sa vie, son oeuvre", In: J. GUILLAUME, *L'Internationale. Documents et souvenirs*, Genebra, Grounauer, 1980, vol. I (1864-1872). O segundo volume é editado em Paris pelo editor Lebovici em 1985 (1872-1878). A edição original é composta por quatro volumes da editora Stock de Paris, 1905-1910. Para compreender, em parte, a sua vida intensa de militante anarquista e de estudioso, consulte também: F. CODELLO, "Il fondo James Guillaume presso l'Archivio di Stato di Neuchatel" (Suíça), In: *Rivista storica dell'anarchismo*, a. 3, n. 1, pp. 180-183, Pisa, janeiro-junho de 1996.

[22] São importantes os seus escritos de caráter histórico como: *Procès verbaux du Comité d'instruction publique de l'Assemblée législative*, Paris, 1889; *Procès verbaux du Comité d'instruction publique de la Convention nationale*, Paris, 1895-1900; *Études révolutionnaires*, Paris, 1908 e uma monografia sobre Pestalozzi praticamente singular (há uma recente edição com o título: *Johann Heinrich Pestalozzi. Burger der Revolution*, Zurich, 1977).

de toda a comunidade, e não dos pais. Isso permitiria esclarecer um falso princípio que considera as crianças propriedade dos pais, enquanto "a criança não é propriedade de ninguém, pertence a si mesma; e durante o período no qual é ainda incapaz de proteger-se e, por conseqüência, podendo ser exposta à opressão, a sociedade deve protegê-la e garantir o seu livre desenvolvimento."[23] Tendo definido esse princípio, de acordo com Guillaume, não há necessidade de entrar excessivamente nas especificidades, porque se tornaria um exercício totalmente utópico, mas deixar agir a liberdade e valer-se da experiência que pouco a pouco acumular-se-á. É importante destacar que não existe um modelo preestabelecido, mas sim a possibilidade de experimentar formas diversas de organização dessa sustentação da criança pela comunidade. Podem prevalecer, por certo tempo, as relações parentais, assim como essas podem ser integradas por agregações mais amplas. Será a própria comunidade que escolherá nas bases de quais modelos se organizará e quais estratégias adotará. Mas quem instruirá as crianças, quem se ocupará de sua educação? Antes de mais nada ele estabelece um ponto fixo de partida: a instrução das crianças deve ser integral, ou seja, tudo aquilo que deve desenvolver contemporaneamente todas as faculdades e os aspectos da personalidade do jovem, de modo que ele se forme um homem completo. Mas o importante é que "essa educação não seja confiada a uma classe especial de trabalhadores: todos aqueles que conhecem uma ciência, um ofício, podem e devem ser chamados a ensiná-lo."[24]

Deste modo, é mudado completamente o significado tradicional atribuído à escola, aquele de uma instituição destinada a um ensino feito por especialistas do setor, a favor de uma concepção de laboratório permanente e articulado, que oferece aos jovens múltiplas oportunidades de aprendizagem por meio de uma participação ativa e segundo os interesses e as motivações individuais. Naturalmente, essa hipótese representa o objetivo ao qual se deve tender, e Guillaume admite uma fase de transição e de aproximação progressiva a uma organização semelhante. Certamente, é frágil a descrição dos dois graus que ele considera para a instrução — à luz, sem dúvida, das mais modernas teorias psicopedagógicas —, ainda que a sua preocupação de desenvolver precisamente toda forma e aspecto da personalidade coloque-o no âmbito da inovação educativa.[25]

---

[23] J. GUILLAUME, *Dopo la rivoluzione (Idées sur l'organisation sociale)*, Turim, p. 35, 1964. Sobre o mesmo assunto, consulte também: A. GIRARD, *Éducation et autorité paternelles*, Paris, Les Temps Nouveaux, s. d.

[24] *Ibidem*, p. 36

[25] Guillaume ocupa-se muito da pedagogia e sobretudo da história da educação. Sobre isso, consulte: J. GUILLAUME, *Le chevalier Pawlet des orphelins militaires (1773-1795)*, La liberté des cultes et le Comité d'instruction publique en l'an II, Pestalozzi citoyen français, In: Idem, *Études révolu-*

ENTRE EDUCAÇÃO E REVOLUÇÃO

Ele insiste muito no fato de que os próprios professores devam ser homens que pratiquem e experimentem tudo aquilo que pretendem transmitir, e que os jovens sejam comprometidos e ativos na pesquisa comum de respostas específicas a perguntas da mesma forma precisas. Os próprios professores, mesmo que sejam homens das ciências, participarão da vida comunitária também com trabalhos manuais, de modo a não formalizar grupos ou novas classes de privilegiados. Portanto, prática e teoria são para todos, estão estreitamente ligadas e constituem as especificidades de toda a comunidade. Sendo assim,

> não mais escolas arbitrariamente governadas por um preceptor, nas quais os alunos trêmulos anseiam a liberdade e as brincadeiras exteriores. Em suas reuniões, as crianças serão completamente livres; organizarão por si próprias os seus jogos, as suas conversas; estabelecerão uma oficina para seus trabalhos, instituirão alguns árbitros para julgar as suas controvérsias etc. Habituar-se-ão, dessa maneira, à vida pública, à responsabilidade, à mutualidade; o professor que eles próprios terão livremente escolhido para ensinar-lhes, não será mais um tirano detestado, mas um amigo que escutarão com prazer.[26]

Guillaume crê dever especificar que essa organização não pretende negar o vínculo natural afetivo da família, não se trata de destruí-la, mas modificar o caráter dessa ligação, transformando-a de uma relação hierárquica e autoritária em uma relação afetiva. Não se trata de favorecer todos os caprichos da criança nem de negar o bom senso comum e a respeitabilidade dos adultos, mas a comunidade deve ajudar essa intervenção dos pais que freqüentemente apresentem problemas e incapacidades que comprometam o desenvolvimento sereno e harmônico dos jovens.

Dessa forma, toda a comunidade se tornará fonte de afeto, de proteção e de respeito aos menores. O escopo da educação é aquele de colocar as crianças no estado de poderem, assim que possível, guiar-se por si próprias e desenvolver livremente as suas potencialidades. E conclui:

> Ninguém nos diga mais que a sociedade livre e regenerada destruirá a família. Ela ensinará, ao contrário, ao pai, à mãe, ao filho a amar-se, a estimar-se, a respeitar os seus direitos recíprocos; e, ao mesmo tempo, introduzirá no coração, ao lado das afeições familiares — que não comportam além de um círculo restrito e podem se

---

tionnaires, Paris, Stock, 1909; Idem, "La Révolution française et le monopole de l'Enseignement", In: *La Vie Ouvrière*, Paris, n. 14, 20 de abril de 1910.

[26] GUILLAUME, *Dopo la rivoluzione*, p. 38.

tornar más se permanecerem exclusivas —, um amor mais elevado e mais nobre, o amor pela grande família humana.[27]

Uma tomada de posição decisiva e significativa contra a formação e a escola estatal, interpretada como um veículo de forte condicionamento das idéias das crianças a favor da sociedade hierárquica e do capitalismo são provenientes de Émile Janvion (falecido em 1927) e Jean Degalvès, no fim do século. Eles se pronunciam a favor de uma prática educativa completamente renovada, fundamentada em algumas sólidas bases libertárias e antiautoritárias estruturadas na instrução harmônica e integral de todos os seres humanos: "Praticar uma educação significa elevar um ser, é desenvolvê-lo, do ponto de vista físico, intelectual e moral (...) é enriquecer e fecundar todas as suas faculdades."[28] Os dois anarquistas sustentam que se adaptar a um ambiente não é certamente um ato revolucionário, como demonstra a história dos povos e das civilizações fundamentadas na perpetuação das desigualdades, por meio das concepções religiosas ou metafísicas, sem dar às jovens mentes a possibilidade de compreender criticamente o mundo que as circunda. Nenhuma forma de poder pode permitir-se consentir e praticar uma educação livre e crítica, porque esta, seguramente, colocaria em discussão as supostas verdades e formariam mentalidades revolucionárias não mais dispostas a aceitar como inevitáveis a escolha entre tornar-se dominadores ou resignar-se a ser dominados.

Mas não é mais suficiente a denúncia dessa situação, é necessário delinear um plano e definir um projeto de escola libertária que se possa contrapor a tudo isso e que dê uma oportunidade concreta aos filhos dos trabalhadores. Antes de mais nada "nós acreditamos que não se tornarão nunca eles próprios, se não forem exercitados a sê-lo desde o início. Nós nos esforçaremos, conseqüentemente, para ajudar o desabrochar dessas pequenas personalidades infantis."[29] A intervenção do educador tem sentido somente quando é necessário favorecer isso, com uma abordagem de colaboração, e não de direção. É necessário interrogar-se quanto à verdadeira natureza das crianças, às diversidades individuais e às suas inclinações. Partir delas para ampliá-las e fecundá-las, sem imposições e constrangimentos arbitrários: "Para tornar a criança boa não existe outra coisa senão presumi-la boa e cultivar aquilo que precisamente há em sua natureza porque a

---

[27] *Ibidem*, p. 40.

[28] J. DEGALVÈS, E. JANVION, "L'école libertaire", In: *L'Humanité Nouvelle. Revue internationale*, Paris, tomo I, p. 206, 1897. Sobre Janvion, consulte: J. MAITRON, *Dictionnaire biographique du mouvement ouvrier français*, Paris, Les Editions ouvrières , tomo 13, pp. 89-90, 1976. Sobre Degalvès, consulte *ad nomem* sobre a mesma obra.

[29] *Ibidem*, p. 208.

ENTRE EDUCAÇÃO E REVOLUÇÃO 241

sua essência é um pequeno mundo que contém um pouco de tudo."[30] A relação deve ser individualizada, considerando as diferenças e as diversas sensibilidades, os diversos modos de aprender e de aproximar-se do conhecimento. Partir de sua experiência e por meio de uma relação estreita, confidencial, empática, fazê-la crescer e extrair a sua verdadeira essência. Trabalhar sobre a motivação como incentivo indispensável, que aviva a curiosidade e a sede de aprender. Punições e elogios não podem entrar nessa perspectiva, uma vez que não teriam nenhum sentido. Tudo isso aumentaria o senso de auto-estima de cada um e o respeito recíproco. Assim, os próprios jovens devem escolher como comportar-se diante das infrações cometidas por alguém, sempre, todavia, com medidas que tendam a uma tomada de consciência e a reparar construtivamente o dano causado.

Um grande trabalho cabe aos professores que devem modificar as suas metodologias para fazer com que as aulas tornem-se alguns momentos serenos, alegres e cativantes e, principalmente, que pressuponha a participação ativa dos jovens. Esse novo método favorecerá a expansão da cultura em relação a todos e não permitirá a formação de privilegiados e de favorecidos. Um exemplo é fornecido pelo estudo da língua que deve fundamentar-se na prática ativa e na leitura de páginas significativas da literatura, na dramatização de simples *scripts* teatrais, favorecendo a máxima expressividade e espontaneidade dos jovens. Outra importância assume o estudo de uma outra língua, além disso, para favorecer a comunicação e as relações entre povos diversos. Paralelamente, o estudo das matérias científicas deve ser colocado ao lado daquele literário, procurando sempre, entretanto, uma imediata e reconhecível ligação com a realidade da vida cotidiana, com a experiência e por meio de uma prática concreta de experimentação e realização de verdadeiras experiências vividas.

A natureza oferece múltiplos elementos que devem ser aceitos e realizados propriamente pelos jovens, da mesma forma que são importantes também as visitas aos museus, aos jardins zoológicos, resumindo, a lugares onde estejam reunidas as várias formas da vida real do presente e do passado. Portanto, uma instrução viva, na qual os jovens se sintam ativos e participativos, em que possam pesquisar e experimentar, colocar em prática as hipóteses e abstrair teorias do concreto. Tudo isso com atenção para não isolar o homem, ou pior, considerá-lo, de forma arrogante, diferente dos seres vivos de outra natureza, mas, ao contrário, inseri-lo em um conjunto do qual ele não seja senão uma parte que deve respeito às outras pela sua própria sobrevivência. A própria história assume também uma grande importância como elemento de comparação com o presente e para entender o sentido e a lógica que produziu a situação presente, mas, ao mesmo tempo, para

---

[30] *Ibidem*, p. 209.

esclarecer a mutabilidade da realidade e a força da vontade dos seres humanos. A arte pictórica, a música, a comunicação corporal e cada outra forma de expressão do "eu", devem encontrar espaço e importância em um processo formativo permanente em todo jovem. Tudo ainda estreitamente conectado e ligado a um desenvolvimento intelectual e manual. Nenhum preceito moral, metafísico ou religioso pode encontrar espaço em uma educação concebida dessa forma:

> Não é a algumas fórmulas abstratas e impessoais que devemos recorrer para que se determine a conduta: é aos hábitos adquiridos no tempo, aos sentimentos naturais ou aprendidos, aos conhecimentos positivos dos quais nos apropriamos. A ação provém do inconsciente do indivíduo, quase sem sabermos, como uma expansão emanada pelas forças que se acumularam por longo tempo.[31]

Obviamente, a educação deve ser mista porque assim é a vida da sociedade, sem distinções e discriminações dos sexos. O escopo é o de formar alguns cidadãos do mundo, livres e iguais, sejam eles homens ou mulheres.[32]

Essas são as linhas essenciais que os autores tratam de uma escola antiautoritária, que naturalmente se aperfeiçoará com o tempo e de acordo com a experiência realizada. As dificuldades são enormes, mas "nós não desejamos pedir nada mais além de uma participação das inteligências. Isso já será muito bom, já será o triunfo da harmonia libertária."[33] Portanto, para esses anarquistas, a atividade educativa desempenha um papel absolutamente determinante no processo revolucionário como ratifica Émile Janvion em *Les Temps Nouveax*.[34] Mas, se isso se torna essencial, é necessário, entretanto, realizar de modo que não se transforme a educação libertária em uma nova doutrina preestabelecida. É necessário fazer coincidir a exigência de formar um novo homem com aquela significante de formá-lo livre, como alguns meios coerentes com esse fim: "Nunca impor as nossas idéias por meio de uma educação excessivamente especial, estática ou sectária, mas propô-las por meio de um ensino amplo, entendido, sempre acessível à crítica: a força da verdade que constitui a nossa força deve fazer o resto, sem choques nem

---

[31] *Ibidem*, pp. 216-217.

[32] O tema da educação sexual livre e racional é freqüente nesses anos entre os libertários, e a esse assunto são dedicados vários artigos e opúsculos. Apenas como exemplo, consulte: J. MARESTAN, *L'Éducation sexuelle*, Paris, 1910. Sobre o mesmo tema e, em particular, sobre a condição da mulher em relação à educação, consulte: B. FORZATO-SPEZIA, *La donna nel presente e l'educazione dell'infanzia*, West Hoboken, N. J., 1913.

[33] DEGALVÈS, JANVION, "L'école libertaire", In: *L'Humanité Nouvelle. Revue internationale*, Paris, tomo I, p. 218, 1897.

[34] E. JANVION, "Enseignement libertaire", In: *Les Temps Nouveaux*, n. 25, Paris, outubro de 1900.

ENTRE EDUCAÇÃO E REVOLUÇÃO

243

grandes abalos."[35] Ele define de modo explícito as características do ensino libertário, compreendendo a essência do debate que se desenvolveu até então, destacando que ele deve ser: integral, racional, misto, especificando sobretudo o valor do trabalho manual e o significado central da educação estética que circunda o trabalho inteiro de formação de uma personalidade completa e harmônica. Tudo isso, naturalmente, ao lado do mais completo e total respeito pelas especificidades e singularidades de cada um.[36] Mas a atenção e a crítica de Janvion não se limitam apenas a declarar uma escola ideal e algumas idéias pedagógicas inovadoras. Ele desloca a sua atenção também para os falsos mitos que são impostos e aprovados como grandes conquistas de progresso. É o caso da escola laica de Estado desejada pelos republicanos franceses e pelos pretensos inovadores. Se o inimigo do proletariado é, sem dúvida, a Igreja, diga-se o mesmo do Estado. A passagem da organização da instrução e da formação da influência e da gestão da Igreja ao Estado não modifica substancialmente o sentido de condicionamento realizado pela autoridade em relação às jovens gerações, mas adia a forma que assume o domínio:

> Pelo ensino laico, gratuito e obrigatório, o Estado reservou-se o direito de organizar as gerações futuras sob a sua tutela, colocar a sua marca, modelar de acordo com a sua vontade as mentes e os corações (...). O Estado e a Igreja, juntos em uma união indissolúvel; um, o gendarme que previne; o outro, o gendarme que opera (...). O Estado e a Igreja sabem muito bem que o homem sente, por toda a sua vida, as conseqüências da influência sofrida durante a sua passagem pela escola. Eis por que se arrogaram o direito de ter em suas mãos despóticas as mentes e os corações, de modo a marcá-los com seu molde indelével.[37]

A moral que está sob essas duas instituições que governam a escola é única: aquela da obediência, do pensamento único, da hierarquia, do poder, dos prêmios e dos castigos, sem nenhuma concessão à espontaneidade e à dignidade da criança. Ensinar-se-á ao jovem que a divisão entre ricos e pobres é natural e imutável, que a própria etnia é superior às outras, segundo uma lógica pequeno-burguesa e nacionalista. Os valores da pátria, do militarismo, da intolerância são os pilares da estrutura da pedagogia estatal[38] e a história não demonstraria senão que isso é a verdadeira natureza dos homens. O jovem, ao crescer, julgará totalmente natural

---

[35] *Ibidem.*

[36] *Ibidem.*

[37] E. Janvion, *L'école. Antichambre de Caserne et de Sacristie*, (1902), Paris, La Brochure mensuelle, p. 4, septembre 1931.

[38] A. GIRARD. *L'éducation pacifique*, Paris, 1902.

e justo considerar tudo isso como inelutável e, antes, obrigatório para ensinar e transmitir às novas gerações. Da adoração de um ser superior passa-se àquela do Estado e do governo. A competição e o arrivismo, a luta pelo poder econômico e político, tornam-se a razão para uma existência merecedora e que serve a um sistema fundamentado sobre tudo isso. Em detrimento da solidariedade, da igualdade, da cooperação, da fraternidade e da ausência de toda forma de hierarquia social. Naturalmente, essas concepções que são transmitidas pela escola confessional ou estatal encontram confirmação e correspondência na autoridade paterna que é exercida na família[39] desde a tenra idade da criança, que é prontamente adestrada e doutrinada nos princípios autoritários, na obediência e na escravidão. Em suma, todo o contexto social fundamenta-se nessas relações que inibem toda forma de crescimento livre e espontâneo dos jovens. A escola, considerada assim, torna-se verdadeiramente a porta de entrada do quartel e da sacristia. De fato, a disciplina que é praticada é geradora de mentiras, dissimulações, e as palavras de recompensa e de punição nunca deveriam ser pronunciadas em uma escola. Não se deve habituar ninguém a agir de um determinado modo por recompensa ou se afastar de um outro por medo da punição: tudo isso, de acordo com Janvion, é profundamente imoral: "O bem deveria ser feito pela satisfação íntima que proporciona por si e não pelas vantagens que possam derivar dele. Sabemos que isso é um ideal, mas ao mesmo tempo em que um objetivo não é atingível imediatamente, o esforço não é inútil."[40] Meios e fins uma vez mais são considerados em sua recíproca coerência sem a qual nenhum objetivo libertário pode ser buscado. A vitalidade dos jovens nunca deve ser reprimida, ao contrário, é necessário que ela possa desenvolver-se e manifestar-se como sinal de vitalidade e criatividade. Reprimir essa característica, essa necessidade de movimento e de atividade significa apenas levar o jovem ao ódio por cada forma de saber e de conhecimento e, ao mesmo tempo, estimular o ódio em relação ao educador. A disciplina é obtida por

---

[39] A crítica ao papel da família patriarcal é um assunto recorrente na literatura anarquista. Por exemplo, escreve Frédéric Stackelberg: "Todo ser humano possui direito ao desenvolvimento integral de sua personalidade; colocar obstáculos é um crime cujo castigo é reservado a toda a sociedade. A família é um dos principais obstáculos ao desenvolvimento de todos os homens porque ela impede a classificação natural dos indivíduos segundo as suas capacidades e as suas inclinações. A maior parte dos pais de família não possui nem a capacidade intelectual nem os meios suficientes para oferecer a seus filhos a educação apropriada... Existe uma antinomia entre a instrução integral e a nossa constituição familiar... A classificação racional das inclinações, causada pela instituição da família, forma-se em detrimento do indivíduo e da sociedade, porque ela designa aos homens, freqüentemente, um campo de atividade que não corresponde à sua natureza." (*Un Proscrit, L'inévitable Révolution*, Paris, Stock, pp. 233-234, 1903).

[40] E. Janvion, *L'école. Antichambre de Caserne et de Sacristie*, (1902), Paris, La Brochure mensuelle, p. 17, setembro de 1931.

ENTRE EDUCAÇÃO E REVOLUÇÃO   245

meio do comprometimento e da reflexão comum, sobretudo com a coerência e o
exemplo e o hábito adquirido no tempo, atenuando progressivamente, com o desenvolvimento da maturidade dos jovens, a intervenção do educador: "Não se pode
aprender a liberdade com alguns gestos de escravidão."[41]

A disputa entre os jovens para obter os resultados não produz absolutamente
os efeitos de melhora dos trabalhos daqueles que têm mais dificuldade, em vez
disso, acentua a exclusão e aumenta a desigualdade. São a cooperação e o estar
em uma dimensão social que favorecem o crescimento de todos por meio da contribuição de cada um, de acordo com as inclinações individuais, as diversidades
específicas. Esses valores são contraditórios, sustenta Janvion, a quaisquer formas
que assuma o poder e, a educação antiautoritária deve exatamente servir para
desmascarar a verdadeira natureza do domínio, não levando em conta as formas
que ele assume nos diversos contextos históricos e geográficos. Os princípios nos
quais se inspirar para uma educação verdadeiramente libertária são, ao contrário,
aqueles que concebem um ensino integral, individualista, misto e anti-religioso.
Enquanto os conceitos de integral e misto (co-educação dos sexos) remontam
àqueles já amplamente expressados por todos os outros autores anarquistas, Janvion insiste também em outros dois temas. Como individualista ele pretende contrastar uma visão hipócrita de altruísmo sustentando que substancialmente todas
as ações humanas nascem do egoísmo, entendido aqui como resposta individual
às necessidades, que produz um reconhecimento semelhante àquelas dos outros.
Essa realidade se opõe a todas as abstrações e às falsas teorias solidárias e pie-
tistas e, sobretudo, a todas aquelas que pretendem subordinar o indivíduo à sociedade com atos de coerção:

> O corpo não é feito para a roupa, mas é a vestimenta que deve servir ao corpo;
> do mesmo modo, o indivíduo não é feito para a sociedade, mas a sociedade é o fim
> do indivíduo. Conseqüentemente, o indivíduo não estará sujeito à coletividade,
> mas essa deve se desenvolver com aqueles que a fizeram nascer, modelar-se às
> suas novas convicções, transformar-se à situação de suas novas necessidades.[42]

Nós, afirma Janvion, substituímos a fé em Deus e o relativo ensino pela fé no
Estado, na Humanidade, como escreveu justamente Stirner sobre esse propósito.
Portanto, a educação anti-religiosa ele entende de forma muito mais ampla do que
um típico anticlericalismo ou livre-pensamento. Todo conceito que se sobrepõe mís-
tica e metafisicamente ao indivíduo deve ser combatido com uma verdadeira propaganda revolucionária. Tudo aquilo que sai do controle direto e livre do indivíduo,

---
[41] *Ibidem*, p. 18.
[42] *Ibidem*, p. 22.

246 "A BOA EDUCAÇÃO" – EXPERIÊNCIAS LIBERTÁRIAS E TEORIAS ANARQUISTAS...

que se associa livremente e desassocia dos outros indivíduos, deve ser combatido e mudado, por meio de um ensino alternativo e radicalmente diferente. A passagem é entre a educação do Homem àquela do indivíduo: nisso consiste a verdadeira e autêntica natureza revolucionária que os anarquistas podem dar à formação de uma sociedade libertária. Escreve em conclusão, retomando temas importantes também para o pensamento individualista:

> Às morais dogmáticas, pedagógicas, miseráveis, nós contrapomos uma moral da independência, de ecletismo, ensinando com a graça de nosso respeito, o direito de amar e viver (...). À educação da criação que forma fantoches, contrapomos o ensino que cria vida, sorriso, alegria (...). Nós preferimos formar Homens, no sentido amplo e forte da palavra, em vez de discípulos, fanáticos ou fiéis.[43]

Para denunciar fortemente como a escola contribui de modo determinante para formar caracteres fortemente inibidos e dominados por toda forma de autoridade, considera-se, além disso, um pensador que é, mesmo não sendo militante anarquista, assíduo colaborador de revistas e jornais libertários que são também dedicados aos problemas educativos, Henri Roorda.[44] Ele, de fato, com cultura pedagógica e didática demonstra exatamente como a organização escolar, a didática, os livros de texto, os programas, resumindo, o conjunto das características que compõem o sistema educativo, servem a uma concepção da pedagogia entendida como instrumento para o condicionamento das jovens mentes e de submissão das novas gerações, e aspira a uma profunda renovação de toda a organização educativa. E conclui sustentando, com abundância de particularidades e exemplos práticos — além de aprofundadas e modernas teorias pedagógicas — que a pedagogia não ama os jovens, exatamente porque serve a um sistema autoritário e antiliberal.[45] Personalidades como aquela de Roorda demonstram como as idéias libertárias, combinadas com as do positivismo, penetram em um grupo de intelectuais, certamente não militantes anarquistas, mas, sem dúvida, contaminados pelas influências libertárias, e como, na segunda metade do século XIX e na primeira do século XX, a pedagogia ocupa um lugar de todo respeito e evidência dentro do movimento reformador e anarquista da época, e o quanto essa é considerada fundamental para a afirmação de um projeto revolucionário. Partindo de posições

---

[43] *Ibidem*, pp. 25-26. Sobre a mesma extensão do movimento, consulte também: PARAF-JAVAL, *Le monopole de l'abrutissement officiel*, Paris, 1909; E. LAMOTTE, *L'Éducation rationnelle de l'enfance*, Paris, 1912.

[44] H. ROORDA, "L'école et l'apprentissage de la docilité", In: *L'Humanité Nouvelle*, Paris, vol. II, t. 2, 1888.

[45] H. ROORDA, "Le pédagogue n'aime pas les enfants", In: Idem, *Oeuvres complètes*, Suisse, Ed. L'Age d'Homme, 1969.

ENTRE EDUCAÇÃO E REVOLUÇÃO

reformistas e neo-malthusianas para se atingir ao anarquismo, portanto, chegando
por meio de um percurso intelectual que testemunha essas contaminações, Charles-
Ange Laisant (1841-1920)[46] ocupa-se com interesse da questão educativa e de sua
importância na preparação e na afirmação da revolução social. Perguntando-se,
em primeiro lugar, o que seria educação, ele responde afirmando antes de mais
nada que ela é o desenvolvimento harmonioso de todas as faculdades do ser humano, dirigidas para a conquista do seu maior bem-estar e daquele de seus semelhantes. Portanto, essa não se configura como algo a ser adquirido de uma vez
por todas, mas sim como um processo permanente e contínuo que se desenvolve
completamente no decorrer de toda a vida de todo ser humano. Essa concepção,
nota Laisant, choca-se de imediato contra o sistema educativo da época, e representa
a sua necessária e radical superação. O ambiente condiciona, decerto, a evolução
dos indivíduos, mas o trabalho educativo deve tender a fornecer a todos uma boa
preparação interior capaz de criar sujeitos ativos e cidadãos, conscientes e donos
de si. Exatamente o contrário das outras concepções que são mais um adestramento
que uma verdadeira estimulação da auto-emancipação. Juntamente com a educação
deve desenvolver-se também um ensino dos vários conhecimentos para eliminar
a ignorância na qual se fundamenta o domínio e na qual se sustenta a hierarquia.
Ele pretende, então, uma verdadeira formação, e não apenas uma instrução que
serve ao desenvolvimento do sistema econômico capitalista. A própria formação
profissional é concebida para solidificar a estrutura industrial e perpetuar a exploração, criando posteriores hierarquizações e correspondendo a uma lógica severa
do lucro. O escopo da economia capitalista, sustenta Laisant, é aquele de possuir
à disposição mão-de-obra suficientemente qualificada e útil para manter o desenvolvimento da indústria e, em conseqüência, aumentar os lucros da empresa. Em
vez disso, ele sustenta que "a educação significa libertação"[47] e que, assim, é necessário opor-se com vigor a toda tentativa de sufocar a espontaneidade e a especificidade dos indivíduos. É a razão que impulsiona os indivíduos em direção ao
progresso; desse modo, toda forma de metafísica ou formação religiosa deve ser
banida de todo revolucionário. Dessa forma, ele admite as concepções positivistas
e racionalistas sobre as quais fundamenta as suas convicções pedagógicas. As
escolas atuais, destaca, são todas e em todos os níveis oficinas de submissão e
embrutecimento dos jovens. Em particular, ele denuncia como as escolas superiores

---

[46] J. MAITRON, *Dictionnaire biographique du mouvement ouvrier français*, Paris, Les Editions Ouvrières, tomo 13, pp. 180-181, 1976. De Laisant, consulte em particular: *L'Anarchie bourgeoise*, Paris,
1892; *La Barbarie moderne*, Paris, 1912; *Conte pour les enfants de tout age. Maianne et la goule*,
Paris, s. d.; *L'Espéranto et l'avenir du monde*, Paris, s. d.; *Initiation mathématique*, Genebra-Paris, 1906.
[47] LAISANT, *La barbarie moderne*, p. 174.

são abertas somente aos filhos da burguesia e, de fato, os filhos das classes trabalhadoras são delas excluídos. Dessa forma, é importante interessar-se em primeiro lugar pelas escolas primárias, de onde surge a primeira forma de condicionamento dos filhos do povo, e fazê-lo considerando as características psicológicas dos jovens dessa idade. A criança possui uma grande capacidade mnemônica, uma curiosidade vivaz e uma espontaneidade que a leva naturalmente a aprender, se a sua individualidade e a sua criatividade forem respeitadas. Disso provém que a primeira aproximação com a aprendizagem deve ocorrer sob a forma de jogo, de descoberta, fazendo de modo com que ela seja protagonista ativa da construção de seu conhecimento. Portanto, a rigidez da organização deve dar lugar à fase de iniciação e, posteriormente, àquela de aprofundamento e de estudo em uma lógica de continuidade evolutiva sem rupturas artificiosas ou segmentações arbitrárias.

É necessário também desmistificar a convicção de que a iniciação ao estudo e à pesquisa científica deva ser barrada para as crianças menores; trata-se, antes disso, de adequar as metodologias e fundamentá-las nas características psicológicas dos próprios jovens e, sobretudo, experimentar na prática — por meio de auxílios oportunos e de todo o corpo, sem divisão entre mente e mão — os caminhos do conhecimento. As bases de todo ensino devem ser científicas, ou seja, rigorosamente conformes à razão, mas se deve prestar muita atenção e não confundir isso com a convicção difundida, contudo, de que o ser humano seja dividido em partes, que seja possível uma dicotomia entre mente e corpo, entre intelecto e trabalho manual. Em suma, tanto a formação científica quanto aquela artística, literária, histórica e moral devem constituir um único conjunto e ser igualmente valorizadas, correspondendo, deste modo, a uma necessidade natural da criança de manifestar todas as suas faculdades e potencialidades. A educação moral, em particular, não pode ser ensinada por meio de preceitos, mas com o exemplo e o comportamento, seguindo dois postulados: ser livre e respeitar a liberdade alheia. Naturalmente, nessa ótica, o ensino religioso e dogmático não pode encontrar espaço, nem aquele místico e metafísico:

> A nossa hipócrita moral oficial é recheada de misticismo e destinada aos escravos. A moral humana do futuro será produtora de liberdade. Uma vez mais, ela não pode ser ensinada senão pela vida; e é no início da vida que é necessário orientar o ser humano na direção aonde mais tarde ele próprio caminhará.[48]

No período do estudo, no futuro aspirado, os professores não serão mais executores da vontade alheia e repressores das necessidades dos jovens, mas, su-

---

[48] A. LAISANT, *L'éducation de demain*, Paris, Les Temps nouveaux, 1913, p. 17.

ENTRE EDUCAÇÃO E REVOLUÇÃO 249

perada a convicção de dever deformar as mentes, estarão felizes por libertar-lhes, libertando também a si mesmos. Entretanto, Laisant adverte que a verdadeira educação começa quando termina a escola e os jovens entram plenamente na vida, que constitui a verdadeira oficina da formação humana, e termina somente com a morte do indivíduo:

> De uma outra forma, podemos dizer que educar um jovem significa torná-lo livre. Só a liberdade lhe proporcionará a energia necessária para perseguir de modo útil, após um trabalho contínuo sobre si mesmo, que nos aperfeiçoa e nos modifica continuamente, sem que nós possamos ter a consciência exata dessa mudança. A auto-educação, teoricamente compreendida e definida como nós estamos fazendo, é o fator mais potente do crescimento do ser humano, em ciência e em consciência.[49]

No entanto, tudo isso não é possível sem se modificar radicalmente a estrutura da sociedade atual que não permite nenhum desses processos; assim, o trabalho educativo não pode ser e tornar-se senão ação revolucionária. As iniciativas, também louváveis, como as Universidades Populares, não constituem, de acordo com Laisant, um verdadeiro salto de qualidade em direção à mudança radical, uma vez que são dirigidas a um público adulto, enquanto é sobretudo nos jovens que se devem investir os recursos, porque as suas mentes ainda não estão totalmente comprometidas pelo jugo do poder. Enfim, ele insiste que o escopo dos libertários é aquele de formar gradualmente

> uma humanidade iluminada, consciente, no sentido mais elevado do termo, porque ela terá rejeitado todos os prejulgamentos de classe, de situação, de nacionalidade, de sexo, que produzem o ódio e obstruem o caminho em direção ao futuro.[50]

Mas não falta no panorama anarquista quem sustente que seja a própria vida, as suas contradições, os sofrimentos e as dores que provocam nos ânimos dos proletários a autêntica formação do homem novo, que encontra na ação revolu-

---

[49] *Ibidem*, p. 20.
[50] *Ibidem*, p. 30. Sobre o mesmo tema tratado por Laisant, consulte também: A. HENRY, "Une école idéale", In: *L'Humanité nouvelle*, Paris, vol. I, t. 1, 1897. Crítico em relação à situação da Alemanha é: A. DE GERANDO, "Réflexions sur l'enseignement en Allemagne", In: *L'Humanité Nouvelle*, Paris, vol. VI, t. 1, 1900. Demais contribuições críticas sobre a escola e sobre o ensino que é praticado e sobre a necessidade de modificar radicalmente tudo isso, consulte: C. ALBERT, "Éducation laique", In: *Almach illustré de la Révolution pour 1903*, Paris; M. PIERROT, "Sur l'éducation", In: *Almanach illustré de la Révolution pour 1909*, Paris; J. L. DELVY, "L'éducation des petits enfants", In: *L'Idée Libre*, n. 22, dezembro de 1921.

cionária o sentido da própria vida. Libertar-se da opressão do capitalismo e do Estado torna-se, para Salvador Seguí (1887-1923),[51] o sentido verdadeiro e profundo de sua experiência humana e política. A sua luta e a incitação contínua que ele dirige aos operários e aos proletários em geral, na Espanha do início do século XX, representam, de fato, o testemunho de uma luta contínua contra a opressão e, ao mesmo tempo, o constante intento de elevar o nível dos conhecimentos das massas proletárias. A formação encontra fundamento na prática política e na luta social que refletem e levam à consciência da importância que possui uma cultura alternativa àquela dominante. A *Escola dos Rebeldes*, o seu maior trabalho e sem dúvida o mais refletido, é um romance pedagógico relativo ao trajeto formativo de um revolucionário[52], que parte da primeira consciência das condições próprias e alheias e, pouco a pouco, por meio de momentos significativos de sofrimento e ao mesmo tempo de tomada de consciência, alcança a sua formação em sentido revolucionário total, englobando a ação da revolta em direção a todas as formas de opressão: civil, social, sexual, cultural, econômica e política.

Uma das revistas espanholas mais atentas ao problema educativo do povo e em elevação cultural, que se insere bem no clima descrito acima, é *La Revista Blanca* que, entre o final de 1800 e os primeiros anos de 1900 desempenha um importante papel de ação e formação do proletariado espanhol, preparando as condições para aquela que será, posteriormente, a revolução social de 1936-39.[53] Temas de caráter divulgador como a necessidade de uma nova moral, livre do peso do clericalismo e de todo condicionamento religioso; a importância de uma nova educação libertária e de uma instrução científica e racionalista; a urgência para construir uma nova dimensão do ensino que contemple e fundamente-se no conceito de liberdade, de respeito à criança, de igualitarismo e racionalismo; o papel central que o pai desempenha no sentido autoritário dentro da família e o dever de modificar essas relações hierárquicas e, antes, favorecer o espírito de revolta nos filhos e nas mulheres, constituem assuntos significativos e muitas vezes retomados[54]. Neste contexto espanhol e europeu coloca-se, além disso,

---

[51] Informações sobre Salvador Seguì encontram-se em: BOOKCHIN, *Los anarquistas espanoles*, ad nomem; G. GRILLI, *Introduzione, La scuola dei ribelli*, Firenze, Guaraldi, 1977; LORENZO, *Il proletariato militante*, p. 212; D. TARIZZO, *L'anarchia*, Milão, Mondadori, p. 221, 1976.

[52] S. SEGUÌ, *Escuela de rebeldia (Historia de un sindicalista)*, Madri, 1923.

[53] Era 80, *Els anarquistes educatores del poble. La Revista Blanco (1898-1905)*, Barcelona, Curial, 1977.

[54] *Ibidem*, pp. 194-210. Consulte também a reedição de um opúsculo editado pela mesma revista: L. CMODECA (Org.), *Nociones de pedagogia: Como debemos educar a nuestros hijos*, Buenos Aires, 1963.

ENTRE EDUCAÇÃO E REVOLUÇÃO 251

Ricardo Mella (1861-1926)[55], o qual se ocupa amplamente, ainda que nunca em um trabalho específico, dos problemas educativos.[56]

O ponto de partida de Mella é que não é possível nenhuma mudança social e nenhum verdadeiro progresso se antes tudo isso não ocorrer dentro de cada indivíduo, e que, portanto, a instrução mais completa e científica possível é um meio privilegiado para construir o processo autenticamente revolucionário. A importância da transformação mental e intelectual, em outras palavras, deve preceder toda mudança de natureza econômica e social, se também for desejável garantir o sucesso da revolução em sentido verdadeiramente libertário. A posição de Mella coloca-se em uma perspectiva claramente educacionista, uma vez que considera indispensável uma fundamentação ética que consinta uma transformação social coerente e duradoura. Entretanto, a sua pedagogia introduz um elemento que a diferencia claramente de uma parte dos autores libertários, por exemplo, de Ferrer, porque se fundamenta sobre princípios de neutralidade. A sua preocupação não é tanto aquela de uma contra-educação fundamentada em uma série de valores alternativos e aqueles dominantes, que se voltam à formação de um novo homem, mas, antes, procura na neutralidade o fundamento da liberdade.

O mestre deve ser neutro e favorecer apenas, por meio de uma metodologia libertária, a busca pessoal da própria identidade, apresentando as diversas experiências da história, as diversas filosofias da vida, deixando a cada aluno a pesquisa da própria formação. A escola deve apresentar e orientar a pesquisa, porém, jamais pensar pelos alunos. Que se realize um clima de liberdade e igualdade, que se favoreça o desenvolvimento natural das crianças, mas que não se apresente nenhuma solução, não se imponha nenhum valor. Que toda pessoa interprete o mundo à sua maneira. A independência e a neutralidade que ele preconiza são absolutamente necessárias para que o próprio anarquismo não se torne uma doutrina, uma idéia que se imponha sem a livre e espontânea escolha dos indivíduos. Mella considera, então, em um conceito de liberdade que preveja um pluralismo de experiências e de possibilidades, uma sociedade autenticamente aberta, que se fundamente sobre pressupostos absolutamente não impositores por nenhuma forma de autoridade. Portanto, o ensino não deve ser nem laico nem religioso, uma vez que cada uma dessas opções pressupõe inicialmente uma escolha realizada em nome ou em representação de um outro, sendo assim, apresenta-se como uma imposição. A criança deve, ao contrário, encontrar as respostas para suas perguntas

---

[55] BOOKCHIN, Los anarquistas espanoles, ad nomem; TARIZZO, L'anarchia, p. 192.
[56] Consulte a antologia de seus escritos principais sobre o assunto: R. MELLA, Cuestiones de ensenanza libertaria, Madri, Zero, 1979; F. GARCIA MORIYON, Escritos anarquistas sobre educacion, Madri, Zero, pp. 85-103, 1986.

no decorrer de um percurso individual e coletivo que favoreça a sua autonomia. É exatamente esse conceito que caracteriza ao máximo a posição anarquista de Mella: a autonomia resume dentro de si o máximo da liberdade.[57]

Naturalmente, para o revolucionário espanhol todos os princípios próprios da educação libertária, assim como venham a ser definidos no decorrer da história, são importantes e significativos, mas a novidade de seu pensamento está exatamente nessas considerações que o diferenciam de uma tendência, muito freqüentemente praticada, em assumir algumas vezes acriticamente os valores do positivismo. De fato, ele reconsidera criticamente a fé racionalista na razão definindo os seus limites e sua não-onipotência. Evidencia a relatividade desse racionalismo e as contradições internas que o caracterizam. A razão sem a experimentação não é suficiente, porque cada um diante do mesmo estímulo reage de formas diferentes, diante do mesmo problema apresentam sensações diversas. Essas sensações variam de pessoa para pessoa, e tudo isso demonstra exatamente que existem diversas razões que reelaboram diversas sensações e percepções, pois são diversas as experiências individuais.[58] No processo de desenvolvimento individual deduz-se exatamente como a razão, que, de instintiva, imaginativa, sensitiva, por meio da experiência, ou melhor, das experiências, torna-se sempre mais investigativa, conduz-se por tentativas e erros, e desenvolve-se de modo sempre mais definitivo em direção àquilo que o ser humano deseja.

Ele não se convence de que o racionalismo seja suficiente para fundamentar uma pedagogia libertária, uma vez que se formam certamente grandes construções teóricas e especulativas, mas nenhuma sólida e definitiva. Tudo isso reproduz uma razão para justificar todo tipo de fé, mito, superstição, idéia. Mella escreve: "Menos razão e mais experiência; menos racionalismo e mais realidade."[59] Mas a atenção volta-se sobre o ensino e sobre sua relação com a aprendizagem. Explicar e ensinar não são sinônimos: "Explicam-se muitas coisas sem ter o propósito de ensiná-las."[60] Com isso, compreende que exista tanto um currículo explícito quanto um implícito e que, portanto, entre a aprendizagem e o ensino existe uma relação estreita e uma dinâmica biunívoca. Além disso, ele destaca e sustenta que ensinar pode, algumas vezes, consistir em explicar uma doutrina errônea, que pode ser superada por conhecimentos novos e que, assim, não pode nunca ser um valor

---

[57] R. MELLA, "El problema de la enseñanza", In: *Accion Libertaria*, n. 5 e n. 11. Gijon, 16 de dezembro de 1910 e 27 de janeiro de 1911.

[58] "Que se entiende por racionalismo?", In: *Accion Libertaria*, n. 19, Gijon, 21 de abril de 1911.

[59] R. MELLA, "La razon no basta", In: *Accion Libertaria*, n. 10, Madri, 25 de julho de 1913.

[60] R. MELLA, "Cuestiones de enseñanza", In: *Accion Libertaria*, n. 20-21-22, Gijon, 26 de abril e 5-12 de maio de 1911.

ENTRE EDUCAÇÃO E REVOLUÇÃO

absoluto conferido ao ensino. A educação recebida por meio de uma ação rígida, e que se dedique a incutir sentimentos, princípios e convicções, transforma-se em uma alienação. É necessário, em vez disso, ensinar a cada um a formar, por si, as próprias convicções e a respeitar as dos outros. O ensino tradicional fundamenta-se sobre uma transmissão autoritária e hierárquica de conhecimentos e convicções, em vez de ser um modo para favorecer a livre e autônoma pesquisa pessoal. Na realidade, não se ensina a pensar, mas a memorizar. O verdadeiro conhecimento é a capacidade de aprender muitos dados mas, sobretudo, aquela de utilizá-los de modo original e criativo, transformá-los em ações autônomas e livres. Uma outra idéia original de Mella consiste em distinguir ensino e educação. O primeiro consiste em evidenciar e em ilustrar todos os vários modelos, as várias teorias pedagógicas, os múltiplos sistemas de pensamento e filosóficos, considerando muito que isso não deve terminar em uma hierarquia deles mesmos, em designação de uma escala de valores pré-constituída, mas sim, favorecer a busca pessoal da verdade. Educar, ao contrário, significa introduzir arbitrariamente no pequenino um modo de pensar, comportar-se, valorizar, estabelecer, na prática, que há algumas verdades absolutas, que encontram valor no tempo. Realmente, há uma grande diferença entre ilustrar a história das religiões, por exemplo, e educar para uma delas.

Dessa forma, Mella introduz o princípio do relativismo cognitivo e do pluralismo dos valores, retomando, provavelmente inconscientemente, algumas reflexões pedagógicas de Tolstoi. A autoridade do mestre deriva nem tanto de uma posição social e hierárquica, mas da sua capacidade de ser respeitável, de ser reconhecido livremente pela criança como tal.

A autoridade deriva apenas e exclusivamente da competência, do conhecimento reconhecido e buscado, do exercício concreto e da recíproca liberdade e autonomia, nunca de um papel social, de uma posição política ou religiosa. A definição de autoridade (respeitabilidade) compete sempre a um outro e não pode nunca se dar por preestabelecida ou definida. O mestre coloca à disposição os seus vários e múltiplos conhecimentos que, entretanto, o aluno deve colocá-los em dúvida, verificar, indagar e buscar a sua pessoal e específica teoria e verdade. A síntese final do trabalho de pesquisa deve ser do aluno que escuta as várias propostas e decide, por meio da experiência e da pesquisa, qual é aquela mais coerente com a sua especificidade. Esse é o motivo pelo qual ele denuncia com vigor e conhecimento de causa os métodos tradicionais do ensino que se fundamentam no princípio de que há quem possua o conhecimento e quem deve recebê-lo obrigatoriamente. Somente o ensinamento das coisas, o exame crítico da realidade, a experiência repetida e verificada são as únicas bases sólidas da razão. Sem isso a própria razão não encontra nenhum fundamento. Um novo método de ensino não pode admitir nenhuma forma de verbalismo abstrato e nenhuma imposição. Só o conhecimento direto e a observação, a análise, a liberdade do julgamento, podem impedir a morte da inteligência.[61] Atenção, entretanto, — continua o revolucionário espanhol — para não confundir libertação com reprodução. Somente onde houver uma pluralidade de experiências em ação, somente uma sociedade que se articula em diversas formas experimentais, que se fundamenta na autonomia plena e completa, é uma sociedade livre, de outra forma, ocorre a reprodução sucessiva de teorias e convicções, sem um exame crítico do ser humano, na realidade, pensamento único:

> Não há libertação onde o exclusivismo de uma tese seca as fontes da verdade ampla, grande e generosa. Não há libertação onde se repete de forma harmoniosa um único ritmo. Não há libertação mental nem moral. Há reprodução, sob novas formas, das velhas preocupações e das velhas imoralidades.[62]

Tudo deriva de nós mesmos, da nossa vontade e da nossa capacidade de transformar o mundo: essa tese fundamental de Mella que torna a chamar os indivíduos a uma tomada de consciência coletiva e geral, de modo que entendam que o único desafio que se deve aceitar é aquele de superar continuamente a si mesmos na busca da mais ampla liberdade e autonomia: "A anarquia é a aspiração da integralidade de todas as modificações; trabalharemos, pois, todos juntos para a emancipação de todos os homens, emancipação econômica, intelectual, artística e moral."[63]

Ele não considera o homem bom ou mau por natureza, mas a sua bondade ou a sua maldade derivam do contexto socioeducativo no qual ele cresce e desenvolve sua personalidade. Esse é o motivo pelo qual a educação assume em seu pensamento uma importância estratégica para a afirmação da revolução. Modificando cultura e método, meios e fins da educação, será possível estabelecer as bases para uma mudança radical e duradoura em direção a uma nova sociedade. Para ele, o que conta nesse processo é, especialmente, o exemplo pessoal e a coerência do comportamento, que deve impulsionar o indivíduo para a rebelião para com toda forma de autoridade imposta e em direção a cada verdade revelada.[64] Então, insiste Mella, um novo modelo educativo não pode fundamentar-se senão sobre a abolição de prêmios e castigos, substituídos pelo princípio da solidariedade, sobre uma neutralidade verdadeira e total, não apenas em relação aos

---

[61] R. MELLA, "El verbalismo de la enseñanza", In: *El Libertario*, n. 7, Gijon, 21 de setembro de 1912.

[62] R. MELLA, "Por los barbaros", In: *La Revista Blanca*, n. 124, Madri, 15 de agosto de 1903.

[63] *Ibidem*. Consulte também do mesmo autor: "La gran mentira", In: *El Libertario*, n. 3, Gijon, 24 agosto 1912.

[64] Consulte os artigos de R. MELLA, "Las viejas rutinas", In: *Accion Libertaria*, n. 1, Madri, 23 de maio de 1913; "Como se afirma un metodo", In: *Accion Libertaria*, n. 20, Madri, outubro de 1913;

ENTRE EDUCAÇÃO E REVOLUÇÃO

valores dominantes, mas também ao abuso e à mitificação do ensino científico e racionalista, porque a escola não pode ser nem política nem anti-religiosa, mas exclusivamente antidogmática. Somente a razão não basta, e sobretudo não pode ser absolutizada, uma vez que são diversas e múltiplas as formas por meio das quais o homem se apropria do saber. Enfim, a aprendizagem deve ser coerentemente integral, unir teoria e prática[65], ser igualitária em relação a todas as crianças, prever a co-educação dos sexos, mas, sobretudo, a absoluta liberdade na pedagogia, fazendo da realidade escolar um instrumento para a formação de homens e mulheres livres e auto-suficientes, capazes de pensar e raciocinar de forma autônoma e edificar uma nova sociedade.

Um lugar de destaque cabe a dois militantes anarquistas, Jean Grave e Dommela Nieuwenhuis, seja pela evolução de suas histórias pessoais (Nieuwenhuis) ou pela assídua e prolífica atividade de propaganda e de relação com o movimento anarquista internacional (Grave).

Jean Grave (1854-1939)[66] move-se em um contexto histórico no qual o anarquismo francês — a respeito dos temas de educação libertária e popular — agita-se em três abordagens diferentes, ainda que, em essência, complementares: aquela dos adeptos da necessidade de fundamentar verdadeiras escolas alternativas; aquela engajada na difusão do movimento das Universidades Populares e de outras iniciativas específicas para a divulgação da instrução racionalista e científica; enfim, aquela dos sindicalistas revolucionários e anarco-sindicalistas, que colocavam no instrumento organizativo sindical alternativo, ademais, a esperança e a confiança na emancipação, além de econômica, também cultural dos trabalhadores. Grave interessa-se pela educação enquanto instrumento indispensável para formar um homem novo, completamente diferente do estereótipo proposto pela sociedade de sua época.[67] Uma vez que indivíduo pode emancipar-se somente se se der conta da inelutável necessidade da própria emancipação, e por iniciativa própria, é necessário colocá-lo em condições de compreender tudo isso: "Se os trabalhadores desejam emancipar-se, devem entender que essa emancipação não ocorre por si

---

"La bancarrota de las creencias", In: *Accion Libertaria*, n. 9, Gijon, 13 de janeiro de 1911; "Por la cultura", In: *Accion Libertaria,* n. 3, Gijon, 2 de dezembro de 1918.

[65] "El cerebro y el brazo", In: *Accion Libertaria,* n. 8, Madri, 11 de julho de 1913.

[66] Sobre Jean Grave, consulte: MAITRON, *Le mouvement anarchiste en France*, ad nomem; J. MAITRON, *Dictionnaire biographique du mouvement ouvrier français*, Paris, Les Editions Ouvrières, tomo 12, pp. 325-326, 1976; REYNAUD-PALIGOT, *Les Temps Nouveaux,* 1895-1914. É interessante também a leitura do livro de recordações de J. Grave, *Le mouvement libertaire sous la 3e République*, Paris, Les Oeuvres Représentatives, 1930.

[67] J. GRAVE, *La société mourante et l'anarchie*, Paris, Stock, 1893. Utilizaremos aqui, entretanto, a primeira tradução italiana da obra editada pela F. Serantoni, Florença-Roma, em 1907. Escreve:

só, mas que é necessário ganhá-la, e que instruir-se é uma das formas da luta social."[68] A burguesia, de fato, mantém distantes os trabalhadores dos verdadeiros e importantes conhecimentos porque, desse modo, pode melhor dominar o proletariado que, para emancipar-se, deve apoderar-se do saber científico e social, superando o obstáculo da forçada ignorância na qual é mantido intencionalmente. É necessário dirigir a primeira ação para substituir o atual tipo de família — embasada em relações hierárquicas e de domínio — por um livre e autônomo encontro entre o homem e a mulher, e fundamentar a sua união no amor e não nas relações de cunho jurídico. Isso implica que seus filhos não sejam mais considerados como uma propriedade, mas que a liberdade e a autonomia deles sejam respeitadas. Jean Grave, também considerando a influência do ambiente sociofamiliar fundamental na influência que exerce sobre as crianças, não nega a possibilidade de resgate que todo indivíduo deve ter. Se, por um lado, escreve que "segundo a herança, a educação e o ambiente em que vive, o indivíduo será mais ou menos submisso sob o impulso de certas forças, mais ou menos refratário a certas outras, nem por isso é menos verdadeiro que a sua personalidade é o produto, a resultante dessas forças."[69], por outro lado, não aceita o determinismo lombrosiano e rigidamente positivista que essa afirmação contém, negando ao indivíduo a liberdade e a autonomia que a revolta e a mudança permitem. A influência do ambiente na formação do homem é, sem dúvida, um elemento incontestavelmente forte e determinante. Séculos de história e de exploração têm grande valor na situação de todo ser humano. No entanto, essa verdade deve fazer com que os indivíduos reflitam sobre o fato de que deveriam tirar disso algumas conclusões certas: para emancipar os homens é essencial, seguramente, modificar o ambiente mas, ao mesmo tempo, para modificar o ambiente, é indispensável libertar a mente e o espírito dos próprios homens.[70] Entre sociedade e indivíduo há uma estreita relação: ao modificar um, modifica-se também o outro e vice-versa. A educação imposta pela sociedade autoritária colocou os indivíduos na condição de aceitar como natural e lógica a dominação da autoridade:

"De fato, não é necessário esquecer que a questão social não se limita exatamente em sua simples parte material. Nós lutamos, decerto, antes de mais nada, para que todos possam alimentar-se de acordo com sua fome, mas as nossas reivindicações não param aí, nós lutamos também para que cada um possa desenvolver todas as suas faculdades, e proporcionar-se todas as satisfações morais e intelectuais das quais necessitam o seu coração e a sua mente."

[68] *Ibidem*, p. 39.

[69] *Ibidem*, p. 97.

[70] Escreve: "Basta estudar o mecanismo social burguês para reconhecer que ele não pode produzir nada de bom. É necessário que as aspirações ao belo e ao bom sejam bem fortes na raça humana para poder atingir e não permanecer sufocados pelo egoísmo irracional e pela avidez que a sociedade injeta-lhe nas veias desde o berço." (*Ibidem*, p. 44).

ENTRE EDUCAÇÃO E REVOLUÇÃO

257

Estranha anomalia essa, resquício de prejulgamentos dos quais estamos embebidos, conseqüência herdada de nossa educação, por isso, enquanto proclamamos com grande voz a liberdade, recuamos amedrontados diante das suas conseqüências, chegamos a negar a sua eficácia até o ponto de exigir a autoridade para conquistar a liberdade. Quanta incoerência! Talvez o meio para tornar-se livre não seja usar a liberdade, agindo segundo as próprias aspirações, repelindo a tutela de quem quer que seja? Já se viu que, para ensinar uma criança a andar, começa-se por atar-lhe as pernas?[71]

É sobretudo o exemplo, a demonstração coerente dos próprios princípios e valores traduzidos na prática cotidiana, que funciona verdadeira e exatamente como desencadeador da revolta e da reflexão dos outros indivíduos. Os anarquistas, afirma Grave, não são partidários da propaganda feita com ajuda de grandes anúncios que enganam os homens e as mulheres, iludindo-os e ludibriando-os, mas tornando-os impotentes e, posteriormente, resignados.[72] Deve, antes, preocupar-se em fazer um trabalho que chame menos a atenção e que seja menos grandioso, porém, mais durável e profundo, procurando não formar crentes, mas seres humanos convictos e participativos:

Portanto, propagamos as nossas idéias, explicamo-las, esclarecemo-las, reexaminamo-las desde o início, se necessário, e não tememos nunca encarar a verdade. Uma propaganda feita de forma tão consciente, longe de afastar os adeptos da nossa causa, contribuirá de forma eficaz para afeiçoar todos aqueles que têm sede de justiça de liberdade.[73]

Recordando o pensamento de Bakunin, ele reafirma o conceito do revolucionário russo, segundo o qual na instrução e na educação existe inevitavelmente uma certa forma de "autoridade" (respeitabilidade) que retrocede à medida que se desenvolve a idade do jovem. De fato, a humanidade se aperfeiçoa gradualmente

---

[71] *Ibidem*, p. 201.

[72] Escreve: "As idéias anarquistas encontraram em todos os ramos do saber, assuntos a seu favor; em todos os campos encontram adeptos, que dirigiram o próprio contingente de protestos e de reivindicações, contribuindo para valorizar ainda mais as idéias com o próprio saber. A soma dos conhecimentos humanos é tão grande que até mesmo as mentes mais inteligentes não podem senão ganhar uma parte; do mesmo modo, a idéia anarquista não pode ser somente propriedade de poucas mentes que limitam as suas bases e traçam-lhe um programa. Ela pode elaborar-se apenas com a contribuição de todos, com a ajuda dos conhecimentos de cada um; nisso está a sua força, uma vez que é a ajuda de todos para a sua elaboração que lhe permite reassumir e corresponder a todas as expressões humanas." (*Ibidem*, p. 32)

[73] *Ibidem*, p. 267.

e de modo contínuo, e o homem é visto como uma síntese da própria humanidade. Antes de mais nada, é necessário distinguir entre a educação e a instrução: a educação possui como escopo a assimilação de determinados hábitos sociais e deve inspirar-se na máxima liberdade; a instrução, ao contrário, é um ensino "de conhecimentos úteis, mas freqüentemente insuficientes, e pressupõe um plano, um método que, desenvolvido de forma atraente, o quanto possível, será sempre autoritário."[74]

Grave afirma aqui uma distinção oposta àquela de Tolstoi e destaca como seria preferível uma formação profissional em relação a uma tradicionalmente universitária, porque se fundamenta mais sobre a ligação direta com a vida real. Mas ambas estão ainda bem longe de uma forma ideal de aprendizagem que privilegie o fazer e, então, o conhecimento e a reflexão sobre si mesmo, que conceba o estudo do modo mais atraente possível, fundamentado antes em línguas vivas do que mortas, antes na história da vida real do que naquela de reis, na matemática como experiência da vida em vez de fundamentada em regras abstratas, em suma, um saber que se construa sempre com referência à realidade das coisas e dos seres vivos. Ao mesmo tempo, a verdadeira educação, não certamente aquela existente,

> deve consistir não no ensino de convenções mais ou menos insignificantes, de fórmulas decoradas, mas sim no desenvolvimento normal das inclinações e na adaptação destas ao contexto social (...). Ela deve almejar, sobretudo, tornar a criança um homem livre, possuindo consciência de sua liberdade, que considera a sua independência e o seu bem-estar como intimamente ligados à independência e ao bem-estar de todos seus semelhantes.[75]

É necessário despertar o amor próprio e o espírito de solidariedade de modo que se permeiem e se equilibrem reciprocamente, da mesma forma que o estímulo da curiosidade deve ser direcionado às descobertas científicas, à pesquisa e ao espírito de iniciativa. Para fazer isso é indispensável negar ao poder o direito de reprimir aqueles que propagam uma forma diversa de sociedade, que contemple a afirmação de todas as individualidades e permita que elas evoluam livremente segundo a própria natureza, obra que no início será de poucos, mas que é destinada a aumentar sempre mais a todos os seres humanos. Mas isso não significa, de fato, substituir a entidade Estado pela entidade absoluta Indivíduo. Não existe liberdade individual, senão em um contexto de respeito e de aceitação das

---

[74] J. GRAVE, *Philosophie de l'anarchie*, Paris, Stock, 1897, p. 112.
[75] *Ibidem*, p. 116.

ENTRE EDUCAÇÃO E REVOLUÇÃO

outras liberdades. É evidente que Grave, seguidor das idéias anarco-comunistas, opõe-se às concepções individualistas presentes dentro do movimento. Com o mesmo vigor, ele denuncia as condições sociais, familiares, econômicas e religiosas que condicionam o pequenino desde o seu nascimento e que o impedem de realizar-se completamente como homem livre, mesmo na continuidade de sua vida por meio do serviço militar, do trabalho etc.[76] Escreve a esse propósito: "Penas, misérias, privações, dores e fadigas, eis toda sua vida. Não há espaço para os sentimentos artísticos, para as especulações filosóficas, para o desejo de cultura intelectual."[77] Essa é a condição da criança antes, e do homem maduro depois, até que, tomando consciência das injustiças sociais revolta-se ainda por meio de sua formação livre e autônoma, apropriando-se da cultura e de um seu diverso uso.[78]

O desenvolvimento das futuras gerações depende, sobretudo, daquele das gerações passadas; quanto mais os pais evoluírem na sua consciência e se emanciparem, mais os seus filhos terão os caminhos da liberdade e da autonomia abertos. Afim de que a humanidade cresça em força, em beleza, seja saudável, é necessário que os indivíduos sejam colocados nas condições de poder cultivar as suas inclinações e possam recusar aquilo que lhes prejudicam. Quando o indivíduo puder desenvolver todas as suas potencialidades, ele subordinará, segundo Grave, de maneira totalmente natural, espontaneamente, os seus atos à necessidade da vida em comum, pois ele se realiza na sociedade e por meio do estar junto aos outros. Liberdade individual e necessidade social não estão em contraste, mas, antes, existem exatamente uma em função da outra. O importante é que a sociedade permita aos indivíduos evoluir livremente, associar-se de acordo com suas vontades e afinidades: "A moral deverá ser individual; ela não implica outras sanções senão a vontade que age."[79] Tendo dito tudo isso é necessário, portanto, promover a verdadeira revolução em primeiro lugar nas mentes dos indivíduos, modificar

---

[76] J. GRAVE, *L'individu et la societé*, Paris, Stock, pp. 93 e seguintes.

[77] *Ibidem*, p. 100.

[78] Grave escreve: "As artes e as ciências ampliam os seus tesouros, o número daqueles que sentem a necessidade de aprender é mínimo. Quantos, sob uma aparência superficial de aparente instrução, escondem a ignorância maior, a mente mais vazia! E é por esse resultado negativo que os três quartos da humanidade entregam-se à miséria, à ignorância." (*Ibidem*, pp. 104-105).

[79] *Ibidem*, p. 168. Escreve ainda: "O indivíduo tem por objetivo o seu próprio bem-estar; não deve sacrificá-lo por ninguém, nem por nenhuma divindade... O indivíduo, na concepção do próprio bem-estar, deverá, portanto, levar em conta tudo o que existe ao seu redor e compreender que o bem-estar dos outros... não deixará de ter influência em seu próprio. É absurdo desejar sacrificar o indivíduo à entidade social, mas não será menos absurdo desejar negar o estado social para proveito da entidade-indivíduo... (pp. 187-188). Não apenas nós somos ligados àqueles que nos circundam, mas sentimos a influência daqueles que nos precederam, da mesma forma que os nossos atos influenciarão a evolução daqueles que virão depois de nós." (*Ibidem*, pp. 196-197).

os nossos hábitos, os nossos comportamentos, em suma, eliminar completamente os prejulgamentos que nos condicionam. Ajudar o indivíduo a transformar a si mesmo em sua totalidade: esse é o objetivo primário dos revolucionários. Fazer com que essa vontade de autotransformação penetre no maior número de seres humanos. Ao mesmo tempo, trabalhar para a transformação da sociedade removendo as causas que determinam a escravidão do homem sobre o homem.

Mas Jean Grave, retomando uma concepção tipicamente kropotkiniana e moderna[80], escreve, com inteligente atualidade: "As revoluções não fazem outra coisa além de consagrar a ordem das coisas que já estão nos espíritos, se não, nos fatos. A maior parte das mudanças nos costumes que elas parecem inaugurar já eram hábitos correntes entre as relações individuais."[81] Trata-se apenas de remover os obstáculos que impedem a livre circulação e o livre desenvolvimento daquilo que já existe. O espírito crítico, de qualquer modo, não se pode transmitir por hábitos ou por descendência, mas com o exemplo, com o ensino, com a convicção de que todo progresso que se realiza, à custa de duras lutas, é, todavia, um passo em direção à mudança. Mas, adverte, a revolução não é uma idéia abstrata, é uma necessidade, um fato, um meio para afirmar os valores dos quais sente necessidade para poder viver plenamente a própria vida. Muitas vezes, o indivíduo transforma-se também sem se dar conta, e esse acúmulo de pequenas mudanças não faz senão preparar as verdadeiras modificações sociais: "Age como pensas, de acordo com os espaços deixados pela organização social na qual te atormentas, transformes os seus hábitos e o pouco que tu, indivíduo, terás feito, outros continuarão."[82]

No final do século XIX, das páginas da revista *Les Temps Nouveaux*, Jean Grave torna-se promotor da divulgação das idéias libertárias em referência à educação e, destacando a necessidade de inaugurar escolas alternativas, cursos de formação popular e de instrução para o proletariado,[83] insiste, além disso, na importância de que o exemplo e a coerência dos anarquistas na vida cotidiana podem se tornar um ensino contínuo e constante para as gerações atuais e também para aquelas futuras. De fato, ele sustenta que aqueles que participarão da revolução devem ter em si mesmos a clareza e a consciência daquilo que desejam para si e isso não pode senão derivar da força de um ideal como aquele anarquista.[84]

---

[80] WARD, *La pratica della libertà*.

[81] GRAVE, *L'individu et la société*, p. 232.

[82] *Ibidem*, pp. 290-291.

[83] Por exemplo: J. GRAVE, "L'école libertaire", In: *Les Temps Nouveaux*, n. 26-29, Paris, outubro, novembro 1898.

[84] J. GRAVE, "La panacée-révolution", Paris, *Temps Nouveaux*, 1898, pp. 3-15. E, para esclarecimento do que consiste a anarquia, ele especifica: "Desejamos a libertação completa, integral do indivíduo."(Idem, "Ce que nous voulons", Paris, *Les Temps Nouveaux*, s. d.).

ENTRE EDUCAÇÃO E REVOLUÇÃO

261

Por meio das páginas dessa revista, Grave divulga, juntamente com outros colaboradores[85], não apenas um ideal político, mas os objetivos a que ele se propõe são muito mais amplos que aqueles tradicionais de um jornal de propaganda, para configurar-se como orientação em direção a uma concepção contra-cultural em relação às idéias dominantes.

Trata-se de difundir novas idéias que prevejam uma transformação global do mundo e da vida dos indivíduos, já que a revolução pressupõe exatamente a formação de um novo modelo de homem, não mais escravo das várias formas de autoridade. A esse objetivo, todo o grupo da redação do jornal põe em prática toda uma série de iniciativas de verdadeira formação cultural alternativa: bibliotecas, cursos noturnos de instrução popular, representações teatrais, opúsculos de várias naturezas, livros para os jovens.[86] Todas essas associações, que surgem para realizar essas variadas iniciativas, possuem evidentemente um papel de propaganda dos ideais libertários, mas desenvolvem também uma verdadeira função de difusão dos conhecimentos e das descobertas científicas, partindo do pressuposto de que a cultura, em toda sua forma, deve se tornar cada vez mais um vasto patrimônio das massas de trabalhadores. A emancipação intelectual é percebida como uma condição indispensável para todo crescimento econômico, político, social, e a aprendizagem, por conseqüência, deve se tornar uma das principais preocupações dos anarquistas. A recusa do ensino proporcionado pelo Estado e pela Igreja é total porque ele contribuiu, de modo decisivo, para manter na mente das crianças a ignorância, os prejulgamentos e a cultura da submissão passiva à autoridade. Essa é a razão pela qual os apelos para a formação de escolas livres dessas ingerências e inspiradas nos princípios libertários encontram em Grave um forte adepto. Os educadores libertários, escreve ele, não devem apresentar-se aos jovens com um programa preestabelecido. Eles devem

> estudar o caráter de suas crianças, observar as suas inclinações que se desenvolverão dia após dia favorecendo as suas tendências e auxiliando-as do mesmo modo. O

---

[85] Vale a pena recordar como entre os colaboradores existem também artistas como Signac e Pissarro que oferecem os seus talentos para ilustrar, com estupendos desenhos e litografias, as páginas e as capas dos numerosos opúsculos editados pelo jornal. Para uma leitura das idéias anarquistas de Pissaro, consulte: C. PISSARRO, *Mio caro Lucien. Lettere al figlio su arte e anarchia*, Milão, Elèuthera, 1998.

[86] J. GRAVE, *Les aventures de Nono*, Paris, Stock, 1901; Idem, *Terre libre*, Paris, Les Temps Nouveaux, 1908. Além disso, são apresentados outros opúsculos de formação, como: A. GIRARD, Éducation et autorité paternelles, Paris, *Les Temps Nouveaux*, 1897; Idem, *L'éducation pacifique*, Paris, éd. de L'Éducation Libertaire, 1902. São vários e numerosos os opúsculos de propaganda e divulgação científica (REYNAUD-PALIGOT, *Les Temps Nouveaux*).

papel deles consistirá em provocar as perguntas no aluno, explicar-lhes aquilo que lhes parece obscuro, e não encher a sua mente de fatos e de coisas que os façam repetir sem entender o significado."[87]

O projeto de abrir uma escola libertária encontra apoio de intelectuais como Zola, Mirbeau, Ajalbert, Barrès e a adesão de Tolstoi[88], mas não haverá realização prática porque os fundos necessários não foram acumulados. Além disso, Jean Grave pretende editar um jornal para os jovens, mas a idéia é abortada pelas mesmas razões. Criar uma alternativa à instituição escolar de Estado seria indispensável, também para romper com a situação que se criou e formou, desde já, uma espécie de classe à parte (os professores) dedicada ao ensino, quando este deveria vir de toda a sociedade, da multiplicidade das experiências da vida. Em vez de procurar desenvolver aquilo que todo indivíduo já possui, em vez de tornar a descoberta dos conhecimentos um percurso atraente, esses professores "fizeram da educação um instrumento de tortura; da escola, uma vergonha."[89] Pretenderam incutir nas mentes dos indivíduos idéias pré-confeccionadas, valores próprios do poder burguês. Esse sistema escolar possui como escopo aquele de reproduzir exclusivamente as idéias dominantes, além de sufocar a iniciativa pessoal, cultivar a aprendizagem mnemônica, e não o espírito crítico, em suma, na medida daqueles que podem tirar proveito disso:

> Incutir o espírito de obediência, de submissão aos mestres, eliminar a vontade do ser diante daquela de uma autoridade superior, ainda abstrata, mas representada pelo seres de carne e osso: o gendarme, o juiz, o policial, o deputado ou o rei, se necessário a glorificação não merecida do ajudante. Essas são as razões daqueles que tiveram a função de educar as jovens gerações.[90]

E os resultados, de acordo com Grave, estão sob os olhos de todos: uma sociedade fundamentada na injustiça e na repressão perpetua-se de geração em geração. Mas a esperança não está perdida, como demonstram as contínuas contradições que emergem da própria sociedade, as rebeliões que se manifestam entre os indivíduos mais sensíveis. A lógica do poder, entretanto, aguçou-se e transformou-se em atitudes persuasivas e mais enganadoras, porque compreendeu que amiúde o caminho da pesquisa do consenso atravessa mais facilmente os comportamentos na aparência mais tolerantes. De fato, uma aparente liberdade

---

[87] J. GRAVE, *La société future*, Paris, Stock. pp. 352-353, 1895.
[88] Consulte: *Les Temps Nouveaux*, n. 20, Paris, 11-17 de setembro de 1897.
[89] J. GRAVE, *L'anarchie: son but, ses moyens*, Paris, Stock, p. 285, 1899.
[90] *Ibidem*, p. 286.

ENTRE EDUCAÇÃO E REVOLUÇÃO 263

engana as massas e tenta convencê-las de que esse é o melhor mundo possível, mas até certo ponto. Ou seja, até quando o poder for desmascarado a ponto de demonstrar a sua verdadeira natureza: aquela do domínio.[91] As classes mais ricas, que se convenceram de que escola e o ensino induzem as vontades individuais tão amplamente, providenciaram a fundação de escolas particulares para seus filhos, nas quais esses não podem ter contato com nenhuma forma de contestação e rebelião. Eis por que seria importante criar algumas alternativas para os filhos do proletariado, mas isso se choca com as disponibilidades econômicas e financeiras e contra uma classe de intelectuais prontos para teorizar alternativas de pensamento, mas não a colocar em prática suas próprias idéias.

As idéias pedagógicas que Grave considera relevantes são aquelas próprias da tradição libertária, insistindo em particular em um aspecto que se revela particularmente significativo, que é aquele de suscitar nos educandos perguntas, interrogações, questões, às quais deverá procurar depois, com a ajuda dos outros, dar-lhes uma resposta. Tudo isso com a consciência de que existem respostas diversas que possuem o objetivo de provocar uma reflexão interior e fazer nascer, de um processo de pesquisa, as escolhas individuais. Escreve:

> Colocar a mente em liberdade, mas respeitar a individualidade do aluno. Despertar a sua curiosidade, a sua iniciativa; colocá-lo diante de opiniões contraditórias, para que exercite o seu espírito de crítica e dedução; conduzi-lo a não aceitar as explicações dadas, a não ser depois de tê-las avaliado de forma crítica. Esse é o trabalho que deve ser realizado.[92]

O método não pode fundamentar-se senão sobre a espontaneidade e sobre o estímulo do prazer de aprender, sem obrigações, coerções, prêmios e recompensas.

A co-educação, então, será útil à causa da emancipação feminina mais que tantas outras batalhas improdutivas, feitas de fórmulas vagas e teóricas. Dessa forma, o amor, o sentimento, a liberdade sexual, encontrarão, nessa nova educação, todo o espaço de que precisam para poder tornar os seres humanos mais felizes e livres. Acima de tudo, é necessário prestar atenção para não substituir o dogma do Estado por aquele da anarquia. A liberdade é passível de ser perseguida apenas por meio da liberdade. De acordo com Grave, a revolução durará um longo período, durante o qual o trabalho educativo e de experimentação intensificar-se-á e as melhoras serão contínuas e incessantes. Os elementos negativos que podem influenciar os homens, pouco a pouco perdem a capacidade de condicionamento e o trabalho seguirá positivamente o seu curso natural. A mudança radical não

---

[91] *Ibidem*, pp. 288-290.
[92] *Ibidem*, p. 299.

264 "A BOA EDUCAÇÃO" – EXPERIÊNCIAS LIBERTÁRIAS E TEORIAS ANARQUISTAS...

pode, portanto, ser interpretada como uma simples insurreição, uma tomada de poder por um partido sobre toda a sociedade, mas sim como um processo que se dilata e se concretiza no tempo, por meio de acelerações, mas também sofrendo períodos de sedimentação.[93] Nesse período, o indivíduo poderá exprimir todas as suas qualidades e características, experimentar formas associativas e de produção, educar-se enquanto se desenvolve, segundo uma concepção permanente e recorrente da própria educação. Em particular, a situação das crianças e dos casais mudará:

> A situação será completamente diversa: os indivíduos não sofrerão mais nenhuma coerção e não serão mais obrigados a nenhuma privação; de modo que, em vez de enxergar na criança um peso a mais em sua miséria, um ser inconsciente para modelar para o melhor andamento de seus interesses, verão nela um pequeno ser para desenvolver-se, para instruir; e uma vez que não serão mais perseguidos por preocupações de existência, dedicar-se-ão a sua tarefa de maneira maravilhosa.[94]

A educação dos filhos não deve ser apenas realizada pelos pais, nem tampouco por uma organização centralizada como o Estado, mas deve tornar-se patrimônio de uma comunidade dentro da qual todos aqueles que possuem naturalmente uma predisposição para essa tarefa, ocupem-se dela livremente, no respeito à criança e à sua autonomia.[95] Toda essa implantação sustenta-se em uma esperança que "com uma melhor educação, uma melhor concepção das relações entre os indivíduos, eles aprenderão a ser sociáveis, e as causas das diferenças diminuirão conseqüentemente."[96]Além disso, a cultura pedagógica expressada pelo revolucionário francês fundamenta-se em uma concepção verdadeiramente integral da personalidade do homem: "O homem não possui apenas algumas necessidades materiais, vive também de necessidades morais, artísticas, intelectuais. Nessas diversas direções, formar-se-ão alguns grupos visando corresponder às necessidades daqueles que o compõem, grupos que ajudarão a resolver muitas das dificuldades que hoje parecem insuperáveis."[97] Essas dificuldades, esses prejulgamentos, essas noções

---

[93] J. GRAVE, *Une des formes nouvelles de l'esprit politicien*, Paris, Les Temps Nouveaux, 1911.

[94] J. GRAVE, *La società al domani della rivoluzione*, Paterson, p. 61, 1900.

[95] G. GRAVE, *Le colonne della società*, Buenos Aires, Librería sociologica, pp. 17-26, 1906.

[96] J. GRAVE, *En société anarchiste comment se conduirà l'individu?*, Bordeaux, Editions Lucifer, p. 7, 1919.

[97] *Ibidem*, p. 7. Grave escreve ainda: "Os indivíduos entender-se-ão entre si para encontrar uma organização social que lhes proporcionará o máximo de bem-estar, em troca do mínimo de esforço, permitirá a eles desenvolver-se sem envergonhar-se, conservando, com algumas concessões recíprocas, uma perfeita adaptação e combinação dos costumes, a maior liberdade possível, isto é, com uma inteligente prática de solidariedade." (J. GRAVE, *Individualisme et solidarité*, Almanach de la révolution, Paris, p. 59, 1904).

ENTRE EDUCAÇÃO E REVOLUÇÃO

errôneas, foram assinaladas de tal modo com constância e força no decorrer dos anos e anos de domínio que "nós as possuímos, por assim dizer, desde o nascimento, nós as acumulamos ao longo de toda nossa existência, que se tornam verdadeiros obstáculos da nossa emancipação intelectual."[98] Esse é o motivo pelo qual é necessário trabalhar intensamente para construir as condições para uma mudança radical, verdadeiramente revolucionária. E o melhor modo para fazer isso é trabalhar sobre si mesmo para modificar, inclusive, os outros: "Aprendamos a impor a nossa personalidade, aprendamos a respeitar aquela de todo o gênero humano, isso constituirá um grande passo adiante nos acontecimentos em direção à emancipação comum."[99] A revolução libertária jamais será realizada enquanto não for possível atingir as mentes e os corações dos indivíduos, enquanto "um novo modo de pensar" não dissuadir, primeiro, um número restrito e, pouco a pouco, cada vez mais amplo de seres humanos.[100]

Ferdinand Domela Nieuwenhuis (1846-1919)[101] emprega as suas maiores energias na luta contra o militarismo e alcança o pensamento anarquista por meio de uma evolução interior que o leva, em primeiro lugar, a seguir as religiões protestantes, posteriormente, as idéias socialistas, e, enfim, aquelas libertárias[102]. Dessa forma, ele resume seu pensamento à evolução completa:

> Com o desenvolvimento de conceito de Estado, esse se emancipou e, então, cada um de seus poderes reserva-se um domínio particular: o Estado, o poder civil, a Igreja, aquele espiritual. É uma espécie de compromisso; mas entre os dois, sempre foi a Igreja que prevaleceu. O Estado com seu imperativo "tu deves", e a

---

[98] J. GRAVE, *Enseignement bourgeois et enseignement libertaire*, Paris, *Les Temps Nouveaux*, 1900, p. 4. Consulte também: J. GRAVE, "L'ignorance des masses", in: *Les Temps Nouveaux*, n. 51, Paris, 15-21 de abril de 1899.

[98] J. GRAVE, *Enseignement bourgeois et enseignement libertaire*, Paris, Les Temps Nouveaux, 1900, p. 4. Consulte também: J. GRAVE, L'ignorance des masses, in: *Les Temps Nouveaux*, n. 51, Paris, 15-21 de abril de 1899.

[99] *Ibidem*, p. 14.

[100] J. GRAVE, *L'entente pour l'action*, Paris, Les Temps Nouveaux, 1911.

[101] Sobre a vida e a evolução de seu pensamento, consulte: NETTLAU, *Breve storia dell'anarchismo*, pp. 238-247; H. DAY, *F. D. Nieuwenhuis*, Paris-Bruxelas, Pensée et Action, 1960; J. Y. BÉRION, "Aperçu biographique sur Ferdinand Dommela Nieuwenhuis", In: F. D. NIEUWENHUIS, *Le socialisme en danger*, Paris, Payot, 1975; A. HEERING, E. GERAETS, "Dommela Nieuwenhuis e il movimento anarchico italiano 1890-1910", In: *Rivista storica dell'anarchismo*, a. 1, n. 2, Pisa, julho-dezembro de 1994. Sobre a dimensão pedagógica de seu pensamento, consulte: A. J. CAPPELLETTI, *Ensayos libertarios*, Madri, Madre Tierra, 1994.

[102] F. DOMELA NIEUWENHUIS, "Comment de chrétien je suis devenu anarchiste", In: *L'Unique*, Orléans, suplemento aos números 120-121, s. d.

266 "A BOA EDUCAÇÃO" – EXPERIÊNCIAS LIBERTÁRIAS E TEORIAS ANARQUISTAS...

Igreja com seu "tu farás", violentam a razão humana, e ambos não podem produzir senão escravos que obedecem, e não os homens livres que desejamos.[103]

Não são muitos os escritos que se referem especificamente aos temas da educação e da instrução[104], mas não obstante tudo isso, pode-se ler uma dimensão pedagógica em muitas partes de sua obra. É interessante como ele une a luta contra o militarismo com a ação pedagógica, destacando de modo particular o trabalho a se realizar a respeito de duas questões: o ensino das línguas estrangeiras e a renovação dos programas de História. Em primeiro lugar, ele denuncia como e, principalmente, quanto, por meio do sistema escolar, o militarismo se difunde nas jovens gerações, por exemplo, por meio dos livros usados nas escolas, ricos em imagens de guerra e combates, que capturam a fantasia dos jovens; além disso, evidencia a instrumentalidade das narrativas que exaltam um espírito de guerrilha e os mitos do heroísmo, deixando de lado, assim, a descrição da vida real e do verdadeiro heroísmo que todos os dias muitos seres humanos realizam, suportando injustiças e opressões, mas também se solidarizando em generosidade e bondade com os outros indivíduos. Um meio possível, como vimos, para destruir essa tendência é exatamente aquele de ensinar "as línguas estrangeiras, mas também a geografia e todas as noções que se referem à situação dos países estrangeiros."[105] Quando os povos se conhecerem melhor, sem dúvida, descobrirão que em toda parte há homens com a mesma natureza, com as mesmas necessidades, os mesmos interesses e, portanto, o sentimento e a prática da solidariedade substituirão aqueles do militarismo e da desigualdade.

Um outro instrumento para se utilizar e se colocar em prática é aquele de mudar radicalmente os conteúdos e métodos do ensino da História nas escolas, substituindo a história das batalhas e dos reis por aquela dos povos, de sua atividade e de seu pensamento. A história dos camponeses, dos operários, dos artesãos é sem dúvida muito mais interessante do que aquela dos nobres e do clero, sem contar que é mais instrutiva. É necessário estimular nos jovens a curiosidade por tudo aquilo de positivo que foi realizado a respeito da humanidade, pelos seres humanos, no decorrer de muitos e muitos anos de vida.[106] Domela

---

[103] F. DOMELA NIEUWENHUIS, *Compte-rendu officiel du Congrès de Rome*, 20 de setembro de 1904, Fédération Internationale de la Libre-Pensée, p. 123.

[104] F. DOMELA NIEUWENHUIS, "L'École libre", In: *La societé nouvelle*, n. 109, Paris, janvier 1894; Idem, "Le rôle de la cuisine dand l'éducation", In: *L'En dehors*, Orléans, outubro de 1929; Idem, *L'Éducation libertaire*, Paris, Les Temps Nouveaux, 1900.

[105] F. DOMELA NIEUWENHUIS, *Le militarisme et l'attitude des anarchistes et socialistes révolutionnaires devant la guerre*, Paris, Les Temps Nouveaux, 1901.

[106] *Ibidem*.

ENTRE EDUCAÇÃO E REVOLUÇÃO

Nieuwenhuis convence-se logo de que para modificar radicalmente a sociedade é indispensável apelar às jovens gerações e, portanto, é necessário ocupar-se disso por meio da renovação da educação e da escola.

A liberdade de consciência deve ser defendida com todas as forças disponíveis, e as instituições que a corrompem devem ser combatidas e hostilizadas. Em particular, a escola serve de instrumento de reprodução das concepções de poder político e econômico e desenvolve uma obra profunda de condicionamento ideológico. Os jesuítas entenderam muito bem, sustenta Nieuwenhuis, tanto que sempre afirmaram e acreditaram no doutrinamento das crianças como instrumento imprescindível para a formação do homem religioso e obediente. Entretanto, deve-se prestar atenção, adverte o revolucionário holandês, para entender bem o que significa educar. A educação do homem é o objetivo mais difícil que qualquer outro e, ao mesmo tempo, é uma das atividades na qual menos se investe e com a qual menos se preocupa verdadeiramente. De fato, educar significa "extrair" a verdadeira substância do ser humano: "Não é do externo ao interno, mas, ao contrário, do interno em direção ao externo."[107] Diz-se o mesmo para o termo desenvolvimento, que significa libertar o homem de modo que mostre aquilo que verdadeira e especificamente é. Portanto, a criança, assim como a planta, para o seu crescimento, necessita de ar livre, luminosidade e alimentação. A educação "não consiste, dessa forma, em transmitir exteriormente, mas em extrair tudo o que já existe em potência."[108] De modo contrário ao que sustenta Rousseau, não existe um bem natural que degenera nas mãos dos homens, mas todo o indivíduo é artífice de seu futuro, e o homem é parte integrante da mesma natureza. Não podemos nunca afirmar o que é bom e o que não é de maneira absoluta, mas defini-lo apenas de acordo com a nossa visão de bem e de mal, já que nós não somos toda a natureza, mas só uma parte dela: "A educação da natureza não depende de nós, mas o que se pode exigir dos homens é que eles não interponham alguns obstáculos, com a sua intervenção, nessa educação."[109]

Aquilo que o homem deve aprender é viver, em vez de vegetar, porque viver verdadeiramente significa desenvolver todas as próprias potencialidades, realizar todas as próprias inclinações, não apenas para si, mas também para os outros. Para realizar-se por completo, um homem e uma mulher devem poder estudar livremente e exercitar todos os próprios órgãos sem nenhuma coerção ou prejulgamento. Não apenas a mente, mas também o corpo deve encontrar cidadania na cultura e na sociedade. Isso significa que são muitos tipos de linguagem por meio dos

---

[107] DOMELA NIEUWENHUIS, *L'éducation libertaire*, p. 4.
[108] *Ibidem*, p. 5.
[109] *Ibidem*, p. 6.

268 "A BOA EDUCAÇÃO" – EXPERIÊNCIAS LIBERTÁRIAS E TEORIAS ANARQUISTAS...

quais se pode exprimir, e nenhum deles deve ser mutilado ou oprimido. Infelizmente, somos envolvidos e sufocados desde recém-nascidos dentro das malhas estreitas de prejulgamentos, condicionamentos, tradições e valores tidos por absolutos e imutáveis, transmitidos de pai para filho, no decorrer dos séculos. É o princípio de autoridade que domina toda a nossa vida. Em primeiro lugar, está a autoridade dos pais que exige imediatamente uma obediência passiva e servil, transgredindo ainda, desse modo, um assunto fundamental da educação libertária: a criança é a criança, alheia aos pais, é autônoma e única, e os verdadeiros pais devem fazer de modo com que ela possa gradualmente voar com as próprias asas, sem sufocá-la ou condicioná-la. A autoridade dos pais é substituída, mais tarde, por aquela do mestre da escola que age segundo o preceito: obedeça e fique tranqüila. Isso em uma idade na qual o pequenino possui como necessidade primária aquela de movimentar-se, viver livremente as próprias emoções, pleno como é de energia e necessidade de expandir-se. Então, realidade escolar e liberdade são conceitos que podem entrar em acordo?

Sem negar apenas que uma certa evolução positiva estava na organização da instrução escolar, Domela Nieuwenhuis sustenta que estamos ainda muito longe do ideal libertário de organização escolar, salvo nos exemplos de Paul Robin e Lev Tolstoi. De fato, para o mestre de uma escola verdadeiramente livre, todo aluno possui sua distinta personalidade, um gosto próprio e pessoal que são dignos de ser considerados e valorizados. Sem esses pressupostos não é possível obter verdadeiros resultados profundos na formação das crianças: "O mínimo que se pode exigir da escola é que essa se aplique, antes de mais nada, a não restringir a vida intelectual e física da criança, e o mestre deve ter a maior preocupação para que o aluno viva nessa a alegria nessa vida intelectual."[110] Nesse contexto, o estudo da natureza mostra-se o melhor meio para afirmar a liberdade do próprio estudo, uma vez que a existência não mente e não pode enganar, e só a experiência direta é a fonte do verdadeiro conhecimento e da recusa de toda forma de prejulgamento. Duvidar, interrogar-se, perguntar, em suma, pesquisar profundamente a verdade é a condição metodológica indispensável para enriquecer o próprio conhecimento e para acelerar o verdadeiro progresso de toda humanidade. A escola que não permite o contexto aberto desse tipo torna-se um obstáculo insuperável para a emancipação humana, que não se fundamenta e não se sustenta na tradição, na obediência, nos modos, nos costumes, na opinião pública, criada principalmente pela mesma autoridade. Ao contrário, é necessário proclamar para todo ser humano o direito de pensar, falar francamente, duvidar, ter uma opinião própria e rebelar-se contra a ordem constituída. Esse é o motivo pelo qual é necessário que a edu-

---

[110] *Ibidem*, p. 11.

ENTRE EDUCAÇÃO E REVOLUÇÃO

cação seja individualizada e divergente, porque é necessário resguardar-se de "endireitar" o caráter, o espírito e o coração; e o escopo a se alcançar não pode ser senão aquele de criar formas e espaços sempre mais amplos de liberdade: "O culto da liberdade de cada um e de todos, da simples justiça não jurídica, mas humana; da simples razão, não teológica nem metafísica, mas da ciência e do trabalho, tanto intelectual quanto manual, essa é a primeira base de toda dignidade e direito de todos."[111]

Ele retoma, neste ponto, o conceito bakuniniano de liberdade dos outros como condição para a própria liberdade, e a escravidão dos outros como único e verdadeiro limite para a própria autonomia. Assim, as crianças devem ser deixadas livres, porque esse é o desejo de todos os seres vivos. A criança deve poder aprender a pensar, comparar, julgar, agir por si mesma. Resumindo, desenvolver o próprio ser de modo que possa manifestar totalmente a sua extensão. Para garantir isso, é da mesma forma indispensável que os jovens sejam sempre empenhados e ativos, participativos e trabalhadores, inseridos na condição de tornar-se protagonistas e artífices do próprio desenvolvimento. Infelizmente, as escolas são lugares onde tudo isso não ocorre, onde nós pressionamos os jovens com as coisas que não os interessam para nada, onde eles não possuem o tempo necessário para refletir e digerir a multiplicidade das sugestões e dos estímulos que o mundo real oferece. Para construir um mundo diferente é necessário, portanto, dar início a um trabalho contínuo de autoformação, porque os prejulgamentos e as condições materiais da sociedade são fortes impedimentos para a realização da completa emancipação. Trabalhar sobre si mesmo para impedir que não sejamos exatamente nós a sustentar as várias tiranias que enchem as sociedades autoritárias. Para perseguir esse escopo é útil iniciar exatamente pela educação e pela escola. O mestre torna-se um facilitador, em vez de um transmissor da verdade, preocupa-se em formar espíritos livres, em vez de bons cidadãos que obedeçam passivamente às leis do Estado, deixe de ser um funcionário e torne-se um homem livre para a pesquisa contínua de uma verdade, nunca absoluta e sempre passível de revisão e modificável. De outra forma, não se trata senão de "uma escola de mentira, de hipocrisia."[112]

Nas várias situações escolares orgulhamo-nos de ter eliminado as punições corporais, sem nos darmos conta de ter introduzido violências psicológicas, muito mais profundas e radicais, mais violentas e dolorosas. Ao contrário, é essencial que a escola torne-se o lugar principal no qual a diversidade natural não conspire

---

[111] *Ibidem*, p. 13.
[112] *Ibidem*, p. 21.

270 "A BOA EDUCAÇÃO" – EXPERIÊNCIAS LIBERTÁRIAS E TEORIAS ANARQUISTAS...

com a desigualdade social, onde cada indivíduo encontre espaço e tempo, meios e recursos para revelar amplamente a sua mais íntima e profunda natureza, em um clima de liberdade e verdadeira igualdade. Certamente, sustenta Domela Nieuwenhuis, educar não é um trabalho simples e sem dificuldade, e os riscos de formar os jovens de acordo com os próprios modelos é forte e contínuo. Para evitar isso é necessário trabalhar para fazer emergir o ser, não para introduzir uma idéia preestabelecida de homem, resumindo, preocupar-se mais em formar um homem livre que um novo: "Que o amor pela liberdade seja o nosso guia no grande escopo pelo o qual nós desejamos viver, lutar, sofrer e também morrer, porque sem a liberdade o mundo é sem sol, sem ar fresco, sem luz, sem calor, sem amor. A vida sem liberdade não é vida; é a morte, e nós que trabalhamos pelo futuro, cultivamos o nosso ideal, com fim de preparar um mundo no qual os homens livres viverão em uma sociedade livre."[113]

2. Os anarco-sindicalistas

O movimento sindicalista revolucionário representa uma outra face do engajamento dos anarquistas para a construção de um processo de mudança radical, em relação ao individualismo, mas também no que se refere ao anarquismo "sem adjetivos", puro. Por outro lado, as energias dos anarquistas são sempre voltadas para elevar o nível de emancipação das classes mais pobres desde a origem do movimento organizado. De modo particular, no início do século XIX, depois da época dos atentados na França, uma considerável porção de militantes retoma a atividade de propaganda entre os trabalhadores, organizando estruturas sindicais libertárias e refazendo-se, de modo mais ou menos explícito, segundo as linhas guias traçadas na Primeira Internacional.[114] Esse trabalho de organização e difusão dos ideais libertários contempla dentro de si uma específica atividade cultural e de instrução popular considerada uma útil sustentação para a emancipação econômica e social do proletariado.

---

[113] *Ibidem*, p. 23. Para ver a denúncia que ele faz da sociedade burguesa e da importância que a moral dominante possui na formação dos jovens, consulte também: F. DOMELA NIEUWENHUIS, *Le socialisme en danger*, Paris, Stock, 1897 (em particular, o capítulo V. *Un revirement dans les idées morales*).
[114] Sobre as origens e as características do sindicalismo libertário, consulte: M. ANTONIOLI, *Azione diretta e organizzazione operaia*, Manduria, Lacaita editore, 1990; A. LEHNING, *L'Anarcosindacalismo. Scritti scelti*, Pisa, BFS, 1994; L. MERCIER VEGA, Azione diretta e autogestione operaia, Milano, Antistato, 1979; VÁRIOS, *L'anarcho-syndicalisme. Aperçu historique et théorique*, Toulouse, 1976; M. CIVERA, *El sindicalismo. Historia, Filosofia, Economia*, México, Ediciones CNT, 1959; V. GRIFFUELHES, "Le Syndicalisme Révolutionnaire", In: *La Brochure mensuelle*, n. 98, Paris, fevereiro

ENTRE EDUCAÇÃO E REVOLUÇÃO

A atividade dos anarco-sindicalistas concretiza-se tanto na organização dos trabalhadores da escola e na atenção específica à problemática deles quanto na atividade de verdadeira formação do proletariado, por meio de iniciativas atribuíveis à estrutura sindical de base, mas também em uma iniciativa de desmascaramento da lógica monopolista do Estado no âmbito do ensino e da formação.[115]

O representante mais importante dessa corrente do anarquismo é, sem dúvida, Fernand Pelloutier (1867-1901).[116] Ele, como sustenta de modo justo Edouard Dolléans[117], encarna a essência mais profunda e verdadeira dos militantes operários, da forma como se exprime no fim do século XIX, de modo particular na França. Pelloutier deseja que as massas tomem consciência de suas reais capacidades e potencialidades, dedica-se a ensinar-lhes a desejar fortemente a sua emancipação, deseja instruí-los com a ação. Sobre esse propósito, ele procura unir a ação constru-

---

de 1931; MAITRON, *Le mouvement anarchiste en France*, pp. 265-330, t. 1; A. TONINELLO, *Sindacalismo rivoluzionario, anarcosindacalismo, Anarchismo*, Catania, La Rivolta, 1978.

[115] São numerosas as intervenções sobre essas problemáticas que aparecem, sobretudo, em duas revistas, *Pages Libres*, de Paris, e *La Vie Ouvrière*, de Paris. Sobre a primeira consulte, por exemplo, os seguintes números dedicados à temática educativa: n. 175 (7 de maio de 1904), n. 178 (28 de maio de 1904), n. 181 (18 de junho de 1904), n. 184 (9 de julho de 1904), n. 190 (20 de agosto de 1904), n. 191 (27 de agosto de 1904), n. 199 (22 de outubro de 1904). Sobre a mesma revista, consulte também: C. BOUGLÉ, "Réflexions sur le monopole de l'enseignement" (n. 166, 5 de março de 1904), ZVAION, "Les instituteurs en Russie" (n. 202, 12 de novembro de 1904), C. GUIEYSSE, "Les enfants et la prétendue loi du progrès" (n. 243, 26 de agosto de 1905), VÁRIOS, "Les syndicats d'instituteurs" (n. 258, 9 de dezembro de 1905), L. BENOIST-HANAPPIER, "Travail manuel et travail intellectuel" (n. 327, 6 de abril de 1907), T. BOUGARD, "L'enfance coupable: les tribunaux pour enfants aux Etats-Unis et en Angleterre", M. FUSCH, "Travail manuel et travail intellectuel" (n. 331, 4 de maio de 1907), s. a., "Enquete sur le syndicalisme dans l'enseignement primaire" (n. 337-338-339-340-341 junho-julho de 1907), M. BORIT, "Dans l'enseignement primaire: la fonction des directeurs et le conseil des maitres" (n. 344, 3 de agosto de 1907), D. VINCENT, "Pour l'autonomie de l'enseignement primaire" (n. 368, 18 de janeiro de 1908), "Les Abonnés, L'art et l'école primaire" (n. 397, 8 de agosto de 1908), M. BORIT, "L'obligation scolaire" (n. 408, 24 de outubro de 1908), P. BRIZON, "L'école américaine" (n. 413, 28 de novembro de 1908), F. LEBOSSÉ, "Enquete sur la frequentation scolaire" (n. 444, 12 de junho de 1909). Sobre a segunda, consulte: F. FEELEY, *The French anarchist labor movement and La Vie Ouvrière*, 1909-1914. Em particular, os seguintes artigos: J. PICTON, "Les programmes d'Enseignement au Congrès de Nancy" (n. 1, 1910), L. CLÉMENT, "L'éducation de l'Enfant dans les milieux ouvriers" (n. 3, 1910), J. PICTON, "Le monopole de l'Enseignement" (n. 13, 1910), G. AIRELLE, "À travers les journaux pédagogiques" (n. 31-34-38-50, 1911), G. AIRELLE, "L'École laïque et la critique anarchiste" (n. 60, 1912), P. MONATTE, "La dissolution des syndicats d'instituteurs" (n. 71, 1912), A. CHALOPIN, "Les instituteurs syndicalistes el l'État" (n. 72, 1912).

[116] Sobre Pelloutier, consulte: NETTLAU, *Breve storia dell'anarchismo*, pp. 275-294; MAITRON, *Le mouvement anarchiste en France*, ad nomem; M. FOULON, *Fernand Pelloutier*, Paris, La Ruche Ouvrière, 1967; J. JULLIARD, *Fernand Pelloutier et les origines du syndicalisme d'action directe*, Paris, Ed. du Seuil, 1971 (por esse texto se retoma a grande bibliografia de e sobre Pelloutier).

[117] DOLLÉANS, *Storia del movimento operaio*, vol. II.

272 "A BOA EDUCAÇÃO" – EXPERIÊNCIAS LIBERTÁRIAS E TEORIAS ANARQUISTAS...

tiva àquela educativa e, para suscitar nos proletários o entusiasmo, propõe a eles um objetivo bem mais amplo do que os simples interesses corporativos. Em primeiro lugar, ele expõe o entusiasmo das massas e a sua vontade de conquistar alguns direitos novos, mas evidencia como a energia operária tem uma condição individual sem a qual se devota em vão: a cultura de si mesma. A união dessas duas forças, coletiva e individual, é indispensável para construir uma nova sociedade de homens livres e intrépidos. Nessa perspectiva, os anarco-sindicalistas possuem a consciência de ser uma minoria ativa, que saberá impor a sua vontade com a ação direta. O anarco-sindicalista opõe o homem livre à multidão esquiva, a minoria consciente à maioria inconsciente. Educação e ação, portanto, coincidem. Sobretudo na França (mas também na Espanha) o sindicalismo revolucionário reivindica a sua completa autonomia de todo partido político, uma filosofia própria e um programa específico que, exatamente personagens significativos como Fernand Pelloutier, contribuem para delinear, diferenciando-se das experiências alemãs.[118] A própria natureza das "Bolsas de Trabalho" (a primeira é fundada em Paris, em 1886) revela a derivação proudhoniana e o sentido das concepções libertárias que Pelloutier designa a elas, entendendo-as como lugar de cultura, discussão, formação e instrução mutualista que acompanham aquelas funções mais estreitamente sindicais e reivindicativas.[119]

Ele inicia o seu raciocínio sobre a educação elaborando uma crítica dura e precisa ao sistema escolar vigente, que pretende incluir todos os indivíduos em um programa predefinido e válido em todos os lugares e tempos, sem considerar as infinidades de variáveis que a educação implica. Portanto, o problema do ensino

> é incontestavelmente o mais importante, uma vez que depende somente dele toda a vida social, de acordo com as inclinações dos jovens, ou, se se preferir, com os indícios que tiverem permitido pensar sobre a sua vocação, tiverem sido bem ou mal observados, ele poderá tornar-se útil a si mesmo (e conseqüentemente à coletividade) aportando ao exercício de sua profissão, uma inteligência e um gosto sabiamente desenvolvido.[120]

A alternativa é tudo aquilo que ocorre na sociedade autoritária e capitalista, ou seja, o trabalho exercido como uma escravidão, uma exploração, uma condena-

---

[118] COLE, *Storia del pensiero socialista*, vol. III, t. 1, p. 418.

[119] F. PELLOUTIER, *Storia delle borse del lavoro* (1902), Milano, Jaca Book, 1976. Outras informações úteis podem ser encontradas ainda em uma outra obra de "Pelloutier: Statuts de la Fédération des Bourses du Travail de France et des Colonies", In: F. PELLOUTIER, *Histoire des Bourses du Travail*, Paris, Gamma, 1971; COLE, *Storia del pensiero socialista*, vol. II, pp. 43-46.

[120] F. PELLOUTIER, "L'enseignement en société libertaire", In: *La Question sociale*, Paris, agosto de 1895.

ENTRE EDUCAÇÃO E REVOLUÇÃO

ção. Porém, de acordo com seu pensamento, afirmam-se quatro mudanças absolutamente necessárias para o sistema escolar. Antes de mais nada, a instrução deve ser integral, entendida aqui como condição necessária para fazer com que cada criança aprenda a aprender, oferecendo-lhe os meios para que possa aprender todo tipo de conhecimento. Este é um pensamento pedagógico que aponta para a metacognição, e que representa de fato uma atualidade verdadeiramente maravilhosa e que se diferencia das "tradicionais" concepções anarquistas nesse sentido, superando-as e enriquecendo-as com um significado mais amplo e profundo. Isso permite superar as idéias pedagógicas tradicionais, que se apóiam no conhecimento como soma de noções e preocupam-se em exercitar particularmente a memória em detrimento da habilidade e da sofisticação do raciocínio. No mesmo artigo, escreve: "Assim, não se trata de preencher a mente do aluno com nomes, datas, fatos, regras e fórmulas; trata-se simplesmente de ensiná-lo a aprender a observar, a investigar, a pesquisar e a descobrir, dando-lhe as noções primárias indispensáveis e que se reduzem, em suma, a um pequeno número."[121]

Em segundo lugar, é necessário libertar os professores daquele tipo de ânsia pelo ensino que faz exatamente com que esses se dediquem de modo prevalente aos mais dotados, em vista da obtenção de determinados padrões de sucesso escolar. Ao contrário, eles poderiam ocupar-se de todos os alunos fazendo de modo com que esses possam, então, trazer a toda a sociedade um benefício notável. Pois, é indispensável que a verdadeira inserção no mundo do trabalho chegue para os jovens depois dos vinte anos e depois de terem amadurecido uma preparação física e intelectual.

> O essencial é que, graças a uma instrução científica e a uma habilidade profissional integrada a uma sólida cultura literária e artística, ele possa aperfeiçoar a sua condição material e experimentar as belas obras para fortificar o seu espírito, realizar, resumindo, a condição de bem-estar, que consiste em organizar a vida de maneira mais conforme às necessidades do organismo humano.[122]

Enfim, mas nem por isso menos importante, é indispensável que o ensino seja absolutamente livre, desvinculado de toda coerção do Estado, que é portador dos interesses de uma classe de privilegiados e que procura em cada modo consolidar o seu domínio, por meio de um condicionamento político, filosófico, religioso do qual é o inspirador e o vigilante, por meio da lei e daquilo que é chamado direito. Todo regime político introduz, por meio do ensino, os seus valores, os

---

[121] *Ibidem.*
[122] *Ibidem.*

274 "A BOA EDUCAÇÃO" – EXPERIÊNCIAS LIBERTÁRIAS E TEORIAS ANARQUISTAS...

seus princípios, a sua moral negando, de fato, o princípio da liberdade verdadeira e plena. Por meio do Estado não é possível nenhuma mudança, nem mesmo no âmbito educativo. A centralização do poder é exatamente o oposto do federalismo libertário.

Pelloutier afirma, então, a necessidade de uma mudança profunda e radical que transforme por inteiro as relações entre os homens:

> Partimos do princípio de que o trabalho da revolução deve consistir em libertar, igual e simultaneamente, os homens de toda autoridade e de toda instituição que não possua por escopo essencial o desenvolvimento da produção material e intelectual (...). Alimentar-se e pensar, extrair da terra os seus frutos; da mente, as idéias: eis qual deva ser toda a ocupação humana.[123]

Como executar tudo isso a não ser por meio da liberdade de espírito que se pode atingir apenas "depois de ter eliminado todas as noções apreendidas e todas as relações impostas por um sistema social milenar, mas também com aquele instrumento formidável, com aquele guia clarividente e seguro que é a curiosidade de conhecer."[124] Essa mudança pode decerto se realizar contanto que se desmascare com clareza aqueles que, conhecendo bem os grandes desejos de liberdade — sejam eles materiais ou morais — que se desenvolvem no homem graças à cultura, servem-se de todos os meios para manter a grande parte das pessoas na ignorância. De fato,

> com todos os meios em poder deles e em todas as circunstâncias, esforçaram-se, por um lado, para insinuar no povo a idéia de que a desigualdade de condições é a conseqüência das leis naturais e, portanto, imutáveis; e por outro lado, em tornar o destino deles cada dia mais miserável, de modo que, a depressão física seja acrescentada à resignação, à fragilidade moral determinada pela ignorância, e assim, toda a coragem fosse sufocada ainda antes de nascer. De tal modo, esses podem beneficiar-se em paz, até conquistar a veneração das massas pelo mérito e por desejar ajudá-las por meio da exploração. Portanto, foi a ignorância que criou os resignados.[125]

A arte, que pode ter como escopo aquele de criar alguns rebeldes, desempenha um papel importante para desmascarar tudo isso. A arte deve, segundo Pelloutier,

---

[123] F. PELLOUTIER, "L'organizzazione corporativa e l'anarchia" (1896), In: F. PELLOUTIER, *Lo sciopero generale e l'organizzazione del proletariato*, Catania, Pellicanolibri, pp. 123-124, 1977.
[124] *Ibidem*, p. 127.
[125] F. PELLOUTIER, "Arte e rivolta" (1897), In: F. PELLOUTIER, *Lo sciopero generale e l'organizzazione del proletariate*, Catania, Pellicanolibri, p. 135, 1977.

ENTRE EDUCAÇÃO E REVOLUÇÃO

levar a sua contribuição significativa para revelar o quanto de ridículo e odioso há na moral hipócrita das classes dominantes. Em outras palavras, deve se propor o objetivo de desmascarar as mentiras convencionais, religiosas, os falsos mitos da pátria, da família autoritária e hierárquica, os governos, porque enquanto permanecer na essência do homem apenas uma sombra de um desses prejulgamentos, nenhuma revolução social libertária será verdadeiramente possível.

Pelloutier reconhece que a instrução pública, contudo, fez com que as classes trabalhadoras dessem um grande passo adiante, pois foi reivindicada com vigor e arrancada com duras lutas da burguesia e dos vários governos. Mas isso ainda não é suficiente. É indispensável insistir no trabalho de formação de um novo modelo de homem por meio da ação direta e do testemunho concreto da possibilidade de se chegar a isso. Escreve, a esse propósito:

> Como se vê, não proponho um método novo, nem peço um consenso unânime sobre esse método. Acredito apenas, em primeiro lugar, que para acelerar a revolução social e fazer exatamente com que o proletariado seja capaz de tirar o proveito desejado, não devemos apenas divulgar aos quatro ventos o governo de si mesmo para si mesmo, mas, sobretudo, demonstrar de forma prática às massas operárias, no âmago de suas próprias instituições, que tal governo é possível, e assim preveni-las, instruindo-as sobre a necessidade da revolução contra as sugestões desgastantes do capitalismo.[126]

Com freqüência falta às classes trabalhadoras o conhecimento e a consciência do próprio mal-estar, na realidade, conhecer as causas que determinam a sua escravidão, entender profundamente contra quem dirigir as suas recriminações e protestos. Para opor-se a tudo isso é indispensável fazer de modo com que a organização sindical e as "Bolsas de Trabalho" forneçam aos trabalhadores os conhecimentos econômicos necessários para dominar os processos de produção e organização libertária da sociedade. Entretanto, os operários não deverão restringir o seu estudo apenas em direção às descobertas científicas ou mecanismos que regem as profissões específicas, mas deverão "englobar o conjunto dos conhecimentos, observar as ligações que os unem, adquirir a capacidade de generalização unicamente capaz de coordenar os inúmeros esforços individuais."[127]

Dedicadas a atender a essas exigências, as "Bolsas de Trabalho", que Fernand Pelloutier particulariza exatamente como lugares centrais, além de servirem para

---

[126] F. PELLOUTIER, "Lettera agli anarchici", In: F. PELLOUTIER, *Lo sciopero generale e l'organizzazione del proletariate*, Catania, Pellicanolibri, pp. 174-175, 1977.

[127] F. PELLOUTIER, "L'enseignement social: le Musée du travail", In: *L'ouvrier des deux mondes*, n. 14, Paris, 1º avril 1898.

276   "A BOA EDUCAÇÃO" – EXPERIÊNCIAS LIBERTÁRIAS E TEORIAS ANARQUISTAS...

a organização sindical, também servem como centros para a formação dos trabalhadores. Todas as "Bolsas de Trabalho" têm como objetivo colaborar para o progresso moral e material dos trabalhadores de ambos os sexos e, portanto, o meio considerado mais idôneo para esse fim é, sem dúvida, aquele de iniciar os próprios trabalhadores nas descobertas da inteligência humana. Essas organizações tornam-se um tipo de Universidade para os mais fracos, os marginais e para aqueles que pertencem às classes mais pobres. Um dos meios empregados pelas "Bolsas de Trabalho", para buscar a emancipação intelectual e material dos trabalhadores, são as bibliotecas ricas em obras que, além das científicas, contemplam também os escritos mais significativos dos economistas, revolucionários, literatos e artistas, que contribuíram significativamente para a emancipação do proletariado. São, portanto, dotadas de uma ampla e eclética gama de propostas de leitura e formação intelectual, que atende, segundo Pelloutier, às exigências de emancipação e formação dos trabalhadores. Um segundo instrumento colocado à disposição é aquele dos "Museus do Trabalho" que possuem o objetivo de "oferecer ao povo o meio de observar por si próprio os fenômenos sociais e tirar deles todo o significado. Ora, qual outro meio é mais oportuno que colocar sob os olhos deles a própria substância da ciência social: os produtos e a sua história?"[128] Esses museus fornecem aos operários um quadro completo dos processos produtivos e estimulam neles as reflexões úteis para possuir os conhecimentos necessários para contrastar o desenvolvimento capitalista da economia.

Um outro meio é constituído pelos gabinetes de informação que possuem o escopo de recolher e catalogar todas as notícias úteis, todas as experiências mais significativas que as várias Bolsas promovem, com fim de fazer circular o maior número de informações, de modo a oferecer aos operários um quadro abrangente de tudo o que as várias estruturas oferecem em termos de trabalho, estudo e organização. Muito útil, destaca ainda Pelloutier, é a publicação de boletins especiais, nos quais são ilustrados e verbalizados as reuniões, as diversas estatísticas sobre cursos profissionais, o movimento sindical etc. Há, enfim, a questão do ensino verdadeiro, a promoção e a organização dos cursos para adultos. A respeito disso, as "Bolsas de Trabalho" moviam-se em duas direções principais: de um lado havia aquelas que eram limitadas à formação profissional, teórica e prática; de outro, aquelas que acrescentaram um ensino mais eclético, englobando os mais diversos conhecimentos. Os financiamentos eram obtidos com a organização de festas e manifestações variadas. O sindicato, por meio da organização das "Bolsas de Trabalho" torna-se, deste modo, tanto um instrumento de luta corporativa como uma forma potencial de prefiguração organizativa federalista da nova sociedade

---

[128] PELLOUTIER, *Storia delle Borse del Lavoro*, pp. 141-142.

ENTRE EDUCAÇÃO E REVOLUÇÃO

a ser fundada, fornecendo, desde já, um novo modelo de vida e difusão dos conhecimentos. Prática trabalhista e formação profissional, militância sindical e teoria revolucionária fundem-se e integram-se reciprocamente, construindo uma única prática e uma única teoria de mudança.

Uma das figuras mais significativas desse movimento, que concilia a luta sindical e a instrução popular, é representada por Albert Thierry (1881-1915) que, em sua breve vida, deixou uma marca interessante a respeito desse assunto.[129] Os escritos pedagógicos de Thierry não são muitos[130], mas ele ocupa por direito um lugar específico na história da educação libertária, tão intimamente ligada à história do movimento operário revolucionário. As suas concepções remetem explicitamente àquele que ele reconhece ser o seu "mestre", ou seja, Proudhon, em particular no que se refere às suas teorias da instrução politécnica e do aprendizado, e aprova e sustenta com vigor a moral dos produtores que preenchem toda a sua produção teórica. Além disso, ele considera Domela Nieuwenhuis, no que concerne especificamente à educação, como um outro referencial em direção ao qual volta às próprias atenções. Ele detesta os programas, a emulação, a disciplina, e é justo supor que, além de Robin, de quem nunca faz menção, ele se inspire, em linhas gerais, em Tolstoi. O ensino torna-se para ele um tipo de realização prática de uma vocação mais profunda e íntima, que o acompanhará sempre pela sua breve vida.

Depois do assassínio de Ferrer, ele colabora na revista *L'École Rénovée* e, não obstante a sua adesão às organizações do sindicalismo revolucionário, mantém sempre uma personalidade original, extremamente complexa, em constante e contínua pesquisa que, apesar de suas relações e amizades, conserva um espírito livre de julgamento, assumindo também posições contrastantes com o neomalthusianismo e destacando os perigos que certas posições ideológicas, como a abstenção do voto, podem tornar-se também alguns verdadeiros dogmas, que erroneamente se adaptam com a sua personalidade permanentemente insatisfeita.[131]

De modo contrário a outros revolucionários libertários, ele enfatiza mais a parte construtiva e positiva da revolução, do que os aspectos românticos da destruição, consciente da necessidade de tempos longos e pacientes nos quais, obviamente, a educação desempenha um papel em primeiro plano. Portanto, a revolução não é um evento catastrófico, mas um fenômeno que dura continuamente. Ele sustenta uma concepção evolucionista da própria revolução, em relação à uma visão

---

[129] Sobre essa figura de militante libertário, consulte: DOMMANGET, *Les grandes socialistes et l'éducation*, Paris, Colin, 1970.

[130] Principais obras e artigos sobre o tema, consulte: "L'Homme en proie aux enfants", In: *Cahiers de la quinzaine*, 7 de novembro de 1909; "Les belles Lectures", In: *Cahiers de la quinzaine*, 28 de outubro de 1947; *Réflexions sur l'Éducation suivies des Nouvelles de Vosves*, Paris, Librairie du Travail, 1923.

[131] DOMMANGET, *Les grands socialistes et l'éducation*, Paris, Colin, pp. 9-12, 1970.

insurrecional, sem, contudo, confiar em nenhum tipo de poder e em reformas de ordem política, mas, defendendo, ao contrário, a mudança radical de tipo social. Assim, de forma coerente, ele não pensa nem mesmo que o professor, do alto de sua cátedra, possa influenciar sobre aquilo que seus alunos farão dez anos depois. Isso porque ele distingue claramente, do ponto de vista da incisividade educativa de tipo revolucionário, a infância da adolescência. É na adolescência que ele fundamenta todas as suas esperanças de um trabalho de formação revolucionária, tanto que a sua pedagogia pode ser definida como a pedagogia da adolescência.[132] Procura sistematizar de modo estrutural as teorias proudhonianas distinguindo a educação em geral daquela profissional, a primária daquela secundária, e, principalmente, a da infância daquela da adolescência, mas também procura dissipar a confusão que pode ocorrer entre técnica do aprendizado e a própria produção. O resultado mais evidente ao qual se chega, nessa obra de esclarecimento, é que a formação primária não é e não pode ser fundamentada no ofício, na produção, no trabalho produtivo e, portanto, nada tem a ver com o sindicalismo. Isso implica que toda a atenção da pedagogia verdadeiramente reformadora deva concentrar-se na instrução secundária. Substancialmente, negligencia, de forma errônea, a importância e a centralidade para o desenvolvimento futuro de uma certa idade do homem, pois a criança é considerada completamente desligada do trabalho e pouco sujeita e sensível à propaganda sindical revolucionária.

Thierry se dá conta, entretanto, que a semente da liberdade deve poder emergir desde já, porque a criança

> é livre na medida em que existe. A criança manifesta-se por si mesma independente do tanto que age sobre as coisas da natureza e sobre movimentos de seu coração. Ela irá procurar, em todo caso, em alguns anos, quando desenvolverá uma profissão, conservar esse impulso, não obstante todo tipo de servidão.[133]

A ação pedagógica do sindicalismo, todavia, é voltada para uma formação e uma tomada de consciência imediata das condições da vida social e, em conseqüência, não pode se permitir o luxo de fantasiar sobre o futuro, mas, antes, tender a uma pronta e improvisada ação educativa, que almeje educar a criança na realidade adjacente, para que ela possa encaminhar-se a uma tomada de consciência de classe e desenvolver uma cultura antagonista.[134]

---

[132] *Ibidem*, p. 15.

[133] A. THIERRY, "L'enseignement primaire", In: *La Vie Ouvrière*, n. 8, Paris, 1912.

[134] A. THIERRY, "Lectures: L'École rénovée et l'action directe en pédagogie", in: *Pages Libres*, n. 440, Paris, 5 de junho de 1909.

ENTRE EDUCAÇÃO E REVOLUÇÃO

Esse é o motivo pelo qual o sindicalista libertário francês apóia-se sobretudo na formação da adolescência, porque deduz que nessa fase do desenvolvimento psicológico há um terreno fértil para semear grandes ideais de transformação e mudança radical. É, em suma, o período da vida em que melhor se pode preparar a formação de um novo modelo antropológico de humanidade. Ademais, ele procura colocar em prática essas convicções no seu trabalho de professor — com honestidade, atenção e consciência verdadeiramente raras — durante nove anos de ensino em uma escola de Melun, onde coleta notas, lembretes, observações e considerações da realidade dessa idade do desenvolvimento, além de ser uma época, primeiros anos do século XIX, na qual não há sobre esse assunto além de uma muito pobre e rara literatura. Ensina alemão[135], francês e moral, para aproximadamente cinqüenta alunos, filhos da pequena burguesia e de camponeses, em idade entre os doze e os dezessete anos. Ele está consciente da passagem que esses jovens estão realizando entre a infância e a adolescência, de um comportamento de brandura a um, ao contrário, de hipocrisia, contudo, com a atenção e o esforço necessários para entender e compreender. Entende, também, que não é possível generalizar muito sobre a idade do adolescente, porque cada um possui um período de amadurecimento e de desenvolvimento diversos, e é necessário ser grato a Thierry por ter destacado essa prudência avaliativa e a variabilidade dessa fase da vida tão mutável e condicionada fortemente pelas situações variadas, como climáticas e raciais, pelas diferenças sexuais e físicas, além daquelas naturalmente psicológicas. Uma idade de confusão e transformação, de desenvolvimento acelerado, paradas prolongadas e retornos, tumultos e paixões intelectuais e sexuais, físicas e espirituais; um tempo em que os jovens e as jovens desejam a grandeza, o heroísmo e no qual toleram fortemente a sua condição social e familiar; um período no qual os próprios semelhantes tornam-se pontos de referência e confronto contínuo.

É uma época na qual o adolescente pode ser direcionado à coragem, ao orgulho, ao sacrifício, em vez de ser direcionado à ambição, à competição, ao arrivismo e à riqueza. De acordo com Thierry, ele tem necessidade de uma forte e sã formação profissional, de respostas claras, desinibidas, que o aproxime sem falsos pudores das experiências da vida, também daquelas sexuais tão relevantes, sem silêncios e reservas e, ao contrário, o jovem recebe respostas abstratas, evasivas, confusas e fora da realidade da vida e das coisas. Em particular, ele insiste na educação sexual — tendo experimentado ele próprio uma forma de condicionamento repressor

---

[135] Demonstra também um conhecimento sobre a situação escolar na Alemanha. De fato, escreve, por exemplo, alguns artigos sobre a escola desse país: A. THIERRY, "Une École Normale Allemande: le *Le Lehurseminar de Weimar*", "L'éducation esthétique en Allemagne et en France", In: *Pages Libres*, Paris, n. 207 (17 de dezembro de 1904) e n. 389 (13 de junho de 1908).

a tal respeito — caracterizada por uma moralidade livre e que seja coerente com a verdadeira vida[136] e, principalmente, que respeite a dignidade e a liberdade da mulher. Naturalmente, isso não é suficiente, e é necessário que seja complementado pela importância da instrução profissional que ele, seguindo os ensinamentos de Proudhon, julga fundamento de uma vasta cultura, de uma formação de classe e de uma educação operária. Como seu mestre, ele insiste em defender uma integração entre trabalho manual e intelectual[137] e em condenar toda oposição entre ciência, trabalho e tecnologia. Todo trabalho exige um período de aprendizado, todo aspecto da cultura está intimamente ligado à experiência: "A cultura desinteressada é o ofício daquele que não a possui."[138] Portanto, trata-se de sustentar uma cultura profissional que não esteja em contraste com os interesses do proletariado, de excluir a vaidade mundana, fixar os conteúdos operários e de classe que deve ter:

> Um único olhar lançado sobre nossa juventude, e veremos que a fraqueza e a inconsistência da educação deles depende daquilo que nós separamos absurdamente. A adolescência rica, a adolescência pobre formam-se isoladas, uma em um colégio, a outra nos laboratórios. A uma delas pretende-se distribuir a ciência sem trabalho, uma alma sem corpo; à outra, o trabalho sem a ciência, um corpo sem alma.[139]

Defender essa causa não significa de fato negar a necessidade de cultivar também uma sensibilidade estética, desde que não seja fruto de uma operação industrial, mas permaneça presa aos interesses e aos temas da genialidade e da consciência dos trabalhadores: "Todas as paixões humanas, para nós, provêm do trabalho e retornam ao trabalho, como as águas do céu e da terra, do mar e no mar. Uma arte operária completará essa educação operária."[140] O último escopo de toda a formação profissional, que una ciência e trabalho, é reunir no homem a plenitude e a totalidade de sua humanidade, destruída pela especialização e pela mecanização: a cidade deve se tornar o lugar no qual pensamento e ação realizem-se de forma coerente e harmônica. Trata-se de oferecer ao adolescente da cidade e do campo uma vasta gama de possibilidades de aprendizado, que contemple precisamente a coesão de uma ciência com um ofício, uma teoria abstrata com a prática

---

[136] A. THIERRY, "Lectures: Pédagogues et Moralistes", in: *Pages Libres*, n. 374, Paris, 29 de fevereiro de 1908.
[137] A. THIERRY, "Nos enfants travaillent", In: *Pages Libres*, n. 360, Paris, 23 de novembro de 1907.
[138] A. THIERRY, "L'école entre la Science et le Travail", In: *La Vie Ouvrière*, n. 69, Paris, 1912.
[139] *Ibidem*.
[140] *Ibidem*.

ENTRE EDUCAÇÃO E REVOLUÇÃO

industrial, a escola com a oficina e a "Bolsa de Trabalho." Desse modo, realiza-se uma unicidade de ensino e uma transversalidade entre as disciplinas, fazendo de modo a tornar a aprendizagem efetivamente interdisciplinar e a oferecer uma visão unitária do saber, em estreita ligação com o movimento sindical, que permanece como referencial político capaz de, em seu julgamento, garantir essa continuidade de cultura e trabalho, e coligar estreitamente os conhecimentos ao contexto social e local no qual devem surgir.[141] Entretanto, ele adverte pontualmente seus interlocutores a propósito da importância de designar ao papel do professor — que nunca deve impor-se como autoridade, mas sempre com respeitabilidade — a administração da classe com a competência, e não com o arbítrio ou a presunção, a pretensão ou a arrogância. Além disso, não deve pensar em poder substituir os dogmas da escola burguesa, instrumento de condicionamento social, por outros dogmas sindicalistas: "Catecismo sindicalista, catecismo burguês, catecismo católico: pouco me importa, é do catecismo mesmo que eu não gosto. Cabe ao homem formar a sua vida interior."[142]

Entretanto, Thierry chega exatamente às conclusões alcançadas pelos professores sindicalistas, reunidos no fim de março de 1911, na "Bolsa de Trabalho" de Angers, em que reconhecem que cabe ao sindicato revolucionário, ao ofício, resumindo, à vida, preparar os trabalhadores conscientes, os sindicalistas dignos e conscientes, mesmo quando declaram possível a adaptação da educação moral e cívica às necessidades da classe operária, pensando a escola como uma verdadeira preparação para a vida. Trata-se, então, de preparar a mentalidade radical por meio da cultura do trabalho:

> Reconheço aqui o meu fundamento, enfim saúdo, neste sindicalismo, o meu sindicalismo: um trabalho, uma moral, uma filosofia revolucionária (...). A sociedade futura compõe-se de agrupamentos autônomos e federados de trabalhadores, e é no presente que os sindicatos operários fundamentam a sociedade futura. O meio da revolução é o seu fim: do mesmo modo que o meio da perfeição moral é a virtude positiva.[143]

Na realidade, ele sustenta que se o trabalho for verdadeiramente aquilo que há de mais importante e de maior no mundo, não será a educação que mudará o trabalho, mas o trabalho que revolucionará a educação.

---

[141] *Ibidem.* Consulte também o mesmo artigo para verificar a descrição minuciosa de vários tipos de aprendizado.
[142] A. THIERRY, "L'École et la Révolution", In: *La Vie Ouvrière*, n. 61, Paris, 1912.
[143] *Ibidem.*

Sendo assim, assistimos a inversão da concepção educacionista clássica, no sentido em que a educação não é mais considerada um artifício para a mudança social, mas é o trabalho e no trabalho que se realiza a verdadeira formação antagonista: o meio torna-se o fim. Uma formação será verdadeiramente sindicalista quando realizar duas obras: em primeiro lugar, quando emancipar as crianças por meio da produção e, em segundo, quando adaptar os programas e os métodos de ensino às necessidades das classes trabalhadoras. A própria escola pode participar dessa tentativa. A partir do momento em que educação, de modo contrário à pedagogia abstrata e burguesa, imergir-se profundamente no mundo da produção do trabalho, ocorrerá menos a sua passividade e poderá reclamar um papel ativo no trabalho de civilização geral.

A educação e as instituições escolares tradicionais servem apenas para difundir nas mentes jovens e em toda a sociedade alguns símbolos, algumas aparências, um imaginário fundamentado na abstração que se ocupa de submeter as mentes a um projeto social bem preciso. É necessário "substituir o trabalho intelectual por aquele manual, a abstração pela sensação, a frieza da leitura pelo passeio, a classe pela oficina"[144], em suma, reunir a existência econômica dos homens àquela escolar das crianças; esse é o princípio que Thierry sustenta. Naturalmente, essa formação sindicalista é voltada ao período da adolescência, não podendo de maneira nenhuma conceber essa abordagem em uma idade infantil, na qual o fazer, o operar e o ativismo não devem ser confundidos com o trabalho produtivo. Dessa forma, a escola da infância não tende à formação revolucionária, mas ao desenvolvimento das faculdades individuais; enquanto a secundária deve assumir características mais específicas de força para a mudança radical da sociedade. Aquela da infância, então, insere-se em um indivíduo portador de múltiplos conhecimentos que já se formaram anteriormente; assim, seu escopo é aquele de dar a esses conhecimentos a ordem e a coerência lógica e promover os demais: mais que preparar o futuro, deve-se sistematizar o passado e o presente; deve-se dar aos jovens os instrumentos para que possam, então, compreender a realidade que os circunda e possivelmente determiná-la e não suportá-la. O adolescente, ao contrário, possui antes de mais nada "uma necessidade de uma educação sexual que nunca lhe foi dada, e de uma educação profissional que lhe foi muito mal dada (...). A educação serve para poupar as experiências."[145]

Mas, segundo Thierry, o principal escopo do homem livre na sociedade atual é aquele de "recusar-se em aparecer", que não quer dizer recusa de agir nem de viver; é a recusa de viver e de agir para si e ter como único fim a si mesmo. Significa

---

[144] A. THIERRY, "Principe d'une éducation syndicaliste", In: *La Vie Ouvrière*, n. 63, Paris, 1912.
[145] A. THIERRY, "L'École et l'Individu", In: *La Vie Ouvrière*, n. 65, Paris, 1912.

ENTRE EDUCAÇÃO E REVOLUÇÃO

permanecer fiel ao proletariado, reprimir na fonte um egoísmo ávido e cruel. Na educação pretende-se recorrer ao orgulho e o amor próprio, para contrastar com a lógica da competição e da seleção. Uma moral fundamentada nesse princípio faz de todo ser humano um indivíduo feliz por alegrar-se, ansioso para ajudar, preocupado com o próprio trabalho, desinteressado de si mesmo, digno do amor. Cada um por meio da recusa de reconhecer a aparência, o poder e o sucesso pessoal, pode realizar-se plenamente e contribuir, com o exemplo, para modificar toda a sociedade. Para ele, a infância é uma condição específica da vida, a criança não é um homem pequeno, mas um ser particular, único, específico: disso deriva a necessidade de todo professor de possuir um estudo aprofundado, paciente e humilde sobre esse período do desenvolvimento psicológico, e também de se libertar dos programas preestabelecidos e de toda forma de autoridade. O professor se fará amar tanto quanto amará seus alunos, e Thierry, em sua vida de professor e educador, carrega toda a sua personalidade nas relações com os jovens[146], revelando a própria intimidade e a si próprio no trabalho cotidiano, todo o seu ser e a sua existência feita de contradições e ímpetos emotivos, de razões e crítica, de pensamento divergente e criativo.

Todos esses temas são retomados também no congresso anarquista de Amsterdã, exatamente no debate central sobre sindicalismo.[147] Em particular, na sétima reunião de quarta-feira, 28 de agosto de 1907, um delegado americano, Max Baginsky, dirige uma impiedosa crítica às funções ideológicas e de classe que a escola estatal desenvolve: "A escola pública! As universidades e as outras instituições escolares não são, talvez, modelos de organização que oferecem às pessoas boa possibilidade de instrução? Longe de tudo isso, a escola, mais que qualquer outra instituição, é um verdadeiro quartel, onde a mente humana é adestrada e manipulada para sujeitar-se a vários fantasmas sociais e morais, e, assim, essa permanece capaz de continuar o nosso sistema de exploração e opressão."[148] Mas é exatamente na última reunião de 31 de agosto que é lido um relatório de Léon Clément, delegado francês, sobre o ponto da ordem do dia "A educação integral da criança", que contém a proposta de criação de uma realidade escolar modelo em todo centro operário, sob o patrocínio dos sindicatos revolucionários. Ele constata como, graças à ação sindical revolucionária, os proletários estudam sempre mais e de modo mais aprofundado os problemas econômicos da sociedade, e todo trabalhador

---

[146] A. THIERRY, "Nos enfants parlent", In: *Pages Libres*, n. 329, Paris, 20 de abril de 1907; Idem, "Quelques enfants", In: *Pages Libres*, n. 347, Paris, 24 de agosto de 1907.

[147] M. ANTONIOLI (Org.), *Dibattito sul sindacalismo. Atti del Congresso Internazionale anarchico di Amsterdam (1907)*, Florença, CP editrice, 1978.

[148] *Ibidem*, p. 107.

284   "A BOA EDUCAÇÃO" – EXPERIÊNCIAS LIBERTÁRIAS E TEORIAS ANARQUISTAS...

toma, pouco a pouco, mais consciência do fato de que a sua emancipação completa está subordinada ao seu desenvolvimento moral e intelectual: "Repugnado pela política de todo tipo de delegado, sabe que possui uma responsabilidade que o leva fatalmente a pesquisar, estudar os melhores meios, aqueles que não criam novas desilusões. O sindicato é um desses meios, porque é, de certo modo, uma escola de organização e ação direta."[149] Configura-se cada vez mais importante a mudança da cultura e da mentalidade e, portanto, cada vez mais decisiva revela-se a ação educativa e de instrução popular para conseguir uma mudança verdadeira e irreversível. Quem pode se ocupar de uma educação consistente para desenvolver no ser humano todo o seu verdadeiro potencial de inteligência e iniciativa senão a organização sindical dos trabalhadores, em oposição decisiva à ação do Estado e da Igreja, que se movem na direção oposta, ou seja, aquela do doutrinamento e da subordinação. Segundo Clément, a educação dos adultos, ainda que necessária e importante também para os resultados positivos que já se conseguiu é, entretanto, insuficiente para preparar uma nova cultura antagonista. É necessário dirigir os esforços e investir recursos onde a educação e a formação possuem seguramente um espaço de modificação libertária, ou seja, entre as crianças. É chegado o momento de empenhar-se para realizar uma idéia clara: a instrução integral das crianças mediada pelos sindicatos para poder isentar a mente de todos os pequeninos da influência abominável do Estado e da Igreja, os quais possuem todo o interesse de conservar o estado de coisas existentes. Essa idéia se concretiza em uma educação que deverá ser absolutamente científica, experimental, concreta:

> Não se trata de incutir absolutamente na criança alguns preceitos sociais, e devem ser evitadas, em geral, todas as noções abstratas, incompreensíveis para ela. Certamente não se contribui para o seu aperfeiçoamento, repetindo-lhe afirmações filosóficas ou sociológicas; o que é necessário é estimular a sua inteligência para que nada lhe pareça obscuro; é obter dela o máximo de franqueza e compreensão porque, uma vez crescida, será estimulada pelas inquietudes de realizar todas as idéias generosas. No meu ponto de vista, sou absolutamente contrário à pretensão daqueles companheiros que se iludem em fazer nascer uma consciência revolucionária nas crianças fazendo-as recitar frases que não entendem; nada vibra em seus pequenos corações, repetem algumas palavras com ênfase, copiam os gestos, assumem comportamentos preestabelecidos e tudo isso possui como resultado determinar nelas o hábito pela hipocrisia e o amor pela histrionice.[150]

---

[149] *Ibidem*, p. 155.
[150] *Ibidem*, p. 158.

ENTRE EDUCAÇÃO E REVOLUÇÃO 285

Com inteligência e sensibilidade educativa ele continua afirmando que, com a ajuda da ciência moderna, é necessário fazer de modo a usar tudo aquilo que pode servir para estimular a inteligência das crianças, além disso, destaca que são os métodos que devem ser subordinados à compreensão do aluno, e não a mente dessas crianças disciplinada para suportar a aplicação rigorosa de um método. É necessário constatar que na relação educativa não pode existir completa neutralidade, mesmo que todo libertário verdadeiro possivelmente se esforce para ser cientificamente neutro, evitando, contudo, a pobreza e a frieza da relação: "O fato de colocar juntos o educador e o aluno constitui para este último uma influência real na direção determinada do próprio modo de explicar, comentar, apresentar a experiência mais concreta. Existe fatalmente uma tendência para alcançar o resultado desejado pelo professor."[151] Mas, adverte Clemént, essas conseqüências são muito diferentes daquelas desejadas, sistemáticas, autoritárias, do professor que obedece a um programa do Estado. O escopo do educador não está em conquistar uma mente para uma causa de idéia filosófica qualquer, mas favorecer o seu desenvolvimento natural espontâneo, de modo que seja capaz de adquirir por si, em toda a sua originalidade, a idéia que melhor lhe parecerá. A criança não deve ser absolutamente isolada da vida social, e deverá tomar uma parte ativa no processo de transformação social. É necessário alertá-la sobre os males representados pelos exploradores e pelos governantes. Os educadores sindicalistas devem dizer a verdade aos jovens, a fim de que, então, estes não se encontrem tendo de viver em um mundo desconhecido que lhes proporcionará sofrimento. Não se deve pretender formar um ser isolado bom e verdadeiro, mas inserido nos problemas da sociedade e portador de uma nova humanidade feita de pensamento e ação. Como se vê, não falta uma certa contradição entre a idéia de formar um novo ser humano e, ao mesmo tempo, afirmar a negatividade de toda influência. Clément procura supérar essa dicotomia fazendo coincidir novo e livre, partindo do pressuposto de que não pode haver liberdade sem uma nova sociedade e, portanto, sem outros valores e outras sensibilidades. A preparação deve completar-se com a experiência profissional e com uma educação técnica, capaz de garantir a formação de um operário consciente e responsável, protagonista ativo do próprio destino.

As várias experiências de escolas libertárias são consideradas interessantes, mas isoladas e improdutivas. Clément contrapõe a estas a idéia de fundar escolas no âmbito sindical, uma vez que "o sindicato é uma estrutura que não pode desaparecer porque se tornou uma necessidade social, não pode senão desenvolver-se seja sob a ótica da importância ou da quantidade."[152] Em suma, é o sindicato que

---

[151] *Ibidem*, pp. 158-159.
[152] *Ibidem*, p. 160.

286 "A BOA EDUCAÇÃO" – EXPERIÊNCIAS LIBERTÁRIAS E TEORIAS ANARQUISTAS...

oferece, na perspectiva anarco-sindicalista, o espaço e a ocasião aos trabalhadores de tomar consciência de sua condição e, ao mesmo tempo, de sua potencialidade de emancipação integral.[153] Essas concepções são comuns a numerosas organizações anarco-sindicalistas, e caracterizam a ação dos libertários no âmago do movimento operário internacional: organização, reivindicação, formação das classes menos favorecidas.[154] A ação dos militantes é voltada também para a propaganda específica, além de dirigida à organização do protesto dos trabalhadores, às reivindicações salariais e por melhores condições de trabalho. Nos períodos de estagnação do movimento revolucionário, de modo particular, esses também se concentram em direcionar seus esforços para uma formação cultural e revolucionária dos operários que estão excluídos dos centros de instrução e desenvolvimento intelectual. As publicações, revistas, jornais, boletins, opúsculos, livros, produtos de diversas entidades libertárias e científicas e os avisos colocados em circulação para desenvolver a cultura e a instrução popular correspondem a essa lógica. Um exemplo típico disso pode ser encontrado na carta de apresentação da revista *La vie ouvrière* (Paris) com evidente inspiração sindical, em que, no primeiro número de 5 de outubro de 1909, assinada por Pierre Monatte (1881-1960)[155], lê-se:

> *La Vie ouvrière* será uma revista de ação (...). Desejamos que ela seja útil aos militantes no decorrer de suas lutas, que forneça a eles os materiais utilizáveis nas batalhas e na propaganda, de modo que a ação se propague em intensidade e extensão. Desejamos que ela ajude aqueles que ainda não estão unidos para entender bem o ambiente econômico e político atual, auxiliando os seus esforços de pesquisa. Não possuímos nenhum catecismo e nenhum sermão para oferecer. Não acreditamos tampouco na onipotência da educação, uma vez que acreditamos que a verdadeira educadora é a ação.[156]

---

[153] J. PRAT, *El sindicalismo*, Paris, Ed. de El Combate Sindicalista, 1974. Consulte particularmente: p. 20 e pp. 26-27.

[154] É interessante ver como essas idéias são próprias dos sindicatos revolucionários de inspiração libertária, mesmo fora da Europa, como nos Estados Unidos e na Argentina (V. ST. JOHN, *L'I.W.W. La sua storia, struttura e metodi*, Brooklyn, s. d.; R. MUSTO, *Gli I.W.W. e il movimento operaio americano*, Napoli, Thélème, 1975; P. RENSHAW, *Il sindacalismo rivoluzionario negli Stati Uniti*, Bari, Laterza, 1970; L. PORTIS, *IWW et syndicalisme révolutionnaire aux Etats-Unis*, Paris, Spartacus, 1985; W. D. HAYWOOD, *Big Bill*, Roma, Manifesto libri, 2004; D. ABAD DE SANTILLAN, *La F.O.R.A. Storia del movimento operaio rivoluzionario in Argentina*, Livorno, L'Impulso, 1979); D. GUÉRIN, *Il movimento operaio negli Stati Uniti*, Roma, Ed. Riuniti, 1975.

[155] Sobre Pierre Monatte, consulte: MAITRON, *Le mouvement anarchiste en France*, ad nomem; P. MONATTE, *La lotta sindacale*, Milão, Jaca Book, 1978; C. CHAMBELLAND, *Pierre Monatte, une autre voix syndicaliste*, Paris, Editions Ouvrières, 1989.

[156] P. MONATTE, *La lotta sindacale*, pp. 65-66. Sobre essa revista, consulte o capítulo V do mesmo livro (pp. 65-132).

ENTRE EDUCAÇÃO E REVOLUÇÃO

Monatte escreve essas reflexões, chamando novamente a centralidade da ação, em um momento de retrocesso e de amarga constatação de que as iniciativas das "Bolsas de Trabalho", as Universidades Populares e as demais iniciativas de instrução popular estão exaurindo um certo impulso propulsivo e inovador. Essa nova chamada à ação, à execução insere-se em uma constante do sindicalismo, por sua natureza dedicado a conseguir as vantagens imediatas e, mesmo que revolucionário, sempre e de qualquer modo, atento para não pensar sobre longos tempos na formação dos militantes. A ação torna-se, portanto, o exercício ideal para uma formação "no campo" do militante e o mais possível das massas proletárias.

As mesmas convicções podem ser encontradas no pensamento de um italiano, Alberto Meschi[157], que considera uma paródia dedicar-se em organizar "escolas modernas" sobre o exemplo de Ferrer. Considera mais produtivo agir de modo concreto e com efeitos imediatos, trabalhando sobre a realidade cotidiana das relações dos casais, lançando-se em uma crítica atenta e precisa para com os revolucionários masculinos que freqüentemente não favorecem a emancipação da mulher, designando-as para funções subalternas e de submissão:

> Parece-me indispensável, antes de falar de escola moderna, conquistar a família, arrancar, mediante um trabalho ativo e paciente, as nossas companheiras daquele antro de corrupção que é a igreja, eliminar das mentes de nossos caros a idéia de Deus, no qual nem mesmo os padres acreditam, convencer as nossas mulheres da inexistência da vida após a morte, ensiná-las a amar a vida terrena, proporcionando todas as alegrias, os prazeres possíveis.[158]

A teoria sindicalista libertária, em relação aos temas da educação e da cultura proletária, tem coligada essas problemáticas à uma necessidade específica de praticidade e desejabilidade em tempos reduzidos, sem perseguir projetos que pareçam, a seus olhos, pouco passíveis de serem atingidos e, sobretudo, elitistas. A ciência e a técnica, a posse e o conhecimento preciso delas, é um dos objetivos específicos que a cultura dos anarco-sindicalistas considera relevante para a sua ação. É importante que os técnicos, aqueles que possuem alguns conhecimentos específicos e científicos, de modo particular, estejam envolvidos na organização sindical e coloquem à disposição dos trabalhadores o seu saber. Tudo isso não é decerto algo simples, mas representa o objetivo relevante para toda organização revolucionária.

---

[157] Sobre Alberto Meschi, consulte: H. ROLLAND, *Il sindacalismo anarchico di Alberto Meschi*, Florença, La Nuova Italia, 1972; M. GIORGI, *Alberto Meschi e la Camera del Lavoro di Carrara (1911-1915)*, Carrara, 1998; VÁRIOS, *Convegno di studi sul sindacalismo libertario di Alberto Meschi*, Carrara, 1993; A. MESCHI, *Dove va la confederazione generale del lavoro?*, Turim, 1948.

[158] A. MESCHI em *Il Libertario*, Spezia, 1º de setembro de 1910.

Essa posição é sustentada por Pierre Besnard (1886-1954)[159], que declara explicitamente que "os obstáculos com os quais se deparará serão de duas ordens: psicológicos e materiais. Provirão também de duas partes: dos operários e dos técnicos."[160] É necessário formar, tanto de uma parte quanto de outra, uma nova mentalidade, libertando as mentes dos condicionamentos da sociedade capitalista, e somente a concepção exata de classe pode permitir, tanto nos trabalhadores manuais quanto naqueles intelectuais, a vitória sobre as dificuldades de todos os gêneros. Apenas a aceitação e a consciência de pertencer à classe operária e de possuir alguns interesses distintos daquela burguesa pode permitir tudo isso. Para Besnard, a classe média não existe, não compreendendo nisso a evolução futura da sociedade burguesa e assumindo — não obstante algo difuso entre esses militantes — uma certa concepção marxista da divisão em classes. De acordo com Besnard, todos esses trabalhadores possuem um interesse comum, que supera as aparentes diferenças impostas apesar da sociedade, isto é, aquele da libertação do trabalho assalariado e da construção de uma nova forma de sociedade.[161] Esse novo mundo é representado pelo próprio revolucionário francês de modo geral, e o tema da educação e do tempo livre ocupam um lugar de atenção.

A educação, aos seus olhos, não é suficiente para libertar os seres humanos se não for acompanhada pelo fornecimento aos indivíduos de meios necessários para aproveitar plenamente o seu tempo liberado das várias formas de escravidão e opressão. Ele faz suas as idéias de James Guillaume, acrescentando poucos comentários. Em particular, destaca a importância de que a educação da criança "compreenda uma parte reservada ao estudo do problema sexual, que o ensino integre entre eles, os jovens e as jovens, a fim de que não sejam mais homens e mulheres, mas seres perfeitamente iguais destinados a associar-se, a lutar e a trabalhar juntos em tarefas comuns."[162] Desse modo, segundo Besnard, um dos problemas vitais da revolução, isto é, a formação de novas gerações para tornar estáveis as conquistas de mudança social, estará resolvido. No que se refere ao tempo livre, ele especifica que não pretende, absolutamente, codificar a isso um modelo específico, mas significa apenas "constituir os agrupamentos, as associações, os clubes etc, onde as pessoas se reunirão por afinidade e segundo seus gostos."[163] Essa libertação do trabalho escravizado pelo capital possui como conseqüência a

---

[159] J. MAITRON, *Dictionnaire biographique du mouvement ouvrier français*, Paris, Les Editions Ouvrières, 1976.

[160] P. BESNARD, *Les syndicats ouvriers et la révolution sociale* (1930), Paris, Reprint Carrara, p. 259, 1978.

[161] *Ibidem*, pp. 257-267.

[162] P. BESNARD, *Il mondo nuovo* (1936), Catania, Anarchismo, p. 81, 1977.

[163] *Ibidem*, p. 81.

ENTRE EDUCAÇÃO E REVOLUÇÃO

mesma libertação de todas as formas artísticas e científicas, uma vez que "uma revolução que não facilite o desenvolvimento delas com todas as suas forças, não será senão um fracasso."[164]

O pensamento, a arte e a ciência devem poder tomar o impulso fecundo, libertar-se de toda forma de mercantilismo e escravidão, e a educação deve levar em conta esse aspecto fundamental da personalidade humana e favorecer o seu desenvolvimento livre e completo:

> Deixemos aos artistas e aos estudiosos, como a outros trabalhadores, a organização de suas atividades (...). Deixemos-lhes também estabelecer entre si as relações que consideram necessárias. Que os Departamentos das Artes e das Ciências, nos diversos níveis, sejam os promotores de um potente movimento, de um verdadeiro e ansiado Renascimento, e os revolucionários terão atingido, nesse como nos outros campos, o seu objetivo.[165]

Em Besnard, como em Kropotkin, evidencia-se uma dimensão estética na atividade educativa, que se mostra extremamente atual e importante no quadro de uma moderna concepção do desenvolvimento integral e harmônico da personalidade de todo o indivíduo, e suas concepções anarco-sindicalistas compreendem também os projetos de "propaganda e educação; de estudo e popularização social."[166]

---

[164] *Ibidem*, p. 88.
[165] *Ibidem*, pp. 88-89.
[166] P. BESNARD, *Anarcho-syndicalisme et anarchisme* (1937), Paris, p. 12, 1963.

10. INDIVIDUALISMO E EDUCAÇÃO

1. Premissa

Se a educação assume para os anarquistas em geral um lugar relevante em sua estratégia de mudança, para os individualistas e os antiorganizadores,[1] esta, e sobretudo o testemunho, ocupam um espaço insubstituível. Em todos os pensadores libertários que fundamentaram a sua causa na afirmação do indivíduo, único e não-repetível, pode-se encontrar uma dimensão pedagógica ligada mais ao próprio indivíduo específico do que teorizada como uma dimensão social da ação humana. Uma vez que se mostra quase impossível analisar o pensamento de numerosos anarco-individualistas e sintetizar resumidamente as várias "essências" desse componente histórico da tradição libertária[2], a escolha recai, de modo prevalente, sobre aquele que produziu com maior intensidade algumas reflexões e provavelmente assinalou e alimentou essa história: Ernest L. Juin, pseudônimo de E. Armand.

Todavia, em primeiro lugar, é indispensável recordar que é sobretudo na história social dos Estados Unidos que se pode bem verificar um componente individualista autóctone que, por meio da radicalização dos conceitos de liberalismo, define as características do pensamento anarco-individualista.[3]

---

[1] Sobre o pensamento e os principais anarco-individualistas italianos em geral, consulte: NETTLAU, Bibliographie de l'anarchie, pp. 6-16; ARVON, L'anarchismo. Além disso, consulte o artigo: "Individu, Individualisme", In: L'Encyclopédie Anarchiste, Paris, Tomo segundo, pp. 981-1009, 1926-1934.

[2] Para uma panorâmica histórica sobre o anarco-individualismo italiano, consulte: M. ANTONIOLI, "L'individualismo anarchico", In: P. C. MASINI, M. ANTONIOLI, Il sol dell'avvenire, Pisa, BFS, pp. 55-84, 1999.

[3] R. CREAGH, Histoire de l'anarchisme aux Etas-Unis d'Amérique (1826-1886), Grenoble, La Pensée Sauvage, 1981; NETTLAU, Breve storia dell'anarchismo, pp. 34-46; A. DONNO (Org.), America

Em particular, é com o pensamento de Benjamin R. Tucker[4] que ocorre uma forte reivindicação da completa e absoluta soberania do indivíduo que, livre de todo o vínculo e entregue a si mesmo, procurará naturalmente a convergência de outras autonomias individuais e fundará uma sociedade verdadeiramente harmônica. A liberdade individual passa pela negação absoluta do Estado e, dessa forma, as teorias socialistas que se fundamentam na estatização de toda a vida e também da educação não são sustentáveis:

> Os socialistas estatais podem afirmar ou negar qualquer coisa, o seu sistema, se adotado, está destinado a levar (...) a um sistema educativo de Estado que suprimirá todas as escolas, as academias e as universidades privadas; a uma pré-escola de Estado, na qual as crianças deverão ser educadas em comum à custa pública e, enfim, a uma família de Estado que tentará selecionar a etnia e procriar cientificamente.[5]

Esta é, do anarquismo autóctone da América do Norte, uma tradição interessante que, partindo das condições e histórias culturais diferentes daquelas européias, explicita de modo verdadeiramente pleno o pluralismo do movimento libertário. Pouco conhecida na Itália[6], mereceria um estudo aprofundado que aqui não é possível explicitar. O individualismo americano, que podemos definir "puro", corresponde a uma visão que envolve a inteira e completa concepção da vida, não apenas a dimensão filosófica e política, mas também aquela econômica. Esse individualismo está permeado por um forte espírito pragmático e empírico segundo as tradições anglo-saxônicas e liberais, e a sua pouca capacidade de penetração na Europa é em virtude, essencialmente, da existência de uma outra tradição revolucionária mais ligada às histórias e aos personagens da emigração européia, os quais se unem principalmente aos militantes e às práticas dos anarquistas do velho continente.

Anarchica, Manduria, Lacaita, 1990; A. DONNO, A. R. GUERRIERI, G. JURLANO, *La sovranità dell'individuo*, Manduria, Lacaita, 1987; R. ROCKER, *Pionieri della libertà*, Milão, Antistato, 1982; A. DONNO, "Anarchismo e tradizione politica americana negli Stati Uniti dell'Ottocento", In: *Rivista storica dell'anarchismo*, a. I, n. 1, Pisa, janeiro-junho de 1994.

[4] BERTI, *Il pensiero anarchico. Dal Settecento al Novecento*, Manduria, Lacaita, pp. 731-762, 1998; E. ZOCCOLI, *L'anarchia*, Milão, F.lli Bocca, pp. 216-230, 1907.

[5] B. R. TUCKER, *State, Socialism and Anarchism*, citado por: R. ROCKER, *Pionieri della libertà*, Molano, Antistato, p. 138, 1982. Consulte também: B. R. TUCKER, *Ce que sont les individualistes anarchistes. La liberté individuelle*, Orléans, Ed. de l'en dehors, s. d.; Idem, *Individual Liberty: Selections from the Writings of B. R. Tucker*, New York, Vanguard Press, 1926.

[6] Com exceção de alguns estudos publicados no *Bollettino dell'Archivio Pinelli di Milano* e alguns títulos referentes, entretanto, a autores do século XX, da editora Elèuthera ainda de Milão.

INDIVIDUALISMO E EDUCAÇÃO   293

2. O individualismo europeu

Na Europa, ao contrário, o anarco-individualismo encontra o seu fundamento em um "ambiente favorável" cultural mais variado, mesclado, que parte do iluminismo e encontra a primeira e verdadeira manifestação em um escrito de Anselme Bellegarrigue, de 1850[7], que, retomando os motivos da busca da felicidade e do prazer típicos da cultura norte-americana, afirma com vigor a necessidade de uma verdadeira e profunda apropriação de si mesmo, por parte de todo indivíduo, por meio da afirmação da própria identidade e de uma luta contra todas as supremacias. Trata-se da recusa de toda a alienação política e econômica do indivíduo e da afirmação da ética do prazer como o verdadeiro sentido a se dar ao destino do homem. Naturalmente, também o pensamento de Stirner e, por certos traços, alguns temas filosóficos de Nietzsche, constituem esse pano de fundo cultural no qual prosperam e desenvolvem-se as concepções individualistas. Um dos primeiros a introduzir o pensamento do filósofo alemão do "super-homem" em terras francesas, foi um individualista libertário francês, George Palante (1862-1925).[8]

Ele sustenta que enquanto há uma desigualdade entre as classes que pode ser eliminada, aquela entre os indivíduos é ineliminável. Em nome dessa convicção, que une liberdade e diversidade, ele rejeita toda forma de socialismo que não coincida também com o individualismo e que sacrifique a qualquer dogma imóvel — por meio de várias formas de oposição — a vontade individual.[9] Palante distingue duas formas de influência educativa que podem agir sobre o indivíduo. Uma consiste na pressão contínua, involuntária, inconsciente, quase mecânica, que o ambiente social exerce sobre cada homem. Essa pressão é constituída pelo conjunto de costumes, usos, exemplos, prejulgamentos etc. e determina, para a consciência individual, "uma espécie de atmosfera moral que, sem que se saiba, impregna uma espécie de sugestão latente, inconsciente, que se exerce sem nenhum partido tomado e fora de toda teoria, tanto por parte de quem a exerce quanto por parte de quem a sofre."[10] A outra, ocorre quando a educação torna-se uma ação sistemática, desejada, deliberada, exercida por qualquer um sobre qualquer outro: "A educação é, nesse caso, uma disciplina consciente, uma preparação intelectual e moral,

---

[7] A. BELLEGARIGUE, *Manifesto*, Ivrea, Altamurgia editore, 1975. Sobre o autor, consulte: M. NETTLAU, *Der Vorfruehling der Anarchie*, Berlim, 1925; Idem, *Breve storia dell'anarchismo*, pp. 73-74.

[8] Sobre esse personagm, consulte: M. ONFRAY, "Préface et notes", in: G. PALANTE, *Combat pour l'individu*, Romillé, Editions Folk Avoine, 1989.

[9] G. PALANTE, *Compendio di sociologia*, Milão, Casa Editrice Sociale, 1921, p. 254.

[10] G. PALANTE, *La lotta per l'individuo*, Milão, Casa Editrice Sociale, 1923, p. 168.

294 "A BOA EDUCAÇÃO" – EXPERIÊNCIAS LIBERTÁRIAS E TEORIAS ANARQUISTAS...

subordinada a certos fins coletivos bem definidos que se ocupa de realizar, e a um certo ideal social e moral que se ocupa de fazer triunfar.[11]

Isso pressupõe, portanto, um plano bem definido, um programa detalhado, um sistema de ensino, e isso, segundo Palante, possui alguma coisa de imperativo, autoritário, uma vez que implica que haja uma diferença decisiva e clara entre quem necessita ser justo e adestrado e aquele que se arroga o direito de guiar e de produzir os "pastores do rebanho humano."[12] Em toda forma de educação há em sua base, segundo esse pensador individualista, um princípio de sugestão e de ilusionismo, mediante os quais todo educador sobrepõe à personalidade inata do indivíduo uma personalidade fictícia, mais ou menos em harmonia com o desejo vital do grupo. Esse novo "eu" adquirido oprime e aniquila aquele "eu" real e individual. Não pode haver nenhum poder moral, social e científico, ao qual se possa atribuir a faculdade de aprisionar e condicionar tudo aquilo que, ao contrário, é por natureza, fluente, móvel em toda individualidade: "Portanto, não se deve esquecer o caráter obscuro e incomunicável da verdade estética e moral. Nesse campo estético e moral é verdadeiro apenas, para o indivíduo, que ele esteja de acordo com a própria fisiologia. O restante é falso, não ocorrido, temporário, artificial."[13]

Como se pode entender aqui, é evidente que para os individualistas não tem sentido falar de concepção ambientalista da educação, pois todo o indivíduo já é aquele que será em seu futuro, e a sua diversidade não pode senão ser deixada crescer e desenvolver-se. De fato, a própria influência da educação sobre o indivíduo não poderá nunca atingir profundamente o íntimo do ser, no máximo pode comunicar-lhe algumas noções e alguns preceitos abstratos. Mas as combinações originais de tais noções, o seu entrelaçamento segundo modalidades novas e diversas, depende exclusivamente da espontaneidade da inteligência individual. Palante escreve a esse propósito:

> A educação pode nos ensinar a raciocinar corretamente e a encontrar alguns resultados das premissas dadas. Mas o seu poder pára por aí. Não é a educação que nos fornece as premissas iniciais, sensíveis, ativas e vivas de nossos práticos silogismos. Essas premissas emanam do íntimo profundo da nossa individualidade. Foram dadas a nós por uma intuição absolutamente individual. E acrescentamos que a intuição é incomunicável.[14]

---

[11] *Ibidem*, pp. 168-169.
[12] *Ibidem*, p. 169.
[13] *Ibidem*, p. 180.
[14] *Ibidem*, p. 180.

INDIVIDUALISMO E EDUCAÇÃO   295

Portanto, o pressuposto sobre qual se fundamenta a concepção educacionista é substancialmente errado. É errado considerar que a razão, que seria o fundamento do ser humano, é idêntica em todos, pelo menos em sua essência, e portanto é em todos passível de ser educada e aperfeiçoada. Não se trataria senão de desenvolvê-la e instruí-la para formar homens morais e inteligentes. Mas, na verdade, é a sensibilidade individualista que constitui o fulcro vital do ser vivo. Nenhuma forma de educação pode dissolver os fundamentos dessa sensibilidade substituindo-a ou modificando-a radicalmente; somente em parte, a experiência da vida, porque fala diretamente à própria sensibilidade. A solução para o problema do homem está na própria individualidade, e não fora dela. Todo indivíduo se orientará, enfim, pela parte para qual a sua tendência original o leva:

> Muito melhor para a educação intelectual se os seus preceitos encontram-se em harmonia com o desejo de viver fundamental do indivíduo. Nesse caso, essa poderá agir em uma certa medida para acentuar e reforçar as tendências do desejo de viver individual. Caso contrário, ela terá apenas uma influência insignificante, tanto mais se terá de fazer com alguns caracteres mais fortemente individualizados pela sua fisiologia e pela sua herança.[15]

Com essas premissas, mostra-se evidente que a educação ocorre somente como autodesenvolvimento, como auto-realização e que, assim, toda teoria educacionista não pode conciliar-se com a liberdade. O anarco-individualismo, destacando de modo radical a importância e o caráter absoluto da individualidade, não pode senão admitir o livre encontro entre diversidades. A sociedade, então, não pode possuir nenhum direito de formar os indivíduos, e toda a concepção educativa revela seu verdadeiro escopo que é aquele de estender, até os últimos limites, os poderes da sociedade sobre o indivíduo. O educacionismo levanta o problema da antinomia entre indivíduo e coletividade, e esse é por sua natureza dogmático, porque afirma implicitamente a existência de uma verdade intelectual e moral, teórica e prática, porque se considera em poder dessa verdade e arroga-se o direito de insinuá-la nos espíritos ignorantes ou desorientados e nas vontades rebeldes. Essa concepção pressupõe que seja a ignorância que determine a injustiça e a miséria, e que uma vez removida, a nova sociedade realizar-se-á, e uma educação universalizada, instituindo a igualdade social, poderá anular as desigualdades naturais. A verdadeira natureza do educacionismo é, portanto, de caráter político:

> A antinomia entre esses dois termos: individualidade e espontaneidade de um lado; ensino e conformismo de outro, permanece irredutível. Essa antinomia

---

[15] *Ibidem*, p. 174.

ressalta totalmente a sua luz a respeito do problema da Educação. Do ponto de vista daqueles que se preocupam com a direção a dar aos agrupamentos humanos, do ponto de vista político e do homem político, compreende-se facilmente como o problema da educação representa uma questão capital. De fato, para essas pessoas trata-se de dirigir o rebanho humano, a massa, pelas vias que elas julgam mais aptas para conduzir a humanidade em direção a um ideal social e moral da escolha delas.[16]

Para Palante, o traço dominante da sensibilidade individualista é, ao contrário, aquele da diferença humana, da unicidade das pessoas. E essas diferenças são adoradas e reconhecidas não apenas em si mesmas, mas também nos outros: "Todos os grandes individualistas possuem esse traço comum: o amor e a cultura pela diferença humana, pela unicidade."[17] Portanto, o individualista designa valor e positividade "não já naquilo que ele possui ou naquilo que ele representa, mas naquilo que ele é."[18] A profunda dimensão do ser, da autenticidade, torna-se, assim, o valor por excelência e, dessa forma, o devir não pode ser senão livremente autodeterminado e, além disso, não considerando, na essência mais profunda e verdadeira, toda educação. Essa é em parte a filosofia do individualismo que, traduzida no âmbito pedagógico, apresenta-se como a negação da própria pedagogia para se identificar com uma moral que não se pode ensinar, mas que se aprende pela ciência e pelo exemplo, que a farão nascer da prática livre.[19]

O significado primário do individualismo, escreve Manuel Devaldès (1875-1956)[20], resume-se portanto "nisso; ele contrapõe à entidade, às abstrações falaciosamente superiores ao homem e em nome das quais ele se governa, a única realidade que existe para ele: o indivíduo, o homem (...). O homem que eu sou, que tu és, que ele é."[21] O indivíduo, o individualista consciente da própria unicidade, autônomo, é o homem mais forte porque está sozinho do ponto de vista moral, palavra que "é sinônimo de único e de autonomia."[22] Ele compara a ação educativa a uma força, e como todas as forças ela é neutra. Se uma força torna-se positiva ou nega-

---

[16] *Ibidem*, p. 183.

[17] G. PALANTE, *La sensibilità individualista*, Milão, Casa Editrice Sociale, p. 18, 1923.

[18] *Ibidem*, p. 19. De G. Palante consulte também o seu: *Pessimismo e individualismo*, Milão, Casa Editrice Sociale, 1923.

[19] M. DEVALDÈS, *Réflexions sur l'individualisme* (1910), Paris-Bruxelas, Ed. Pensée et Action, p. 19, 1958.

[20] MAITRON, *Le mouvement anarchiste en France*, pp. 53-54; VÁRIOS, *In memoriam Manuel Devaldès*, In: *L'unique*, suplemento aos números 113-114, Orléans, s. d.; VÁRIOS: *Un en-dehors: Manuel Devaldès 1875-1956*, Paris-Bruxelas, Pensée et Action, 1957.

[21] M. DEVALDÈS, *Réflexions sur l'individualisme* (1910), Paris-Bruxelas, Ed. Pensée et Action, p. 10.

[22] *Ibidem*, p. 5.

INDIVIDUALISMO E EDUCAÇÃO

297

tiva para o homem depende do desvio que se impõe a ela, da direção que se confere a ela, do escopo que se estabelece. É necessário verificar o quanto corresponde à natureza verdadeira do indivíduo, se lhe causa alegrias ou dores. Do mesmo modo, a educação é boa para o indivíduo tanto quanto se realiza em condições que permitem e favorecem seu incessante desenvolvimento, "ou seja, se ela se dá como finalidade a autonomia do indivíduo e se são usados para esse escopo alguns meios de liberdade."[23] Educação libertária e individualismo, portanto, reconciliam-se completamente e estão em um contraste inconciliável com autoritarismo e massificação. A felicidade consiste exatamente em reconhecer e aceitar as qualidades específicas do indivíduo, em promover na completa integralidade a sua individualidade. Essa necessidade de bem-estar existencial deve ser buscada e desejada de imediato, e cabe a cada um de nós a tarefa de buscá-la com toda força da qual se dispõe. Devaldès insiste muito sobre o papel que a educação autoritária desenvolve em condicionar os seres humanos, em inibir neles também o desejo de liberdade e autonomia. Desde a formação em família, sobretudo aquilo que emana do papel autoritário e coercivo do pai, existe essa contaminação iminente da espontaneidade, essa inibição da naturalidade e da especificidade. Ao contrário, é indispensável que, desde o momento em que o espírito de curiosidade se revela, a criança seja preservada da mentira e do erro. O escopo não deve ser aquele de educar na esperança de uma hipotética sociedade do futuro, mas antes aquele de despertar e concretizar imediatamente a necessidade natural e espontânea de autonomia: "A educação libertária é uma vacina, mas essa vacina deve ser aplicada antes que a doença o tenha abatido."[24] A intervenção educativa organizada torna-se para esses pensadores o principal obstáculo à evolução humana e à afirmação da diversidade e, portanto, da liberdade, uma vez que é inadmissível também que o escopo da educação seja aquele de formar alguns homens "em harmonia perfeita com a sociedade onde eles deverão viver; isto com o único objetivo de arrastar uma existência confortável. Nada será mais apropriado para eternizar o presente, para retardar a evolução."[25] Educador e educando entram necessariamente em conflito, e a pedagogia falha sistematicamente em seu objetivo que é o de fazer de maneira com que o discípulo desenvolva as suas metas naturais: "O educando suporta continuamente a lei do mais forte, que coloca o interesse do indivíduo no lugar do seu. No lugar de se fazer individualista, a educação faz-se política,

---

[23] M. DEVALDÈS, L'éducation et la liberté (1900), In: VÁRIOS, Un en-dehors: Manuel Devaldès, p. 151.

[24] Ibidem, p. 155.

[25] C. LETOURNEAU, L'évolution de la morale, Bruxelas, Bibliothèque des Temps Nouveaux, p. 62, 1884.

coletiva e social."[26]A razão de ser da pedagogia transforma-se, deste modo, de individualizada em social, de potenciação do indivíduo em criação de um consenso a uma ou mais autoridades constituintes.

Ao contrário, a educação não pode senão se concretizar para facilitar o desenvolvimento da natural evolução do ser, ao criar as condições ambientais e sociais para que se desenvolva o livre artifício de suas faculdades. O educador deve esforçar-se para descobrir as inclinações de seus discípulos, de modo a poder seguir passo a passo a evolução deles e analisar constantemente a sua relação com as crianças, dessa maneira poderá procurar o ponto de encontro natural sem nenhuma imposição. Isso pertence à dimensão artística, a uma disposição natural, ao poder de uma vivência existencial e profunda que se vale certamente dos conhecimentos científicos e metodológicos, mas que não pode deixar de lado aquilo que possui dentro de si.[27] Até agora, como vimos, permanecemos em um plano de crítica e de raciocínio geral, mas não falta, entre esses pensadores, também, quem, com competências mais especificamente pedagógicas, coloque em evidência os limites e a verdadeira função que a escola, embora laica, mas de qualquer maneira estatal, assume como instrumento de formação do consenso. Não apenas a instituição escolar, mas também o ensino específico, a didática, as metodologias, colaboram de modo determinante para a formação do consenso.[28] É particularmente denunciada a ânsia pela aprendizagem e pelo ensino que atravessa pais e professores que não levam em conta absolutamente a evolução e os ritmos mais conformes à natureza humana, ou seja, mais extensos, lentos, reflexivos:

> Em sentido geral, os métodos são todos escravos de um erro fundamental: inicia-se muito cedo à leitura. E contribui-se por demais para se apresentar, em relação ao jovem, o estudo como uma prova contínua. Esperar, significa, ao contrário, ter a possibilidade de conseguir que ele chegue por si só à leitura, porque teve o tempo, por meio das experiências repetidas (desejar seguir em um livro, sem ajuda de ninguém, um trecho que o captura, atingir pelo próprio trabalho um ensino), de compreender a sua grande utilidade e sentir a necessidade de possuí-la.[29]

Certamente, ao contrário, no sistema escolar oficial um bom livro também se torna como um "monastério de dever" e a própria vida, uma vereda imposta com algumas pausas forçadas e predeterminadas, friamente estabelecidas e codificadas.

---

[26] A. FAURE, *L'individualisme et la Réforme de l'Enseignement*, Paris, Stock, p. 12, 1911.

[27] *Ibidem*, pp. 16-23.

[28] S. MAC SAY, *Propos sans égards*, Paris, Ed. Debresse, pp. 109-124, 1964.

[29] S. MAC SAY, *Vers l'éducation humaine. La Laïque contre l'enfant*, Paris, Schleicher Ed, pp. 17-18, 1911.

INDIVIDUALISMO E EDUCAÇÃO

Se tudo isso vale para leitura, o mesmo pode ser verdadeiro para as outras disciplinas, como a matemática, na qual a criança não possui absolutamente o prazer de habituar-se com a numeração das coisas que a rodeiam e que circundam todo o seu corpo e, principalmente, não possui a oportunidade de pesquisar ativamente para aprender por meio de uma participação contínua e de uma verificação com os materiais verdadeiros e concretos, mas apenas por meio de um processo exclusivamente cerebral, com alguns sinais inanimados e com fórmulas abstratas. Em suma, além de ativista, essa pedagogia proposta como alternativa àquela tradicional assume, com Stephen Mac Say (1884-1972), o conceito de metacognição, uma instrução fundamentada sobre o aprender a aprender, entender o processo real do conhecimento, o método experimental e a pesquisa como condição imprescindível para toda forma de aprendizagem. Desse modo, evitar-se-ia tudo o que ocorre de fato na escola, ou seja, em que "o estilo não consiste na eloqüência do indivíduo, o seu ser íntimo que se exterioriza, mas na perfeição por meio do plágio."[30] Toda a pedagogia tradicional e escolar anula, de fato, o indivíduo também por meio das metodologias didáticas que o impedem de exprimir sua verdadeira natureza e a sua diversidade, o uso da sua inteligência, negando e aviltando a multiplicidade das inteligências, as diversas e particulares abordagens individuais ao conhecimento. A prática da experiência não é difundida senão em uma pequena minoria de professores, e tudo isso contribui para afastar cada vez mais a criança da realidade das coisas:

> Se a criança não sai da sala de aula, não tem contato com a natureza, a não ser na forma de uma rocha ou de uma pobre, pequena, planta extirpada (...). Os alunos possuem um livro que excita às vezes a palavra imprecisa do mestre. É lá dentro que eles olham e aprendem a conhecer aquilo que os circunda (...). E essa se chama aula das coisas.[31]

A própria arte não encontra na escola laica um modo de ser aquilo que deveria, ou seja, a individualização que agita o exterior sensível e aquilo que cultiva a libertação e a síntese harmoniosa de uma única personalidade. Diga-se o mesmo para todas as outras disciplinas que colaboram de forma unitária, tanto nos conteúdos quanto nas metodologias, para um complexo, mas eficaz trabalho de autêntico doutrinamento. O jovem deve aprender a curvar-se — sem retrucar — diante das leis, servir a pátria com o serviço militar, pagar alegremente as taxas:

> Dirão a ele, por exemplo, que a lei (...) é a expressão da vontade geral, quando ela é aquela da maioria por direito, e não aquela da minoria de fato. E que se

---

[30] *Ibidem*, p. 27.
[31] *Ibidem*, p. 39.

rebelar contra ela, mesmo quando o oprime, é atacar a si mesmo. Ou que a obediência passiva à lei não é suficiente: é necessária uma obediência ativa, sempre pronta a sustentar quando necessita auxiliar a autoridade e que significa ser falsos e condizentes quando não se denuncia aquilo que compromete a ordem pública. Exercitação à abdicação de sua vontade, à adulação do poder, à delação de seus contestadores, a toda a covardia desumana."[32]

Desse modo, o indivíduo desaparece como singularidade e entidade autônoma, ele não existe senão em função da pátria, e deve sacrificar-se e dedicar-se ao seu triunfo. A criança não deve conhecer além de seus deveres que podem ser resumidos, segundo Mac Say, em três palavras: amor, respeito, obediência, que constituem, para a educação escolar estatal, os fundamentos sobre os quais se forma o bom cidadão.

Não existe uma moral, mas muitas visões diversas e práticas de morais diversas, de acordo com o tempo e com o contexto histórico e social. Não se pode justificar nenhuma imposição em nome de uma concepção única da moral, da mesma forma que não se pode definir imoral nenhuma ação, a não ser por comparação: "É o imperativo categórico de uma moral considerada imutável e universal que condiciona a criança desde a escola, as imposições de algo estranho, intruso, com a qual se sugere que esse tenha nele o seu *habitat* natural, aos quais ela deve obedecer."[33] O bem e o mal são noções circunstanciadas e relativas; a escolha das próprias ações cabe apenas e unicamente ao indivíduo livre, uma vez que esses conceitos dependem da evolução dos costumes, da contextualização deles próprios. Em suma, por meio da escola estatal ocorre, ao contrário, uma concepção específica e ideológica dos valores que servem sempre para a manutenção do domínio do homem sobre o homem. De nada vale destruir uma concepção religiosa e metafísica com uma outra fundamentada na obediência e na aceitação do poder como elemento inalienável da vida social. Apenas se adia o sujeito da coerção, mas não se o rejeita pela raiz. O professor louva a família, exalta o espírito de grupo, aprova a autoridade paterna e ordena submeter-se a ela; de modo acrítico e por meio dessa primeira forma de submissão, é introduzida no indivíduo a lógica do Estado e da Autoridade. A educação moral livre, ao contrário, vale-se de milhares de episódios da vida para fazer o indivíduo refletir livremente e realiza-se na relação empática entre educador e educando, no exemplo, que nunca se permite dar como absoluto e definitivo. A escola estatal torna-se uma instituição total, que engloba em seu sistema e em sua estrutura toda a vida da criança, servindo à lógica do domínio e

---

[32] *Ibidem*, pp. 60-61.
[33] *Ibidem*, p. 65.

INDIVIDUALISMO E EDUCAÇÃO

favorecendo a sua aceitação. Isso ocorre segundo rituais precisos e imutáveis que acompanham o ser humano desde o seu ingresso em direção a uma formação de um hábito mental e comportamental predefinido e funcional a uma lógica contrária à liberdade e à autonomia. Vale-se da recompensa e da punição como métodos educativos, justificando-os como naturais e necessários. Essa escola estatal estimula e produz a competição e a hierarquia entre os alunos, apresentando-se como um tipo de campo de batalha em que prevalece inevitavelmente a lei do mais forte, que significa, de fato, do mais integrado. Resumindo, a escola desvia a especificidade natural do indivíduo e o coage para tornar-se um tipo de autômato, de ser inserido em uma engrenagem autoritária, de modo que se torne massa, perdendo a sua natural diversidade e originalidade.

A educação sexista e o obscurantismo religioso, que negam a sexualidade e o prazer que dela pode derivar se praticada sem tabus e condicionamentos, desempenham um papel determinante. Na realidade, eles atuam para tornar os homens e as mulheres seres infelizes. A co-educação é difundida ou suportada quando as necessidades locais a tornam inevitável. Naturalmente, em uma instituição concebida dessa maneira, não há espaço na metodologia para a individualização do ensino, considerando a criança como uma entidade abstrata e igual, sem permitir e buscar evidenciar as diversidades naturais e as singularidades específicas. O mestre "volta-se à multidão e nega o indivíduo."[34] Este é o escopo da escola laica e estatal: "a unidade na massa, a anulação na totalidade, o nivelamento na mediocridade, condições *sine qua non* para a estabilidade dos regimes da ordem."[35] O que conta, ao contrário, é a capacidade e a alegria de aprender, melhor que o acúmulo de noções; na realidade, a metacognição, melhor que a cognição. Agir de acordo com a lógica da educação incidental, ao contrário de programada, deixando espaço livre e tempo para que a instrução nasça da reflexão sobre as coisas e da experiência do indivíduo. É essencial estimular a pesquisa, o espírito de observação, de experimentação, inspirando o próprio método didático à própria vida. O educador, entretanto:

> não deve estar sem um programa. Mas não o deixará ver. Esse não será para ele além de uma reserva e uma orientação (...). No campo do saber desejável, é a criança que, por meio da mediação do professor, extrai — segundo o seu temperamento — a sua propensão nativa, que, de acordo com a necessidade, pouco a pouco retifica a sua razão. Essa natureza, essas inclinações, o educador deve conhecê-las e referir-se a elas com vistas à formação de uma personalidade. Esse

---

[34] *Ibidem*, p. 81.
[35] *Ibidem*, p. 82.

terreno individual estende-se de acordo com o próprio estímulo da criança. Servir o seu desenvolvimento, é o escopo do educador.[36]

Assim, o educador deve encorajar a criança a superar os esforços inevitáveis que deve realizar ao longo da estrada de sua formação individual. Mas a situação dos professores não está entre as mais tranqüilizantes, uma vez que mesmo esses, por sua vez, foram formados para servir o sistema social, e são poucos aqueles que sabem impor-se acima dessa situação. De acordo com Mac Say, são raros aqueles que se apaixonam verdadeiramente pelo seu trabalho e que dão tudo de si, tanto com a razão quanto com o coração. A maior parte ensina sem gostar, sem prazer, sem criatividade, repetindo e replicando ensinamentos recebidos anteriormente e sem considerar os jovens que têm à frente. Para ser uma individualidade integral, harmonicamente ligada, todo homem deve possuir sensibilidade, razão, vontade, inteligência e memória. A escola deve cultivar todas essas características e empenhar-se sobre todos esses aspectos, não pode desassociá-las ou exaltar uma em detrimento das outras. E aquela escola estatal, mesmo que laica, não foge à tendência da elitização, que prevê uma ação educativa em que compreender é secundário ao aprender de forma mnemônica, em vez de habituar o aluno a formar uma opinião pessoal e crítica. Desse modo, a difusão dos conhecimentos serve apenas à indústria e à lógica do lucro, que pede exatamente mais instrução, mas menos capacidade crítica.

Os professores mais conscientes e progressistas sabem que para se tornarem educadores não são suficientes as noções, sobretudo transmitidas, mas é importante que sejam os jovens os protagonistas da descoberta dos conhecimentos, porque ensinar não significa mostrar, mas aprender a ver e a descobrir; não é revelar, mas sugerir, orientar, tornando os jovens capazes de observar, pensar, determinar por si mesmos o próprio futuro. O Estado, ao contrário, aspira à obediência, à submissão, à observância dos rituais, à passividade. Mas Mac Say também coloca em evidência as contradições dos professores e sindicalistas, enfatizando, dessa forma, a sua posição individualista, contestando a pretensão dos sindicalistas revolucionários em substituir o modelo organizativo do Estado por aquele do sindicato:

> Mas por que, depois de ter proclamado a necessidade de subtrair a infância não apenas de um Estado, mas de todo Estado e tendo pesquisado os meios para colocá-la fora da sua influência, por que mantê-la nas escolas sindicais, adaptadas às necessidades das classes operárias? Por que não as escolas *tout-court*, adaptadas às necessidades da criança, de cada criança?[37]

---

[36] *Ibidem*, p. 56.
[37] *Ibidem*, p. 129.

INDIVIDUALISMO E EDUCAÇÃO

303

É o jovem que, fora de toda forma de condicionamento, deve escolher o seu futuro sem levar em conta as decisões preestabelecidas. E o problema se coloca também em relação às idéias anarquistas, de alguns anarquistas que interpretam mal a idéia de base do anarquismo, pretendendo, talvez inconscientemente, formar anarquistas por meio de um sutil, mas não menos ambíguo, condicionamento das crianças. Não se trata, pois, de formar um homem novo sem, ao mesmo tempo, pensar e oferecer-lhe a oportunidade concreta e real de ser também livre. De fato

> para nós, o ignorante é aquele que, quaisquer que sejam seus conhecimentos atuais, não aprendeu nada de si mesmo, nada constatou, nada aprofundou e encontra-se, uma vez deixado à mercê de suas únicas forças, incapaz de afastar os confins de sua ignorância (...). Que os jovens sejam, o quanto possível, autodidatas. Nós preferimos dar a cada um a utilidade, e que ele alcance a nascente continuamente, além da escola, dos materiais de seu edifício pessoal (...). Desejamos jovens empreendedores, compreensivos, que colocam tudo sob avaliação e que procuram em si mesmos a força de seus atos, capazes de ativar uma vida original.[38]

Para fazer de modo com que existam as condições pelas quais todo jovem possa ser dono de si mesmo, é necessária a mais ampla e completa autonomia, que cada um possa vivê-la e experimentá-la até o limite de permitir a própria condição aos outros indivíduos, sem que nenhum pense que seja possível insinuar a própria liberdade. Eis por que a tarefa do educador libertário consiste apenas em fornecer o desenvolvimento livre e natural das características de todo o indivíduo, defendendo-o de toda forma da tirania, de qualquer modo, mascarada.

3. E. Armand e a auto-educação existencial

> Ele foi um bom estudante, no vilarejo todos o consideram um bom operário, bom soldado, bom cristão: submisso, crente e bravo. Possui tudo o que serve para ser um bom escravo.[39]

Com esses versos tirados de uma poesia, *L'Écolier*, escrita em 1907, E. Armand[40] subverte os valores tradicionais da educação e da formação de modo muito explícito

---

[38] *Ibidem*, p. 135.

[39] E. ARMAND, *Ainsi chantait un en-dehors,* Paris et Orleáns, Editions de l'en-dehors, p. 18, 1925.

[40] E. Armand, cujo verdadeiro nome é Ernest L. Juin, nasce em Paris em 1872. Somente com cerca de 25 anos aproxima-se das idéias libertárias e anarquistas às quais consagrará toda a sua longa existência. No curso de sua vida publica numerosas revistas e escreve múltiplos opúsculos e a sua

304   "A BOA EDUCAÇÃO" – EXPERIÊNCIAS LIBERTÁRIAS E TEORIAS ANARQUISTAS...

e claro. Sem dúvida, ele representa um exemplo original — e único, por certos versos — de militante anarquista que interpreta o anarquismo como uma escolha existencial, e a anarquia como o escopo da vida. O seu existencialismo libertário significa a própria vida e possui um sentido único, pois se concretiza em um comprometimento total e global da personalidade individual. Mas tudo isso não seria suficiente se não fosse completado por uma dimensão eudemonística da existência. A busca pela felicidade, a luta pela felicidade, tornam-se, em Armand, o fim a ser perseguido sem nenhuma referência a um mundo que não existe ou a uma transcendência que não seja o indivíduo único e não-repetível.[41] Pode ser considerado como um dos principais representantes da tendência individualista européia. A sua idéia central substancia-se em uma completa filosofia de vida e exprime uma impaciência existencial contra toda forma de autoridade e de domínio.[42] A sua concepção de revolução está ligada a uma mudança radical da consciência de todo indivíduo, uma ruptura global com o mundo autoritário, sem cisões entre público e privado, sem que o indivíduo deva jamais prestar conta a alguém de suas escolhas, sempre coerente e livre em determinar essa unidade. Isso não significa que ele seja um perfeito egoísta, mas tudo isso serve apenas para afirmar, com vigor, o valor da pluralidade e da diversidade. Liberdade e felicidade entrelaçam-se e ligam-se de forma indissolúvel e não podem realizar-se senão do mesmo modo e ao mesmo tempo.[43]

Armand serve-se da fonte do individualismo americano e reelabora-o à luz de suas convicções e tradições européias e relendo a obra de Stirner.[44] Todo o seu ser está em constante revolta contra tudo aquilo que tende a prender o seu espírito ou o seu coração dentro de uma fórmula coletiva: seja essa filosófica, moral ou econômica. Ele vê apenas um caminho aberto: aquele dos antiautoritários plena-

---

principal obra *L'Initiation individualiste anarchiste*. Morre em 1962 com 90 anos de idade. Sobre Armand, consulte: U. FEDELI, *Emile Armand. Il suo pensiero e la sua opera*, Florença, 1953; MAURICIUS, "E. Armand, tel que je l'ai connu", In: *La Rue*, n. 19, Paris, 1975; consulte também a introdução de G. P. Prandstraller e a nota bibliográfica de N. BERTI à bela antologia de E. Armand, *Vivere L'anarchia*, Milão, Antistato, 1983; VÁRIOS, *E. Armand. Sa vie, sa pensée, son oeuvre*, Paris, La Ruche Ouvrière, 1964; MAITRON, *Dictionnaire biographique du mouvement ouvrier français*, Paris, Les Editions Ouvrières, 1976. Finalmente uma ilustração clara de seu pensamento, encontra-se em: BERTI, *Il pensiero anarchico. Dal Settecento al Novecento*, Manduria, Lacaita, pp. 763-786, 1998.

[41] E. ARMAND, "Notes. Sur la vie et la jouissance de vivre", In: *L'Ere Nouvelle*, n. 34, Orléans, março-abril de 1905; Idem, "Se sentir vivre", In: *L'Ere Nouvelle*, n. 46, Orléans, abril de 1910.

[42] E. ARMAND, "Anarchiste d'abord", In: *L'Ere Nouvelle*, n. 49, Orléans, julho-agosto de 1910.

[43] Para uma leitura sobre o lugar que a felicidade ocupa no pensamento anarquista, consulte: G.P. PRANDSTRALLER, *Felicità e società*, Milão, Comunità, 1978.

[44] E. ARMAND, "Max Stirner: sa vie et son oeuvre", In: *L'Ere Nouvelle*, n. 47, Orléans, 25 de maio de 1910.

INDIVIDUALISMO E EDUCAÇÃO   305

mente conscientes do próprio "eu", que não se entregam a nenhuma violência sistemática e nem se deixam apregoar pelas maneiras e pelas excitações passageiras das massas. O escopo é aquele de fundar uma sociedade na qual os homens possam agrupar-se por afinidades e, por meio da livre vontade, escolher para si o regime econômico, o ensino filosófico e as regras morais que mais correspondam às suas exigências, aos seus temperamentos, às suas mentalidades: "Eis o escopo. Para se chegar a ele, parece-me necessário começar por provocar em cada ser humano a vontade de aprender a pensar por si próprio e viver conforme pensa."[45] Uma sociedade na qual seja possível experimentar livremente formas diversas de vida, sem imposições autoritárias, sem violência organizada — o que produz apenas novas autoridades e novos poderes — por meio da educação, do exemplo, da propaganda, das relações concretas de exemplos de vida diversa: esses são os motivos pelos quais vale a pena viver e lutar. O problema humano pode ser resolvido por meio de uma solução autoritária, que se concretiza com o ensino do Estado e da Igreja, com a imposição de valores e culturas, e que tende a formar súditos, e não homens livres. A alternativa é constituída por uma solução libertária que jamais preconiza uma única solução, válida para todos, mas, ao contrário, nutre-se da experimentação livre, das diferenças individuais, do pluralismo, e fundamenta-se na escolha livre e autônoma do indivíduo que seleciona a própria moral que se realiza, ao mesmo tempo em que o outro aproveita a mesma oportunidade e autonomia. Essa escolha não nega a possibilidade de acordos ou contratos, desde que a autonomia de todas as partes seja protegida e os pactos sejam sempre passíveis de revisão e não sujeitos a alguma autoridade central. Toda escolha de vida não deve ser imposta de nenhum modo, mas apenas propor-se e realizar-se. A sociedade futura apresenta-se aos homens

> como um mundo onde todos os habitantes se desenvolverão integralmente de acordo com as aspirações do próprio ser, sem que ninguém imponha a outros as próprias concepções econômicas, morais, intelectuais, um meio em que a experiência pessoal e a observação coletiva servirão como o único modo de proceder educativo e como base única ao livre intento mutualístico, uma humanidade na qual os homens também amem uns aos outros."[46]

Uma vez definido o escopo e o fim, é necessário pensar em um meio coerente para a sua conquista; e Armand desmascara claramente o papel ideológico da educação da forma como vem distribuída na sociedade contemporânea, uma vez que

---

[45] E. ARMAND, "Mon point de vue", In: *L'Ere Nouvelle*, n. 30, Paris, julho-agosto de 1904.
[46] E. ARMAND, "Le problème humain et la solution libertaire", In: *L'Ere Nouvelle*, n. 33, Paris, 10 de fevereiro de 1905.

faz das massas um reflexo das idéias e dos interesses das classes dirigentes. Nenhuma revolução e tampouco a insurreição são praticáveis, pois acabam por levar o novo poder ao governo da sociedade.

Portanto, é necessário estimular o indivíduo a se auto-educar, trabalhar sobre si mesmo, potencializar a própria vontade, discernir sobre aquilo que se utiliza, usar e não abusar dos produtos da natureza, em suma, tornar sempre mais perfeita e mais apreciável a sua alegria de viver. Ele, na realidade, sustenta uma educação que não derive da extensão de uma lei geral, que todo indivíduo aja não sobre uma base de dogmas científicos ou religiosos, mas eduque a sua vontade de acordo com seu temperamento, suas inclinações, seus gostos e suas aspirações: "Os individualistas desejam que, tendo escutado e examinado os prós e os contras, a unidade humana determine por si própria e para si própria as suas necessidades."[47] Sem uma renovação radical da mentalidade humana, toda forma de sociedade diversa é impossível, e os esforços dos anarquistas devem dirigir-se para uma propaganda que impulsione os indivíduos a sair da própria mediocridade, submetendo os seus assuntos e motivos que incitam a curiosidade, a pesquisa, o estudo, a reflexão, que provoque neles o desejo de saber, a necessidade de experimentar, o amor pelo novo e a recusa total dos caminhos já muito freqüentados. Em suma, fazer emergir o pensamento divergente e a criatividade.

Armand está consciente de que todo "eu" não existiria sem um outro anterior a ele. Mas depende, então, da potência da reação psicológica individual para que cada um se torne e, antes, seja uma personalidade original, única, distinta e diversa. Essa convicção é tão forte que se lança mais na profundidade, considerando e aceitando que essa potência possa ser, no início, pouco ressaltada. Mas o importante é que exista, também em potência, para que por meio do estudo, da aplicação, do exercício "ela atinja uma intensidade tal para tornar-me, psicologicamente, diferente de maneira clara dos seres que são morfologicamente idênticos a mim."[48] Naturalmente, as ciências são feitas para servir o homem, para favorecer-lhes a libertação e a emancipação, com certeza não para submetê-los a um novo domínio. A postura do individualista é profundamente relativista e pragmática. Ele pesquisa, toma em exame, discute e adota, na espera do melhor, a solução ou a hipótese que lhe permite desenvolver do modo mais integral possível a sua personalidade, disposto e pronto a abandoná-la apenas se lhe for apresentada uma outra solução ou uma outra hipótese mais conforme às suas exigências e mais satisfatória. Ele "não aceita jamais nenhuma fórmula como definitiva, é sempre em

---

[47] E. ARMAND, *Iniziazione individualista anarchica*, (1923), Florença, p. 144, 1965.
[48] *Ibidem*, p. 165.

INDIVIDUALISMO E EDUCAÇÃO

caráter provisório e de transitoriedade que ele insere em sua memória as fórmulas ou as hipóteses que se apresentam a ele caso a caso."[49]

Na realidade, ao contrário, a partir da família tende-se a fazer com que as crianças cresçam incapazes de pensar por si próprias, a formar alguns seres que perpetuam os valores dominantes e impostos, a fazer, em suma, de todo ser humano cópias daqueles existentes. Basta que um jovem se desvie disso, mesmo que seja apenas um pouco, para que seja classificado como um sujeito mau. Em suma, Armand contesta o princípio de que "o fato de ser pai ou mãe confira aos pais uma presunção de autoridade sobre os próprios filhos."[50] Portanto, pode-se revelar como, pela concepção individualista, qualquer transformação do contexto ambiental, seja esse intelectual, ético, econômico ou político e social, não pode se realizar se não for precedida por um intenso e profundo trabalho de propaganda, destinado a produzir nos indivíduos um processo de auto-educação e autodeterminação. Em suma, é necessária uma ação contínua e permanente sobre si mesmos, de aperfeiçoamento do próprio temperamento:

> Aperfeiçoar-se, do ponto de vista individualista, quer dizer manter-se constantemente em condição de experimentar a alegria de viver, seja por meio da razão, seja por meio dos sentimentos, intelectual ou sentimentalmente (...). Aperfeiçoarse quer dizer, enfim, elevar o espírito esperto e vigilante e os sentidos refreados em direção a novas e maiores experiências, em direção a maiores alegrias intelectuais, físicas, de todos os gêneros.[51]

Junto à autonomia, a felicidade permanece o parâmetro de referência para o pensamento e para a filosofia de Armand, que sustenta a necessidade de seguir uma doutrina enquanto produz felicidade sobre o indivíduo, recusando-se, entretanto, a permanecer prisioneiro. É isso que deve impelir o homem a cogitar novas idéias, projetos, é o próprio interesse, o próprio prazer e alegria e, ao mesmo tempo, é necessário destruí-los quando ameaçam transformar-se em prisões ou coerções.

---

[49] *Ibidem*, p. 169.

[50] *Ibidem*, p. 170. A respeito dos condicionamentos familiares e sociais, E. Armand escreve: "Ou ainda, se se trata da educação dos jovens, se deixará a criança ignorar o que é o mundo. Ele será aluno em perfeita ignorância das intrigas que se tramam, das emboscadas que se preparam, das baixezas que se conspiram. Isso o caracterizará e o moralizará. Ou o persuadirá que ao fim das contas é a justiça que triunfa, a honestidade que traz a vitória e que a riqueza e a consideração são os atributos e os frutos da honestidade. Ou melhor ainda, com o pretexto da respeitabilidade e da exatidão se ensinará a fugir a seus impulsos naturais ou a duvidar dos ímpetos de sua sensibilidade. Ou seja, que tanto em um como em outro caso, desenvolver-se-á um ser artificial, um mesquinho ou um tímido, um fraco ou um hesitante. (*Ibidem*, p. 274).

[51] *Ibidem*, p. 264.

308 "A BOA EDUCAÇÃO" – EXPERIÊNCIAS LIBERTÁRIAS E TEORIAS ANARQUISTAS...

Toda fórmula que não produz e não fornece um mínimo de felicidade palpável, tangível, imediata, deve ser repudiada. Ou tem por objetivo ajudar-nos a viver mais livremente, mais felizmente, com maior intensidade e plenitude, ou não é outra coisa senão um novo instrumento de opressão.

Nesse ponto do discurso ele introduz uma distinção entre educação e iniciação. A primeira, destaca com clareza, é sempre e inevitavelmente autoritária, porque se fundamenta em uma visão determinística segundo a qual o homem é o fruto do ambiente e da educação. Tende a formar e a modelar o discente de acordo com a vontade e os valores do docente. A segunda, ao contrário, é profundamente libertária, pois se concentra em fazer surgir espontaneamente de todo indivíduo um profundo sentimento de autonomia e de liberdade, portanto, de unicidade. Escreve a respeito disso:

> Existe uma segunda maneira de compreender a educação, e é essa que eu chamo iniciação e que consiste em dilacerar sem piedade todo o véu que mascara a realidade das coisas. Consiste em colocar o indivíduo, quando ele for capaz de compreender, face a face com a realidade da vida. O homem não é nem bom nem mau; ele é aquilo em que o transformam as suas ambições individuais e as necessidades da vida coletiva (...). A razão de ser do homem está em viver de acordo com a sua natureza. E viver significa conseguir satisfazer às próprias necessidades naturais sem obstáculos.[52]

Assim, introduz um conceito de educação incidental e a diferencia radicalmente da transmissão dos valores e dos conhecimentos. Por trás do educador, de acordo com Armand, esconde-se uma cultura demagógica que tende, na verdade, a assinalar a diferença entre quem sabe e quem não conhece, que busca o consenso para conquistar a notoriedade, a glória, o dinheiro. O iniciador, ao contrário, ensina aquilo que sabe porque lhe agrada, chama para si, convida a elevar-se em sua direção, para colocá-los no mesmo nível que o seu, aqueles os quais interessem as suas cognições. De fato, é seletivo, não vulgarizador, faz de modo que ninguém se torne dependente dele, de não ser sempre indispensável para adquirir novos conhecimentos: "O iniciador cria, singulariza livres, capazes de conseguir ficar sem ele assim que possível e quando lhes agrade."[53] Os educadores contemporâneos também esconderam uma grande verdade, ou seja, isto que conhecemos do fenômeno cósmico é o resultado de mutações e transformações da matéria. Aliás, seria importante perguntar-se qual postura extrair desse conhecimento e qual vantagem possível para a formação e para a expansão da própria personalidade.

---

[52] *Ibidem*, p. 275.
[53] *Ibidem*, p. 279.

INDIVIDUALISMO E EDUCAÇÃO 309

A iniciação individualista possui fins essencialmente antiautoritários porque tende a provocar no iniciado a rebelião para libertá-lo da influência do ambiente até onde for possível, para fazer com que aprenda a odiar as dominações e as explorações de toda espécie, para que escape e fuja o máximo possível de todo poder que coloque obstáculo em seu natural e específico desenvolvimento integral. A característica essencial da iniciação individualista consiste, para Armand, em não ser unilateral, em não a confundir com um mero laicismo libertário:

> Um individualista é um negador da autoridade tanto do ponto de vista científico quanto do ponto de vista político ou econômico; ou não o é absolutamente. Oh! A bela iniciação que consiste em esconder do educando a opinião contrária, em deixá-los ignorar aquilo que se discute na sala ao lado! Oh! A bela educação que expõe os prós e esconde os contras![54]

Não é a educação que faz o homem, pelo menos não é o acúmulo de conhecimentos em seu conjunto que não nasce e não se alimenta da experiência. Os grandes rebeldes, os iniciadores, que se mostram como aqueles que melhor estimam a vida, experimentaram a vida, aproveitaram-na de forma satisfatória, aprendendo nos fatos e na existência, no vivido, a distinguir o útil e o agradável do nocivo e desagradável.

A iniciação, então, fundamenta-se na dimensão eudemonística da vida, na busca contínua da felicidade, na experimentação de toda a própria personalidade nos fatos e na realidade, aqui e agora, sem esperar alguma coisa, mas vivendo dia após dia e aproveitando inteiramente a própria existência. Os individualistas reivindicam, para si próprios e para os outros, a plena liberdade de comportar-se como desejam e determinar a própria existência como desejam. Eles reclamam, exigem essa possibilidade não para uma categoria, para uma classe, mas para todos os seres humanos, sem nenhuma distinção. Em particular, os individualistas reivindicam para o homem-criança a possibilidade de separar-se de uma família, de parentes pelos quais não sinta nenhuma afinidade.[55] Com maior razão eles reivindicam para ele a faculdade de escolher aquele que deverá instruí-lo, quando chega o momento em que se sente disposto a aprender. Todo ambiente antiautori-

---

[54] *Ibidem*, pp. 282-283.

[55] É interessante, a esse propósito, a posição que Armand assume quando em uma união entre um homem e uma mulher há divergências sobre concepções religiosas da educação ou não, que se substancia na afirmação da livre escolha que o jovem fará quando decidir, exprimindo também nesse caso a convicção de que o direito à autonomia é o fundamento de sua concepção (E. ARMAND, "Une enquête sur des questions de tolérance et d'éducation", In: *L'unique*, suplemento aos números 130-131, Orléans, s. d.).

tário que não preveja essa possibilidade, que não contemple em seu âmago a emancipação da criança, está viciado desde a base e perde sua razão de ser.

Armand insiste em comparar o mestre de escola, de várias maneiras colocadas, ao guarda que se impõe sobre seus prisioneiros. De fato, o professor é sempre imposto, não é escolhido, e o que lhe parece ainda mais absurdo é que cada um desses considere tudo isso como natural e lógico. Os mestres individualistas, ao contrário,

> amam o homem-criança, fazem desse amor um dos maiores escopos de sua vida, e o único modo de concretizá-lo é aquele de desenvolver o indivíduo que, no estado inicial, potencialmente, esses distinguem nele (...). Para eles trata-se de agir por amor, e não por ofício (...). Tratam a criança como um companheiro e um amigo (...). Iniciam a criança a dar-se conta de que ela é um indivíduo em formação, em constante desenvolvimento, ou seja, chamado sem atraso para determinar-se, para discernir, para pronunciar-se, pensar e refletir por si e para si própria.[56]

O professor individualista é um facilitador da autoformação e da auto-aprendizagem individual; é ele que estimula o aprender a aprender, a pesquisa; provoca e estimula a curiosidade do outro, também com o próprio exemplo e com o próprio comportamento. Esse conceito torna-se de importância fundamental também em razão do desenvolvimento da sociedade industrial, da economia capitalista, que conduz, segundo o pensador francês, a uma uniformidade difundida, tanto que se pode afirmar que a humanidade tende sempre mais a pensar em um único modo sobre todos os assuntos e, se não há uma reação decidida e pronta a contrastar essa tendência, as personalidades destacadas, as mentes criativas e inventoras, tornar-se-ão sempre mais raras até "constituírem verdadeiras anomalias."[57]

Essa análise é extraordinária, antecipadora dos temas e problemas de extrema atualidade. A valorização da diversidade não permanece apenas uma simples, senão importante, afirmação de princípio, mas se torna o fundamento no qual se deve governar uma nova sociedade. O objetivo do individualismo anarquista é o desenvolvimento de cada indivíduo, em sua especificidade, levado ao máximo possível. Mas essa possibilidade não pode ser determinada e definida a não ser pelo próprio indivíduo. Cada um deve poder aproveitar, em um contexto de partida com as mesmas oportunidades, livremente, sem reservas, todas as ocasiões para aprender, conhecer, aperfeiçoar-se. Armand especifica que a liberdade de um indivíduo cessa no momento em que ameaça colocar em perigo aquela alheia:

---

[56] E. ARMAND, *Iniziazione individualista anarchica*, (1923), Florença, p. 289, 1965.
[57] *Ibidem*, p. 385.

INDIVIDUALISMO E EDUCAÇÃO

311

> Desejo toda a liberdade da qual é possível que eu possa usufruir, mas a desejo igualmente para os outros. Não pretendo que minha liberdade seja usurpada, mas pretendo também não usurpar a liberdade alheia. É essa condição da liberdade que se designa com o nome de liberdade igual; ela reduz, praticada como método, a ação do não "eu" sobre o "Eu" a uma expressão sempre menor.[58]

Esse forte destaque, ao desejar a liberdade dos outros, caracteriza a dimensão social do individualismo, a sua escolha radical a favor da mudança. Além disso, a associação e a coerência entre método e fim é a condição indispensável para fazer emergir a verdadeira e autêntica diversidade da individualidade. A concepção da vida que se delineia reivindica a felicidade, que coincide com a diversidade, e oferece a todos a possibilidade de viver segundo os próprios gostos e talentos e isso produz a multiplicidade, a variedade, a diferenciação das espécies, das famílias, das associações, das personalidades humanas. Portanto, cada um deve poder afirmar a própria felicidade na mudança livre e autônoma, transformar associação, grupo etc., em suma, afirmar sem vínculos a própria diversidade-especificidade. A felicidade do homem deriva da liberdade de escolha do ambiente ao qual o ser individual deseja unir-se ou do qual deseja isolar-se:

> Dessa forma, possibilidade absoluta, completa e inteira sem restrições e reservas de evoluir e desenvolver-se, formar-se e experimentar-se, afirmar-se e abster-se, realizar-se e expandir-se em todos os sentidos e em todas as direções sem outra barreira além do total acesso de outros à mesma possibilidade: eis a definição normal e profundamente individualista da felicidade.[59]

Ele revela, completamente, uma grande confiança na capacidade do ser humano de escolher rebelar-se contra toda imposição, uma vez que a história do poder, de cada forma sua, gerou e perpetuou apenas infelicidade. Tudo isso não pode ocorrer senão por meio de uma consciência individual, uma formação que nasça da específica e individual reflexão sobre o sentido da vida, do ser e do devir. Em outras palavras, somente a solução individualista é a solução de liberdade,

---

[58] *Ibidem*, p. 389.

[59] *Ibidem*, p. 389. Escreve, além disso: "Plena e inteira faculdade de conduzir-se por si e para si próprio, e essa faculdade para cada unidade, de transformar-se, desenvolver-se, experimentar os próprios talentos, segundo o que lhe impulsiona e o conduz o próprio temperamento, as próprias reflexões, o próprio determinismo pessoal: em outras palavras, sem ser obrigado a prestar contas de seus feitos e gestos a outros que não seja ele próprio ou aqueles em relação aos quais esteja de qualquer modo vinculado. Uma vez que essa liberdade termina quando ameaça usurpar aquela dos outros e a esfera da atividade, de maneira igual, a sua ação cessa quando corre o risco de gerar sofrimento a outros. (*Ibidem*, pp. 390-391).

312 "A BOA EDUCAÇÃO" – EXPERIÊNCIAS LIBERTÁRIAS E TEORIAS ANARQUISTAS...

porque a educação é, e não poderia ser de outro modo, livre escolha, auto-educação que nasce de uma análise de tudo o que produziu e produz a infelicidade e sobre o desejo inato de felicidade.

O instinto de conservação, próprio do ser humano, acompanha-se de fatores hereditários, mas é também condicionado por elementos sociais. Contudo, o individualista está convencido de cultivar e mediar por si mesmo esses elementos, combiná-los, e isso determina a sua especificidade e diversidade.[60] Em suma, em um ambiente individualista anarquista, toda mulher e todo homem têm razão de esperar ver satisfeitas todas as suas necessidades e desejos, sejam esses de ordem econômica, intelectual, recreativa, sexual.[61] Esse tema da liberdade sexual está ligado, por Armand, à temática educativa, pois ele acredita que essa pressuponha uma educação da vontade, que permite a cada um determinar por si próprio o ponto no qual cessa de ser dono das próprias paixões ou das próprias inclinações; essa educação é mais instintiva do que possa parecer à primeira vista. Como todas as liberdades, essa também implica um esforço, não entretanto de abstinência, mas de juízo, discernimento, classificação:

> Em outras palavras, não se trata tanto da quantidade ou do número das experiências, quanto da qualidade de quem as experimenta. Para concluir, a liberdade da vida sexual não deve ser separada, no conceito de individualidade, da educação sexual preparatória e da potência de determinação individual.[62]

Ele retoma de modo específico os temas educativos, em 1926, em um capítulo de um livro que reúne diversos assuntos.[63] Em particular, compreendendo temas de extrema atualidade, como a relação entre educação e sentimentos, entre razão e emoções, entre a dimensão cognitiva e aquela existencial. O contexto social desempenha nos acontecimentos um papel importante, da mesma forma que a reação do indivíduo desenvolve uma ação forte de mudança em relação ao ambiente. Assim, não pode existir nem determinismo, nem fatalismo. Mesmo no caso de sentimentos existe uma inter-relação entre indivíduo e ambiente: é possível a educação da sensibilidade, da memória, da tenacidade, da amabilidade etc., mas, sustenta Armand, na medida em que lhe permite o temperamento, a natureza de cada ser humano. Trata-se, ao contrário, de utilizar, de recorrer a isso, no trabalho de aperfeiçoamento contínuo de autoformação e desenvolvimento, e não certamente

---

[60] E. ARMAND, "Les individualistes et le fait économique", In: *L'En Dehors*, Orléans, 1935.

[61] E. ARMAND, "Discusssioni sull'amore", In: *Culmine*, Buenos Aires, 1927.

[62] E. ARMAND, *Iniziazione individualista anarchica*, (1923), Florença, p. 409, 1965. Consulte também as páginas 410-414.

[63] E. ARMAND, *Fleurs de solitude et Points de Repère*, Lille, Ed. du Mercure tê de Flandre, 1926.

INDIVIDUALISMO E EDUCAÇÃO   313

de ignorar, ou pior, negar ou desmentir, essas características específicas, essas diversidades. Retoma ainda sobre as diferenças entre educador e iniciador, especificando que, enquanto o primeiro tende a criar uma relação de dependência e ser insubstituível, o segundo, ao contrário, apela ao sujeito sem esconder a si mesmo, sem criar submissão, ao contrário, fazendo de modo que, apresentando-se em sua integridade, não se torne jamais insubstituível, ou pior, necessário. A iniciação consiste em eliminar todo o véu que esconde a realidade e em colocar o indivíduo face a face com a própria existência e aquela das coisas. Na descoberta desse estado de coisas, ainda que trágicos e difíceis, o ser se forma, o indivíduo se reforça e, com ele, a sua autonomia. Nenhuma passagem apressada ou imposta pode mudar a situação existente, somente um contínuo e incessante trabalho de autoformação existencial. Em primeiro lugar, a iniciação é desencanto, depois, autotransformação.[64]

Na realidade, o conhecimento verdadeiro não é anterior à vida, é coexistente, ocorre apenas no tempo e no espaço em que a vida individual é vivida. Em suma, se ele serve à vida, não pode ser o fim da existência. Nesse contexto, mesmo a necessidade torna-se um gerador e um fator de evolução, exatamente enquanto é assumida pela existência, elaborada e superada. Portanto, todo indivíduo nessa perspectiva pode elaborar uma visão das coisas, uma autônoma reflexão, um pensamento único e divergente, naturalmente diverso também daquele que se considera justo, possuindo a liberdade de experimentá-lo. Nisso consiste a reciprocidade individualista. É natural que Armand dedique essas reflexões aos "diversos", àqueles que não assimilaram o pensamento único:

> Não me interesso nem por aqueles que estão satisfeitos nem por aqueles que têm uma fé. Dedico-me àqueles que não estão satisfeitos e àqueles que duvidam. Dedico-me aos insatisfeitos de si mesmos, àqueles que sentem pesar sobre si o fardo de centenas e centenas de séculos de convicções e prejulgamentos ancestrais, dedico-me àqueles que desejam conhecer a si, em primeiro lugar, e mais intimamente. Aos inquietos, aos atormentados, àqueles que experimentam fórmulas inéditas de felicidade individual. Dedico-me àqueles que não acreditam em nada daquilo que não lhes é demonstrado. Dedico-me àqueles agitados, sim, aos agitados, porque prefiro a onda que agita à água estagnante; dedico-me àqueles que se revoltam contra o estabelecido e o definido, àqueles que desprezam e renegam os dogmas e as opiniões pré-confeccionadas. Os outros não precisam de mim, a sociedade os considera, todos falam bem deles: esses são os satisfeitos. Estareis orgulhosos, quando falarem mal de vós, por causa de vós mesmos.[65]

---

[64] *Ibidem*, pp. 41-43.
[65] *Ibidem*, p. 46.

A verdadeira educação consiste em estimular o outro a olhar dentro de si, desenvolver personalidades que resistem àqueles que desejam intrometer-se dentro deles, aos conformistas e aos ortodoxos, àqueles que desejam impor-se. O que conta é descobrir e desenvolver as próprias inclinações e reagir com reciprocidade para com os outros indivíduos, viver de luz própria, e não de luz refletida, para o próprio prazer e para a própria felicidade. Todo indivíduo necessita meditar, contar as suas preocupações, as suas penas, os seus desejos, as suas aspirações. Ninguém é absolutamente uma entidade abstrata e imaginária, mas concreta, existente, que possui a necessidade de desenvolver-se incessantemente, continuamente, em todas as possíveis direções de acordo com as próprias e específicas inclinações. A vontade do indivíduo deve poder formar-se e realizar-se todo dia sem contrastar com a vontade alheia. O individualista necessita, para desenvolver-se e expandir-se, de grandes espaços, das flores da terra, das estrelas e do azul do céu, de confrontar-se dia-a-dia com aqueles que desejam as mesmas coisas, que possuem as mesmas expectativas.[66] E esse encontro caracteriza o sentido da alegria e da felicidade:

> Não existe objetivo mais desejável sobre o planeta, para um ser sensível obviamente, do que encontrar um amigo que lhe compreenda (...) sim, uma alma gêmea que sinta como ele, que faça suas as esperanças, as aspirações dele (...) que não o freie nem o moralize, mas que se sente ao seu lado nos dias felizes como naqueles tristes, qualquer indivíduo que seja um outro ele-mesmo, não pelo espírito de imitação, mas por semelhança de temperamento e constituição psicológica.[67]

---

[66] *Ibidem*, pp. 48-50.
[67] *Ibidem*, p. 53.

11. ENTRE EDUCACIONISMO, ESCOLAS LIBERTÁRIAS E REVOLUÇÃO: LUIGI FABBRI

1. Premissa

Na sociedade moderna a infância é o contrário de protegida e defendida, a menos que tu, por defesa das crianças, entendas o abandono que lhes fazem os ricos, exilando-as nos colégios militares ou clericais, e os pobres deixando-as ao poder da rua para crescerem súditos de corpo e alma pelas sarjetas (...). Desejo te dizer antes do mal íntimo, moral, que a sociedade corrompida por meio da família de hoje faz às novas gerações, à infância na qual também se encerra o futuro da humanidade (...). Essas são as conseqüências da organização autoritária da família na sociedade moderna. Ainda que possam existir os inconvenientes da liberdade, esses nunca serão tão graves como aqueles que te indiquei, derivados da falta de liberdade.[1]

Essas claras e perspicazes palavras de Luigi Fabbri[2] representam muito bem a condição da infância na época na qual foram escritas e oferecem uma possível

---

[1] L. FABBRI, *Lettere a una donna sull'anarchia*, Chieti, Ed. Di Sciulo, p. 96, 1905.

[2] Sobre Luigi Fabbri, consulte: U. FEDELI, *Luigi Fabbri*, Turim, Gruppo Editoriale anarchico, 1948; L. (LUCE) FABBRI, *Luigi Fabbri Storia di un uomo libero*, Pisa, BFS Edizioni, 1996; E. ANDREUCCI, T. DETTI, *Il movimenio operaio italiano. Dizionario biografico*, Roma, Ed. Riuniti, vol. II, pp. 265-270, 1976; G. MANFREDONIA, *La lutte humaine*, Paris, Editions du Monde Libertaire, 1994; G. SIRCANA, "Fabbri Luigi", In: *Dizionario biografico degli italiani*, Roma, pp. 637-641, 1994; P. C. MASINI, *Storia degli anarchici italiani nell'epoca degli attentati*, Milão, Rizzoli, pp. 211 e seguintes, 1981; R. GIULIANELLI, "Il giovane Fabbri 1893-1901", In: *Rivista storica dell'anarchismo*, a. 10, n. 2, Pisa, julho-dezembro de 2003; VÁRIOS, *Dizionario biografico degli anarchici italiani*, Pisa, BFS, vol. I, pp. 556-566, 2003.

e mais moderna abordagem sobre o papel da família e da educação autoritária em uma sociedade desigual. Ao mesmo tempo, contudo, superam também a estreita lógica de classe, uma vez que há a preocupação de ler a história da infância como uma história de violência e submissão não considerando as condições sociais de proveniência. Se existem essas diferenças, e Fabbri as evidencia, não são capazes de explicar por si só por que os meninos e as meninas são sempre, e de qualquer modo, a parte mais fraca da humanidade, aquela mais ultrajada, a mais frustrada, sempre e de qualquer forma. Só a lógica do domínio e da autoridade, da hierarquia e da divisão social do trabalho é capaz de atingir a natureza que torna comum toda criança em sua marginalização em relação às suas diversas condições de classe. Toda a vida de Luigi Fabbri é plena de engajamento e atividades a favor da difusão de uma cultura livre de toda a influência autoritária, promotora de um crescimento integral e de uma emancipação autêntica do ser humano.

Adepto do livre pensamento, sem nunca renunciar às suas convicções profundamente libertárias, forma-se na escola de Errico Malatesta, do qual se torna o amigo predileto e companheiro desde o primeiro encontro em Ancona, quando tinha a idade de dezenove anos e o grande revolucionário italiano encontrava-se escondido para redigir de forma clandestina a *Agitazione*.[3] Ele encontra-se como protagonista do período do anarquismo italiano do início do século XX até o exílio da Itália por causa do fascismo, primeiro em Paris e depois no Uruguai. Toda a sua vida de anarquista é marcada por uma profunda atenção aos temas culturais e àqueles da educação popular. É também por isso um dos principais protagonistas do socialismo antiautoritário italiano, embora sem possuir características de grande originalidade, mas com dedicação e seriedade, precisão e clareza, sobre as marcas do pensamento malatestiano. Entretanto, melhor que Malatesta, ele sabe compreender e enfrentar os problemas das práticas educativas e da escola, da importância da formação cultural no processo revolucionário. Aplica-se profissionalmente, primeiro como mestre elementar e, em seguida, no Uruguai, como suplente de funções de diretor didático, depois como militante libertário, fundador e redator de

---

[3] Sobre Errico Malatesta consulte a bela bibliografia do próprio FABBRI: *Malalesta. L'uomo e il pensiero*, Nápoles, RL, 1951. Consulte também: M. NETTLAU, *Errico Malatesta. Vita e pensieri*, Nova York, II Martello, s. d.; A. BORGHI, *Errico Malatesta in 60 anni di lotte anarchiche*, 1933; V. RICHARDS, *Errico Malatesta. Vita e idee*, Catania, Ed. Collana Porro, 1968; S. ARCANGELI, *Errico Malatesta e il comunismo anarchico italiano*, Milão, Jaka Book, 1972; P. FINZI, *La nota persona*, Catania, La Fiaccola, 1990; M. TODA, *Errico Malatesta. Da Mazzini a Bakunin*, Napoli, Guida, 1988. Sobre o seu pensamento, consulte: BERTI, *Il pensiero anarchico. Dal Settecento al Novecento*, Manduria, Lacaita, pp. 371-446, 1998. Enfim, consulte a monografia monumental: G. BERTI, *Errico Malatesta e il movimento anarchico italiano e internazionale (1872-1932)*, Milão, Franco Angeli, 2003.

dois periódicos anarquistas de modelo educacionista: *Il Pensiero* e *La Scuola Moderna*.[4]

Os seus traços de educador libertário e a sua concepção da anarquia como uma idéia que contemple necessariamente a autoformação ética é evidente em Luigi Fabbri quando, em uma nota a um excerto de um livro de Jean Grave, que ele traduz do francês para a editora Serantoni de Florença[5], afirma dessa maneira: "Não nos esqueçamos que a anarquia é também uma idéia moral de educação do caráter."[6]

Não obstante a linearidade evolutiva de seu pensamento, ele possui uma vida muito atormentada que o vê, antes, como estudante, mantido sob o olhar vigilante das forças policiais; depois, perseguido e transferido continuamente como mestre elementar em várias localidades da Itália, enfim exilado na França e no Uruguai. A sua vocação para a reflexão crítica realiza-se desde um de seus primeiros opúsculos dedicado a Carlo Pisacane, indicado claramente como um "mestre do pensamento e da ação"[7], como o primeiro revolucionário italiano que sabe dar às aspirações humanas um conteúdo positivo. Um homem ao qual se deve um grande reconhecimento porque "enquanto nos ensinava com o exemplo como se luta e se morre por uma idéia, ditava-nos desde então as primeiras palavras da nossa idéia socialista e libertária."[8] O exemplo de Pisacane, homem de ação e pensamento, delineia-se bem, de acordo com Fabbri, à perspectiva do socialismo libertário, por-que compreende por completo a relação estreita e profunda que deve existir entre a realidade, o estudo e a reflexão sobre essa. Exatamente em torno dessa convicção, Luigi Fabbri constituirá toda a sua vida feita de ativismo antagonista e pensamento crítico, de participação ativa na ação revolucionária e naquela de educação e pro-paganda popular, de entusiasmo e coordenação de importantes iniciativas editoriais. Como escritor, aborda diversas questões de interesse para a obra de definição de um anarquismo humano e ético frente a extraordinários acontecimentos históricos

---

[4] Sobre esses dois importantes periódicos, consulte: L. BETTINI, *Bibliografia dell'anarchismo*, Florença, CP Editrice, vol. I, t. 1, 1972. Além disso: F. CODELLO, Scuola laica e scuola libera in alcuni periodici anarchici dell'età giolittiana, In: *Bollettino CIRSE*, a. III, n. 6, Parma, 1983.

[5] A. P. GIORDANO, "L'editore errante dell'anarchia. Appunti per una biografia di Fortunato Serantoni", In: *Rivista storica dell'anarchismo*, a. 6, n. 1 (11), Pisa, Janeiro-Junho de 1999.

[6] L. FABBRI, "Nota do tradutor", In: J. GRAVE, *La società morente e l'anarchia*, Florença-Roma, F. Serantoni Editore, p. 205, 1907.

[7] L. FABBRI, *Carlo Pisacane. La vita, le opere, l'azione rivoluzionaria*, Roma-Firenze, F. Serantoni Editore, p. 5, 1904. Luigi Fabbri insistirá particularmente sobre a formação do caráter, também com conselhos razoáveis de educação cotidiana em uma coluna, "La pagina delle mammine" na revista de Bolonha *La Scuola Moderna* (1910-1911). Consulte por exemplo: L. FABBRI, "Irrequietezza e bontà", In: *La Scuola Moderna*, a. 1, n. 6, Bolonha, 16-28 de fevereiro de 1911.

[8] *Ibidem.*

como a Revolução Russa e a luta contra o fascismo.[9] Além disso, ele desenvolve, de um lado, uma forte crítica à educação burguesa e à instrução elitista, de outro, no entanto, destaca a importância fundamental que a cultura e o conhecimento possuem na formação de uma consciência revolucionária. Escreve a respeito disso:

> A cultura e a ciência oficiais do Estado possuem certamente a nossa aversão total e profunda, mas não porque amamos a ignorância, ao contrário, porque elas são falsificadas, artificiais, desumanas e desviadas de modo a tornar-se instrumento de governo e de classe; porque, se eliminam as noções elementares das ciências exatas impossíveis de falsificar-se, nas escolas — também nas elementares, mas mais ainda nas secundárias e superiores — o ensino não é senão um leito de Procusto para a fabricação de consciências flexíveis e servis, de mentes que ignoram tudo aquilo que não favorece a se tornar ricos e potentes ou para reforçar o domínio desses.[10]

O escopo é aquele de perseguir um objetivo, construir uma sociedade diferente na qual o conhecimento seja patrimônio comum e constitua o fundamento de uma convivência renovada entre os seres humanos: "Os homens nunca serão perfeitos; é certo, entretanto, eliminando aqueles que entendemos serem as causas das tragédias e dos erros, essas tragédias e esses erros cessarão, e, por isso, os homens tornar-se-ão melhores moral e fisicamente, e serão capazes de melhorar ainda mais. Não haverá o paraíso nem mesmo então, mas se estará melhor do que hoje."[11]

2. A crítica à educação religiosa

Entre os obstáculos que se colocam para a edificação de uma sociedade mais livre, Luigi Fabbri indica o clericalismo, não apenas aquele formal, mas exatamente aquele organizado e profundo, que prega a submissão e a obediência, aquele que está de acordo com o militarismo e com as outras formas de exploração e de su-

---

[9] L. FABBRI, *Dittatura e rivoluzione*, Ancona, Libreria Editrice Internazionale Giovanni Bitelli, 1921; Idem, *La controrivoluzione preventiva*, Bolonha, 1922. Consulte também: LIPPARONI, *Le origini del fascismo nel pensiero di Luigi Fabbri*, Fabriano, 1975. Consulte também a sua análise sobre a origem das ditaduras e sobre as diferenças entre as comunistas e as fascistas: L. FABBRI, *Le dittature. Contra la libertà dei popoli*, Nova York, Il Martello, s. d. (1927). Enfim: L. PEZZICA, "Luigi Fabbri e l'analisi del fascismo", In: *Rivista storica dell'anarchismo*, a. 2, n. 2, Pisa, julho-dezembro de 1995; M. ANTONIOLI, "Gli anarchici italiani e la Prima Guerra Mondiale. II diario di Luigi Fabbri (maggio-settembre 1915)", In: *Rivista storica dell'anarchismo*, a. 6, n. 1, Pisa, janeiro-junho de 1999.
[10] L. FABBRI, "Socialismo e ignoranza", In: *Umanità Nova*, a. I, n. 21, Milão, 23 março de 1920.
[11] L. FABBRI, "Che cosa è l'anarchia", In: *Il Pensiero*, a. II, n. 3, Roma, 16 de fevereiro de 1904.

ENTRE EDUCACIONISMO, ESCOLAS LIBERTÁRIAS E REVOLUÇÃO: LUIGI FABBRI

jeição do homem sobre o homem.[12] Nesse ambiente, amadurecem as suas opiniões a propósito da temática do livre pensamento e daquelas posições próprias da maçonaria laica e anticlerical, que nesses anos é ativa na batalha para difundir os valores próprios da laicidade do Estado. A ocasião oficial é representada pelo congresso do livre pensamento que se realiza em Roma em 20 de setembro de 1904, e que Fabbri anuncia nas páginas de *Il Pensiero*. Mas ao destacar a importância dessa reunião, não lhe foge a contradição mais verdadeira e profunda, ou seja, a estreita ligação que há entre as duas formas de poder, Igreja e Estado, e a potência econômica que emana do Vaticano. Além disso, não deixa de desafiar os organizadores dessa manifestação sobre o tema da verdadeira expressão de liberdade que os libertários estão interessados em levar ao centro do debate: aquela de discordar contra toda forma de autoridade constituída:

> Esperemos e veremos; mas, enquanto esperam, aqueles que se interessam pelo êxito do congresso e crêem em sua utilidade, não fiquem de braços cruzados: trabalhem para que isso proporcione real e certamente uma boa batalha contra as forças aliadas da reação, e não apenas da reação clerical.[13]

Luigi Fabbri engaja-se ativamente para favorecer ao máximo a participação do maior número possível de companheiros nesse congresso, de modo a garantir um número elevado de adesões e intervenções libertárias durante os trabalhos, para assinalar com vigor as problemáticas antiautoritárias.[14] E ele apresenta-se a essa reunião com um artigo que destaca como a verdadeira liberdade consiste exatamente na libertação dos indivíduos de toda forma de sujeição, não apenas da opressão clerical, mas também de outras formas nas quais se manifesta a autoridade, ou seja, aquela econômica, política, cultural.[15] Graças também a essas premissas, e seguramente ao trabalho sutil e contínuo de Luigi Fabbri, o congresso vota uma série de moções que pertencem à tradição mais clássica do anarquismo, como a recusa de toda forma de domínio, opressão e desigualdade, contra todo militarismo e monarquia, "contra a autocracia, a polícia internacional, as leis restritivas da liberdade, o princípio de autoridade. Foram lidos relatórios audaciosos não apenas contra as religiões, mas também contra os poderes civis constituídos, contra o Estado e o Capital."[16]

---

[12] L. FABBRI, "L'altro nemico", In: *Il Pensiero*, a. II, n. 9, Roma, 16 de maio de 1904.

[13] L. FABBRI, "Un congresso per la libertà del pensiero", In: *Il Pensiero*, a. II, n. 11, Roma, 16 de junho de 1904.

[14] L. FABBRI, "Pel Congresso del Libero Pensiero", In: *Il Pensiero*, a. II, n. 16, Roma, 1º de setembro de 1904.

[15] L. FABBRI, "La libertà", In: *Il Pensiero*, a. II, n. 17-18, Roma, 16 de setembro de 1904.

[16] L. FABBRI, "Pensiero ed azione", In: *Il Pensiero*, a. II, n. 20, Roma, 16 de outubro de 1904.

320 "A BOA EDUCAÇÃO" – EXPERIÊNCIAS LIBERTÁRIAS E TEORIAS ANARQUISTAS...

E ele coloca essa participação ativa ao lado das reuniões mais militantes, com a elaboração histórica e teórica de um opúsculo que retoma o tema do anticlericalismo libertário e possui o escopo de tornar-se uma forma de divulgação popular e de propaganda dedicada ao despertar das consciências adormecidas do proletariado e de instrução das massas. No mesmo ano é publicado um opúsculo sobre torturas infligidas por jesuítas espanhóis aos detentos, especialmente àqueles políticos.[17] Mas o trabalho de educação moral, Luigi Fabbri o realiza, além disso, por meio de um trabalho incessante de propaganda que ele executa sobretudo com a colaboração em numerosos periódicos anarquistas. O seu primeiro trabalho mais estruturado e publicado assume exatamente a forma epistolar que mais se aproxima do estilo mais bem compreensível e adaptado para difundir essas idéias no povo. De fato, em 1905 o editor Camillo Di Sciullo di Chieti[18], representante do anarquismo daquele tempo, edita um livro no qual são reunidas as cartas para essa finalidade, escritas por Luigi Fabbri, com o intento de abordar, de maneira discursiva e acessível, as temáticas mais atuais do pensamento anarquista.[19] O objetivo declarado é o de explicar por que é necessária uma revolução radical para criar uma nova sociedade:

> Somos revolucionários porque estamos convencidos disso tudo e porque contribuímos indiretamente para que isso ocorra, propagando as idéias, formando as consciências, despertando no povo o sentimento das próprias necessidades, educando-o ao exercício do pensamento e da ação, trabalhando, em suma, em torno da evolução em direção ao progresso.[20]

Um dos meios mais potentes para a formação de um mundo mais justo é, sem dúvida, a educação revolucionária. Luigi Fabbri está convencido profundamente de que não seria possível nenhuma sociedade livre sem uma nova idéia antropológica. Um novo homem, nutrido com a idéia de solidariedade e liberdade, é o objetivo de uma verdadeira educação libertária. O homem não nasce perfeito, mas pode certamente aperfeiçoar-se, e é o dever moral de todo libertário prodigalizar para remover o maior número de obstáculos possível para permitir a todo indivíduo exprimir-se em completa autonomia.[21]

O problema educativo não pode ser resolvido de modo separado de todos os outros que determinam a "questão social". Portanto, não é pensável uma educação

---

[17] L. FABBRI, *L'inquisizione moderna*, Firenze, F. Serantoni, 1904.

[18] Sobre Camillo Di Sciullo consulte: F. PALOMBO, *Camillo Di Sciullo anarchico e tipografo di Chieti*, Pescara, Samizdat, 1996; M. L. CALICE, *Gli anarchid abruzzesi nel periodo giolittiano*, Pescara, Samizdat, pp. 22-33, 1998.

[19] L. FABBRI, *Lettere ad uma donna sull' anarchia*, Chieti, Editore Camilo Di Sciullo, 1905.

[20] *Ibidem*, pp. 20-21.

[21] *Ibidem*, pp. 68-73.

ENTRE EDUCACIONISMO, ESCOLAS LIBERTÁRIAS E REVOLUÇÃO: LUIGI FABBRI

diferente senão em um contexto social profundamente modificado e fundamentado nas livres uniões de homens e mulheres que sejam sustentadas exclusivamente no amor e no respeito recíproco. As crianças não serão mais propriedade dos pais, mas encontrarão também na comunidade que as circunda o sustento e a ajuda para o seu livre e espontâneo crescimento. A própria escola, sustenta ainda Fabbri, não será como agora, "algo de separado e diverso da vida, mas a emancipação da própria vida da sociedade, despojada de todos os caprichos obscuros da religião e dos prejulgamentos e feita de toda a ciência adquirida, na qual cada um obterá os conhecimentos que lhes serão necessários e que corresponderão ao seu desejo de conhecer a verdade."[22]

Em setembro de 1905, ocorre em Paris o "Congresso Internacional do Livre Pensamento" no qual Luigi Fabbri dedica, desde maio, um artigo em que renova o convite — tendo em vista o sucesso do congresso de Roma — aos libertários para participarem em massa para representarem também nessa ocasião os trabalhos dos congressistas em sentido libertário. Trata-se, na opinião dele, de compreender, também nesse caso, a oportunidade de sustentar uma leitura anarquista da ordem do dia de modo que as resoluções finais contenham o máximo possível de elementos de natureza libertária, com o fim de propagar o consenso e a propaganda sobre temas como a luta contra a religião, o Estado, o militarismo e as desigualdades, contribuindo, dessa maneira, para a difusão de uma educação popular e livre de todo dogmatismo.[23]

Por causa de uma doença, Luigi Fabbri não participa dos trabalhos em Paris, mas publica na revista *Il Pensiero* duas intervenções de F. Domela Nieuwenhuis e Libero Merlino que representam a expressão das posições anarquistas mais significativas durante o congresso.[24] Mas o empenho de Fabbri não é certamente menor, como se pode presumir de uma carta que escreve a Arcangelo Ghisleri, na qual exprime toda a sua convicção a propósito da necessidade, no trabalho de formação de um homem novo e livre, de combater a influência dogmática e religiosa no processo educativo:

> A nossa propaganda contra todas as religiões, a educação prejudicada de nossas mulheres e de nossas crianças, o não negligenciar jamais a questão religiosa quando falamos de nossas idéias, as conferências, as publicações etc., tudo está ali para

---

[22] *Ibidem*, p. 99.
[23] L. FABBRI, "Il Congresso del Libero Pensiero di Parigi", In: *Il Pensiero*, a. II, n. 10, Roma, 16 de maio de 1905.
[24] F. DOMELA NIEUWENHUIS, "Il Congresso del Libero Pensiero", In: *Il Pensiero*, a. III n. 18, Roma, 16 de setembro de 1905; L. MERLINO, "Il Congresso internazionale di Parigi del Libero Pensiero", In: *Il Pensiero*, a. II n. 19, Roma, 1º de outubro de 1905.

322   "A BOA EDUCAÇÃO" – EXPERIÊNCIAS LIBERTÁRIAS E TEORIAS ANARQUISTAS...

provar a nossa atividade (...). A revista *Il Pensiero*, que escrevo quase por completo, fará uma guerra contínua aos preconceitos religiosos, ou àquilo que concerne à religião, apoiará tudo aquilo que a Federação Internacional do Livre Pensamento realizará, a menos que faça coisas contrárias à liberdade de pensamento, algo que não creio que seja possível.[25]

Em particular, ele denuncia com vigor a função mais especificamente política que a formação religiosa desenvolve quando realiza o trabalho sistemático de condicionamento e submissão. De fato, é por meio do ensino religioso que se incute na essência humana a resignação ao poder constituído e à autoridade. A crença em Deus é transmitida de pai para filho, desde que essa fé tenha adquirido uma força de grande verdade sustentada pelo hábito de quem não deseja aceitar o esforço intelectual das discussões, do raciocínio autônomo, da pesquisa pessoal sobre as causas do que acontece. Desse modo, realiza-se formando uma imposição e uma preguiça que nas crianças deixa um rastro e uma influência por toda a sua vida. Em suma, perpetua-se o hábito e apresenta-se de novo um método de aceitação das coisas que são totalmente consideradas como inevitáveis e deduzidas sem que se oponha a elas uma reflexão crítica.

A formação religiosa é o principal motivo dessa formação para a passividade porque permeia cada aspecto da vida e da busca existencial. Para convencer-se de quanto a difusão dessa imposição religiosa é instrumental, basta pensar como na realidade todos desejam que o povo seja religioso, entre os poderosos e os ricos, porque estes temem a liberação dos indivíduos, e principalmente da mulher, que, uma vez emancipada de tudo isso, educaria "os filhos de modo que o espírito de submissão, de obediência à autoridade desapareceria."[26] Disso deriva a convicção da importância de implantar uma nova educação que se inspire em outros valores, e sobretudo que, desde a família, encontre um acordo entre os pais em relação aos princípios de liberdade e de autonomia de toda forma de dogmatismo. O desacordo entre os pais, principalmente no que se refere ao ensino religioso, é absolutamente pernicioso e nefasto para a formação das crianças. Portanto, deve haver esclarecimento entre os pais para ampliar os espaços de autonomia e coerência a favor de uma educação racional e científica e contra uma educação que se fundamente em superstições religiosas.[27] É necessário ocupar-se ativamente da educação dos jovens e fazer de modo que esses possam encontrar professores e

---

[25] *Lettera di Luigi Fabbri ad Arcangelo Ghisleri*, Roma, 2 de março de 1904 (Pisa, Domus Mazziniana, Carte Ghisleri).

[26] FABBRI, *Lettere ad una donna sull'anarchia*, p. 112.

[27] L. FABBRI, "Il problema dell'educazione a teatro", In: *La Scuola Laica*, a. I, n. 2-3, Roma, 1-15 de junho de 1908.

ENTRE EDUCACIONISMO, ESCOLAS LIBERTÁRIAS E REVOLUÇÃO: LUIGI FABBRI

pais capazes de opor-se crítica e decisivamente ao trabalho de doutrinamento que o Estado e a Igreja administram às novas gerações por meio "dos instigantes militarismos e com a droga hipnotizante do misticismo católico."[28] A crítica de Fabbri à imposição religiosa não acaba na denúncia do papel de formação gregária e autoritária que ela exerce, mas aborda também a questão da relação entre liberdade de expressão, manifestação e liberdade de todo condicionamento. Escreve: "reconhecer no padre o direito à liberdade de ensino é o mesmo que reconhecer o direito de ressecar as nascentes do pensamento, imbecilizar as novas gerações, resumindo, violar a liberdade do pensamento alheio, envenenar a vida intelectual futura." Isso porque o ensino religioso não é de maneira nenhuma a apresentação de uma idéia específica, mas contém em si a pretensão e a presunção de ser o conhecimento único e verdadeiro e, por isso, arroga-se o direito de combater todos os outros. O ensino ministrado de acordo com os critérios da religião significa de fato um obstáculo à liberdade de consciência, constitui um limite imposto à razão humana. Somente quando "formos todos livres e iguais, em uma sociedade emancipada de todas as tiranias (...) poderemos, então, falar de liberdade para todos, também para os religiosos." Hoje, ao contrário, conclui, "estamos em guerra (...) em uma condição de inferioridade" e, portanto, a liberdade de ensino transforma-se, na mão dos clérigos, em uma ação contra a própria liberdade.[29] Autonomia de pensamento significa possibilidade concreta e garantida de manifestar tal pensamento, mas, exatamente, os seguidores das várias religiões impediram, de fato, no decorrer da história, principalmente essa possibilidade de expressão dos pensamentos diversos e divergentes. Esse é o motivo pelo qual é necessário que a educação fundamente-se na liberdade de expressão, mas também na libertação igual de toda forma de condicionamento. Em suma, Fabbri sustenta que a liberdade "para" precede a liberdade "de": somente quando for garantida, em primeiro lugar, uma condição de igualdade e de liberdade de toda exploração e opressão, será possível garantir também aos religiosos a possibilidade de exprimir-se livremente sem, entretanto, que ninguém tenha os instrumentos concretos para impor alguma coisa a alguém.[30]

E a prova dos acontecimentos, representada pela aprovação da reforma Gentile, em 1923[31], oferece ao movimento socialista e libertário a oportunidade para experimentar, uma vez mais, a união entre Estado-Igreja no tema de instrução e

---

[28] L. FABBRI, "La scuola contro la reazione", In: *La Scuola Moderna*, a. I, n. 7, Bolonha, 1-15 de março de 1911.

[29] L. FABBRI, "La libertà d'insegnamento", In: *La Scuola Moderna*, a. I, n. 8, Bolonha, 16-31 de março de 1911.

[30] L. FABBRI, "Che cosa intendiamo per libertà di pensiero", In: *La Scuola Moderna*, a. I, n. 9, Bolonha, 1-30 de abril de 1911.

[31] Sobre a reforma Gentile, consulte: L. AMBROSOLI, *Libertà e religione nella riforma Gentile*,

educação. De fato, "com a escola do *pater noster* e de um catecismo desejado por Gentile, os padres podem também fechar as escolas que possuem e economizar os gastos. Bastam-lhes as escolas do governo!"[32] Com esse juízo severo e claro, os anarquistas italianos[33], não apenas Fabbri, opõem-se decisivamente à reforma Gentile, embora na presença de aspectos que pareçam representar algumas razões mais interessantes, uma vez que ainda estão inseridas em uma lógica de domínio: "A verdade é que nos encontramos frente ao Estado, o qual sempre, regularmente, pela sua função estrutural, faz bem o mal e mal o bem. E, de fato, todos os bons propósitos de Gentile, desse ponto de vista, são neutralizados e anulados pelo peso insuportável que foi colocado sobre esse: o ensino religioso."[34] Portanto, oposição firme e radical contra a reforma Gentile por parte dos anarquistas italianos, exatamente porque, com a introdução do ensino religioso obrigatório, ela vai contra toda forma de liberdade e justiça: "Seria melhor que o aluno formasse por si uma consciência e, pouco a pouco, as idéias sobre religião, assim como sobre todo o resto."[35] A posição de Fabbri a respeito da religião é, então, clara, da mesma forma que é pertinente e precisa a denúncia que ele faz no que diz respeito à relação estreita que intercorre entre os dogmas religiosos, políticos e econômicos que as instituições sociais se preocupam em incutir nas mentes dos jovens. E, quando o fascismo se afirma, tudo isso se mostra ainda mais evidente:

> Hoje, os perigos e os danos são maiores. Não apenas a escola tornada clerical contribui para a eventual educação religiosa materna, mas tal educação dá-se também independentemente da vontade da mãe e do pai. Às crianças é incutida, além disso, uma quantidade de outros dogmas e preconceitos de caráter social e político, que seria um grave erro deixá-los criar raízes na tenra essência infantil. Fora da escola, outras influências perniciosas vêm da rua, dos cinemas, dos esportes etc.; as crianças absorvem os germes nefastos de brutalidade, violência e desumanidade, tendências à vaidade, à coreografia, à mentira e à dissimulação. Permanecer indiferente, deixar que água desça pela ladeira, contentar-se que os filhos

---

Firenze, Vallecchi, 1980; C. BETTI, *Sapienza e timor di Dio*, Florença, La Nuova Italia, pp. 83-148, 1992; J. CHAMITZKY, *Fascismo e scuola*, Florença, La Nuova Italia, pp. 93-191, 1996.

[32] MAGISTER LUDI (L. Fabbri), "La libertà della scuola", In: *Fede*, a. I, n. 14, Roma, 1923.

[33] Consulte, como exemplo, o julgamento da mesma forma severo de C. Bemeri: "Dopo un anno di riforma Gentile. L'esperimento del catechismo", In: *Conscientia*, a. III, n. 17, Roma, 1º de setembro de 1924; (Camillo Berneri), "Un pulcino nella stoppa", in: *Fede*, a. II, n. 20, Roma, 3 de fevereiro de 1924; C. BERNERI, "Spinoza fanciullo e Gentile ministro", In: *Rivoluzione Liberale*, a. III, n. 9, Turim, 26 de fevereiro de 1924.

[34] MAGISTER LUDI (L. Fabbri), "A proposito dell'insegnamento religioso nelle scuole", In: *Fede*, a. II, n. 20, Roma, 3 de fevereiro de 1924.

[35] *Ibidem*.

ENTRE EDUCACIONISMO, ESCOLAS LIBERTÁRIAS E REVOLUÇÃO: LUIGI FABBRI

permaneçam nos limites da reverência às leis e das conveniências usuais, sem preocupar-se com os sentimentos que são infiltrados neles deliberadamente, com um escopo evidente de retrocesso social, seria o verdadeiro delito.[36]

3. Uma educação libertária em uma escola livre

Entre 16 e 20 de junho de 1907, realiza-se em Roma um importante congresso anarquista (um outro congresso internacional ocorre entre 24 e 31 de agosto em Amsterdã) que assinala, sem dúvida, um ponto muito alto do esforço organizativo do anarquismo pré-bélico depois de um período de grandes dificuldades e desagregações.[37] Durante esses dias, Luigi Fabbri torna-se o promotor também de uma ordem do dia, aprovada por unanimidade, de claro aspecto educacionista:

> Os anarquistas fazem-se promotores na Itália, a exemplo daquilo que fez Ferrer na Espanha, e que o companheiro Luigi Molinari iniciou em Milão, da instituição de escolas modernas de índole racionalista científica; convida formalmente todos os companheiros a uma maior coerência na vida privada com as idéias anti-religiosas, em relação à educação da família.[38]

O tema da educação libertária assume, no pensamento de Fabbri, um lugar cada vez mais importante, e isso fará com que ele dedique uma parte importante de seu engajamento militante para difundir e propagandear os conteúdos dessa temática, seja por meio da fundação, alguns anos depois, do único periódico anarquista específico que jamais foi publicado na Itália[39], seja na atividade de apoio à "Escola Moderna" de Barcelona e ao educador libertário Francisco Ferrer, sem,

---

[36] L. FABBRI, "Del governo della famiglia", In: *Pensiero e Volontà*, a. II, n. 14, Roma, 1º de novembro de 1925. Consulte também: L. FABBRI, "La Chiesa e lo Stato", In: *Vogliamo*, a. II, n. 1-2, Biasca, 1º de setembro de 1929.

[37] Sobre esse período e esses episódios, consulte: MASINI, *Storia degli anarchici italiani nell'epoca degli attentati*; G. CERRITO, *Dall'insurrezionalismo alla settimana rossa*, Florença, CP editrice, 1977; Idem, *L'antimilitarismo anarchico in Italia nel primo ventennio del secolo*, Pistoia, RL, 1968; A. DADÀ, *L'anarchismo in Italia: fra movimento e partito*, Milão, Teti, 1984; M. ANTONIOLI, Introduzione, In: L. FABBRI, *L'organizzazione operaia e l'anarchia*, Florença, CP editrice, 1975; E. SANTARELLI, *Il socialismo anarchico in Italia*, Milão, Feltrinelli, 1959. A relação de Luigi Fabbri é também emblemática no Congresso de Roma: EVA RANIERI (L. Fabbri), "Alcune idee sul movimento anarchico in Italia", In: *Il Pensiero*, a. V, n. 11, Roma, 1º junho de 1907. Finalmente, consulte a carta aberta, ainda de Fabbri, a Francesco Saverio Merlino, com o título "Il movimento anarchico contemporaneo" publicado também pela *Il Pensiero*, a. V, n. 14, Roma, 16 julho de 1907.

[38] A ordem do dia encontra-se publicada em: *Il Pensiero*, a. V, n. 14, Roma, 16 de julho de 1907.

[39] Trata-se de "La Scuola Moderna" de Bolonha (BETTINI, *Bibliografia dell'anarchismo*, vol. 1, t. 1).

contudo, jamais transformar essa sensibilidade pedagógica na única razão de sua vida ativa e militante. Por outro lado, ele está convencido de que os homens não nascem nem bons nem maus, mas que se tornam aquilo que as condições histórico-sociais e a educação ministrada desenvolvem em todo ser humano.[40] Esse é o motivo pelo qual é indispensável ocupar-se tanto de temas educativos quanto de projetar escolas libertárias capazes de permitir a manifestação livre e autônoma do desenvolvimento das personalidades individuais infantis a exemplo daquilo praticado nas escolas de Ferrer, em Barcelona, das quais Fabbri tornar-se-á, junto com Luigi Molinari[41], o principal interlocutor italiano. De fato, das páginas da *Il Pensiero* ele trata de levar ao conhecimento dos leitores as idéias e os propósitos de Ferrer e ilustrar as principais teses de sua pedagogia.[42]

Luigi Fabbri realiza exatamente os princípios e as idéias pedagógicas de Ferrer fundamentadas no racionalismo positivista, no anticlericalismo, na co-educação dos sexos e na relação libertária e igualitária entre mestre e discípulo. A atenção demonstrada a respeito dos problemas educativos e de uma instrução para todos, testemunhada já pela participação no debate na revista *L'Università Popolare*[43], de Luigi Molinari, a propósito da função e da utilidade das universidades populares[44], pode-se evidenciar muito bem em um artigo com título significativo: "Um coeficiente revolucionário muito negligenciado", presente ainda em *Il Pensiero*[45].

Trata-se da reprodução de um relatório apresentado no congresso da região de Lácio sobre o livre pensamento, realizado em Marino, em 15 de setembro de 1907, na qual Luigi Fabbri inicia afirmando que "o opúsculo subversivo por excelência é o silabário" e isso corresponde à verdade do momento que os homens

---

[40] FABBRI, *Lettere ad una donna sull'anarchia*, p. 33.

[41] Sobre Luigi Molinari, consulte: CODELLO, *Educazione e anarchismo. L'idea educativa nel movimento anarchico in Italia* (1900-1926), Ferrara, Corso, pp. 143-178, 1995; Idem, "Luigi Molinari: notizie biografiche", In: VÁRIOS, *Luigi Molinari*.

[42] EVA RANIERI (L. Fabbri), "La Scuola Moderna di Barcellona", In: *Il Pensiero*,a. IV, n. 19, Roma, 1º de outubro de 1906.

[43] Sobre este periódico, consulte: BETTINI, *Bibliografia dell'anarchismo*, pp. 149-151.

[44] "Risposta di Luigi Fabbri al questionario", In: *L'Università Popolare*, a. 1, n. 20, Mantova, 1º de dezembro de 1901. Fabbri sustenta que nas Universidades Populares deve ser instaurada uma "corrente de simpatia e uma troca contínua de pensamento" entre professores e alunos, que favoreça a motivação e a aproximação ao estudo e à pesquisa. É, portanto, eliminada toda retórica e prolixidade, e os ensinamentos devem ser reduzidos ao essencial. As matérias para se ensinar devem ser, em sua opinião, aquelas com maiores ligações com a vida prática do povo e fazerem amplo uso de experimentações para difundir uma concepção científica da vida. Portanto, os exames são inúteis e é necessário empenhar-se para divulgar textos e opúsculos ilustrativos e simples, para aproximar as pessoas das problemáticas da ciência.

[45] L. FABBRI, "Un coefficiente rivoluzionario troppo trascurato", In: *Il Pensiero*, a. V, n. 18, Roma, 16 de setembro de 1907.

ENTRE EDUCACIONISMO, ESCOLAS LIBERTÁRIAS E REVOLUÇÃO: LUIGI FABBRI 327

de poder lamentam freqüentemente o fato de que muita gente saiba ler e escrever e, portanto, seja capaz de raciocinar com a própria mente. Por isso "não é sem simpatia que se pode observar tudo o que vem sendo feito em prol da instrução elementar, direta e indiretamente, (...) trata-se da agitação para a refeição escolar ou daquela para a melhora econômica dos mestres elementares, trata-se de estender a cultura primária onde ainda, não obstante, a lei é ignorada, ou purificando-a do vírus clerical tornando-a laica." Dito isso, entretanto, é necessário imediatamente especificar que essa não pode constituir a única luta praticável. Sem uma melhora geral de toda a sociedade, não será possível construir uma nova humanidade. Isso significa, segundo Fabbri, que a luta pela revolução social não pode ser iniciada por um único ponto de vista porque, ao proletariado, tudo aquilo que será retirado da burguesia, de um lado, lhe servirá para combatê-la melhor de outro. Mas, persiste, é indispensável para aqueles que desejam verdadeiramente mudar o estado de coisas existentes, tornar a instrução sempre mais fácil, geral, moderna e laica, fazendo com que os alunos e mestres afeiçoem-se à escola e que em seu interior "eduquem-se as mentes para entender a verdade, e não as obscureça com a repetição mecânica, humilhante e deprimente, da doutrina e das pregações católicas." Além disso, para estender verdadeiramente a plena cultura ao povo, "além de cuidar do ensino secundário, para que se torne mais racional, útil e científico, e desloque-se das reproduções reacionárias do classicismo, além de fazer irromper nas escolas superiores uma corrente de modernidade sã e oxigenada, além de libertar em gênero todas os institutos escolares das opressões burocráticas, das dificuldades econômicas, das velharias das fórmulas desde já superadas pelo progresso científico, é necessário, digo, fazer sair a cultura das cátedras e dos ateneus, e conduzi-la em meio ao povo." Universidades, bibliotecas e teatros populares podem contribuir muito para esse trabalho de difusão da cultura popular, não obstante a sua limitação e algumas contradições que as asseguram, entretanto, sem dúvida, podem ser um instrumento útil de instrução e educação e, principalmente, incutir nas mentes proletárias o desejo, cada vez mais impregnado, de aumentar os próprios conhecimentos e afirmar com vigor e convicção os próprios direitos.

Também por ocasião do debate parlamentar sobre escola laica, Luigi Fabbri chama novamente a atenção para a necessidade de sustentar as iniciativas populares e diretas para o apoio de uma laicidade que se tornou desde já irrenunciável, mas ao mesmo tempo tão urgente quanto ter sempre coligada as reivindicações parciais com uma visão do conjunto do problema social, e, sobretudo, de valer-se sempre dos meios que não estejam em contradição com os fins da liberdade e da autonomia: "Para obter isso não é totalmente necessário que reconheçamos a utilidade do Estado e que façamos nós mesmos, revolucionários, o parlamentarismo.

328 "A BOA EDUCAÇÃO" – EXPERIÊNCIAS LIBERTÁRIAS E TEORIAS ANARQUISTAS...

Devemos, sempre e somente, nos dedicar ao povo, e fazer dele o agente principal e o intérprete direto de suas necessidades".[46]

Como se vê, a sua intervenção, mesmo nesse caso, avança na tradição do pensamento libertário, ou seja, ao considerar sempre e de qualquer modo como absolutamente não utilizáveis por alguns anarquistas os meios legalitários sem, entretanto, menosprezar a positividade de legislações mais avançadas que são exclusivamente o fruto dos movimentos populares de ação e de luta, que, portanto, chegam a dar sistematização e adequações legais aos pedidos já amadurecidos e assimilados pelo proletariado. Isso significa preocupar-se com a educação popular e com a instrução para todos, mas o modo correto para se ocupar verdadeiramente disso é o de não iludir o proletariado sobre o uso do poder, uma vez que a lógica do domínio não subentende outra coisa a não ser a sua perpetuação, mesmo quando é governada pelos socialistas e pela esquerda.[47] Em vez disso, o exemplo a seguir, o modelo ao qual se inspirar para construir o verdadeiro projeto educativo antiautoritário é exatamente aquele de Francisco Ferrer, que permanece absolutamente vivo e fecundo de ensinamentos, mesmo depois do seu fuzilamento por obra do Estado espanhol clerical e reacionário:

> Cabe a nós, que fomos amigos dele, mas somos seguidores das idéias mais do que da pessoa de Ferrer, seguir mais rigorosamente o testamento severo. Não há idolatria pelo homem; resta por ele a afetuosa recordação, mas o nosso trabalho volta-se à continuação de sua obra, ao ensino da civilização nova sem Deus e sem patrões, na qual burguesia não nos seguirá jamais.[48]

Luigi Fabbri dedica ao mártir espanhol um opúsculo no qual resume a vida e a obra desse extraordinário educador, concluindo:

> A obra de Francisco Ferrer e o seu pensamento não estão mortos. Mais vivos do que antes, continuam o seu caminho em meio aos homens, terror para todos os sobreviventes adoradores do passado, inquietação para os covardes conservadores do presente, esperança radiante para todos aqueles que têm fixo o olhar no futuro.[49]

É necessário recordar que Luigi Fabbri havia se tornado o principal interlocutor de Francisco Ferrer na Itália, tanto que era o redator da seção italiana da

---

[46] L. FABBRI, "La scuola laica", In: *Il Pensiero*, a. VI, n. 5, Roma, 1º de março de 1908.

[47] L. FABBRI, "I calunniatori del popolo", In: *Il Pensiero*, a. VI, n. 9, Roma, 1º de maio de 1908; Idem, "Dov'è l'uscita", In: *Il Pensiero*, a. VI, n. 10, Roma, 16 de maio de 1908; Idem, "Il Congresso delle donne", In: *Il Pensiero*, a. VI, n. 11, Roma, 1º de junho de 1908; Idem, "La crisi della rivoluzione, la legislazione operaia", In: *Il Pensiero*, a. VI, n. 13-14, Roma, 1-16 de julho de 1908.

[48] L. FABBRI, "La luce del martirio", In: *Il Pensiero*, a. VII n. 21-22, Bolonha, 1-16 de novembro de 1909.

[49] L. FABBRI, *Francisco Ferrer Y Guardia*, Roma, Tuzzi Editore, p. 30, 1909.

ENTRE EDUCACIONISMO, ESCOLAS LIBERTÁRIAS E REVOLUÇÃO: LUIGI FABBRI

revista *L'École Rénovée*, fundada pelo próprio Francisco Ferrer, em Bruxelas, e ligada à "Liga internacional pela educação racionalista da criança", retomada na edição romana com o título de *La Scuola Laica* e dirigida por Giuseppe Sergi.[50] Qual o melhor modo, considerando as forças e os meios à disposição, para retomar o fio do discurso de Ferrer, senão aquele de criar um instrumento específico de difusão das problemáticas e das respostas libertárias ao tema da educação? Eis que Fabbri funda, em Bolonha, depois do fim de *La Scuola Laica*, a revista *La Scuola Moderna*, em 1910, e esclarece imediatamente que o escopo é "trabalhar nesta socialização da riqueza moral da humanidade" constituída pelo conhecimento; "juntamos a nossa pequena pedra às outras que outros, antes de nós, cimentaram no subsolo, em outro lugar, em toda parte do mundo, homens de boa vontade realizam a mesma missão."[51] Desde os primeiros números, ele esclarece que não é necessário recair apenas sobre a educação libertária a esperança de modificar o sistema social; não basta, de fato, educar os jovens de acordo com os princípios libertários para que se possa produzir uma mudança radical. É indispensável, da mesma forma, trabalhar para a revolução social, radical, de todas as outras formas de organização da sociedade porque

> a educação das crianças pode possuir uma eficácia muito relativa. Ainda que a maioria das crianças pudesse ser educada por nós, os efeitos estariam em sua maior parte neutralizados por todo o ambiente hostil que as circundam; razão pela qual é necessário aplicar-se também e principalmente ao trabalho prático, material, nas áreas econômica e política, para a transformação desse ambiente.[52]

De qualquer modo, o empenho por uma realidade educativa antiautoritária é importante, e é necessário, todavia, esclarecer os termos. Antes de mais nada deve ser especificado, segundo Fabbri, que "escola moderna" significa de fato "escola libertária", como aliás sustentava o próprio Ferrer, quando esteve em Roma para o congresso do "Livre Pensamento". Além disso, a escola moderna não deve ser confundida com escola laica, que não é outra coisa senão a escola submetida ao Estado, ainda que democrática, em vez de submetida à Igreja, baseando-se em códigos e leis, em vez de ser na doutrina cristã: "Em vez disso, nós desejamos a escola livre, isenta dos poderes e da influência do Estado, bem como da Igreja, não subordinada a nenhum código como a nenhuma religião: que não reconheça, dessa forma, nenhum dogma, nem político, nem religioso, nem econômico."[53]

---

[50] Sobre a importância de Ferrer na Itália, consulte: CODELLO, *Educazione e anarchismo*, pp. 117-142.

[51] L. Fabbri, "La nostra Idea", In: *La Scuola Moderna*, a. I, n. 1, Bolonha, 16-30 de novembro de 1910.

[52] "La Redazione (Luigi Fabbri)", Redazionale, In: *La Scuola Moderna*, a. I, n. 2, Bolonha 16-30 de dezembro de 1910.

[53] *Ibidem*.

330   "A BOA EDUCAÇÃO" – EXPERIÊNCIAS LIBERTÁRIAS E TEORIAS ANARQUISTAS...

O movimento por uma escola libertária é útil e importante porque testemunha praticamente a possibilidade de aplicar uma educação diferente daquela autoritária, mas não é senão parte de um programa mais amplo de um movimento mais complexo de renovação radical de toda a sociedade. Isso não significa, contudo, que não se possa usufruir ou empenhar-se, a fim de que também a realidade escolar existente resulte apenas um pouco menos clerical e autoritária do que é, procurando provocar entre os professores inquietações e idéias mais abertas e modernas, mas sobretudo levar para fora do estreito ambiente dos responsáveis pelos trabalhos das idéias libertárias e de renovação educativa, de modo a desenvolver a consciência de que o aspecto da educação e da instrução é decisivo para emancipação humana. Enfim, é necessário reconhecer que a instituição oficial, mesmo com seus defeitos evidentes, "produz grandes benefícios à coletividade, a qual não poderia renunciar a estes, e para a qual nós não poderemos criar aquilo que desejaríamos para substituí-los."[54]

Estamos no ano no qual é aprovada na Itália a lei *Daneo-Credaro* (4 de junho de 1911), e o debate sobre a avocação da escola de base por parte do Estado no qual todos os movimentos políticos e sindicais estão empenhados em discussões acaloradas.[55] Os anarquistas desinteressam-se substancialmente pela lei, mas discutem com tenacidade e continuidade a relação existente entre a que vem indicada como verdadeira alternativa àquela laica, mas estatal: a escola moderna inspirada no exemplo de Francisco Ferrer.[56] É exatamente Luigi Fabbri a voz mais importante e pertinente que discute de modo equilibrado a questão, especificando, todavia, como o movimento pela constituição de escolas modernas como alternativa àquelas do Estado não deve ser colocado como uma questão à parte, mas, pelo contrário, ser inserido em um contexto mais geral de idéias mais complexas. Existe a consciência em Fabbri de que a ação revolucionária não pode decerto exaurir-se nessas

---

[54] L. FABBRI, "Il movimento per la Scuola Moderna", In: *La Scuola Moderna*, a. I, n. 3, Bolonha, 1-15 de janeiro de 1911.

[55] Sobre esse debate e essa lei, consulte: T. TOMASI, *L'educazione infantile fra Chiesa e Stato*, Firenze, Vallecchi, 1978; VÁRIOS, *L'istruzione di base in Italia*, Florença, Vallecchi, 1978; VÁRIOS, *Scuola e società nel socialismo riformista*, Florença, Sansoni, 1982; G. GENOVESI, C. G. LACAITA (Org.), *Istruzione popolare nell'Italia liberale*, Milão, FrancoAngeli, 1983; G. QUAZZA (Org.), *Scuola e politica dall'unità ad oggi*, Turim, Stampatori, 1977; D. BERTONI JOVINE, *La scuola italiana dal 1870 ai giorni nostri*, Roma, Ed. Riuniti, 1975; G. CHIOSSO, *L'educazione nazionale da Giolitti al primo dopoguerra*, Brescia, La Scuola, 1983; P. ZAMPERLIN TURUS, *Il P.S.I. e L'educazione: alle origini di un impegno*, Bolonha, Patron, 1982; E. CATARSI, G. GENOVESI (Org.), *Educazione e socialismo in cento anni di storia d'Italia*, Ferrara, Corso, 1993; L. BORGHI, *Educazione e autorità nell'Italia moderna*, Florença, La Nuova Italia, 1974. Para ver o debate sobre essas questões dentro do movimento anarquista italiano, consulte: CODELLO, *Educazione e anarchismo*, pp. 89-116.

[56] CODELLO, *Educazione e anarchismo*.

ENTRE EDUCACIONISMO, ESCOLAS LIBERTÁRIAS E REVOLUÇÃO: LUIGI FABBRI   331

iniciativas específicas, e que a ação educativa deve desenvolver-se também fora do contexto mais propriamente escolar: "nós tendemos a fazer com que a vida por si mesma torne-se realmente uma escola para a criança."[57]

O escopo principal do movimento das escolas modernas é difundir entre os trabalhadores uma nova sensibilidade educativa dedicada a formar as novas gerações livres dos condicionamentos de uma educação autoritária. Uma realidade alternativa pode constituir apenas um exemplo, uma demonstração concreta de que é possível pensar, educar e instruir os meninos e as meninas de modo libertário e, assim, estimular, com o exemplo concreto, possíveis alternativas à escola estatal e autoritária.

Em todo caso, a alternativa para os anarquistas não está entre escola privada clerical e laica estatal, mas entre esta última (que representa, contudo, um passo adiante) e a Escola Moderna. Não deve haver nenhum equívoco sobre esse princípio, uma vez que as idéias libertárias são contrárias a toda forma de domínio religioso ou laico que exista; portanto, a escola laica também não é outra coisa senão a mesma instituição estatal que atende às exigências das políticas mais modernas: "Se a escola dos padres baseia-se em alguns apriorismos de índole transcendental, a escola laica e do governo baseia-se em outros apriorismos de índole social e política."[58] Certamente aquela laica e estatal, ou comunal, é sem dúvida melhor que aquela privada religiosa, mas isso não significa que esse reconhecimento acabe com a tensão ideal dos libertários. Incontestavelmente, a autoridade política é menos coerciva do que aquela religiosa e sobrenatural. É mais simples descondicionar a criança da influência do mestre laico do que daquela do padre, mas "nós estamos aqui para combater não pelo menos pior, mas pelo bem. E as razões da índole prática, momentânea, que são uma questão de preferência entre a cruz e a espada, não nos devem obscurecer ou fazer omitir o nosso escopo, que é o de isentar a educação de todos os autoritarismos e da Igreja e do Estado."[59] Enfim, Fabbri sustenta ainda que esse é o sentido verdadeiro e profundo da ação dos

---

[57] L. FABBRI, "Il carattere complesso della Scuola Moderna", In: *La Scuola Moderna*, a. I, n. 4, Bolonha, 16-30 de janeiro de 1911.

[58] L. FABBRI, "Scuola moderna e scuola laica", In: *La Scuola Moderna*, a. 1, n. 5, Bolonha, 1-15 de fevereiro de 1911.

[59] *Ibidem*. A respeito desse assunto é emblemática a sua posição sobre o tema da liberdade do ensino concebida como liberdade de toda forma de condicionamento, em vez de liberdade de exercê-la sem considerar os objetivos declarados ou implícitos. Caso exemplar é a liberdade reclamada pelos clérigos que, por sua própria natureza autoritária do projeto educativo religioso, contradiz em si mesma a verdadeira natureza de liberdade anarquista (L. FABBRI, "La libertà d'insegnamento", In: *La Scuola Moderna*, a. I, n. 8, Bolonha, 16-31 de março de 1911; L. FABBRI, "Che cosa intendiamo per libertà di pensiero", In: *La Scuola Moderna*, a. I, n. 9, Bolonha, 1-30 de abril de 1911).

anarquistas, de outra forma, poderiam ser suficientes os reformistas e os maçons. O escopo final no âmbito educativo é aquele de organizar uma escola livre na qual seja realizada uma prática educativa libertária.

Todo o seu pensamento, a respeito disso, encontrará organização e síntese em um trabalho publicado em 1931, no volume *Pedagogia*, da *Enciclopedia delle enciclopedie*, em Roma, pela editora Formiggini.[60] Depois de ter exposto uma breve história das mais recentes iniciativas em âmbito anarquista, relativas aos temas da escola e da educação, ele, partindo da evidência dos males da instituição escolar estatal, delineia os traços característicos e fundamentais da idéia anarquista com relação a isso.

> Ao contrário, a escola libertária deveria despertar as energias adormecidas, provocar as iniciativas, evidenciar e valorizar as inclinações, favorecer a livre manifestação destas, provocar o espírito de crítica e independência, elevar o senso de dignidade e responsabilidade pessoal, educar o sentimento de solidariedade humana: fazer com que toda individualidade torne-se dona de si mesma, única autoridade sobre si mesma, livre entre individualidades livres.[61]

Fabbri destina à escola um papel ativo na formação permanente de personalidades autônomas e livres, por meio dos métodos e dos conteúdos clássicos da pedagogia libertária: ensino integral, racional, misto, libertário. Cada um desses adjetivos possui sua especificidade e um programa de realização, mas contribuem para uma única perspectiva de desenvolvimento da personalidade. Esse projeto educativo, insiste Fabbri, tem por objetivo formar um novo homem por meio de maneiras e conteúdos que sejam coerentes com o fim indicado. E isso deve ocorrer imediatamente, desde quando for iniciado o trabalho educativo. É necessário ensinar aos jovens e habituá-los a observar a vida pelo que ela é, e não enganá-los representando-lhes uma vida fictícia, projetada talvez sobre esquemas preconcebidos. Os jovens, portanto, deveriam tornar-se capazes de

> abrir os olhos sem medo, observar as coisas e os homens de frente sem temor: procurar, examinar, pensar, duvidar, discutir, criticar, aceitando uma solução apenas quando a reconhecem lógica e justa, e não unicamente porque lhe foi ensinada. Existe um direito, também na criança, à liberdade de pensar, falar, exprimir as próprias opiniões, experimentar a vontade em contato com os fatos, apesar das opiniões contrárias dos pais e dos mestres. A melhor educação é obtida com meios

---

[60] L. FABBRI, "Politico e scuola", In: *Enciclopedia delle enciclopedie. Pedagogia,* Roma, A. F. Formiggini, 1931.

[61] *Ibidem*, p. 1355.

ENTRE EDUCACIONISMO, ESCOLAS LIBERTÁRIAS E REVOLUÇÃO: LUIGI FABBRI

de liberdade e vice-versa, os homens não conquistarão a liberdade senão por meio de uma educação que eleve o caráter deles, que lhes aperfeiçoem o espírito e os sentimentos.[62]

4. Educação para a mudança

Qual o nexo que existe entre a educação e a revolução? Ou melhor, em qual relação está a ação dos libertários, de propaganda e engajamento direto em exemplos de escolas libertárias, com a mais geral escolha revolucionária? Mas, sobretudo, pode o educacionismo representar uma resposta exaustiva à necessidade de transformação de toda a sociedade? A grande parte dos militantes revolucionários, sustenta Fabbri, preocupa-se pouco ou nada com os temas educativos e com a instrução do povo. A maior parte das considerações conscientes a propósito dessa escolha é passível de ser reconduzida a uma interpretação muito classista e economicista da revolução, mas, na verdade, esse determinismo não compreende uma importante certeza, isto é, que nada vem por si. As formas de coerção e exploração são múltiplas, assim como são variadas as modalidades por meio das quais é condicionado o desenvolvimento de todo ser humano. Portanto, várias e múltiplas devem ser as ações que tendam a combater toda forma de submissão e violência institucionalizada para poder contribuir à liberação da humanidade. Com certeza, uma dessas formas é representada pela educação, que se torna um dos mais importantes campos de batalha contra a lógica do domínio.

Já em 1903, ele escreve que

> os anarquistas acreditam (...) que a revolução (...) não pode ser vantajosa nem ao proletariado em geral nem à causa da anarquia, se não for precedida por uma evolução que tenha revolucionado antes um certo número de consciências (...). A evolução concebida pelos anarquistas é feita, antes de mais nada, pela propaganda libertária, pela educação moral das massas em sentido antiautoritário e revolucionário, e, então, pelo contínuo esforço para adaptar as ações individuais e coletivas, no partido e no movimento operário, não só às próprias convicções teóricas, mas também pelo exemplo constante dado por cada um de acordo com as suas formas, à falsa moral e aos preconceitos econômicos e políticos da burguesia.[63]

Naturalmente, Luigi Fabbri lembra bem que não é possível transformar os militantes anarquistas em mestres e pedagogos, mas, ao mesmo tempo, está cons-

---

[62] *Ibidem.*
[63] CATILINA (L. Fabbri), "Discutendo. Socialismo e anarchia", In: *Combattiamo*, a. II, n. 1, Carrara, 1º de janeiro de 1903.

334 "A BOA EDUCAÇÃO" – EXPERIÊNCIAS LIBERTÁRIAS E TEORIAS ANARQUISTAS...

ciente do quanto é necessário ter e defender algumas idéias gerais sobre o significado mais autêntico de educar e instruir. Os revolucionários, os subversivos devem levar em conta essa grande verdade: a instrução é fundamental para a emancipação humana, isso é ainda mais reforçado pela ferocidade com a qual os padres e os conservadores opõem-se à difusão da cultura entre o povo. É absolutamente errado esperar a revolução econômica para difundir a instrução, pelo contrário, essa pode tornar-se um verdadeiro coeficiente revolucionário capaz de determinar escolhas sempre mais conscientes e determinadas por parte dos oprimidos. Será exatamente aquela parte do proletariado que terá sabido rebelar-se contra o ambiente social e político que a deseja ignorante, instruindo-se, educando-se, elevando-se intelectual e moralmente, que facilitará o acelerar da evolução social e o irromper desta para além das formas econômicas e políticas dominantes. Segundo Luigi Fabbri, o movimento da escola moderna não é outra coisa senão um movimento que tende à formação de minorias conscientes, a torná-las fortes intelectual e moralmente, ou seja, aptas não apenas para combater o velho mundo, mas também para lançar as bases e os alicerces de uma sociedade fraterna e emancipada de toda forma de escravidão. Fabbri não esgota a função desse aspecto da ação libertária exclusivamente no objetivo concreto de realizar exemplos de educação antiautoritária, mas o enriquece com uma função bem mais ampla e importante: a formação de um projeto e de um movimento revolucionário geral. O educacionismo não é, assim, privilegiado sobre um projeto geral antagonista, mas, ao contrário, esse aspecto parcial, ainda que fundamental, constitui um dos elementos essenciais que definem uma estratégia global. O educacionismo, de fato, explica bem Fabbri, é um movimento aberto, e não exclusivamente anarquista, que serve exatamente para unificar em um esforço comum, em um objetivo compartilhado, homens e mulheres de diversas visões políticas, mas que concordam quanto aos valores da educação libertária e racionalista. As escolas modernas não podem ser lugares nos quais se aprenda a anarquia, mas onde se fazem triunfar os princípios da cultura científica, racionalista e antiautoritária, da mesma forma que o sindicalismo revolucionário é um lugar de desejada contaminação pluralista entre diversos protagonistas revolucionários e progressistas. O que deve caracterizar a participação dos anarquistas e aquilo sobre o qual devem ser julgados é o grau de coerência que os adeptos desse movimento demonstram exercitar, é a intensidade de sua participação e de sua luta para conduzir esse movimento em direção aos conteúdos e métodos cada vez mais evidentemente libertário.[64]

---

[64] "La Scuola Moderna e i partiti politici", In: *Ibid*. Consulte também: L. FABBRI, "La Scuola contro la Reazione", In: *La Scuola Moderna*, a. I, n. 7, Bolonha, 1-15 de março de 1911.

ENTRE EDUCACIONISMO, ESCOLAS LIBERTÁRIAS E REVOLUÇÃO: LUIGI FABBRI

Em 1912, escreve um opúsculo no qual deseja organizar o seu pensamento de maneira exaustiva sobre os temas educativos com o título "A escola e a revolução".[65] O movimento anarquista deve interessar-se seriamente pelo tema da escola, antecipa Fabbri, porque de instrumento de domínio, ora clerical ora político-estatal, transforma-se em um coeficiente de libertação e revolução. Esses assuntos, de fato, devem integrar o mais amplo movimento radical e reivindicativo, levando à atenção dos militantes a necessidade de conceber a emancipação dos seres humanos, não apenas em termos de melhores condições econômicas e sociais, mas também no sentido de construir um projeto de libertação e de alforria da escravidão e da desigualdade em relação tanto aos conhecimentos quanto à cultura. A história da escola e da educação desenvolvem-se em sintonia com a história social, no sentido em que a épocas de conservação e reação correspondem uma situação escolar e educativa de igual atraso; assim como a momentos de agitação social corresponde, da mesma forma, a expansão de liberdade em termos educativos e escolares. Em suma, é "sempre o espírito de revolta que salva no mundo os direitos da cultura e da inteligência."[66] De fato, as principais instituições sociais dedicadas à instrução, à pesquisa, ao enriquecimento da cultura, nascem, continua Fabbri, exatamente nos momentos nos quais é maior a mais geral tensão social e mais evoluída é a busca por uma maior condição de liberdade e igualdade. Portanto, progresso, mudança e modificação social estão intimamente ligados à evolução da prática educativa e das instituições escolares. Algumas vezes, uma precede a outra; às vezes, segue-a, sem pensar em uma relação hierárquica e estrutural; existe de qualquer forma uma correspondência de inovação e progresso. Quanto maior for a sede de autonomia, maior a sua busca, maior é a vontade de conhecimento, de instrução, mais sensível e atenta é a pesquisa dos modos educativos mais respeitosos à liberdade e à igualdade.

Por meio dessa leitura interpretativa do desenvolvimento histórico, Fabbri consegue evidenciar como não é possível existir ampliação de liberdade sem melhores condições econômicas, mais atenta participação nos processos de decisão, mais ampla difusão da cultura e da instrução. Em suma, como não é possível pensar em uma revolução sem contemplar uma mudança radical de todas as condições existenciais e materiais dos seres humanos. Assim, no decorrer da história, temos contínuas e precisas fases nas quais às inovações institucionais (pensemos no nascimento da Universidade) acompanham-se necessidades de modificação radical dos métodos e dos projetos educativos; e o nascimento das escolas, no sentido laico e moderno, assinala a passagem de uma fase de privatização educativa a uma

---

[65] L. FABBRI, "La Scuola e la Rivoluzione", Milão, Ed. della Rivista L'Università Popolare, 1912.
[66] *Ibidem*, p. 8.

dimensão social e ampliada da instrução. Na Grécia de Atenas, a época das Comunas, a Reforma Protestante e o Renascimento, o Iluminismo e a Revolução Francesa e as várias revoluções européias de 1838 e 1848, a difusão da cultura do positivismo, representam todos, aos olhos de Fabbri, momentos históricos importantes para a evolução naquele sentido comum de liberdade e igualdade em relação à dimensão social do saber e da renovação dos métodos e dos princípios pedagógicos. Nessas épocas, são amadurecidas convicções e idéias absolutamente inovadoras também graças às extraordinárias personalidades que souberam interpretar o espírito mais autêntico de renovação e antecipar pensamentos e valores de concepções pouco a pouco mais modernas. Mas a idéia mais avançada, fruto da cultura positivista e do nascimento do socialismo, é representada por aquela escola libertária, na qual numerosos revolucionários e libertários definiram progressivamente as suas características e seus objetivos. Pode-se interpretar, assim, o movimento das escolas modernas de Ferrer, que se insere legitimamente na tradição do socialismo anarquista da Primeira Internacional e da Comuna de Paris. Mas a luta atual, de acordo com Fabbri, caracteriza-se por diferenciar a própria ação em relação àquela do socialismo reformista: "Enquanto o Estado tende a aperfeiçoar a escola para fazê-la instrumento de dominação, substituindo o princípio de autoridade religioso pelo princípio de autoridade laico, os revolucionários procuram livrar a escola também da coerção estatal, em vista da escola livre futura que poderá sozinha assegurar o ensino racional e uma educação integral."[67] A verdadeira transformação está estreitamente ligada à sua saída da lógica do Estado, do poder político, depois da laicidade conquistada. Esse processo de liberdade progressiva de toda forma de condicionamento coloca a escola no centro dos esforços do movimento antagonista que não pode deixar de lado esse objetivo, da mesma forma que não pode negligenciar os demais elementos do projeto revolucionário.

Como testemunho dessa tendência e desses esforços de conjugar liberdade fora Estado e ao mesmo tempo garantir uma pluralidade dentro das escolas, Fabbri cita os exemplos de Paul Robin, de Lev Tolstoi, do movimento das Universidades Populares, de toda a tradição educacionista do anarquismo. Em particular, o exemplo de Ferrer e das escolas modernas exemplifica muito bem os conceitos até aqui expressados por Luigi Fabbri. De fato, "esse último episódio da história da escola, glorificado pelo martírio, identifica-se tão bem com a história da revolução que é por si mesmo uma demonstração de tudo isso que ocorreu repetindo amplamente essa concisa e incompleta resenha histórica; isto quer dizer que a história da escola caminha ao lado da história das revoluções humanas, e que toda revolução por liberdade e bem-estar do povo sempre teve como resultado um progresso

---

[67] *Ibidem*, p. 28.

ENTRE EDUCACIONISMO, ESCOLAS LIBERTÁRIAS E REVOLUÇÃO: LUIGI FABBRI   337

repentino e luminoso, no campo teórico e prático, da cultura em geral e da escola em particular."[68] Resumindo, é a cultura que garante às revoluções tornarem-se verdadeiros momentos de transformação radical na marca da liberdade e da igualdade. As mudanças, ainda que radicais, que não contemplem uma difusão generalizada da cultura e dos conhecimentos, estão destinadas a falir. Enfim, conclui esse opúsculo com as seguintes palavras:

> Uma vez que a fome pode ser e é amiúde um incentivo à revolta, verdadeiro coeficiente de rebelião, que torna as revoluções mais profundas e eficientes, é antes a cultura que educa a um mais alto sentimento moral e ideal. E a cultura, colocada de acordo com a condição de todos, mostra aos despojados quanta beleza e quanto prazer altamente compreendido possa dar uma vida verdadeiramente vivida em toda a aplicação das próprias faculdades físicas, intelectuais e espirituais. Essa educação, que ensina aos homens a beleza de viver, traduz-se assim em uma indução à luta pela conquista do direito à vida, do direito ao pão, ao saber e à liberdade.[69]

A centralidade da cultura libertária é aqui destacada por Luigi Fabbri, e com ela também a necessidade de contribuir para a construção de um movimento que saiba provocar uma verdadeira e radical transformação social, mas sobretudo uma nova idéia antropológica que preveja o nascimento de um novo homem, mas autenticamente livre. Essa liberdade realiza-se por meio do desaparecimento "de todo o patrão, seja ele o invisível da metafísica ou qualquer outro político e econômico."[70] Além disso, insiste particularmente nesses aspectos do processo revolucionário e, em particular, na importância de considerar verdadeiramente relevante e irrenunciável o trabalho de formação de um novo homem que saiba reconhecer a necessi-

---

[68] *Ibidem*, pp. 35-36.

[69] *Ibidem*, p. 36. Esses conceitos, aqui tão bem expressos, representam uma evolução e uma precisão posterior do pensamento de Luigi Fabbri, em um período em que está particularmente atento ao valor profundo da educação em um projeto revolucionário que não considera esse como um simples meio em comparação aos outros, mas que na educação das massas já tenha anteriormente reservado tantas de suas confiantes afirmações: "Somos revolucionários porque estamos convencidos de tudo isso e porque indiretamente contribuímos para que isso ocorra, propagando as idéias, formando as consciências, despertando no povo o sentimento das próprias necessidades, educando-o para o exercício do pensamento e da ação, trabalhando, em suma, em torno da evolução em direção ao progresso". (L. FABBRI, *Lettere a una donna sul'anarchia*, Chieti, Ed. Di Sciullo, pp. 20-21, 1905). E ainda ele sustenta que as discussões e as ações dos revolucionários são úteis contanto que favoreçam "a criação e a educação dos homens, sem as quais não pode haver consciência proletária e revolução possível" (L. FABBRI, "Per l'educazione proletaria e rivoluzionaria", In: *La Gioventù anarchica*, a. II, n. 16, Roma, 20 de abril-1º maio de 1907).

[70] L. FABBRI, *L'ideale anarchico*, Bolonha, Libreria Ed. La Scuola Moderna, p. 11, 1911.

338   "A BOA EDUCAÇÃO" – EXPERIÊNCIAS LIBERTÁRIAS E TEORIAS ANARQUISTAS...

dade de dar a todos os aspectos de sua personalidade a liberdade de exprimir-se e manifestar-se livremente:

> Uma dificuldade, uma carestia inesperada etc. pode determinar a irrupção da revolução; mas a revolução não ocorrerá ou ocorrerá de modo improdutivo se a classe trabalhadora não for movida também pelos motivos psíquicos, sentimentais, intelectuais, idealistas, impossíveis em uma classe embrutecida pela miséria excessiva e pela desnutrição.[71]

Essas convicções nunca abandonarão Luigi Fabbri, ainda que alguns anos depois ele faça uma análise crítica dos esforços empreendidos naqueles anos que precedem a Primeira Guerra Mundial para investir tanta energia e recursos humanos na difusão da educação libertária. Refletindo sobre os anos passados e, principalmente sobre o êxito das experiências libertárias, e em particular como o trágico episódio de Francisco Ferrer envolveu de modo maciço as ações dos libertários em todo o mundo, ele parece desejar fazer um balanço crítico desse movimento educacionista. Das páginas do jornal anarquista, *Umanità Nova*, dirigido por Errico Malatesta, talvez, sentindo também a influência próxima de seu mestre, envolvido de modo decisivo pela atividade intensa anarquista desses anos na Itália, Luigi Fabbri aborda o tema da relação entre educação e revolução com uma visão menos otimista ditada pela rápida sucessão de acontecimentos revolucionários desses anos que precedem o advento do fascismo.[72] Pode-se compreender nesse escrito uma propensão mais decididamente revolucionária, inspirada decerto nos movimentos revolucionários intensos desses anos, nos acontecimentos de forte característica insurrecional nos quais os anarquistas, nesse período, estão em linha de frente e convencidos da necessidade de sustentar com vigor as reivindicações proletárias com vistas a uma mais que possível e iminente revolução. Luigi Fabbri dá-se conta dos enormes esforços e dos enormes investimentos de tempo e recursos humanos que as experiências de escolas libertárias implicam e da necessidade, nesse momento histórico, de dirigir os mesmos recursos à preparação da mudança social. Eis o motivo pelo qual escreve de maneira autocrítica:

---

[71] L. FABBRI, *Generazione cosciente*, Florença, Ist. Editoriale 11 Pensiero, p. 283, 1914.

[72] Sobre a asituação do movimento anarquista na Itália nesse período, consulte: M. NETTLAU, *Errico Malatesta*, Il Martello, Nova York, pp. 249-349, s. d.; A. BORGHI, *L'Italia fra due Crispi*, Ed. Libreria Internationale, Paris, 1924; Idem, *Mezzo secolo di anarchia*, Ed. Scientifiche Italiane, Nápoles, 1954; G. CERRITO, *L'antimililarismo anarchico in Italia nel primo ventennio del secolo*, Ed. RL, Pistoia, 1968; Idem, *Il ruolo dell'organizzazione anarchica*, Ed. RL, Catania, 1973; VÁRIOS, *Un trentennio di attività anarchica*, Antistato, Cesena, 1983; DADÀ. *L'anarchismo in Italia: fra movimento e partito;* M. ANTONIOLI, *Armando Borghi e l'Unione Sindacale Italiana*, Lacaita, Manduria, 1990.

Pela sugestão do martírio de Montjuich muitos dos nossos acabaram por dar ao problema da cultura uma importância prevalente, ou melhor, exclusiva, como se efetivamente se pudesse renovar o mundo por meio da escola, enquanto a verdade é que, mesmo não devendo desconsiderar aquele pouco de educação e formação da consciência humana que é possível até agora, somente depois que a revolução tiver mudado as bases da sociedade, somente quando o mundo tiver sido renovado se poderá ter a escola libertária ambicionada por nós, uma educação e uma cultura verdadeiramente emancipadas da tríplice servidão do capital, da Igreja e do Estado.[73]

Os anos imediatamente subseqüentes, antes do exílio forçado na França, não obstante a rápida sucessão dos acontecimentos que caracterizam os primeiros anos da ascensão do fascismo, não impedem Luigi Fabbri de interessar-se pela situação da escola italiana e pela educação libertária. Em 1923, nas páginas de um dos últimos periódicos anarquistas que continua a ser publicado, *Fede*, de Roma[74], ele denuncia com clareza e firmeza que toda forma de liberdade já foi completamente anulada e oferece a oportunidade de ratificar, mais uma vez, quais são as características essenciais de uma educação autenticamente libertária, privada de toda forma de condicionamento ideológico, absolutamente livre, desejosa somente de garantir um desenvolvimento autônomo de todo ser humano. Não só em relação à influência do Estado e da Igreja, mas também em relação às ideologias socialistas, anarquistas, atéias, confessionais.[75]

Um ano depois retoma o tema da relação entre revolução e educação nas páginas de um outro periódico anarquista de Roma, *Libero Accordo*. Escreve: "À primeira vista parece que nós estamos em um círculo vicioso: antes da revolução não é possível uma educação das massas populares, e sem a educação das massas não é possível uma verdadeira revolução". Isso porque, continua Fabbri, é legítima a preocupação de dar à revolução um fundamento e um direcionamento moral. Como sair, então, dessa contradição? "É possível um progresso no campo da educação, limitado e relativo, naturalmente, mas sempre apreciável, mesmo antes da revolução. E é possível uma revolução desenvolvida de modo inferior àquele que desejamos, mas não certamente desprezível, mesmo com um povo não educado o quanto seria necessário. O que não elimina que a cada revolução seja necessário um mínimo de educação preparatória, e a cada progresso educativo seja necessário um mínimo de atmosfera revolucionária." E é sobretudo nas sociedades mais avançadas, em que não falta um mínimo de atmosfera antagonista, que é possível desen-

---

[73] L. FABBRI, "Socialismo e ignoranza", In: *Umanità Nova*, a. 1, n. 21, Milão, 23 de março de 1920.

[74] Sobre este e outros periódicos anarquistas na Itália, consulte ainda: L. BETTINI, *Bibliografia dell'anarchismo*, Florença, CP Editrice, 1972.

[75] MAGISTER LUDI (L. Fabbri), *La libertà della scuola*.

340 "A BOA EDUCAÇÃO" – EXPERIÊNCIAS LIBERTÁRIAS E TEORIAS ANARQUISTAS...

volver uma certa função educativa por meio da propaganda. Não é necessário, entretanto, confundir a educação com a instrução e a cultura. Estas últimas são meios indispensáveis para atingir um fim educativo qualquer que seja ele, mas não são a própria educação e não bastam para educar. Antes, muito freqüentemente, as classes dominantes servem-se do saber e da cultura como meios para afirmar e consolidar o seu domínio. A instrução e a cultura, desse modo, servem para educar o povo para a servidão, tornando-se instrumentos a serviço do poder e da riqueza. Esse é o motivo pelo qual os anarquistas são contrários à escola de classe e à escola de Estado. A própria cultura e as instruções revolucionárias, mas exclusivamente teóricas, "mesmo sendo uma vantagem inegável, sozinhas não bastam e só com elas nunca se terá, no mundo, uma revolução." Do mesmo modo, não basta conhecer as idéias anarquistas ou socialistas, reconhecê-las como boas, justas e realizáveis. Assim se explica também por que as massas não são revolucionárias, pois muitas preferem "uma miséria relativamente tranqüila e sem riscos, aos perigos da luta revolucionária."[76]

Mas todo esse raciocínio não implica, para Luigi Fabbri, uma desvalorização da importante função da cultura e de sua ampla divulgação em relação ao início de um autêntico processo de mudança. A difusão das idéias possui a tarefa de preparar o terreno, predispor o ambiente para as mudanças iniciadas pelas minorias, diminuir as resistências, eliminar aqueles obstáculos que derivam do medo e da ignorância que tornam os homens condicionados e escravos. Mas se "a mente é o guia da ação, a energia e o impulso do agir não vêm senão do coração" e os sentimentos não são aprendidos como uma lição, mas se adquirem segundo predisposições naturais ou por meio da sugestão criada por outros indivíduos ou por meio da comunicação. São testemunhas disso os escritores que conseguem persuadir e sensibilizar juntos elevando a índole de quem os segue, sem demagogia, mas provocando "as paixões mais enérgicas da solidariedade humana e da revolta pela liberdade e pela justiça." Tudo isso, contudo, na sociedade atual — lamenta Fabbri — é possível apenas para uma minoria, e não é razoável esperar que todos os indivíduos sejam conscientes e preparados, pois assim "nunca se teria a revolução." Seria um erro irreparável acreditar que a revolução seria impossível antes que a minoria tornasse-se maioria. Isso porque "hoje, o objetivo educativo pode ser atingido, e muito imperfeitamente, apenas por uma minoria, que também necessita de um certo grau de educação, para ter força e capacidade para iniciar a revolução. Mas apenas a revolução poderá educar a maioria para uma nova vida,

---

[76] CATILINA (L. Fabbri), "Educazione e rivoluzione", In: *Libero Accordo*, a. V, n. 104 (23 de outubro), n. 105 (14 de novembro), n. 107 (15 de dezembro), Roma, 1924 e a. VI, n. 108 (1º de janeiro), Roma, 1925.

ENTRE EDUCACIONISMO, ESCOLAS LIBERTÁRIAS E REVOLUÇÃO: LUIGI FABBRI   341

justa e livre." Isso não implica que se deva descuidar de obter aquilo que é possível também de imediato. Mas se se pretende esperar para iniciar a mudança, talvez a retardando artificialmente, até que uma maioria de indivíduos esteja preparada para isso, então, certamente, a abordagem educacionista não suporta as expectativas do anarquismo. Se é esperado que todos sejam educados de modo revolucionário e que saibam viver em uma sociedade de livres e iguais, então, a revolução nunca ocorreria. O trabalho educativo, ainda que forçosamente limitado às circunstâncias ambientais, pode de imediato, sustenta Fabbri, preparar um certo número de indivíduos para a revolução social, os quais poderão exercer nela uma útil função de sensibilização e exemplo. Não há nenhuma dúvida, de fato, de que seja necessário um trabalho de verdadeira e profunda educação, e não apenas de demolição. A educação do povo deve ser perseguida não apenas propondo-lhe um programa de melhoras materiais, mas também lhe dando "um escopo ideal para ser alcançado, um escopo de aperfeiçoamento individual e de solidariedade e justiça humana ao mesmo tempo."[77]

5. A educação revolucionária

As reflexões de Luigi Fabbri, com o passar dos anos e com a rápida sucessão dos acontecimentos, que o vêem obrigado a deixar a Itália por causa da afirmação violenta do fascismo, giram sempre mais ao redor de um trabalho de recomposição da dignidade humana: ou seja, demonstrar que valores como justiça e fraternidade não são privados de sentido, combater o ódio e a violência do Estado, da represália, da vingança, da opressão, para desenvolver, ao contrário, sentimentos positivos como o amor e o respeito recíproco. Essas são as tarefas mais urgentes que ele

---

[77] *Ibidem*. Consulte também: L. FABBRI, "Di alcune tenderize autoritarie nell'anarchismo", In: *Pensiero e Volontà*, a. I, n. 24, Roma, 15 de dezembro de 1924. Sobre a mesma linha, Fabbri chama fortemente a atenção de alguns libertários sobre a necessidade de trabalharem sobre si mesmos, sobre a própria personalidade e cultura para formar-se continuamente a respeito dos outros, aos valores da liberdade, da autonomia e da justiça social [ADAMAS (L. Fabbri), "La rivoluzione in se stesso", In: *Vita*, a. I, n. 3, Roma, maio de 1925]. Luigi Fabbri escreve ainda: "É necessário considerar que a nossa tarefa não é aquela de atormentar ou destruir, mas de cuidar do corpo social... A propaganda possui uma tarefa de preparação moral, uma tarefa voluntarista, que implica a responsabilidade de quem a realiza... Mas quando fazemos a propaganda, quando, isto é, procuramos suscitar algumas idéias nas mentes e alguns sentimentos nos corações, quando temos a possibilidade de separar o verdadeiro do falso e o bem do mal, quando realizamos um trabalho de educação de preparação espiritual do futuro, então, temos o dever de raciocinar, de reprimir com a razão os nossos impulsos maus e de desenvolver os bons. Quando dizemos aquilo que desejamos, é a vontade do bem, da justiça, de liberdade para todos, que deve ter a vantagem de ser a bússola das nossas direções" (L. FABBRI, "La legge del taglione", In: *Iconoclasta*, a. II, n. 2, Paris, 10 de abril de 1925).

designa aos anarquistas em sua ação de propaganda revolucionária.[78] Esse resgate só pode ocorrer em um longo tempo, na maioria dos casos; os anarquistas devem procurar desenvolvê-lo por meio de um trabalho de auto-educação sobre si mesmos e com uma coerente disponibilidade para escutar as necessidades das pessoas e para a propaganda sistemática e incessante, feita também de exemplos de resistência e intolerância no que se refere à violência do poder. Desse modo, é possível acender nas mentes e nos corações do seres humanos o fogo da rebelião e da revolta, a recusa do servilismo e da aceitação passiva.[79] Esse processo não está isento de momentos de retrocessos ou de fracassos, mas apenas uma grande forma e determinação da vontade individual poderá permitir, de acordo com Fabbri (de modo semelhante àquilo que sustentava Errico Malatesta), a emancipação humana.[80]

Não é um acaso que esse humanismo libertário seja individualizado como um dos componentes essenciais da história do pensamento e que, ao redor desses valores, ele considere que deva ser construída toda perspectiva autêntica de resgate da humanidade de toda forma de domínio e opressão.[81] O incontestável progresso que os homens fizeram no decorrer dos séculos, por meio de tantas lutas e sofrimentos, só pode ser perseguido e acentuado obstinadamente por meio dessas contínuas tensões éticas que tendem a formar o novo homem, desde já decididamente resgatado de toda forma de servidão, que possa viver em uma sociedade livre e igualitária. Naturalmente, parece lógico que a idéia do progresso contínuo constitui um elemento essencial da filosofia de Fabbri, confiante, como demonstra ser, no esforço e na necessidade de emancipação que todo ser humano deve realizar por meio de um trabalho sistemático de auto-educação e auto-emanci-

---

[78] L. FABBRI, "Risposta al questionario", In: *La Rivista Internazionale Anarchica*, a. I, n. 5, Paris, 15 de março de 1925. Consulte também: ADAMAS (L. Fabbri), "Uomini dell'avvenire", In: *Fede*, a. IV, n. 103, Roma, 14 de fevereiro de 1926 ("Olhamos para o futuro e preparamo-lo, em nós mesmos, com a auto-educação e uma concepção melhor de vida"); CATILINA (L. Fabbri), "Il problema della delinquenza in anarchia", In: *Fede*, a. IV, n. 118, Roma, 30 de maio de 1926.

[79] L. FABBRI, "Lo spirito di soggezione", In: *Pensiero e volontà*, a. III, n. 10, Roma, 15 de junho de 1926.

[80] Luigi Fabbri desenvolve esses conceitos de maneira clara e exaustiva em alguns artigos que aparecem em *La Protesta* de Buenos Aires (L. FABBRI, "El ideal de la libertad", In: *La Protesta*, a. VI, n. 265, Buenos Aires, 20 de junho de 1927; Id., "La voluntad humana en la action y en la association", In: *La Protesta*, a. VI, n. 268, Buenos Aires, 20 de Agosto de 1927; Idem, "El problema anarquico de la accion immediata", In: *La Protesta*, a. VI n. 274, Buenos Aires, 5 de dezembro de 1927; Idem, "Anarquismo realizador", In: *La Protesta*, a. VI, n. 275, Buenos Aires, 20 de dezembro de 1927; Idem, "La conception revolucionaria del progresso", In: *La Protesta*, a, VII, n. 227, Buenos Aires, 30 de janeiro de 1928; Idem, "Teoria y tactica. Interesse e ideales", In: *La Protesta*, a. VII, n. 288, Buenos Aires, 19 de julho de 1928).

[81] L. FABBRI, "Los primeros albores libertarios. El Renacimiento", In: *La Protesta*, a. VII, n. 279, Buenos Aires, 29 de fevereiro de 1928; Idem, "L'anima Umana in Regime Socialista di Oscar Wilde", In: *L'Università Proletaria*, a: I, n. 1, Paris, 1º de maio de 1928.

pação. Essa leitura positiva do desenvolvimento histórico coloca-o em uma posição certamente otimista, afastando-o de outras formas de anarquismo mais decididamente pessimistas em relação à evolução da história social e das lutas que a acompanharam.[82] Até mesmo quando se trata de analisar as abominações, em termos de doutrinamento, que o fascismo realiza em relação à juventude, Luiggi Fabbri mantém ainda uma esperança acesa e uma certa confiança no fato de que o povo italiano não esteja ainda completamente resignado e que esconda, ainda que levemente, aspirações de revolta e resistência.[83]

Mas essas esperanças deverão imediatamente ser violadas e desiludidas pela evolução trágica dos acontecimentos. Não obstante tudo isso, o revolucionário italiano continua a acreditar nas possibilidades revolucionárias do proletariado e, em particular, nas oportunidades que, depois de uma revolução social libertária, podem surgir para concretizar de modo extraordinário e amplo, espaços de novas liberdades. A rebelião social é considerada uma grande e incisiva forma de educação, exatamente porque é um grande evento liberatório das energias, das instâncias, da criatividade dos seres humanos. O processo contínuo de auto-formação de uma cada vez mais ampla minoria, encontra conformidade nas ações de luta presentes em amplos e múltiplos setores da sociedade. Todavia, o que é necessário compreender é que a mudança deve colocar-se o objetivo de representar "não apenas a revolta contra as instituições, mas ao mesmo tempo também contra o espírito das instituições."[84] Esse aspecto é amplamente destacado por Fabbri, que especifica com atenção e convicção profunda que a nova consciência humana, livre de qualquer forma de superstição, desenvolver-se-á completamente quando o evento revolucionário de destruição das instituições autoritárias permitir o desenvolvimento completo e livre de um novo ânimo e de um novo imaginário, que constituirá um ambiente favorável no qual se formará a nova ética libertária. A revolução romperá as barreiras que detêm e limitam a perspectiva social da criatividade e da liberdade. Nisso consiste a sua eficácia educativa que coloca aos indivíduos, livres do vínculo das instituições autoritárias, a oportunidade de penetrar mais amplamente o espírito da felicidade a favor de uma nova antropologia, de um novo homem que só então poderá experimentar livremente as inumeráveis possibilidades de vida individual e social.[85] Além disso, só assim será fundamentada uma nova moral e redefinida

---

[82] L. FABBRI, "La idea de progresso y la anarquia", In: *La Protesta*, a. VII, n. 78, Buenos Aires, 16 de fevereiro de 1928.

[83] MAGISTERLUDI (L. Fabbri), "La fascistizzazione della Gioventù", In: *La Lotta Umana*, a. I, n. 11, Paris, 8 de março de 1928.

[84] L. Fabbri, "Ideas. La educacion para la revuelta", In: *La Protesta*, a. VII, n. 295, Buenos Aires, 19 de novembro de 1928.

[85] *Ibidem*.

344   "A BOA EDUCAÇÃO" – EXPERIÊNCIAS LIBERTÁRIAS E TEORIAS ANARQUISTAS...

uma nova concepção de liberdade e de autoridade: essa é a função do anarquismo no progresso social.[86] Portanto, compreender a importância de combater não apenas as instituições que personificam o poder em suas múltiplas expressões, mas sobretudo sustentar a inevitabilidade de um trabalho de formação e de auto-formação que saiba neutralizar em todo ser humano o espírito profundo que as instituições dominantes fizeram penetrar em cada um de nós: eis o objetivo mais verdadeiro e profundo que o movimento libertário deve-se dar. Um campo que Fabbri indica expressamente ao redor do qual concentrar esses esforços de auto-educação e, ao mesmo tempo, de luta contra as influências mais profundas da lógica do domínio, é a família, que representa talvez a instituição por excelência dentro da qual se realiza de modo mais penetrante o processo de condicionamento e definição dos papéis sociais hierárquicos e autoritários. Ao mesmo tempo, contudo, a família constitui o primeiro lugar no qual é necessário praticar formas alternativas de laços e relações, inspiradas em características libertárias em vez de autoritárias. Além disso, na família — fundamentada em laços afetivos e livres, e não em razões jurídicas ou econômicas —, pode-se experimentar aquela primeira forma de microssociedade diferente, em torno da qual se pode edificar também um projeto de sociedade livre.[87]

Todavia, é preciso atenção para não considerar exclusivamente os únicos e específicos âmbitos de luta e de experimentação como os depositários do valor revolucionário, sustenta Fabbri, porque não se deve em absoluto perder de vista a complexidade e o caráter relacional que existe entre as várias formas sociais. Cultura e economia, aspectos materiais e espirituais estão estreitamente ligados entre si, e só uma visão do conjunto pode manter o justo encaminhamento e o caminho correto para todo projeto social de mudança radical: "É necessário enfrentar o problema social em sua complexidade, e a luta humana — não apenas nos fins, mas também nos meios — não deve abandonar jamais os caminhos da justiça e da liberdade."[88] Essa pluralidade necessária de intervenções representa, além disso, a garantia de que serão múltiplas as experimentações possíveis na sociedade libertária futura em uma situação imprescindível de respeito recíproco.[89] O escopo pre-

---

[86] L. FABBRI, "Ideas e criticas", In: *La Protesta*, a. VIII, n. 298, Buenos Aires, 14 de janeiro de 1929; Idem, "Ideas e criticas", In: *La Protesta*, a. VIII, n. 299, Buenos Aires, 31 de janeiro de 1929; Idem, "La funcion del anarquismo en el progreso social", In: *La Protesta*, a. VIII, n. 302, Buenos Aires, 18 de março de 1929.

[87] L. FABBRI, "El gobierno de la familia", In: *La Protesta*, a. VIII, n. 305, Buenos Aires, 6 de maio de 1929.

[88] L. FABBRI, "Aspettando la nuova aurora", In: *Vogliamo*, a. II, n. 3, Biasca, março de 1930.

[89] Luigi Fabbri escreve: "A anarquia como tendência geral de idéias não pode ter uma unicidade de encaminhamento na propaganda e na luta prática hoje, como não poderá tê-la em suas relações mais

liminar é aquele de formar uma consciência moral anarquista, escreve nos primeiros números da revista *Studi Sociali*, de Montevidéu[90], lugar em que se encontra refugiado e onde viverá os últimos anos de sua vida.

Ao fim de sua ativa e militante existência, Luigi Fabbri volta a sua atenção para a importância de formar um novo homem desvinculado das formas de domínio, capaz de praticar a liberdade e de escapar das tentações do totalitarismo. Entretanto, isso é possível exclusivamente por meio de um trabalho na profundidade da própria índole. O que mais parece importar-lhe é demonstrar aos companheiros e a todos os leitores da revista que a propaganda deve concernir verdadeiramente "a mente e o coração, e que não excite apenas por um instante, mas transforme as consciências; que seja ideal e prática ao mesmo tempo"[91] porque, de uma mudança que indique um futuro individual ou de classe, e não um geral, coletivo, não podem nascer senão homens desesperados ou exasperados, talvez ferozes, mas incompletos. Novamente esse conceito fica bem esclarecido em um artigo que revela uma vez mais a sua profunda convicção iluminista da vida e da luta social, com título emblemático em uma época de triste e trágico totalitarismo de direita e de esquerda, "Apelo à razão"[92]. Fabbri escreve que muito amiúde esquece-se de que não é absolutamente suficiente excitar as forças sociais à luta, mas é indispensável que essas fiquem mais fortes também na intensidade espiritual, na coesão, que a ação delas se caracterize positivamente e se encaminhem em direção a fins bem claros, e não em direção a objetivos desconhecidos. Cabe à razão perspicaz guiar as lutas não aos impulsos improvisados, aos instintos mais ou menos conhecidos, ou aos interesses particulares de categoria ou de grupo, à passionalidade momentânea ou aos escopos improvisados e fortes de ira, amor e ódio. A tarefa dos revolucionários libertários é, portanto, aquela de fazer emergir e prevalecer "sempre mais o consciente sobre o inconsciente, a previdência sobre a imprevidência, a premeditação sobre a improvisação, o ato deliberado sobre a ação casual, a razão sobre o impulso." Nisso tudo o que importa verdadeiramente é que os indivíduos tenham a vontade e o desejo de aperfeiçoar-se:

---

vastas futuras, as quais não serão possíveis senão por meio de tentativas e experimentos mais variados, sujeitos a uma única condição (imprescindível para os anarquistas) do reconhecimento recíproco e respeito pela liberdade de cada um, indivíduo ou agregação que seja" ("Dichiarazioni preliminari", In: *Studi Sociali*, a. I, n. 1, Montevideo-Buenos Aires, 16 de março de 1930).

[90] L. FABBRI, "Dichiarazioni preliminari", In: *Studi Sociali*, a. I, n. 1, Montevidéu-Buenos Aires, 16 de março de 1930.

[91] L. FABBRI, "Stati d'animo e convinzioni anarchiche", In: *Studi Sociali*, a. I, n. 2, Montevidéu-Buenos Aires, 16 de abril de 1930.

[92] L. FABBRI, "Appello alla ragione", In: *Studi Sociali*, a. I, n. 3, Montevidéu-Buenos Aires, 16 de maio de 1930.

346 "A BOA EDUCAÇÃO" – EXPERIÊNCIAS LIBERTÁRIAS E TEORIAS ANARQUISTAS...

O que é necessário combater, em nós mesmos com força de vontade, e nos outros com a propaganda e o exemplo, é a preguiça mental que impede pensar seriamente naquilo que se faz, que espera o último momento para decidir-se, que fecha os olhos sobre as dificuldades mais graves, que prefere ignorar os problemas a esforçar-se para resolvê-los, que aceita certos feitos realizados somente porque foram realizados, que se subtrai ao esforço de distinguir e ao de harmonizar, nas ações, a razão com o sentimento.[93]

Essa obra imprescindível de auto-educação difusa é vista por Fabbri como uma ação indispensável para construir uma sociedade autenticamente diferente que não pode surgir sem esse trabalho interior, e dificilmente poderá eludir a contaminação útil e necessária que o exemplo é capaz de testemunhar, se visto na ótica de introduzir e estimular comportamentos diversos daqueles habituais, próprios da submissão e do domínio. Somente dessa maneira, por um dupla abordagem, a individual e a sociorrelacional, será possível concretizar os desejos e as aspirações de liberdade e igualdade, próprios da concepção anarquista. Apenas um homem que tende constantemente a aperfeiçoar-se, a libertar-se, é capaz de incutir tensões éticas similares nos outros indivíduos. O escopo é, todavia, aquele de instituir sempre melhores condições para que a autonomia possa expandir-se e ampliar-se em toda circunstância e em toda situação na vida social. Para isso, a finalidade da ação e do pensamento anarquista é aquele de, principalmente, defender a liberdade estendendo os elementos mais característicos no espaço e no tempo: "Hoje, nas lutas sociais dia após dia, amanhã no âmago da revolução, seja no trabalho demolidor ou naquele de reconstrução; sempre, mesmo depois da revolução, qualquer que seja a sociedade que surgirá sobre as ruínas da atual, e até mesmo em uma sociedade anarquista como nós desejamos hoje, mas que, em relação ao progresso indefinido, nunca será suficientemente anarquista."[94] Desde já, emerge uma clara dimensão ética no anarquismo de Luigi Fabbri, que não pode deixar de lado mais aquela insensibilidade demonstrada em relação à educação e à auto-formação. De fato, sem uma profunda ética libertária, nenhum revolucionário pode pensar razoável e honestamente em poder encaminhar alguém em direção a uma renovada sociedade que contemple sobretudo a máxima liberdade possível; seria como "um médico que começasse a curar o doente privando-o do ar para respirar."[95] A liberdade é, assim, o elemento essencial de toda a sociedade e de todo indivíduo libertário, e é necessário que essa seja a mais ampla possível,

---

[93] *Ibidem.*

[94] L. FABBRI, "La funzione dell'anarchismo nelle lotte sociali", In: *Studi Sociali*, a. II, n. 1, Montevidéu, 18 de março de 1931.

[95] L. FABBRI, "I due metodi", In: *La lotta anarchica*, a. II, n. 10, Paris, 20 de setembro de 1930.

até mesmo contemplar a concreta possibilidade de errar. É necessário unir a intransigência, livremente aceita em relação a si mesmo, com a mais disponível tolerância em relação aos outros, e insistir sempre na busca de soluções pouco a pouco mais vastas de alternativas e experimentações.[96] Essa liberdade não pode ser senão livre de todo condicionamento de tipo coletivo e configurar-se como autonomia individual na passagem de uma dimensão existencial a uma social do modo de viver humano. A responsabilidade é sempre individual e constitui a primeira e indispensável condição do exercício da liberdade.[97] O anarquismo de Luiggi Fabbri identifica-se cada vez mais com aquele de Errico Malatesta e com as suas convicções éticas voluntaristas.[98] O seu ser educador concretiza-se logicamente na coerência entre comportamento e idéias, entre respeito profundo pela personalidade dos outros até a negar a verdade das próprias afirmações *a priori*, mas para incitar os outros a verificá-las e a confrontá-las, sempre e de qualquer modo, com outras e diferentes, mas sobretudo no contínuo e incessante trabalho de auto-educação para a liberdade, a partir das menores e aparentemente insignificantes circunstâncias da vida.[99]

---

[96] L. FABBRI, "La mutua tolleranza nella libertà", In: *Lotta anarchica*, a II, n. 11, Paris, 10 de novembro de 1930. Consulte também: L. FABBRI, "La premeditazione nella rivolta e nell'azione", In: *Studi Sociali*, a. I, n. 8, Montevidéu, 8 de setembro de 1930; Idem, *La funzione dell'anarchismo nelle lotte sociali*, art. cit; Idem, "Lettera aperta e cospirazione", In: *Studi sociali*, a. II, n. 11, Montevidéu, 15 de abril de 1931, n. 12 (12 de junho de 1931), n. 13 (16 de agosto de 1931).

[97] L. FABBRI, "Responsabilità personale e responsabilità collettiva", In: *Studi Sociali*, a. III, n. 20 e n. 22, Montevidéu, 25 de julho e 16 de novembro de 1932.

[98] G. BERTI, "Volontà rivoluzionaria ed emancipazione umana: Errico Malatesta", In: Idem, *Il pensiero anarchico*. Luigi Fabbri escreve em um opúsculo de propaganda — exatamente para confirmar que a liberdade e a vontade individual constituem os elementos essenciais para uma verdadeira emancipação humana — que o exercício ativo e constante da própria capacidade de ação representa a melhor forma de treinamento e de preparação para uma nova sociedade (L. FABBRI, *Che cosa è l'anarchia*, Paris, Librairie Internazionale, s. d., p. 10).

[99] Extremamente significativa dessa visão ética e do seu ser educador é a bela e espontânea reflexão que a filha, Luce, faz logo depois da morte do pai, em um artigo na revista *Sudi Sociali,* de Montevidéu (LUCE FABBRI, "L'educatore", a. VI, n. 1, 20 de novembro de 1935). O número inteiro da revista é dedicado a comemorar a vida e a obra de Luigi Fabbri. Em uma nota escrita um ano antes de sua morte, ele chamava a atenção para essa necessidade de coerência entre idéias e comportamentos, sobretudo entre os anarquistas. Fazia isso evidenciando exatamente como também entre os libertários era fácil encontrar episódios de companheiros com seguras afirmações de princípio e de provada militância social caírem em contradição depois com a família, nas relações com as mulheres e os filhos (L. FABBRI, "Interessante problema di educazione", In: *Studi Sociali*, a. V, n. 32, Montevidéu, 22 de julho de 1934).

12. A *ENCYCLOPÉDIE ANARCHISTE* (1926-1934)

1. Introdução

As contribuições teóricas dos anarquistas europeus não se esgotam, obviamente, com essas até aqui examinadas, provavelmente outras pesquisas esclarecerão outras abordagens originais. Mas antes de passar às experiências concretas, realizadas nesses tempos, é necessário idealmente inserir, em uma linha do tempo evolutiva, o esforço extraordinário e único que Sébastien Faure[1] realiza redigindo e coordenando o trabalho da *Encyclopédie Anarchiste*. Obra única em seu gênero porque reúne em si o melhor da produção libertária da época, com o escopo de oferecer em uma única obra uma síntese dos conhecimentos considerados mais importantes, para oferecer aos militantes anarquistas e àqueles que desejam "ler" em sentido antiautoritário os vários conceitos que a cultura expressou até aqui.

Dito isso, é óbvio que a obra contém e representa uma tentativa titânica, não privada de ingenuidade, algumas vezes com pretensões fora de medida, mas, ao mesmo tempo, demonstra como e quanto o movimento libertário é, nos primeiros anos do século XX, dotado de grande experiência, rico de capacidade penetrante na sociedade européia. Sébastien Faure é o principal protagonista dessa extraordinária obra, mas não o único. A sua grande honestidade intelectual leva-o a atingir um objetivo quase sempre impossível entre os anarquistas: contribuir, com as próprias específicas e variadas convicções, para uma única obra comum. Faure soube dar espaço dentro da obra às diversas essências do anarquismo europeu garantindo assim uma riqueza única de abordagens às várias questões e aos vários conceitos. Essa obra permanece aqui como testemunho disso tudo.

---

[1] Sobre Sébastien Faure consulte: J. HUMBERT, *Sébastien Faure. L'homme, l'apôtre, une époque*, Paris, Ed. du Libertaire, 1949.

2. O escopo da obra

> Bem-estar para todos! Liberdade para todos! Nada por meio de coerções: tudo com a livre vontade! Esse é o ideal dos anarquistas. Não existe nada de mais exato, de mais humano, de mais elevado. A *Encyclopédie Anarchiste* não é uma empreitada comercial, é uma obra de educação libertária. Aqueles que a redigem e aqueles que a publicam não têm em vista senão a satisfação, que colocam acima de tudo, de difundir em toda parte os sentimentos e as convicções que os animam e os quais consagraram a sua vida.[2]

Dessa forma, exprime-se Sébastien Faure, que dirige essa obra única e extraordinária em seu gênero, ao apresentar a enciclopédia anarquista, dedicando esse trabalho a todos aqueles que sofrem as privações, as calúnias, as perseguições por parte do Estado e da Igreja e que, ao mesmo tempo, têm a força para rebelar-se e, portanto, lutar para construir uma sociedade anarquista: "A *Encyclopédie Anarchiste* é destinada a milhões de desamparados de todas as nacionalidades que sofrem pela detestável organização social da qual, material e moralmente, são vítimas. Encontrarão aí os esclarecimentos e extrairão dela a energia que será necessária a eles quando, animados pelo espírito de revolta, estiverem resolvidos a libertar-se."[3] Aparecem imediatamente bem delineados os objetivos principais desse trabalho que se vale da colaboração de dezenas de intelectuais, militantes, estudiosos, os quais colaboram para a sua realização, identificados exatamente na educação libertária e revolucionária. No prefácio, Sébastien Faure, dirigindo-se aos anarquistas revolucionários de toda tendência e de todos os países, destaca a grande utilidade que eles poderão extrair e, ao mesmo tempo, a extraordinária fonte de propaganda que a enciclopédia contém. Trata-se de uma obra destinada a abranger, o quanto possível, todas as concepções e toda a documentação que são estreitamente ligadas ao movimento anarquista e, como conseqüência, a todo movimento social. Segundo Faure, o escopo e o interesse dessa publicação consistem em agrupar todos os conhecimentos que podem e devem possuir um militante revolucionário, apresentá-los em uma ordem definida e conforme a um desenho e a um plano geral, expô-los por meio de uma forma simples, clara, precisa, viva, ao alcance de todos, em traduzi-la depois para diversas línguas, o que permitirá sua ampla difusão.

Já com essas considerações, é possível extrair uma idéia muito positivista, entrelaçada com o movimento mais geral da instrução popular e científica que,

---

[2] *L'Encyclopédie anarchiste*, Paris, Edition La Librairie Internationale, vol. 1, p. 4, 1926-1934.
[3] *Ibidem*, p. 5.

A *ENCYCLOPÉDIE ANARCHISTE* (1926-1934)

na época, em vários países europeus, era muito atual e difundido. É aqui explicitada a fé totalmente racional nas possibilidades de emancipação humana, colocando a obra e o empenho dos militantes no rastro da tradição e na tendência educacionista do anarquismo europeu bem nítido na primeira parte do século XX.

Faure indica, ainda no prefácio, aquelas que segundo ele são as oportunidades e os serviços que a enciclopédia pode proporcionar a todos os companheiros de toda parte do mundo. Antes de mais nada, é necessário revelar como os anarquistas possuem um modo de pensar, sentir, agir, desejar, conceber e apreciar que pertence exclusivamente a eles e o distingue dos outros movimentos políticos e sociais. É, portanto, totalmente natural que eles possuam uma multiplicidade e uma variedade de idéias e, conseqüentemente, uma extraordinária riqueza de concepções pessoais. Mas, ao mesmo tempo, destaca Faure, essas idéias múltiplas nunca foram classificadas, ordenadas com método. A enciclopédia constitui, portanto, a tentativa de dar ordem, clareza e sistematização a tudo isso. A literatura anarquista é abundante, enorme e variada e é, dessa forma, difícil que os militantes, os curiosos e os simpatizantes possam ter e formar uma idéia clara, pluralista desse ideal e do movimento social que o acompanha. Portanto, torna-se importante que todos aqueles que pretendem ter uma idéia precisa e clara de tudo isso que contempla a anarquia, possam fazê-lo sem dispersar-se na variedade e na multiplicidade das publicações libertárias. Entre todas as doutrinas políticas e sociais não há nenhuma que seja mais descuidada, ignorada, desconhecida, deformada, ridicularizada quanto a anarquista. O interesse do poder constituído confunde-se nisso com o interesse daqueles que contribuem para substituí-lo com outras formas de domínio. Logo, "sem ser um catecismo, nem um evangelho, essa obra será uma coletânea única e completa, um guia imparcial e seguro, ao longo do tempo também um repertório precioso que, em todas as circunstâncias, aqueles que desejarem instruir-se e informar-se exatamente poderão consultar com resultados positivos."[4] Todo militante, convidado a falar de temas e problemas sociais de acordo com uma perspectiva anarquista, poderá encontrar na enciclopédia uma fonte vasta e segura para informar-se e estar, assim, à altura de sustentar todo tipo de debate de modo preciso e seguro. Uma vez que o anarquismo é por definição internacional, é importante que os militantes anarquistas não conheçam apenas os acontecimentos e as idéias que provêm dos países em que vivem, mas sim, a mais vasta e documentada história e as mais difundidas concepções que pertencem a diversas tradições e que constituem exatamente a pluralidade da idéia anarquista. Isso em virtude, desde já, da sempre mais difundida comunicação e interdependência das

---

[4] *Ibidem*, p. 8.

352 "A BOA EDUCAÇÃO" – EXPERIÊNCIAS LIBERTÁRIAS E TEORIAS ANARQUISTAS...

diversas sociedades. "Tudo no momento atual, assume um caráter mundial. O militante encontrará, nessa *Encyclopédie Anarchiste*, numerosas informações e especificações que o ajudarão a orientar-se no estudo extremamente complexo da vida social universal."[5]

Sébastien Faure passa, então, a ilustrar o plano geral da obra destinada a reunir e a expor, o mais completamente possível, os valores, as tendências, o escopo e os métodos da idéia anarquista que compreenderá, nos propósitos, cinco partes volumosas. A primeira (e única efetivamente realizada) compreende quatro volumes que expõem no "Dicionário anárquico" aspectos filosóficos e doutrinários do anarquismo, as ilustrações dos princípios, teorias, concepções, tendências e métodos do pensamento e da ação realmente revolucionários, ou seja, anarquistas. As palavras compreendidas nesse dicionário foram cuidadosamente escolhidas e assumem, do ponto de vista revolucionário, uma particular importância ou constituem o vocabulário indispensável a todos aqueles que desejam reportar-se ao ideal anarquista e conhecer as suas específicas interpretações e leituras alternativas. Em suma,

> essa primeira parte da *Encyclopédie Anarchiste* resumirá todo o conjunto das informações das quais vós tendes sede, o conhecimento que fará de vós militantes sérios e propagandistas competentes.[6]

A forma do dicionário é usada para facilitar o seu uso com o fim de simplificar as pesquisas. As outras quatro partes, nunca concluídas, deveriam compreender, respectivamente, a história do pensamento e da ação anarquista país por país; vida e obra dos principais militantes que pertenceram ou pertencem ao movimento anarquista (filósofos, teóricos, escritores, oradores, artistas, incitadores, homens de ação); vida e obra de homens que, sem estar no estreito significado voltados ao anarquismo, contribuíram no campo da filosofia, das várias ciências, das artes e das ações para a emancipação humana e com a sua luta; catálogo dos livros, opúsculos, jornais, revistas e publicações de todos os tipos, de propaganda anarquista ou anarquizante. Sébastien Faure especifica de maneira clara que todas as várias tendências presentes no movimento libertário encontrarão espaço livre na obra e nenhuma visão será privilegiada em detrimento de outras, porque o objetivo é educar livremente, e não impor nenhuma delas, permitindo assim a cada um escolher aquela que mais se aproxima de seu modo de compreender a vida e o desenvolvimento social. O anarquismo, de fato, não impõe nada, mas "expõe,

---

[5] *Ibidem*, p. 8.
[6] *Ibidem*, p. 8.

A *ENCYCLOPÉDIE ANARCHISTE* (1926-1934) 353

propõe, chama a atenção, provoca a reflexão, suscita a meditação."[7] A mesma clareza é evidenciada em sustentar como é indispensável que qualquer um que esteja engajado em um trabalho de difusão das idéias revolucionárias deva possuir um conhecimento documentado e o mais vasto possível das várias teorias políticas e sociais. A enciclopédia serve exatamente a esse escopo e é por isso que Faure volta-se aos verdadeiros especialistas e/ou conhecedores das várias disciplinas científicas, filosóficas, históricas, sociais:

> Eu pedi: ao filósofo, para revelar-nos a profundidade, a sutileza e a exatidão de seus pensamentos; ao sociólogo, para conceder-nos o fruto de seus estudos; ao homem das ciências, para fazer-nos beneficiar de suas pesquisas e constatações; ao escritor, para explicar-nos os tesouros da imaginação e do saber que enriquecem as bibliotecas; ao artista, para fazer-nos conhecer e amar as maravilhas onde se esconde o sentido para a beleza; ao médico, para ensinar-nos a arte de lutar contra as doenças que devastam a espécie e, para a higiene, para dotar os homens de vigor e de resistência desejáveis; ao educador, para iniciar-nos no problema delicado da formação de inteligências que despertam, das opções que se formam e dos corações que se abrem. Pedi ao ateu para indicar-nos os motivos profundos de seu ateísmo; aos sem pátria, para expor-nos as causas de seu antipatriotismo; aos sem Estado, para apresentar-nos as razões de seu antiestatismo, ao sem propriedade para dizer-nos o porquê de seu anticapitalismo, ao sem patrão para abrir-nos o seu coração para que nós possamos descobrir as energias pulsantes de suas instintivas revoltas. Sim: a todos aqueles que possuem qualidade, alguma coisa de verdadeiramente interessante e novo sobre a multiplicidade das questões que atormentam atualmente a consciência humana, pedi para exprimir-se sinceramente, francamente, livremente nesta Enciclopédia que eu desejo que seja uma página nova e esclarecedora na evolução social.[8]

De fato, o anarquismo não é absolutamente uma teoria obtusa ou limitada, as suas idéias desenvolvem-se nas mentes mais nobres e desinteressadas, e seu escopo, especifica Faure, é aquele de elevar todos os indivíduos, sem distinção de sexo ou de etnia, em direção ao bem-estar e à liberdade. Por este ideal, contra toda forma de autoritarismo e de opressão, essa enciclopédia contribui também com sua parte de luta por uma sociedade mais justa e livre.

---

[7] *Ibidem*, p. 10.
[8] *Ibidem*, p. 11.

3. Homem, natureza, cultura

A concepção que a enciclopédia transmite do ser humano é aquela típica derivada do estudo de uma moderna antropologia, e isso significa que ele é visto e interpretado em sua evolução no decorrer da história natural. As referências aos conceitos de evolução darwiniana são mediadas pela interpretação mutualística de Kropotkin. Toda concepção metafísica e bíblica, a propósito da origem do homem, é recusada e comparada a uma fábula inventada para fundar sobre este o domínio e a autoridade. As várias teorias que apresentaram a evolução humana inferiram um golpe mortal àquela concepção que o colocou acima e ao centro de todos os outros seres vivos negando nos fatos a pretensão, algumas vezes expressada, de estar em uma posição real e de monopolizar a inteligência. A nossa humanidade possui raízes profundas em nosso passado, da mesma forma que é forte e imprescindível a nossa sociabilidade. Se foram tantas as conquistas que fizemos, são infinitas e imensas as possibilidades que temos à frente, porque são diversas as características e os traços específicos de cada um. "A criança é o caminho·do indivíduo, do homem único, do homem total caro ao anarquismo. E a célula humana será, em toda parte, nesta obra, o objeto de nossa atenção."[9]

Uma das expressões da evolução[10], biológica, econômica, técnica e cultural da humanidade é o humanitarismo que permite aos homens viverem em harmonia, tendo cada um deles um escopo especial no quadro de um mesmo interesse comum. Isso constitui uma concepção geral da vida humana e não pode jamais se tornar um dogma, uma vez que suas bases não são nem de origem política nem estreitamente social, mas totalmente naturais. Portanto, fundamenta-se nos ideais permanentes e integrais do homem e nas tendências naturais da evolução humana. A sociedade atual, fundamentada em valores de competitividade e de domínio, deverá deixar espaço com a realização dessas tendências naturais que unem espírito e matéria em uma harmonia definitiva. O humanitarismo dirige-se a todos os indivíduos que desejam conhecer o próprio destino de paz, de sociabilidade fora de toda a divisão arbitrária, mas dentro de uma humanidade que permita a cada um exprimir toda a sua potencialidade e a sua liberdade, as suas aspirações e as suas convicções, as suas expressões estéticas, científicas e morais. "Tão antigo quanto a espécie humana, o humanitarismo apresenta-se sob a forma que resiste a todas

---

[9] S. M. S., Homme, In: *L'Enciclopédie anarchiste*, vol. II, p. 914.
[10] Sobre a teoria da evolução, consulte: DR. F. ELOSU, "Évolution", In: *Ibidem*, p. 726. O autor representa todas as principais teorias sobre o assunto contrapondo as conclusões de Darwin àquelas de Kropotkin para concluir que é exatamente a teoria deste último, do apoio mútuo, que é mais fundamentada cientificamente, além de eticamente.

A *ENCYCLOPÉDIE ANARCHISTE* (1926-1934)

as pesquisas científicas e corresponde às mais complicadas e as mais vastas consciências."[11]

Ao lado desse valor natural é assinalado um outro aspecto considerado importante na filosofia da enciclopédia, o apoio mútuo. Imediatamente é evidenciado como este termo, *entr'aide*, não se apresenta nos dicionários da língua francesa e que deve a Kropotkin o uso desse conceito tão importante para as idéias do anarquismo. Esse apoio mútuo é um sentimento muito mais amplo que o amor ou a simpatia pessoal, é um instinto que pouco a pouco, gradualmente, desenvolveu-se entre os animais e os homens no decorrer de uma evolução lenta e que transmitiu aos animais, como aos humanos, a força que poderiam encontrar em praticá-lo, além do prazer que proporciona às suas vidas sociais. O desenvolvimento do Estado e da exploração do homem sobre o homem adormeceu e desviou esse sentimento humano natural que, entretanto, incuba-se continuamente e incessantemente dentro dos grupos de seres humanos que testemunham a sua impossível mortalidade e que garantem a possibilidade de um futuro diferente.[12] À luz desse valor natural do apoio mútuo, é lido e interpretado também o conceito de instinto, visto como uma força natural que se liberta para além da mediação cultural, mas que, de qualquer forma, sente os efeitos de um condicionamento histórico e social.[13]

Também todos os perigos que se escondem atrás de uma má concepção de altruísmo, da mesma forma que se pode manifestar em uma situação de profunda desigualdade, como é aquela da sociedade atual, são denunciados com clareza, por uma leitura precisamente crítica do termo que é feita na enciclopédia.[14] O mesmo conceito é então interpretado de modo coerentemente anarquista, portanto, positivamente, por Sébastien Faure, o qual destaca que o que move todas as ações do homem é a busca do prazer e a fuga do sofrimento. Tantas pequenas ações revelam cotidianamente a afirmação de si mesmos e dos outros. O indivíduo e a comunidade não estão, entretanto, em contraposição, ao contrário, é exatamente por meio da sociabilidade que se pode afirmar a própria individualidade, de modo que os interesses de cada um se harmonizem com aqueles de seus semelhantes. Ninguém pode menosprezar que a contribuição do indivíduo, no conjunto de todos os aspectos da vida que é chamado a viver, seja limitada aos seus esforços pessoais, mas que, na realidade, não estejam presentes também aqueles dos outros, do presente e das gerações passadas. De tudo isso, é necessário extrair o ensino moral bem preciso: se o indivíduo possui o direito de desenvolver-se e de viver plenamente,

---

[11] E. RELGIS, "Humanitarisme", In: *Ibidem*, p. 920.
[12] G. YVETOT, "Entr'aide", In: *Ibidem*, pp. 701-702.
[13] S. MAC SAY, "Instinct", In: *Ibidem*, pp. 1029-1032.
[14] G. DE LACAZE-DUTHIERS, "Altruisme", In: *L'Encyclopédie anarchiste*, vol. I, pp. 40-41.

e para o melhor na sociedade, podendo-o fazer, a soma das satisfações que exige o seu "eu" (egoísmo) deve permitir, o quanto possível aos seus meios, consentir tudo isso também aos outros (altruísmo). "Acha-se aqui o encontro, o ponto de união entre egoísmo e altruísmo: teoria maravilhosamente justa e fecunda que concilia, sem esforços, todos os interesses: aqueles do conjunto e aqueles do indivíduo que o constituem. Aqui se afirma o sentido admirável, prático e exato dessa forma rigorosamente anarquista: por cada um, segundo suas forças, a cada um segundo as suas necessidades." De fato, egoísmo e altruísmo combinam-se de forma harmoniosa na mesma individualidade conseguida em um certo grau de evolução, e representam dois aspectos que correspondem a duas necessidades diversas do indivíduo da mesma forma importantes e vitais: afirmar a si mesmo enquanto afirma também os outros.[15]

Mas é a busca pela felicidade que deve ser afirmada como direito, mas sobretudo reconhecida como valor. O componente eudeumonístico na filosofia do anarquismo constitui um traço específico dessa teoria que se afirma exatamente, enquanto consente ao indivíduo buscar, experimentar, lutar para conseguir a felicidade.[16] O fato de que a busca da felicidade seja um traço essencial e natural do indivíduo é confirmado ainda por Sébastien Faure na enciclopédia: "Essa constatação, que me parece inquestionável, leva-me a pensar que a felicidade é o escopo em direção ao qual tendem todos os esforços, todas as aspirações e todas as esperanças dos viventes."[17] Naturalmente, o conceito de felicidade transforma-se com a mudança das épocas e de indivíduo para indivíduo. As diversas filosofias e religiões deram definições e, portanto, comportamentos diversos em relação a esse conceito. Entretanto, para entender melhor o que isso significa é necessário ler no inconsciente do próprio ser e procurar entender o que nos torna felizes e o que nos entristece. Esses termos possuem significado apenas se eles se referirem a um indivíduo específico e concreto, sensível ao sofrimento e ao prazer: "É, desse modo, ao indivíduo que é preciso voltar para definir a felicidade, uma vez que se trata de especificar o que significa um homem feliz; é ao indivíduo que é necessário deixar a solicitude de buscar e encontrar o seu próprio bem-estar. A base e a medida da felicidade encontram-se nele, totalmente nele e todos os outros

---

[15] S. FAURE, "Altruisme", In: *Ibidem*, pp. 41-42. Consulte também a palavra Égoïsme In: *L'Encyclopédie anarchiste*, vol. II, pp. 653-655. Para as reflexões econômico-sociais desses conceitos, consulte: E. ARMAND, "Mutualisme", In: *L'Encyclopédie anarchiste*, vol. III, pp. 1741-1744; Idem, "Reciprocité", In: *L'Encyclopédie anarchiste*, vol. IV, pp. 2284-2287; G. YVETOT, "Solidarité", In: *Ibidem*, pp. 2624-2630.

[16] Sobre essa problemática, consulte: G. P. PRANDSTRALLER, *Felicità e società*, Milão, Ed. Comunità, 1978.

[17] S. FAURE, "Bonheur", In: *L'Encyclopédie anarchiste*, vol. I, p. 262.

A *ENCYCLOPÉDIE ANARCHISTE* (1926-1934)   357

substratos estarão errados, e qualquer outra medida será arbitrária. E, agora, eu proponho a seguinte definição, da qual avaliei um a um todos os termos: a felicidade consiste na possibilidade, para todo indivíduo, de satisfazer livremente todas as suas necessidades: físicas, intelectuais e morais. Quanto mais essa possibilidade se expandir, mais diminuirão o número e a força dos obstáculos naturais e artificiais que diminuem ou paralisam essa possibilidade, e mais a soma de felicidade concretizada será aumentada."[18] Portanto, o indivíduo é o centro da reflexão anarquista que, também na enciclopédia, encontra sua justa e central colocação. Mas não se trata de definir o indivíduo de forma abstrata, segundo as várias filosofias e religiões, mas de raciocinar sobre o indivíduo concreto, visto e inserido em seu ambiente natural e orgânico, ou seja, o indivíduo vivente, com todas as características humanas, no âmago da sociedade, em contínua e incessante busca de interação com essa e evolução, enquanto muda, ao mesmo tempo, a comunidade humana. Portanto, não pode existir nada de imutável, nada que não se possa modificar, não uma harmonia estagnante, nem uma unidade fixa, nem mesmo uma natureza imóvel ou um mundo parado, mas um fluxo de ações e reações contínuas, de agregações e desagregações com os seres humanos em constante atividade de conservação e de extensão, com as forças naturais e com aquela dos outros semelhantes. Atraídos ou repelidos pelas características de cada um. A vida coletiva, naturalmente, não suprime nenhuma vida individual, as atividades comuns não limitam aquelas particulares e originais, mas as harmoniza. Em suma, a busca pela igualdade social não limita, mas, ao contrário, exalta a diversidade natural que constitui o verdadeiro e profundo sentido de uma sociedade pluralista[19]. Entretanto, todo indivíduo contém em sua bagagem genética alguns elementos de hereditariedade, sejam eles físicos ou morais, que derivam de seus pais. Essa transmissão de características não é determinante e total e, de fato, jamais existe qualquer indivíduo que seja cópia de outro. É, todavia, totalmente evidente que uma parte consistente dos traços do caráter de todo o indivíduo seja o fruto de condicionamentos genéticos que derivam do ato da procriação. Essa segurança oferece o ponto de partida para duas considerações que pressupõem ambas a ação: combater com vigor toda forma de doença ou vício que possa de qualquer modo condicionar o desenvolvimento dos indivíduos e, ao mesmo tempo, garantir a cada um possibilidades ambientais de desenvolvimento harmônico e integral. Tudo isso denunciando, ao mesmo tempo, as falsas convicções religiosas ou políticas e filosóficas

---

[18] *Ibidem*, p. 264.
[19] S. MAC SAY, "Individu, individualisme", In: *L'Encyclopédie anarchiste*, vol. II, pp. 981-988. Consulte também, no mesmo volume, as contribuições sobre o memo tema, de R. Odin, M. Pierrot, M. Devaldès, H. Ryner, E. Armand, A. Lapeyre, E. Soubeyran, M. Nettlau, pp. 988-1007.

que designam à natureza um determinismo absolutamente imodificável, contrastando de todo modo o progresso da ciência e da cultura humana.[20]

A natureza vem a ser definida, nesse contexto, como tudo aquilo que é inato, espontâneo, instintivo, anterior à educação. Não é nem boa nem má, nem cega nem clarividente. "Ela é o conjunto das essências em movimento, em meio às quais se mostra a duração humana que, sozinha, dá um valor comparativo aos diversos aspectos dessa natureza por meio da conservação das imagens ou ritmos favoráveis ou nocivos à própria conservação."[21] Somente a inteligência humana, de acordo com essa perspectiva, possui a possibilidade de criar exatamente a ética e a estética em um mundo sem finalidade, sem escopo, sem justificação. Dessa forma, a inteligência, o pensamento, produtos sociais, conduzem o homem em direção a soluções pacíficas, harmoniosas, em direção a realizações éticas e estéticas.[22] Esse conceito de natureza sente os efeitos, um pouco demais, de uma formulação racionalista e positivista que contradiz, na realidade, o pensamento de Reclus e Kropotkin e não reconhece uma suposição central do pensamento anarquista que vê entre natureza e homem uma continuidade lógica e coerente.

4. Autoridade e liberdade

Como ideal social e como realização efetiva, a anarquia corresponde a um *modus vivendi* no qual, livre de toda coerção legal e coletiva que possui a seu serviço a força pública, o indivíduo não terá outras obrigações além daquelas impostas pela sua consciência. Ele possuirá a faculdade de liberar-se das inspirações refletidas pela sua iniciativa pessoal; usufruirá do direito de experimentar todas as experiências que lhe parecerem desejáveis ou fecundas; empenhar-se-á livremente em todos os contratos de todos os gêneros que, sempre temporários e revogáveis ou passiveis de revisão, o ligarão aos seus semelhantes e, não desejando impor a ninguém a sua autoridade, ele se recusará a suportar a autoridade de qualquer outro. Assim, soberano dono de si mesmo, da direção que desejará dar a sua vida, da utilização que fará de suas faculdades, de seus conhecimentos, de sua atividade produtiva, de suas relações de simpatia, de amizade e de amor, o indivíduo organizará sua existência como desejar: raciocinando em todos os sentidos, revelando-se à sua maneira, usufruindo, em todas as coisas, a sua plena e completa liberdade,

---

[20] J. MARESTAN, "Hérédité", In: *Ibidem*, pp. 895-896.

[21] IXIGREC, "Nature", In: *L'Encyclopédie anarchiste*, vol. III, p. 1773.

[22] Sobre outras concepções de caráter social e político, inerentes à natureza, é interessante consultar aos vocábulos: *naturianisme, naturisme, naturisme individualiste*, contidos no volume III da obra supracitada (pp. 1776-1774) e o vocábulo: "naturalisme" (pp. 1767-1772).

A *ENCYCLOPÉDIE ANARCHISTE* (1926-1934)

sem outro limite além daquele que lhe será designado pela liberdade, tão plena e completa, dos outros indivíduos. Esse *modus vivendi* implica uma organização social na qual será banida, de direito e de fato, toda a idéia de pagador e de assalariado, de capitalista e de proletário, de patrão e de empregado, de governante e de governado.[23]

Essa definição do termo anarquia serve-nos para introduzir o conceito de autoridade (negativo) e de liberdade (positivo) e a relação que intercorre na idéia anarquista entre esses, de modo particular, no âmbito da educação libertária. O termo "autoridade" apresenta tantas e tão amplas possibilidades de interpretação e usos na linguagem corrente, na linguagem filosófica e social, que se torna impossível defini-lo, se for desejável superar uma definição do dicionário, como é a intenção dos organizadores desse vocábulo da enciclopédia. É necessário, portanto, para representar uma definição correta de acordo com as idéias anarquistas, proceder a uma análise separada das diferentes aplicações do termo. Esse é o projeto do autor que define, assim, as várias formas por meio das quais se manifesta a autoridade. A primeira a ser tomada em consideração é a de Deus, que se manifesta por meio do poder da Igreja, que opera por meio da mentira, da superstição, da hipocrisia, sobre a impostura mais nefasta que existe. É somente a ignorância, na qual a grande massa dos homens e das mulheres é mantida, que permite a proliferação dessa autoridade espiritual da Igreja que impede o progresso da humanidade. Portanto, é necessário que todos os seres de espírito livre combatam essa expressão concreta e ativa da autoridade que representa um dos elementos mais fortes na sujeição dos homens. Existe, então, aquela da Lei ou, mais precisamente, daqueles que estabelecem e fazem aplicar as leis e punem os transgressores. Pode-se definir essa como a autoridade social que se manifesta nas vestes do Estado, do Governo, da Magistratura, da Polícia, do Exército, em suma, das Instituições. O primeiro traço característico que a constitui é representado pela coerção, o segundo é que, o suposto direito legal de coerção é de qualquer forma sempre conservado por uma minoria privilegiada que, em nome disso, arroga-se o direito de decidir, vigiar e punir. Esse tipo de autoridade é reconhecida como essencial e irremovível por todas as correntes de pensamento, salvo pelo anarquismo.

De acordo com o autor, os princípios do antiautoritarismo estão em contradição insanável com cada outra idéia socialista autoritária. Para cada um que deseja verdadeiramente o advento de uma sociedade diversa, de um mundo fundamentado na liberdade e na justiça, é impensável projetar tudo isso sem um ato criador, uma imensa obra de criação social. Para dizê-la de um outro modo, a

---

[23] S. FAURE, "Anarchie", In: *L'Encyclopédie anarchiste*, vol. I, p. 56.

360 "A BOA EDUCAÇÃO" – EXPERIÊNCIAS LIBERTÁRIAS E TEORIAS ANARQUISTAS...

obra de reconstrução social exige uma vasta ação de milhões de homens que tenham a possibilidade de entender-se, organizar-se, cooperar livremente, pesquisar, experimentar, aplicar concretamente as suas idéias e as suas energias, agir em total autonomia, construir, retificar os próprios erros, fazer, desfazer e refazer: resumindo, criar. Sem a livre ação criadora dos seres humanos não há futuro diferente do presente atual. "No presente, a Autoridade (no sentido social da palavra), como indica o próprio termo, pergunta, exige também, não certamente a criação nem a ação livre, mas, ao contrário e precisamente, a submissão, a obediência às ordens dadas, a execução de instruções e de comandos ditados. Portanto, a ação criadora e a Autoridade são dois princípios diametralmente opostos que se excluem reciprocamente. Esse é o motivo pelo qual, em nossa opinião, o princípio autoritário deva ser absolutamente eliminado."[24] A autoridade é exercida por um pequeno número de homens em detrimento da esmagadora maioria deles, e a atividade criadora de poucos não pode substituir a enorme força criadora da qual a humanidade dispõe. O homem nunca está satisfeito com aquilo que possui e, desse modo, o poder que é exercido por alguns torna-se sempre mais insaciável e desenvolve-se em milhares de tentáculos. Aqueles que são investidos de uma autoridade acabam por acreditar possuir todo o direito e de poder expandi-la, que é exatamente isso o que ocorre. Portanto, o maior erro que se possa realizar é aquele de pensar que a autoridade possa extinguir-se sozinha; na realidade, ela nunca toma uma via descendente, mas sempre ascendente. "Os anarquistas condenam a Autoridade de maneira integral, sem nenhuma concessão, porque a menor autoridade, ávida por afirmar-se e expandir-se, é da mesma forma tão perigosa quanto aquela mais desenvolvida; porque toda autoridade, aceita como um mal inevitável, torna-se rapidamente um mal invencível (...). Quantos pais ou maus educadores ficam surpresos com as façanhas de seus jovens — considerados incapazes de executar uma determinada tarefa — quando esses jovens obtêm toda a possibilidade, a alegria e o orgulho de agir em liberdade?"[25] A ação livre, criadora, viva, formidável, deve substituir inteiramente uma ação fundamentada no princípio de autoridade. Entretanto, existe uma forma de autoridade que é possível e inevitável aceitar, que se fundamenta em uma afirmação exclusivamente moral. É aquela autoridade que pode exprimir-se livremente, com pleno conhecimento de causa, sendo fundamentada em uma verdadeira força e coerência moral, sendo aceita de bom grado, e que produz sobre os outros um efeito positivo, louvável, feliz.

---

[24] VOLINE, "Autorité", In: *Ibidem*, p. 196.
[25] *Ibidem*, p. 197.

A *ENCYCLOPÉDIE ANARCHISTE* (1926-1934)

No tema da educação, a única autoridade admitida e ao mesmo tempo indispensável, é aquela, pura e verdadeiramente moral, de um educador consciente de seu escopo delicado e que sabe aplicar devidamente a arma da autoridade. A livre influência, a persuasão, o bom exemplo, o sério raciocínio, uma razoável e afetuosa repreensão, tais são os meios aceitáveis dessa autoridade.[26]

Em suma, existe a definição de autoridade aceitável e inevitável para todo ser humano. Aquela que deriva do exemplo moral, da competência reconhecida e limitada ao momento e ao tempo tido como necessário, que é aceita livremente e reconhecida como útil e sã, com pleno conhecimento de causa, por todos aqueles que reconhecem seu valor. Ela se exercerá com consenso comum, reconhecendo sua utilidade e positividade. Não tem nada a ver com a autoridade constituída, fundamentada na força e no domínio do homem sobre o homem; "Uma influência natural, livremente aceitável, uma autoridade puramente moral, no verdadeiro sentido da palavra, exercida de comum acordo, em um escopo concreto, em um ambiente de camaradagem geral, autoridade sobre uma superioridade ou uma experiência reconhecida por todos, autoridade útil, indispensável para o sucesso do escopo e praticada no interesse de todos, de modo desinteressado, amigável, fraterno, essa é a única autoridade aceita, não apenas por um anarquista, mas por todos os homens livres e dignos. Essa autoridade nós a desejamos com toda tranqüilidade, e todos nós a admitimos totalmente, a prevemos, a esperamos."[27]

O vocábulo "Liberdade" ocupa na enciclopédia um espaço muito amplo. De fato, as contribuições publicadas que se referem a esse conceito são muitas e variadas. Esse é interpretado tanto filológica quanto filosoficamente, do ponto de vista social e político, jurídico e ético-moral, é lido e analisado em suas relações com a natureza e com a história do pensamento, em suma, investigado e avaliado na multiplicidade do viver, do pensar, do agir. Isso que, nessa variada série de contribuições[28] apresenta-se claramente, é a concepção clássica do conceito de liberdade própria do pensamento anarquista. A tentativa de considerá-la como síntese da "liberdade de", própria do pensamento liberal, com a "liberdade para", própria do pensamento socialista. Não pode haver, em suma, liberdade sem igualdade, nem igualdade sem liberdade. No que se refere mais aproximadamente ao conceito de liberdade autêntica da criança, na relação educativa, ela é a base da autonomia individual: "Um jovem aprisionado não poderá tornar-se um homem

---

[26] *Ibidem*, p. 197.

[27] *Ibidem*, p. 199.

[28] O vocábulo *Liberté* com as contribuições de: L. Ixigrec, J. Marestan, Doctoresse Pelletier, E. Cotte, E. Armand, G. Goujon, S. Mac Say, S. Faure, E. Rothen, E. Delaunay, In: *L'Encyclopédie anarchiste*, vol. II, pp. 1221-1258.

livre."[29] Desse modo coloca-se imediatamente uma questão de importância fundamental para o pensamento anarquista e, portanto, também para a pedagogia libertária: a relação meios-fins. Ou seja, a inversão da teoria de Maquiavel a favor do conceito de coerência entre os dois termos. Em outras palavras, dado um fim (a liberdade) esse é passível de ser atingido somente por um meio (a própria liberdade), uma vez que o meio contém, em potência, o próprio fim.

> Como precisamente o escopo da educação consiste em formar e desenvolver a personalidade da criança, há uma certa contradição aparente entre o fato de respeitar uma personalidade e o de formá-la. Se for desejável respeitar a criança e a sua liberdade, devemos deixá-la tal e qual é; se nós a influenciamos, isso se torna o princípio de imparcialidade e de neutralidade![30]

Na realidade, sustenta o autor, o ser humano já nasce condicionado pelas ligações hereditárias que os seus pais lhe transmitem e, depois, é modelado, modificado pelos acontecimentos que sofre do nascimento até sua morte, e tudo isso consiste exatamente em uma educação. O próprio educador sofre todas essas séries de condicionamentos. O que se deseja é que o escopo do educador consista na ação de adaptação inteligente da criança às suas necessidades universais, assegurando a sua vida e a sua felicidade. Desenvolver os sentidos, a precisão dos movimentos, a habilidade tátil, a resistência física, o espírito de análise e de observação, a compreensão da ligação das coisas, o senso de justiça, a vontade, a energia criadora.

> Paralelamente à evolução de suas faculdades, a educação deverá desenvolver as conseqüências lógicas da amizade, da associação, do apoio mútuo, da fraternidade imposta aos homens pelas necessidades naturais (...). A personalidade da criança se formará e se harmonizará por si mesma por meio do desenvolvimento e do equilíbrio interior de todas as suas faculdades e da compreensão de seu funcionamento. O conhecimento das causas que determinam as coisas e os seres, juntamente com uma vida sã e um forte desenvolvimento da vontade, servirão mais para a melhora ou a evolução de seu "eu" que todos os tratados de moral do universo. O educador não deve desempenhar um papel de acelerador.[31]

Ele deve facilitar as experiências, permitir à criança criar e encontrar por si mesma o segredo verdadeiro e profundo das coisas deixando-lhe a alegria da descoberta e da realização. Não deve ser absolutamente um mestre que impõe, ordena e pune. São seus próprios resultados que punem ou premiam o jovem,

---

[29] E. ROUTHEN, "Liberté de l'enfant", In: *Ibidem*, p. 1247.
[30] IXIGREC, "Liberté" (Éducation), In: *Ibidem*, p. 1255.
[31] *Ibidem*, p. 1255.

A *ENCYCLOPÉDIE ANARCHISTE* (1926-1934)

ensinando-lhe o jogo das causas e dos efeitos. O educador não pode senão ser um grande amigo que sabe muitas coisas. "O escopo essencial dessa educação não persistirá exatamente em fazer da criança um cidadão, um partidário, um recruta, um fragmento de homem, admirador de seus pais, de sua tribo ou de sua nação, mas, ao contrário, um indivíduo forte, que possua o seu fim em si mesmo, a sua concepção particular da vida."[32] Concluindo, a educação, de acordo com essa concepção, deve ser "impessoal, científica e objetiva, e resultar de um estudo profundo da vida."[33] Essa formulação, partindo também de um princípio de anarquismo a propósito do papel facilitador designado ao educador no trabalho educativo com o educando, deixa de lado e não contempla as ligações e as relações inevitáveis que intercorrem entre os dois elementos do processo formativo. Deste modo, assiste-se a uma despersonalização da relação educativa que, ao contrário, nutre-se exatamente — enquanto embasada sobre relações sociais — dessa contínua influência recíproca fundamentada na necessidade de interrogar e naquela de especular, responder interrogando. Em outras palavras, não há ação educativa sem relação; quanto mais ampla, diversa, rica, variada for a relação, mais forte e segura torna-se a pesquisa interpessoal entre aqueles que se combinam interagindo entre si.

Uma outra intervenção sobre a relação entre educação e liberdade, especificando que se é livre enquanto decidimos pessoalmente, destaca como são tantos e variados os condicionamentos de ordem intelectual e material que determinam o desenvolvimento de uma personalidade. Para agir de forma eficaz sobre o desenvolvimento de uma criança é indispensável conhecê-la, compreender as suas ações, as suas reações, os seus interesses: e como conhecer tudo isso se ela não for observada em um contexto de liberdade? O problema da educação à liberdade e da libertação da criança coloca-se, antes de mais nada, no contexto familiar e depois na escola. Naturalmente, as duas situações educativas deveriam adotar os mesmos princípios e os mesmos meios, e seria necessário empenhar-se a fim de que tudo isso ocorra para produzir uma verdadeira e completa libertação do indivíduo, dos vários condicionamentos. Se as duas instituições não colaboram, todo o trabalho torna-se vão. Deixar o jovem livre significa permitir-lhe exprimir as suas inclinações e as suas necessidades, os seus pensamentos e as suas pesquisas, significa ajudá-lo a comunicar as suas inquietações, as suas curiosidades, os seus desejos, os seus medos; significa, além disso, realizar as condições mais favoráveis para que pouco a pouco tome consciência de si mesmo, de seu ambiente, de modo que se possa adaptar de maneira correta e crítica. E ainda ajudá-lo a

---

[32] *Ibidem*, p. 1255.
[33] *Ibidem*, p. 1256.

descobrir o mundo, experienciar aquilo com que se depara, experimentar aquilo que imagina ou sonha, construir aquilo que projeta. É predispor um ambiente natural, social, humano e cultural que favoreça tudo. Tudo isso permanece ainda irrealizável na família e na escola atuais. O educador deve, contudo, sugerir à criança os objetivos acessíveis a ela e que possam proporcionar-lhe a oportunidade de refletir, exprimir a sua iniciativa e consolidar a sua tenacidade. Aquele que educa deve limitar ao máximo a sua intervenção: é absolutamente positivo que cada um deva pesquisar e resolver os problemas que se depara em sua evolução e em sua formação. Enfim, é indispensável que sejam o exemplo e a empatia que construam a base fundamental da relação educativa. A liberdade, portanto, exprime-se na relação entre seres iguais, ainda que diferentes, que se unem para satisfazer as necessidades de cada um. É importante destacar como, na concepção libertária, há uma recusa da relação dual presente em Rousseau, a favor de uma concepção social da relação educativa. Ao mesmo tempo, a dimensão organizativa da formação coincide com um contexto social amplo e não delegado exclusivamente a uma única instituição. Essa relação torna-se sempre mais paritária também na formação dos conteúdos. De fato, segundo o autor, é necessário que sejam limitados os conhecimentos que se impõem ao pequenino, em vista de torná-lo um ser adulto; adquiri-los por meio de um método coerente e mais rápido possível; destinar mais tempo possível àquelas atividades voltadas a desenvolver mais completa e harmonicamente possível a personalidade, a iniciativa e a vontade da criança, a trabalhos livres, individuais e coletivos. Na escola antiautoritária, essas atividades deverão ocupar o maior espaço possível, e a intervenção do educador deverá igualmente ser a mais discreta.

Um grande trabalho de pesquisa e de experimentação está também em ação, entre os vários pedagogos mais sensíveis ao problema, com fim de predispor sempre mais instrumentos e meios didáticos capazes de atender a essas condições de aprendizagem, seja no caso do ensino individualizado, seja no trabalho cooperativo no grupo de semelhantes. Em suma, a formação livre não pode deixar de lado um contexto social que favoreça a manifestação natural. A formação dos professores terá um importante papel que deverá ser coerente com os pressupostos teóricos que foram delineados e, como vimos, é seguramente fundamental que entre os vários sujeitos educativos (pais, professores, adultos, jovens da mesma idade), haja uma relação de estreita colaboração, de coerência comportamental comprovada.[34]

---

[34] E. DELAUNAY, "Liberté" (Éducation), In: *Ibidem*, pp. 1256-1258.

A *ENCYCLOPÉDIE ANARCHISTE* (1926-1934)   365

5. Pedagogia e psicologia

A pedagogia é uma ciência social ou uma arte? Também a essa pergunta procura-se dar uma resposta na enciclopédia. No decorrer da história do homem pode-se notar como, pouco a pouco, todas as abordagens metodológicas que se referem à arte de instruir e educar as crianças e à ciência da educação evoluíram transformando-se em modalidades sempre mais aprofundadas e concatenadas, passando de simples imitação a uma relação gradualmente mais complexa e articulada. Em particular, é destacada a passagem entre uma pedagogia primitiva, mas empírica, feita de tentativas e soluções, e uma própria do crente, dirigida a um fim preestabelecido por valores considerados válidos e universais, em suma, guiada por uma filosofia ou por uma metafísica. Mas a evolução da filosofia, que se torna cada vez mais uma ciência positiva livre de dogmas religiosos e onto- lógicos que, na abordagem da função pedagógica, baseia-se sempre mais na psico- logia, que se torna, contudo, sempre mais empírica e experimental, na biologia e na sociologia, leva à reflexão e ao raciocínio cada vez mais em um plano racional. A "ciência" da educação (pedagogia) torna-se sempre mais "ciências" da educação. As artes sempre precederam as ciências, mas o progresso nestas últimas sempre foi constante e ininterrupto; cada vez mais as próprias artes apelam às ciências para definir o seu escopo e para complementar e aperfeiçoar os seus meios. A pedagogia é, portanto, no início, uma arte e, particularmente, uma arte muito empírica, instintiva e imperfeita. A ciência da educação constitui-se, pouco a pouco, e — uma vez que se ocupa de um ser vivo que evolui continuamente em um contexto social — é óbvio que deve libertar-se cada vez mais dos condiciona- mentos filosóficos e metafísicos para tornar-se cada vez mais uma ciência natural. O amor dos pais para educar um filho de modo positivo, encontrar de modo instintivo um caminho educativo correto e justo, não é suficiente, da mesma forma como não basta, para instruir um ser em evolução, a experiência dos educa- dores, que freqüentemente se torna rotina cômoda e tranqüilizante. A pedagogia está, de qualquer forma, evoluindo, conservando aquela dimensão artística e intuitiva que se acompanha sempre mais a um trabalho de síntese e reelaboração autônoma da contribuição de outras ciências como a psicologia, a psicanálise, a pediatria, a sociologia, a puericultura. Essa "tende atualmente em direção à indivi- dualização e à sustentação mútua, ou seja, em direção à anarquia."[35]

O discurso do autor parece um pouco superficial e limitado se considerarmos a pedagogia como uma verdadeira ciência social autônoma que, como as outras

---

[35] E. DELAUNAY, "Pédagogie", In: *L'Encyclopédie anarchiste*, vol. IV, p. 2001.

ciências sociais, possui seu significado e fundamento epistemológico, mas continua fundamental não negar aquela parte dela que não pode deixar de lado uma dimensão artística, ou seja, intuitiva e expressiva. Como toda arte que se respeite, essa necessita de instrumentos e de estudos sempre mais amplos e refinados; dessa forma, a pedagogia, enquanto ciência humana, não pode deixar de lado as contribuições essenciais de outras ciências e de um estudo sério e atento da própria natureza humana.

Além disso, a enciclopédia ilustra outros vocábulos que podem completar o quadro do conjunto dessas ciências humanas: em particular, a psicologia, à qual são dedicadas três contribuições significativas. A psicologia é definida como o estudo científico de toda a personalidade humana com suas emoções, suas paixões, sua inteligência, sua vontade etc., por meio da combinação de dois métodos: subjetivo (introspecção) e objetivo (observação), que reduzem, assim, a margem de erro interpretativa. A análise dos fatos e também o objeto de estudo da psicologia, resolvem-se sempre em uma síntese que leva em conta os diversos elementos de avaliação das ciências diversas. Daqui surge o convite que se dirige à questão do não absolutizar jamais uma abordagem científica como a única capaz de explicar determinado fenômeno ou comportamento. Os problemas que essa ciência humana levanta são múltiplos, mas podem ser agrupados em três linhas de pensamento em relação à vida intelectual, afetiva e ativa. Os fenômenos conseqüentes a esses três aspectos da personalidade são estudados e analisados com a contribuição das várias especializações que são desenvolvidas no interior da psicologia. Dessa forma, caso a caso, poder-se-á falar também de psicologia da criança, psicologia anormal ou patológica para estudar as várias formas de desvios e doenças, de psicologia dos animais, dos automatismos psicológicos, do inconsciente.

Desse modo, a psicologia sustenta-se na enciclopédia, estuda o homem em todos os seus aspectos e inclinações: "Ela o estuda minuciosamente, o avalia, o analisa, o decompõe em todos sentidos. O que é perigoso é o abuso que é feito da psicologia. A psicologia dos escritores e aquela dos filósofos não se parecem absolutamente; desse modo, ao não fazer psicologia, objetiva ou subjetiva, experimental ou não, arrisca-se a ser prisioneiro de uma idéia fixa, esta mesma um caso fortemente curioso de psicologia anormal e patológico."[36] O autor alerta os leitores para o fato também de a psicologia prestar-se a ser absolutizada e levada a ser uma ciência capaz de explicar todos os fenômenos bem como todas as manifestações comportamentais do homem, tornando-se, desse modo, inevitavelmente, um obstáculo para a explicação verdadeira e articulada das atitudes, dos comportamentos, das manifestações dos homens e das mulheres. Mas a psicologia sempre foi considerada, de modo absolu-

---

[36] G. DE LACAZE-DUTHIERS, "Psychologie", In: *Ibidem*, vol. IV, p. 2238.

A *ENCYCLOPÉDIE ANARCHISTE* (1926-1934)

tamente errado, uma serva da filosofia, da lógica, da moral ou da metafísica. Algumas vezes, foi negada como ciência ou anexada à fisiologia. Na realidade, sustenta um outro autor, a psicologia implica um método especial de análise fundamentada, como vimos, na introspecção e na observação dos outros. Particularmente, Freud mostrou a importância do inconsciente, dos impulsos sexuais na formação da personalidade. E é a educação que mais pode se beneficiar dessas contribuições científicas, assim como a orientação profissional pode extrair indicações úteis do conhecimento dos traços característicos da personalidade do jovem.[37]

Enfim, a terceira contribuição destaca como seria relevante a psicologia social, porque estuda e compreende o homem em um contexto social, a sua educação como resultado de um processo de desenvolvimento individual inserido, entretanto, em um ambiente de relações humanas, e, além disso, porque interpreta e estuda os fenômenos sociais e de massa, dando, desse modo, uma contribuição fundamental à compreensão da sociedade e de seu imaginário.[38]

Na enciclopédia apresenta-se também uma síntese sobre a contribuição da psicanálise e, em especial do pensamento de Freud, da importância de suas pesquisas e de suas descobertas a propósito do papel do inconsciente e do desenvolvimento da libido no processo de desenvolvimento da personalidade e, em particular, como esses conhecimentos podem ser úteis para a liberação do homem de toda forma de censura e de condicionamento, usando a parte analítica, e não moralista do pensamento do próprio Freud.[39] De modo coerente com o que foi exposto acima, é ilustrado, além disso, o conceito de personalidade definida como individualidade consciente. Todo homem possui, de fato, consciência de ser uma personalidade porque se sente distinto do mundo externo e diferente dos outros seres humanos, indivíduo único entre outros indivíduos, cada um com a sua própria especificidade e diversidade. A descoberta e a aceitação por parte da criança de seu "eu" ocorre de modo progressivo e evolutivo, em primeiro lugar por meio do uso e da descoberta de seu corpo, depois, com o raciocínio.[40]

6. Educação e instrução

O conceito de educação, entendido em sentido amplo e articulado, ocupa nas páginas da enciclopédia um lugar notável e significativo. Não apenas porque toda a obra constitui, de fato, uma grandiosa experiência de instrução e forma-

---

[37] DOCTORESSE PELLETIER, "Psychologie", In: *Ibidem*, p. 2238.

[38] G. GOUJON, "Psychologie", In: *Ibidem*, pp. 2238-2241.

[39] G. DE LACAZE-DUTHIERS, "Psychanalyse", In: *Ibidem*, pp. 2233-2234.

[40] L. BARBEDETTE, "Personnalité", In: *Ibidem*, pp. 2021-2023.

368 "A BOA EDUCAÇÃO" – EXPERIÊNCIAS LIBERTÁRIAS E TEORIAS ANARQUISTAS...

ção, de divulgação e aprofundamento, mas também porque a possibilidade de uma mudança radical da sociedade no sentido libertário e igualitário passa exatamente por uma emancipação cultural, uma auto-educação significativa de todo ser humano. De modo coerente com essa premissa, todo o grupo de intelectuais que está por trás dessa experiência única de trabalho divulgador e sistemático, confere e atribui ao termo "educação" um significado fundamental.

A educação é interpretada essencialmente como o reconhecimento específico do papel fundamental que todo ambiente possui no processo de formação do indivíduo. De acordo com essa visão, as qualidades físicas e intelectuais de todo indivíduo dependem essencialmente de dois fatores que se integram alternadamente: a hereditariedade genética de seus pais e as influências determinantes do ambiente, entendido em uma pluralidade de dimensões (histórico-geográficas, sociais, culturais, econômicas, políticas, relacionais etc.). O debate e a pesquisa científica, as ideologias e as culturas mais diferentes são confrontadas no tempo relativamente àquele dos dois fatores mencionados acima que tenha uma preeminência sobre o outro na contribuição da formação do homem. De acordo com a prevalência de um ou de outro, são confrontadas formulações culturais, filosóficas, sociológicas, pedagógicas, psicológicas diferentes, quando não explicitamente contrastantes.

Na visão proposta aqui, ambos os fatores contribuem de modo significativo, cada um por uma parte, para especificar, todavia, a importância do processo educativo que é entendido como uma relação complexa e significativa em contínua e incessante evolução. Se a hereditariedade determina tudo isso que, da concepção ao nascimento, e depois no futuro indivíduo social, mostra-se como um conjunto de características físico-mentais e do caráter, é da mesma forma verdadeiro que o papel desempenhado pelo contexto social, na dimensão plural e variada do termo, assume uma importância significativa e determinante em condicionar positivamente ou negativamente todo o desenvolvimento do ser humano. Além disso, as mesmas condições de hereditariedade são, ou podem ser, fortemente influenciadas pelo ambiente externo. Assim, os homens não nascem iguais, mas diferentes, e portanto é absolutamente errado dar a eles uma mesma educação. Em suma, é determinante e ao mesmo tempo dirimente, oferecer estímulos iguais a pessoas diferentes, não entendendo que isso determina a consolidação da desigualdade social. "A hereditariedade, portanto, limita as possibilidades de desenvolvimento dos indivíduos, mas fornece a eles uma herança ancestral que assegura o progresso individual e o progresso social."[41]

A mais importante característica do progresso é o desenvolvimento da personalidade que caracteriza tanto o desenvolvimento social quanto aquele individual.

---

[41] E. DELAUNAY, "Éducation", In: L'Encyclopédie anarchiste, vol. II, p. 631.

A *ENCYCLOPÉDIE ANARCHISTE* (1926-1934)

A criança toma consciência de sua personalidade, de seu ser mais profundo, pouco a pouco, de modo evolutivo, graças, principalmente, à sua vida social e à linguagem. Em suma, todo ser humano forma-se em uma relação com os outros e toma consciência de si mesmo por meio da mesma relação. Desse modo, a educação é uma modificação dos indivíduos por meio de uma relação com o ambiente, e possui o seu momento mais significativo e formativo nos primeiros anos de vida do indivíduo por via de alguns meios dos quais, por grande parte, nós não nos damos conta.

Com essas considerações especifica-se uma visão absolutamente moderna do processo formativo e do papel da educação nesse processo. São consideradas aqui, mesmo que de maneira nem sempre explícita, as diversas ciências humanas que contribuem para designar a essa um papel importante e preciso. Essa é uma concepção otimista e positiva do papel e da função que — contudo, não considerando a hereditariedade inegável, ou melhor, principalmente por meio dessa — o ambiente exerce enquanto elemento essencial, porque modificável, que permite ao homem ser um protagonista de sua formação. Assim, a educação no sentido mais amplo do conceito, compreende, de acordo com o autor, a auto-educação involuntária da criança; a educação involuntária por meio das coisas e dos indivíduos; a educação propriamente dita, isto é, a ação sistemática de alguém em relação aos outros que tende a transformar estes últimos; a auto-educação voluntária. É necessário, a este ponto, chegar a uma definição exaustiva desse conceito, considerando tanto o papel da hereditariedade quanto aquele da influência do ambiente: "A educação é a intervenção sistemática no desenvolvimento mental (intelectual, afetivo, volitivo) e físico dos indivíduos em relação a um ideal fixado, levando em conta o desenvolvimento de cada um desses e os contextos nos quais estão inseridos."[42] Esses múltiplos aspectos que caracterizam a educação evidenciam a complexidade do conceito. De fato, no termo em questão estão inseridos tanto elementos de condicionamento quanto de liberação. Portanto, educar pode representar uma tentativa mais definida de condicionamento autoritário, da mesma forma que pode se tornar verdadeiramente um momento de tomada de consciência das próprias potencialidades e de libertação de toda forma de servidão. Se for considerado o aspecto dinâmico e relacional, a influência da casualidade no momento educativo, além do fato de que educação é, contudo, um processo, então, seguramente ela se torna um elemento essencial da liberação humana.

Da mesma forma, é importante considerá-la em seu dedicar-se ao desenvolvimento integral e harmônico da personalidade dirigida a liberar todas as potencialidades, sejam elas físicas ou mentais, em uma visão precisamente integral e har-

---

[42] *Ibidem*, p. 633.

370 "A BOA EDUCAÇÃO" – EXPERIÊNCIAS LIBERTÁRIAS E TEORIAS ANARQUISTAS...

mônica de todo ser humano, de modo que o homem seja um ser poliédrico, saiba levar em conta seus caracteres físicos, mas que, ao mesmo tempo, integre-os de forma harmônica com aqueles da mente, sem privilegiar alguns em detrimento de outros. E que o aspecto mental não se esclareça apenas na racionalidade, mas contemple também a dimensão afetiva, sentimental, da vontade, juntamente a uma concepção completa das linguagens corporais na comunicação igualitária. É também significativo o dever levar em conta a singularidade e a unicidade de todo indivíduo, as suas características específicas e os seus percursos pessoais socioculturais e considerar, caso a caso, o contexto ambiental no qual está inserido. Possuir, finalmente, uma idéia de homem e dos valores de referência é a condição essencial para todo o percurso educativo que surja de uma relação na qual haja, de um lado, uma necessidade e, então, uma satisfação para se considerar (o dar) e, de outro, a necessidade de conhecer e buscar em si mesmo e por meio da comparação com os outros (o receber) a própria verdade. Naturalmente, uma vez que a educação não pode deixar de ser um fato social, as diferenças e as desigualdades sociais, culturais, econômicas etc. possuem um peso significativo na determinação do futuro de um indivíduo. Isso significa, continua o autor, que oferecer a todos, indistintamente, as mesmas oportunidades, significa, em uma situação de desigualdade, consolidar as diferenças sociais e, assim, perpetuar as discriminações por meio da educação. As possibilidades educativas não são menos limitadas pelo contexto social do que pela hereditariedade. Uma vez que o ambiente social é freqüentemente um obstáculo para um desenvolvimento positivo, o autor pergunta-se se não seria mais conveniente abandonar o projeto de educar os indivíduos para transformar o próprio ambiente social, empenhando-se para a mudança desse ambiente, para poder, depois, educar positivamente os indivíduos. Qual a relação que há, em suma, entre educação e revolução, e qual é aquela que determina a outra? "Não se faz uma revolução sem revolucionários, e o indivíduo revolucionário é, em parte, um produto da educação."[43] Preparar uma revolução significa, então, esforçar-se para aumentar a necessidade desta entre os indivíduos e levar as massas a se darem conta disso, despertando seus sentimentos e falando aos seus corações. O trabalho educativo é, portanto, fundamental para obter um resultado positivo em sentido libertário. Sem uma educação apropriada e completa, as condições materiais sozinhas não podem produzir uma mudança que seja fundamentada na destruição de um sistema autoritário e de exploração, mas, principalmente, que preveja uma parte positiva e construtiva de novas relações sociais, novos valores, novas relações econômicas e políticas. Progresso social e progresso individual estão estreitamente ligados entre si: "O indivíduo é, de qualquer modo,

---

[43] *Ibidem*, p. 633.

A *ENCYCLOPÉDIE ANARCHISTE* (1926-1934)

efeito e causa do progresso social e, reciprocamente, esse progresso é, por si mesmo, efeito e causa do progresso dos indivíduos."[44]

O processo educativo, de acordo com essa visão, não contribui absolutamente para inserir os indivíduos em um contexto social já pré-ordenado e estático, mas, ao contrário, tende a formar indivíduos que saibam fundar uma sociedade melhor: "O progresso é uma seqüência de antecipações: tanto aquela dos indivíduos invoca um progresso social quanto o progresso social provoca o progresso dos indivíduos."[45] Educação e revolução, desse modo, completam-se reciprocamente: um educador não pode se esquecer de tudo aquilo que a educação deve à revolução, da mesma forma que um revolucionário consciente não pode certamente se esquecer da educação.

Concluindo essa parte, o autor manifesta a sua propensão para o educacionismo em relação ao revolucionarismo: a educação é mais importante que a revolução. Essa é útil em qualquer tempo e em qualquer lugar, a revolução não é senão um período, uma crise efêmera que permite eliminar alguns obstáculos ao progresso humano. Nesse sentido, podemos dizer que, enquanto a revolução está dentro da história, a outra é contrária a essa. A emancipação das massas não pode deixar de lado uma contínua e recorrente educação libertária que seja voltada a desenvolver em todo indivíduo todas as suas potencialidades, os seus desejos para construir a felicidade humana; a revolução não é senão um momento, mesmo que significativo e indispensável, de libertação do homem das múltiplas estruturas, instituições, condicionamentos materiais e concretos, mas não produz por si só a felicidade que, vice-versa, exige um trabalho de mudança individual por meio de uma contínua e incessante busca do prazer e da alegria. Em suma, enquanto uma (a revolução) assume principalmente a dimensão material da vida, a outra (a educação) compreende também aquela existencial. O escopo da educação e aquele da vida não devem ser confusos entre si. O escopo da vida é estreitamente pessoal e depende das sensibilidades e dos gostos de cada um, e não cabe às tarefas das intervenções educativas fixar e determinar as inclinações e os desejos de todo indivíduo. Se o escopo da vida é muito variável de indivíduo para indivíduo, aquele da educação é algo de absolutamente preciso:

> Desejamos educar a criança para que ela possa perseguir o destino que julgar melhor, de modo que em cada ocasião possa dispor livremente da possibilidade de escolha e ter uma vontade tão forte para adequar a sua ação ao seu desejo. Isso significa que nós respeitamos a personalidade de todo jovem; que nos recusamos

---

[44] *Ibidem*, p. 634.
[45] *Ibidem*, p. 634.

372   "A BOA EDUCAÇÃO" – EXPERIÊNCIAS LIBERTÁRIAS E TEORIAS ANARQUISTAS...

a preparar crentes de uma religião, cidadãos de um Estado e doutrinários de um partido. Disso resulta que o nosso ideal não é aquele de modelar as crianças de acordo com a idéia que temos de uma criança modelo, mas ajudar o desenvolvimento de cada individualidade infantil, levando em conta os seus interesses e suas capacidades.[46]

A educação livre fundamenta-se no respeito dos interesses da criança, e não naqueles do educador, e vale-se de usar os meios que são coerentes com o fim perseguido. Naturalmente, sustenta o autor desse vocábulo na enciclopédia, o pequenino não é um adulto em miniatura, as crianças são diferentes de acordo com a idade e o sexo e, enfim, contudo, existem algumas diferenças individuais consideráveis: "Disso deriva evidentemente que uma boa educação não deve tratar as crianças como adultos, que deve apresentar alguns objetivos coerentes com aqueles de seu desenvolvimento e que, enfim, deve ser tão diferenciada quanto o são os próprios jovens."[47] É representada aqui uma madura e moderna concepção da infância, absolutamente revolucionária para os hábitos e os costumes da época, que se vale das descobertas da psicologia e da pedagogia mais evoluídas e que se fundamenta em princípios tipicamente anarquistas da liberdade e da unicidade do indivíduo como valores fundamentais de uma moderna teoria pedagógica.[48]

Da mesma forma moderna é a concepção que deseja a educação como promotora de um desenvolvimento integral e, ao mesmo tempo, harmônico de todos os aspectos da personalidade da criança: físicos, intelectuais, morais, afetivos e sociais. Em suma, almejar a formar alguns indivíduos sociais que conservem uma forte e específica personalidade. Uma boa educação considera muito mais importante o modo pelo qual cada um se apropria dos conhecimentos, do que fazer o educando possuir uma quantidade enorme de noções: a qualidade do processo de formação dos conhecimentos prevalece sobre o montante de conhecimentos. O educador, nos dias de hoje, não pode certamente pensar em comunicar ao educando

---

[46] *Ibidem*, p. 635.

[47] *Ibidem*, p. 635.

[48] Sobre o problema da condição da infância e sobre as várias concepções que são debatidas ao redor dela, consulte: E. BECCHI, "Infantologie del Novecento", In: B. VERTECCHI (Org.), *Il secolo della scuola*, Florença, La Nuova Italia, 1995; CAMBI, ULIVIERI (Org.), *Infanzia e violenza*; TRISCIUZZI, *Il mito dell'infanzia*; CAMBI, ULIVIERI (Org.), *I silenzi nell'educazione*; CUNNINGHAM, *Storia dell'infanzia*; CAMBI, ULIVIERI, *Storia dell'infanzia nell'Italia liberale*, Florença, La Nuova Itália, 1988; ARIÈS, *Padri e figli nell'Europa medievale e moderna*; PANCERA, *L'educazione dei figli*; GENOVESI, *L'educazione dei figli*; ULIVIERI (Org.), *Le bambine nella storia dell'educazione*; HOUSTON, *Cultura e istruzione nell'Europa moderna*; R. FARNÉ, "Il valore dell'infanzia", In: ULIVIERI (Org.), *L'educazione e i marginali*. Reflexões importantes podem também ser encontradas em: BECCHI (Org.), *Storia dell'educazione*.

A *ENCYCLOPÉDIE ANARCHISTE* (1926-1934)

aquilo que lhe servirá por toda a vida. É muito melhor concentrar-se na formação e estimular a aquisição de habilidades que permitam ao jovem procurar por si mesmo os conhecimentos e as respostas das quais, caso a caso, ele necessite no decorrer de sua vida. "Para perseguir o seu escopo, existem alguns obstáculos que devem ser superados, dos quais nós indicamos os principais (interesses, crenças etc.); mas há na natureza da criança algumas disposições espontâneas que são úteis (curiosidade, necessidade de atividade etc.) que ele deve encorajar e assegurar o seu desenvolvimento, porque sabe que a educação se faz muito melhor favorecendo a liberação das tendências úteis que combatendo diretamente as tendências perversas."[49] O autor detém-se, então, sobre a relação entre liberdade e vontade, escrevendo: "Um pedagogo afirmou que a liberdade não consiste tanto no fazer tudo aquilo que se deseja quanto, antes, desejar tudo aquilo que se faz. Fórmula importante que o educador tomará por guia. O que mais importa na educação das crianças é usar a coerção o mínimo possível; ora, é evidente, de outra parte, que para numerosas ações da sua vida, a criança possui necessidade de ser guiada, comandada, e que é necessário que obedeça. Mas convém recordar que em numerosos casos, ela poderá escolher entre duas opções ou ainda mais, sem que resulte a ela nenhum inconveniente (...). Há duas condições essenciais para que a criança deseje aquilo que o educador lhe manda fazer e ela obedeça sem coerções: antes de mais nada, que o educador tenha sabido conquistar o afeto da criança, e isso é possível apenas se ele ama essa criança; é, em seguida, que a criança não atribua essas ordens à fantasia do educador, portanto, que este último não dê ordens quando não é absolutamente necessário dá-las, que as dê deixando a mais ampla liberdade possível para a criança na escolha dos meios de execução e, enfim, que não demonstre ele mesmo a inutilidade de seus comandos dando contra-ordens contínuas."[50]

A liberdade do indivíduo depende em parte de sua vontade, portanto, é necessário especificar aquilo que caracteriza o ato voluntário: "Não é apenas a titubeação, a deliberação e a escolha, como supõem certos psicólogos, é também a consciência que possui o indivíduo da personalidade que tem a sua decisão e, como conseqüência, das responsabilidades que lhe cabem. Promover a educação da vontade não é apenas promover aquela do pensamento (hesitação, deliberação, escolha) e, desse modo, aplicar esse pensamento às ações da vida; é ainda preparar homens de iniciativa que tenham o sentimento de sua própria responsabilidade."[51] Enfim, o autor exprime desacordo em relação à pedagogia de Paul Robin e às

---

[49] E. DELAUNAY, *Éducation*, p. 637.
[50] *Ibidem*, p. 638.
[51] *Ibidem*, p. 638.

suas idéias gerais (forçando o seu pensamento) contestando-lhe a pretensão de ter construído uma experiência da qual seja possível extrair verdades válidas em todo lugar. A instrução e a educação não devem ser as mesmas para o pequenino camponês e para o pequenino cidadão, porque uma e outra devem fundamentar-se na vida real, nascer dos interesses das crianças e fazê-las compreender o seu ambiente. De fato, não se trata de transformá-las perfeitamente inseridas no ambiente, mas sim torná-las capazes de adaptar-se às transformações possíveis e capazes, além disso, cooperar para a transformação social, ou seja, à adaptação da sociedade ao ideal que serão formados. "Do ponto de vista social, o educador que não vê na sociedade um inimigo fatal dos indivíduos, mas o mesmo molde no qual se modelam e se regulam os indivíduos, possui um papel duplo: em primeiro lugar, deve preparar as crianças para uma vida social normal e sã e, em seguida, fazê-las observar a sociedade por aquilo que ela é, de modo que tenham, um dia, a vontade de mudá-la."[52] É aqui sustentada e representada uma posição que vê no educador um agente social que possui como tarefa primeira aquela de trabalhar para criar as condições para um trabalho de mudança social e, portanto, que tende a ligar de modo indissolúvel educação e revolução e, assim, preocupar-se mais com a formação de um homem novo, em vez de um homem livre, ainda que esses dois conceitos estejam compreendidos e assimilados.

Isso se manifesta precisamente pela crítica, apesar de formuladas somente em parte, às idéias dos educacionistas *à maneira* Robin que, em certo ponto, fazem prevalecer o desejo de demonstrar a possibilidade de uma prática educativa alternativa à vontade de sustentar a indivisibilidade de educar e, ao mesmo tempo, modificar a sociedade. É evidente que, de um lado, corre-se o perigo de criar lugares prazerosos em um meio hostil, os quais possuem, entretanto, um forte significado de demonstrar que é possível construir uma realidade educativa diversa e alternativa daquela autoritária, de outra, aquele de fazer prevalecer uma lógica reformista ou esclarecer a relação educação-revolução privilegiando o aspecto político-propagandista sobre aquele da educação propriamente dita.

Um dos temas recorrentes, entre aqueles que caracterizam um ponto de vista libertário, é o da "co-educação", ou seja, da educação em comum entre homens e mulheres. A Igreja católica sempre se opôs à co-educação, combatendo as experiências escolares que a praticaram, como aquelas de Robin ou de Ferrer, mas essa vai-se estendendo sempre mais — aponta o organizador desse vocábulo na enciclopédia — graças aos grupos feministas e às forças mais avançadas no campo da educação. Antes de especificar melhor as razões que depõem a favor dessa escolha, o autor sente o dever de especificar o seu ideal educativo: "Desejamos

---

[52] *Ibidem*, p. 639.

A *ENCYCLOPÉDIE ANARCHISTE* (1926-1934)

educar a criança para que possa seguir o destino que julgará o melhor, de modo que em toda ocasião possa julgar livremente a conduta a escolher e ter uma vontade tão forte para adequar a sua ação a esse critério."[53] Isso significa que os anarquistas respeitam a personalidade de todo indivíduo e recusam-se a estabelecer intervenções educativas que pretendam formar um crente para uma religião, um cidadão para um Estado, um doutrinado para um partido. O ideal anarquista não consiste, portanto, em moldar uma criança de acordo com uma idéia de criança modelo, mas favorecer o desenvolvimento de toda a potencialidade e individualidade infantil levando em conta os seus interesses e as suas capacidades. "Portanto, nós somos contra a escola que separa os sexos para poder preparar as jovens para a submissão, mas, da mesma forma, pela mesma razão, nós somos contra todos os sistemas escolares, mesmo aqueles co-educativos, que não levam em conta nem as diferenças entre os sexos, nem as diferenças individuais entre crianças de um mesmo sexo."[54]

Mesmo a família tradicional tende a impor às crianças uma educação diferenciada por sexo e não levar em conta, além disso, que entre as crianças de um mesmo sexo existem algumas diferenças e que essas são importantes e devem ser valorizadas e encorajadas. Em suma, trata-se de eliminar todos os condicionamentos culturais e sociais que determinam toda forma de educação separada para deixar espaço às inevitáveis e preciosas diversidades naturais. Igualdade social e diversidade natural devem, finalmente, harmonizar-se com a liberdade individual, sem a qual toda forma de sociedade libertária é impossível.

O tema educativo assume para os anarquistas um papel importante e insubstituível e precede outros também significativos campos de ação. Auto-educar-se significa produzir um trabalho duplo: interno e externo. Por trabalho interno entende-se aquele que todo revolucionário tem o dever de fazer sobre si mesmo e, por externo, aquele que ele realiza em relação aos outros. O anarquista deve adquirir três valores fundamentais: "boa saúde, uma instrução vasta e profunda, sentimentos e hábitos espontaneamente libertários."[55] Por trabalho interno o autor entende o esforço que cada um deve fazer para analisar a si mesmo e para colocar continuamente em discussão as suas escolhas, a fim de que sejam coerentes com seus valores, de modo a constituir um exemplo vivo e uma forte atração para os outros aos ideais do anarquismo. Mas é da mesma forma natural que ele sinta a necessidade de difundir seus ideais, fazer participar os outros homens e as outras mulheres de suas escolhas por meio da discussão, da conversa, da conferência,

---

[53] E. DELAUNAY, "Coéducation", In: *L'Encyclopédie anarchiste*, vol. I, p. 357.

[54] *Ibidem*, p. 357.

[55] S. FAURE, "Anarchisme", In: *L'Encyclopéde anarchiste*, vol. 1, p. 73.

do jornal, do livro e do opúsculo, do exemplo pessoal, em todas as circunstâncias nas quais ele se encontra de ser e viver. Essa atividade exterior fortifica as convicções pessoais e as idéias de todo militante porque as coloca sempre em discussão e à prova dos fatos: "Ele educa os outros enquanto educa a si mesmo; a obra da educação externa e aquela da educação interna caminham lado a lado."[56] Em suma, é impensável uma incoerência entre o próprio comportamento cotidiano e os ideais que se sustentam. É necessário pensar que para mudar o ambiente circundante é sempre necessário, ao mesmo tempo, mudar a si mesmo, e que toda ação educativa libertária não pode deixar de ter esse duplo significado. Esse conceito também exprime toda a maturidade e a modernidade da concepção libertária da educação, antecipando, de um lado, a importância da empatia no processo formativo e, de outro, a dimensão social do próprio processo educativo. A moral é um produto da vida social, distingue-se e não se contrapõe entre moral individual e moral coletiva: isso permite compreender como não pode existir uma única moral porque os lugares sociais diferem-se no espaço e no tempo. Entretanto, é necessário especificar que "todas as discussões sobre a moral, todos os esforços moralizadores são vãos para quem não admite que também as idéias são uma força e que não acreditam que os indivíduos possuam uma certa liberdade, uma certa vontade e uma certa responsabilidade."[57] A moral dos indivíduos, de modo contrário de como pensam os deterministas, é sempre modificável. De fato, no início da infância, bem como nos princípios da humanidade, não se encontra nem egoísmo, nem altruísmo, mas uma condição de amoralidade que se diferencia, em seguida, em egoísmo e em altruísmo. A personalidade do indivíduo forma-se na vida em comum na sociedade, e é por meio dos contatos, do debate de cada indivíduo com os outros indivíduos, que todo ser humano toma consciência do próprio "eu" e o desenvolve, tanto que a oposição do indivíduo em relação à sociedade não se justifica, e um ideal antiindividualista é também um ideal anti-social. O egoísmo atual não pode certamente ser considerado como um excesso de desenvolvimento da individualidade, mas, antes, como uma insuficiência desse desenvolvimento. Nem mesmo a psicologia e a sociologia podem enfim impor um ideal moral incontestável. Em síntese, nem a ciência, nem a razão podem oferecer leis morais imperativas, mas, ao mesmo tempo, tanto uma quanto a outra são capazes de ajudar-nos a determinar o ideal moral que desejamos.

Trata-se, como se pode bem entender, de uma concepção relativista da moral que, todavia, deve contemplar ao mesmo tempo uma visão pluralista dela própria. Há, contudo, alguns princípios morais que são instintivos e universais como, por

---

[56] *Ibidem*, p. 73.
[57] E. DELAUNAY, "Morale", In: *L'Encyclopédie anarchiste*, vol. III, p. 1654.

A *ENCYCLOPÉDIE ANARCHISTE* (1926-1934)

exemplo, a busca da felicidade. Os objetivos particulares e os meios variam no tempo, mas o fim geral permanece. Como se pode bem ver aqui, o anarquismo move-se dentro de algumas contradições gerais. De fato, se quando está no interior do processo histórico agita-se entre universalismo e relativismo na sociedade anarquista (o ser outro), somente nessa torna-se pluralista. De fato, quando a anarquia traduz-se em anarquismo, deve reconhecer alguns valores como universais (para poder existir como tal) e, ao mesmo tempo, admitir que também esses possam ser relativos. Também o anarquismo, como movimento, é pluralista, no sentido que admite diversos caminhos e interpretações em seu interior. Em suma, ele é universalista nos valores e pluralista nos métodos, a anarquia é pluralista no geral e relativista no concreto.[58] É a satisfação das necessidades que constitui a base da moral anarquista, e essa contribui para determinar a felicidade. De modo contrário à moral religiosa, escreve o autor, "nós acreditamos em dever satisfazer as nossas necessidades na medida em que essa satisfação não seja contrária ao nosso ideal igualitário, necessário para a harmonia social. Nosso ideal é aquele de harmonia, harmonia no indivíduo, para a satisfação das necessidades úteis desse indivíduo; harmonia social, para a satisfação das necessidades úteis de todos os indivíduos."[59]

O papel do educador (pai ou professor) é duplo: por um lado, uma vez convencido da possibilidade de uma ação moralizadora eficaz, deve fixar os escopos dessa ação, ou seja, esforçar-se para determinar aos jovens um ideal que não seja uma mentira ou contrário ao progresso, por outro lado, fixar os meios que servem para a obtenção do objetivo, ou seja, que sejam coerentes com o fim. Para exercer uma ação moral eficaz é necessário, em primeiro lugar, desejá-lo. Isso não é possível se sacrificarmos a educação moral à instrução. Em primeiro lugar, para moralizar os outros é necessário ter moralizado a si mesmo antes. Para difundir a educação moral entre os jovens é necessário antes de tudo conhecer os próprios jovens, em geral, depois cada um deles em seu particular específico, por meio do estudo, mas também da observação e da relação empática. Além disso, deve ser também recordado que se trata sempre de unir o desenvolvimento individual com a exigência social de maneira harmônica e não-conflituosa. Todo jovem deve habituar-se, pouco a pouco, à sociedade de seus semelhantes, dos adultos e dos animais. De fato, um dos escopos da educação, certamente mais importante na infância, é a formação dos bons hábitos. Essa deve ser realizada levando em conta as tendências de cada indivíduo. Trata-se, respeitando completamente a

---

[58] BERTI, *Il pensiero anarchico. Dal Settecento al Novecento*, Manduria, Lacaita, 1998; BERLIN, *Il legno storto dell'umanità* (em particular: pp. 123-137).

[59] DELAUNAY, *Morale*, p. 1656.

378 "A BOA EDUCAÇÃO" – EXPERIÊNCIAS LIBERTÁRIAS E TEORIAS ANARQUISTAS...

personalidade de cada um, de preparar os indivíduos a seus comportamentos variados, mas, ao mesmo tempo, todos compatíveis com uma vida harmoniosa mais que possível. Na prática, para fazer adquirir esses bons hábitos, é necessário favorecer o desenvolvimento harmônico de suas tendências úteis e combater aquelas negativas que, todavia, estão presentes no indivíduo. Em suma, é suficiente favorecer o esforço da natureza que tende espontaneamente à perfeição, sem destruir nada, mas conduzindo tudo; não suprimir, mas utilizar tudo; não contrastar, mas guiar tudo. O método sugerido permanece aquele do diálogo, da comparação, da demonstração, e, sobretudo, do exemplo e da empatia. O autor detém-se, pois, em algumas sugestões interpretativas das atitudes e dos comportamentos infantis, à luz dos conhecimentos psicológicos, indicando metodologias específicas de intervenção, da mesma forma como passa, então, a criticar a escola posto que ela não consegue desenvolver positivamente todos os aspectos da personalidade da criança, e conclui:

> Obra de confiança e amor, a educação moral é também um trabalho de saber. A esse trabalho devem colaborar os pais e os professores que muito freqüentemente ainda hoje o ignoram. Os professores poderão, se desejarem, prevenir os pais sobre os erros educativos dos quais nós aqui assinalamos os mais freqüentes. Da parte deles, esses aprenderão, por meio do contato com os trabalhadores, a compreender melhor a vida social. Lutando lado a lado contra as forças de opressão, pais e professores compreenderão que não deverão ser opressores; que a paternidade não dá o direito de propriedade; que a palavra mestre não deverá significar mais aquele que comanda e pune, mas alguém que estimula, aconselha e ajuda; que tanto uns quanto os outros devem favorecer o apoio mútuo entre as crianças e cultivar o seu idealismo. Demos às crianças, escrevia Roorda, um impulso para a vida. E se esse impulso impetuoso deverá levá-las para além do ponto que a nossa preguiça e a nossa prudência nos fixaram; se, um dia, com o ardor e a liberdade de espírito que lhes são próprios, essas atacarem os dogmas da nossa sabedoria imperfeita, melhor. Nesse sentido, uma verdadeira educação moral não poderá ser senão revolucionária.[60]

Se a educação, portanto, caracteriza-se como um trabalho profundo que se faz em nós mesmos também por meio do debate com os outros, a instrução é definida como tudo aquilo que pode dar algum conhecimento e saber que se ignora. Um dos vícios fundamentais da cultura de nossa época, segundo o autor desse vocábulo, é aquele de "ser embasada na instrução, na posse superficial, de satisfazer-se na acumulação dos conhecimentos (...), desinteressar-se pelo valor

---

[60] *Ibidem*, p. 1665.

A *ENCYCLOPÉDIE ANARCHISTE* (1926-1934)

em favor da quantidade."[61] Em suma, a aprendizagem, a formação, possuem por escopo aquele de acumular conhecimentos e informações, em vez de adquirir um método para a descoberta e a pesquisa e, portanto, inevitavelmente, produzir indivíduos passivos e dominados pela sede de acumular, em vez do desejo de aprender verdadeiramente e pessoalmente de modo ativo. A memória é exercitada em detrimento da inteligência. Isso produz um saber fundamentado na fé, e não na ciência e na razão. A descoberta e a curiosidade não são de maneira nenhuma estimuladas, e menos ainda, usadas em detrimento de uma utilização ativa das faculdades e das intuições individuais. "Errônea, abusiva e puramente quantitativa, a instrução torna-se para a infância (especialmente para aquela popular) uma alteração permanente, e faz pesar sobre o seu futuro todos os defeitos morais da opressão."[62] Assim, a sociedade autoritária condiciona as futuras gerações de modo que sejam sempre mais passivas e sujeitas à autoridade. A esse tipo de instrução é necessário contrapor uma outra, fundamentada em outras bases e princípios, em contraposição com a ignorância ou precisamente com uma formação autoritária. A ignorância constituiu, de fato, um grande e primitivo elemento de dominação e de exploração que é pouco a pouco substituído por uma instrução orientada e falsificada. De fato, o homem deve instruir-se tanto na arte de viver como em um ofício, uma vez que as idéias gerais lhe são necessárias da mesma forma que o saber profissional: "O conhecimento de um ofício cria a liberdade de trabalhar em sua profissão; as idéias gerais tornam-no livre perante outros homens: são estas que dão o gosto da liberdade ao seu pedaço de pão".[63]

Existem, de fato, dois modos para manter os homens na ignorância: recusando-lhes toda forma de instrução ou ensinando-lhes o erro.[64] Na realidade, "A liberdade dos indivíduos e o progresso das sociedades estão sempre em proporção direta à instrução deles. Esta não lhes dá automaticamente o bem-estar e a liberdade, mas lhes fornece os meios para conquistá-los."[65] Mas a instrução pública e estatal não se preocupa verdadeiramente em favorecer a emancipação do proletariado, nem mesmo quando assume as características mais progressistas. Nem por isso deve ser recusada completamente, mas é necessário acompanhá-la com um trabalho crítico de pesquisa e de verificação, a fim de que haja também uma útil reelaboração dessa para a emancipação humana. A história do homem demonstra como, apesar das fortes e pesadas pressões do clero e do Estado, homens e mulheres que

---

[61] LANARQUE, "Instruction", In: *L'Encyclopédie Anarchiste*, vol. II, p. 1032.

[62] *Ibidem*, p. 1033.

[63] E. ROTHEN, "Instruction populaire", In: *Ibidem*, p. 1034.

[64] L. G., "Ignorance", E. ROTHEN, "Ignorantisme", In: *Ibidem*, pp. 940-948.

[65] E. ROTHEN, "Instruction populaire", In: *Ibidem*, p. 1034.

380 "A BOA EDUCAÇÃO" – EXPERIÊNCIAS LIBERTÁRIAS E TEORIAS ANARQUISTAS...

se libertaram da submissão produziram conhecimentos e valores que negam aqueles dominantes. Nossa palavra de ordem, conclui o autor, deve ser aquela de Élisée Reclus: "O pão para o corpo, a instrução para o espírito, ambos para formar o homem normal, que concretizará uma humanidade sempre mais harmoniosa no bem-estar e na liberdade."[66]

7 . Nascimento, infância e juventude

O nascimento é o ingresso de um outro ser, de um novo indivíduo na vida.[67] Para o ser que nasce confluem traços hereditários e condicionamentos ambientais que formam as suas características físicas, mentais, morais e intelectuais. A genética, nesta época em seu início, é considerada e estimada como ciência importante para o estudo da evolução do homem, mas também as condições ambientais possuem a sua importância em favorecer ou reprimir os aspectos morais que o indivíduo possui em potencial e que podem ser positivos ou negativos. Naturalmente, uma sociedade que acentue as características de competição, por exemplo, decerto exaltará no indivíduo a luta para o sucesso em detrimento de outros valores que permanecerão mais adormecidos e reprimidos. É natural que ao nascimento cada um traga consigo, como herança, diferenças intelectuais, além daquelas físicas que desenvolvem talentos diferentes e enriquecem a humanidade: "A idéia de poder chegar a construir, pouco a pouco, uma humanidade que possua sempre mais qualidades e valores de cada tipo, obviamente nasceu do conhecimento, ainda muito rudimentar, mas sempre em evolução, das leis hereditárias, e foi assim que nasceu a ciência chamada eugenética."[68] Dessa ciência o autor ressalta tanto o aspecto ligado ao controle necessário dos nascimentos quanto aquéle que se preocupa em garantir as melhores condições para que os próprios nascimentos acabem sendo protegidos por algumas condições de higiene e de saúde ideais. A infância constitui o primeiro período da vida do homem e termina com a puberdade. A infância exerce, em relação aos homens, uma simpatia e uma atenção cada vez mais acentuada. Entretanto, é principalmente entre os anarquistas, sustenta o autor dessas páginas na enciclopédia, que ela encontra as observações mais respeitosas e atentas, graças ao fato de que esses são por definição antiautoritários. De fato, os anarquistas sempre desenvolveram, a respeito da infância, todas as atenções que se devem de modo particular àqueles setores da sociedade que estão

---

[66] *Ibidem*, p. 1038.
[67] E. DELAUNAY, "Puericulture", In: *Ibidem*, vol. IV, pp. 2244-2247.
[68] DOCTEUR A. A. R. PROSCHOWSKY, "Naissance", In: *L'Encyclopédie Anarchiste*, vol. III, p. 1759.

A *ENCYCLOPÉDIE ANARCHISTE* (1926-1934)

mais expostos aos sofrimentos e estão mais indefesos em relação às injustiças das autoridades. Todos olham para a infância como um campo possível para explorar ou como um setor privilegiado para doutrinar, seja no plano político, seja no plano religioso. Os anarquistas, ao contrário, pensam em ocupar-se da infância enquanto tal e, antes, muito freqüentemente, promovem tudo aquilo que se apresenta assonante, divergente, herético em toda criança, tendo como fim apenas aquele de desenvolver cada aspecto da liberdade da pessoa e toda relação social igualitária.

O autor denuncia, então, as condições que o capitalismo, por meio da exploração do trabalho infantil, produz em relação à infância, além do doutrinamento ideológico que a Igreja e o Estado introduzem nas mentes jovens das crianças. Enfim, condena com extrema dureza os frutos da sociedade autoritária que tomam a forma do alcoolismo e da prostituição, mesmo nas jovens gerações.[69] O pequenino, desde quando nasce, é submetido a uma série infinita de condicionamentos e restrições que o devem conduzir pela mão até a idade adulta. Dessa forma, é criado pelos pais que investem sobre ele as suas expectativas, que são aquelas da sociedade burguesa e aquelas que levam ao conformismo e ao convencionalismo. Toda a possibilidade de escolha, por parte da criança, é negada ou fortemente condicionada, e produz nela hostilidades, hipocrisias, mentiras, obstinações que são amiúde reprimidas e criam conseqüentemente fortes sentimentos de culpa e inadequação.[70] As leis sociais protegem esses mecanismos e o direito dos pais "de castigar justamente seus filhos, enfraquecê-los por ambição, decidir seu futuro sem levar em conta os seus desejos, impedir o seu casamento até os 21 ou 25 anos, trancá-los se resistem obstinadamente. Melhor: a sociedade burguesa realiza o dever de envenená-los com religiosidade, patriotismo, com risco de eliminar neles para sempre toda noção sã das coisas."[71]

Além dos direitos que a sociedade atribui aos pais em relação à infância, há ainda aqueles que esta reserva para si. O primeiro e o menos combatido é aquele de impor ao pequenino uma nacionalidade que identifica os amigos, mas também os inimigos, que o adestra para a lógica militar e belicista. Além disso, todo o sistema escolar é organizado de modo unívoco, e o seu escopo parece muito ser "a propaganda em favor de uma doutrina social ou religiosa, em vez de ser o bem da criança."[72] Mais do que qualquer outro, o anarquista interessa-se pelas crianças e pelo problema da infância, e isso se explica amplamente com o fascínio dessas

---

[69] S. n., "Enfance", In: *L'Encyclopédie Anarchiste*, vol. II, pp. 682-683.
[70] G. BASTIEN, "Emancipation" (des mineurs), In: *Ibidem*, p. 672.
[71] L. WASTIAUX, "Enfant", In: *Ibidem*, pp. 682-683.
[72] *Ibidem*, p. 683.

382 "A BOA EDUCAÇÃO" – EXPERIÊNCIAS LIBERTÁRIAS E TEORIAS ANARQUISTAS...

e com as possibilidades que cada um delas possui em potencial. Com a força, o jovem é irremediavelmente condenado a ser propriedade de algum tutor, e contra um desses — o Estado — o anarquismo dedica a própria luta. A infância é freqüentemente vista como a porta de entrada do homem ou como um conjunto de adultos em miniaturas, em vez de ser considerada como um período à parte, com as próprias características e especificidades, que, contudo, estão em evolução contínua:

> Resumindo, as crianças não são completamente diferentes dos adultos, mas também não são as reduções destes. São seres que evoluem seguindo uma certa periodicidade que varia sobre a influência de fatores múltiplos: o sexo, os indivíduos etc. As classificações da idade do homem, dos estágios de infância, da evolução dos interesses infantis aplicam-se àqueles indivíduos médios que não existem na realidade; esses se equiparam à evolução da espécie humana, não à evolução individual. Todos os indivíduos normais de uma mesma idade possuem características comuns: em uma mesma idade, as crianças estão todas ao mesmo estágio de seu desenvolvimento físico, afetivo e mental, e as leis desse desenvolvimento são válidas para eles. Mas todos esses indivíduos possuem propriamente heranças congênitas e idades modificadas pelas diferentes educações, segundo os sujeitos. Disso resulta que toda criança apresenta uma evolução dupla, específica e individual, que faz com que ela se assemelhe totalmente à uma outra criança e que, ao mesmo tempo, diferencie-se.[73]

Partindo dessas considerações, quais são as conseqüências pedagógicas que podem ser deduzidas?

Como o desenvolvimento físico do pequenino exige ser tratado de modo diferente daquele de um adulto para salvaguardar a sua saúde, assim também deve ser para o desenvolvimento moral e intelectual. Muito freqüentemente, entretanto, os próprios pais que se preocupam com o bom estado físico de suas crianças não se interessam pelo seu desenvolvimento mental. Para formar um homem, não fazem além de ordenar e reprimir; "pais e professores são geralmente déspotas e a criança deve obedecer sem discussões. O grande escopo não é o de saber aquilo que lhe agrada, conhecer os seus desejos e os seus interesses, mas obrigá-la a agir de acordo com o bel-prazer dos adultos."[74] Entretanto, é necessário desmascarar as duas faces da mesma moeda, que se identificam, de um lado, com os educadores que pretendem explicitamente formar as novas gerações, de acordo com um esquema ideológico preestabelecido e pré-definido com o fim de

---

[73] E. DELAUNAY, "Enfant", In: *Ibidem*, p. 684.
[74] *Ibidem*, p. 684.

A *ENCYCLOPÉDIE ANARCHISTE* (1926-1934)

obter bons súditos; de outro lado, com aqueles que pretendem educar os próprios filhos de acordo com uma liberdade absoluta e sem regras, de acordo com uma lógica permissiva. Usando a metáfora do jardineiro que cuida de modo apropriado de diversas plantas, que conhece cada coisa que cada uma destas necessita, que sabe padronizar as intervenções de acordo com as necessidades, que predispõe as condições ambientais específicas para cada uma dessas, o autor conclui:

> Para formar verdadeiramente homens livres e fortes individualidades, é necessário, em primeiro lugar, dar-se conta daquilo que caracteriza verdadeiramente a liberdade e a vontade e, em seguida, conhecer aquilo que a criança pode fazer, quais as potencialidades que existem nela que podem ser cultivadas com atenção, desenvolvidas para torná-la capaz de ser livre e aprender a desejar. Ser livre não significa fazer tudo aquilo que quer, mas desejar tudo aquilo que se faz: e a liberdade de cada um é limitada pela mesma liberdade dos outros. Aqueles que possuem uma forte individualidade não são os que fazem tudo aquilo que passa pela sua cabeça, mas todos aqueles que são capazes de fazer uma escolha raciocinada entre um certo número de ações possíveis e de ajustar-se a essa escolha. Desejar não é apenas agir, é antes de tudo decidir, determinar a ação a ser feita levando em conta as possibilidades, as probabilidades, as necessidades etc.; e é, em seguida, decidir e determinar ainda no que se refere aos meios da ação a empregar-se.[75]

Portanto, deixar a uma criança, que ainda não atingiu o desenvolvimento intelectual necessário, a liberdade de fazer tudo aquilo que quer, quando lhe agrada, não é garantir-lhe a autonomia de desejar, mas apenas fazê-la adquirir, sem dúvida, o hábito de agir segundo seus impulsos, tornando-a escrava de suas tendências boas ou más. De fato, o homem que é escravo de seus impulsos maléficos, que lhe foram transmitidos por herança paterna ou pelo contexto social, não representa seguramente o ideal libertário. Para preparar homens livres, continua o autor, indivíduos fortes, é indispensável levar em conta a própria natureza das crianças. É necessário escolher todas as oportunidades possíveis para fazer de modo com que os jovens ajam, decidam por si sós, que façam provas contínuas de iniciativa. Portanto, em conseqüencia, não guiá-los, não servi-los, não comandá-los, não dispensar a eles os esforços, senão na medida na qual tudo isso se torne absolutamente necessário e indispensável. As crianças devem adquirir progressivamente uma capacidade crescente de produzir um empenho escolhido e determinado por si mesmas. Até que isso seja completamente possível, os adultos devem substituir-se por elas, e permitir-lhes empreender iniciativas autônomas todas as vezes que isso seja possível. Da mesma forma, é indispensável, entretanto, que as crianças

---

[75] *Ibidem*, p. 685.

384   "A BOA EDUCAÇÃO" – EXPERIÊNCIAS LIBERTÁRIAS E TEORIAS ANARQUISTAS...

compreendam bem e tenham consciência de que as disposições dadas a elas não sejam o fruto de caprichos ou de posições autoritárias por parte dos pais ou dos professores, mas que elas compreendam as verdadeiras razões e que seja deixada a elas a mais ampla liberdade de escolha dos meios a se utilizar. As crianças quando sentem que são amadas e que os comandos são realizados de acordo com o interesse delas, raramente desobedecem. A maior parte dos atos de rebelião nasce exatamente dos comportamentos errados dos pais. Quanto mais as ordens designadas aos jovens forem numerosas e contínuas, quanto mais estiverem em contradição entre si, quanto mais for sufocada toda forma de iniciativa individual e toda expressão livre da índole, mais freqüentes são os episódios de desobediência, e menos a criança crescerá livre e autêntica. Mas o autor previne o leitor quando sustenta que não é suficiente que os educadores permitam aos jovens raciocinar e escolher todas as vezes que isso for possível: "Os educadores devem ainda empenhar-se para fornecer aos jovens as oportunidades de desenvolvimento, devem organizar um contexto educativo no qual a criança possa agir e onde as suas qualidades individuais e sociais possam desenvolver-se."[76]

Todo indivíduo possui algumas tendências, alguns interesses que, para um bom educador, constituem o ponto de partida de uma correta relação educativa; trata-se, para o adulto, de ver aonde pode conduzir a criança e sistematizar ao longo do percurso dela uma multiplicidade de oportunidades de agir e, portanto, conseqüentemente, aprender a escolher, a desejar conforme os seus interesses. Naturalmente, essas oportunidades de escolha não são casuais e não são pensadas, devem resultar de uma seleção feita pelo educador que deve escolher tudo aquilo que possa estimular o desabrochar da individualidade infantil. "Resumindo, o adulto não renuncia completamente a intervir na vida da criança, mas intervém o menos possível, sempre no interesse dela e esforça-se para desenvolver progressivamente a capacidade de viver sem a autoridade de uma coerção externa."[77] O autor conclui a sua intervenção ilustrando as várias etapas do desenvolvimento físico e psicológico da criança até a adolescência, detendo-se sobre características únicas próprias de cada etapa evolutiva e fornecendo, sobre a trilha da formulação geral expressada acima, sugestões úteis e conselhos para a definição de uma educação libertária.[78]

Outro vocábulo significativo é "juventude", escrito por Sébastien Faure. A juventude é a parte da vida do homem entre a infância e a idade adulta. É a idade dos projetos, das ilusões, dos sonhos. O homem se projeta nesse tempo em relação

---

[76] *Ibidem*, p. 685.
[77] *Ibidem*, p. 685.
[78] *Ibidem*, pp. 685-690.

A *ENCYCLOPÉDIE ANARCHISTE* (1926-1934)

ao futuro. É também a idade do ímpeto, da imprudência, da impetuosidade, da paixão que não conhece nem freios nem obstáculos, das generosas exaltações, dos deveres sublimes e dos sacrifícios heróicos.

> O jovem é chamado a ser aquilo que farão dele todas as influências que o pressionam, condicionam o seu desenvolvimento e esculpem insensivelmente a sua personalidade completa: herança, primeiras impressões, imagens e sons, maus-tratos sofridos, conselhos recebidos, conversas escutadas, exemplos observados, ensinamentos recebidos, meios materiais de existência etc.[79]

Igreja e Estado exercem paralelamente as suas armas mais sedutoras para atrair para si as jovens gerações com o fim de formar bons cristãos, bravos soldados, cidadãos, trabalhadores, contribuintes e eleitores. As instituições levam a juventude a acreditar que cabe a todos um lugar estabelecido na sociedade, de acordo com seu destino e a sorte que cada um merece, insinuando neles a ignorância, a disciplina, a submissão, a resignação. Alguns escapam sozinhos, por meio da instrução e da experiência, pelos diversos estudos assíduos dessa lógica e rebelam-se para a emancipação do trabalho e para a libertação da própria mente e da alheia. Outros, lentamente, encontrarão o caminho da revolta. Voltando-se diretamente aos jovens, Sébastien Faure escreve:

> Vós possuís a vantagem preciosa de reunir o patrimônio do saber, do progresso e da riqueza que, por meio dos esforços de séculos, as gerações que vos precederam chegaram a constituir. O vosso primeiro dever consiste em manter intacto este patrimônio, e vós não podeis permitir que em vossas mãos possa deteriorar-se; deveis, além disso, trabalhar para fortificá-lo, para transmiti-lo, acrescido, àqueles que vos seguirão.[80]

Todavia, adverte ainda Faure, entre o patrimônio que permanece do passado, existe certamente muita riqueza, mas também passividade muito plena de ignorância, servidão, miséria. Mas todo esse enorme recipiente de iniqüidade e ignorância está a ponto de desmoronar, e os jovens encontram-se na condição privilegiada de estar na plenitude de suas energias para enterrá-lo definitivamente. Faure volta-se àquela parte das novas gerações que são mais sensíveis às injustiças e às privações de liberdade, incitando-a a aderir à causa revolucionária e a associar-se com outros jovens para construir uma sociedade libertária e igualitária.[81]

---

[79] S. FAURE, "Jeunesse", In: *Ibidem*, p. 1121.

[80] *Ibidem*, p. 1123.

[81] *Ibidem*, pp. 1123-1124.

8. Escola e ensino

Não é tão importante definir como são diferenciadas as várias escolas quanto demonstrar como essas diferenças, na prática, possuem como objetivo separar as crianças ricas das pobres, e, além disso, entre as mais atentas e progressistas, favorecer os diversos percursos individuais. Utilizando ainda alguns conceitos de Roorda[82], o autor afirma que a escola deveria contemplar uma relação igualitária e recíproca de ensino-aprendizagem entre docente e aluno. Não se trata de ensinar, de fato, a todos os alunos os mesmos processos e as mesmas fórmulas, mas, antes, fornecer a cada um a oportunidade de aperfeiçoar aquilo que a natureza lhe deu de bom. Porque cada um desses, na qualidade de ser humano, possui preciosas inclinações que devem ser desenvolvidas. Existem escolas nas quais muitos jovens podem especializar-se, mas não há aquelas onde os jovens possam abrir-se livremente, liberar a própria criatividade. Essa instituição, infelizmente, é dedicada de maneira estrutural à preparação dos estudos, e não à vida. Todo tipo de escola, na sociedade capitalista e autoritária, serve para a preparação a determinadas profissões e, portanto, funciona como selecionadora social em relação à sociedade hierárquica. Uma das tendências mais difundidas é aquela de procurar individualizar cada vez mais o ensino: "O progresso individual e, assim, a individualização do ensino, são os meios para o progresso social. A necessidade de diferenciar o ensino para a criação de escolas diferentes é sobretudo percebida em relação às crianças, demasiado diferentes das outras, para que elas possam beneficiar-se do ensino coletivo."[83] Para que toda criança possa tirar benefício do tempo transcorrido na escola e do trabalho que se desenvolve, é indispensável que a escola leve em conta as diversidades das inclinações e dos interesses. Entre as soluções que foram propostas para satisfazer essa condição, uma delas consiste em diferenciar as escolas e os grupos de uma mesma escola, podendo, desse modo, cada grupo homogêneo receber um ensino coletivo; a outra, em diferenciar o trabalho na própria escola, individualizar o ensino e assegurar o controle, direta e indiretamente com o professor. Existem, enfim, algumas realidades escolares que se esforçam para combinar os dois métodos.

O autor, então, examina os vários tipos de escola que existem e que representam, contudo, um passo adiante em relação àquelas tradicionais. Dessa forma, menciona as escolas novas e do trabalho (Claparède), as várias escolas para a infância (Froebel e Montessori) e as escolas especiais para as crianças anormais

---

[82] Sobre Roorda, consulte: E. GILLARD, A Henri Roorda. *L'école contre la vie*, Lausanne, Bibliothèque romande, s. d.

[83] E. DELAUNAY, "École", In: *L'Encyclopédie Anarchiste*, vol. II, p. 619.

A *ENCYCLOPÉDIE ANARCHISTE* (1926-1934)

ou portadoras de retardo mental. Para estes últimos, são necessários tanto intervenções do tipo médico-sanitárias quanto educativas. Coloca-se uma intervenção educativa especialista para essas crianças e, antes, essa pedagogia e essa didática, como demonstrou Montessori, serve, também, para as outras crianças. Quanto mais os fatores hereditários influenciaram as crianças deficientes, mais é necessário que o contexto social empenhe-se para superar, o quanto possível, essa diversidade natural. Em suma, introduz-se aqui o conceito da "discriminação positiva" que consiste em dar mais a quem tem menos, recusando a lógica meritocrática implícita em dar a todos as mesmas possibilidades sem levar em conta as desigualdades de início. Do exame minucioso das escolas "ao ar livre" e das escolas "ativas" o autor sintetiza os conceitos e os pressupostos que as inspiram. Essas escolas preocupam-se com a liberdade e com a espontaneidade do jovem; não lhes impõem esforços voltados a um escopo que não lhe pertence; esforçam-se para organizar estudos que interessem ao indivíduo, partindo do pressuposto que ele, para aprender, deve ser ativo, participar, realizar. Em suma, essas escolas desejam perseguir um escopo que interesse à criança sem recompensar fora da obtenção do próprio resultado, sem punições, sem artifícios; a organização de um contexto escolar tal para favorecer e permitir a necessidade de operar e agir, observar, experimentar, desenvolver-se tanto física quanto mentalmente. Entre os adeptos dessas escolas, além dos notáveis Dewey, Ferrière, Claparède etc, o autor cita Robin, Tolstoi, Vernet, Faure e outros inovadores libertários. Ocupa um lugar à parte o movimento das "escolas novas" — que se propõe a satisfazer as necessidades psicológicas espontâneas da criança, prepará-la para enfrentar a vida de hoje, ou melhor, de amanhã, permitir-lhe levantar-se, por meio de seus esforços, até os valores universais do espírito, independentemente do lugar e do tempo: a verdade, o bem, a beleza. Considerando, então, que a psicologia demonstra como é importante a atividade manipulatória e manual no processo de formação, e que a evolução da sociedade exige cada vez mais uma competência completa e variada, vista a difusão das atividades industriais que reclamam sempre mais a necessidade de indivíduos ativos, o autor deseja um desenvolvimento diferente das escolas. Escreve: "Em seguida, a diferenciação dos estudos no ensino primário deverá surgir, não mais da diferença nos escopos buscados, profissionais ou da cultura, mas da diferença das inclinações individuais".[84] Esta, em extrema síntese, é a análise que o autor faz das escolas que gozam de maior credibilidade da época, para concluir, precisamente, destacando a centralidade das características e dos desejos individuais na organização da escola. Conclui a análise exprimindo quais

---

[84] *Ibidem*, p. 626.

deveriam ser as características educativas do futuro. Naturalmente, não é decerto suficiente ter muita imaginação para definir como deveria ser uma realidade diferente. Para projetar uma escola passível de se realizar no futuro, é indispensável conhecer os progressos que já foram realizados e aqueles que se realizam com dificuldade, dia após dia, nas diversas partes do mundo. E aqueles que foram sumariamente descritos e estudados podem constituir uma boa base de partida e de conhecimento para ajudar-nos a imaginar uma escola melhor. A psicologia e a pedagogia experimentais podem, mesmo que em certa medida, constituir alguns conhecimentos úteis e dar-nos uma certa ajuda para sistematizar de forma estrutural o progresso e a cultura educativa até aqui desenvolvida pelos homens. Por exemplo, é certo que a escola continuará a levar em conta cada vez mais os interesses de cada um e que se esforçará principalmente para ser uma realidade sob medida, aquela que se adapta a toda criança, aos seus gostos e às suas inclinações. Essas escolas se diferenciam sempre mais, permitindo a seleção das classes dirigentes, a orientação profissional, mas ao mesmo tempo, o máximo de educação e instrução possível para aqueles que estão mais em desvantagem.

O autor exprime aqui uma clara visão da evolução da instituição escolar em um sistema capitalista e autoritário, não demonizando aquilo que ocorre, mas procurando compreender com extrema clareza os aspectos evolutivos e positivos. Ele aplica aqui uma leitura gradualista e positiva da história, considerando neste sentido os aspectos positivos e procurando partir desses para ampliar sempre mais as margens de liberdade e igualdade efetivas, sem, entretanto, perder de vista o fim mais elevado e evoluído. De fato: "já, e sempre mais, os educadores esforçam-se para dar cada vez mais valor à individualidade de seus alunos, cultivando a sua espontaneidade e favorecendo a sua iniciativa. Entretanto, como se poderá chegar a favorecer também esse desenvolvimento livre das potencialidades infantis? Inserindo as crianças em um lugar conveniente e assegurando-lhes uma boa educação por meio da ação concentrada e explícita dos pais e dos outros educadores."[85] O ambiente mais favorável para as crianças pequenas não é a cidade, um lugar amplamente complexo e sofisticado, pertencente a uma civilização muito avançada que não está na medida das crianças. Muito melhor seria um ambiente natural, vivo, que pode fornecer às crianças muitas oportunidades de agir e sem tantos perigos, observar e experimentar, onde o trabalho educativo pode encontrar muitos pretextos para fazer pensar, falar, desenhar, escrever, ler, calcular etc. Em suma, a escola do futuro deverá ser no campo, de acordo com o autor, onde seja possível cultivar e criar animais, portanto, fortemente ligada à natureza e à terra. Naturalmente, tudo isso favorecerá o desenvolvimento físico e mental dos jovens,

---

[85] *Ibidem*, pp. 626-627.

A *ENCYCLOPÉDIE ANARCHISTE* (1926-1934)

não será mais uma prisão, o próprio edifício será como um abrigo para as intempéries, uma oficina para poder realizar diversos trabalhos, de modo que as atividades escolares poderão se desenvolver o máximo possível no exterior.

A idéia de escola que se pode concluir é, portanto, aquela de um lugar nada separado do contexto ambiental, ao contrário, especifica-se de modo claro como um conjunto de oportunidades estruturadas e não-estruturadas, nas quais e por meio das quais a criança constrói o seu percurso formativo com a facilitação do professor e em relação contínua com os outros e as coisas. Nesse sentido, o papel do professor não é mais aquele de vigiar, comandar, punir, administrar as aulas, mas aquele de um companheiro mais velho que observa as crianças com o fim de entender quais são os seus interesses e compreender as suas necessidades, favorecer a aprendizagem por meio da curiosidade e da criatividade, estimulá-la por situações acidentais e não-acidentais, provenientes do próprio ambiente. As crianças aqui são livres, associam-se como preferem, de modo espontâneo, e dividem entre si um trabalho coletivo, formando desse modo uma imagem de sociedade em miniatura.

> Essa organização viva e livre pressupõe uma sistematização bem diferente das salas de aula, que permita os deslocamentos fáceis, para que, de vez em quando, um ou outro possa ir ao mestre para pedir ajuda ou conselho, ou dirigir-se a um de seus companheiros, ou ir buscar em uma outra parte um objeto de que necessita. Isso é possível apenas nos locais amplos e variáveis. Servem para os trabalhos domésticos, para aqueles de carpintaria etc. Escreve-se, lê-se, calcula-se, dessa forma, em nossa escola, escutam-se também os mestres, mesmo que freqüentemente ocorra que seja o aluno que, tendo feito algumas pesquisas sobre um assunto estudado, nos livros da biblioteca ou em outra parte, venha expor o fruto de sua pesquisa. Mas tudo isso não é mais a ocupação principal; isto é, no lugar dos bancos, dispomos as pranchas sobre cavaletes, e todas as crianças têm o seu lugar individual. Os bancos não são mais dispostos de frente para o mestre. O local do mestre é um pouco aqui um pouco lá, mas sempre onde houver necessidade de ajudar ou estimular alguém. Essas carteiras, digo, estão dispostas como ferradura ou de outra maneira, de modo que a disposição delas, na ampla sala, favoreça a atividade tranqüila dos estudantes.[86]

A disposição da sala de aula é importante porque deve favorecer, além disso, uma correta e mais igualitária relação entre professor e alunos, entre os próprios alunos e permitir a explicação de diversas e múltiplas atividades. O uso do espaço assume, assim, uma importância não apenas simbólica, mas também instrumental. O material didático, ou de qualquer forma utilizável para fins didáticos, é variado

---

[86] *Ibidem*, p. 627.

390   "A BOA EDUCAÇÃO" – EXPERIÊNCIAS LIBERTÁRIAS E TEORIAS ANARQUISTAS...

e rico, não necessariamente porque é caro, mas principalmente pela sua múltipla possibilidade de utilização. A maior parte dos objetos usados nessas aulas foi encontrada ou fabricada diretamente pelas próprias crianças que, desse modo, unem o trabalho intelectual àquele manual, desenvolvendo um bom conhecimento, completo e integrado. Assim, contribuem para o embelezamento das paredes da sala que elas encontraram vazias e com numerosas prateleiras, facilmente acessíveis e utilizáveis. A mobília é feita pelos próprios jovens que, desse modo, podem refletir, calcular, operar concretamente e inventar, dando asas à criatividade e à fantasia. Naturalmente, uma vez que a escola não possui usuários e as famílias fazem parte do processo educativo, os pais contribuíram concretamente, de acordo com as suas especializações e interesses, para edificar esse ambiente de aprendizagem: "Isso levou a uma ligação necessária entre escola e família. A escola, efetivamente, longe de desejar suprimir a influência familiar, esforça-se para restituir o seu pleno valor. Os pedagogos e os pais colaboram com a educação da juventude."[87] Tudo isso, de acordo com o autor, não constitui absolutamente uma utopia. Ele antecipa-se a concluir afirmando ter recolhido em experiências diversas e livres, indicações concretas que já constituem a realidade de escolas mais avançadas espalhadas por diversos países, que devem também a sua existência a mártires como Ferrer.

    Entretanto, existe uma situação geral no âmbito do ensino na qual os professores que trabalham no setor primário desenvolvem uma função de doutrinamento em relação aos jovens, fazendo transitar tanto conteúdos quanto métodos autoritários, e aqueles que, ao contrário, desenvolvem a sua profissão na escola secundária, preocupando-se em selecionar a futura classe dirigente. A base do ensino é constituída, na maior parte das vezes, por um hábito de adquirir de forma mnemônica as noções e repeti-las de forma mecânica sem empregar as faculdades criativas ou de racionalidade que caracterizam os jovens na idade escolar. A respeito disso, é interessante o vocábulo *Histoire*, no qual o autor examina as problemáticas inerentes ao ensino da História na escola do Estado.[88] Em suma, tudo isso deve ser reformado porque como é concebido não favorece absolutamente a formação de seres livres e racionais. "O ensino, na sociedade futura, terá por escopo a cultura intelectual do indivíduo, e não o desejo de ganhar dinheiro. A formação do espírito humano adquirirá toda a importância que deverá ter."[89] Enfim, é indispensável compreender que o ensino não é neutro, mas que, por meio dele, transitam valores e princípios que pertencem a uma classe social ou a um poder político e

---

[87] *Ibidem*, p. 627.
[88] S. MAC SAY, "Histoire, In: *L'Encyclopédie Anarchiste*, vol. II, pp. 900-909.
[89] DOCTORESSE PELLETIER, "Enseignement", In: *Ibidem*, vol. II, p. 696.

A *ENCYCLOPÉDIE ANARCHISTE* (1926-1934)   391

religioso; portanto, é necessário preservar os jovens desse condicionamento promovendo a contra-informação ou situações alternativas.[90] Além disso, é indispensável que as classes menos ricas esforcem-se para estudar o máximo possível, para adquirir conhecimentos e experiências com a finalidade de poder contrastar a desigualdade social que se fundamenta também no poder de conhecimentos humanos e científicos.[91]

"Os anarquistas desejam a emancipação completa da humanidade, lutando com todas as suas forças contra a ignorância. Porque quanto mais o povo elevar o nível de seus conhecimentos científicos e sociais, mais terá necessidade de conhecer além, de saber mais e de aperfeiçoar-se, por muito tempo mais terá o amor pela liberdade e pela solidariedade." De fato, "o despotismo perpetua a ignorância, e a ignorância perpetua o despotismo."[92] As escolas estatais ou da Igreja perpetuam e difundem a ignorância com o escopo de formar para a obediência, para a submissão, para a ordem estabelecida: "É necessário combater a ignorância com todas as nossas energias; esta é a fonte de todos os crimes, de todos os erros, de todas as escravidões."[93] A importância do estudo e da pesquisa pessoal é destacada como uma condição necessária para a emancipação, ainda que dentro do ensino existam algumas fortes contradições que inibem a formação. Principalmente durante a aula manifestam-se as deficiências do ponto de vista metodológico. De fato, assistimos, em geral, a intervenções que privilegiam o verbal sobre o experimental, ou seja, uma contínua afirmação de princípios e regras que nunca encontram possibilidade de ser verificados pela experiência concreta por parte do aluno. Este, então, deve registrar na memória as noções e as coisas aprendidas sem ter entendido nada do processo e da realidade que está na base de todo conhecimento. Desse modo, além de uma aprendizagem mnemônica e efêmera, instaura-se ainda uma relação hierárquica e uma definição rígida dos papéis, o que não favorece decerto o desenvolvimento autônomo individual, mas apenas uma conseqüente dependência social.[94] Um outro elemento controverso presente na educação, que os professores utilizam na escola, é constituído pela fábula. Certamente, o uso que é feito desta, muito amiúde, é aquele de incutir com meios fantásticos uma moral autoritária, e aquele outro de dar um certo sentido e valores à vida que freqüentemente não favorecem um crescimento livre e autônomo. Entretanto, deve ser também registrado o grande valor fantástico e simbólico que, por meio das

---

[90] L. WASTIAUX, "Enseignement", In: *Ibidem*, vol. II, pp. 996-997.

[91] S. n., "Étude", In: *Ibidem*, vol. II, p. 724.

[92] L. G., "Ignorance", In: *Ibidem*, vol. II, p. 940.

[93] S. n., "Ignorance", In: *Ibidem*, vol. II, p. 941.

[94] S. n., "Leçon", In: *Ibidem*, vol. II, pp. 1193-1195.

392 "A BOA EDUCAÇÃO" – EXPERIÊNCIAS LIBERTÁRIAS E TEORIAS ANARQUISTAS...

fábulas, a criança pode perceber e compreender. Portanto, depende da qualidade da fábula e dos conteúdos que ela transmite, permanecendo também a importância dessa linguagem infantil que toca nas profundezas de todo ser humano.[95] A formação escolar preocupa-se, além disso, em canalizar toda a agitação de vitalidade, toda manifestação de autonomia da criança em relação à constituição de uma ordem social pré-definida e caracterizada pela autoridade e pelo domínio. É, portanto, uma instituição de forte conservação e de doutrinamento ideológico eficaz. Para essa, o escopo principal esperado é consolidar — por meio dos conteúdos, dos métodos, da qualidade das relações —, um imaginário social que reforce e sustente o princípio hierárquico e a divisão do trabalho. Esta se substancia em um trabalho de cristalização de conservação de todo ânimo, impedindo toda forma de originalidade autêntica e liberdade e, além disso, tende a negar toda possível diversificação a favor de uma negativa concentração e assimilação. Empenha-se em derrotar toda a diferença e prevenir a originalidade. Moraliza as massas sob o sinal de ordem estabelecido, oprimindo as especificidades individuais em nome da coletividade; fixa no homem a passividade; transforma-o em um "homem-máquina". Todos os espíritos livres concordam em relação ao fato de que não pode haver futuro para a humanidade se não houver uma educação livre. Não se trata de substituir a prática escolar tradicional por uma mais ou menos revolucionária, trata-se, antes, de liberar cada criança de todas as influências nefastas que a sociedade lhe impõe, fazendo de modo com que seja ela mesma, e somente ela, a artífice de sua formação. "Trabalhamos por uma educação que se enriqueça da originalidade de cada um, das inclinações e do temperamento, que se ative (...) no cultivar (...) tantas individualidades diversas que tornarão o futuro fecundo (...). Desejamos realizar a educação para o indivíduo."[96]

Outra questão central no ensino é aquela do método. Se não nos preocuparmos em escolher e concretizar um contexto ambiental e o tempo apropriado, não é possível ter um método positivo para a obtenção do escopo didático ou simplesmente cognitivo. De fato, muitos educadores preocupam-se mais em ter um método pré-constituído, em vez de adaptar o ensino aos tempos e aos contextos nos quais deve ocorrer, deixando espaço para essa situação acidental e ocasional tão interessante e profícua, além de motivadora, para o desenvolvimento da criança. Entretanto, é necessário distinguir entre métodos lógicos (modos de raciocínio), que dependem da natureza do objeto ensinado, e métodos pedagógicos (técnicas adotadas no ensino), que se ajustam em grande parte à natureza da criança, ao seu desenvolvimento etc. Naturalmente, o que interessa aqui concerne ao problema

---

[95] S. MAC SAY, "Fable", In: *Ibidem*, vol. II, pp. 741-755.
[96] S. MAC SAY, "Individualisme" (éducation), In: *Ibidem*, vol. II, p. 1009.

A *ENCYCLOPÉDIE ANARCHISTE* (1926-1934)

do método na pedagogia e no ensino. É necessário que um professor esteja em poder de um método específico para cada disciplina (um para a leitura, um para o cálculo etc.), mas que esses vários métodos não sejam além de uma parte de um método mais geral pedagógico que deve ser aplicado levando em conta as diversas personalidades e inclinações infantis e estejam adaptados às diversas matérias e aos diversos objetos de estudo. É indispensável que método de ensino e método educativo sejam coerentes entre si, como também devem ser coerentes os diversos professores que interagem com os mesmos alunos. O conhecimento dos jovens e os conhecimentos psicológicos desses mesmos são importantes, mas não nos asseguram em relação à possibilidade de cometer erros na aplicação do método escolhido. Disso provém a importância de ter um método ideal, que possa funcionar como um guia seguro em direção ao qual se aproximar e se confrontar de modo a monitorar constantemente as nossas ações e ajudar-nos a superar os obstáculos que provêm de nós mesmos, das crianças, do contexto social:

> Esse método (ideal) guiará as nossas ações dia após dia, dará a elas um sentido, permitir-nos-á constatar os defeitos a serem corrigidos e projetar os aperfeiçoamentos futuros. Ter um método ideal não é apenas compreender aquilo que está errado e que pode ser aperfeiçoado em nosso ensino, é saber escolher entre os diversos aperfeiçoamentos possíveis, ser capaz de renunciar a progressos conseguidos excessivamente com grandes esforços, ou seja, àqueles que teriam as conseqüências negativas, para dizer de outro modo, é poder distinguir os progressos essenciais dos progressos secundários e não sacrificar os primeiros aos segundos.[97]

Resumindo, de acordo com o autor existem, na realidade, três métodos: aquele próprio dos adeptos da Lógica, aquele dos pedagogos-artistas, aquele dos psicopedagogos. A criança foi considerada por muito tempo como um pequeno homem imperfeito que precisava receber educação e instrução de acordo com um ideal educativo e programas de ensino, em que educar significava ordenar, defender, punir, instruir e fazer adquirir uma certa soma de conhecimentos logicamente subdivididos em matérias. Evidentemente, os "lógicos" que seguiam essa organização e que desejavam prosseguir veloz e diretamente ao objetivo, sem perder tempo, acreditavam ser correto seguir o caminho do simples ao mais difícil. Mas o jovem, mesmo quando aprende a falar ou a caminhar, segue uma ordem natural que não é de fato lógica; pode-se dar conta disso estudando também os progressos da criança na aquisição do conceito de número. Além disso, as próprias crianças são muito diferentes entre si e aprendem de acordo com estilos cognitivos não exatamente

---

[97] E. DELAUNAY, "Méthode", In: *Ibidem*, vol. III, p. 1552.

iguais, mas diferentes. Ensinando a uma criança uma lógica de adulto não se lhe permite criar-se uma própria lógica e desenvolvê-la. Exatamente porque todo desenvolvimento infantil possui características próprias e não-assimiláveis; esse método não provoca e não se fundamenta no estímulo principal do ensino: o interesse do aluno. De fato, os adeptos desse método constroem o seu sistema de maneira extrínseca ao próprio jovem. É um método árido sem interesse pela criança. Os limites evidentes disso provocaram as reações opostas típicas dos "pedagogos-artistas". Graduação lógica e autoridade são abandonadas; interesse e liberdade tornam-se as novas palavras de ordem. Os centros de interesse e o pensamento de educar tomam o lugar da divisão lógica e da preocupação de instruir. Para satisfazer o interesse das crianças, aplicar-se-ão alguns métodos globais na leitura, na escrita etc., e organizando, acima de tudo, o interesse do pequenino, não nos preocuparemos de fato em saber se esses métodos são mais ou menos rápidos que os antigos, defendendo, assim, essa pedagogia como intuitiva e liberal.

Mesmo esses educadores, como os anteriores, construíram, entretanto, a teoria deles, em uma certa medida, de maneira extrínseca à criança. De fato, cometeram, segundo o autor, três erros fundamentais. O primeiro foi aquele de arriscar enfraquecer o interesse individual desde o início; o segundo, ter mitificado os interesses de cada um aumentando de modo desconsiderável os tempos de aquisição de cada conhecimento; o terceiro, não ter levado em conta que toda época absorveu, como condição inicial, os conhecimentos das gerações precedentes, favorecendo, assim, o progresso natural. "Não obstante as críticas que esses se dirigem reciprocamente, lógicos e pedagogos-artistas reconhecem que a criança deve trabalhar, fazer esforços e interessar-se ao seu trabalho (...). Entretanto, lógicos e partidários do interesse esquecem-se de que a criança é um ser que evolui; os primeiros confundem o escopo a ser perseguido com o caminho a ser percorrido; os segundos esquecem-se de que os interesses da criança têm valores diversos."[98] Os psico-pedagogos experimentais não cultivam todos os desejos e interesses dos jovens, mas fazem deles uma seleção útil ao desenvolvimento da criança; desejam ajudar o indivíduo a desenvolver-se, tornar-se ele mesmo, não mantê-lo em um estado inferior de seu desenvolvimento. Estes acreditam que os interesses devam ser inseridos em uma série em progressão de dificuldades que permitam os esforços da criança ser os mais produtíveis possíveis. Essa progressão deve ser fixada de forma experimental, e não lógica, de modo a desenvolver a lógica de todo jovem, e não aquela artificiosa imposta pelo adulto.

---

[98] *Ibidem*, p. 1553.

A *ENCYCLOPÉDIE ANARCHISTE* (1926-1934)

Resumindo, os psicopedagogos experimentais, em seu caminho em direção àquilo que podemos definir como o método ideal de ensino e de educação, preocupam-se, levando em conta as inclinações, os interesses e as necessidades da criança: a) em fixar o escopo a ser perseguido; b) em procurar o ponto de partida, ou seja, a ligação entre o escopo a ser perseguido, de uma parte, e os interesses e as necessidades da criança, de outra; c) essa pesquisa não é possível se o mestre não conhece bem a matéria de ensino para escolher a maneira de abordá-la levando em conta os interesses do aluno, a técnica específica dessa matéria, uma progressão psicopedagógica que leve em consideração algumas dificuldades reais e a importância de cada uma delas; d) com as condições do contexto e com todos os meios que possam atuar no sentido favorável ao escopo perseguido; e) em levar em conta as dificuldades que não permitem buscar o ideal entrevisto por esforçar-se para adaptar este ideal à realidade para a obtenção do melhor resultado possível, ou seja, o máximo possível.[99]

Naturalmente, o pedagogo em marcha rumo ao método ideal não espera que essas condições se realizem em ordem cronológica, mas está consciente de que essas são provisórias, sujeitas a ser aperfeiçoadas pouco a pouco; não se trata de encontrar cinco respostas isoladas porque tudo é interdependente, e a própria identificação do escopo está em evolução contínua.[100] Conclui sustentando que essa pesquisa sobre o método ideal nos permite definir algumas condições necessárias para a evolução do progresso, e as principais são: transformação dos lugares educativos; melhor formação dos mestres; colaboração dos professores com as famílias; salas de aula com número de alunos reduzido.

Se o método reveste essa grande importância na organização do discurso anarquista, é porque constitui um elemento essencial da cientificidade desse pensamento. De fato, não existe entre os anarquistas nenhuma possibilidade de distinguir o escopo, o fim dos meios necessários para persegui-lo. O meio é o fim em potência e só pela coerência entre meios e fins é possível o real progresso da sociedade. Reconduzindo tudo isso ao interior do contexto pedagógico e escolar pode-se verificar como o método usado para perseguir o escopo não é indiferente à sua obtenção, da mesma forma que os meios utilizados tornam-se essenciais. Quanto mais esses forem coerentes mais será possível perseguir o escopo declarado. Um exemplo pertinente provém do conceito de disciplina escolar que, de acordo como é entendida, é capaz de contribuir de modo relevante ou não para a obtenção da finalidade da autonomia individual. O erro fundamental das disciplinas escolares

---

[99] *Ibidem*, p. 1553.
[100] *Ibidem*, pp. 1553-1557 (O autor analisa em detalhes cada uma das cinco condições que expôs, às quais aconselho para um eventual aprofundamento).

é aquele de dedicar-se ao coletivo, sem levar em conta os temperamentos e as personalidades dos indivíduos que o compõem; em nome da importância de atingir o escopo, não importa quais meios são usados: aqui está o erro. "O escopo, aos nossos olhos (...), da escola, é aquele de transformar a criança em um homem; fazê-la compreender a diferença que existe entre uma ação útil à coletividade, à vida da qual ela logo participará, e uma ação que seja nociva a essa; fazê-la distinguir, voltando-se à sua razão, à sua inteligência, o bem do mal, o belo do feio, e suscitar a sua imaginação com exemplos suscetíveis de despertar nela o amor pelo seu próximo e o desejo vivaz de não prejudicar o seu semelhante."[101] Enfim, é fundamental habituar o homem a desobedecer tudo aquilo que provém arbitrariamente do exterior de si mesmo: "O homem não pode esperar nenhuma ajuda do exterior, nada lhe virá senão de si mesmo. Se deseja realizar a sua felicidade, deve exercitar-se a destruir todos os preconceitos, todos os obstáculos que se colocam à liberdade de seus atos. Já é tempo, muito tempo, que aprenda a desobedecer."[102]

Nessa lógica, insere-se o tema do papel e da função do professor na relação com o aluno. Existem, de fato, numerosas pessoas que conhecem muitas coisas, mas não sabem ensiná-las. A essas, falta o entusiasmo, a sinceridade, a confiança, qualidades que sabem transformar até mesmo a matéria mais árida em algo de agradável e interessante também para os mais leigos. Aquele que ensina deve sobretudo criar, não certamente contentar-se em repetir de maneira literal aquilo que foi dito antes dele. Ele cria, se sabe pensar com a própria mente e fazer de modo com que seus alunos pensem com a deles. O seu ensino será produtivo se não souber seguir o método tradicional, renunciar a impor as regras abstratas e repetir exaustivamente aquilo que aprendeu anos antes, sem jamais se atualizar. O professor ideal é aquele que se considera e se comporta como companheiro de estrada de seus alunos, que considera colocar à disposição dos jovens, na vida cotidiana, as riquezas do espírito humano, facilitar as suas inteligências para estimular às maravilhas da vida e do conhecimento, sem pretender nada em troca. Não procura riquezas materiais e tampouco reconhecimentos, mas exclusivamente o prazer de formar caracteres livres e autônomos.

> Se o professor ideal é um ser raro, ao contrário, encontramos uma infinidade de professores que não se dá conta daquilo que significa ensinar. Instruir a juventude, para eles, significa formar ânimos burgueses, preparados para suportar

---

[101] J. CHAZOFF, "Discipline", In: *Ibidem*, vol. I, p. 582.
[102] C. ALEXANDRE, "Obéir", In: *Ibidem*, vol. III, p. 1815.

A *ENCYCLOPÉDIE ANARCHISTE* (1926-1934)

todas as escravidões (...). A sua ciência é puramente livresca (...). Compilar é o único escopo do professor (...). Desse ensino amorfo ou todavia neutro, não resulta nenhuma vantagem para os indivíduos. Todo o lirismo é banido. As intuições geniais são proibidas. Ser insignificante, entediante e monótono ao falar com os alunos; essa é a palavra de ordem. Quando vejo certos intelectos dos professores, fico furioso. Certos professores me aterrorizam. E dizer que essas pobres pessoas têm por missão realizar a educação do povo! O professor ideal é aquele que não tem ar de professor (...). É tolerante, conciliador (...). O espírito de um professor sincero é não-dogmático. Ele procura em todos os sentidos a verdade. Utiliza todos os métodos. Não é exclusivo. A liberdade de pensamento está na base de toda educação viva. O educador deve ser um iniciador. Deverá iniciar-nos àquilo que torna a vida digna de ser vivida: a arte, a beleza, o amor (...). O iniciador não procura formar alunos submissos, incapazes de pensar e agir por si mesmos, mas homens que, em cada circunstância, afirmem a sua personalidade.[103]

A autoridade que ele possui não pode ser senão respeitabilidade, não pode senão derivar do livre reconhecimento dos outros a seu respeito. O verdadeiro educador não pode ter discípulos, mas continuadores, e não imitadores. Não possui programas traçados anteriormente, e o seu ensino deve partir de questões colocadas pelo jovem, seguindo o método da pesquisa e da descoberta. O pensamento é um vaivém incessante, um tipo de fluxo e refluxo, que se enriquece tanto quanto se expande. Em suma, o professor ideal não possui a verdade, mas a procura com seus alunos em uma relação dialógica, e não dialética. O ensino eficaz e livre é o encontro de duas liberdades que se completam reciprocamente: a liberdade de transmitir e aquela de retornar os conhecimentos elaborados novamente. O professor não deve abdicar de sua personalidade, ao contrário, deve exprimi-la completamente, tendo, entretanto, a consciência de que aquilo que diz e sustenta ocupa apenas ele e não pode pretender de forma autoritária que tudo aquilo seja assumido por outros. "O mestre tem tanto a aprender com seus alunos quanto esses têm a aprender com ele. Todo o ensino digno desse nome é colaboração. É também uma criação. Ensinar é criar; aprender, não é de fato repetir de forma mecânica as palavras do mestre."[104] Mestre de si mesmo, o professor pode ajudar os jovens a tornar-se mestres de si mesmos. Ele se enriquece tanto quanto enriquece seus alunos. A educação por excelência é, então, aquela estética, que resulta da contemplação, da leitura, do contato com todas as manifestações de arte. Esse é o motivo pelo qual toda educação deve esforçar-se para ser uma arte, ganhar os corações e fecundar os ânimos. O mestre não pode ter senão uma autoridade

---

[103] G. DE LACAZE-DUTHIERS, "Professeur", In: *Ibidem*, vol. IV, p. 2157.
[104] *Ibidem*, p. 2157.

398   "A BOA EDUCAÇÃO" – EXPERIÊNCIAS LIBERTÁRIAS E TEORIAS ANARQUISTAS...

moral, e o verdadeiro ensino ocorre quando o lirismo e a imaginação possuem o mesmo espaço que a ciência e a observação. Ciência e arte devem coexistir dentro da atividade didática que consiste em extrair do discente todos os estímulos e as respostas que possui de forma autônoma."[105]

Da mesma forma, é importante que a teoria e a prática acompanhem-se e integrem-se no ensino e na aprendizagem, e o único método válido consiste em um trabalho contínuo e recíproco de criação. A criação pressupõe a inovação, a invenção e a descoberta, mas também as anotações, que sozinhas não produzem nenhum ensinamento. "A ciência é obra de amor: para atrair os ignorantes e os simples em direção a esta é necessário amar a ciência. E não se a ama profundamente se não se aproximar dela com sabedoria, sem nenhum partido tomado, nem idéias preconcebidas."[106] Todo homem possui o dever de doar a sua ciência a todos, sem reservas, simplificando-a, tornando-a clara a todos, humanizando-a. Isso não significa transformar todos os homens em cientistas, mas suscitar neles ânimos libertários, curiosos, ávidos de saber e conhecer o mundo que os circunda, despertando neles o espírito crítico, sem o qual o homem não pode ser considerado plenamente como tal.

9. Família e educação

O desenvolvimento histórico da família é apresentado na enciclopédia como diametralmente oposto àquele da sociedade. Depois de ter analisado as características mais significativas da família em sua evolução histórica, o autor detém-se sobre a análise da família atual. Esta é indispensável à criança, e o adulto nela encontra uma certa proteção contra a miséria e a doença, um certo afeto que o ajudam a viver. Mas, ao mesmo tempo que protege, também oprime. De modo particular, a opressão realiza-se em relação à mulher que, do momento em que se casa, é subjugada à autoridade masculina e perde o pouco de autonomia que possuía. Em primeiro lugar, é subjugada aos desejos do homem e, portanto, deve agradá-lo, então, com a maternidade, acorrenta-se aos seus filhos. As mulheres da burguesia podem impedir os condicionamentos impostos pelos filhos por meio da admissão de governantas e preceptores, podendo continuar, desse modo, uma certa vida de relações sociais. A mãe proletária, ao contrário, além dos trabalhos de casa é obrigada a trabalhar na fábrica ou em outros lugares e, de fato, a

---

[105] *Ibidem*, p. 2158.
[106] *Ibidem*, p. 2159.

A *ENCYCLOPÉDIE ANARCHISTE* (1926-1934) 399

desenvolver dois trabalhos. Desse modo, destaca o autor, os filhos além de um prazer tornam-se um grande peso, e isso ocorre em detrimento das próprias crianças que são freqüentemente descuidadas e maltratadas.

A educação moral dos filhos não é decerto melhor que suas condições materiais. O exemplo vem sobretudo do pai que, tendo regressado do trabalho, insatisfeito e frustrado, cansado e maltratado, compartilha à sua volta essas condutas negativas em relação à mulher e aos filhos e, muito freqüentemente, desconta neles, dominado pelos efeitos do álcool. Algumas vezes, a escola primária supre em parte essas deficiências substituindo-se pela família e cuidando também das mais elementares normas de higiene e de educação, durante as horas de permanência das crianças no próprio ambiente.

A família, não considerando a classe social a que pertence, transmite preconceitos: "A grande parte das pessoas reflete muito pouco; contenta-se em repetir apenas aquilo que ouviu dizer. Disso deriva a importância do ambiente no qual decorreu a nossa infância. Se a evolução ideológica é tão lenta, isso é em virtude do fato que a instituição familiar transmite as idéias de geração para geração."[107] Essa é, portanto, vista e interpretada como uma das principais instituições por meio da qual é formado o consenso social e, principalmente, como um instrumento de condicionamento ideológico que age desde a infância e que determina uma profunda e dificilmente eliminável formação. A família condiciona gravemente a vida futura de um jovem. Com freqüência, condena à convivência forçada de pessoas que possuem gostos e idéias completamente diferentes e que quase sempre chegam a detestar-se. Em vez de ser uma fonte de prazer e de felicidade, geralmente é um inferno muito pior do que a solidão. O peso da tradição e das convenções, dos preconceitos e da cultura reacionária, condiciona o jovem e, principalmente, a jovem de tal forma a fazê-los sujeitar-se aos hábitos e à mediocridade. Depois dessa série de denúncias da condição da família de seu tempo, a autora sustenta com vigor que essa deve se tornar uma escolha consciente e responsável e que deve ser despojada de muitas incumbências por parte da sociedade. A escola, obviamente libertária, pode atenuar algumas dessas, sobretudo em relação aos jovens, e tornar-se verdadeiramente um fator importante de transformação social.

Na onda das experiências das colônias anarquistas e libertárias[108], é destacada a alternativa à família tradicional, em favor de uma mais ampla e comunitária. Essa permitirá também uma maior liberdade de seus integrantes, e a esfera sexual encontrará uma justificação em si mesma, e não apenas para procriação. A centra-

---

[107] DOCTORESSE PELLETIER, "Famille", In: *Ibidem*, vol. II, p. 781.
[108] Veja, por exemplo a experiência francesa da Integrale (D. COOPER, RICHET, J. PLUET-DESPATIN, *L'exercice du bonheur*, Seyssel, Champ Vallon, 1985).

lidade não será mais representada pela família, mas pelo indivíduo: "Quanto mais a humanidade for iluminada, mais esta terá o respeito da personalidade individual. Compreenderá que o indivíduo não é feito para a sociedade, mas, ao contrário, a sociedade é feita para a felicidade do indivíduo."[109] Na extensão da onda, segue-se uma outra intervenção que coloca em destaque o papel econômico da família e como esta representa uma microssociedade, na qual os papéis internos representam, de fato, as hierarquias sociais. Portanto, a função da família é transmitir os valores dominantes e torná-los próprios da criança, desde pequena. A alternativa desejada é aquela da livre união, feita por escolha e sempre livre de todos os condicionamentos, mas fundamentada somente no amor e na comunhão intelectual e física.[110] A família hierárquica como embrião da monarquia, baseada no domínio autoritário do homem sobre a mulher, dos pais sobre os filhos, é colocada sob a acusação de uma terceira intervenção. Do ponto de vista das relações e da educação sexual, essa é considerada como uma instituição fortemente repressora que gera inevitavelmente as reações mais excessivas ou uma mentalidade absolutamente hierárquica e sexofóbica. Enfim, é invocada uma série de providências que são voltadas para libertar os homens e as mulheres das escravidões forçadas da família autoritária: a abolição de todos os artigos do código que sancionam a inferioridade da mulher; a educação dos filhos a cargo da sociedade; a completa igualdade das crianças, qualquer que seja a sua origem (legítimos ou ilegítimos); a abolição da permissão necessária dos pais para a união dos filhos; a assimilação da união livre ao matrimônio; a possibilidade do divórcio.[111] Interessante, para concluir esse assunto, é ver como a enciclopédia apresenta o papel educativo da mãe. Esse aspecto é abordado por uma mulher, Madeleine Vernet[112], que representa uma das figuras mais interessantes dos educadores anarquistas do século XX. De fato, escreve que

> não há ninguém mais qualificado que a mãe para ser a primeira educadora da criança, a iniciadora à vida, às suas necessidades e às suas leis. Essa primeira educação, totalmente de amabilidade e de paciência, requer, como condição essencial, a compreensão e a ternura. Ora, a mãe aprendeu a conhecer seu pequenino desde quando a vida se manifestou nele. Sabe distinguir durante as suas crises, a alegria, a necessidade, o sofrimento.[113]

---

[109] *Ibidem*, p. 783.

[110] J. MARESTAN, "Famille", In: *L'Encyclopédie Anarchiste*, vol. II, pp. 783-784.

[111] F. STACKELBERG, "Famille", In: *Ibidem*, vol. II, pp. 784-7855.

[112] Consulte o capítulo dedicado a ela.

[113] M. VERNET, "La mère éducatrice", In: *Ibidem*, vol. III, p. 1511.

A *ENCYCLOPÉDIE ANARCHISTE* (1926-1934)   401

Ensina-o a falar, revela-lhe as verdades elementares da natureza, ensina-lhe a evitar os perigos, consola-o nos momentos difíceis, em suma, acompanha-o no aprendizado da vida e da formação do caráter. E não é um trabalho simples, ao contrário, exige múltiplas virtudes e uma sensibilidade não facilmente passível de ser adquirida. Nenhum assalariado poderia sustentar um trabalho tão completo e pesado, se não fosse movido por um amor imenso pelas crianças. Socializar a maternidade, sustenta Vernet, é algo impossível. A primeira educação exige uma dedicação e um empenho de tempo absolutamente único, sem horário, períodos definidos, em suma, um empenho total. A sua presença é fundamental para o equilíbrio e a saúde mental do pequenino. De fato,

> a criança que não conheceu o bem-estar em seus primeiros anos, conservará sempre uma sombra em seu caráter, uma inquietude em seu pensamento, que prejudicará o seu desenvolvimento (...). Essa educação da mãe não é didática nem livresca. É uma educação feita de gestos e de trocas de ternuras, inspirada pelo momento e pelas circunstâncias. Nessa troca, a mãe, por sua vez, extrai os novos recursos de amor, de paciência, de compreensão da vida.[114]

Entretanto, a mãe não é suficiente, é necessário que a criança seja inserida em um grupo de semelhantes, para poder crescer de maneira completa. A escola instrui, a família desenvolve o senso moral: "Todavia, a educação moral deve ter precedido todo ensinamento, e a primeira educação materna é essencialmente moral, não por meio dos preceitos, mas com o exemplo, e com a atmosfera que desenvolve a criança."[115] Mesmo a mãe deve, entretanto, evitar sufocar os filhos com uma mordaça que não os deixe crescer livremente e de forma autônoma. Deve desejar de maneira exclusiva a felicidade deles e não impor o próprio pensamento e os próprios valores. É necessário que saiba elevar a sua maternidade ao princípio universal, desejando a alegria e o bem-estar não apenas para seus filhos, mas também para todos os seres humanos. Só assim ela demonstrará ter entendido que o bem-estar de um único ser não serve para nada em um mundo de egoístas. Desse modo, será impossível qualquer guerra, qualquer exploração e desigualdade.[116]

Existe, enfim, uma grave contradição que é necessário desfazer, isto é, que também a mulher deve ser livre e igual ao homem, e não importante apenas enquanto mãe. Deve ter o seu lugar na sociedade porque a sua cultura, a sua espe-

---

[114] *Ibidem*, pp. 1511-1512.

[115] *Ibidem*, p. 1512.

[116] *Ibidem*, p. 1512.

402   "A BOA EDUCAÇÃO" – EXPERIÊNCIAS LIBERTÁRIAS E TEORIAS ANARQUISTAS...

cificidade, a sua sensibilidade são um bem precioso do qual a comunidade não pode privar-se.[117]

10. Jogo e educação

Antes de mais nada, o autor procura enfocar as diferenças que existem entre jogo e trabalho, para concluir que não existe entre os dois conceitos uma linha de demarcação absoluta, tanto que se passa de um ao outro com uma gradação insensível. De fato, é impossível para um adulto distinguir, de modo claro, o jogo do trabalho em uma criança. Somente ela é capaz de fazê-lo seguindo a sua idade, as suas inclinações, os seus gostos e as suas tendências naturais. Um determinado exercício é considerado de uma maneira por um jovem, enquanto para outro é compreendido como o oposto. Quais são as conseqüências pedagógicas dessas avaliações?, pergunta-se o autor. Antes de mais nada, observando a criança pode-se imediatamente compreender que a sua atividade natural é o jogo, e não o trabalho. É a escola que, avançando no grau de instrução, realiza um salto brusco entre o jogo e o trabalho. A evolução natural da criança é normalmente respeitada até que ela freqüente as escolas da infância, até por volta dos 5 anos de idade, depois, introduz-se o trabalho obrigatório, imposto pelo exterior, que na realidade não convém nem ao aluno nem ao professor. Tratar-se-ia, em vez disso, de acompanhar a evolução da criança do jogo ao trabalho, de modo muito gradual e amável, pouco a pouco transformar as atividades lúdicas em atividades mais estruturadas. Mesmo a introdução dos jogos, que possuem um duplo valor lúdico e um fim preciso de desenvolvimento da criatividade e, ao mesmo tempo, instrutivos, deve ser organizada para as crianças de modo lento e progressivo. Além disso, trata-se de motivar bem e claramente, aos jovens maiores, o objetivo do jogo, de modo que eles estejam conscientes e possam, portanto, dominá-lo. "De modo contrário àquilo que pensam certos pedagogos, essa concepção da educação e do ensino não terá como conseqüência suprimir o esforço, mas torná-lo mais intenso e mais vantajoso, obtendo-o voluntária e alegremente."[118]

A função do jogo é dupla: de um lado pode ter um fim em si mesma, de outro, pode ser finalizada ao se alcançar um objetivo. O autor sustenta que certos jogos, que despertam o instinto primitivo da criança, devem ser impedidos, demonstrando que não compreende bem quais importantes funções e o que nos podem

---

[117] *Ibidem*, pp. 1512- 1513.
[118] E. DELAUNAY, "Jeu" (Éducation), In: *Ibidem*, vol. II, p. 1113.

A *ENCYCLOPÉDIE ANARCHISTE* (1926-1934) 403

revelar essas atividades e, admitindo que existem alguns jogos com o fim em si mesmos, tende decididamente para aqueles finalizados, ainda que especifique que o seu conceito de finalização não tenha nada a ver com a religiosidade: "O educador não deve, desde já, tolerar esses jogos favoráveis ao desenvolvimento dos instintos primitivos que a educação tem por objetivo fazer desaparecer."[119] Para que serve, então, o jogo? Antes de mais nada, constitui um relaxamento necessário à criança porque o jogo cansa, se bem que muito menos do que o trabalho. Além disso, serve para dispersar um excesso supérfluo de energia; é útil para o desenvolvimento físico, mental e sexual, algumas vezes, possui uma função catártica, de imitação e reprodução de comportamentos, experiências e fantasias de divertimento e de transmissão das idéias e do desenvolvimento social. O jogo segue a evolução dos interesses da criança. Quando cada jovem aspira a conquistar um novo saber ou uma determinada aquisição, procura realizá-la no jogo para abandoná-la, então, no momento no qual não oferece mais nenhum estímulo e atração. Os jogos podem ser divididos, segundo o autor, em sensoriais, que consistem no prazer que as crianças têm de experimentar sensações e proporcioná-las por si mesmas; jogos motores, que são muito úteis para desenvolver a coordenação e o conhecimento do próprio corpo. Além disso, existem os jogos intelectuais, que se dividem em jogos de imaginação, que desenvolvem a fantasia e que nas crianças pequenas revelam o seu espírito animista e imaginativo, e jogos intelectuais propriamente ditos, que desenvolvem a reflexão e o raciocínio. Os jogos afetivos são aqueles que agradam as crianças porque podem aumentar as suas emoções e exercitam a vontade e outras funções particulares. O jogo pode ser subdividido também em jogo individual e coletivo, de acordo com a idade da criança que o realiza. O ideal é que as crianças possam freqüentemente jogar com meninos e meninas da mesma idade, apesar de estar sempre presente o perigo de uma certa uniformidade e tal perigo deva ser o máximo possível evitado. O papel dos educadores, tanto os professores quanto os pais, é garantir o maior tempo livre possível às crianças. Toda a vida é regrada, ordenada, organizada, o tempo para si e para estar livremente com os outros é sempre pouco. Ao contrário, é extremamente importante que haja espaços pessoais fora de um sistema hierárquico cada vez mais estruturado. Além de ser uma necessidade física, jogar é também uma necessidade mental, exprimir a própria índole eudemonística. De fato, o jogo é maravilhosamente educativo, para certificar-se, é suficiente observar os jovens quando são liberados a jogar, quantas coisas aprendem, como aprendem a relacionar-se entre si, como desenvolvem suas faculdades.

---

[119] *Ibidem*, p. 1114.
[120] *Ibidem*, p. 1116.

O educador que toma consciência disso, deve tomar cuidado para não intervir sem propósito durante um jogo dos jovens. Não deve interrompê-lo, nem procurar modificá-lo de acordo com seus esquemas. "O jogo é um exercício da liberdade e da iniciativa, o educador deve dar prova de habilidade nas propostas que pode fazer às crianças."[120] De fato, há toda uma preparação que o professor deve adquirir em relação a isso, sobre como e quando eventualmente intervir, como e o que escolher, dando aos jovens a impressão de que são eles que estão escolhendo. Deve respeitar as aspirações deles, não impor nada, mas sugerir muitas atividades. O interesse pelos diversos tipos de jogo e passatempo segue a evolução da criança, e o papel do educador deve se caracterizar no sentido antiautoritário: "A arte da educação não consiste em ordenar, defender e punir, mas encontrar utilidade pelas atividades e pelos interesses da criança guiando-a em direção ao caminho mais útil para o seu desenvolvimento; consiste também em estimular, de acordo com a necessidade, as suas atividades e fornecer alimentos escolhidos aos interesses úteis."[121] Contudo, deve ser reconhecido que cada vez mais o jogo é inserido nas atividades escolares, não obstante, especifica o autor, isso valha sobretudo para as escolas infantis. Há dois estímulos que fazem a criança agir depois que fica livre das coerções: o prazer da ação, que é interno a ela, e o prazer de agradar os adultos, a vaidade, a emulação, a esperança de uma recompensa, o medo da punição etc. Estes últimos têm pouca duração e não são confiáveis porque, assim que possível, são abandonados: "Eu posso forçar o meu pequenino aluno a estar em determinado lugar, estar tranqüilo, talvez aparentar escutar, mas não posso forçá-lo a compreender. Se o que lhe digo não lhe interessa, pensará em qualquer outra coisa."[122]

Somente a motivação e o interesse podem atrair uma criança, isto é, o que ela ama e deseja pode fazer com que ela empregue um esforço sem sofrer cansaço. Se ela aprende jogando, com prazer, manipulará os conhecimentos para sempre e não os omitirá nunca. Só assim, o exercício terá a forma de jogo, a intenção e o valor de trabalho. Certamente, como já foi dito, esse sentimento deve evoluir lentamente e o jogo se transformar em trabalho, todavia, se no início for desenvolvido de modo correto, permanecerá sempre o gosto da descoberta, do uso da criatividade e da fantasia. O jovem chegará a encontrar o interesse e o prazer no próprio conhecimento, portanto, no âmago deste, e não apenas na forma que assume cada vez. E conclui, depois de ter examinado alguns métodos e concepções

---

[120] *Ibidem*, p. 1116.
[121] *Ibidem*, p. 1116.
[122] *Ibidem*, p. 1117.

A *ENCYCLOPÉDIE ANARCHISTE* (1926-1934)   405

de jogo, a teoria de Montessori e de Decroly[123] principalmente, criticando e ressaltando os limites de modo pertinente, resumindo as suas convicções: "Não nos esqueçamos de que é necessário mais do que instruir a criança, dar-lhe mais oportunidade de instruir-se por si, mais do que dar-lhe alguns jogos, educativos ou não, dar-lhe a oportunidade de jogar. O que importa é conduzi-la, pouco a pouco, da atividade desordenada e sem objetivos, a uma atividade livremente escolhida e divertida, mas com um objetivo preciso."[124]

11. As Casas de correção como exercício da violência

Um exemplo de como o Estado e a burguesia entendem a educação é fornecido, segundo o autor desse vocábulo,[125] pelas Casas de correção. De fato, segundo a cultura, a norma e a prática burguesas, essas casas constituem um lugar onde são recolhidos os jovens pervertidos, perversos ou autores de delitos, e teriam o escopo de reeducar moralmente a infância desajustada. Na realidade, muito além dos fins declarados, pode-se notar como a maior parte das crianças que são recolhidas acaba, então, uma vez abandonada, por superlotar as casas de detenções, os presídios , e por sucumbir sob os golpes da guilhotina.

A origem dessas casas, na França, é religiosa: os jesuítas conseguiram, influenciando Luís XIV, impor aos franceses protestantes a conversão ao catolicismo. A Igreja foi autorizada (édito real, 1692) a abrir essas casas para prender e "reeducar" os jovens rebeldes que não queriam submeter-se ao seu domínio. Isso até quando todas as estruturas penitenciárias passaram ao poder do Estado (1905). Essas casas são administradas totalmente como uma prisão; o regulamento é muito severo, os jovens estão à mercê dos guardas e a disciplina é rígida. A cada transgressão do regulamento acompanha-se uma punição, assim por diante, cada vez mais cruel e violenta. Uma sala de disciplina e verdadeiras torturas esperam aqueles jovens que se rebelam contra essas opressões. A refeição é pouca e mal preparada, e todos são obrigados a trabalhar para o benefício de vários proprietários externos que obtiveram a concessão para a exploração dessa mão-de-obra. Existem outros tipos de casa que o autor descreve e que se dividem em estruturas onde os jovens são internados a pedido dos pais, outras geridas diretamente por ordens religiosas que lucram com o trabalho dos jovens concedidos a eles pelos tribunais; enfim,

---

[123] *Ibidem*, pp. 1117-1118.
[124] *Ibidem*, p. 1118.
[125] L. LORÉAL, "Correction" (maisons de), In: *Ibidem*, vol. I, pp. 454-458.

casas geridas por filantropos que não são diferentes das outras.[126] Mas quais são as verdadeiras causas dessa infância tão desajustada, pergunta-se o autor, depois de ter descrito as condições vergonhosas nas quais são colocados esses jovens tão desafortunados. Antes de mais nada, ele ressalta como esses jovens são quase todos de origem pobre, crescidos em famílias numerosas. Além disso, vivem habitualmente com dificuldades, sem ter nenhuma possibilidade de aproveitar as alegrias típicas da idade deles. Vivem freqüentemente na rua e sofrem todo tipo de violências, tanto em casa quanto por outros jovens maiores, enquanto seus pais se matam de trabalhar, mal remunerados, em alguma oficina ou fábrica. Em suma, crescem seguindo os exemplos bem diferentes daqueles que seriam positivos, e, com freqüência, na primeira oportunidade cometem os primeiros crimes. Naturalmente, de acordo com essa perspectiva, também a mentira, ou melhor, a invenção, é um mecanismo de defesa para a criança que se vê maltratada e oprimida.[127] Fatalmente, seguindo a lógica do poder constituído, seria necessário cercá-la de pessoas moralmente sãs e transparentes, instrutores capazes e preparados, para dar-lhe exemplos positivos. Mas "as pessoas empregadas nas casas de correção estão longe, muito longe de atender a esse escopo buscado. Os vigilantes (guardas femininos e masculinos) são recrutados entre os camponeses completamente iletrados, mas pouco se preocupam estes que — tendo descoberto que o trabalho da terra é muito cansativo, como todos os outros trabalhos —, escolheram essa função totalmente ociosa que é a função de guarda penitenciário"[128] e chegam a fazê-lo carregando consigo frustrações e violências, tanto que, freqüentemente, tornam-se sempre mais atormentadores e perversos. A única lei que domina nessas casas é a violência, a opressão, o princípio hierárquico e todos os outros costumes de perversidade. Quando são soltos, os jovens conheceram uma verdadeira escola para o mal, tanto que quase sempre terminam a sua vida de prisão em prisão. Conclusão:

> Mesmo do ponto de vista burguês, a teoria das casas de correção não está diante dos fatos. Nada pode legitimar, a qualquer tendência política que se pertença, a sobrevivência desses institutos. Assim, devemos nos empenhar para denunciar ante a opinião pública esse pedaço de barbárie que é a casa de correção. Combatamos para fazer suprimir este lugar onde se tortura a infância. Na expectativa do dia em que construiremos um ambiente social que, assegurando a todo indivíduo o direito de felicidade, destruirá a miséria: causa de todos vícios e de todos os crimes.[129]

---

[126] *Ibidem*, p. 456.
[127] E. DELAUNAY, "Mensonge" (et enfant), In: *Ibidem*, vol. III, pp. 1502-1503.
[128] L. LORÉAL, In: *Ibidem*, vol. I, p. 457.
[129] *Ibidem*, p. 458.

A *ENCYCLOPÉDIE ANARCHISTE* (1926-1934)

Não obstante a sua prolixidade, a sua estrutura excessivamente positivista, a sua própria presunção de desejar compendiar o conhecimento humano em termos libertários, essa obra desenvolve uma função importante e precisa. De fato, é um tipo de manual erudito, um compêndio poderoso, de um saber jamais indispensável e útil para todo militante que pretenda empreender uma iniciativa de uma certa densidade, tanto no âmbito da propaganda como da difusão da instrução popular libertária.

Esse é o seu grande prestígio, a única obra na história do movimento anarquista com essas dimensões e com essas explícitas aspirações. Além disso, e não de modo secundário, ela representa o ponto ideal de passagem da construção teórica à experiência militante, tornando-se, em uma linha ideal de tempo, a ligação natural entre as intuições ideais e culturais e as experiências práticas de educação antiautoritária.

ÍNDICE ONOMÁSTICO

Abbagnano, N.   69

About, E.   233

Agosti, A.   180

Airelle, G.   271

Ajalbert   262

Albert, C.   232, 249

Albertini, M.   91

Alexandre, C.   396

Alfred, G. A.   108

Allemane, J.   172, 175

Althusser, L.   71

Altieri, R.   188

Ambauves, G.   148

Ambrosoli, L.   323

Andreatta, D.   91, 94

Andreucci, E.   139, 315

Andrieu, J.   172

Ansart, P.   91, 92, 99

Antonioli, M.   270, 283, 291, 318, 325, 338

Arcangeli, S.   316

Ardigò, R.   75

Argenton, A.   31

Ariès, P.   72, 372

Armand, E.   6, 303, 304, 305, 306, 307, 308, 309, 310, 312, 313, 356, 357, 361

Arvon, H.   31, 78, 291

Avakumovic, I.   137

Avrich, P.   108, 137

Babel, A.   163

Babeuf, N.   74

Bacigalupi, M.   71

Baginsky, M.   283

Bakunin, M.   5, 12, 20, 22, 29, 30, 76, 107, 108, 109, 110, 111, 112, 113, 114, 115, 116, 117, 118, 119, 120, 121, 122, 123, 124, 125, 126, 127, 128, 129, 130, 131, 132, 133, 134, 135, 137, 163, 179, 180, 181, 194, 195, 196, 257, 316

Baldwin, E.   33

Barbagli, M.   71

Barbedette, L.   367

Barraclough, G.   70

Barrès   262

Barrué, J.   77, 113

Bartolomei, S.   28

Basch, V.   77

Bastien, G.   381

Baudin, P.   233

Bauer, B. E.   78

Bazzani, F.   78, 86

Beaumony-Trigant, E.   194

Becchi, E.   70, 71, 72, 372

Bedarida, F.   31

Beer, M.   32

Bellegarrigue, A.   293

Benoist, O.   232

Benoist-Hanappier, L.   271

Bentham, J.   28

Bergson, H.   75

Berlin, I.   69, 377

Bernat de Célis, J.   142

Berneri, C.   137, 324

Berthier, R.   108

Berti, G.   11, 22, 23, 31, 34, 69, 70, 78, 86, 92, 110, 139, 151, 161, 162, 188, 189, 292, 304, 316, 347, 377

Bertin, G. M.   75

Bertoni, D.   330

Bertrand, L.   183, 233

Besnard, P.   288, 289

Betti, C.   324

Bettini, L.   139, 317, 326, 339

Blanqui, L. A.   194

Bogart, E. L.   70

Bonanno, A. M.   91

Bookchin, M.   180, 183, 250, 251

Borghi, A.   137, 316, 338

Borghi, L.   19, 139, 330

Índice onomástico

Borit, M. 271
Boswell, J. 72
Bougard, T. 271
Bouglé, C. 271
Bourgin, G. 172
Boyd, W. 70
Braido, P. 74
Bravo, G. M. 31, 32, 75, 77, 161, 162, 163, 165, 179, 180
Brémand, N. 188, 216
Bretoni Jovine, D. 75
Brian, C. 193
Briguglio, L. 180
Brizon, P. 271
Broccoli, A. 71
Brossat, A. 142
Brown, F. K. 30
Buccellato, P. F. 180
Bucolier, L. 232
Buncuga, F. 183

Caldarozzi, L. 78
Calice, M. L. 320
Cambi, F. 28, 70, 71, 72, 73, 74, 75
Campelli, E. 91
Camus, A. 78
Cano Ruiz, B. 108
Capéran, L. 172
Cappelletti, A. J. 265
Caracciolo, A. 28
Carr, E. H. 108
Carrithers, M. 16
Casas, J. G. 180
Catarsi, E. 72, 73, 330
Cattaneo, C. 16
Caze, R. 232
Cerf, M. 172
Cerrito, G. 180, 325, 338
Chalopin, A. 271
Chambelland, C. 286

Chardak, H. 188
Charnitzky, J. 324
Chaughi, R. 232
Chauvet, P. 172, 174, 175
Chazoff, J. 396
Chiosso, G. 330
Christie, N. 142
Civera, M. 270
Cives, G. 73
Civolani, E. 178
Claparède, E. 386
Clark, J. P. 31, 188, 200
Clément, J. B. 175
Clément, L. 271, 283, 284, 285
Cmodeca, L. 250
Codello, F. 11, 12, 13, 14, 15, 18, 76, 112, 139, 148, 153, 237, 317, 326, 329, 330
Coêlho, P. A. 108
Coissac, V. 18
Cole, G. D. H. 75, 161, 163, 272
Coleridge, S. 32
Colton, J. 70
Comte, A. 75, 166, 202, 203
Coniglione, F. 172
Constant, B. 32
Conti, E. 180
Cooper, D. 18, 399
Corriez, P. 172
Cotte, E. 361
Courbet, J. 175
Covato, C. 231
Creagh, R. 291
Credaro, L. 330
Crosby, E. 233
Cunningham, H. 231, 372
Cuvillier, A. 91

D'Orval, J. 232

Da Costa, G. 172
Dadà, A. 325, 338
Damiani, F. 109
Daneo, E. 330
Darwin, C. 195, 354
Day, H. 108, 188, 189, 194, 199, 265
De Bartolomeis, F. 73
De Fleury, M. 233
De Gérando, M. 196, 197, 204, 207, 209, 216, 221
De Landsheere, G. 75
De Meur, J. 188
De Molinari, G. 232
De Mortillet, G. 233
De Pape, C. 183, 184, 185
De Pascale, C. 72
De Rosa, D. 72
De Saint-Pierre, B. 232
De Santillan, D. A. 286
De Valayrac, G. 232
Decroly, O. 405
Degalvès, J. 20, 208, 240, 242
Déjacque, J. 17, 233
Del Bo, G. 172
Delaunay, E. 361, 364, 365, 368, 373, 375, 376, 377, 380, 382, 386, 393, 402, 406
Delesalle, P. 172
Dell'Erba, N. 180
Delphy, J. 137
Delvy, J. L. 249
Demolins, E. 232
Descartes 100
Detti, T. 139, 315
Devaldès, M. 296, 357
Dewey, J. 74, 387
Di Sciullo, C. 161, 320
Diaz, C. 108
Diderot 232

ÍNDICE ONOMÁSTICO

Dilthey, W. 75
Doglio, C. 139
Dolgoff, S. 108
Dolléans, E. 161, 271
Dominique, P. 172
Dommanget, M. 71, 75, 92, 102, 172, 174, 177, 178, 277
Donno, A. 292
Dragomanov, M. 110, 112, 122
Dressen, W. 108
Droz, J. 31, 75, 183
Duclaux, E. 232
Dunbar, G. S. 188
Dunois, A. 172
Dupont, P. 232
Dupuy, A. 172
Durante, G. 85
Durkheim, E. 75

Eekboud, G. 232
Elysard, J. 109, 110
Enckell, M. 23, 162, 179
Engels, F. 78
Errani, P. L. 188
Espártaco 16
Etzioni, A. 183
Europe, R. 172

Fabbri, L. 13, 18, 137, 139, 189, 192, 198, 201, 315, 316, 317, 318, 319, 320, 321, 322, 323, 324, 325, 326, 327, 328, 329, 330, 331, 332, 333, 334, 335, 336, 337, 338, 339, 340, 341, 342, 343, 344, 345, 346, 347, 348
Fabbri, Luce 315, 347
Farné, R. 372
Faure, A. 298
Faure, S. 14, 17, 348, 349, 350, 351, 352, 353, 355, 356, 359, 361, 375, 385, 387
Fedeli, U. 121, 139, 304, 315
Feeley, F. 271
Felici, I. 18
Ferrer, F. 14, 20, 155, 157, 233, 251, 277, 287, 325, 326, 328, 329, 330, 336, 374, 390
Ferri, E. 78
Ferrière, A. 387
Feuerbach, L. 78, 86
Filippini-Ronconi, P. 16
Finazzi Sartor, R. 73
Finzi, P. 316
Fleisher, D. 30
Fleming, M. 188
Flores D'Arcais, G. 75
Forel, A. 233
Formaggini Santamaria, E. 73
Fornizzi, G. 71
Forzato-Spezia, B. 242
Fossati, P. 71
Foucault, M. 142
Foulon, M. 172, 271
Fourier, C. 29, 74, 162
France, A. 232
Francois, A. 188
Freinet, C. 19
Freitag, G. 77
Freud, S. 367
Freymond, J. 160, 166, 168, 182, 184, 186
Froebel, F. 72, 73, 386
Froumov, S. 172, 173, 176, 177, 178
Fusch, M. 271

Gabelli, A. 75
Gagniere, A. 172
Galleani, L. 188, 202

Garcia Moriyon, F. 251
Garcia, V. 108
Garland, D. 142
Gattai, Z. 18
Geffroy, G. 232
Genova, C. 109
Genovesi, G. 16, 28, 67, 70, 71, 75, 231, 330, 372
Gentile, G. 323, 324
Gerard 172
Ghibaudi, S. R. 91, 93, 103
Gibson, P. 139
Gillard, E. 386
Giordano, A. P. 317
Giorgi, M. 287
Girard, A. 232, 238, 243, 261
Giulianelli, R. 315
Gnocchi Viani, O. 180
Goby, V. 189
Godwin, W. 7, 12, 15, 20, 21, 27, 28, 29, 30, 31, 32, 33, 34, 35, 36, 37, 38, 39, 40, 41, 42, 43, 45, 46, 47, 48, 49, 50, 51, 53, 54, 55, 56, 57, 58, 59, 60, 61, 62, 63, 64, 65, 66, 67, 76, 91, 233
Goethe, J. W. 29, 72
Goodman, P. 183
Goodway, D. 19
Gori, P. 139, 201
Gosi, R. 18
Goujon, G. 361, 367
Graham, A. C. 16
Gramigna, A. 72
Grave, J. 20, 208, 213, 214, 215, 232, 256, 257, 258, 259, 260, 261, 262, 263, 264, 265, 317
Gravskij, V. G. 108
Grawitz, M. 108
Griffuelhes, V. 271

Grilli, G. 250
Grylls, R. G. 30
Guérin, D. 91, 184, 185, 286
Guerrieri, A. R. 292
Guiducci, R. 151
Guieysse, C. 271
Guillaume, J. 108, 161, 164, 165, 171, 179, 180, 181, 183, 186, 188, 237, 238, 239, 288
Gurvitch, G. 91, 99
Gutiérrez Alvarez, J. 32
Guyau, J. M. 203, 232, 234, 235, 236, 237

Halévy, D. 91
Harmel, C. 31, 91
Hautmann, P. 91
Haywood, W. D. 286
Hazlitt, W. 29
Hegel, G. F. W. 74, 78, 109, 110
Heinsius, T. 82
Henry, E. 17, 181, 228
Hepner, B. P. 109
Hervé, G. 233
Herzen, A. 110, 112
Hoffding, H. 28, 75
Horne, A. 172
Houston, R. A. 28, 372
Hulsman, L. 142
Humbert, J. 349
Hundry-Menos, J. 232
Hyams, E. 92

Iaccio, M. 180
Isnardi Parente, M. 16
Ixigrec 358, 361, 362

Jackson, J. H. 91
Janvion, E. 20, 208, 240, 242, 243, 244, 245

Julliard, J. 271
Jullien, J. 232
Jurlano, G. 292
Kaminski 108
Kant, I. 27, 72, 109
Karr, A. 232
Kegan Paul, C. 30
Kierkegaard, S. 78
Kleiser, P. B. 32
Kohn, A. 143
Krippendorff, E. 16
Kropotkin, P. 8, 12, 15, 16, 20, 22, 30, 33, 76, 137, 138, 139, 140, 141, 142, 143, 144, 145, 146, 147, 148, 149, 150, 151, 152, 153, 154, 155, 156, 157, 158, 159, 160, 188, 189, 197, 201, 208, 232, 234, 289, 354, 355, 358
Kropotkine, P. 137, 138, 145, 157, 201

L'Herminez, F. 194
La Torre, M. 139
Lacaze-Duthiers, G. 355, 366, 367, 397
Lacombe, P. 233
Lafrancais, G. 172
Lagru, D. 233
Laisant, C. 233, 247, 248, 249
Lamotte, E. 246
Lanarque 379
Lanciotti, L. 16
Langlois, J. 91
Lanjalley, P. 172
Lapeyre, A. 357
Le Bon, G. 232, 233
Le Goff, J. 40
Lebon, D. G. 233
Lebossé, F. 271

Ledieu, A. 233
Lefebvre, H. 172
Lefranc, G. 70
Lehning, A. 108, 109, 161, 270
Leser, H. 72
Letorneau, C. 232
Letourneau, C. 297
Leval, G. 108, 113
Lida, C. E. 180
Locke, J. 33
Lopez Cortezo, C. 108
Loréal, L. 405, 406
Lorenzo, A. 180, 250
Lorenzo, R. 183
Loschi, T. 73
Lowith, K. 78
Lucera, A. 78
Lukàs, G. 72
Luquet, P. 172

Mac Say, S. 298, 299, 300, 302, 357, 361, 390, 392
Maquiavel, N. 362
Mackay, J. H. 77, 231
Magoni Jomini, R. C. 18
Maillard, F. 172
Maitron, J. 17, 180, 188, 198, 240, 247, 255, 271, 286, 288, 296, 304
Malatesta, E. 22, 137, 180, 186, 316, 338, 342, 347
Malato, C. 233
Malon, B. 172, 173
Malthus, T. R. 33
Manacorda, M. A. 71, 180
Manfredonia, G. 16, 315
Manoukian, A. 70
Manouvrier, L. 232
Mantegazza, R. 16, 70
Marestan, J. 242, 358, 361, 400

ÍNDICE ONOMÁSTICO

Maret, H. 232
Marie, J. 108
Marshall, P. 16, 31, 69, 76, 77, 108
Martino, C. 71
Marx, K. 71, 74, 75, 78, 91, 92, 99, 107, 108, 110, 151, 162, 163, 179, 181
Mary, A. 233
Masini, P. C. 180, 291, 315, 325
Mattelart, A. 75, 139
Mella, R. 251, 252, 253, 254
Mercier Vega, L. 270
Merker, N. 28, 75
Merlino, F. S. 325
Merlino, L. 321
Meschi, A. 287
Mesnil, G. 188, 195, 199, 200, 202
Metelli di Lallo, C. 20, 111
Mialaret, G. 75
Michel, L. 14, 172, 174, 208
Mignon, A. 233
Mikhailo, M. C. 23
Miot 175
Mirbeau, O. 232, 233, 262
Modugno, R. A. 32
Molaschi, C. 210
Molière 206
Molinari, L. 139, 325, 326
Monatte, P. 271, 286, 287
Monro, D. H. 31
Montagu, A. 143
Montaigne 233
Montessori, M. 73, 386, 405
Mosse, G. L. 69, 75
Munford, L. 16
Musto, R. 286

Nadar, F. 195, 201

Narrat, G. 18
Neill, A. 14, 21, 23, 29
Nenault, P. 188
Nettlau, M. 15, 16, 30, 31, 91, 108, 112, 114, 137, 161, 188, 192, 265, 271, 291, 293, 316, 338, 357
Nietzsche, F. 75, 78, 293
Nieuwenhuis, D. 255, 265, 266, 267, 268, 270, 277, 321
Normad, M. 108
Nossik, B. 108

Octors, A. 232
Ogareff, N. P. 110, 112
Onfray, M. 293
Othmani, A. 142
Owen, R. 29, 74
Owrony 232
Oyhamburu, P. 108

Palante, G. 293, 294, 296
Palmer, R. R. 28, 70
Palombo, F. 320
Pancera, C. 15, 23, 29, 33, 35, 42, 55, 67, 372
Papa, E. R. 75
Paraf-Javal 246
Pareyson, L. 72
Pastori, P. 91
Paz, A. 180
Pelletier 361, 367, 390, 399
Pellicani, L. 110, 162
Pelloutier, F. 271, 272, 274, 275, 276
Penzo, G. 78, 82, 85
Perli, D. 180
Pesce, C. 139
Pestalozzi, H. 29, 72, 237, 239
Pezzica, L. 318

Philip, M. 31
Picton, J. 271
Pierrot, M. 249, 357
Pirumowa, N. 108
Pisacane, C. 11, 16, 317
Pissarro, C. 261
Planche, F. 137
Pluet-Despatin, J. 18, 399
Plutarco 16
Pollin, B. R. 31
Polonski, V. 108
Porges, E. 108
Portis, L. 286
Prandstraller, G. P. 139, 304, 356
Pratelle, A. 232
Préposiet, J. 16, 77, 199
Proschowsky, A. A. R. 380
Proudhon, P.-J. 7, 12, 15, 20, 22, 29, 76, 91, 92, 93, 94, 95, 96, 97, 98, 99, 100, 101, 102, 103, 104, 105, 106, 107, 162, 163, 168, 170, 183, 194, 277, 280
Proust, A. 172
Pujo, M. 232

Quazza, G. 330

Ravindranathan, T. R. 108
Raynaud, J.-M. 112, 148
Read, H. 137, 158
Reclus, E. 8, 12, 20, 22, 76, 187, 188, 189, 190, 191, 192, 193, 194, 195, 196, 197, 198, 199, 200, 201, 202, 203, 204, 205, 206, 207, 209, 210, 211, 212, 213, 214, 215, 216, 217, 218, 219, 220, 221, 222, 223, 224, 225, 226, 227, 228, 229, 358, 380

Reclus, P. 188, 190

Relgis, E. 355

Renshaw, P. 286

Reynaud-Paligot, C. 18, 232, 255, 261

Richards, V. 316

Riggio, P. 139, 148

Ritter, K. 191

Robin, P. 14, 20, 97, 207, 268, 277, 336, 374, 387

Rocker, R. 16, 30, 292

Rodrigues, E. 18

Rodway, A. E. 31

Rolland, H. 287

Romano, A. 180

Roorda Van Eysinga, H. 198, 215, 233, 246, 378, 386

Rose, G. 108

Rosselli, N. 180

Rossenfeld, M. 233

Rossi, G. 18

Rossi, L. 75

Rothen, E. 361, 379

Roudine, V. 89

Rousseau, J.-J. 20, 33, 34, 37, 39, 46, 49, 67, 72, 75, 91, 93, 94, 103, 113, 130, 203, 227, 233, 267, 364

Roussin, H. 30

Routhen, E. 362

Rubel, M. 161

Ruge, A. 78

Runkle, G. 108

Ruskin, J. 233

Ryner, H. 188, 357

Saint-Simon, H. 74

Sainte-Beuve, C. A. 92

Sale, K. 183

Salsano, A. 161, 180, 183, 184, 186

Santarelli, E. 325

Santomauro, G. 75

Santonastaso, G. 91

Santoni Rugiu, A. 28, 29, 70, 71

Savater, F. 183

Schiller 72

Schlieter, J. 16

Schwegman 73

Schwitzguébel, A. 183, 184, 185

Scocchera, A. 73

Seguì, S. 250

Semprun Maura, C. 69

Sergent, A. 31, 91

Sergi, G. 329

Serra 72

Settembrini, D. 162

Séverine 232

Shelley, P. B. 29, 33

Signac, P. 261

Signorini, A. 86, 87

Sircana, G. 315

Smith, M. P. 16, 21, 31, 79, 92, 96, 139, 148

Sócrates 15

Sohlman, A. 113

Sorel, G. 75, 91

Soubeyran, E. 357

Southey, R. 32

Spencer, H. 28, 75, 232

Spirito, U. 75

Spranger, R. 73

Spring, J. 31, 78, 148

St. John, V. 286

Stackelberg, F. 244, 400

Steklov, J. M. 108, 121

Stirner, M. 7, 12, 20, 30, 76, 77, 78, 79, 80, 81, 82, 83, 84, 85, 86, 87, 88, 89, 107, 245, 293, 304

Stuart Mill, J. 28

Swift, J. 232

Tarizzo, D. 250, 251

Tay, G. 233

Thévenet, A. 27, 31

Thierry, A. 277, 278, 279, 280, 281, 282, 283

Thiers 195

Thomann, C. 179

Thomas, B. 17

Tillier, C. 232

Toda, M. 316

Todd, N. J. 183

Toesca, P. M. 183

Tolstoi, L. 12, 14, 20, 21, 29, 30, 150, 208, 232, 233, 253, 258, 262, 268, 277, 336, 387

Tomasi, T. 16, 19, 31, 71, 75, 77, 92, 139, 148, 188, 203, 231, 330

Toninello, A. 271

Trignant, M. 190

Trisciuzzi, L. 71, 231,

Tucker, B. R. 292

Ulivieri, S. 70, 72, 231, 372

Vaillant, E. 175, 177

Valiani, L. 180

Vallès, J. 172, 175

Varlin, E. 172

Venturi, F. 122

Verdure, A. 175

Vernet, M. 14, 387, 400

Vertecchi, B. 372

Vicente Mosquete, M. T. 188

Vincent, D. 271

Voccia, E. 78

Voline 145, 360

Voltaire 28

ÍNDICE ONOMÁSTICO

Von Baader, F. 32
Von Humboldt, A. 32, 72
Vuillaume, M. 172
Vuilleumier, M. 237

Wacquant, L. 142
Ward, C. 19, 30, 31, 143, 153, 260
Wastiaux, L. 381, 391
Weber, M. 75
Will, J. 232
Wintsch, J. 14
Wollstonecraft, M. 32
Woodcock, G. 30, 77, 92, 137, 161, 188
Wordsworth, W. 32

Yvetot, G. 355, 356

Zaccaria, C. 31
Zamperlin Turus, P. 330
Zarelli, E. 183
Zoccoli, E. 85, 91, 292
Zola, E. 232, 233, 262
Zvaion 271

impressão e acabamento:

Fones: (11) 3951-5240 / 3951-5188
E-Mail: expressaoearte@terra.com.br
www.expressaoearteeditora.com.br